HISTÓRIA SOCIAL
DO BRASIL MODERNO

Tradução | Heloise Perrone Attuy

HISTÓRIA SOCIAL
DO BRASIL MODERNO

FRANCISCO VIDAL LUNA

HERBERT S. KLEIN

imprensaoficial

GOVERNO DO ESTADO DE SÃO PAULO

FRANCISCO VIDAL LUNA

Graduou-se em Ciências Econômicas pela Universidade de São Paulo (USP) em 1971, onde obteve o doutorado em Economia (1980) e foi professor assistente doutor na Faculdade de Economia e Administração (FEA). Pesquisador da Fundação Instituto de Pesquisas Econômicas (Fipe), tem atuado nas áreas de Economia Brasileira, História Econômica, Demografia Histórica, Finanças Públicas, Administração Financeira. Publicou inúmeros trabalhos como *Escravismo em São Paulo e Minas Gerais* (Imesp-Edusp, 2010), Prêmio Academia Brasileira de Letras 2010 na área de História/Ciências Sociais; *Escravismo no Brasil* (Imesp-Edusp, 2009; Cambridge, 2010), *Evolução da sociedade e economia escravista de São Paulo, de 1750 a 1850* (Edusp, 2006; Stanford, 2003); *História econômica e social do estado de São Paulo 1850-1950* (Imesp, 2019; Stanford, 2018) e *Alimentando o mundo: o surgimento da moderna economia agrícola no Brasil* (Imesp-FGV, 2020; Cambridge, 2019).

HERBERT S. KLEIN

Obteve o bacharelado em 1957 e o PhD em 1963, ambos em História, pela Universidade de Chicago, na qual lecionou. É "Gouverneur Morris Professor Emeritus" da Universidade Columbia e "Research Fellow" da Universidade Stanford, onde foi professor de História, diretor do Centro de Estudos Latino-Americanos e pesquisador e curador da coleção da América Latina na Biblioteca e Arquivos da Hoover Institution. É autor ou coautor de mais de 20 livros sobre a América Latina e temas comparativos na História Social e Econômica, dentre os quais se destacam: *O tráfico de escravos no Atlântico* (Funped, 2004); *História da Bolívia* (Editora UnB, 2016); *Evolução da sociedade e economia escravista de São Paulo, de 1750 a 1850* (Edusp, 2006); *Escravidão africana na América Latina e Caribe* (Editora UnB, 2015); *Brasil desde 1980* (Girafa, 2007); *Escravismo em São Paulo e Minas Gerais* (Edusp, 2009); *Escravismo no Brasil* (Edusp, 2011) e *História econômica e social do Brasil: o Brasil desde a República* (Saraiva, 2016).

Sumário

Prefácio		17
1	O Brasil em meados do século XX	21
2	Evolução política e econômica do Brasil	57
3	Mudanças demográficas	91
4	Mulheres, família e trabalho	137
5	O Estado de bem-estar social e os programas de transferência de renda	187
6	Vida urbana nos séculos XX e XXI	233
7	Estratificação e mobilidade social	295
8	Raça e estratificação social	345
9	Organizações da sociedade civil	391
Conclusão		451
Posfácio		459
Bibliografia		465

Índice das tabelas

1.1 População do Brasil por estado e região nos Censos de 1872 a 1950 utilizando a classificação atual das regiões — 44

1.2 Área cultivada, pessoas empregadas, tratores e arados por estado, 1950-1960 — 46

1.3 Índice de Gini da propriedade da terra no Brasil, principais estados agrícolas, 1920-1950 — 47

1.4 Participação no PIB por região, índice de renda per capita, em US$ por região (1950) — 48

3.1 Idade média das mulheres na primeira gravidez por residência e nível de escolaridade, Brasil, 2013 — 116

3.2 Idade média das mulheres na primeira gravidez por cor e residência, Brasil, 2013 — 116

3.3 Distribuição da população urbana por tamanho das cidades, 1950-2010 — 126

3.4 População urbana no Brasil por região, 1950-2010 — 130

3.5 Mudanças migratórias líquidas por regiões em estados selecionados, 1965/2010 — 132

4.1 Porcentagem de casamento civil e/ou no religioso, 1960-2010 — 145

4.2 Porcentagem de mulheres casadas de 10 anos ou mais que moram com o marido por tipo de arranjo matrimonial, 2010 — 146

4.3 Estado civil de chefes de domicílio por sexo, Censos de 1960-2010 — 147

4.4 Porcentagem da população de 10 anos ou mais, separados, divorciados ou viúvos, por sexo, 1960-2010 — 152

4.5 Média de filhos por sexo do chefe de domicílio, 1960-2010 — 154

4.6 Tipo de domicílio com idade dos filhos em anos selecionados, 1992, 2002, 2015 — 154

4.7 Porcentagem de solteiros por domicílio, por sexo, Censos de 1960-2010 — 156

4.8 Idade e sexo de pessoas que moram sós, Censo de 2010 — 156

4.9 Nível educacional completo das pessoas de 15 anos ou mais por sexo, 1960-2010 — 160

4.10 Porcentagem de pessoas economicamente ativas por idade e sexo, 1991-2010 — 165

4.11 Proporção de crianças em cada grupo etário que frequentam escola, por sexo, 2000 e 2010 — 166

4.12 Proporção de pessoas da população economicamente ativa (PEA) empregada, por sexo e nível educacional, 2015 — 168

4.13 Porcentagem da população empregada por atividade, sexo e nível educacional, 2015 — 170

4.14 Comparativo de salários de homens e mulheres e proporção de mulheres em profissões liberais, 2010 — 172

4.15	Proporção de trabalhadores, em várias categorias de trabalho, de acordo com o sexo, Censo de 2010	174
4.16	Porcentagem de mulheres de 10 anos ou mais trabalhadoras em setores da força de trabalho, 2001-2015	176
4.17	Nível educacional das mulheres que trabalham no mercado formal por cor, Censo de 2010	177
4.18	Rendimento médio dos trabalhadores no mercado formal por sexo e cor, Censo de 2010	178
4.19	Causas de morte, por sexo, 2016	184
5.1	Beneficiários ativos da Previdência Social, dezembro de 2015, em R$ 000	224
5.2	Beneficiários ativos da Previdência Social por sexo e idade, dezembro, 2015	226
5.3	Quantidade e valor de benefícios da Previdência Social por domicílio, dezembro, 2015	227
5.4	Fluxo de caixa do INSS (R$ milhões nominais), 2015-2106	230
6.1	População urbana e rural no Brasil, Censos de 1940 a 2010	239
6.2	População do Brasil, capital federal e capitais dos estados, 1972-2010	240
6.3	Regiões Metropolitanas, taxas de crescimento e média anual de aumento da população, 1970-2010	242
6.4	População das Regiões Metropolitanas e taxas de crescimento, 1970-2016	244
6.5	Financiamentos imobiliários com recursos SBPE (Sistema Brasileiro de Poupança e Empréstimo)	254
6.6	Projetos de habitação, saneamento e infraestrutura urbana com recursos do FGTS, 2000-2016	255
6.7	Programa Minha Casa Minha Vida, unidades contratadas e unidades entregues (dezembro 2016)	256
6.8	Estimativa do déficit habitacional no Brasil por região, 2007-2015	258
6.9	Porcentagem do déficit habitacional por nível de renda e região, 2014	258
6.10	Serviços de água e esgoto, energia elétrica, coleta e destino do lixo em áreas urbanas e aglomerados habitacionais subnormais	266
6.10	Serviços de água e esgoto, energia elétrica, coleta e destino do lixo em áreas urbanas e aglomerados habitacionais subnormais	267
6.11	Homicídios e mortes violentas por causas indeterminadas (MVCI) nas capitais de estado e cidades mais violentas, 2015	272
6.12	Tempo de deslocamento habitual ao trabalho, em Regiões Metropolitanas, Censo de 2010	274
6.13	Características do sistema metroferroviário, 2014	276

6.14 Escolas urbanas e rurais, números, matrículas e características, 2018 — 284

6.15 Distribuição da população de 25 anos ou mais por nível educacional, sexo e residência, 2010 — 285

6.16 Setor supermercadista no Brasil – 1994-2012 — 288

6.17 A indústria de shopping center no Brasil (2006-2016) — 290

7.1 Fração média da renda e ganhos de capital, recebida pelos 1% mais ricos, nos quinquênios 1930-1935, 1970-1975 — 302

7.2 Número de estabelecimentos, tamanho em hectares e índice de Gini, Censo de 1920-2017 — 306

7.3 Distribuição do valor anual bruto da produção agrícola por classes de salários mínimos mensais, Censo agrícola de 2006 — 307

7.4 Principais indicadores econômicos, 2000-2016 — 318

7.5 Renda média domiciliar per capita por região, Censos de 1991, 2000 e 2010 (R$) — 322

7.6 Porcentagem cumulativa da renda familiar per capita em proporções do salário mínimo por regiões, 2006 — 322

7.7 Índice de Gini da renda domiciliar per capita por região, 1991, 2000 e 2010 — 322

7.8 Rendimentos das pessoas de 10 anos ou mais, em salários mínimos, por região, 2001-2015 — 324

7.9 Salário corrente das pessoas de 10 anos ou mais, por local de residência, em salários mínimos, 2001-2015 — 330

7.10 Salário corrente das pessoas de 10 anos ou mais, por sexo, em salários mínimos, 2001-2015 — 332

7.11 Estrutura do mercado de trabalho de acordo com o sexo, 2015 — 333

7.12 Distribuição dos trabalhadores pelos principais setores da economia de acordo com o sexo, 2015 — 334

7.13 Distribuição dos salários das pessoas de 10 anos ou mais, por residência e cor, em salários mínimos, 2010 — 336

7.14 Porcentagem da relação entre estratos ocupacionais das pessoas entre 25 a 64 anos e o estrato ocupacional dos pais, PNAD 2014 (número em mil) — 340

7.15 Estratos ocupacionais das pessoas entre 25 e 64 anos, pelo estrato ocupacional dos pais, PNAD 2014 (números em mil) — 342

7.16 Porcentagem absoluta da diferença entre pessoas mais jovens e mais velhas em relação à ocupação do pai, 2014 — 342

8.1 Taxas de mortalidade, por causa, de brancos e pretos no estado de São Paulo, 1999 — 356

8.2 Mortalidade infantil por região, 2009/2010 — 358

8.3	Coeficiente médio de renda de pretos e pardos sobre a renda mediana de brancos por sexo e região, para pessoas de 10 anos ou mais com renda, 2010	361
8.4	Estrutura do mercado de trabalho por cor, 2015	363
8.5	Distribuição dos trabalhadores pelos principais setores da economia por cor, 2015	366
8.6	Média de anos de escolaridade por sexo e cor, 1989 e 2015	372
8.7	Anos de escolaridade de pessoas de 25 ou mais por sexo e cor, 1960, 2010	376
8.8	Escolaridade completa das pessoas de 25 anos ou mais por raça, 2004/2015	377
8.9	Nível de escolaridade por cor e sexo, de pessoas de 25 anos ou mais, 2015	377
8.10	Distribuição por tipo de União Conjugal, de mulheres de 20 a 29 anos, por cor, Censos de 1980, 1991, 2000 e 2010	378
8.11	Porcentagem da mobilidade ocupacional entre pais e filhos de 25 anos ou mais por cor e idade, Brasil 2014	384
8.12	Diferença na mobilidade absoluta entre brancos e não brancos por ocupação do pai, 2014	384
8.13	Diferença na mobilidade absoluta entre brancos e não brancos por sexo, 2014	385
8.14	Religião identificada por cor, 2000-2010	386
8.15	Religião identificada por sexo e cor, 2010	387
9.1	Número de fundações e associações sem fins lucrativos por 100 mil habitantes por região, 2010	402
9.2	Porcentagem de voluntários na população total de 14 anos ou mais por nível educacional, sexo e idade, 2017	404
9.3	Número de cooperativas por área de interesse, com número de membros e empregados, 2017	418
9.4	Número de membros de sindicato por filiação à central sindical – Brasil – 2001	426
9.5	Número de entidades sindicais e arrecadação – 2015	427
9.6	Aumento no número de sindicalizados e proporção de trabalhadores sindicalizados, 2004/2005	428
9.7	Porcentagem de trabalhadores sindicalizados em diversos países	429
9.8	Motivo da sindicalização por tipo de sindicato, 2015	430
9.9	Percentual de pessoas de 15 anos ou mais que praticam algum tipo de esporte, 2015	433
9.10	Tipo de esporte realizado pela população de 15 anos ou mais que pratica algum esporte, 2015	434
9.11	Religião identificada nos Censos de 1991, 2000 e 2010	442

9.12	Membros de Igrejas Evangélicas Pentecostais, Censo de 2010	442
9.13	Mudanças na participação de católicos romanos por sexo e residência, Censos de 1980, 2000 e 2010	444
9.14	Distribuição dos membros das Igrejas Pentecostais por residência e sexo, Censo de 2010	446
9.15	Distribuição de salários por sexo e religião, Censo de 2000	447

Índice de gráficos

1.1	Expectativa de vida por país, América Latina 1950-1955	27
1.2	Média de expectativa de vida no Brasil, por sexo, 1949-1951	28
1.3	Taxas brutas de mortalidade no Brasil, 1900-1960	28
1.4	Taxa de mortalidade infantil no Brasil, 1930-1970	30
1.5	Taxa de mortalidade infantil por países da América Latina, 1950-1955	30
1.6	Taxa total de fecundidade no Brasil, 1903-1953	31
1.7	Taxa de natalidade, por idade da mãe, Brasil, 1950-1955	32
1.8	Pirâmide etária da população brasileira em 1950	35
1.9	Proporção de crianças de 6 a 11 anos que frequentam a escola, por país, 1960	38
1.10	Porcentagem de analfabetismo por idade e sexo, Censo de 1950	39
1.11	Porcentagem da população analfabeta por país da América Latina em 1950	40
1.12	Taxa de mortalidade infantil por região, 1930-1950 (Sul = 100)	49
1.13	Porcentagem de analfabetismo por sexo e cor, Censo de 1950	50
1.14	Composição da população economicamente ativa na agricultura, indústria e serviços, 1920-1960	54
2.1	Crescimento da força de trabalho na indústria manufatureira, 1939-2016	65
3.1	Taxas brutas de natalidade, mortalidade e crescimento natural, 1950-2020 (por mil habitantes)	97
3.2	Taxas de mortalidade infantil e de crianças no Brasil em quinquênios selecionados, 1950-55 a 2015-20	98
3.3	Taxa de mortalidade infantil no Brasil e na América Latina em quinquênios selecionados, 1950-55 a 2015-20	99
3.4	Mortalidade materna no Brasil, 1990-2010	100
3.5	Participação relativa das mortes de jovens e idosos, 1990-2011	102
3.6	Expectativa de vida, por sexo, em diferentes idades, 1950-55 e 2015-20	104
3.7	Expectativa de vida ao nascer no Brasil, 1950-55 a 2010-15	105
3.8	Taxa de mortalidade infantil por região, 1950-2011	106
3.9	Taxas de mortalidade pós-neonatal por região, 1990-2011	106
3.10	Mortalidade de crianças com menos de 5 anos por região, 1990-2011	107

3.11	Taxa de mortalidade materna por região, 2009-13	108
3.12	Expectativa de vida ao nascer por sexo e região, 1980 e 2017	110
3.13	Fecundidade no Brasil por idade específica, 1903, 1953, 1988 e 2011	114
3.14	Idade média de pessoas solteiras ao casar-se, divididas por sexo, 1974-2014	116
3.15	Distribuição do casamento de mulheres solteiras por coorte etário, 1984 e 2016	118
3.16	Taxa de fecundidade total por região, 1940-2017	118
3.17	Diferença na taxa de fecundidade total por região entre a maior (Região Norte) e a menor (Região Sudeste), 1940-2017	120
3.18	Taxa de fecundidade total no Brasil e na América Latina em quinquênios selecionados, 1950-55 a 2015-20	120
3.19	Pirâmide etária da população brasileira, 1950-2020	122
3.20	Número de idosos (65+) por 100 jovens (0-14), 1950-2025	123
3.21	Projeções da população brasileira, 1980-2050 (com base na projeção do IBGE de 2008)	124
3.22	Proporção de mulheres na população rural e urbana, 1950-2010	130
4.1	Tamanho médio das famílias em anos selecionados, 1950-2015	142
4.2	Proporção de domicílios chefiados por mulheres e uniões consensuais por Censo, 1960-2015	142
4.3	Proporção de homens e mulheres chefes de domicílio, 2001-2015	148
4.4	Importância das mulheres chefes de domicílio e porcentual com marido presente, 2001-2015	148
4.5	Média de idade do chefe de domicílio por sexo, 1960-2010	152
4.6	Moradores de domicílios unipessoais por idade, 1960-2015	153
4.7	Taxa de participação de homens e mulheres na força de trabalho, para pessoas de 15 anos ou mais em anos selecionados, 1960-2015	164
4.8	Porcentagem da população de 16 anos ou mais ocupada ou desocupada de acordo com o sexo, 2004-2015	164
4.9	Distribuição das mulheres em atividades urbanas e rurais por coorte etário, 2010	167
4.10	Porcentagem de trabalhadores contribuintes da Previdência Social por sexo e cor, 2010	171
4.11	Salário médio por sexo das pessoas de 16 anos ou mais, 2004-2015	172
4.12	Relação entre os salários mensais de homens e mulheres por categoria de trabalhadores, 2010	175
4.13a	Nível educacional de mulheres vítimas de violência doméstica (%)	180
4.13b	Estado civil de mulheres vítimas de violência doméstica (%)	180
4.14	Incidência de homicídios por sexo e estupro e tentativa de estupro, 1996-2015	182
4.15	Incidência de mortes de mulheres por cor, 2005-2015	183

5.1	Variação do PIB por década, 1960-2000 (em US$ 2004)	210
5.2	População economicamente ativa (PEA) e trabalhadores sem carteira assinada, todas as regiões metropolitanas, 2002-2015	212
5.3	Salário mínimo (valores constantes), 1940-2017, expresso em reais de agosto de 2017	216
5.4	Porcentagem da população brasileira considerada indigente e pobre, 1990-2015	218
5.5	Índice de Gini dos salários das pessoas de 15 anos ou mais, 2004-2015	218
5.6	Redução da pobreza nas famílias brasileiras em 2004 e 2009	219
5.7	Porcentagem da população pobre por região e residência, 2014	220
5.8	Média de anos de escolaridade para adultos de 25 anos ou mais e porcentagem de analfabetismo de pessoas de 15 anos ou mais, 1992-2014	221
5.9	Alfabetizados por sexo e região, 1950 e 2015	222
6.1	Número de unidades habitacionais financiadas pelo SBPE e pelo FGTS, 1964-1997	251
6.2	Municípios com maior população em aglomerados subnormais (Censo de 2010)	262
6.3	Número e taxa de homicídios no Brasil, 1996-2015	270
6.4	Taxa de homicídios por 100 mil habitantes no Brasil, regiões Nordeste e Sudeste, 1996-2015	270
7.1	Estimativas do Banco Mundial do Índice de Gini da desigualdade nos países da América, c. 2014	300
7.2	Participação da renda antes dos impostos dos 1% mais ricos em 2010	301
7.3	Mudança na participação da renda dos 50% mais pobres e 10% mais ricos em termos de renda per capita, Brasil, 1960-2014	310
7.4	PIB per capita por região, 2006-2013	321
7.5	Porcentagem da população classificada como pobre, 1992-2014	324
7.6	Domicílios por segurança alimentar, por região, 2004	326
8.1	Porcentagem da população por cor e etnia no Brasil, 1872-2010	350
8.2	Limite superior de expectativa de vida de escravos (desde o nascimento e por coortes de cinco anos)	353
8.3	Mortalidade infantil por raça no Brasil, 1977-1993	354
8.4	Estimativa de expectativa de vida de brancos e não brancos, 1950-2000	355
8.5	Média mensal de renda de pessoas de 10 anos ou mais por raça, 1992-2011	360
8.6	Média dos salários mensais nominais de pretos e pardos como participação coeficiente de renda dos brancos por região no Censo de 2010 (brancos = 100)	360
8.7	Índice da média salarial por cor e região, Censo de 2010 (todas as pessoas = 100)	362

8.8 Porcentagem dos trabalhadores do setor formal por cor e região, 2015 364
8.9 Média de diferenças salariais entre homens e mulheres e entre pretos e brancos, 1995-2005 367
8.10 Mediana de renda por cor, sexo e situação de trabalho, São Paulo, 2002 369
8.11 Porcentagem de pessoas de 7 a 14 anos que frequentam escola por raça, 1992-2009 370
8.12 Porcentagem de adultos alfabetizados de 15 anos ou mais por raça, 2004-2015 370
8.13 Porcentagem de pessoas entre 25-64 anos com 11 anos de escolaridade por cor, 2009 372
8.14 Média de anos de estudo das pessoas de 25 anos ou mais por cor, 2004-2014 374
8.15 Endogamia racial de casais, Censos de 1991 e 2000 380
9.1 Fundações privadas e associações sem fins lucrativos por atividade, 2010 (porcentagem) 401
9.2 Áreas de atividade de 685 ONGs no Brasil em 2002 403

Índice de mapas

1.1 Distribuição regional da população brasileira, 1872 42
1.2 Distribuição regional da população brasileira, 1950 43
3.1 Distribuição regional da população brasileira, 2017 (n = 207,6 milhões) 134

German Lorca, *Vista aérea edifício Copan*, 1992

Prefácio

O Brasil de 1950 era bem diferente do que é hoje. No período que corresponde ao tempo de vida de uma pessoa, o Brasil se transformou de uma economia tradicional subdesenvolvida, dominada pela vida rural com estrutura demográfica pré-moderna, em uma sociedade urbana moderna. Em 1950, apenas um terço do país era urbanizado e quase três quartos da força de trabalho estava envolvida em uma agricultura que atendia apenas parcialmente às necessidades alimentares da nação. Pobreza e fome afetavam uma parcela expressiva da população. A expectativa de vida era muito baixa, e as taxas de mortalidade e fertilidade bastante altas segundo os padrões mundiais. Considerando-se o modelo demográfico, o Brasil era uma nação dominada por jovens, que constituíam quase metade da população. Era também uma sociedade predominantemente não alfabetizada, e as mulheres tinham nível de escolaridade menor que o dos homens.

Hoje o Brasil é uma sociedade mais de 80% urbana, e apenas a décima parte da sua força de trabalho atua na agricultura. A fome não afeta de maneira tão significativa a população. Tornou-se uma sociedade mais complexa, com uma grande classe média e uma classe trabalhadora organizada e incorporada a um sistema moderno de bem-estar social. Na segunda década do século XXI, todas as crianças frequentam o ensino fundamental, as mulheres têm maior nível de escolaridade que os homens, e as taxas de natalidade e mortalidade, além da expectativa de vida, se aproximam dos padrões do primeiro mundo.

A questão que se coloca nesta obra é como ocorreu essa mudança radical. Em nosso livro *História econômica e social do estado de São Paulo, 1850-1950*, examinamos as mudanças econômicas ocorridas no período, primeiro em São Paulo e depois na nação como um todo. Mais recentemente, em *Alimentando o mundo: o surgimento da moderna economia agrícola no Brasil*, analisamos detalhadamente a modernização da agricultura brasileira no mesmo período. Em nossa obra anterior, contudo, as mudanças sociais foram tratadas de maneira resumida, e, por esse motivo, empreendemos aqui uma análise mais sistemática do assunto.

Não há um padrão estabelecido para aquilo que a história social de um país deve envolver. Ela poderia abranger um estudo das relações de trabalho, a cultura familiar ou até mesmo qualquer outro tema alternativo. Portanto, cada historiador aborda o tema a partir de sua própria perspectiva, e cada história social tende a ser *sui-generis*. No presente livro, selecionamos uma série de diferentes temas e instituições amplamente definidos pela sociedade brasileira de meados do século XX até hoje. É evidente que outros acadêmicos enfatizariam temas diferentes ou utilizariam abordagens alternativas para discutir as mudanças sociais ocorridas. O que se torna claro para nós é que o Brasil passou por uma mudança rápida e extraordinária em aproximadamente 75 anos, e ela gerou uma sociedade fundamentalmente diferente daquela existente em 1950.

Nossa preocupação é procurar entender os contornos dessas mudanças e oferecer possíveis explicações para "como" e "por que" ocorreram. É essencialmente um quadro geral da história, e não a micro-história que agora é bastante comum em certas tradições históricas. No entanto, poucos antes de nós tentaram tal *macroanálise*, e, portanto, vemos nosso trabalho como uma primeira tentativa de definir as mudanças fundamentais ocorridas, um primeiro passo necessário para apresentar o contexto em que podem ser produzidas *micro-histórias* detalhadas.

Iniciamos este estudo com uma análise do que era o Brasil em 1950 em termos de condições econômicas e sociais existentes antes que ocorressem as mudanças fundamentais estudadas. Examinaremos então, resumidamente, as transformações políticas e econômicas após 1950, as quais moldariam a sociedade brasileira no período. Uma das evoluções mais importantes da sociedade foi a profunda alteração na estrutura demográfica e os padrões de comportamento ocorridos na década de 1960. Foi quando o Brasil iniciou o período de transição demográfica, em que a taxa de fertilidade caiu substancialmente, equiparando-se, enfim, ao lento declínio da mortalidade que havia precedido tal mudança. Por sua vez, um declínio bastante rápido da mortalidade acrescentaria 20 anos à expectativa de vida da população nacional para mulheres e 16 anos para homens nesse período de meio século. Tão significativo quanto a industrialização, a modernização agrícola e a transição demográfica foi o papel do governo nacional quanto à influência na mudança da sociedade brasileira na época. No período pós-1950, implantou-se um programa moderno de bem-estar social no Brasil, e sua criação alterou profundamente a vida e a renda da população nacional como um todo. Todas essas transformações ocorreram enquanto milhões de brasileiros migravam para cidades em rápida expansão e a maioria da população mudava da área rural para a urbana. A ascensão da metrópole e seu impacto na sociedade brasileira são os temas abordados no primeiro capítulo.

Após resumir as mudanças estruturais básicas, passaremos para grupos e temas específicos. Evidentemente, o novo papel da mulher na sociedade é a questão de gênero que registrou a maior mudança. No período pós-1950, as mulheres aumentaram significativamente a participação no ambiente de trabalho e agora têm maior nível de escolaridade que os homens, indicando uma reversão dos padrões pré-1950. As modificações nas taxas de fertilidade se refletiram no tamanho das famílias, e a introdução do divórcio civil e o declínio da influência da Igreja Católica também tiveram um impacto expressivo sobre as mulheres e a família.

Todas essas modificações na economia e na sociedade levaram a padrões bem diferentes de mobilidade social e estrutura de classes. Enquanto o Brasil começava a se industrializar substancialmente, houve a princípio um período relativamente aberto de mobilidade, em que números elevados de pessoas outrora pobres alcançaram status mais elevado e maior renda em comparação com seus pais. Porém esse sistema se fechou lentamente à medida que o Brasil se tornava uma sociedade moderna industrial; a mobilidade de classe se tornava mais circular, e a dos grupos superiores desacelerava. Uma das questões históricas com que o Brasil se defronta, assim como todas as sociedades do continente americano com histórias de trabalho escravo africano, é a questão da raça. Esse é um tema em constante debate no Brasil. Por essa razão, procuramos apresentar as principais questões conflitantes a respeito dele.

A criação de um Estado de bem-estar social moderno foi de importância crucial para levar a população brasileira a um novo nível, muito mais universal, de saúde e bem-estar. Finalmente codificado em quase todos os seus aspectos na Constituição de 1988, o Estado de bem-estar social brasileiro, apesar de todas as suas ineficiências e restrições financeiras, exerceu um impacto importante na redução da desigualdade regional – tema que enfatizamos em todos os capítulos. Houve mudanças na importância econômica e no PIB per capita de algumas regiões. Nesse aspecto, foi fundamental a ascensão do Centro-Oeste para um status econômico em condições de igualdade com os estados tradicionalmente mais ricos das regiões Sul e Sudeste. Outras, no entanto, sobretudo a Nordeste, não mantiveram o ritmo de crescimento e estão economicamente bem abaixo do padrão das três regiões mais ricas. Mas em termos de saúde, características demográficas, bem-estar social e expectativa de vida agora há um padrão nacional que é a norma em todas as regiões, e isso se deve em grande parte à ação do governo tanto de criar um sistema moderno de bem-estar social quanto de adotar programas de transferência de renda para os pobres e para a parte mais excluída da população.

Por fim, examinaremos também uma característica incomum e bastante nova da sociedade brasileira que se desenvolveu particularmente no período pós-1950, ou seja, a ascensão das organizações da sociedade civil. Desde a fundação da República, em 1889, grupos religiosos eram essencialmente associações voluntárias sem ajuda do Estado. Porém, desde a oposição civil maciça ao governo militar dos anos 1970 e 1980, o Brasil desenvolveu uma vasta rede de organizações não estatais e não religiosas que desempenham um papel cada vez mais relevante na sociedade. Atuam nas áreas de proteção ambiental, educação, saúde, trabalho etc. Também houve uma mudança importante nas associações religiosas com a recente e rápida expansão das Igrejas evangélicas, de enorme tamanho e grande poder político. Embora tradicionalmente se pensasse que a sociedade civil no Brasil seria fraca ou quase inexistente, constatamos que essa tese não se sustenta para o país da atualidade.

No presente livro, nós nos apropriamos dos termos-padrão de cor brasileiros nas palavras *branco*, *pardo* e *preto*. São geralmente categorias autodeclaradas em todos os Censos e pesquisas e muitas vezes mudam de acordo com as convicções nacionais em transformação sobre raça e identidade. Algumas vezes, os dados do governo apresentam resultados de uma população combinada afro-brasileira que definimos como *pretos e pardos*. Reproduzimos as conclusões sobre raça com base nesses critérios.

Ao escrever este livro, contamos com a ajuda inestimável de muitas pessoas. Gostaríamos de agradecer a Matiko Kume Vidal, Renato Augusto Rosa Vidal, Bruno Teodoro Oliva, Sonia Rocha, Donald J. Treiman, Simon Schwartzman e William Summerhill por sua generosa colaboração.

1

O Brasil em meados do século XX

Pierre Fatumbi Verger, *Marché Modelo*, Salvador, Brasil, 1946-1947

Em 1950, o Brasil ainda apresentava as características de uma sociedade tradicional. A maioria da população ocupava as áreas rurais e apenas pouco mais de um terço vivia nas cidades. A agricultura absorvia quase três quartos da força de trabalho masculina, e a indústria manufatureira respondia por apenas 13% dos trabalhadores empregados.[1] Mais da metade da população de 15 anos ou mais não sabia ler nem escrever,[2] e havia mais analfabetismo entre mulheres do que entre homens.[3] Era também uma sociedade tradicional em termos demográficos, com taxas muito elevadas de fecundidade e mortalidade, podendo ser definida como sociedade pré-moderna clássica. As mulheres tinham em média mais de 6 filhos (taxa total de fecundidade das mulheres nos anos férteis), revelando uma taxa de natalidade bruta de 44 por mil habitantes, uma das mais elevadas do mundo. A taxa de mortalidade bruta de 20% também era alta, até mesmo para os padrões latino-americanos.[4] O país também se dividia entre a região Nordeste pobre, cujos padrões de vida eram iguais aos da Índia, e a região Sudeste, cujos padrões de vida eram semelhantes aos da Bélgica.[5] Contudo, tinha um enorme potencial. Os 52 milhões de habitantes em 1950 faziam do Brasil o oitavo país do mundo em termos populacionais e o quinto no

---

1   Essas porcentagens excluem homens inativos e estudantes ou que executavam trabalho doméstico não remunerado. IBGE, *Recenseamento geral de 1950*, Série Nacional, Censo demográfico, v. 1 (Rio de Janeiro, 1956), pp. 26-29, tabela 22.

2   IBGE, *Estatísticas do Século* xx (2003), tabela pop_S2T02.

3   Cerca de 60% das mulheres eram analfabetas em comparação com 54% dos homens. Em termos de cor, apenas homens e mulheres asiáticos e homens brancos eram mais da metade alfabetizados. Entre pretos e pardos, a taxa era inferior a 30% para homens e mulheres, e as mulheres brancas eram 49% alfabetizadas. IBGE, *Recenseamento geral de 1950*, Série Nacional, Censo demográfico, v. 1 (Rio de Janeiro, 1956), p. 20, tabela 17.

4   Refere-se às taxas brutas de natalidade e mortalidade em 1950. Veja IBGE, "Séries históricas e estatísticas", tabelas POP 201 e POP 261. Disponível em: <https://seriesestatisticas.ibge.gov.br/lista_tema.aspx?op=0&no=10>.

5   Edmar Bacha e Herbert S. Klein, eds. *Social Change in Brazil, 1945-1985: The Incomplete Transformation* (Albuquerque: University of New Mexico Press, 1989), p. 3.

ranking de área territorial. O PIB per capita era de US$ 952 (em dólares de 1995), e o PIB nacional somava US$ 463 bilhões.[6] Com 6,1 pessoas por quilômetro quadrado, era uma das nações menos densamente povoadas e ainda tinha uma fronteira aberta com enorme potencial.[7]

Contudo, a população ainda vivia abaixo dos padrões do mundo desenvolvido em uma série de índices. Os níveis elevados de pobreza e a falta de infraestrutura em saúde e saneamento contribuíam para que a expectativa de vida média no nascimento atingisse apenas 50 e poucos anos. Em 1950, os brasileiros tinham em média 10 a 15 anos a menos de expectativa de vida em comparação com argentinos, uruguaios e paraguaios. Essa diferença se aplicava aos dois sexos. Os homens brasileiros viviam em média 49,1 anos em 1950, 14 anos a menos que os homens uruguaios; e as brasileiras viviam em média 52,8 anos, aproximadamente 15 anos a menos que as uruguaias.[8]

No entanto, os índices de natalidade, mortalidade e expectativa de vida estavam se transformando gradualmente. No primeiro Censo Nacional, de 1872, a expectativa de vida era de apenas 20 e poucos anos, tanto para homens como para mulheres.[9] A expectativa de vida em 1910 atingiu 34,6 anos para os dois sexos e lentamente aumentou para 37,3 anos em 1930, representando um crescimento de 0,4% ao ano. A mudança foi mais rápida nas duas décadas seguintes, com a expectativa de vida crescendo 1,7% ao ano e atingindo 52,3 anos para os dois sexos combinados no início da década de 1950.[10] Em 1950, a expectativa de vida dos brasileiros finalmente alcançava as posições médias do ranking das repúblicas latino-americanas e estava logo abaixo da média regional desse indicador (Gráfico 1.1).

O motivo principal pelo qual a expectativa de vida era tão baixa, em comparação com os países vizinhos, era o fato de que o Brasil em meados

---

6 Carlos Roberto Azzoni, "Concentração regional e dispersão das rendas per capita estaduais: análise a partir de séries históricas estaduais de PIB, 1939-1995", *Estudos Econômicos* 27, n. 3 (1997), tabelas A2 e A3.

7 Os dados sobre densidade populacional são de Giorgio Mortara, "The Development and Structure of Brazil's population", p. 134. Ranking da população retirado de <http://www.un.org/esa/population/pubsarchive/india/20most.htm#1950>, e tamanho em 1961 de <https://data.worldbank.org/indicator/ag.lnd.totl.k2>.

8 Celade, *Observatorio demográfico 3* (2007), pp. 33-37, tabela 5.

9 Eduardo E. Arriaga, *New Life Tables for Latin American Populations in the Nineteenth and Twentieth Centuries* (Berkeley: Institute of International Studies, University of California, *Population Monograph Series 3*, 1968), pp. 29-35, tabelas III-3-III-6.

10 IBGE, "Séries históricas e estatísticas", tabela POP 209. Disponível em: <https://seriesestatisticas.ibge.gov.br/series.aspx?no=10&op=0&vcodigo=POP209&t=esperancavida>. A estimativa atual do Celade para 1950-55 é de apenas 51 anos para os dois sexos no Brasil, 1 ano a menos do que a estimativa do IBGE. Celade, *Observatorio demográfico 3*, "Population projection" (abr/2007), p. 33, tabela 5.

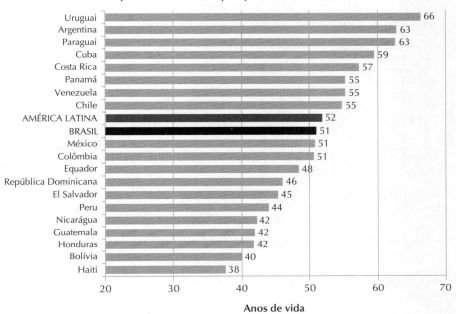

Gráfico 1.1 Expectativa de vida por país, América Latina 1950-1955

Fonte: Celade, Obs. Demog. nº 3 (1977): 35, tabela 5.

do século ainda registrava uma taxa bastante elevada de mortalidade infantil: 135 mortes a cada mil nascidos vivos, o dobro ou mais do que a de seus vizinhos do sul e ainda acima da taxa média de mortalidade de 128 na América Latina.[11] O mesmo ocorria com as taxas de mortalidade em menores de 5 anos. Em 1950, eram 190 mortes de crianças com menos de 5 anos por mil nascidos vivos, o que era próximo da média latino-americana, embora muito mais elevado do que a taxa de seus vizinhos do sul, incluindo o Paraguai, que era de apenas 102 mortes.[12] Considerando-se essas taxas de mortalidade infantil e de crianças muito elevadas no período pré-moderno, um número significativo de crianças morria antes do quinto aniversário

---

[11] Celade, *Observatorio demográfico 9* (2010), p. 48, tabela 6. Para uma discussão geral dos padrões de fecundidade e mortalidade pré-1950, veja Giorgio Mortara, "The Development and Structure of Brazil's Population", pp. 121-139, e Elza Berquó, "Demographic Evolution of the Brazilian Population during the Twentieth Century", *in* David Joseph Hogan, ed., *Population Change in Brazil: Contemporary Perspectives* (Campinas: Nepo/Unicamp, 2001).

[12] Cepalstat. Disponível em: <http://interwp.cepal.org/sisgen/ConsultaIntegrada.asp?idIndicador=37&idioma=e>. Acesso em: 02.06.2019.

Gráfico 1.2 Média de expectativa de vida no Brasil, por sexo, 1949-1951

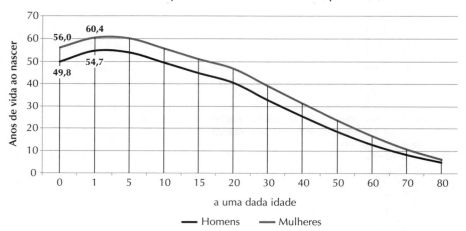

Fonte: IBGE, *Estatísticas do Século XX*, tabela "Saúde1952AEB-02".

Gráfico 1.3 Taxas brutas de mortalidade no Brasil, 1900-1960

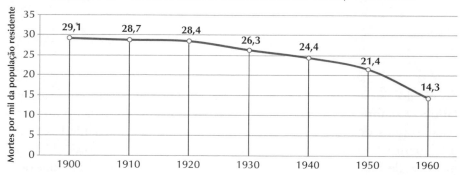

Fonte: Berquó, 2001, tabela 3.

devido a condições socioeconômicas e de saúde comprometidas. De fato, quase um quarto das mortes notificadas em 1950 era de pessoas com menos de 15 anos. Nos Estados Unidos, no mesmo ano, apenas 9% das pessoas morriam nessa faixa etária.[13]

---

[13] Celade, "Brasil: Tablas Abreviadas de Mortalidad, 1950-55", *Boletín demográfico. América Latina: Tablas de Mortalidad, 1950-2025*, 34, n. 74 (jul/2004), p. 62, tabela 14; e Felicitie C. Bell e Michael L. Miller, *Life Tables for the United States Social Security Area 1900-2100* (Actuarial Study n. 120 [Washington, DC: Social Security Administration Office of the Chief Actuary, 2005]), p. 41, tabela 6.

A expectativa de vida nesse período de desenvolvimento demográfico era determinada sobretudo por mudanças na mortalidade infantil. O impacto das altas taxas de mortalidade infantil pode ser observado em 1950 nas diferenças de expectativa de vida para homens e mulheres ao nascer e após 1 ano. Se alguém sobrevivesse ao primeiro ano, então 4-5 anos eram acrescentados à expectativa de vida (Gráfico 1.2).

Contudo, a despeito das taxas de mortalidade relativamente altas em comparação com as dos países vizinhos ao sul, o Brasil daquele período estava por fim começando a registrar uma taxa mais rápida de queda da mortalidade, especialmente de recém-nascidos. Esse declínio lento da mortalidade começou mais cedo, com os movimentos de vacinação sistemática e de saneamento básico entre as décadas de 1890 e 1910, período particularmente importante para a redução dos níveis de mortalidade nas áreas urbanas em expansão. Foi um padrão comum a todos os países latino-americanos, embora nos mais ricos os níveis declinassem com mais intensidade que nos mais pobres antes de 1930.[14] A introdução dos antibióticos após a Segunda Guerra foi o fator importante seguinte para a redução da mortalidade, ao lado de esforços anteriores para o fornecimento de água potável, saneamento básico e pasteurização do leite. Finalmente, houve um crescimento estável da agricultura nacional após meados do século que permitiu um lento, mas contínuo, declínio no preço dos alimentos e um aumento no suprimento de mantimentos para a população rural e urbana. Todos esses fatores podem ser observados no impacto que tiveram sobre a taxa de mortalidade bruta no Brasil. Assim, se entre 1910 e 1930 o declínio médio foi de apenas 0,3% ao ano, no período entre 1930 e 1950 a redução anual média elevou-se significativamente para 1%. Nos vinte anos seguintes, a taxa de mortalidade bruta declinaria em 3,1% ao ano (Gráfico 1.3).

Essa queda na taxa de mortalidade bruta foi impulsionada primeiramente pelo declínio da mortalidade infantil, que, de 162 mortes de crianças com menos de 1 ano por mil nascidos vivos em 1930, chegou a 135 mortes em 1950, um declínio de 0,9% ao ano. Ao contrário da taxa de mortalidade bruta, no entanto, esse declínio não se intensificou nos vinte anos seguintes, mantendo-se em apenas 0,8% ao ano entre 1950 e 1970 (Gráfico 1.4). Contudo, no período de vinte anos, de 1970 a 1990, o declínio seria substancial,

---

14 Eduardo E. Arriaga e Kingsley Davis. "The Pattern of Mortality Change in Latin America". *Demography* 6 n. 3 (1969), p. 226.

Gráfico 1.4 Taxa de mortalidade infantil no Brasil, 1930-1970

Fonte: IBGE, Séries históricas, tabela CD100

Gráfico 1.5 Taxa de mortalidade infantil por países da América Latina, 1950-1955

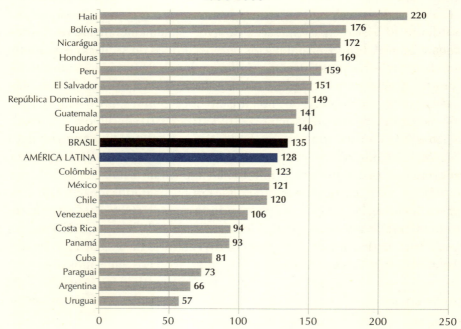

Fonte: Celade, Bol. Dem. Nº 74 (2004): 24, tabela 6

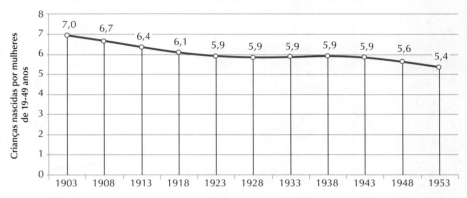

Gráfico 1.6   Taxa total de fecundidade no Brasil, 1903-1953

Fonte: Horta, Carvalho e Frias 2000, tabela 6

com a taxa significativa de 4,2% ao ano.[15] A taxa de mortalidade infantil de 135 mortes por mil nascidos vivos em 1950 era muito alta para os padrões mundiais, com a maioria dos países desenvolvidos registrando taxas na faixa de 20-50 mortes por mil nascidos vivos, sendo que apenas as nações mais subdesenvolvidas tinham taxas de mortalidade infantil acima de 100.[16] Também era alta em comparação com os vizinhos ao sul, sendo o dobro da taxa da Argentina no período e estando acima da taxa média da América Latina (Gráfico 1.5).

Se a mortalidade estava em declínio cada vez mais intenso em 1950, a fecundidade mudou apenas moderadamente desde 1900. Estima-se que, em 1900-1905, o número médio de crianças nascidas de mulheres no coorte etário de 14 a 49 anos era 7.[17] Isso significa que a taxa de natalidade bruta estava em torno de 46-47 nascimentos por mil habitantes. Em 1950, ainda estava ao redor de 44 nascimentos por mil habitantes, e a taxa total de fecundidade era de 6 crianças.[18] Portanto, a taxa de fecundidade total no período de vinte anos da década de 1930 à década de 1950 havia declinado em apenas 0,4% ao ano (Gráfico 1.6).

---

15 IBGE, "Séries históricas e estatísticas", tabela CD100. Disponível em: <https://seriesestatisticas.ibge.gov.br/series.aspx?t=taxa-mortalidade-infantil&vcodigo=CD100>.
16 IBGE, *Anuário Estatístico do Brasil*, 1953, p. 562, tabela IV.
17 Cláudia Júlia Guimarães Horta, José Alberto Magno de Carvalho e Luís Armando de Medeiros Frias, "Recomposição da fecundidade por geração para Brasil e regiões: atualização e revisão", apresentado no XII Encontro Nacional de Estudos Populacionais, ABEP, 2000, tabela 6.
18 Mortara, *op. cit.*, p. 22.

O Brasil em meados do século XX

Gráfico 1.7 Taxa de natalidade, por idade da mãe, Brasil, 1950-1955

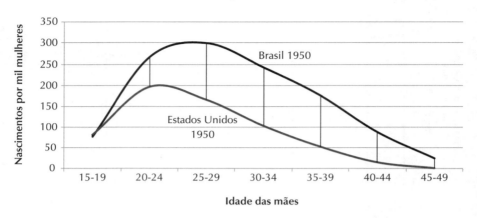

Fonte: Horta, Carvalho e Frias 2000:6, tabela 3; USA Vital Stat 1950, tabela 6.08

Não apenas a fecundidade permaneceu elevada na primeira metade do século XX e de fato aumentou ligeiramente na década de 1960, mas a média de idade de mulheres que deram à luz também continuou bastante alta, com o período de pico para o nascimento de crianças aos 25-29 anos e com significativos 24% de nascimentos ocorridos em mulheres de 35 anos ou mais em 1950. Tudo isso sugere o baixo uso de métodos contraceptivos. Desde que a contracepção se tornou comum, as mulheres reduziram os nascimentos em idade avançada, diminuindo, consequentemente, o tamanho das famílias. Em comparação, os Estados Unidos em 1950, que registravam uma taxa total de fecundidade de apenas 3 crianças, apresentava um pico de nascimentos no grupo etário de 20-24 anos e apenas 11% do total de nascimentos ocorridos em mulheres de 35 anos ou mais. Isso explica por que a idade mediana das mães que deram à luz no Brasil era muito alta, de 30 anos, em oposição aos Estados Unidos, que era de 26 anos (Gráfico 1.7).[19]

Em meio à taxa de mortalidade lentamente declinante e a taxa de fecundidade muito elevada, a população estava crescendo a uma taxa extremamente alta no último quarto do século XIX e nos primeiros vinte anos do século XX. De fato, poucos países do mundo cresceram tanto quanto o

---

[19] Horta, Carvalho e Frias, "Recomposição da fecundidade por geração para Brasil e regiões: atualização e revisão", tabela 3, e calculado a partir de United States Department of Health, Education, and Welfare, *Vital Statistics of the United States, 1950* (Washington, D.C., 1954), v. I, p. 85, tabela 6.13.

Brasil no século XIX. Naquele século, após 1870, o Brasil crescia na média de 2,3% ao ano, o que significa que a população dobrava a cada trinta anos.[20] Alcançou a maior alta de todos os tempos na década de 1950, quando atingiu o pico de 2,99% ao ano entre o Censo de 1950 e o de 1960.[21] A essa taxa, a população brasileira de 52 milhões naquele ano teria dobrado para mais de 100 milhões em 1972. O fato de isso não ter acontecido se deve ao declínio repentino e bastante rápido da fecundidade após 1960, o que examinaremos mais detalhadamente nos próximos capítulos.

Entre 1850 e 1950, a população brasileira aumentou em cerca de 44,8 milhões de pessoas, das quais 41,4 milhões se deveram ao crescimento natural de nascimentos em comparação com as mortes e somente 3,4 milhões à imigração líquida.[22] O dinamismo econômico do Brasil das fases do açúcar e do ouro, do período colonial até o *boom* do café no século XIX, resultou no ingresso maciço de escravos africanos e imigrantes livres europeus e asiáticos. Em vista dessa combinação de expressivo aumento natural e de imigração, a população brasileira cresceu tanto no século XIX que, em 1900, havia tomado o lugar do México como o maior país na América Latina.[23] Durante esse longo período, o Brasil recebeu mais de 10 milhões de imigrantes estrangeiros – cerca de 4,8 milhões de africanos, que vieram como escravos até 1850, e 5,6 milhões de trabalhadores livres europeus e asiáticos, que chegaram principalmente após a abolição da escravatura.[24] Assim, o país recebeu mais escravos africanos do que qualquer outra colônia ou nação nas Américas e conseguiu atrair um número comparável de imigrantes europeus livres. Ao lado da Argentina, era o único país latino-americano capaz de competir com os Estados Unidos e o Canadá na absorção de uma parcela significativa da grande migração transatlântica europeia do final do século XIX e início do século XX.

---

20 Thomas W. Merrick e Douglas H. Graham, *Population and Economic Development in Brazil, 1800 to the Present* (Baltimore, Md.: Johns Hopkins University Press, 1979), pp. 30-31.

21 Declinaria para 1,1% ao ano entre os Censos de 2000 e de 2010. IBGE, "Séries históricas e estatísticas", tabela CD106. Disponível em: <https://seriesestatisticas.ibge.gov.br/series.aspx?no=10&op=0&v-codigo=CD106&t=taxa-mediageometrica-crescimento-anual-populacao>.

22 Mortara, *op. cit.*, p. 122.

23 Nicolás Sánchez-Albornoz, *La población de América Latina: desde los tiempos precolombinos al año 2025* (Madrid: Alianza, 1994), p. 143.

24 O número de africanos é a taxa estimada retirada dos bancos de dados Slave Voyage na Emory University. Disponível em: <http://www.slavevoyages.org/assessment/estimates>, acesso em: 04.01.2018; os números da imigração europeia e asiática foram extraídos de Maria Stella Ferreira Levy, "O papel da migração internacional na evolução da população brasileira (1872 a 1972)", *Revista de Saúde Pública* 8 (Supl.) (1974), pp. 71-73, tabela 1; e os de 1820-1871 da Directoria Geral de Estatística, *Boletim commemorativo da exposição nacional de 1908* (Rio de Janeiro, 1908), pp. 82-85.

Contudo, devido às altas taxas de crescimento natural da população nativa, a imigração europeia tinha apenas um impacto moderado no crescimento da população nacional, em comparação com o impacto no Canadá e na Argentina no mesmo período. Estima-se que os imigrantes respondiam por 14% do crescimento total da população nacional entre 1872-1890, cerca de 30% na década de pico de 1890-1900 e apenas 7-8% nas quatro décadas seguintes.[25] Nesse aspecto, o Brasil assemelhava-se aos Estados Unidos, considerando-se que a imigração respondia por menos de 10% do crescimento total nos dois países no período entre 1841 e 1940.[26]

Embora a imigração internacional tenha trazido principalmente adultos em idade de trabalho, tanto na era do tráfico de escravos como depois de 1888 o Brasil ainda tinha uma população extremamente jovem devido aos níveis bastante elevados de crescimento natural e à fecundidade muito alta. Portanto, no Censo de 1890, as pessoas com menos de 19 anos representavam 51% da população total, e essa porcentagem cresceu para 55% da população nacional em 1900 e 57% de acordo com o Censo de 1920.[27] Ainda em 1950, cerca de 52% da população residente registrava idade inferior a 19 anos, e 42% tinha menos de 15 anos, sendo as duas taxas bastante elevadas segundo os padrões mundiais.[28] Com alta taxa de mortalidade e baixa expectativa de vida, apenas 3% da população tinha mais de 65 anos. Isso significa que a média de idade da população nacional em 1950 era de 19 anos. Devido ao alto coeficiente de crianças e à baixa idade mediana da população, o Brasil tinha um índice relativamente alto de dependência, ou seja, o coeficiente de trabalhadores ativos de 15-64 anos contra crianças e idosos dependentes. O coeficiente era de 80 dependentes fora da idade de trabalho para cada 100 adultos em idade de trabalho (15-64 anos).[29] A taxa de dependência atingiu o pico em 1960, com 83,2 pessoas fora da idade ativa para 100 na idade ativa. Em decorrência do coeficiente mais baixo de crianças para a população total, os Estados Unidos, o Reino Unido e a França apresentavam em 1950 uma taxa de dependência entre 50 e 60 de-

---

25 Merrick e Graham, *op. cit.*, p. 37.

26 Ibidem, pp. 38-39.

27 Calculado a partir de dados do IBGE, *Estatísticas históricas do Brasil*, v. 3, *Séries econômicas, demográficas e sociais de 1550 a 1988* (2ª edição revista e atualizada), p. 31, tabela 1.6: "População presente segundo o sexo e os grupos de idade - 1872-1920". Todos os dados se referem apenas à população cuja idade é conhecida.

28 Mortara, *op. cit.*, p. 125.

29 Dados de idade de brasileiros encontrados em Celade, "Estimativas e projeções de longo prazo para a população, 1950-2100". Revisão em 2013. Disponível em: <https://www.cepal.org/celade/proyecciones/basedatos_bd.htm>.

Gráfico 1.8 Pirâmide etária da população brasileira em 1950

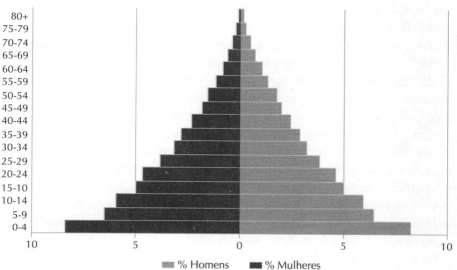

Fonte: Celade, Pop Projections, Revisión 2013

pendentes por 100 pessoas na idade ativa.[30] Mas esse foi o ano de pico para o Brasil, e o declínio muito rápido da fecundidade nas décadas seguintes levou a uma queda constante no coeficiente de dependência, que em 2016 seria apenas a metade da taxa de 1960.[31]

O Brasil de 1950, portanto, tinha todas as características de uma população pré-moderna, apresentando fecundidade e mortalidade altas, com ampla base de crianças e baixa proporção de idosos, resultando em uma perfeita pirâmide de idades por sexo (**Gráfico 1.8**).

Os brasileiros de meados do século ainda se definiam predominantemente como brancos. Isso graças ao impacto pós-emancipação da imigração europeia e a um nível continuado de racismo que definia o branco como o padrão de status mais elevado. Antes da abolição da escravatura, em 1888, parecia que o Brasil teria uma população predominantemente descendente

---

[30] Dados do Banco Mundial de 1960 e 2016. Veja: <https://data.worldbank.org/indicator/SP.POP.DPND>.

[31] Para dados de dependência após 1950, veja IBGE, "Séries históricas e estatísticas", tabela POP 220. Disponível em: <https://seriesestatisticas.ibge.gov.br/series.aspx?no=10&op=0&vcodigo=POP220&t=razaodependencia>. De acordo com o Banco Mundial, o coeficiente era de 44 em 2016. Veja: <https://data.worldbank.org/indicator/SP.POP.DPND>.

de afro-americanos, uma vez que era o maior receptor de escravos africanos em comparação com qualquer outro país das Américas, com estimativa de 4,8 milhões de pessoas que chegaram às suas praias entre o início dos anos 1500 e 1850.[32] Portanto, não é de surpreender que, no Censo de 1872, cerca de 58% da população de aproximadamente 10 milhões de habitantes fosse identificada como preta e parda. Ao mesmo tempo, o final do tráfico de escravos em 1850 e a falta de migração livre significativa mostravam que na época desse primeiro Censo Nacional de 1872 apenas 3% da população imperial era de estrangeiros.[33] Isso mudaria drasticamente após a abolição da escravatura, com a chegada maciça de imigrantes europeus e asiáticos, que vinham para substituir os antigos escravos nas culturas de café da região centro-sul. Somente entre 1880 e 1930, cerca de 4,1 milhões de europeus, imigrantes do Oriente Médio e asiáticos chegaram ao Brasil.[34] Esses imigrantes tiveram grande impacto na mudança lenta, mas constante, da composição de cor da população nacional. Contudo, como a cor sempre foi autodeclarada nos Censos, é evidente que o preconceito em relação a ela aumentou naquele período também entre brasileiros nativos.[35] Portanto, a porcentagem da população identificada como branca foi de 38% para 44% da população nacional entre os Censos de 1872 e de 1890, tendo apresentado o pico de 64% em 1940, e estava ainda em 62% de acordo com o Censo de 1950. Como cor e classe social eram, no início, altamente correlacionadas devido à pobreza original dos escravos emancipados e ao preconceito racial, e já que os imigrantes europeus evitavam as áreas mais tradicionais dominadas pelo cultivo da cana-de-açúcar, optando por trabalhar nos centros mais dinâmicos, influenciados pela cafeicultura, a composição de cor variava de acordo com a riqueza da região, com o Sul e o Sudeste tendo bem menos não brancos do que o Nordeste. Porém, a partir do pico de 1940, o índice de brancos declinou continuamente como porcentagem da população, e, de acordo com o Censo de 2010, eles eram mais uma vez a minoria

---

32 Herbert S. Klein, *The Atlantic Slave Trade* (2ª ed. rev., New York & Cambridge: Cambridge University Press, 2010), apêndice, tabela A2.

33 Nepo, *Censo 1872:* Quadros do Império, tabela 2, população presente em relação à idade (sexo, condição, cor, idades), conforme reproduzido e recalculado por Nepo/Unicamp.

34 Maria Stella Ferreira Levy, "O papel da migração internacional na evolução da população brasileira (1872 a 1972)", *Revista de Saúde Pública* 8 (Supl.) (1974) [São Paulo], pp. 71-73, tabela 1.

35 IBGE, *Tendências demográficas, uma análise dos resultados da amostra do Censo Demográfico 2000* (*Estudos e Pesquisas* n. 13; Rio de Janeiro, 2004), p. 17, gráfico 2; e Ricardo Henriques, *Desigualdade racial no Brasil: evolução das condições de vida na década de 90* (Ipea, 807, Rio de Janeiro, jul/2001), p. 5, tabela 1.

dos brasileiros.[36] Como não houve imigração maciça de não brancos para o Brasil desde 1940, a origem dessa mudança se deve a duas possíveis explicações, examinadas nos próximos capítulos. A primeira é o declínio de associações negativas relacionadas com cor, principalmente de pardos, os quais pareciam estar associados à identidade nacional de todos os brasileiros. A segunda é a possibilidade de aumento contínuo de pardos devido ao maior número de casamentos e relações entre pessoas de cores diferentes. Portanto, os brasileiros de meados do século ainda se definiam, na maioria, como brancos, da mesma maneira que se identificavam em massa como católicos. Mas, assim como as taxas de natalidade e de mortalidade mudavam, ocorreria o mesmo com o senso de identidade e religião nas décadas subsequentes.

A despeito de avanços educacionais significativos, o Brasil era ainda predominantemente analfabeto nesse período. Embora a maioria de imigrantes fosse de alfabetizados, em geral a taxa de alfabetização no final do século XIX e início do século XX nos Censos brasileiros era muito baixa. Isso ocorria porque o Brasil, durante a maior parte da história imperial e início da história republicana, era uma nação relativamente atrasada em termos de oferta de educação pública para a população, mesmo para os padrões latino-americanos. No Censo de 1890, apenas 15% dos habitantes sabiam ler e escrever,[37] porcentagem quase idêntica ao do Censo Imperial de 1872. Esse nível correspondia ao dos países mais pobres do hemisfério. Contudo, a transferência da educação para a responsabilidade pública após 1889 resultou em maior interesse pela educação nas regiões mais avançadas. De fato, o Brasil passou pela mudança mais rápida nas taxas de alfabetização entre 1899 e 1930 em comparação com qualquer outro país latino-americano.[38] De acordo com o Censo de 1920, a taxa de alfabetização nacional havia do-

---

36 IBGE, POP106, "População presente e residente, por cor ou raça (dados do universo e dados da amostra), Decenal 1872-2000", e IBGE, PD336 "População residente, por cor ou raça. Anual 2001-2009". Disponíveis em: <http://seriesestatisticas.ibge.gov.br/lista_tema.aspx?op=0&no=10>. Mas as definições de cor são evidentemente fluidas no Brasil, especialmente quando a maneira comum de contagem é por autodeclaração. É interessante notar que até 2005 o número de brancos havia caído para menos da metade da população total brasileira e declinou continuamente até o Censo de 2010, em que os brancos eram apenas 47% da população nacional, mas ainda eram maioria.

37 Directoria Geral de Estatística, *Sexo, raça e estado civil, nacionalidade, filiação, culto e analfabetismo da população recenseada em 31 em dezembro de 1890* (Rio de Janeiro: Officina da Estatística, 1898), p. 373, tabela "População recenseada na República dos Estados Unidos do Brasil quanto ao analfabetismo".

38 André Martínez Fritscher, Aldo Musacchio e Martina Viareng, "The Great Leap Forward: The Political Economy of Education in Brazil, 1889-1930" (Cambridge, MA: Harvard Business School, Working Papers Nº 10-075 [2010]), p. 2. Disponível em: <http://www.hbs.edu/research/pdf/10075.pdf>.

Gráfico 1.9 Proporção de crianças de 6 a 11 anos que frequentam a escola, por país, 1960

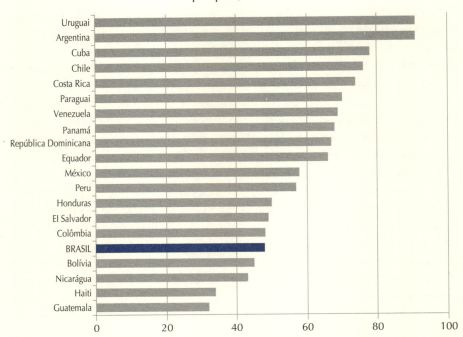

Fonte: CEPAL, Anuário Estadístico da América Latina 1980: 102, tabela 35

brado para 29%.[39] Até 1871, havia apenas 134 mil jovens estudantes para uma população de mais de 10,1 milhões que registrava apenas 13 crianças matriculadas em escolas para cada mil habitações.[40] Desses estudantes, apenas 7% frequentavam escolas de ensino secundário, e apenas 28% de todos eles eram mulheres. Em 1889, o coeficiente era de 18 crianças por mil cidadãos, em 1907 era de 29 crianças e em 1920 de 41 crianças.[41] Evidentemente, enquanto o número total de matrículas de crianças de escola de ensino

---

[39] Alceu Ravanello Ferraro, "Analfabetismo e níveis de letramento no Brasil: o que dizem os Censos?" *Revista Educação & Sociedade* (Campinas) 23, n. 81 (dez/2002), p. 34, tabela 1.

[40] Dados do *Relatório do Ministério dos Negócios do Império 1871, apresentado em maio de 1872*, pp. 27-36.

[41] Os investimentos governamentais em educação passaram da média de 0,7 mil-réis por aluno em 1900 para 1,2 mil-réis em 1925 (ambos em mil-réis de 1913). No período de 1899 a 1933, o número de escolas primárias passou de 8.157 para 28.707, e, no mesmo período, o de matrículas nas escolas primárias foram de 258.804 para 2.218.569. Martínez, Musacchio e Viareng, "The Great Leap Forward", pp. 48, 52, tabelas 2 e 8.

Gráfico 1.10 Porcentagem de analfabetismo por idade e sexo, Censo de 1950

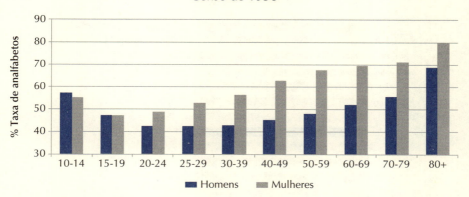

Fonte: *Recenseamento Geral de 1950*, Série Nacional, vol.1: 20-21, tabela 17

primário aumentava, ainda havia um déficit de crianças no ensino primário e secundário, pois tanto a escola pública como a privada ainda estavam disponíveis apenas para a elite. Em 1950, havia 6 milhões de estudantes matriculados em uma taxa de 115 estudantes por mil habitantes, mas houve pouco crescimento dos ensinos secundário e superior. Dos 6 milhões de estudantes matriculados, 85% estavam no ensino primário, apenas 7% no secundário e 4% no superior, com os outros 4% em diversos institutos comerciais, agrícolas e pedagógicos.[42] Assim, mesmo com o crescimento apontado, a taxa de matrículas líquidas atingiu apenas 73% da população de 5-9 anos em 1950, e apenas 8% das crianças no coorte etário de 10-19 anos estavam matriculadas na escola.[43] Mais importante, o Brasil era incomum para os padrões sul-americanos por ter uma das menores taxas de frequência escolar para crianças de 6-19 anos mesmo uma década mais tarde, sendo comparável apenas com os países mais pobres da América Central e Bolívia (**Gráfico 1.9**).

Essa falta de escolarização em geral e a tradicional discriminação contra a escolaridade de mulheres podem ser observadas nas taxas de analfabetismo por sexo e idade no Censo de 1950. Naquele ano, 54% de todos os homens e 60% de todas as mulheres não eram alfabetizados. Quando

---

[42] IBGE, *Estatísticas do Século* XX (2003), tabela "EducacaoM1954aeb-048".

[43] Dados extraídos de FVG-CPDOC, "A educação no segundo governo Vargas". Disponível em: <http://cpdoc.fgv.br/producao/dossies/AEraVargas2/artigos/EleVoltou/Educacao>. Acesso em: 27.07.2012.

O Brasil em meados do século XX

Gráfico 1.11 Porcentagem da população analfabeta por país da América Latina em 1950

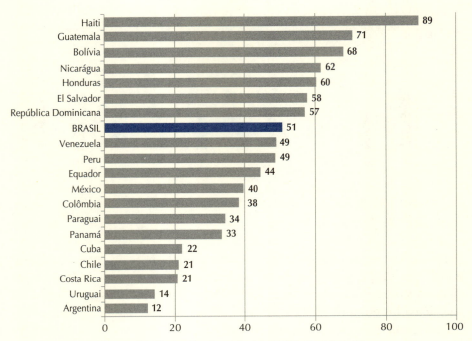

Fonte: CEPAL, An. Est. Amer. Latina (1980): 97, tabela 33

tais números são classificados por idade, a discriminação de longo prazo contra as mulheres na educação se torna mais evidente. Embora em meados do século a alfabetização de mulheres se situasse finalmente à frente dos homens no grupo etário de 10-14 anos e se equiparasse à taxa dos homens no coorte etário de 14-19 anos, indicando que a educação se tornava totalmente disponível às mulheres, no que se refere àquelas com mais de 20 anos, a taxa de analfabetismo era consistentemente mais elevada do que a dos homens. Mesmo para as pessoas nascidas de 1925 a 1929, mais da metade das mulheres não eram alfabetizadas, e essa taxa de analfabetismo aumentava conforme a idade. Quanto aos homens, as taxas de analfabetismo ficavam acima de 50% para aqueles nascidos nos anos 1890 ou antes (**Gráfico 1.10**).

O atraso do Brasil na educação da população pode ser observado nas comparações com todos os outros países latino-americanos em 1950. Nesse aspecto, o Brasil apresentava uma taxa maior de analfabetismo do que todos os outros países da América do Sul, exceto a Bolívia, e estava mais próximo das nações mais pobres da América Central (Gráfico 1.11).

Embora sendo uma sociedade ainda predominantemente rural e relativamente tradicional, o Brasil começava a apresentar mobilidade geográfica cada vez maior. Houve uma migração contínua de produtores rurais pobres para a fronteira ocidental a partir do período colonial. Porém, em meados do século XX, uma nova e maciça migração inter-regional do campo para as cidades foi acrescentada à tradicional migração de trabalhadores agrícolas. Com o fim da grande migração internacional na década de 1920, migrantes internos se tornaram a nova fonte de mão de obra rural e urbana para as dinâmicas regiões Sul e Sudeste. Brasileiros nativos do Nordeste migravam para o sul em busca de trabalho. Grande parte dessa migração da população se devia à substituição do açúcar pelo café como o maior produto de exportação do Brasil no século XIX e início do século XX. No período colonial, a atividade açucareira se concentrava no Nordeste e gradualmente também se consolidava no Sudeste. Entretanto, a economia cafeeira se concentrava no Sudeste desde o início e atraía escravos e trabalhadores livres para a região. Na década de 1880, o café dominava as exportações brasileiras, ao passo que a tradicional indústria nordestina do açúcar supria sobretudo o mercado interno. Era o Sudeste, e sua próspera economia internacional, que concentrava cada vez mais trabalhadores escravos de outras regiões antes de 1888, assim como atraía mais europeus e asiáticos após a década de 1880 e nordestinos após 1920.

A migração pós-1920 envolveu movimentos do campo para o campo, inter-regionais e do campo para as cidades. Havia uma vasta fronteira interna para o oeste, e a maior parte dos estados apresentava extensas áreas esparsamente exploradas até o fim do século XX. Isso denotava um fluxo constante de produtores rurais e trabalhadores movimentando-se em direção às fronteiras abertas, enquanto as terras indígenas eram progressivamente apropriadas e as ferrovias avançavam para o interior. Ao mesmo tempo, houve uma importante migração interna entre regiões, e a porcentagem relativa da população residente em determinadas regiões se modificava sistematicamente. Embora as províncias tradicionais do Nordeste contivessem a maioria da população no início do século XVIII, no final do período colonial as províncias do centro-sul, particularmente Rio de Janeiro, Minas Gerais e São Paulo, começaram a desafiar aquela predominância, sobretudo após a mudança da capital imperial para o Rio de Janeiro em 1763. Segundo o Censo Imperial de 1872, as duas maiores regiões (Nordeste e Sudeste) representavam em conjunto 87% da popu-

Mapa 1.1 Distribuição regional da população brasileira, 1872

lação nacional. Essa porcentagem caiu para 78% em 1950, e houve uma mudança importante de predominância. Enquanto os antigos estados nordestinos dominaram até 1890, segundo o Censo de 1950 sua porcentagem declinou para 35% da população nacional, e a porcentagem do Sudeste aumentou para 43% (**Mapas 1.1 e 1.2**).

Apesar de certo movimento na fronteira ocidental e na setentrional, a maior parte da migração interna até 1950 ocorria ao longo do litoral. Portanto, o peso relativo da população das regiões interioranas do Norte e do Centro-Oeste mudou muito pouco entre os Censos de 1872 e 1950 (aumentando a porcentagem em apenas 1% nesse período de setenta e oito anos). Por outro lado, o Sul dobrou a porcentagem, passando de 7,3% para 15,1%, e o dinâmico Sudeste passou a ser a região-líder a partir do Censo de 1890. Esse dinamismo devia-se a São Paulo, estado que mais se desenvolveu na região: no período de 1872 a 1950, cresceu em média 3,2% ao ano.

Mapa 1.2 Distribuição regional da população brasileira, 1950

Os grandes estados do Nordeste, Bahia e Pernambuco, cresceram menos de 2% no período, o que explica o declínio relativo em 1950. Apesar do dinamismo de São Paulo, somente no Censo de 1940 o estado ultrapassaria a população de Minas Gerais, tradicionalmente o estado mais populoso do Brasil (**Tabela 1.1**).

A migração regional também incluiu migração do campo para a cidade nas fases iniciais, padrão que se tornaria predominante na segunda metade do século XX. O Brasil estava surpreendentemente atrasado na proliferação de grandes cidades. Mesmo em 1950, o país tinha apenas dois centros urbanos com mais de 1 milhão de habitantes. O Rio de Janeiro, com o porto e o governo federal, ainda era a cidade predominante. Contudo, a cidade de São Paulo estava se equiparando rapidamente ao maior centro urbano. Cidade de 80 mil habitantes em 1872, São Paulo atingiu 2,2 milhões de pessoas em 1950, competindo com a capital federal do Rio de Janeiro, com 2,4 milhões

Tabela 1.1	População do Brasil por estado e região nos Censos de 1872 a 1950 utilizando a classificação atual das regiões					
Região/Estado	1872	1890	1900	1920	1940	1950
Norte	**332.847**	**476.370**	**695.112**	**1.439.052**	**1.627.608**	**2.048.696**
Rondônia	-	-	-	-	-	36.935
Acre	-	-	-	92.379	79.768	114.755
Amazonas	57.610	147.915	249.756	363.166	438.008	514.099
Roraima	-	-	-	-	-	18.116
Pará	275.237	328.455	445.356	983.507	944.644	1.123.273
Amapá	-	-	-	-	-	37.477
Tocantins	-	-	-	-	165.188	204.041
Nordeste	**4.638.560**	**6.002.047**	**6.749.507**	**11.245.921**	**14.434.080**	**17.973.413**
Maranhão	359.040	430.854	499.308	874.337	1.235.169	1.583.248
Piauí	202.222	267.609	334.328	609.003	817.601	1.045.696
Ceará	721.686	805.687	849.127	1.319.228	2.091.032	2.695.450
Rio Grande do Norte	233.979	268.273	274.317	537.135	768.018	967.921
Paraíba	376.226	457.232	490.784	961.106	1.422.282	1.713.259
Pernambuco	841.539	1.030.224	1.178.150	2.154.835	2.688.240	3.395.766
Alagoas	348.009	511.440	649.273	978.748	951.300	1.093.137
Sergipe	176.243	310.926	356.264	477.064	542.326	644.361
Bahia	1.379.616	1.919.802	2.117.956	3.334.465	3.918.112	4.834.575
Sudeste	**4.016.922**	**6.104.384**	**7.824.011**	**13.654.934**	**18.345.831**	**22.548.494**
Minas Gerais	2.039.735	3.184.099	3.594.471	5.888.174	6.763.368	7.782.188
Espírito Santo	82.137	135.997	209.783	457.328	790.149	957.238
Rio de Janeiro	1.057.696	1.399.535	1.737.478	2.717.244	3.611.998	4.674.645
São Paulo	837.354	1.384.753	2.282.279	4.592.188	7.180.316	9.134.423
Sul	**721.337**	**1.430.715**	**1.796.495**	**3.537.167**	**5.735.305**	**7.840.870**
Paraná	126.722	249.491	327.136	685.711	1.236.276	2.115.547
Santa Catarina	159.802	283.769	320.289	668.743	1.178.340	1.560.502
Rio Grande do Sul	434.813	897.455	1.149.070	2.182.713	3.320.689	4.164.821
Centro-Oeste	**220.812**	**320.399**	**373.309**	**758.531**	**1.093.491**	**1.532.924**
Mato Grosso do Sul	-	-	-	-	238.640	309.395
Mato Grosso	60.417	92.827	118.025	246.612	193.625	212.649
Goiás	160.395	227.572	255.284	511.919	661.226	1.010.880
BRASIL	**9.930.478**	**14.333.915**	**17.438.434**	**30.635.605**	**41.236.315**	**51.944.397**

Fonte: IBGE, Sidra, tabela 1286

de habitantes. O próximo maior centro urbano era Recife, em Pernambuco, com somente 788 mil habitantes.[44] Apenas 36% da população residia nas vilas e cidades de acordo com o Censo daquele ano, apesar de a definição de população urbana ser bastante liberal. Assim, o Sudeste, a região mais urbanizada, registrava apenas 48% da população como urbana, e o Nordeste, 26%. Para os padrões de outros países latino-americanos, o Brasil ainda era apenas moderadamente urbanizado, sendo mais semelhante a México, Peru, Colômbia e Venezuela do que seus vizinhos ao sul.[45] Contudo, futuras mudanças pareciam evidentes, pois por volta da década de 1950 a população urbana do Brasil crescia ao dobro da taxa da população rural.[46]

Embora a agricultura fosse a ocupação predominante no país em 1950, ainda constituía uma atividade muito atrasada. Apenas o café se destinava ao mercado internacional, e a maioria dos cultivos era realizada sem fertilizantes ou inseticidas. A plantação e a colheita eram feitas com ferramentas manuais. Foi a expansão constante nas áreas virgens que permitiu manter a produtividade da cafeicultura ao longo do tempo. Na década de 1950, quando cerca de 10,6 milhões de hectares foram colocados em produção e 4,5 milhões de trabalhadores agrícolas incorporados ao trabalho rural, finalmente começaram a aparecer máquinas nas fazendas brasileiras em números significativos. Como esperado, grande parte dos tratores e arados se concentrava nas regiões Sul e Sudeste. No Nordeste havia apenas 1 arado para cada 310 hectares, ao passo que havia 1 arado para cada 5 hectares no Sul e 1 para cada 11 hectares no Sudeste. Quanto aos tratores, havia 1 para cada 3.114 hectares no Nordeste e 1 para apenas 292 hectares no Sudeste, sendo São Paulo, como sempre, o estado-líder, com o coeficiente de 1 trator para cada 177 hectares (Tabela 1.2).

A despeito do relativo atraso da agricultura brasileira, o setor não parece ter representado um obstáculo ao desenvolvimento da indústria, já que conseguia suprir as necessidades básicas de alimentos de uma população urbana e industrial em expansão, apesar de a produção ser realizada por meios tradicionais. Ocorreu um crescimento significativo na agricultura nas décadas de 1940 e 1950, embora ela mantivesse a estrutura herdada do período colonial, com exceção das áreas influenciadas pelo café, não tendo registrado ganhos

---

44 IBGE, *Estatísticas do século* XX (2003), tabela pop_S2T04.

45 Merrick e Graham, *Population and Economic Development*, p. 186, tabela VIII-I.

46 A taxa de crescimento urbano era de 3,9% ao ano, embora em uma base muito menor do que a população rural, que crescia em apenas 1,6% ao ano. IBGE, "Séries históricas e estatísticas", tabela CD93. Disponível em: <https://seriesestatisticas.ibge.gov.br/series.aspx?no=10&op=0&vcodigo=CD93&t=taxacrescimento-anual-populacao-situacao-domicilio>.

Tabela 1.2   Área cultivada, pessoas empregadas, tratores e arados por estado, 1950-1960

	Área Cultivada		Pessoas Empregadas		Tratores		Arados	
	1950	1960	1950	1960	1950	1960	1950	1960
Norte	234.512	458.490	326.502	536.619	61	266	381	306
Nordeste	5.283.804	9.306.681	4.334.936	6.566.035	451	2.989	14.489	21.171
Sudeste	8.447.903	10.297.939	3.999.860	4.465.344	5.155	35.215	318.863	394.696
Minas Gerais	2.937.126	3.673.466	1.868.657	2.076.829	763	5.024	79.968	93.040
São Paulo	4.257.633	4.973.300	1.531.664	1.683.038	3.819	28.101	224.947	286.580
Sul	4.530.566	8.279.870	1.949.923	3.174.233	2.566	22.720	383.435	604.050
Paraná	1.358.222	3.471.131	507.607	1.276.854	280	4.996	30.405	82.324
Rio Grande do Sul	2.502.691	3.795.840	1.071.404	1.277.390	2.245	16.675	312.001	440.467
Centro-Oeste	608.272	1.416.805	385.613	678.623	139	2.303	3.091	11.797
Total	19.095.057	29.759.785	10.996.834	15.521.701	8.372	63.493	714.259	1.031.930

Fonte: IBGE: Séries Históricas Retrospectivas

Tabela 1.3 Índice de Gini da propriedade da terra no Brasil, principais estados agrícolas, 1920-1950			
	1920	1940	1950
Brasil	**0,832**	**0,833**	**0,844**
São Paulo	0,764	0,773	0,773
Minas Gerais	0,724	0,753	0,764
Paraná	0,810	0,749	0,734
Santa Catarina	0,768	0,693	0,674
R. Grande do Sul	0,802	0,767	0,761
Pernambuco	0,623	0,782	0,837
Bahia	0,797	0,793	0,802

Fonte: Szmrecsányi (1995) 193

de produtividade em comparação com os períodos anteriores. O crescimento da produção originou-se do uso de novas terras e mais trabalhadores. A demanda por alimentos foi motivada pelo crescimento da população no pós--guerra, que permitiu que a agricultura liberasse mais trabalhadores para a área urbana sem custo para suas próprias necessidades e criou uma procura maior por produtos agrícolas nas cidades em expansão. O chamado "exército de reserva" permitia aos produtores rurais e donos das lavouras continuar a obter mão de obra barata, considerando-se o aumento no número de trabalhadores que entravam no mercado de trabalho graças ao declínio da mortalidade e ao aumento contínuo da fecundidade. A oferta de mão de obra barata, portanto, reduzia o interesse dos donos de terras por adotar meios de produção mais eficientes. Ao mesmo tempo, a disponibilidade de novas terras agrícolas era também um desestímulo ao uso mais intensivo de bens de capital na forma de arados, tratores, fertilizantes e pesticidas. Apenas em algumas regiões economicamente mais densas, sobretudo em São Paulo e nos estados do Sul, a maior escassez de terra estimulava a tímida introdução de insumos e equipamentos mais eficientes.

O início da modernização na agricultura ocorreu apenas na década de 1960, quando o setor passou a receber significativos recursos governamentais. No entanto, a propriedade da terra ainda permanecia altamente concentrada, mesmo depois do início da modernização. Aliás, a estrutura de propriedade de terras permaneceu virtualmente inalterada entre 1920 e 1950 e até hoje. Durante esse longo período, o Índice de Gini, referente à distribuição da propriedade das terras entre estabelecimentos agrícolas, permaneceu praticamente inalterado no país como um todo, crescendo de

O Brasil em meados do século XX

Tabela 1.4 Participação no PIB por região, índice de renda per capita, em US$ por região (1950)			
	% do PIB	% da Pop. (1950)	Renda per capita (Sudeste = 100)
Norte	2%	4%	32
Nordeste	16%	35%	28
Sudeste	61%	43%	100
Sul	18%	15%	70
Centro-Oeste	2%	3%	34

Fonte: 1960, Anuário Estatístico do Brasil 1963; Azzoni (1977): tabela A3

0,83 para 0,84, e aumentou em várias regiões, exceto nos três estados do Sul, conhecidos pela importância de suas pequenas unidades agrícolas. Contudo, dado seu tamanho relativamente modesto, os estados do Sul tiveram pouco impacto sobre os índices nacionais de desigualdade da propriedade da terra, que eram muito elevados (Tabela 1.3).[47]

Devido ao baixo nível de urbanização, à alta concentração da propriedade de terras e ao papel predominante dos trabalhadores agrícolas sem-terra na força de trabalho, não é surpreendente que o Brasil de 1950 fosse uma das sociedades mais estratificadas e desiguais do mundo. Era dividido entre regiões mais ricas e mais pobres, entre uma pequena elite, uma modesta classe média e uma maioria absoluta de pobres e indigentes, concentrados principalmente na área rural. Como todas as sociedades nas Américas em que o escravismo predominou, era também dividido por raça, com pretos na base, juntamente com os pardos, e brancos no topo da pirâmide econômica e social.

As regiões refletiam essas divisões com grandes disparidades no PIB total e per capita. O PIB nacional era de US$ 17 bilhões, com renda per capita de US$ 244. O Sudeste respondia pela maior parte da renda interna, mas tinha apenas 43% da população; o Nordeste era a única região que registrava uma participação menor no PIB do que a porcentagem da população. O estado de São Paulo isoladamente gerava 32% da renda interna do país. Em termos de renda per capita, a população do Nordeste ganhava apenas

---

47 Embora a média geral permanecesse estável, decresceu significativamente em alguns estados, como Santa Catarina, Paraná, Acre e Amazonas. Em outros estados, como Maranhão, Pernambuco e Mato Grosso, as concentrações aumentaram. O índice em São Paulo permaneceu estável, ao redor de 0,77.

Gráfico 1.12 Taxa de mortalidade infantil por região, 1930-1950 (Sul = 100)

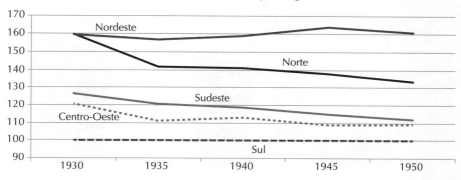

Fonte: <https://seriesestatisticas.ibge.gov.br/series.aspx?t=taxa-mortalidade-infantil&vcodigo=CD100>

pouco mais de um quarto do que os habitantes da região Sudeste e ainda assim registrava 35% da população em 1950 (Tabela 1.4).

As mesmas disparidades por região podiam ser encontradas nos indicadores demográficos. A mortalidade infantil, por exemplo, embora declinando gradualmente em todas as regiões de 1930 a 1950, reduziu-se de maneira mais lenta no Nordeste (Gráfico 1.12), que ainda não tinha eliminado a diferença com a região Sul, a mais saudável, a despeito do fato de todas as outras regiões mudarem mais rapidamente do que esta última e, portanto, se aproximavam cada vez mais da norma da região Sudeste em 1950.

Essas diferenças foram tão profundas que, apesar do idioma e da cultura comuns, o Brasil podia ser visto como várias nações diferentes. O Nordeste era assolado pela pobreza e pela falta de alfabetização, com um dos piores níveis de educação e saúde do mundo, e as modernas e avançadas regiões Sudeste e Sul tinham níveis semelhantes aos padrões do sul da Europa.

Havia também profundas diferenças de classe em todas as regiões. Cálculos recentes de distribuição de renda mostram que o topo de 1% das pessoas mais ricas detinham 24% da riqueza do país (definidos como ganhos de receita e capital) consistentemente desde a década de 1930 até a década de 1970. Isso em comparação com os Estados Unidos, que nos anos 1970 tinham o topo de 1% da população com 9% da riqueza nacional total, sendo que na Suécia as pessoas de altíssima renda detinham apenas 6% da riqueza total. Contudo, mesmo que essas taxas tenham subido nos últimos anos em outros países, o Brasil permaneceu, mesmo na segunda década do século XXI, em 23%, ainda acima da média de 20% dos demais países latino-americanos e dos Estados Unidos e bastante acima da média de 10% das

Gráfico 1.13 Porcentagem de analfabetismo por sexo e cor, Censo de 1950

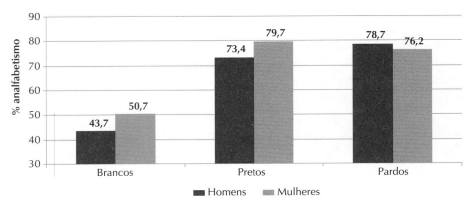

Fonte: Recenseamento Geral de 1950, Série Nacional, vol.1: 20-21, tabela 17

sociedades industriais mais avançadas do mundo.[48] Em termos de trabalhadores assalariados, em 1960 os 50% mais pobres ganhavam apenas 14% do total da renda salarial, e os 10% do decil superior quase a metade da renda salarial total, ou seja, 48%.[49]

O Brasil era também um país altamente estratificado por raça. A cor da pele tinha poderosa influência na educação, na renda, na ocupação, na saúde e até mesmo na longevidade das pessoas. Dos 52 milhões de cidadãos brasileiros no país naquele ano, 19,5 milhões se definiam como pretos e pardos. Os não brancos predominavam nos estados mais pobres e eram bem menos representativos nos mais ricos. Eram em média menos escolarizados do que os brancos, consideravelmente mais pobres, apresentavam taxas de mortalidade mais elevadas e menor expectativa de vida. Em 1950, estimava-se que a média de expectativa de vida dos brancos era de 47,1 anos e a de afro-brasileiros (pardos e pretos) de 40,5 anos.[50] Infelizmente, os melhores dados sobre raça e condição social e econômica surgiram apenas com

---

[48] Pedro Herculano Guimarães Ferreira de Souza, "A desigualdade vista do topo: a concentração de renda entre os ricos no Brasil, 1926-2013" (tese de doutorado, Universidade de Brasília/Sociologia, 2016, p. 249, discussão e tabela 5).

[49] Rodolfo Hoffmann e João Carlos Duarte, "A distribuição da renda no Brasil", *Revista de Administração de Empresas* 12, n. 2 (abr/jun 1972), p. 58, tabela 9.

[50] Charles H. Wood, José Alberto Magno de Carvalho e Cláudia Júlia Guimarães Horta, "The Color of Child Mortality in Brazil, 1950-2000: Social Progress and Persistent Racial Inequality", *Latin American Research Review* 45, n. 2 (2010), p. 126, tabela 2.

a Pesquisa Nacional por Amostra de Domicílios (PNAD), que teve início no final dos anos 1970. Porém as inúmeras análises dessas pesquisas e dos Censos nacionais mostram que pouco mudou no Brasil em termos de diferenças raciais em todos esses índices básicos. Assim, em 1976, os não brancos obtiveram apenas 23% da renda total, embora representassem 49% da população.[51] Nos anos 1980, jovens pretos e pardos ainda registravam o dobro de probabilidade de não frequentar escola, em comparação com jovens brancos.[52] Era um fenômeno de longo prazo, conforme pode ser observado nos dados sobre alfabetização retrocedendo até o Censo de 1950. Naquele ano, homens e mulheres brancos registravam taxas bem menores de analfabetismo do que pretos e pardos de ambos os sexos (**Gráfico 1.13**).

Essas diferenças também ajudam a explicar os resultados do PNAD de 1999, que demonstram que pretos e pardos registravam o dobro da taxa de pobreza em comparação com brancos.[53] Em pesquisas de mortalidade materna nos estados mais ricos do sul, no início do século XXI, mães pretas apresentavam oito vezes a taxa de mortalidade materna de brancas, e mães pardas quatro vezes a taxa de mortalidade em comparação com as brancas. A diferença era também evidente em termos de mortalidade infantil, embora menos extrema. Um levantamento de 1986 indicou que 40 mortes de crianças por mil nascidos vivos era o padrão nacional para brancos, 67 para pardos e 69 para pretos.[54]

Ademais, o Brasil ainda era uma sociedade altamente desigual em termos de gênero. Até meados do século, as mulheres tradicionalmente tinham menos escolaridade que os homens, ganhavam menos que eles no mercado de trabalho, e eram, segundo os padrões da época, limitadas na participação na força de trabalho. Estimava-se que em 1960 a taxa de participação feminina na força de trabalho no Brasil era de apenas 18,5%, em comparação com 88,7% para homens. Essa taxa estava, naquela época, abaixo da média latino-americana e também do México.[55] Embora ela fos-

---

51 Rafael Guerreiro Osorio, "A desigualdade racial de renda no Brasil: 1976-2006" (tese de doutorado, Universidade de Brasília, 2009, p. 85, gráfico 2, e p. 164, gráfico 4.2).

52 Carlos A. Hasenbalg e Nelson do Valle Silva, "Raça e oportunidades educacionais no Brasil", *Cadernos de pesquisa* 73 (2013), p. 6, tabela 2.

53 Ricardo Henriques, "Desigualdade racial no Brasil: evolução das condições de vida na década de 90" (texto para discussão 807, Rio de Janeiro, Ipea, 2001, p. 11, tabela 6).

54 Estela Maria Garcia de Pinto da Cunha, "Mortalidade infantil segundo cor: os resultados da PNAD 84 para o Nordeste". Apresentado no IX Encontro Nacional de Estudos Populacionais, Abep, 2006, p. 203, tabela 1.

55 Dados do Banco Mundial. Disponíveis em: <https://data.worldbank.org/indicator/SL.TLF.CACT.FE.ZS>.

se crescer nas duas décadas seguintes, alcançou apenas 27,8% em 1976.[56] Os salários das mulheres que trabalhavam no Brasil, assim como em outros países, estavam bem abaixo dos salários dos homens para a mesma atividade e com o mesmo conjunto de qualificações. Ainda que tal aspecto tenha melhorado gradualmente, os salários de mulheres ainda eram um terço menor do que os dos homens em 1981,[57] e um quarto menor do que os deles para a mesma atividade e com o mesmo conjunto de qualificações no final da década de 1990.[58] As mulheres também registravam menor nível de escolaridade, e o analfabetismo entre delas era maior do que entre os homens naquele período. Até meados do século, o Brasil havia investido mais na educação de homens do que de mulheres. Esse aspecto era observado na taxa de alfabetização nacional, que em 1950 mostrava que as mulheres registravam maior índice de analfabetismo do que os homens e que, quanto mais velha ela fosse, maior a diferença em relação aos homens.[59] Contudo, o fato de que na década de 1950 meninos e meninas de 5-9 anos tinham acesso similar à escola primária[60] significava que tal diferença seria revertida nos anos posteriores.

Portanto, em termos de região, classe, raça e gênero, o Brasil estava longe de ser uma sociedade unificada e uniforme. As cidades eram mais ricas do que as áreas rurais, os estados do Sul e do Sudeste eram muito mais prósperos do que os das outras regiões, e a população não branca registrava os piores índices de renda e saúde do país. Mais importante, a elite econômica contava com uma porcentagem maior da renda nacional do que em quase todos os grandes países do mundo. Conforme observou o economista Edmar Bacha, o Brasil, em meados do século, tinha duas sociedades e duas economias – uma no nível da Bélgica e outra no nível da Índia –, e assim cunhou o termo Belíndia.

No entanto, mesmo na década de 1950 havia indícios de transformações que mudariam de maneira profunda a sociedade tradicional. Provavelmente, o fator mais importante foi o crescimento da indústria, que começaria a

---

56 Lauro R.A. Ramos e Ana Lúcia Soares, "Participação da mulher na força de trabalho e pobreza no Brasil" (texto para discussão 350, Rio de Janeiro, Ipea, 1994), p. 2, tabela 1.

57 Jaime Tenjo, Rocío Ribero e Luisa Fernanda Bernat, *Evolución de las diferencias salariales por sexo en seis países de América Latina, un intento de interpretación* (Bogotá: Cede, Centro de Estudios sobre Desarrollo Económico, Facultad de Economía, Universidad de los Andes, 2005), p. 23, tabela 3.5.

58 Carlos Salas e Marcia Leite, "Segregación sectorial por género: una comparación Brasil-México", *Cadernos Prolam/USP* 7, n.2 (2007), p. 248.

59 IBGE, *Censo Demográfico 1950*, Série Nacional, v. 1, p. 18, tabela 5.

60 Ibidem, p. 22, tabela 19.

transferir trabalhadores da agricultura para as cidades e promover o crescimento delas. Em 1940, havia apenas 669 mil operários na indústria, que, em 1950, atingiu 1 milhão de trabalhadores assalariados. Era ainda uma indústria dominada pelo setor de vestuário, alimentos e construção civil, mas as mudanças já ocorriam em ritmo mais acelerado. De acordo com o Censo de 1960, havia 111 mil estabelecimentos industriais no Brasil, empregando 1,5 milhão de trabalhadores, dos quais quase 41% atuavam nas áreas de têxteis, vestuário, alimentos e bebidas, tendo apresentado uma queda em comparação com os 55% de 1940 e 51% de 1950. Esse setor da indústria leve, portanto, respondia por mais da metade dos operários e representava a metade do valor da produção industrial em 1950. Na década seguinte, no entanto, a indústria metalúrgica, os fabricantes de equipamentos, a indústria de materiais de transporte e a indústria química aumentariam a porcentagem relativa de trabalhadores e bens de capital, atingindo cerca de um terço do valor da produção industrial. Sozinhas, as metalúrgicas, que contavam com apenas 11% dos trabalhadores da indústria, passaram a dispor de 17% dos operários em 1960.[61]

O crescente setor industrial estava localizado sobretudo nas principais cidades, mas se expandia graças à integração cada vez maior do mercado nacional devido à construção de uma grande rede ferroviária e de instalações portuárias desde a década de 1870 até a década de 1910 e ao crescente desenvolvimento das estradas modernas após aquela data. A indústria era inicialmente dominada pelo setor têxtil, que usava o algodão cultivado nacionalmente, e por empresas de processamento de alimentos, que também utilizavam a produção nacional. O impacto do fechamento dos mercados mundiais na Primeira e na Segunda Guerra Mundial também ajudou a desenvolver uma modesta indústria de bens de capital. Porém, sendo um país de industrialização tardia, o Brasil precisava de suporte maciço do governo para gerar o capital exigido a fim de criar um setor industrial moderno.

A ideia do governo como um participante significativo da economia nacional remonta aos anos 1930 e à Era Vargas, mas consolidou-se no período pós-1945, durante o governo de Juscelino Kubitschek (1956-1961). Durante o mandato, desenvolveu um plano de industrialização (Plano de Metas) que incluía a geração de uma nova indústria automotiva e um estímulo à expansão para além da tradicional indústria leve e para a produção de bens de capital. A construção de Brasília, concluída em 1960, foi considerada a

---

61 IBGE, *Censo Industrial 1950,* Série Nacional, v. III, t. 1, p. 1, e IBGE, *VII Recenseamento Geral do Brasil,* Série Nacional, v. III, *Censo Industrial de 1960,* tabela 2a.

Gráfico 1.14 Composição da população economicamente ativa na agricultura, indústria e serviços, 1920-1960

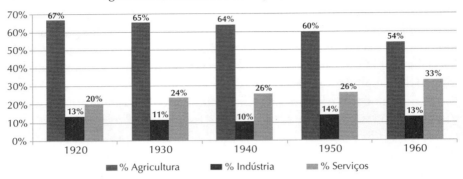

Fonte: Merrick e Graham (1980), pp. 64-65

grande síntese de todos os planos de desenvolvimento do governo, tendo tido também grande influência na sociedade e na economia brasileiras.[62] O montante de investimentos e a localização da nova capital modificaram a ocupação espacial do país, estimulando a transferência do litoral, onde a população e as atividades econômicas haviam se concentrado, para o interior do país. Essa mudança também exigiu a construção de uma grande infraestrutura de estradas no Centro-Oeste, em que Brasília se localiza, abrindo a região para o desenvolvimento agrícola.

Outra importante transformação promovida nos anos 1950 foi a abertura do país ao capital estrangeiro. A primeira fase da industrialização brasileira, com base em setores tradicionais como indústria têxtil, de alimentos e bebidas, havia se desenvolvido principalmente com capital nacional. Depois da Segunda Guerra, foi o capital estrangeiro que se tornou um fator relevante para a maturação do setor. A nova expansão industrial também permitiu a inserção do Brasil no mercado internacional. Um Estado empreendedor agressivo que investisse fortemente em infraestrutura e indústrias básicas ou pesadas seria atraente para empresas multinacionais. O governo manipulava uma série de instrumentos na forma de subsídios, crédito, câmbio, proteção de tarifas e investimentos diretos em infraestrutura ou áreas em que o setor

---

[62] A mudança da capital para o centro do país parecia um desejo do governo republicano já na primeira Constituição republicana, em 1891. Mas foi apenas no governo de Juscelino Kubitschek (1956-1961) que foi tomada a decisão de construir Brasília. As obras tiveram início em 1956 e em 1960 houve a mudança formal da capital nacional do Rio de Janeiro para Brasília, embora a transferência da administração central não se completasse até 1970.

privado, doméstico ou estrangeiro, encontraria incentivos para investir. O Banco Nacional de Desenvolvimento Econômico (BNDE) desempenhou um papel importante na definição de projetos prioritários que contariam com seu suporte essencial.[63]

Desde o início dos anos 1950, o setor público sistematicamente expandiu sua participação direta na atividade econômica, com papel significativo não apenas nos investimentos em infraestrutura, sobretudo em transportes, mas também na produção de insumos básicos. O governo dominava a indústria siderúrgica por meio da Companhia Siderúrgica Nacional, e a produção e o refino de petróleo, além da indústria petroquímica, por meio da Petrobras e de capital privado; a extração e a exportação de minério de ferro eram dominadas pela estatal Companhia Vale do Rio Doce. O governo passou a ser também o principal produtor de energia. O setor público desempenhava um papel fundamental na economia, diretamente ou por meio de investimentos de empresas públicas, ou ao manipular uma série de instrumentos – impostos, câmbio e instrumentos financeiros –, que lhe deram amplo controle sobre a continuidade do processo de desenvolvimento. O setor público então respondia por 17-18% do PIB, sem mencionar suas atividades através de empresas públicas.

As mudanças ocorridas na economia entre 1930 e 1960 tiveram impacto significativo sobre a população economicamente ativa (PEA). O emprego no setor agrícola cresceu menos do que o trabalho na indústria e no setor de serviços, reduzindo, portanto, a importância relativa da agricultura. Ocorreu um grande aumento nos empregos no setor de serviços, que empregava um terço da população economicamente ativa em 1960, em comparação com 13% na indústria e 54% na agricultura. Embora esses indicadores apontem um processo rural em busca de oportunidades nas cidades no período de 1930 a 1960, a população agrícola ainda crescia naquele período a uma taxa anual de 1,6% (Gráfico 1.14).

Todos esses investimentos governamentais e privados nos anos 1950 levaram a um crescimento significativo na produção industrial, que registrou um aumento médio anual de 11% no período, no comércio, que também apresentou desempenho extraordinário (média de 8% de crescimento anual), e até mesmo na agricultura, que, embora com menor prioridade, registrou um crescimento anual de quase 6%.

---

63 Rosane de Almeida Maia, "Estado e industrialização no Brasil: estudo dos incentivos ao setor privado, nos quadros do Programa de Metas do Governo Kubitschek" (dissertação de mestrado, São Paulo, FEA-USP, 1986).

Assim, às vésperas da grande transformação industrial e agrícola, o Brasil ainda apresentava características de sociedade subdesenvolvida: alta fecundidade e mortalidade, níveis elevados de analfabetismo e uma economia que absorvia a maior parte da força de trabalho na agricultura. Era também uma sociedade profundamente dividida por classe, raça, gênero e região. Abrangia duas regiões muito diferentes, com economias distintas e sociedades que tinham pouco em comum, exceto o idioma. Havia uma área empobrecida ao norte e outra mais moderna e avançada ao sul. Era também uma das sociedades mais desiguais do mundo, com divisões em termos de classe, raça e gênero, bem como na estrutura de propriedade. No entanto, essa nação profundamente dividida iria se industrializar, urbanizar e criar uma economia moderna nas sete décadas seguintes. A industrialização, a modernização agrícola e a urbanização seriam sustentadas por importantes programas governamentais de investimentos socioeconômicos que, em última análise, levariam ao declínio das diferenças entre as regiões à medida que a nação se tornava uma sociedade mais coesa e uniforme nos últimos vinte e cinco anos.

2

Evolução política e econômica do Brasil

Orlando Brito, *O perfil do poder militar e o povo*, Brasília, DF, c. 1980

Em 1822, o Brasil passou de colônia a império com menos conflitos do que a maioria dos países da América Latina no século XIX. De 1822 a 1889, uma monarquia constitucional governou o país e garantiu um nível elevado de estabilidade política. No entanto, a transição do império para a república não foi fácil, e o Brasil, de 1889 até hoje, passou por vários períodos de regimes centralizados e descentralizados e, de maneira gradual e insegura, foi de uma república liberal oligárquica e limitada para uma democracia plena e representativa. Além disso, o longo processo de 1889 até hoje foi interrompido por intervenções militares e um sistema partidário fragmentado e incapaz de sustentar e desenvolver uma elite política nacional coerente. Entre 1930 e 1985, apenas quatro presidentes foram eleitos por votação direta e somente dois terminaram o mandato; um deles, Juscelino Kubitschek, governou sob constante ameaça de golpe militar. Durante aquele período, houve duas fases autoritárias, sendo a mais longa a de 1964 a 1985, em que o país teve um governo totalmente controlado por militares. O choque de uma duradoura e cruel ditadura militar, que gerou uma busca de compromisso democrático, possibilitou ao Brasil emergir como um estado democrático bem estruturado a partir de 1985.

Em 1930, em resposta à crise econômica mundial que afetou seriamente o Brasil, o poder das oligarquias republicanas regionais foi interrompido, e Getúlio Vargas, ex-ministro da Fazenda e candidato derrotado nas eleições presidenciais de 1929, chegou ao poder por meio de um golpe de Estado. Embora inicialmente declarasse manter o processo democrático, Vargas logo adotou uma atitude autoritária, que culminou com o Estado Novo em 1937. Vargas estabeleceu uma ditadura de direita semelhante aos modelos fascistas europeus, aboliu os partidos existentes e fechou o parlamento. Houve forte repressão política, com prisões, torturas e deportação de líderes políticos, mas ao mesmo tempo o regime incorporou os trabalhadores e as novas classes urbanas na estrutura de poder. A Era Vargas, que se estendeu de 1930 a 1945, marcou profundamente a segunda metade do século XX, pela permanência de políticas econômicas que representaram o início da intervenção ativa do Estado na economia, tanto em termos de regulação como de investimentos diretos no setor produtivo. A industrialização se tornou um objetivo do Estado nacional.

Esse período foi extraordinário quanto à criação de agências regulatórias para controlar setores vitais da economia, tais como a cafeicultura, a produção de açúcar e álcool, a siderurgia, bem como a produção e a distribuição de energia elétrica. Esse Estado robusto e centralizador, com investimentos em infraestrutura e em vários setores produtivos, foi o legado da Era Vargas e se tornou uma característica básica de estilo intervencionista do Estado brasileiro, que somente arrefeceu no início da década de 1990.[1] O próprio Vargas retornou ao poder como presidente legalmente eleito em 1950 e, mesmo mantendo suas diretrizes econômicas, não conseguiu controlar a oposição política. Sob a ameaça de impeachment, suicidou-se em 1954.

Após uma transição complicada, com risco permanente de golpe militar, Juscelino Kubitschek, um líder político de Minas Gerais, foi eleito presidente em 1955 com apoio de uma coalizão de forças varguistas.

Durante o governo de Kubitschek desenvolveu-se um coerente programa de industrialização, e a cidade de Brasília foi construída para ser a nova capital do país. Kubitschek não apenas criou inúmeras agências governamentais autônomas para fiscalizar e investir na economia, como também promoveu a entrada de capital estrangeiro no setor produtivo. No entanto, seu ambicioso Programa de Metas gerou desequilíbrios fiscais, resultando em fortes pressões inflacionárias.[2] O último presidente civil do período foi João Goulart – eleito vice-presidente, assumiu o governo após a renúncia de Jânio Quadros. No entanto, a permanente hostilidade dos militares e do governo dos Estados Unidos levou o país ao golpe militar em abril de 1964. A partir de então, os generais decidiram governar em seu próprio nome e iniciaram vinte e um anos de regime autoritário, semelhante aos que surgiram em outros países latino-americanos.

---

1 Para o período Vargas, veja: Boris Fausto, *A Revolução de 1930* (São Paulo: Editora Brasiliense, 1972); Sonia Draibe, *Rumos e metamorfoses: Estado e industrialização no Brasil: 1930/1960* (Rio de Janeiro: Paz e Terra, 1985); Maria do Carmo Campello de Souza, *Estado e partidos políticos no Brasil 1930 a 1964* (São Paulo: Alfa-Omega, 1990); Thomas Skidmore, *Brasil: de Getúlio a Castelo* (Rio de Janeiro: Paz e Terra, 2003). Sobre a economia e a política do período republicano, veja Francisco Vidal Luna e Herbert S. Klein, *História econômica e social do Brasil: o Brasil desde a República* (São Paulo: Saraiva, 2016).

2 Sobre o governo de Kubitschek, veja Maria Victoria de Mesquita Benevides, *O governo Kubitschek* (Rio de Janeiro: Paz e Terra, 1976).

Em 9 de abril de 1964, o novo regime militar decretou o primeiro de uma série de atos institucionais que consolidaram o regime autoritário: o Ato Institucional Número 1 autorizava o Congresso a eleger os novos presidentes da República. A repressão passou a ser a norma. Milhares de pessoas foram presas, inclusive altos funcionários dissidentes, líderes sindicais e figuras políticas de esquerda e de centro. As Ligas Camponesas do Nordeste foram desmontadas e os líderes, aprisionados. Durante o militarismo, censura, repressão, prisões e tortura tornaram-se práticas generalizadas. Porém o regime militar que governou o Brasil naquele período revelava características específicas. Por um lado, era repressivo e impetuosamente anticomunista e comprometido com a Guerra Fria, na qualidade de aliado leal dos Estados Unidos. Ademais, o regime estava também comprometido com um Estado forte, centralizado, com predominância do Poder Executivo Federal. Ao mesmo tempo, procurava manter as eleições e o Congresso em funcionamento, embora de maneira extremamente controlada. Temendo o surgimento de um regime personalista sob as ordens de um caudilho, a instituição militar optou por mandatos presidenciais fixos e "eleições" formais. Durante o período militar, as eleições presidenciais foram indiretas e dependiam da confirmação do nome escolhido pela cúpula militar. Conflitos internos na seleção de novos indicados para a presidência eram mantidos sob controle militar. Diferentes grupos se alternavam, mas eles necessitavam da concordância dos militares para continuarem no poder.[3]

O final da década de 1960 até meados da década de 1970 seriam os anos de grande euforia na área econômica, com altas taxas de crescimento, enquanto o governo destinava recursos elevados para promover a indústria e modernizar a agricultura. Embora também fosse um período de florescente concentração de renda, o alto crescimento gerou um padrão de vida melhor para a classe média, pois as novas atividades econômicas incorporaram novos e vastos contingentes da população ao mercado de trabalho formal.

---

3   Há extensa literatura sobre o período militar resumida em um levantamento geral do período feito por Herbert S. Klein e Francisco Vidal Luna, *Brazil, 1964-1985, The Military Regimes of Latin America in the Cold War* (New Haven: Yale University Press, 2017). O tema também é pesquisado nas obras clássicas de Thomas Skidmore e Elio Gaspari. Veja Thomas Skidmore, *The Politics of Military Rule in Brazil, 1964-85* (New York: Oxford University Press, 1988); além dos vários volumes de Elio Gaspari, *A ditadura envergonhada* (São Paulo: Companhia das Letras, 2002); *A ditadura escancarada* (São Paulo: Companhia das Letras, 2002); *A ditadura derrotada* (São Paulo: Companhia das Letras, 2003) e *A ditadura encurralada* (São Paulo: Companhia das Letras, 2004). Os vários livros que surgiram nos últimos anos, especialmente úteis, incluem Rodrigo Patto Sá Motta, *As universidades e o regime militar* (Rio de Janeiro: Zahar, 2014), e os ensaios de Daniel Aarão, Marcelo Ridenti e Rodrigo Patto Sá Motta, eds., *A ditadura que mudou o Brasil: 50 anos do golpe de 1964* (Rio de Janeiro: Zahar Editora, 2014).

Isso indicava que os trabalhadores tinham carteira de trabalho assinada, pagavam a previdência social (INSS) e contavam com serviços de saúde e outros benefícios. Esses resultados propiciaram ao governo uma relativa popularidade, apesar da censura, da repressão violenta e da violação constante dos direitos individuais. A transição para o governo democrático teve início em 1974, com a posse do presidente Ernesto Geisel, e permaneceu até 1985. Os frequentes reveses colocaram em dúvida a viabilidade do processo de abertura em andamento. No entanto, durante o final do governo Geisel, ocorreram alguns fatos positivos. O Ato Institucional Número 5 (AI-5),[4] principal legislação subjacente ao regime autoritário, foi abolido. Restabeleceu-se o *habeas corpus*, eliminou-se a censura prévia e o Judiciário recuperou a independência. Além disso, foi revogado o banimento de inúmeros líderes democráticos que viviam no exílio.

Apesar da violência e da instabilidade política do período militar, foi gerada naquela época uma grande estrutura industrial. Em 1959, por exemplo, havia apenas 1,4 milhão de trabalhadores na indústria manufatureira, mas em 1985 já eram mais de 4 milhões. Mesmo com todas as crises e reformas liberais subsequentes, os empregos continuaram a aumentar.[5] Em 2016, havia 7,5 milhões de trabalhadores no setor industrial (**Gráfico 2.1**). Paralelamente ao crescimento da indústria, desenvolveu-se um importante setor de serviços, que empregava 19,4 milhões de trabalhadores em 2000 e 22,7 milhões em 2010. Em conjunto, as atividades não agrícolas em 2010 respondiam por 87% dos 86 milhões de trabalhadores no Brasil, sendo 82% em 2000.[6]

A formação de um movimento de trabalhadores autônomos é outro importante acontecimento do final do período militar. Desde os primeiros dias do regime autoritário, os militares mantinham os sindicatos urbanos e rurais sob rígido controle governamental, com intervenção na maior parte deles e expulsão da maioria das lideranças ativas. Nas áreas urbanas, a estrutura sindical estabelecida na Era Vargas permanecia relativamente estável, dando ao Estado enorme poder para manipular os sindicatos pelo uso dos chamados "pelegos" (líderes sindicais profissionais ligados ao governo). Na área rural, foram destruídas as Ligas Camponesas ex-

---

4   O Ato Institucional Número 5, incluindo as medidas jurídicas mais autoritárias da ditadura militar, foi promulgado em 13 de dezembro de 1968.

5   Aplicando-se a definição de "indústrias de transformação" até 1985 e "produção de bens e serviços industriais" para 2000 e 2010.

6   IBGE, Sidra, tabelas 1985 e 3591.

Gráfico 2.1 Crescimento da força de trabalho na indústria manufatureira, 1939-2016

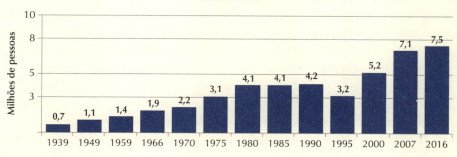

Fonte: IBGE, Série Histórica tabela IND04006 e tabelas Sidra 1964, 2221

tremamente ativas que existiam antes do regime militar e criados novos sindicatos controlados pelo governo. No governo Geisel, contudo, surgiram novas lideranças sindicais nas áreas urbana e rural. Nesta última, grupos de camponeses se formaram, livres da intervenção governamental e intimamente vinculados à Igreja Católica. Na área urbana, despontaram novas lideranças independentes nos sindicatos. Dez anos após a violenta repressão das greves de Osasco e Contagem, as primeiras grandes greves iniciadas na era militar, os operários do setor automotivo da região industrial do ABC de São Paulo entraram novamente em greve. Naquela época, o líder do movimento grevista era Luiz Inácio da Silva (conhecido como "Lula"), então líder sindical e futuro presidente do Brasil, que contava com grande apoio popular.[7] Para evitar confrontos violentos, os trabalhadores negociavam diretamente com os patrões, obtendo-se soluções sem a intervenção governamental.[8]

Em 1978, a liderança militar indicou o general João Baptista de Oliveira Figueiredo como presidente. Figueiredo estava determinado a transferir o mandato para um sucessor civil, mas dentro de um processo complexo de negociações políticas e no contexto de crise econômica. A partir da primeira crise do petróleo de 1973, o regime militar optou por um plano econô-

---

[7] As greves dos metalúrgicos em Osasco, São Paulo, e em Contagem, Minas Gerais, ambas em 1968, foram as últimas após o golpe militar de 1964. Dez anos depois, em 1978, os movimentos grevistas recomeçaram nas áreas industriais da Região Metropolitana de São Paulo.

[8] A Arquidiocese de São Paulo tornou-se um núcleo importante de oposição ao regime militar, defendendo direitos humanos, condenando perseguições políticas e a tortura. Também desempenhou papel fundamental na organização de movimentos sindicais que se desenvolveram na região.

Evolução política e econômica do Brasil

mico não recessivo, por meio de um forte programa de investimentos com financiamento estrangeiro, que completaria o processo de industrialização e tornaria o país menos dependente do exterior. O preço pago foi a exaustão financeira do setor público e a expansão do endividamento externo. A segunda crise do petróleo de 1979 e a enorme crise da dívida dos países emergentes inviabilizou o programa. O governo Figueiredo se defrontou com a necessidade de um agressivo ajuste recessivo, sem suporte externo. Além disso, a deterioração da economia causou forte desgaste na área política.

A estratégia original do governo era criar dois partidos, com a ideia de que os militares poderiam manter a base de poder, tanto no período militar como no período democrático, com eleições livres. No entanto, o partido governista contava com pouco apoio popular. Em vista dessa situação, os líderes militares decidiram apoiar uma solução multipartidária, esperando dividir a oposição em partidos menores. Foi o que realmente aconteceu. Além do partido governista, o Partido Democrático Social (PDS), foram criados vários outros de oposição, mas o antigo sobreviveu e se tornou conhecido como Partido do Movimento Democrático Brasileiro (PMDB). Um dos vários criados foi o Partido dos Trabalhadores (PT), formado por novas e autênticas lideranças sindicais, intelectuais de esquerda e segmentos da classe média urbana. O PT representava um partido brasileiro inédito por ter organização, ideologia e liderança coerentes e fortes seguidores leais. Os demais, inclusive o PMDB, eram mais frentes de oposição do que partidos estruturados organicamente.[9]

A transição para um sistema democrático teve um momento marcante em 1982, com a vitória dos partidos de oposição nas eleições diretas para governadores de estado. O aprofundamento da crise econômica criou uma animosidade maior contra o regime militar, intensificando-se os movimentos populares contra o governo. O mais importante deles foi a mobilização maciça da sociedade civil e dos partidos de oposição em favor de eleições diretas para a escolha do próximo presidente da República. Apesar disso, as

---

9 Sobre o tema, veja Yan de Souza Carreirão, "O sistema partidário brasileiro", *Revista Brasileira de Ciência Política* 14, maio/ago 2014, pp. 255-295; Cesar Zucco, *Stability Without Roots: Party System Institutionalization in Brasil*. Disponível em: <http://faspolisci.rutgers.edu/zucco/papers/cidob.main-revised.pdf>, acesso em: 25.04.2018; Scott Mainwaring, Timothy J. Power e Fernando Bizzarro, "The uneven institutionalization of a party system: Brazil" *in* Scott Mainwaring, ed., *Party Systems in Latin America: Institutionalization, Decay, and Collapse* (Cambridge: Cambridge University Press, 2018), pp. 164-200. Em 2017, foi aprovada a chamada "cláusula de desempenho", a qual exige um mínimo de desempenho eleitoral para que os partidos tenham acesso a recursos públicos e tempo de propaganda gratuita no rádio e na televisão. Dados os resultados das eleições gerais de 2018, 14 dos 35 partidos oficialmente constituídos não alcançaram o mínimo estabelecido. Esperava-se que isso pudesse contribuir para a consolidação partidária.

eleições indiretas foram mantidas. O resultado eleitoral, porém, surpreendeu a todos, particularmente aos militares. O partido do governo se dividiu ao escolher seu candidato e permitiu a vitória do candidato do PMDB, o governador de Minas Gerais Tancredo Neves, político respeitado e conhecido por sua moderação e habilidade política.

A morte de Tancredo Neves antes da posse fez com que o vice-presidente José Sarney assumisse a presidência, algo que representou uma ironia da história, pois instalou no governo um político tradicional, que tinha apoiado o regime militar, em lugar de um líder da oposição democrática. Sarney, no entanto, entendeu a situação: manteve o ministério que Tancredo Neves havia nomeado e contou com o apoio político da maioria parlamentar do PMDB. A administração de Sarney foi indubitavelmente importante na consolidação do processo democrático. A longa transição, iniciada durante o governo Geisel e mantida durante a administração de Figueiredo, seria concluída no governo Sarney.

Na área política, a maior realização do governo Sarney foi a aprovação da nova Constituição, que consagrava um regime federativo mais descentralizado e democrático. A Constituição de 1988 foi vista como uma das mais avançadas do mundo em termos de direitos sociais e civis, inclusive direitos das minorias. Os analfabetos passaram a ter direito a voto, e a idade mínima dos eleitores foi reduzida para 16 anos. As eleições para o Executivo seriam realizadas por voto direto em dois turnos, caso não fosse alcançada maioria no primeiro deles. O regime presidencialista foi aprovado, embora os principais líderes da oposição preferissem o sistema parlamentarista. Apesar de elogiada pela defesa dos direitos sociais e civis, a nova Constituição não apresentava os elementos necessários para manter o equilíbrio das contas públicas federais. Vários monopólios públicos foram confirmados na Constituição, que também apresentava um tom marcantemente nacionalista. Ainda assim, foi considerada um poderoso instrumento na consolidação do Estado Democrático de Direito.

A eleição de 1989 seria a primeira votação direta desde 1960, ocorrida durante uma profunda crise econômica, com baixos níveis de crescimento e inflação ascendente, da ordem de 50% ao mês. Para a surpresa de muitos, o governador de Alagoas venceu com uma plataforma populista, moralista e essencialmente direitista. Fernando Collor de Mello iniciou o governo com um choque econômico inusitado e bastante autoritário: o congelamento de ativos financeiros mantidos no sistema bancário. A justificativa para a medida heterodoxa foi a necessidade de reduzir a imensa liquidez da economia brasileira. Mais significativos no longo prazo foram os primeiros passos do discurso neoliberal no Brasil, conhecido como "Consenso de Washington". Collor adotou as primeiras medidas em direção à abertura do mercado para a concorrência internacional, a promoção de investimentos estrangeiros e finalmente a privatização da economia e a eliminação dos monopólios governamentais na produção de bens e serviços.

Essa agenda neoliberal pretendia alterar a tradicional intervenção estatal na economia brasileira, como Estado regulador e produtor. Considerando-se que um pequeno partido fora sua base e que ele ganhara as eleições devido ao medo da vitória de Lula, um suposto radical, Collor não se sentia comprometido com os tradicionais grupos políticos e econômicos. Assim, se propôs a realizar mudanças fundamentais na economia brasileira. No entanto, seu isolamento político, seu estilo autoritário de governo e a contínua deterioração da economia, ao lado de indícios de corrupção pessoal, levaram ao impeachment do presidente. A campanha contra Collor congregou demonstrações populares de massa; não obstante, o impeachment ocorreu dentro das normas constitucionais e sem crise institucional, um indicador fundamental da maturidade do processo democrático.

Embora o novo governo de Itamar Franco, vice-presidente de Collor, mantivesse o programa neoliberal, também conseguiu criar o plano de maior sucesso pós-1950 para a estabilidade da economia e a solução da inflação estrutural, etapa fundamental para o crescimento da economia brasileira. Em dezembro de 1993, o governo adotou o Plano Real. Esse programa complexo reduziu a inflação e teve efeito profundo na economia. O sucesso do plano, conduzido por Fernando Henrique Cardoso (do PSDB) como ministro da Fazenda, permitiu a vitória dele nas eleições presidenciais de 1994. Uma vez eleito, o novo presidente concentrou-se na consolidação do Plano de Estabilidade e na implementação de amplas reformas neoliberais. Esse desmanche do Estado intervencionista tornou-se um programa de governo pleno e consistente de transformação do Estado brasileiro – de agente ativo na estrutura produtiva nacional para um Estado que procura atuar na área regulatória, deixando a esfera da produção para o setor privado. Pretendia-se que o Estado brasileiro limitasse suas ações às responsabilidades típicas nas áreas da seguridade e previdência social, justiça, educação, bem-estar social, segurança e saúde. Também foram realizadas reformas tarifárias alfandegárias para abrir o mercado interno à concorrência internacional; ademais, foram eliminados os monopólios estatais do petróleo, da energia elétrica, das telecomunicações e da navegação de cabotagem. Cardoso também procurou aprovar um amplo programa de reforma da previdência social e da administração pública, mas os resultados desses projetos foram afetados pelo desgaste político do presidente, motivado em parte pela aprovação da emenda da reeleição.

Após dois mandatos, Cardoso foi substituído pelo líder do Partido dos Trabalhadores, Luiz Inácio Lula da Silva. Com a ascensão ao poder, o Partido dos Trabalhadores orientou-se mais para o centro do espectro político, decisão que causou muitas deserções de seus quadros tradicionais, pois reduzira seu programa radical para ganhar as eleições presidenciais e manter a estabilidade econômica do Brasil, particularmente na área externa. É importante salientar que, no primeiro mandato, Lula deu continuidade a muitas reformas sociais e políticas discutidas, mas não implementadas, durante o governo de Cardoso. Dentre essas mudanças, destacam-se as reformas realizadas no sistema de previdência social. Contra a oposição dos funcionários públicos, tradicionais apoiadores do partido, o governo Lula aprovou o pagamento de contribuições previdenciárias por parte deles. Ao mesmo tempo, o Bolsa Família passou a concentrar todos os programas de transferência de renda existentes, entre os quais o apoio à educação infantil e a transferência de renda para idosos não contribuintes do INSS. Além da expansão do Bolsa Família e do suporte e da ampliação de programas sociais, como o Programa Nacional para Agricultura Familiar, o governo Lula lançou inúmeros e importantes programas sociais, como a construção de moradias populares, a concessão de bolsas de estudos e eletrificação rural. Também intensificou o processo de aumento do valor real do salário mínimo, base referencial dos benefícios da previdência social, que influencia a estrutura salarial da economia.

No entanto, mesmo com o sucesso e a popularidade inicial, o partido praticamente desmoronou em 2005 devido a um enorme escândalo de corrupção. Em vez de participar do jogo democrático, o partido havia oferecido contribuições periódicas para que políticos da oposição apoiassem os projetos do governo. Aquela forma de corrupção, conhecida como "mensalão", acabou por se tornar sistemática e disseminada, envolvendo não apenas a extração de fundos do governo e de recursos privados de grupos de interesse para apoiar campanhas eleitorais e comprar votos da oposição, mas, como seria inevitável, envolveu também a corrupção tradicional individual. Em um período de poucos meses em meados de 2005, grande parte da liderança do partido envolvida nesses escândalos de corrupção afastou-se do governo, afetando a credibilidade e a força política do partido.

Embora Lula tenha sido eleito para um segundo mandato em 2006, o partido havia perdido seus líderes mais experientes com o mensalão. Tal fato, somado ao lento abandono do programa liberal que Lula trouxe do período Cardoso, teria um profundo impacto na economia e na política. O governo continuou com algumas reformas sociais e conseguiu grande popularidade por meio do aumento sistemático dos programas de transferência de renda para a população, principalmente o Bolsa Família, que teve enorme impacto na redução da pobreza no Brasil. A grande popularidade de Lula no final do segundo mandato, em 2010, propiciou a eleição de Dilma Rousseff como presidente da República. No entanto, o descontrole fiscal, a volta ao protecionismo e a defesa da indústria nacional conduziriam o país à crise dos anos 2015-2016. Ademais, os esquemas de corrupção do Partido dos Trabalhadores aumentaram no segundo mandato de Lula e durante o governo Dilma. A Petrobras tornou-se a principal fonte de recursos ilícitos para vários partidos da base do governo, com reflexos dramáticos sobre a estabilidade econômica e financeira da empresa.

A corrupção descoberta por meio da operação Lava Jato minou a legitimidade do governo. A investigação começou com uma operação de lavagem de dinheiro em Curitiba e revelou-se, por fim, como um enorme esquema de corrupção, que afetou todos os grandes partidos, e não só o PT e aliados. Ao mesmo tempo, o impacto do descontrole fiscal levou a economia para a pior recessão da história do país. A oposição popular ao governo Dilma estimulou a abertura do processo de impeachment, conduzido com base na violação da lei de responsabilidade fiscal. O julgamento e a condenação final foram realizados com total suporte do Congresso, assim como do Supremo Tribunal Federal, cuja maioria dos membros havia sido indicada pelo próprio Partido dos Trabalhadores.

A fragilidade de Michel Temer, vice-presidente que assumiu o governo, e a rejeição drástica ao Partido dos Trabalhadores por uma parcela expressiva da população brasileira possibilitaram a ascensão política de uma corrente conservadora, liderada por militares aposentados. Com um ponto de vista conservador no campo político, social e cultural, mas defendendo reformas liberais, Jair Bolsonaro foi eleito presidente da República, apresentando-se como candidato anti-PT. As ideias conservadoras que defendia tiveram forte impacto popular, permitindo a eleição de inúmeros governadores e de um número significativo de membros do Congresso Nacional. Embora o próprio Bolsonaro tenha defendido posições tradicionais nacionalistas, protecionistas e corporativistas quando atuava no Congresso, nomeou economistas radicalmente liberais para os ministérios da área econômica. Ao mesmo tempo, indicou inúmeros militares aposentados para posições estratégicas do governo, que parece estar baseado em uma coalizão complexa de evangélicos e ruralistas, com relativo apoio da classe média e da comunidade empresarial. Também expressa algumas posições radicais na área do meio ambiente, cultura e dos costumes que dividem a sociedade brasileira. E apresenta uma nova orientação na política externa, contra a globalização e fortemente alinhada com os Estados Unidos, com riscos de prejudicar relações comerciais profundas com países da Ásia e do Oriente Médio.

Apesar de dois impeachments e sérios problemas de corrupção e compra de votos, desde 1985 o país tem eleições livres e um compromisso básico com as instituições democráticas, que não parecem estar ameaçadas pela forte influência dos militares no atual governo. Embora a estrutura partidária continue frágil e o governo tenha dificuldades para obter maioria parlamentar, reformas importantes têm sido aprovadas ao longo dos anos. Os vários governos desde a década de 1990 conseguiram reduzir a pobreza sistematicamente pela estabilização da economia e a criação de múltiplos programas sociais, sobretudo os de transferência de renda, que levaram cerca de 30 milhões de brasileiros para a classe média. Entretanto, a recente crise econômica e a enorme taxa de desemprego que se mantém por alguns anos podem representar um retrocesso em termos de desigualdade, com a ampliação do número de pessoas que vivem na pobreza.

Além desses acontecimentos políticos de longa duração, o século XX marcou uma mudança crucial na história econômica do Brasil, com a transição da nação de economia agrícola e de mineração para uma sociedade industrial. Desde a colonização pelos portugueses no século XVI até o final do século XX, o Brasil dependia das exportações de minérios e monoculturas – do açúcar, até o final do século XVIII, e do café nos séculos XIX e XX. A mão de obra escrava foi o principal componente de trabalho dedicado aos mercados de exportação, tendo se estendido até 1888. Foi então substituída pela imigração europeia, subsidiada de 1880 até a década de 1920. No entanto, de 1930 em diante, os governos promoveram a industrialização e a modernização da agricultura brasileira.

Nos primeiros setenta anos do século XX, o Brasil testemunhou um longo período de crescimento. A princípio sustentado pela exportação de café e posteriormente por um processo de industrialização induzido

Evolução política e econômica do Brasil

pela substituição de importações, o país conseguiu criar uma ampla e complexa estrutura industrial inédita na América Latina, que incluía um importante setor de bens de capital. O porte continental do país gerou um mercado de escala suficiente para sustentar não apenas uma indústria de consumo de bens duráveis, mas também um setor industrial que produzisse insumos básicos e bens de capital. Esse duradouro processo de crescimento foi interrompido por uma série de crises externas que afetaram o Brasil e a maioria dos países em desenvolvimento no final da década de 1970. A crise começou a se desenrolar com o primeiro choque do petróleo de 1973, foi intensificada pelo segundo choque de 1979 e seguida pela crise da dívida externa ocorrida ao longo da década de 1980. Esses choques, tanto para o Brasil como para o restante da América Latina, romperam a longa tendência de crescimento que se estendeu por grande parte do século XX. No caso do Brasil, a taxa média de crescimento, que havia sido de 5,7% nos primeiros oitenta anos do século XX, caiu para 2,1% nos últimos vinte anos do século. A última taxa de crescimento foi insuficiente para manter o bem-estar social de um país ainda pobre, com grandes desigualdades sociais e de renda e com a população crescendo em 1,7% ao ano. A crise pós-1970 foi também acompanhada no Brasil por uma inflação aparentemente incontrolável e por uma dívida pública cada vez maior.

Esse processo de crescimento acelerado de oitenta anos teve início sob os governos liberais e, após 1930, continuou com uma nova orientação e política econômica pelos líderes que levaram o governo à administração direta da economia. Começando com a crise internacional da década de 1930, o governo Vargas, e posteriormente Kubitscheck,[10] e outra vez sob o regime nacionalista militar de 1964-1985, desenvolveu-se uma política econômica

---

10 Entre os inúmeros estudos sobre a economia do período anterior ao golpe militar, veja Draibe, *Rumos e metamorfoses*; Carlos Lessa, *Quinze anos de política econômica* (São Paulo: Brasiliense, 1981); Benevides, *O governo Kubitschek*; Maria da Conceição Tavares, "Auge e declínio do processo de substituição", *in* Maria da Conceição Tavares, ed., *Da substituição de importações ao capitalismo financeiro* (Rio de Janeiro: Zahar, 1972); Albert Hirschman, "The Political Economy of Import Substitution Industrialization in Latin America", *Quartely of Economics* 82 (1968); Albert Fishlow, "Origens e consequências da substituição de importações no Brasil", *in* Flavio Versiani e José Roberto Mendonça de Barros, eds., *Formação econômica do Brasil: a experiência de industrialização* (São Paulo: Anpec/Saraiva, 1976); Annibal Villanova Villela e Wilson Suzigan, *Política do governo e crescimento da economia brasileira, 1889-1945* (Rio de Janeiro: Ipea, 1973); Antonio Barros de Castro, *Sete ensaios sobre a economia brasileira* (São Paulo: Forense, 1969); Marcelo de Paiva Abreu, "Inflação, estagnação e ruptura: 1961-1964", *in* Marcelo de Paiva Abreu e Dionísio Dias Carneiro Neto, eds., *A ordem do progresso* (Rio de Janeiro: Campus, 1990), pp. 197-231; José Serra, "Ciclos e mudanças estruturais na economia brasileira do pós-guerra", *in* Luiz Gonzaga de Mello Belluzzo e Renata Coutinho, eds., *Desenvolvimento capitalista no Brasil. ensaios sobre a crise* (São Paulo: Brasiliense, 1981).

que enfatizava o crescimento induzido dos setores industriais e agrícolas, assim como a modernização do setor financeiro. Os gastos substanciais do governo também geraram pressão inflacionária que se estendeu por três décadas, apesar da expansão sustentada da economia.

Embora houvesse um crescimento contínuo da industrialização desde a década de 1930, foi no regime militar de 1964-1985 que o setor industrial se integrou totalmente com a consolidação de novos setores, como o petroquímico e o de bens de capital. Ao mesmo tempo, a agricultura nacional altamente controlada durante o período militar com créditos, subsídios e controle de preços modernizou-se com a introdução maciça de máquinas, fertilizantes, inseticidas e novas culturas. Para tornar viáveis a expansão industrial e a modernização da agricultura, foi necessário inicialmente colocar em prática um programa de estabilização e reformas fiscais que enfrentou pouca oposição dada a natureza autoritária do Estado. O novo governo entendeu que o conflito distributivo era o elemento essencial para explicar a inflação brasileira. Conflito que se refletia tanto nas relações capital-trabalho como nos excessivos gastos públicos do governo, que geravam déficit público crônico, financiado por emissões monetárias. Assim, como uma das primeiras medidas de caráter estrutural, o governo criou a correção monetária, aplicada inicialmente para corrigir o valor dos impostos, mas que também seria utilizada para indexar a dívida pública. A introdução da correção monetária nos títulos permitiu a remuneração real aos detentores de dívida pública, e com isso foi possível criar o mercado de dívida pública, que passou a ser o instrumento-padrão para o financiamento do desequilíbrio fiscal. A indexação explica como o Brasil conseguiu criar um sofisticado mercado de capitais, embora a inflação jamais tenha sido eliminada por completo. Paralelamente à criação do instrumento de correção monetária, aplicado nos ativos e passivos do governo federal, realizou-se uma grande reforma fiscal, permitindo maior equilíbrio das contas públicas.[11]

Como o conflito distributivo era apontado como uma das causas da inflação crônica e crescente, o governo implantou uma política que impedia a recomposição salarial pela inflação efetiva. Essa política, conhecida como "arrocho salarial", ao reduzir o valor do salário real inibia a deman-

---

[11] André Lara Rezende, "Estabilização e reforma", in Paiva Abreu; Mario Henrique Simonsen e Roberto Campos, eds., A nova economia brasileira (Rio de Janeiro: José Olympio, 1979); Celso Furtado, Um projeto para o Brasil (Rio de Janeiro: Saga, 1968); Albert Fishlow, "Algumas reflexões sobre a política brasileira após 1964", Estudos Cebrap 6 (jan/mar 1974); Mario Henrique Simonsen, Inflação, gradualismo x tratamento de choque (Rio de Janeiro: Apec,1970); Fishlow, "A distribuição de renda no Brasil".

da agregada e diminuía o custo da mão de obra no processo produtivo. Considerando-se a repressão realizada contra os sindicatos e a proibição do exercício legítimo da greve, o governo militar obteve resultados na redução significativa do salário real. A média anual do salário mínimo, por exemplo, passou, em termos reais, de 100 em 1964 para 71 em 1967.[12] Esse fato teve um efeito distributivo perverso e evidentemente transferiu aos trabalhadores parte expressiva do custo da redução da demanda agregada.[13]

O governo lançou as bases do Sistema Financeiro Nacional (SFN), inclusive com a criação do Banco Central do Brasil. Adicionalmente, foi criado o Sistema Financeiro de Habitação (SFH), tendo como órgão central o Banco Nacional da Habitação (BNH) e contando com recursos de poupança compulsória do Fundo de Garantia por Tempo de Serviço (FGTS), criado em substituição ao regime de estabilidade estabelecido na Consolidação das Leis do Trabalho (CLT).

Após a primeira fase de reformas, e de obter a estabilização da economia, o governo militar procurou implementar uma política claramente expansionista, servindo-se de um complexo sistema de incentivos e subsídios e de um amplo controle de preços. Mas ao mesmo tempo implantou um abrangente sistema de controle e administração de preços. Os subsídios alcançavam inúmeros setores da economia, particularmente as exportações, necessárias para o equilíbrio das contas externas, e a agricultura, que deveria gerar não só produtos exportáveis, mas também alimentos básicos, que exerciam grande impacto sobre a inflação. No setor agrícola, desenvolveu um amplo sistema de crédito subsidiado, que estimulava simultaneamente a expansão da produção e a modernização do setor. Além do crédito, de subsídios abundantes e de vantagens fiscais, o setor de exportação contava com uma taxa de câmbio realista, que foi mantida em um nível relativamente estável por meio da política de minidesvalorizações cambiais, que acompanhavam os diferenciais entre as taxas de inflação interna e externa. Afora o FGTS, o governo instituiu outras fontes de poupança compulsória ou voluntária, que permitiram

---

12 Ipeadata, "Série salário mínimo real". Disponível em: <http://www.ipeadata.gov.br/Default.aspx>, acesso em: 22.06.2018. A queda do salário mínimo real após o golpe militar inaugurou um processo de declínio desse salário que só começaria a ser revertido em meados dos anos 1990 com a estabilização da economia. Embora o salário mínimo real tenha dobrado em termos reais nos últimos vinte anos, ainda não atingiu o poder de compra de 1964.

13 Vários autores abordaram esse tema, como Albert Fishlow, que enfatizou o caráter negativo das medidas promulgadas pelo regime militar. Veja Fishlow, "A distribuição de renda no Brasil", in R. Tolipan e A.C. Tinelli, eds., A controvérsia sobre a distribuição de renda e desenvolvimento (Rio de Janeiro: Zahar, 1975).

ampliar os investimentos da economia. O mercado de capitais, praticamente criado nesse período, passou a contar com fortes estímulos, pois deveria representar outra fonte essencial de financiamento de longo prazo para o processo de desenvolvimento. Além do estímulo ao investimento produtivo privado, o governo intensificou sua atuação direta em setores estratégicos, como insumos básicos e infraestrutura. Também representava a fonte essencial do crédito interno de longo prazo, através do Banco Nacional de Desenvolvimento Econômico e Social (BNDES). Poucos projetos privados foram então estabelecidos no Brasil sem a aprovação de alguma instituição pública, fosse para a obtenção de crédito, fosse para a autorização de importação de produtos ou outro tipo de subsídio. E poucos produtos escaparam do controle formal de preços. Finalmente, o Estado passou a ser o grande produtor de energia, aço, minerais, combustíveis, fertilizantes e produtos químicos, controlando também serviços portuários, telecomunicações e ferrovias.

Apesar da inflação persistente, a indexação possibilitou criar um sofisticado sistema de financiamento de investimentos de longo prazo pela mobilização da poupança voluntária e da obrigatória. O fato levou a um grande programa de obras públicas por empresas governamentais e estatais, expandindo o emprego no setor e incorporando novos trabalhadores ao setor formal da economia. Na área industrial houve grande expansão na produção de bens de consumo duráveis, inclusive de automóveis. Os investimentos públicos e privados resultaram na expansão do mercado de trabalho urbano, estimulando grandes migrações de trabalhadores do campo para as cidades.

Entre 1967 e 1973 o produto nacional bruto cresceu em média 10% ao ano, taxa superada pelo crescimento do setor industrial.[14] A economia se modernizou, e esse crescimento explosivo levou à incorporação de ainda mais trabalhadores ao mercado de trabalho formal e à consolidação de uma classe média de consumidores, alterando substancialmente a estrutura social brasileira. Além do sucesso da política econômica adotada internamente, o país também se beneficiou de um período de forte crescimento internacional que testemunhou a maior parte dos países da América Latina se expandindo em uma taxa média muito elevada de crescimento.

---

14 Dados do Ipeadata, IBGE/SCN, PIB, "Variação real anual e PIB da indústria de transformação, valor adicionado, valor real anual".

No entanto, tal crescimento foi acompanhado de um processo de concentração de renda ocorrido por uma série de motivos, mas particularmente devido à política salarial restritiva adotada pelo governo, que impedia que os ganhos de produtividade obtidos pela nova economia fossem transferidos para os trabalhadores. A maior parte dos ganhos foi alocada na forma de lucros, aumentando a profunda desigualdade da distribuição de renda na sociedade brasileira. O próprio sistema de subsídios reforçava esse padrão de concentração.[15] O mercado de trabalho, ao exigir maior qualificação, ampliava o diferencial na remuneração dos assalariados, beneficiando fortemente a maior escolaridade. Assim, nesse período houve um forte crescimento que beneficiou a todos, com a ampliação do mercado de trabalho e do mercado consumidor, embora os ganhos não fossem equitativamente distribuídos entre todas as classes sociais, levando ao aumento na concentração da renda.

Ainda que o programa de estabilização tenha refreado o processo inflacionário dos primeiros anos da década de 1960, que alcançavam cerca de 80% ao ano, a variação de preços manteve-se usualmente acima dos 20% e voltou a crescer a partir da década de 1970, afetando os salários reais. Embora a indexação mantivesse a economia funcionando relativamente bem, a aceleração inflacionária exercia um impacto direto no padrão de vida dos trabalhadores. Assim, a regra de correção salarial representava uma das principais fontes de conflito distributivo entre os trabalhadores e as autoridades governamentais. Além do chamado "arrocho salarial", que corrigia os salários por coeficientes que não refletiam a inflação efetiva, a própria aceleração inflacionária deteriorava os salários reais e exigia que a tradicional correção anual de salários fosse alterada para contemplar um menor prazo entre os reajustes. Como a repressão continha os movimentos sindicais, o impacto da inflação sobre as classes trabalhadora foi profundo.[16]

---

15 Naquele período houve um grande debate a respeito da concentração de renda. O governo afirmava que os altos níveis de desigualdade de distribuição de renda eram um fenômeno transitório causado pelo processo de crescimento, ao passo que outros economistas mantinham opiniões diferentes. Alguns argumentavam que havia motivos estruturais para a distorção da distribuição e que ela não seria eliminada com o crescimento; outros culpavam a política salarial repressiva do governo como causa da concentração. Sobre o tema, veja Carlos G. Langoni, *Distribuição de renda e desenvolvimento econômico no Brasil* (Rio de Janeiro: Expressão e Cultura, 1973); Albert Fishlow, "Brazilian size distribution of income", *American Economic Review* 62.1-2 (1972), pp. 391-402; Edmar Bacha e L. Taylor, "Brazilian Income Distribution in the 1960s: 'Facts', Model Results and the Controversy", *in* Taylor et al., eds., *Models of Growth and Distribution for Brazil* (New York: Oxford University Press, 1980); Ramos e Reis, "Distribuição da renda", pp. 21-45.

16 Francisco H.G. Ferreira, Philippe G. Leite, Julie A. Litchfield e Gabriel Ulyssea, "Ascensão e queda da desigualdade de renda no Brasil", *Econômica* 8, n. 1 (2006), p. 150.

O processo de endividamento externo representou um aspecto altamente negativo da política de crescimento no período militar. No Brasil, as crises econômicas são tradicionalmente geradas por condições do mercado externo. Esse fator explica por que os governos militares estimularam agressivamente as exportações e abriram o país ao capital estrangeiro, tanto em termos de investimentos diretos como de empréstimos. Uma vez que as operações internacionais eram feitas a prazos mais longos e taxas competitivas em comparação com o mercado local de crédito, houve uma forte expansão do crédito privado externo. Essa política de dependência privada do crédito internacional mudou fundamentalmente a estrutura da dívida externa brasileira. Tradicionalmente, ela se baseava em fontes oficiais de crédito, como o Banco Mundial, ou empréstimos de governos estrangeiros ofertados no longo prazo e obtidos com taxas fixas. A nova modalidade de dívida, que incluía o financiamento ao setor privado e às empresas estatais, baseava-se em empréstimos bancários internacionais privados de curto e médio prazo, com taxas de juros flutuantes e custos relativamente elevados, em comparação com os praticados pelas agências internacionais. O aumento da dívida externa, os custos mais elevados e as taxas de juros flutuantes ampliaram a vulnerabilidade do país a mudanças na economia internacional. O primeiro choque do petróleo de 1973 foi um sinal muito claro da crise seguinte, que se manifestaria na década de 1980.

O choque do petróleo de 1973 afetou profundamente o país, pois 73% do combustível consumido no Brasil era importado. A balança comercial se tornou deficitária e a inflação atingiu 30%. A maior parte dos países afetados pela crise do petróleo adotava programas recessivos, procurando restringir a demanda interna e ajustar as economias à nova situação de energia cara. Os países importadores também tinham que transferir uma parcela importante da renda para os países exportadores de petróleo. O governo brasileiro seguiu um caminho alternativo, dinamizando a economia e desenvolvendo um ambicioso programa de investimentos (o II Plano Nacional de Desenvolvimento), destinado a aumentar a oferta interna de bens de capital e itens básicos de consumo, com o objetivo de reduzir a dependência de importações. O regime militar precisava de suporte político e, em vez de adotar medidas de ajuste recessivas, optou por um programa agressivo de investimentos, que deveria completar o processo de industrialização. A abundância de recursos externos gerados pela reciclagem dos dólares acumulados pelos países exportadores de petróleo (os chamados petrodólares) permitiu ao Brasil seguir tal trajetória, baseada em vultosos empréstimos internacionais, mas ao custo de um crescente endividamento interno e externo, da deterioração das contas públicas e da aceleração da inflação, que alcançou 50% em 1979.[17]

No fim do regime militar, o país havia sofrido uma profunda transformação na economia, mas permanecia financeiramente vulnerável. O apoio governamental completou o processo de substituição de importações, dando ao núcleo industrial brasileiro uma estrutura totalmente integrada, com um importante setor de bens de capital. O Brasil continha então um dos maiores, mais integrados e complexos setores industriais entre os países em desenvolvimento. No entanto, havia sofrido simultaneamente o impacto do aumento dos preços do petróleo, a aceleração das taxas de juros internacionais, assim como o lento crescimento das exportações mundiais. A opção brasileira de manter o nível de atividade econômica, que foi definido pela taxa de crescimento anual superior a 6% durante o período, levou a um alto déficit nas transações correntes. Em 1981, os juros pagos sobre a dívida externa representavam a metade do valor de todas as exportações brasileiras. O Brasil apresentava-se externamente fragilizado no contexto de uma séria crise internacional.

Em 1982 veio a crise da dívida mexicana e o início da chamada "crise da dívida externa", que se estenderia pela década de 1980 e afetaria praticamente todos os países latino-americanos, os quais foram obrigados a reestruturar a dívida. Foi um longo período de baixo crescimento, com custos sociais e políticos muito elevados para a maioria desses países. Um grande número deles recorreu ao Fundo Monetário Internacional (FMI) para socorro na reestruturação da dívida com bancos privados credores, que exigiam que as nações adotassem planos de ajustes recessivos, os quais se destinavam a realizar o ajuste da balança de pagamentos pela redução da demanda interna, especialmente pela diminuição dos gastos públicos. Os países devedores precisavam alcançar superávit na balança comercial para pagar os juros dos empréstimos externos e, se possível, amortizar parte do principal da dívida.

---

17 Sobre o período Geisel, veja Antonio Barros de Castro e Francisco Eduardo Pires de Souza, *A economia brasileira em marcha forçada* (Rio de Janeiro: Paz e Terra, 1985); Dionísio Dias Carneiro, "Crise e esperança: 1974-1980", *in* Abreu e Netto, *A ordem do progresso*, pp. 295-322; Rogério Werneck, *Empresas estatais e política macroeconômica* (Rio de Janeiro: Campus, 1987); Rafael Luís Spegler, "Racionalidade política e econômica no governo Geisel (1974-1979): um estudo sobre o II PND e o projeto de institucionalização do regime militar" (tese de mestrado, UFRGS, Porto Alegre, 2015); Pedro Cezar Dutra Fonseca e Sérgio Marley Modesto Monteiro, "O Estado e suas razões: o II PND", *Revista de Economia Política* 28, n. 1 (2008), pp. 28-46; Vanessa Boarati, "A defesa da estratégia desenvolvimentista, II PND", *História Econômica & História de Empresas* 8, n. 1 (2005), pp. 163-193.

Os bancos internacionais fecharam as portas para o Brasil. Exigiam que o país assinasse um acordo formal com o FMI para monitorar o desempenho econômico. Isso foi feito em 1983, mas a deterioração econômica continuava, particularmente na área externa, e o país deixou de honrar seus compromissos financeiros internacionais. Apesar das medidas de controle da economia, a inflação acelerava-se, alcançando 200% ao ano em 1984.[18]

Em geral, as políticas que reduziam o consumo interno eram eficientes para conter pressões inflacionárias. No entanto, o desempenho da economia brasileira sugeria que a inércia inflacionária e os métodos convencionais não eram eficazes em uma economia com um nível tão alto de indexação. Na primeira metade da década de 1980, apareceram as primeiras sugestões de políticas alternativas para combater a inflação.[19] Esses estudos constituíram a base para o "Plano Cruzado" de 1986, o primeiro de diversos planos heterodoxos. Após vários planos malsucedidos, a solução veio com o "Plano Real", em 1994, o qual se realizou após a conclusão da negociação da dívida externa, algo que propiciou maior controle sobre as obrigações internacionais do Brasil.[20] O atraso das obrigações externas iniciado em 1983 aprofundou-se, e em 1987 o Brasil declarou moratória. Após longas e intensas negociações, em novembro de 1993 o país conseguiu realizar o acordo da dívida externa com mais de 800 credores, e as portas do mercado internacional novamente se abriram para o Brasil.

É comum chamar os anos 1980 de "década perdida". Do ponto de vista político, houve enormes avanços democráticos; entretanto, do econômico, a década interrompeu um longo ciclo de rápido crescimento que o país havia testemunhado nos primeiros oitenta anos do século. Na década de 1980 a economia registrava um crescimento acumulado de pouco mais de 30%, contra 130% de crescimento geral na anterior. O

---

18 Sobre a crise e o processo de ajuste, veja Dionísio Dias Carneiro e Eduardo Modiano, "Ajuste externo e desequilíbrio interno: 1980-1894", in Abreu e Netto, A ordem do progresso, pp. 323-346; Mario Henrique Simonsen, "Inflação brasileira: lições e perspectivas", Revista Brasileira de Economia 5, n. 4 (out/dez 1985), pp. 15-31; Winston Fritsch, "A crise cambial de 1982-83 no Brasil: origens e respostas", in C.A. Plastino e R. Bouzas, eds., A América Latina e a crise iternacional (Rio de Janeiro: Graal, 1988); Rogério L.F. Werneck, "Poupança estatal, dívida externa e crise financeira do setor público", Pesquisa e Planejamento Econômico 16, n. 3 (dez 1986), pp. 551-574.

19 Veja Persio Arida e André Lara Resende, "Inertial Inflation and Monetary Reform in Brazil", in J. Williamson, ed., Inflation and Indexation: Argentina, Brazil and Israel (Cambridge, MA: MIT Press, 1985), e Francisco L. Lopes, O choque heterodoxo: combate à inflação e reforma monetária (Rio de Janeiro: Campus, 1986).

20 O ex-ministro João Sayad, um dos implementadores do Plano Cruzado, fez uma comparação interessante entre esse plano e o Plano Real. Veja João Sayad, Planos Cruzado e Real: acertos e desacertos (Rio de Janeiro: Ipea, 2000).

Brasil não foi o único país em desenvolvimento a registrar um desempenho econômico medíocre na década de 1980. Naquele período, poucos países da região conseguiram equilibrar as contas externas e restaurar a capacidade de crescimento.

Em 1990, ocorreu uma mudança abrupta na política governamental com a adoção do Consenso de Washington, formado por uma série de reformas neoliberais destinadas a reduzir o papel do Estado no funcionamento dos mercados. A adoção dessas medidas foi tardia no Brasil, mesmo segundo os padrões latino-americanos. A ideologia neoliberal pregava a liberdade de mercado e se opunha às políticas econômicas que propunham um papel ativo do Estado na economia. O Consenso de Washington defendia que o Estado não deveria ser um agente ativo na economia, limitando-se a defender a moeda, estabilizar preços, garantir contratos e a livre concorrência. Seu papel ativo seria nas áreas de educação, saúde e outros serviços sociais. Em poucos anos, a ideologia neoliberal ganhou força política nos principais países industrializados e rapidamente se disseminou pelo mundo. A partir da década de 1990, esse programa neoliberal de reformas econômicas tornou-se dominante no Brasil e passou a orientar a política governamental, rompendo com a tradição estatista dos cinquenta anos anteriores.

Ao mesmo tempo, surgiram novos processos de produção, introduzidos com novas tecnologias e formas de administração. A gestão, a produção e o mercado transcendiam as fronteiras nacionais tradicionais e faziam parte do processo de globalização. A reestruturação da produção, a liberação do controle governamental e a globalização tornaram a concorrência mais acirrada não apenas no mercado de produtos, mas também no de trabalho, aumentando a desigualdade, a exclusão social e a insegurança no emprego; enfraquecendo as instituições em geral, particularmente aquelas destinadas à proteção social. O neoliberalismo pregava o fim das restrições no ambiente de trabalho e era hostil em relação a sindicatos e intervenção estatal.

Não é difícil entender por que tais ideias chegaram tarde ao Brasil, em que o modelo de desenvolvimento se baseava em uma grande participação do setor público na economia nacional por meio de setores estatais e em que a indústria nacional era muito avançada em comparação com outros países emergentes. Esse sistema se baseava em profundos interesses mútuos entre o setor público e a burocracia estatal, empreendedores privados de capital nacional e estrangeiro, por meio de um sistema amplamente fundamentado em crédito público, preços administrados, tarifas protetoras e subsídios. Alguns setores produtivos, mesmo sem formato de monopólio, eram detidos quase exclusivamente pelo setor público, como no caso da siderurgia. Setores inteiros estavam sob controle de empresas de economia mista, que envolviam sócios privados nacionais e estrangeiros, como é o caso da indústria petroquímica. Existiam monopólios públicos, como o do petróleo. O setor público era praticamente o único produtor de energia elétrica, e havia profunda integração entre capital privado nacional e estrangeiro, como na indústria automotiva. Desde o governo Geisel, o setor industrial brasileiro era praticamente autossuficiente, fechado aos mercados globais, importava relativamente poucos insumos e produzia bens de capital em grande escala. A única exceção eram as importações de petróleo. Em comparação com outros países latino-americanos, o Brasil contava com uma base empresarial ampla, consolidada, rentável, além de uma profunda capacidade administrativa.

Em 1991, o Acordo do Mercosul criou um mercado comum entre Argentina, Brasil, Paraguai e Uruguai, com livre circulação interna de bens, serviços e fatores produtivos. A formação do Mercosul expandiu fortemente o comércio regional entre os países-membros. Entretanto, a sucessão de crises externas desses países exigiu sucessivas renegociações das regras de comércio. Recentemente houve fortes negociações para intensificar a integração regional, e foi firmado um acordo entre o Mercosul e a União Europeia que exigirá um esforço de abertura dos países-membros, inclusive o Brasil.

A abertura do mercado nacional para a concorrência internacional foi também o elemento básico do Plano Real.[21] A rápida abertura da economia nacional e a exposição à concorrência internacional, ao mesmo tempo que sobrevalorizava o câmbio, foi usada como base para o Plano Real e teve efeito positivo sobre a estabilidade de preços. Pretendia-se expor a economia brasileira à concorrência internacional e sua integração no processo de globalização da produção, com repercussões sobre a estrutura produtiva e as relações de trabalho no Brasil.

Ademais, a estabilização gerada pelo Plano Real também estimulou a expansão de crédito, tanto de consumo como corporativo. Entretanto, o crescimento da atividade econômica e a sobrevalorização do câmbio resultaram em desequilíbrios na balança comercial, sendo necessário manter uma taxa real de juros elevada para atrair capital e equilibrar a balança de

---

21 Maurício Mesquita Moreira e Paulo Guilherme Correa, "Abertura comercial e indústria: o que se pode esperar e o que se vem obtendo", *Revista de Economia Política* 17, n. 2 (abr/jun 1997, pp. 61-91); Abreu e Werneck, "Estabilização, abertura e privatização", *in* Abreu, ed., *A ordem do progresso*, pp. 263-280; André Averburg, "Abertura e integração comercial brasileira na década de 90", *A abertura brasileira* 90, n. 1 (1999), pp. 43-82.

pagamentos. Assim, criou-se uma dependência cada vez maior de recursos internacionais para cobrir o déficit das contas externas. Como as várias crises internacionais ocorridas ao longo da década de 1990 ocasionaram a fuga de capitais e a perda de reservas, o governo viu-se obrigado a tomar uma série de medidas, como aumento nas taxas de juros e fortes restrições monetárias, ampliação das reservas bancárias e limites às concessões de créditos bancários. Os impostos sobre uma série de bens de consumo importados cresceram, e foram estabelecidas cotas sobre a importação de automóveis. O regime de câmbio foi alterado para permitir a desvalorização gradual da moeda brasileira, que continuava supervalorizada. Todas essas medidas restringiram substancialmente a liquidez da economia e atuaram como um grande freio na atividade econômica.

Na segunda metade da década de 1990, as empresas enfrentaram sérios problemas e o próprio sistema bancário foi fragilizado, não só pelo aumento da inadimplência em geral, mas também pela necessidade de ajuste para operar em uma economia sem inflação. Apesar das críticas generalizadas sobre o impacto da abertura e em especial sobre a política cambial, a estratégia foi mantida. Esse era o cenário interno quando ocorreu a Crise Asiática, que rapidamente se alastrou por todos os países emergentes.

Apesar dos recursos abundantes obtidos pelo Estado com o programa de privatização de estatais, as contas públicas logo deterioraram devido às altas taxas de juros praticadas para atrair recursos do exterior. A Crise Russa de 1998 representou outro golpe duro para o país. A instabilidade internacional cresceu e a reação das autoridades brasileiras permaneceu inalterada: aumento nas taxas de juros, elevação dos impostos e redução dos gastos públicos. No entanto, esse pacote de medidas não foi suficiente para acalmar os mercados, pois o Brasil era considerado muito vulnerável. O agravamento da crise levou ao socorro de emergência concedido pelo FMI e pelos países desenvolvidos. A quebra de um país do tamanho do Brasil representava um risco elevado ao sistema financeiro internacional. O acordo de socorro financeiro de dezembro de 1998 concedeu um crédito substancial para o Brasil, mas naquele ano o crescimento foi zero e o desemprego aumentou. A chamada Crise Brasileira foi em grande parte provocada pela manutenção da política cambial, que tornava o país vulnerável e exigia taxas de juros reais muito elevadas. Em janeiro de 1999, finalmente foi alterada a política cambial, permitindo a livre flutuação do Real, que caiu 60% em relação ao dólar.

Em termos de crescimento, os anos 1990 foram outra década perdida. O PIB aumentou apenas 30% no período, uma taxa de somente 2,2% ao ano. Melhor do que a taxa de 1,3% da década anterior, mas longe da taxa de crescimento de 7,1% ao ano da década de 1970. O crescimento de 50%, acumulado nas duas décadas, foi muito baixo se comparado ao crescimento populacional de 37% no período. Representou um aumento do PIB per capita de apenas 15% para um país cuja população enfrentava baixa qualidade de vida e serviços públicos insatisfatórios. Embora o crescimento da década de 1970 talvez não pudesse se sustentar naqueles níveis extraordinariamente elevados, o fraco crescimento das décadas de 1980 e 1990, mesmo que positivos, estavam ainda abaixo do que poderia ter ocorrido, considerando-se as grandes transformações realizadas. Além disso, nesse aspecto o Brasil se assemelhava a quase todos os outros países da América Latina, que registraram baixo crescimento ou estagnação naquelas duas décadas.

A crise na América Latina se agravou após a Argentina declarar moratória em 2001. Os mercados financeiros tornaram-se ainda mais restritivos e os recursos internacionais escassos para as economias emergentes. O Brasil registrou uma redução expressiva no crédito externo, mesmo em suas linhas regulares de comércio, geralmente aquelas com menor risco e maior estabilidade.

No entanto, o aumento constante dos preços das commodities no mercado internacional, influenciado pelo crescimento explosivo da China, exercia um impacto expressivo sobre o Brasil. Enquanto o setor industrial se tornava cada vez menos competitivo, a agricultura brasileira convertia-se em uma das mais competitivas do mundo. As duas primeiras décadas do século XXI testemunhariam um crescimento explosivo da produção agrícola e das exportações, com efeitos positivos na balança comercial. Foi o período em que a soja e o milho brasileiro passaram a competir com a produção dos Estados Unidos. Em 2016, o Brasil havia se tornado o terceiro maior produtor agrícola do mundo, atrás da União Europeia e dos Estados Unidos e muito à frente da Austrália e do Canadá.[22] Também atingiu o maior superávit como exportador no comércio agrícola, pois era quase totalmente autossuficiente na produção de alimentos.

Com a inflação controlada e a dívida externa resolvida, o período a partir do fim do segundo mandato de Cardoso até o primeiro mandato de

---

22 FAO, *The State of Agricultural Commodity Markets 2018: Agricultural Trade, Climate Change and Food Security* (Roma, 2008), p. 6, tabela 1.2.

Lula foi também de rápido desenvolvimento da economia, atingindo 5,7% de crescimento anual em 2004. O cenário propiciaria uma expansão significativa no período Lula, que manteve inicialmente os fundamentos da política econômica neoliberal e se beneficiava de condições excepcionais no mercado internacional. No entanto, no segundo mandato de Lula, a política econômica começou a ser alterada, ampliando novamente o papel do Estado como promotor do crescimento. A política fiscal seria utilizada para financiar não só os investimentos públicos, mas também grande parte dos privados, por via de um amplo sistema de financiamentos, subsídios e incentivos. O conceito de Estado regulador foi abandonado para ampliar a função do Estado na promoção do desenvolvimento. A mudança de direção da política econômica seria reforçada como resultado da crise internacional de 2008.

A condução da política econômica não foi meramente uma política conjuntural para superar a crise de 2008, mas uma alteração profunda nos fundamentos da política governamental. O principal objetivo do governo era o crescimento. Na promoção dos investimentos, o papel do BNDES foi ampliado para incluir o financiamento do setor público e privado. O governo e o BNDES passaram a financiar agressivamente a infraestrutura e promover a consolidação de grupos privados nacionais, procurando criar empresas nacionais competitivas no mercado internacional. Eram os chamados "campeões nacionais". A consolidação do grupo JBS, que se tornaria um dos mais importantes produtores de proteína animal em todo o mundo, mas também o centro de um grande escândalo por corrupção, deve-se à política dos "campeões nacionais".

O governo também procurou apoiar novos setores. Assim, a Petrobras, além de passar a ser a única operadora da atividade de exploração dos recém-descobertos campos de petróleo em águas profundas, no pré-sal, foi obrigada a privilegiar os fornecedores locais na aquisição de grande parte de suas compras. Essa política de desenvolvimento se destinava a atuar do lado da oferta por meio de maciços investimentos públicos nos setores de energia e infraestrutura, além de crédito e incentivo à indústria nacional. Os empréstimos para produção, consumo e habitação cresceram significativamente. Os gastos públicos foram ampliados, particularmente em programas sociais. Embora apoiasse a produção local e a oferta nacional, a ação governamental foi mais eficaz nos estímulos à demanda interna. Houve grande expansão de crédito em geral, além da política do aumento sistemático do salário mínimo, que também fez crescer a demanda das camadas de mais baixa renda. No entanto, foi praticada uma política cambial que desestimulava a produção nacional em todos os segmentos, sobretudo na área industrial.

A administração Dilma reforçou essa linha de ação concentrada no crescimento, afastando-se ainda mais das linhas básicas de estabilidade econômica e seus fundamentos. O novo governo adotou maior intervenção estatal e uma política industrial ativa, apoiada por um amplo sistema de subsídios e incentivos, crédito abundante e proteção das compras públicas, particularmente nos investimentos maciços no setor de petróleo e gás. A demanda interna, que seria atendida pela produção local, por meio de um amplo sistema de incentivos e subsídios, seria o motor para impulsionar o crescimento. O esforço fiscal necessário seria compensado pelo aumento das receitas geradas pelo próprio crescimento. Apesar das restrições ideológicas do PT, foi lançado um ambicioso programa de concessões, envolvendo rodovias, portos e aeroportos.

Além dos incentivos e subsídios amplamente concedidos, que representaram uma importante perda de receitas, as despesas do Estado aumentaram devido ao fortalecimento dos programas sociais, ao lado do constante aumento dos pagamentos da previdência, levando à deterioração das contas públicas. Apesar de alguns ajustes anteriores, não houve uma reforma adequada na previdência social que tornasse a estrutura de financiamentos e benefícios compatível com o novo aumento na expectativa de vida da população. Portanto, o sistema da previdência social sobrecarregou as contas públicas. Teve início, assim, uma gradual deterioração fiscal, que atingiu níveis explosivos no final de 2014. Ao final do primeiro mandato da presidente Dilma, esse novo modelo de desenvolvimento dava sinais claros de esgotamento. O crescimento naquele ano foi praticamente zero, com inflação em alta. Os sinais eram claramente recessivos e os principais indicadores econômicos mostravam desgaste. Ao longo de 2015, o quadro se tornou dramático: a inflação foi superior a 10% e o PIB caiu 3,8%; em 2016 houve outro declínio do PIB, de 3,6%.

Enquanto o governo Fernando Henrique Cardoso representou um avanço efetivo do ponto de vista da estabilização da economia, com o controle da inflação crônica, a renegociação da dívida externa e a promoção de importantes reformas do Estado, o governo Lula consolidou a estabilidade, aumentou extraordinariamente as reservas externas e expandiu substancialmente os programas sociais. O governo Dilma, entretanto, empreendeu uma política de desenvolvimento sem suporte fiscal compatível, gerou uma profunda crise econômica, com a deterioração das contas públicas, que conduziram o país a uma profunda recessão, a qual, infelizmente, está destruindo parte dos ganhos sociais realizados desde o sucesso do Plano Real. Talvez o símbolo mais óbvio seja o número de 12 milhões de desempregados em 2016.

Os governos pós-Dilma retornaram para a clássica posição neoliberal, embora ainda mantendo os programas sociais básicos. O governo Temer foi tipicamente de transição. Teve sucesso no programa de estabilidade, controle da inflação, interrompendo o crescimento do déficit público, o que permitiu ao país chegar a números positivos de crescimento, mas ainda muito baixos. Paralelemente promoveu algumas reformas importantes e levantou a questão da necessidade da reforma previdenciária, mas não teve base política para aprová-la. O presidente Bolsonaro, que assumiu o cargo no início de 2019, defende um programa ultraliberal com proposta de redução drástica do papel do Estado na economia e no equilíbrio fiscal. A retomada de um caminho de desenvolvimento contínuo será seu grande desafio, já que não conseguirá depender do Estado como agente de promoção do crescimento.

O país cresceu precariamente nos últimos quarenta anos, pouco mais de 2% ao ano, em comparação com aproximadamente 7% nos quarenta anos anteriores. É um crescimento baixo, mesmo em comparação com o desempenho dos principais países emergentes. Além disso, a indústria brasileira perdeu competitividade internacional e depende de proteção alfandegária, devido à sua baixa produtividade. Por outro lado, a agricultura apresenta desempenho excepcional, modernizando-se e integrando-se totalmente às principais cadeias de valor em âmbito internacional. O Brasil de hoje é um dos maiores produtores e exportadores de produtos agrícolas, com posição de destaque em inúmeros produtos, como soja, milho, carnes, graças aos elevados níveis de produtividade obtidos. O setor agrícola é altamente eficiente, e a produção está em constante expansão, sem aumento significativo na utilização de terras.

O desempenho da economia brasileira nas últimas duas décadas foi estimulado em grande parte pelo crescimento extraordinário da economia chinesa. Enquanto a indústria brasileira não conseguia reagir totalmente, a agricultura do país se beneficiou da ascensão geral nos preços das commodities no mercado internacional. O setor agrícola se expôs à concorrência externa, os subsídios foram praticamente eliminados e grande parte dos financiamentos provêm de fontes privadas. Além dos créditos bancários, recursos são obtidos na própria cadeia de valor, através de processadores agrícolas, fornecedores de insumo, exportadores, supermercados e cooperativas. As fronteiras agrícolas foram ampliadas, particularmente na região Centro-Oeste, e a produção multiplicou-se graças ao aumento da produtividade. O Brasil do início do século XXI se tornou um dos maiores e mais competitivos fornecedores de produtos do agronegócio no mercado internacional.[23] As exportações do agronegócio atingiram US$ 25 bilhões em 2002 e chegaram a mais de US$ 101 bilhões em 2018. Tendo em vista que as importações do setor são relativamente pequenas, grande parte da balança comercial positiva do Brasil pode ser explicada pelo desempenho do agronegócio.[24]

Esse desempenho extraordinário foi alcançado pela competitividade da produção e pelos preços elevados obtidos para todos os principais produtos do agronegócio brasileiro.[25] A posição positiva da balança comercial se deveu ao desempenho excepcional do agronegócio, à medida que o Brasil perdia competitividade na produção de manufaturados. Em 2010, por exemplo, o país gerou um superávit comercial de US$ 20 bilhões, e o agronegócio produziu um equilíbrio de US$ 63 bilhões, significando que a balança comercial, com exceção do agronegócio, apresentava um saldo negativo da ordem de US$ 43 bilhões.[26] Essa foi a tendência em todos os anos posteriores. Após o ano negativo de 2014 e o pequeno saldo positivo de 2015, o comércio internacional cresceu consistentemente, e o saldo comercial alcançou US$ 59 bilhões em 2018. Como o agronegócio naquele ano gerou um saldo positivo de US$ 87 bilhões, podemos concluir que o saldo comercial, excluído o agronegócio, foi negativo em US$ 28 bilhões.[27]

A economia internacional é fundamental para o desenvolvimento brasileiro. A vulnerabilidade externa acompanhou o crescimento econômico do país em todo o século XX. Os frequentes choques externos refletiam-se

---

23 De acordo com o Centro de Estudos Avançados em Economia Aplicada (Esalq/USP), o agronegócio teve participação de 21,6% no PIB em 2017. Veja: <http://www.cepea.esalq.usp.br/pib/>. Acesso em: 22.06.2018.

24 Fiesp. Informativo Deagro (jan 2018). Disponível em: <http://www.fiesp.com.br/indices-pesquisas-e--publicacoes/balanca-comercial/>. Acesso em: 22.06.2018.

25 Considerando-se os setores sucroalcooleiro, de soja, cítrico, de frangos, carne e café. Dados da Secretaria de Relações Internacionais do Agronegócio, do Ministério da Agricultura, Pecuária e Abastecimento.

26 Banco Central do Brasil. Disponível em: <http://www.bcb.gov.br/htms/infecon/Seriehist.asp>. Acesso em: 12.04.2018.

27 MDIC, *Séries históricas*, jan 1997-ago 2019, totais mensais e acumulados. Disponível em: <http://www.mdic.gov.br/index.php/comercio-exterior/estatisticas-de-comercio-exterior/serieshistoricas>, acesso em: 24.02.2019; MAPA, Indicadores Gerais Agrostat. Disponível em: <http://indicadores.agricultura.gov.br/agrostat/index.htm>, acesso em: 24.02.2019.

intensamente no país, na área externa e interna, comprometendo o desenvolvimento do Brasil. O serviço da dívida externa respondia por uma parcela significativa do valor das exportações. Assim, a política cambial representou usualmente um dos elementos cruciais da política econômica brasileira. No entanto, esse quadro mudou a partir de meados dos anos 1990. Primeiramente, pelo sucesso na negociação da dívida externa, combinada com a eliminação da inflação crônica. Depois houve um longo período de estabilidade política e continuidade da política econômica, que perdurou por mais de quinze anos. A isso somaram-se o potencial da agricultura e da indústria brasileira e o grande mercado doméstico, transformando o Brasil em um dos destinos preferidos dos investidores estrangeiros, que injetaram capital no país na forma de Investimentos Diretos Externos (IED) ou por meio de capital de curto prazo, atraído pelas elevadas taxas de juros praticadas no Brasil.

Assim, o período de 1950 até o presente representou uma fase conturbada do ponto de vista da evolução política do Brasil. Após a ditadura Vargas, o processo democrático permaneceu frágil e em constante ameaça até 1964, quando os militares instituíram um regime que se manteve até 1985. Desde então, o Brasil conseguiu remover a influência militar sobre o sistema político, realizou o impeachment de dois presidentes, aprovou uma importante Constituição e viabilizou eleições livres com grande participação. Infelizmente, a fraca estrutura partidária levou a altos níveis de corrupção, claramente expostos nos últimos cinco anos através da operação Lava Jato. O sistema presidencial também demonstrou sua fragilidade institucional para o país. Ao mesmo tempo, as investigações realizadas pela operação Lava Jato e outros processos que se multiplicam pelo Brasil afetaram as principais lideranças políticas. Felizmente, apesar de todos os problemas enfrentados, o país demonstrou possuir instituições sólidas, sendo que a alternância do poder tem ocorrido na plenitude do regime democrático, respeitada a Constituição, e em nenhum momento colocou-se em xeque o regime democrático.

O período desde 1950 representou também a fase de consolidação da indústria, que resultou na formação de uma significativa força de trabalho urbana, e da modernização da agricultura, que se tornou competitiva no mercado mundial. Apesar de todas as crises periódicas, grande parte da força de trabalho saiu do mercado informal, trabalhadores rurais foram incorporados ao sistema de previdência social e os direitos trabalhistas tradicionais foram garantidos. Paralelamente, implantou-se um amplo sistema de bem-estar social e educacional que beneficia a maioria da população. Enfim, as extremas disparidades na riqueza, saúde e educação que predominavam até meados do século foram reduzidas, e o país caminha para se tornar uma nação mais coerente em meados do século XXI. É nesse contexto de crescimento industrial, modernização da agricultura, educação de massa, criação de um moderno Estado de bem-estar social e urbanização da população que temos que entender o processo de mudança social.

Mudanças demográficas

3

SÃO PAULO E O MAIOR CENTRO

Hildegard Rosenthal, *Bonde na praça do Correio*, São Paulo, SP, c. 1940

Podemos citar a industrialização, a modernização da agricultura e a rápida urbanização dentre as mudanças mais significativas ocorridas nos últimos setenta anos no Brasil. Elas conduziram o país para a mais extraordinária modificação histórica na estrutura demográfica brasileira, passando de um modelo pré-moderno com altas taxas de fecundidade e mortalidade para uma transição demográfica com as citadas taxas próximas às dos países mais avançados do mundo. Embora essa evolução tenha sofrido influências externas, questiona-se pouco se as mudanças se aplicariam rapidamente à população como um todo: dos estados mais pressionados economicamente do Norte e do Nordeste aos mais modernos do Sul e do Sudeste. Uma parte da modificação resultou da reavaliação significativa dos padrões sociais no que se refere ao tamanho das famílias e à fecundidade da população, enquanto o país se defrontava com as demandas de um novo estilo de vida urbano. Algumas mudanças resultaram do advento da pílula anticoncepcional após 1960. Porém importantes transformações se originaram de programas governamentais que afetaram substancialmente a saúde e a mortalidade em âmbito nacional.

Em 1950, com 54 milhões de habitantes, o Brasil registrava a 8ª maior população do mundo, logo abaixo da Alemanha. Cinquenta anos depois, com 170 milhões de habitantes, estava na 5ª posição do ranking mundial, com a Alemanha, ainda a maior nação europeia, agora na 12ª posição.[1] No que se refere ao crescimento da população, explica-se a diferença entre os dois países pelas experiências históricas distintas que tiveram com a "transição demográfica", a qual envolveu uma revolução tanto na fecundidade como na mortalidade. Pela primeira vez na história da humanidade, houve uma longa e sistemática queda nas taxas de mortalidade e natalidade. Na Alemanha, a transição demográfica começou em princípios do século XIX e

---

1   Rankings de população disponibilizados pela ONU em: <http://www.un.org/esa/population/pubsarchive/india/20most.htm>.

se completou no início do século XX, sendo que, em meados do século XX, a taxa de crescimento anual do país era de 1% ao ano e começaria a tornar-se negativa na década de 1970.[2] A transição demográfica do Brasil teve início no final do século XIX, mas foi concluída apenas no último quarto do século XX. A triplicação da população em apenas cinquenta anos resultou da transição demográfica tardia registrada pelo Brasil no período, com a mortalidade decrescendo com muito mais rapidez do que a fecundidade. De fato, esta última se sustentou em níveis históricos – considerados elevados de acordo com os padrões mundiais – até o final dos anos 1960. O resultado foi uma taxa extraordinária de crescimento natural que chegou a aproximadamente 3% ao ano na metade do século.

O Censo e as estatísticas vitais de 1950 refletem bem a lenta transição ocorrida no Brasil. Em 1950, o país registrava uma taxa de natalidade bruta de 44 nascimentos por mil habitantes e uma taxa de fecundidade total de 6,2 filhos por mulher nos anos férteis.[3] Na Alemanha, a taxa de fecundidade total já havia atingido 4,2 filhos em 1880 e, em 1950, era de 1,7 filho por mil mulheres em idade fértil.[4] O Brasil registrava uma das taxas de fecundidade mais elevadas do mundo, estando ligeiramente acima da taxa geral da América Latina em 1960.[5] Essas taxas, contudo, começariam a decrescer rapidamente nos períodos quinquenais seguintes e viriam a afetar diretamente a taxa de crescimento da população, que caiu de forma acelerada em comparação com as altas taxas dos anos 1950 e 1960 (Gráfico 3.1).

Bebês de até 1 ano e crianças de até 5 anos eram os grupos ou coortes etários que inicialmente registraram a maior queda na mortalidade. Essas taxas caíram com mais rapidez do que em qualquer outra faixa etária até o final do século XX. Na década de 1950, a mortalidade infantil caiu para 135 mortes de crianças de até 1 ano por mil nascimentos, depois de se situar acima de 200 mortes no final do século XIX. Entretanto, até mesmo essa

---

2   Gerhard Heilig, Thomas Buttner e Wolfgang Lutz, "Germany's Population: Turbulent Past, Uncertain Future", *Population Bulletin* 45, n. 4 (1990), p. 4; e dados sobre as taxas de crescimento da população alemã em: <https://fred.stlouisfed.org/series/SPPOPGROWDEU>.

3   Celade, *Boletín demográfico* 37, n. 73 (jan 2004), tabelas 3, 4.

4   Michael J. Kendzia, Klaus F. Zimmermann, "Celebrating 150 Years of Analyzing Fertility Trends in Germany", IZA DP 6355 (2011), p. 4. Para dados de 1950, veja Destatis, "Total Fertility Rate of Female Cohorts". Disponível em: <https://www.humanfertility.org/cgi-bin/country.php?country=DEUTNP&tab=asfr>.

5   A taxa da América Latina em 1960 era de 5,9 filhos; a mundial era de 5 filhos e a brasileira de 6,1 filhos para mulheres de 14-49 anos. Veja Banco Mundial, *World Development Indicators:* "Fertility rate, total (births per woman)". Disponível em: <https://data.worldbank.org/indicator/SP.DYN.TFRT.IN>, acesso em: 14.09.2017.

Gráfico 3.1 Taxas brutas de natalidade, mortalidade e crescimento natural, 1950-2020 (por mil habitantes)

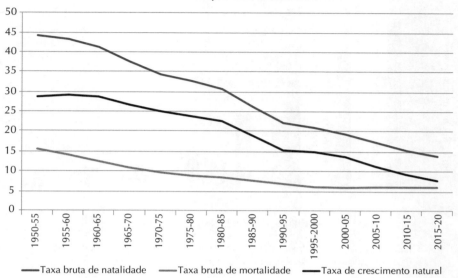

Fonte: Cepalstat, Projections (2016), Brasil

taxa reduzida era aproximadamente cinco vezes maior do que a dos países avançados.[6] Durante as décadas seguintes, a taxa de mortalidade infantil caiu rapidamente, atingindo 72 mortes por mil nascimentos em 1980-85 e reduzindo-se para 34 mortes por mil nascimentos no final do século.[7] A taxa de mortalidade de crianças (de até 5 anos por mil nascimentos) também registrou queda sistemática no período moderno, passando de 190 mortes na década de 1980 para apenas 19 na década de 2010 (**Gráfico 3.2**).

A queda nas taxas de mortalidade infantil e de crianças foi tão rápida que o Brasil logo atingiu as médias da América Latina, mas o país ficou bastante aquém dos níveis dos países avançados. Em 2010, a taxa média de

---

6   A taxa de mortalidade infantil nos Estados Unidos era de 29 em 1950. Susan B. Carter et al., *Historical Statistics of the United States: Millennial Edition* (Cambridge: Cambridge University Press, 2006), tabela Ab912-927: "Fetal Death Ratio, Neonatal Mortality Rate, Infant Mortality Rate, And Maternal Mortality Rate, by Race: 1850-1998".

7   Cepalstat, "Infant Mortality Rate, by Sex". Disponível em: <http://interwp.cepal.org/sisgen/ConsultaIntegrada.asp?idIndicador=14&idioma=i>, acesso em: 06.02.2019.

Gráfico 3.2 Taxas de mortalidade infantil e de crianças no Brasil em quinquênios selecionados, 1950-55 a 2015-20

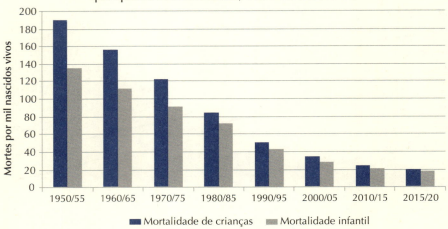

Fonte: Cepalstat, encontrado em <http://interwp.cepal.org/sisgen/ConsultaIntegrada.asp?idIndicador=37&idioma=e>; acesso em: 02.06.2019

mortalidade infantil nos países avançados era de 7 por mil nascimentos, ao passo que nos países da América Latina e Caribe era de 18 e no Brasil, 19.[8]

Em 1950, a taxa de mortalidade de crianças era de 190, ligeiramente abaixo da média da América Latina. Em 1960, caiu para 155; em 1970, para 122, e, em 2010, atingiu 24 mortes por mil nascimentos. Portanto, nas taxas de mortalidade infantil e de crianças, o ritmo da queda no Brasil se tornou cada vez mais acelerado no final do século e, enfim, no século XXI, atingiu as médias da América Latina como um todo (**Gráfico 3.3**). Porém, mesmo com essa queda acelerada, a taxa de mortalidade infantil do Brasil ainda permanecia três vezes maior que a então registrada em Cuba (5,3 mortes) e duas vezes e meia a de 6,7 registrada no Chile em 2016.[9]

Houve também uma mudança na distribuição da mortalidade infantil no período. Inicialmente, a maior parte das mortes ocorria no período pós-neonatal (de 28 a 365 dias após o nascimento), e não no período neonatal (até 27 dias após o nascimento), sendo uma clara indicação do impacto continuado das condições socioeconômicas sobre a mortalidade de bebês

---

[8] Unicef, "Levels & Trends in Child Mortality Report 2015" (set 2015), p. 2, tabela 1. Disponível em: <http://interwp.cepal.org/sisgen/ConsultaIntegrada.asp?idIndicador=14&idioma=i>.

[9] Cepal, *Anuario Estadística de América Latina y el Caribe* (2017), p. 22, tabela 1.4.1.

Gráfico 3.3   Taxa de mortalidade infantil no Brasil e na América Latina em quinquênios selecionados, 1950-55 a 2015-20

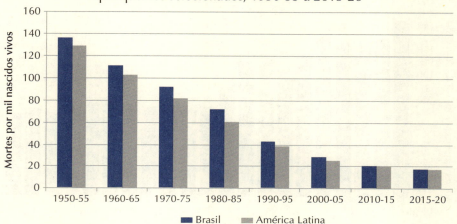

Fonte: Cepalstat, encontrado em:
<http://interwp.cepal.org/sisgen/ConsultaIntegrada.asp?idIndicador=14&idioma=i>
acesso em: 07.02.2019

e crianças.[10] No primeiro mês de vida, o período neonatal, a maioria das mortes resulta de problemas genéticos, congênitos ou dificuldades no parto relacionados com a mãe e a criança. No entanto, as crianças que não sobrevivem ao período pós-neonatal vão a óbito devido a doenças sociais e condições gerais de disenteria grave causada por alimentos contaminados e doenças provocadas pela água, além da desnutrição. No final dos anos 1960, metade das mortes de crianças ocorreu no período neonatal, e foi somente na década de 1970 que a taxa caiu para menos de 40% de todas as mortes de crianças. Até mesmo em 1990, quase um quarto das mortes ocorria no período neonatal, situando-se acima do padrão da América Latina em comparação com apenas 9% desse tipo de morte no Chile e na Costa Rica e 7% em Cuba, os países mais avançados no que se refere a esses índices.[11]

Com um ritmo mais lento, a mortalidade materna também caiu no período em estudo, embora ainda fosse bastante elevada segundo os padrões mundiais e sujeita a picos ocasionais. Até o final do século, a queda se deveu às mesmas condições socioeconômicas e à falta de profissionais da saúde e

---

[10] Celade, *Boletín demográfico* 37, 73 (jan 2004), pp. 22, 24, 26, tabelas 5, 6, 7.

[11] Banco Mundial, World Development Indicators, "Mortality Rate, Neonatal (per 1,000 Live Births)". Disponível em: <https://data.worldbank.org/indicator/SH.DYN.NMRT>, acesso em: 30.01.2019.

Gráfico 3.4   Mortalidade materna no Brasil, 1990-2010

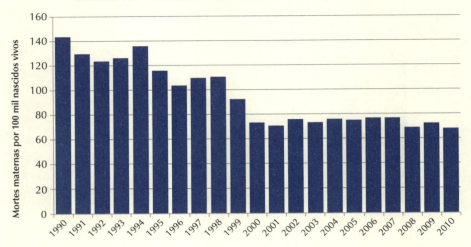

Fonte: Datasus, disponível em <http://tabnet.datasus.gov.br/cgi/idb2011/C03a.htm>

clínicas para gestantes.[12] Portanto, em 1990, a mortalidade materna no Brasil era de 143 por 100 mil nascimentos (**Gráfico 3.4**), resultado considerado normal na América Latina como um todo, mas muito elevado para os padrões dos países avançados. Nos países da Europa Ocidental e da América do Norte, a taxa era de 26 mortes por 100 mil nascimentos.[13] Posteriormente, porém, a queda foi mais acelerada no Brasil do que no restante da América Latina: em 2010, eram 45 mortes maternas por 100 mil nascimentos – a metade da média da América Latina, embora ainda estivesse distante da taxa da Europa Ocidental e da América do Norte, que naquele mesmo ano era de 16 mortes.[14]

A mortalidade de adultos acompanhou mais lentamente as mudanças ocorridas na mortalidade infantil e de crianças no período. Especialmente após a descoberta dos antibióticos, no final da década de 1940, a mortalidade de adultos iniciou uma trajetória de queda sistemática, à medida que as

---

12   A mortalidade materna era bastante elevada entre os anos 1950 e 1980. Veja Arnaldo Augusto Franco de Siqueira, Ana Cristina d'Andretta Tanaka, Renato Martins Santana e Pedro Augusto Marcondes de Almeida, "Mortalidade materna no Brasil", 1980, *Revista de Saúde Pública* 18 (1984), pp. 448-465.
13   OMS, *Trends in Maternal Mortality: 1990 to 2013* (Genève: Unicef, 2014), p. 25, tabela 4.
14   Ibidem, tabela 3.

mortes por doenças infecciosas eram progressivamente eliminadas.[15] Grande parte da queda na mortalidade de adultos estava relacionada com melhores condições da saúde pública e expansão das instituições de previdência social. Na década de 1960, surgiu uma nova onda de programas estaduais, nacionais e internacionais de imunização de bebês e crianças pequenas.[16] Houve também grande expansão na saúde pública que afetou substancialmente a saúde e a morbimortalidade de adultos. O Instituto Nacional de Previdência Social (INPS) foi criado em 1967, ocasionando uma rápida expansão de clínicas e hospitais por todo o país. Entre 1970 e 1980, a internação hospitalar subiu de 6 milhões para 13 milhões ao ano, ou seja, a taxa vigente até hoje.[17] Esse crescimento da saúde pública teve impacto direto na mortalidade infantil e, mais especialmente, na de adultos. No entanto, a taxa de mortalidade bruta era de 15 mortes por mil habitantes, a qual, considerando-se a natureza estável dos nascimentos e a estrutura jovem da população, era baixa em âmbito nacional. Embora a taxa de mortalidade tenha mudado pouco na década seguinte, começou a declinar em ritmo mais acelerado nos anos posteriores e caiu para 8 mortes por mil nascimentos no início da década de 1980. Essa taxa de mortalidade bruta decrescente foi acompanhada por uma mudança básica no fator etário dos falecidos. Houve então um aumento constante na proporção de idosos em relação ao total de mortes. Mas foi somente em 2003 que as pessoas de 65 anos ou mais passaram a compor mais da metade dos falecidos – em 1990, representavam apenas 42%. Por outro lado, a mortalidade infantil caiu para 16% de todas as mortes em 1990, tendo chegado a apenas 5% em 2011 – ano em que a morte de idosos atingiu 55% de todas as mortes (Gráfico 3.5).[18]

Em 1949-1951, as causas de mortes ainda refletiam uma sociedade tradicional em que as doenças infecciosas eram as mais letais para a maior parte da população. Naqueles anos, a doença mais fatal era a tuberculose,

---

15 Para uma pesquisa de mudanças epidemiológicas, veja Pedro Reginaldo Prata, "A transição epidemiológica no Brasil", *Cadernos de Saúde Pública* 8, n. 2 (abr/jun 1992), pp. 168-175.

16 A década de 1970 e o início dos anos 1980 representaram também um período de grandes debates entre acadêmicos e médicos sobre a natureza do sistema de saúde que teriam um efeito profundo na criação do SUS e nas reformas de descentralização da saúde realizadas no período pós-militar. Veja Hésio Cordeiro, "Instituto de Medicina Social e a luta pela reforma sanitária: contribuição à história do SUS", *Physis* 14, n. 2 (2004), pp. 343-362.

17 Jairnilson Paim, Claudia Travassos, Celia Almeida, Ligia Bahia e James Macinko, "The Brazilian Health System: History, Advances, and Challenges", *The Lancet* 377, n. 9779 (2011), pp. 1778-1797.

18 Datasus, tabela A.8, "Mortalidade proporcional por idade". Disponível em: <http://tabnet.datasus.gov.br/cgi/idb2012/matriz.htm#mort>, acesso em: 14.09.2017.

Gráfico 3.5 Participação relativa das mortes de jovens e idosos, 1990-2011

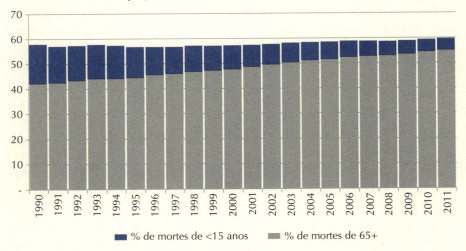

Fonte: Datasus, tabela A8, acesso em: 05.06.2018

que representava 15% das mortes em todas as idades. Em seguida vinha a gastroenterite de adultos, com 10% das mortes, seguida por doenças cardíacas, com apenas 9%, e bem abaixo delas estavam as mortes por câncer. Consideradas em conjunto, todas as principais doenças infecciosas (tuberculose, gastroenterite, pneumonia e sífilis) respondiam por 37% das mortes em todas as idades, ao passo que dois fatores letais modernos nas sociedades industriais avançadas – o câncer e as doenças cardíacas – respondiam por apenas 14% de todas as mortes.[19] Nos Estados Unidos, em 1950, por exemplo, as doenças infecciosas representavam apenas 9% de todas as mortes, ao passo que as doenças cardíacas respondiam por 53%, e o câncer por 14%.[20] Mas na segunda metade do século XX o Brasil registrou uma queda sistemática da mortalidade por doenças infecciosas. Embora tais enfermidades não fossem o principal fator letal na metade do século, no final do século XX já haviam sido substituídas pelas doenças degenerativas.[21] Em

---

[19] IBGE, *Estatísticas do Século* XX, tabela pop_1956aeb-042. Disponível em: <http://www.ibge.gov.br/seculoxx/arquivos_xls/populacao.shtm>.

[20] United States Department of Health, Education, and Welfare, *Vital Statistics of the United States, 1950*, v. I, p. 170, tabela 8.26.

[21] Por exemplo, doenças infecciosas respondiam por apenas 5% dos óbitos no estado de São Paulo (e 7% dos óbitos entre bebês e crianças pequenas) em 2001. Por outro lado, 30% das mortes no estado de São Paulo em 2001 foram causadas por doenças cardíacas – as mais letais –, seguidas por câncer,

âmbito nacional, em 2000, os problemas neonatais, as doenças maternas e infecciosas respondiam por apenas 18% de todas as mortes e, em 2015, caíram para 14%. Embora essa porcentagem estivesse próxima da taxa geral da América Latina, ainda era o dobro da taxa da Costa Rica naquele ano.[22]

Dada a importância da mortalidade infantil e de crianças na mortalidade total do período, a expectativa de vida da população aumentava consideravelmente se a criança sobrevivesse ao quinto aniversário. Portanto, a expectativa de vida era de até 57 anos para homens e 59 para mulheres aos 5 anos em 1950, ao passo que a expectativa de vida no nascimento era de apenas 49 anos para homens e 53 para mulheres em 1950.[23] Até o final do século XX, a queda da mortalidade infantil e de crianças foi o principal fator que elevou a expectativa de vida. Desde os anos 1950, a taxa de mortalidade infantil e de crianças caiu para 54 mortes por mil nascimentos em 1990 e para aproximadamente 17 mortes por mil nascimentos no quinquênio 2015-20.[24] Essa queda na mortalidade infantil e de crianças mostra a mudança na expectativa de vida no nascimento entre 1950-55 e 2015-20. No primeiro período, a expectativa de vida aumentava em 6 anos e 4 meses ou 7 anos e 4 meses (para mulheres e homens, respectivamente) se a criança sobrevivesse ao quinto aniversário, em comparação com a expectativa de vida no nascimento, ao passo que atualmente há uma diferença de apenas 5 meses para homens e de 1 mês para mulheres entre a expectativa de vida no nascimento e a expectativa de vida para os que atingem 5 anos (Gráfico 3.6).

A taxa de mortalidade de mulheres na segunda metade do século XX caiu mais rapidamente que a dos homens. Mas a queda nas duas taxas significava que a expectativa de vida crescia de maneira cada vez mais acelerada em relação a todos os períodos anteriores da história brasileira. De acordo com o padrão no mundo ocidental, as mulheres apresentavam taxas

---

que respondia por outros 15%. Seade, Anuário Estatístico do Estado de São Paulo (2001), tabela 25. Disponível em: <http://www.seade.gov.br>.

22 Banco Mundial, *World Development Indicators,* "Cause of Death, by Communicable Diseases and Maternal, Prenatal and Nutrition Conditions (% of total)". Disponível em: <https://data.worldbank.org/indicator/SH.DTH.COMM.ZS?view=chart>, acesso em: 13.09.2017.

23 Berquó, "Demographic Evolution of the Brazilian Population in the Twentieth Century", *in* Daniel Joseph Hogan, ed., *Population Change in Brazil: Contemporary Perspectives* (Campinas: Nepo/Unicamp, 2001), p. 17, tabela 4. A expectativa de vida em 1950 no Brasil ainda era um pouco baixa para os padrões da América Latina. Veja Arriaga e Davis, "The Pattern of Mortality Change in Latin America", p. 226, tabela 3. Para a tabela de padrão de vida atualmente utilizada pelo IBGE e pela ONU, veja Celade, *Boletín demográfico* 34, n. 74 (2004), p. 62, tabela 14.

24 Celade, "Brasil: estimaciones y proyecciones de población a largo plazo. 1950-2100. Revisión 2016. Indicadores de la estructura por sexo y edad de la población estimados y proyectados". Disponível em: <http://www.cepal.org/es/temas/proyeccionesdemograficas/estimaciones-proyecciones-poblacion-total-urbana-rural-economicamenteactiva>, acesso em: 05.09.2017.

Mudanças demográficas

Gráfico 3.6 Expectativa de vida, por sexo, em diferentes idades, 1950-55 e 2015-20

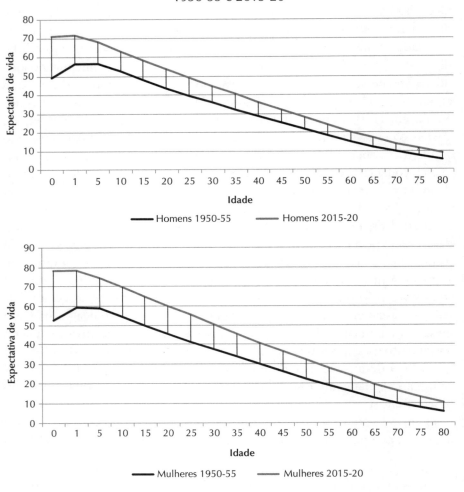

Fonte: Cepal, *Boletín demográfico* 34, 7 (2004): 62, 74, tabela 14

de expectativas de vida mais elevadas do que os homens e mantiveram essa vantagem durante todo o período. Mas tanto os homens como as mulheres registraram um extraordinário aumento na expectativa de vida no nascimento. No período de sessenta anos, entre 1950 e 2010, os homens acrescentaram 21,2 anos, enquanto as mulheres adicionaram um número ainda mais impressionante: 25,3 anos (**Gráfico 3.7**). Enquanto a queda dos padrões de mortalidade era comum a quase todos os países de América Latina no

Gráfico 3.7   Expectativa de vida ao nascer no Brasil, 1950-55 a 2010-15

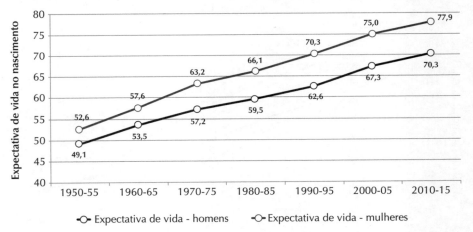

Fonte: Celade, "Brasil, Estimaciones y proyecciones de población a largo plazo, 1950-2100, Revisión 2016. Indicadores de la estructura por sexo y edad de la población estimados y proyectados", encontrado em <http://www.cepal.org/es/temas/proyecciones-demograficas/estimaciones-proyecciones-poblacion-total-urbana-rural-economicamente-activa>

período, um fator especialmente expressivo para o Brasil foi a variação dessas taxas entre as regiões ricas e pobres do país. Inicialmente, houve uma grande diferença nas taxas de mortalidade por todo o território, mascarando graves variações regionais. Embora a mortalidade infantil caísse em todas as regiões, a velocidade das mudanças diferia significativamente por região. No Brasil, classe e cor eram bem definidas por região, sendo estratificadas em âmbito nacional. O Norte e o Nordeste eram menos brancos e bem mais pobres do que o Sudeste e o Sul. Portanto, não foi surpresa que o Nordeste registrasse em 1950 quase uma vez e meia a taxa de mortalidade infantil em comparação com os estados do Sul e do Sudeste. De fato, a diferença regional aumentou em 1960, refletindo a queda mais rápida nas regiões mais avançadas economicamente do que nos estados mais pobres. No entanto, em 2000, o Norte e o Nordeste registraram mortalidade infantil decrescente em ritmo mais acelerado do que o Sul e o Sudeste, com o Nordeste decrescendo 6% ao ano entre 2000 e 2011, em comparação com o Sul e o Sudeste, que caíram menos de 4%, e o Norte, 4,4%, o que significava que a defasagem entre as regiões estava sendo eliminada rapidamente após 2000 (**Gráfico 3.8**).[25]

---

25   Datasus, tabela A.9, "Mortalidade proporcional por idade, em menores de 1 ano de idade". Disponível em: <http://tabnet.datasus.gov.br/cgi/idb2012/matriz.htm#mort>, acesso em: 14.09.2017.

Gráfico 3.8 Taxa de mortalidade infantil por região, 1950-2011

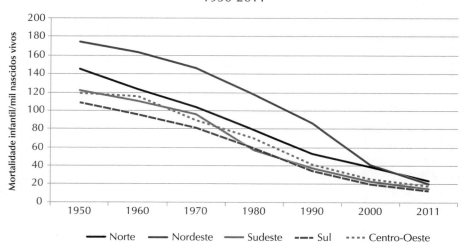

Fonte: IBGE, CD 100 para 1980 e Datasus tabela C.1 desde 1990

Gráfico 3.9 Taxas de mortalidade pós-neonatal por região, 1990-2011

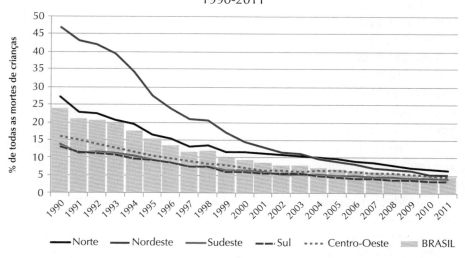

Fonte: Datasus, C.1.3 Taxa de mortalidade pós-neonatal

Gráfico 3.10 Mortalidade de crianças com menos de 5 anos por região, 1990-2011

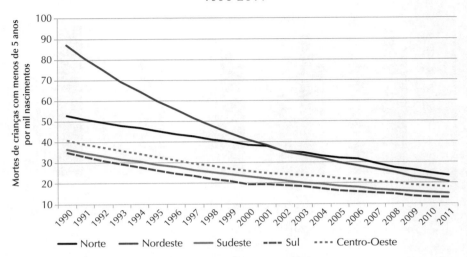

Fonte: <http://tabnet.datasus.gov.br/cgi/idb2012/c16b.htm>

Houve também uma queda constante nas diferenças regionais nas taxas de mortes pós-neonatais.[26] Mas, já em 1990, as taxas do Norte e do Nordeste caíam mais rapidamente do que as das regiões mais ricas, e essa tendência se acelerou no período pós-2000, com a taxa do Nordeste caindo em dois dígitos em relação à avançada região Sudeste (Gráfico 3.9).[27]

Um padrão igual ao da mortalidade infantil pode ser observado na redução das diferenças regionais quanto à mortalidade de crianças. Assim, em 1990, havia uma diferença de 52 mortes entre o Nordeste (a região com taxas mais altas de mortalidade) e o Sul (a região com taxas mais baixas). Em 2011, a diferença foi de apenas 11 mortes entre a região com taxas mais altas (nesse caso, o Norte) e a com taxas mais baixas (Sul), que registrava 13 mortes por mil nascimentos (Gráfico 3.10).

Porém, com base em limitados estudos regionais, a mortalidade materna parece não ter acompanhado as tendências seculares da mortalidade

---

[26] Antônio Prates Caldeira, Elisabeth França, Ignez Helena Oliva Perpétuo e Eugênio Marcos Andrade Goulart, "Evolução da mortalidade infantil por causas evitáveis, Belo Horizonte, 1984-1998", *Revista de Saúde Pública* 39, n. 1 (2005), p. 68.

[27] Datasus, tabela C.1.3. "Taxa de mortalidade pós-neonatal". Disponível em: <http://tabnet.datasus.gov.br/cgi/idb2012/matriz.htm#mort>, acesso em: 14.09.2017.

Gráfico 3.11 Taxa de mortalidade materna por região, 2009-13

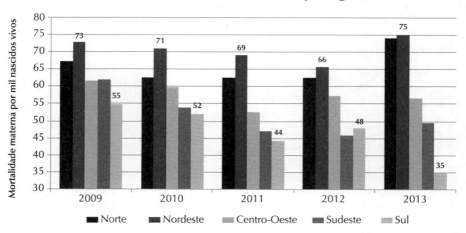

Fonte: Guimarães et al. (2018): 82, tabela 2

infantil e de crianças por região. Em uma cuidadosa reconstrução das taxas de mortalidade maternas (TMM) por região no primeiro semestre de 2002, a taxas do Norte e do Nordeste eram mais elevadas (60 e 73, respectivamente) que aquelas das demais regiões – 45 para o Sudeste, 42 para o Sul e 49 para o Centro-Oeste.[28] Uma pesquisa posterior, de 2009-13, também detectou diferenças, mas indicava uma diminuição nelas entre a região com as taxas mais altas de mortalidade materna (Nordeste) e a região com as menores taxas (Sul). Era foi a regra até 2013, ano que representou um ponto fora da curva na tendência geral de queda – graças, sobretudo, às taxas extraordinariamente altas nas regiões Norte e Nordeste – tendo em vista que as outras regiões continuavam com tendência decrescente (**Gráfico 3.11**). Os autores do estudo detectaram que mulheres de 20-29 anos que eram mães solteiras, pardas e com apenas 4-7 anos de escolaridade completa registravam as maiores taxas de mortalidade. As principais causas de morte eram doenças preexistentes das mães, que se complicavam no período de gestação, parto e pós-parto, eclampsia e hipertensão gestacional.[29]

---

28 Ruy Laurenti, Maria H.P. Mello Jorge e Sabina Léa Davidson Gotlieb, "A mortalidade materna nas capitais brasileiras: algumas características e estimativa de um fator de ajuste", *Revista Brasileira de Epidemiologia* 7, n. 4 (2004), p. 455, tabela 3.

29 Thaíse Almeida Guimarães, Andréa de Jesus Sá Costa Rocha, Wanderson Barros Rodrigues e Amanda Namibia Pereira Pasklan, "Mortalidade materna no Brasil entre 2009 e 2013", *Revista de Pesquisa em Saúde* 18, n. 2 (2018), p. 81.

Embora as taxas gerais de expectativa de vida estivessem mudando para todas as mulheres, os contrastes regionais gritantes que refletiam diferenças de classe e raça no acesso a recursos significavam que o Nordeste estava muito distante do Sul nessa variável crucial. O padrão clássico da nação dividida entre regiões avançadas e atrasadas, o que um economista chamou de Belíndia, é bastante evidente na expectativa de vida por região, registrada em 1980. Significava que uma área do país era mais semelhante à Bélgica nas estatísticas vitais e a outra era semelhante à Índia.[30] Embora o aumento na expectativa de vida tenha sido mais rápido nas regiões mais pobres após 1950, em 1980 a desproporção ainda era muito evidente.[31] Portanto, a diferença na expectativa de vida entre a pior e a melhor região foi de surpreendentes 7,9 anos, tanto para homens como para mulheres. Essa diferença regional refletia as desigualdades de classe que, mesmo dentro das regiões, marcavam claramente os diferenciais de expectativa de vida dos brasileiros. Naquele mesmo ano, a diferença na expectativa de vida entre os que ganhavam 1 salário mínimo e os que recebiam 5 salários mínimos ou mais foi de extraordinários 14,8 anos.[32] Mas essas disparidades caíram lentamente, e, em 2017, a diferença entre as regiões mais avançadas e as mais atrasadas caiu para 4,3 anos para homens e apenas 3,3 anos para mulheres entre a região com as taxas mais altas de mortalidade e aquela com as taxas mais baixas (Gráfico 3.12).

Não foram somente as diferenças regionais e de classe que decresceram: o Brasil também registrou um significativo choque demográfico naquele período, enquanto a fecundidade entrava em queda acelerada; até a década de 1960, pensava-se que a população continuaria a crescer em taxas extraordinárias. Como as altíssimas taxas de fecundidade do Brasil permaneciam inalteradas, a mortalidade decrescente significava não apenas um aumento no número de crianças que sobreviviam, como também ocasionava uma explosão populacional. Em meados do século, o Brasil atingiu a taxa mais elevada de aumento natural da população, período em que não houve imigração externa significativa. Esse crescimento afetou todas as regiões, tendo em vista que a mortalidade decrescente era acompanhada de morbidade decrescente. Isso significava que um número muito mais elevado de mulheres

---

30 Veja Bacha e Klein, *Social Change in Brazil, 1945-1985*, p. 3.

31 Uma boa pesquisa das diferenças regionais no período pode ser encontrada em Charles H. Wood e José Alberto Magno de Carvalho, *The Demography of Inequality in Brazil* (Cambridge: Cambridge University Press, 1988).

32 IBGE, *Estatísticas do Século xx*, tabela População1981aeb-043.1. Disponível em: <http://www.ibge.gov.br/seculoxx/arquivos_xls/populacao.shtm>.

Gráfico 3.12 Expectativa de vida ao nascer por sexo e região, 1980 e 2017

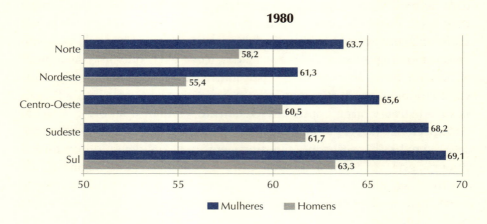

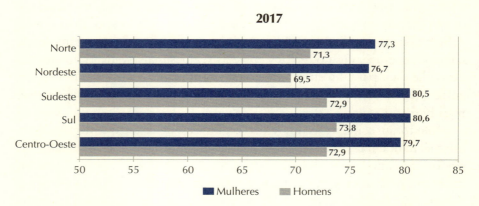

Fonte: Oliveira e Albuquerque, "A mortalidade no Brasil" (2005): 8-9, tabelas 2-3 <http://www.ibge.gov.br/home/presidencia/noticias/imprensa/ppts/0000000243.pdf>

saudáveis sobrevivia aos anos férteis, e na década de 1950 o crescimento da população atingiu o pico, com uma taxa de crescimento natural de 3% ao ano, uma das maiores do mundo nesse aspecto. Com aquela taxa de crescimento, a população brasileira de 1950 – de 51 milhões de habitantes – teria duplicado em 17,3 anos. Mas o marco de 102 milhões só foi atingido uma década depois. Na última década do século XX, o crescimento da população foi o menor registrado no século XX, caindo para 1,6% ao ano; em 2002, a população havia alcançado apenas 173 milhões.

A população não dobrou no final da década de 1970 porque a fecundidade acompanhava a mortalidade e começou a cair a partir de meados dos anos 1960. Portanto, após um surto de crescimento muito rápido da população em meados do século XX, o Brasil começou a registrar um aumento cada vez mais lento quando entrou na clássica fase da "transição demográfica", passando de uma nação com altas mortalidade e fecundidade para uma sociedade moderna pós-transição, com baixas fecundidade e mortalidade. O fator mais importante nessa transição foi a queda substancial e sistemática da fecundidade.

As causas da queda extraordinariamente rápida da fecundidade foram a descoberta da pílula anticoncepcional, programas governamentais de esterilização, queda do analfabetismo e, enfim, o rápido êxodo da população do campo para as cidades, onde as mulheres representavam uma proporção cada vez maior da população urbana e uma parcela crescente da força de trabalho. Considerando-se todos esses fatores, a mentalidade das brasileiras daquele período mudou profundamente em relação à fecundidade pela primeira vez na história do país. A queda da fecundidade iniciada nas décadas de 1940 e 1950 nos centros urbanos mais avançados do país com métodos contraceptivos tradicionais foi muito rápida na década de 1960, até mesmo nas áreas rurais mais remotas, com o uso da pílula e outros métodos contraceptivos. De fato, a pílula era vendida livremente no Brasil em 1962, dois anos antes de ter sido aprovada para uso nos Estados Unidos pela Food and Drug Administration (FDA), o órgão de controle de alimentos e medicamentos do país.[33] O planejamento familiar também foi apoiado em vários níveis de intensidade, tanto por organizações internacionais como pelo governo. A sociedade civil Bem-Estar Familiar no Brasil (Bemfam) foi formada em 1965 principalmente por médicos, tendo sido declarada de utilidade pública em 1971. Promovia o planejamento familiar e prestava informações sobre contraceptivos para todos os grupos, tendo fundado centros em todo o país e desenvolvido importantes programas de treinamento para médicos.[34] Embora a política do governo tenha sido pró-natalidade nas décadas de 1960 e 1970, passou a apoiar o planejamento familiar na década de 1980, especialmente com a criação do Programa de Assistência Integral à Saúde da Mulher (Paism)

---

33 Joana Maria Pedro, "A experiência com contraceptivos no Brasil: uma questão de geração", *Revista Brasileira de História* 23, n. 45 (jul 2003), p. 242.

34 Sobre a história e trabalho inicial da Bemfam, veja Walter Rodrigues, "Progress and Problems of Family Planning in Brazil", *Demography* 5, n. 2 (1968), pp. 800-810.

Mudanças demográficas

em 1983 e com o suporte ativo à contracepção pelo Instituto Nacional de Assistência Médica da Previdência Social (Inamps) em 1986.[35]

A rápida queda da fecundidade pode ser observada na redução da taxa de fecundidade total (medida por período, do número médio de crianças nascidas em relação às mulheres na faixa de 14-49 anos em um ponto no tempo) para todo o Brasil. Enquanto as brasileiras ainda apresentavam uma média de mais de 6 filhos nos anos férteis da década de 1940 à de 1960, no final dos anos 1970 elas tinham quase 4 filhos a menos do que somente vinte anos antes. Essa taxa de fecundidade total caiu consistentemente nos anos seguintes, atingindo menos de 3 filhos por mulher de 14-49 anos em 1991 e 1,8 filho no final dos anos 2010, um indicativo de que a fecundidade nacional estava abaixo dos níveis de substituição (em que a taxa de fecundidade total de 2,1 filhos é considerada o número básico para a reprodução da geração anterior). Portanto, no final da primeira década do século XXI, a fecundidade brasileira já estava abaixo do nível necessário para substituir a população do período.[36]

O declínio da taxa de natalidade estava diretamente associado ao maior uso de contraceptivos. Na década de 1980, aproximadamente 70% das mulheres casadas ou que viviam em união consensual utilizavam alguma forma de controle de natalidade.[37] Das que usavam contraceptivos, 44% haviam sido submetidas à esterilização, número ligeiramente abaixo da norma para um país menos desenvolvido como o Brasil, sendo que 41% usavam a pílula anticoncepcional com a associação de outras práticas contraceptivas utilizadas pelo restante das mulheres.[38] Embora a taxa de abortos ilegais fosse relativamente alta no Brasil segundo os padrões mundiais, eram normais para a América Latina. Além disso, a tendência era diferente da taxa de fecundidade. A princípio, a taxa de abortos permaneceu constante e aumentou ligeiramente no final da década de 1990, mas as taxas de aborto caíram

---

35 Augusta Thereza de Alvarenga e Néia Scho, "Contracepção feminina e política pública no Brasil: pontos e contrapontos da proposta oficial", *Saúde e Sociedade* 7, n. 1 (1998), pp. 93-94; e Susana Maria Veleda da Silva, "Inovações nas políticas populacionais: o planejamento familiar no Brasil", *Scripta Nova, Revista Electrónica de Geografía y Ciencias Sociales* (Universidad de Barcelona) 69, n. 25 (01.08.2000). Disponível em: <http://www.ub.edu/geocrit/sn-69-25.htm>.

36 Os dados sobre taxa total de fecundidade foram extraídos da tabela "Structural Indicators": Celade, "Brasil, Estimaciones y proyecciones de población a largo plazo. 1950-2100, Revisión 2016". Disponível em: <http://www.cepal.org/es/temas/proyecciones-demograficas/estimaciones-proyeccionespoblacion-total-urbana-rural-economicamente-activa>, acesso em: 30.08.2017.

37 Berquó, "Brasil, um caso exemplar – anticoncepção e partos cirúrgicos – à espera de uma ação exemplar", *Estudos feministas* 1, n. 2 (2008), p. 368. A porcentagem era de 43% para todas as mulheres, quando se incluem aquelas sem parceiros.

38 Ibidem, pp. 369, 371, tabelas 1 e 3.

de maneira gradual desde então, à medida que mais mulheres e homens usavam métodos contraceptivos modernos.[39] Tanto a taxa como a tendência de aborto indicam que houve pouco impacto no declínio da fecundidade. Portanto, o que motivou o declínio da fecundidade foi o uso de métodos anticoncepcionais de todos os tipos.

Essa queda da fecundidade não resultou de mudanças na idade ao se casar, na porcentagem de mulheres que se casavam ou no fim da idade de reprodução das mulheres férteis. A idade das mulheres que se casavam pela primeira vez não se alterou até bem depois da transição da fecundidade. Tampouco aumentou o número de mulheres que nunca se casaram ou caiu ou aumentou o número daquelas que permaneceram sem filhos; nem a proporção de nascimentos fora do casamento se alterou ou houve algum aumento expressivo de abortos. Muitos desses fatores, inclusive a dissolução de uniões conjugais, mudaram com o tempo, mas essas transformações vieram bem depois da queda da fecundidade. Na verdade, a única mudança que ocorreu foi a adoção em massa de contraceptivos, além das esterilizações, na segunda metade da década de 1960.[40] Foram as mulheres de mais idade que adotaram com maior intensidade os novos procedimentos contraceptivos, mas nenhum grupo de mulheres deixou de adotar tais procedimentos, e todas as faixas etárias registraram queda da fecundidade desde a alta de 1965 até a baixa da fecundidade na segunda década do século XXI. A maior queda da fecundidade ocorreu primeiramente entre mulheres mais velhas, sendo que a relação entre idade e queda da fecundidade específica por idade foi quase perfeitamente invertida, com uma queda maior nas mu-

---

39 Greice Menezes e Estela M.L. Aquino, "Pesquisa sobre o aborto no Brasil: avanços e desafios para o campo da saúde coletiva", *Cadernos de Saúde Pública* 25 Supl. 2 (2009), pp. 193-204; Susheela Singh e Gilda Sedgh, "The Relationship of Abortion to Trends in Contraception and Fertility in Brazil, Colombia and Mexico", *International Family Planning Perspectives* 23, n. 1 (mar 1997), tabelas 1 e 3; e, para os últimos dados sobre taxas mundiais e regionais, veja Gilda Sedgh, Stanley Henshaw, Susheela Singh, Elisabeth Åhman e Iqbal H. Shah, "Induced abortion: estimated rates and trends worldwide", *Lancet* 370 (13.10.2007), pp. 1338-1345. A primeira pesquisa nacional completa sobre aborto no Brasil foi realizada em 2010 e concluiu que 15% das mulheres de 18-39 anos haviam abortado, uma taxa relativamente baixa em comparação com outros países da América Latina. Assim como outros estudos, concluiu que as taxas de aborto eram mais elevadas entre as mulheres mais pobres, com menor escolaridade e não brancas do que entre outros grupos e, portanto, havia diferenças regionais marcantes nessas taxas entre as regiões Nordeste e Sul. Curiosamente, não houve diferenças nas taxas de mortalidade por religião da mãe. Debora Diniz e Marcelo Medeiros, "Aborto no Brasil: uma pesquisa domiciliar com técnica de urna", *Ciência & Saúde Coletiva* 15, n. 1 (2010), pp. 959-966. Sobre variações regionais nas taxas de aborto, veja Leila Adesse e Mário F.G. Monteiro, "Magnitude do aborto no Brasil: aspectos epidemiológicos e socioculturais". Disponível em: <http://www.aads.org.br/wp/wpcontent/uploads/2011/06/factsh_mag.pdf>.

40 José Miguel Guzmán, "Introduction: Social Change and Fertility Decline in Latin America", *in* Jose Miguel Guzmán, et al., *The Fertility Transition in Latin America* (Oxford: Clarendon Press, 1996), p. XXIII.

Gráfico 3.13 Fecundidade no Brasil por idade específica, 1903, 1953, 1988 e 2011

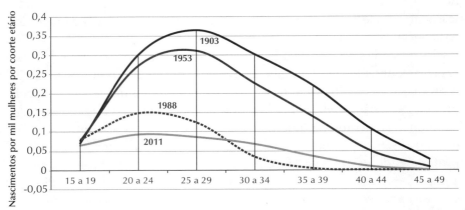

Fonte: Horta, Carvalho e Farias, "Recomposição da fecundidade por geração para Brasil e regiões"

lheres com mais idade e queda gradual nas mais jovens. A taxa de natalidade específica por idade entre mulheres de 45-49 anos, por exemplo, caiu 95% de 1960 a 2000, decrescendo 89% para mulheres de 40-44 anos e 80% e 71% nas duas categorias de idade seguintes (35-39 e 30-34, respectivamente), 61% na faixa de 25-29 anos e apenas 13% no grupo de 15-19 anos.

Essa transição da fecundidade foi diferente daquelas mais graduais em relação às registradas pelas nações industriais avançadas. Também foram as mulheres com mais idade que começaram a adotar a contracepção para reduzir o tamanho das famílias. Mas, em uma fase posterior, a queda foi ocasionada pelo casamento mais tardio e por idades cada vez mais avançadas de gravidez, causadas pela entrada de grandes contingentes de mulheres no mercado de trabalho e no mercado da educação. No Brasil, a redução também ocorreu devido à queda significativa de nascimentos de crianças de mães em idades mais avançadas. Essa mudança entre as mulheres com mais idade baixou a taxa de nascimentos com rapidez e inicialmente não estava diretamente vinculada a alterações no papel das mulheres que participavam do mercado de trabalho ou no mercado da educação, embora essas mudanças estivessem começando a ocorrer nas funções exercidas. O impacto da fecundidade decrescente foi a transferência do maior número de nascimentos para mulheres mais jovens. Embora caísse o total de nascimentos em cada faixa etária, a queda mais rápida nas idades mais avançadas significava que as mães de 20-24 anos, que eram o segundo grupo mais importante em

1903, atrás das mulheres de 25-29 anos, passaram para a primeira posição no ranking da fecundidade em 1988. Esse foi o padrão dominante até 2011, quando a distribuição de nascimentos finalmente começou a se assemelhar mais ao da Europa e América do Norte, com as mulheres de 25-29 anos novamente se tornando quase tão importantes quanto as de 20-24 anos (Gráfico 3.13). Deve-se ressaltar que essa queda repentina da fecundidade ocorreu praticamente dentro do mesmo período de 5 anos no Brasil e na maior parte do resto da América Latina, em evidente contraste com a queda de várias décadas na Europa. Ao contrário da transição demográfica na Europa, a transição na América Latina e no Brasil teve início quando as taxas de nascimento eram muito mais elevadas do que na Europa, no início da transição. De fato, foram essas as taxas mais altas do mundo em meados do século.[41]

À medida que a taxa de natalidade diminui no século XXI, grandes mudanças sociais e de mentalidade das mulheres influenciam até as mais jovens a reduzir a fecundidade e gradualmente registram as mesmas taxas que as europeias e norte-americanas, em que o maior nível de escolaridade e a participação na força de trabalho levaram ao adiamento do casamento e da gravidez. Esse fato pode ser observado nas mudanças das taxas de fecundidade específicas por idade em 2011. Assim como nas economias desenvolvidas, as mulheres adiavam nascimentos conforme buscavam educação avançada ou entravam na força de trabalho. Em 1988, houve uma queda substancial nos nascimentos de filhos de mulheres mais velhas. Foi a primeira fase da transição da fecundidade no Brasil, ao passo que em 2011 houve uma importante modificação no padrão de mulheres com mais idade que se tornavam mães, sendo que o grupo de 25-29 anos se igualava ao grupo de 20-24 anos, anteriormente dominante. Mas a segunda fase ocorreu muito depois do início da transição da fecundidade. Gradualmente, à proporção que os anos de escolaridade das mulheres aumentavam significativamente, hoje superando pela primeira vez os anos de escolaridade dos homens, há mais nascimentos de crianças de mulheres com mais idade, tendo em vista que adiam o casamento e/ou a maternidade.

O aumento da escolaridade leva ao crescimento da média de idade de mães de primeiro filho, conforme uma pesquisa de saúde de 2013. Naquele período, a média de idade das mães de primeiro filho sem escolaridade era de 19 anos, em comparação com 25 anos para as mulheres com curso universitário (Tabela 3.1). Curiosamente, a mesma pesquisa de saúde indica que não

---

41 Juan Chackiel e Susana Schkolnik, "Latin America: Overview of the Fertility Transition, 1950-1990", in Jose Miguel Guzmán, et al., The Fertility Transition in Latin America (Oxford: Clarendon Press, 1996), p. 4.

Tabela 3.1 Idade média das mulheres na primeira gravidez por residência e nível de escolaridade, Brasil, 2013

Residência	Total	Nível de escolaridade (completo)			
		Sem escolaridade	Fundamental	Médio	Superior
Urbana	21	19	20	22	25
Rural	20	19	20	21	22
Total	**21**	**19**	**20**	**22**	**25**

Fonte: IBGE, Sidra, tabelas 5512 e 5516 por cor

Tabela 3.2 Idade média das mulheres na primeira gravidez por cor e residência, Brasil, 2013

	Total	Urbana	Rural
Brancas	22	22	21
Pretas	21	21	20
Pardas	20	21	19
Total	21	21	20

Fonte: IBGE, Sidra, tabela 5516

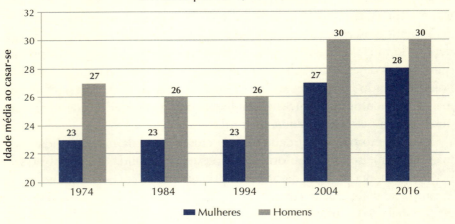

Gráfico 3.14 Idade média de pessoas solteiras ao casar-se, divididas por sexo, 1974-2014

Fonte: IBGE, Registro Civil 2014, v. 41, tabela 8, e para 2016 Registro Civil 2016, v. 43, p. 4

havia diferença entre mulheres dentro ou fora da força de trabalho em termos da média de idade no nascimento do primeiro filho,[42] embora houvesse uma ligeira diferença por cor (Tabela 3.2). Da mesma forma, na maior parte dos casos, as mulheres das áreas rurais tinham filhos em idade mais jovem do que aquelas das urbanas.

No século XXI, as mulheres não apenas tinham filhos mais tarde como também passaram a se casar muito mais tarde. Portanto, por exemplo, a média de idade para as solteiras e os solteiros que se casavam em 1974 era de 23 anos para mulheres e 27 anos para homens. Em 2016, a média de idade das solteiras aumentou para 28 anos e a dos solteiros atingiu 30 anos (Gráfico 3.14).

Essas médias de idade refletiam uma importante modificação nos coortes etários de mulheres em termos da proporção no total de casamentos. Entre 1984 e 2016, por exemplo, a porcentagem de solteiras que se casavam antes dos 25 anos caiu de 72% para apenas 37% de todos os casamentos. Por sua vez, para os coortes etários mais avançados, as que se casavam aos 30 anos ou mais passaram no mesmo período de apenas 12% para 37% de todos os casamentos (Gráfico 3.15). A própria instituição do casamento também se modificava à medida que uma parcela menor da população se casava. Portanto, a proporção de casamentos para a população total caiu de forma contínua de 13 casamentos por mil habitantes em 1974 para apenas 7 casamentos por mil habitantes em 2016.[43]

Como previsto, o controle da fecundidade começou nos estados mais ricos do Sudeste e Sul. Mas neles, no final da transição da fecundidade, as taxas de fecundidade também caíram em ritmo mais acelerado entre as mulheres mais pobres e menos escolarizadas e entre as regiões mais ricas e mais pobres.[44] Considerando-se o momento diferente da transição da fecundidade por estado e região, a distribuição entre regiões de alta e baixa fecundidade aumentou até os anos 1970. Foi apenas no final dos anos 1980 que as mulheres das regiões Norte e Nordeste começaram a adotar mais sistematicamente o controle da natalidade. Portanto, em 2017, havia menos da metade da diferença de nascimentos entre as regiões de maior fecundidade (Norte) e a região com a menor taxa de fecundidade total (Sudeste).

---

42   Veja IBGE, Sidra, tabela 5518.

43   IBGE, Estatísticas do Registro Civil (2014), v. 41, "Registros de casamentos no país", e, para 2016, Estatísticas do Registro Civil (2016), v. 43, p. 5.

44   Elza Berquó e Suzana Cavenagh, "Mapeamento socioeconômico e demográfico dos regimes de fecundidade no Brasil e sua variação entre 1991 e 2000", trabalho apresentado no XIV Encontro Nacional de Estudos Populacionais, ABEP (Caxambu, MG, Brasil, de 20-24 de setembro de 2004).

Gráfico 3.15 Distribuição do casamento de mulheres solteiras por coorte etário, 1984 e 2016

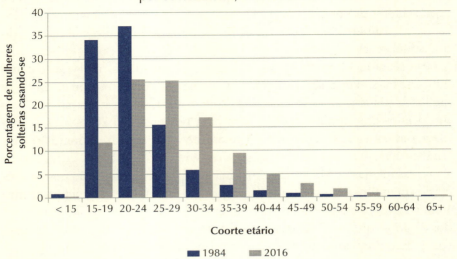

Fonte: IBGE, Sidra, tabelas 351 e 3375

Gráfico 3.16 Taxa de fecundidade total por região, 1940-2017

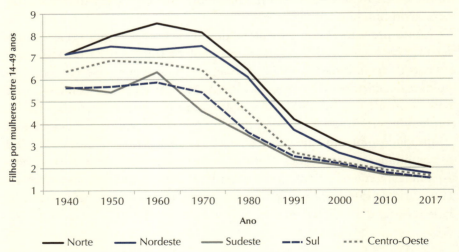

Fonte: <http://www.ibge.gov.br/home/presidencia/noticias/20122002censo.shtm>; para 2017: <http://www.ibge.gov.br/home/estatistica/populacao/projecao_-da_populacao/2013/default_tab.shtm>

Naquela época, até mesmo a taxa do Norte, com 2,02 filhos, estava abaixo da taxa de substituição como todas as outras regiões e próxima da média nacional de 1,9 filho (Gráfico 3.16).

Evidentemente, até os anos 1980, as taxas dos estados e regiões mais ricos caíram em passo mais acelerado, mas, pelo Censo de 1991, as regiões com as taxas de fecundidade mais altas começaram a cair mais rapidamente do que as regiões avançadas, reduzindo, portanto, a diferença de 2,82 filhos como diferença máxima para apenas 0,47 filho em 2017 (Gráfico 3.17). Isso pode ser observado na distribuição entre os estados com taxas mais baixas e mais altas em 1991 e 2011. No primeiro ano, no Amapá, as mulheres registravam uma taxa de 2,7 filhos a mais do que as mulheres do estado de São Paulo. Em 2011, o estado do Acre apresentava a taxa mais elevada, mas diferia em apenas 1,1 criança em relação a São Paulo, ainda o estado com a menor taxa em termos de fecundidade.[45]

Embora no Brasil as mudanças na mortalidade tenham sido um tanto lentas em comparação com aquelas no resto da América Latina, em termos de fecundidade decrescente o país ainda se mantinha na liderança. O Brasil registrou tardiamente uma queda rápida da fecundidade para os padrões do resto das nações das Américas. Posicionado entre os países de alta fecundidade em meados do século, assim como a maioria das nações do hemisfério ocidental, o Brasil estava entre os primeiros dos países de alta fecundidade a registrar fecundidade decrescente. Embora estivesse 4% acima da taxa de fecundidade total da região de 1950 a 1960 e 2% acima no quinquênio seguinte, em 1965-70, caiu para 1% abaixo da taxa regional e na década de 1990 estava em 10% ou mais abaixo das taxas da América Latina. No período de 2015-20, a taxa de fecundidade total do Brasil de 1,71 filho ficou 12% abaixo da média dos países da América Latina (Gráfico 3.18). No Brasil, a queda foi tão rápida que logo chegou à taxa que o colocava entre os países de menor fecundidade da região, incluindo nações que anteriormente apresentavam baixas taxas gerais de fecundidade, como Cuba, Costa Rica, Uruguai e Argentina. Nos últimos 5 anos a partir desse período, apenas Cuba registrava de fato uma taxa menor de fecundidade total.[46]

A queda no nascimento de bebês após o final dos anos 1960 começou a se tornar evidente na mudança da composição etária da população. Em

---

45 Datasus. Disponível em: <http://tabnet.datasus.gov.br/cgi/idb2012/a05b.htm>.

46 Cepal, *Boletín Demográfico* 68 (jul 2001), tabela 2, "América Latina: Tasas Globales de Fecundidad Estimadas y Proyectadas...".

Mudanças demográficas

Gráfico 3.17 Diferença na taxa de fecundidade total por região entre a maior (Região Norte) e a menor (Região Sudeste), 1940-2017

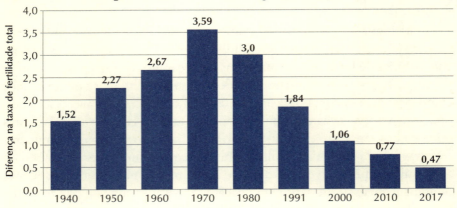

Fonte: <http://www.ibge.gov.br/home/presidencia/noticias/20122002censo.shtm>; para 2017: <http://www.ibge.gov.br/home/estatistica/populacao/projecao_-da_populacao/2013/default_tab.shtm>

Gráfico 3.18 Taxa de fecundidade total no Brasil e na América Latina em quinquênios selecionados, 1950-55 a 2015-20

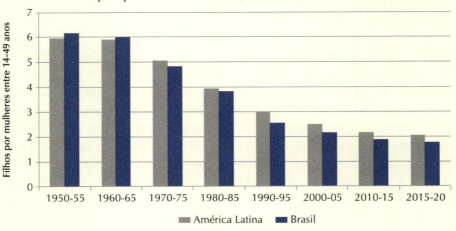

Fonte: Cepaldata, disponível em: <http://interwp.cepal.org/sisgen/ConsultaIntegrada.asp?idIndicador=37&idioma=i>, acesso em: 02.09.2019

comparação com a distribuição etária de 1950, a pirâmide de 1975 começou a diminuir consideravelmente na base, enquanto caía a participação de crianças na população total. Em 2000, havia mais adultos do que crianças, quando surgiu a clássica distribuição em formato de "sino", e, em 2020, o Brasil deve se assemelhar aos países industriais mais avançados em termos de distribuição etária (Gráfico 3.19).

Essa queda repentina na taxa de fecundidade total se expressava em termos da média de idade da população. Devido aos altos níveis de fecundidade anteriores e à decrescente mortalidade de bebês, a média de idade da população passou a decrescer no início daquele período. Passou de 19,2 anos em 1950 para 18,5 anos em 1960, permanecendo no mesmo nível dez anos depois. Mas, enquanto aumentava o impacto da fecundidade substancialmente decrescente, a média de idade começou a subir em 1980, atingindo 20,2 anos. Em 2000, chegou a 25,4 anos e, em 2010, ultrapassou os 30 anos. Em 2017, atingiu 32,2 anos e em 2020 deve atingir 33,5 anos – não tão diferente da média da maior parte dos países da Europa e América do Norte.[47]

O resultado foi que a proporção de idosos aumentava continuamente. A queda na mortalidade de adultos, que se seguiu à queda anterior da mortalidade infantil, agora começava a se aplicar à proporção de idosos na população e, em conjunto com a queda da fecundidade, modificava a relação entre os dois grupos. Em 1950, os idosos (65 anos ou mais) eram apenas 3% da população brasileira, e as pessoas com menos de 15 anos eram 42% da população. Havia aproximadamente 7 idosos para 100 jovens. Em 1980, os jovens com menos de 15 anos registraram queda para 39% da população total e os idosos aumentaram para 4% da população. Em 2000, os jovens foram para 29% e os idosos para 6% – havia então 17 idosos para 100 jovens. Em 2020, estima-se que haverá 45 idosos por 100 jovens e eles representarão 10% da população, em comparação com apenas 21% das pessoas com menos de 15 anos (Gráfico 3.20). Felizmente para o Brasil, as altas taxas de natalidade anteriores significam que a população em idade economicamente ativa (15-64) agora chegou ao pico de 69% da população e estima-se que não caia abaixo de 50% até meados do século XXI. Portanto, enquanto a população envelhece, a proporção da população economicamente ativa

---

[47] Dados sobre a média de idade no Brasil, da tabela "Structural Indicators", Celade, "Brasil Estimaciones y proyecciones de población a largo plazo. 1950-2100, Revisión 2016". Disponível em: <http://www.cepal.org/es/temas/proyeccionesdemograficas/estimaciones-proyecciones-poblacion-total-urbana-rural-economicamenteactiva>, acesso em: 30.08.2017.

Mudanças demográficas

Gráfico 3.19 Pirâmide etária da população brasileira, 1950-2020

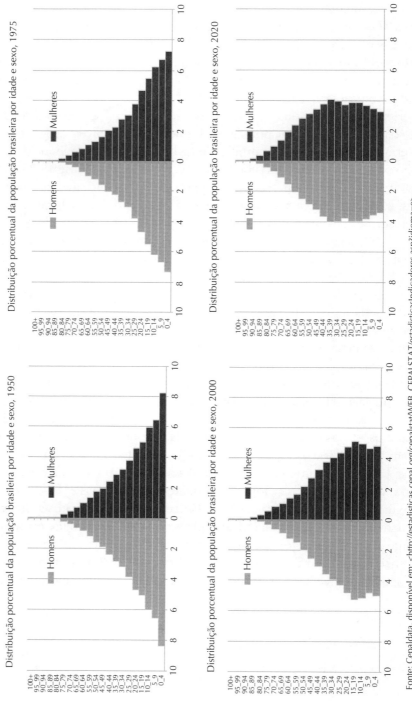

Fonte: Cepaldata, disponível em: <http://estadisticas.cepal.org/cepalstat/WEB_CEPALSTAT/estadisticasIndicadores.asp?idioma=e>

Gráfico 3.20 Número de idosos (65+) por 100 jovens (0-14), 1950-2025

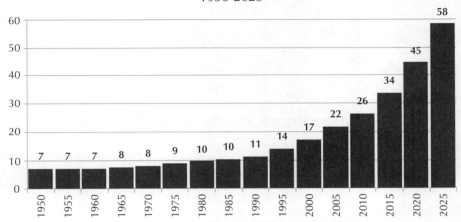

Fonte: Cepalstat, disponível em: <http://interwp.cepal.org/sisgen/ConsultaIntegrada.asp?idIndicador=31&idioma=e>, acesso em: 05.06.2018

para as populações de dependentes ainda continuará a aumentar na segunda década do século XXI.[48]

Essa queda duradoura da fecundidade deve prosseguir nas décadas futuras. Sem imigração estrangeira significativa, as últimas projeções do IBGE indicam que a população brasileira vai parar de crescer em 2039, com 219 milhões de habitantes, e então cairá para 215 milhões em 2050 (**Gráfico 3.21**). Todas essas mudanças agora fazem do Brasil uma sociedade tipicamente pós-transição, com a fecundidade caindo sistematicamente abaixo do nível de substituição em todas as regiões.

Como a imigração estrangeira deixou de ser considerada uma importante fonte de crescimento, a migração interna passou a ser um grande fator na mudança da distribuição populacional no Brasil. Em 1950, o Brasil ainda era uma sociedade predominantemente rural. Mesmo com a definição abrangente do termo "urbano" adotada pelo IBGE, apenas 36% da população era considerada residente de centro urbano. Dessa população urbana, quase a metade habitava cidades com menos de 20 mil habitantes. Havia, de fato, apenas duas grandes metrópoles naquela época, Rio de Janeiro – a

---

[48] Celade, "Brasil, Estimaciones y proyecciones de población a largo plazo. 1950-2100, Revisión de 2016".

Gráfico 3.21 Projeções da população brasileira, 1980-2050 (com base na projeção do IBGE de 2008)

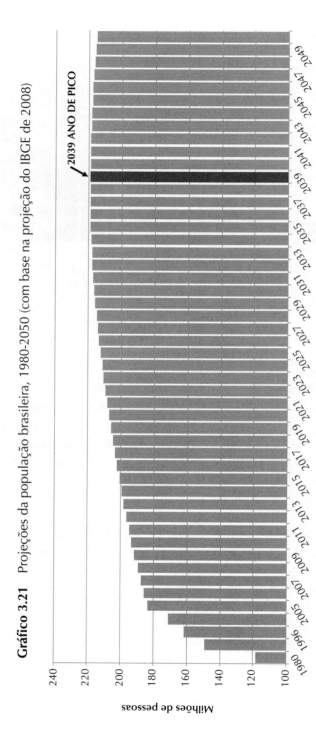

Fonte: IBGE, Projeção da população do Brasil ...1980-2050, Revisão 2008 (Rio de Janeiro, 2008), tabela 8

capital federal – e São Paulo, cada uma com pouco mais de 2 milhões de habitantes e que, juntas, respondiam por quase um quarto da população urbana do país. A terceira grande cidade era Salvador, com apenas a metade: 1 milhão de habitantes. Na época, estimava-se que as duas cidades e algumas grandes capitais de estado permaneceriam como os únicos grandes centros urbanos. De fato, durante muitos anos, cidades secundárias se desenvolveram lentamente, e alguns acadêmicos pensavam que o Brasil poderia se tornar semelhante ao Uruguai, onde uma ou duas regiões metropolitanas dominavam a paisagem urbana e absorviam uma parcela significativa da população nacional.

No entanto, o crescimento da indústria e a expansão contínua da fronteira agrícola no Brasil rapidamente reduziram essa predominância. De fato, enquanto a população urbana crescia nas décadas seguintes, caía a parcela relativa da população urbana nas duas grandes cidades. Em 2010, as cidades de São Paulo e Rio de Janeiro, com uma população combinada de 17,6 milhões de habitantes, respondiam por apenas 11% da população urbana. Naquela época, muitas capitais regionais tinham mais de 1 milhão de habitantes, havendo também grandes centros urbanos no interior. As cidades com menos de 20 mil habitantes se tornavam uma parcela cada vez menor da população urbana no mesmo período (Tabela 3.3). O Brasil era o país em que uma ou duas regiões metropolitanas dominavam a paisagem urbana e continham uma parcela significativa da população nacional. Por que esses centros urbanos cresceram tão depressa naquele período? A resposta se encontra nos fatores de motivação e desmotivação. A modernização constante da agricultura brasileira na época, com uso crescente de maquinários, reduzia a necessidade dos trabalhadores rurais, assim como os centros urbanos começavam a oferecer instalações e oportunidades não encontradas nas áreas rurais. Embora as pequenas cidades brasileiras e os centros urbanos do século XIX tendessem a registrar taxas de mortalidade mais altas e taxas de fecundidade mais baixas, como acontecia na maior parte dos centros urbanos em todo o mundo naquele período, o problema da mortalidade urbana mudava rapidamente no final do século XIX e no século XX. Todas as campanhas de saneamento, tratamento de água e vacinação sistemática surtiam efeito. Além disso, a oferta de hospitais e escolas, além do nível de escolaridade mais elevado das populações urbanas, levaram gradualmente à queda da mortalidade nas cidades. Assim, em meados do século XX, a mortalidade era maior nas áreas rurais do que nas urbanas. As cidades eram não apenas mais saudáveis, mas o número de empregos também crescia rapidamente. Portanto, o incentivo de empregos disponíveis nas cidades que estavam se tornando, cada vez mais,

Tabela 3.3 Distribuição da população urbana por tamanho das cidades, 1950-2010

População	1950	1960	1970	1980	1991	2000	2010
Até 20.000	39	34	27	21	19	19	17
20-50.000	13	12	12	11	12	11	12
50-100.000	9	10	8	11	10	11	10
100-500.000	13	16	20	22	24	26	27
>500.000	26	29	34	35	34	34	34
>100.000	39	45	53	57	58	59	61
Total	100	100	100	100	100	100	100
Total N	18.775.779	31.867.324	52.097.260	80.437.327	110.990.990	137.953.959	160.925.792
% da População total	36%	45%	44%	66%	76%	81%	84%

Fonte: Fausto A. de Brito e Batd Pinho, "A dinâmica do processo de urbanização no Brasil, 1940-2010" (UFMG, Cedeplar, texto para discussão 464 (2012). Brito & Pinho (2012), tabela 2

grandes centros industriais, assim como a disponibilidade de oportunidades educacionais e melhores serviços sociais, eram fatores importantes para a motivação da migração substancial do final do século XX no Brasil. O fator de desmotivação foi, sem dúvida, a mecanização da agricultura, que teve início de maneira expressiva naquele período, reduzindo a necessidade de trabalhadores rurais em todo o Brasil.[49]

Embora a migração urbana tenha sido um tema constante na história brasileira, o processo passou a ser bem mais acelerado na segunda metade do século XX. Em 1960, a maioria da população nacional ainda habitava as áreas rurais. Porém, em 1970, mais da metade da população passou a constar como urbana, sendo que essa proporção cresceu em ritmo constante, até alcançar 84% da população nacional, segundo o Censo de 2010. Estima-se que nos vinte anos entre 1960 e 1980, cerca de 27 milhões de habitantes da área rural tenham migrado para as cidades.[50] Até a década de 1990, os estados com as maiores migrações do campo para as cidades eram os do sul e do centro, à medida que a agricultura se modernizava com mais rapidez e os centros urbanos cresciam mais rápido do que na maior parte das regiões. O pico de crescimento da maioria das capitais ocorreu no período de vinte anos entre 1950 e 1970, quando o crescimento atingiu em geral bem mais de 5% ao ano. Portanto, na década de 1950, Belo Horizonte cresceu 6,8% ao ano, tendo continuado a aumentar a população em mais de 6% ao ano na década seguinte. São Paulo cresceu 5% ao ano ou mais naquelas duas décadas e mesmo Curitiba atingiu 7% de crescimento ao ano na primeira década e quase 6% nos anos 1960. Apenas o Rio de Janeiro registrou crescimento mais lento e ficou em 3% ao ano ou mais nas três décadas.[51] Brasília, certamente, registrou o crescimento mais expressivo, de 14% ao ano, na década de 1960.

Todas essas cidades – exceto o Rio de Janeiro – mais do que dobraram a população no período de vinte anos. No final do século, havia 20 capitais de estado com mais de 1 milhão de habitantes somente considerando as regiões metropolitanas. Mas, naquela época, todas as regiões cresciam com taxas mais reduzidas conforme a migração das populações do campo para

---

49 Sobre as mudanças na agricultura brasileira na época, veja Herbert S. Klein e Francisco Vidal Luna, *Alimentando o mundo: o surgimento da moderna economia agrícola no Brasil* (São Paulo: Imesp-FGV, 2020).

50 Ana Amélia Camarano e Ricardo Abramovay, "Êxodo rural, envelhecimento e masculinização no Brasil: panorama dos últimos 50 anos" (texto para discussão 621; Rio de Janeiro: Ipea, 1998), p. 1. Os autores ressaltam que o Brasil, assim como vários outros países da América Latina, descreve centros urbanos pela definição administrativa e não pelo porte, o que tende a subestimar a população rural (p. 6).

51 A transferência da capital para Brasília em 1960 afetou significativamente a economia e a população do Rio de Janeiro.

as cidades desacelerava consideravelmente em todos os estados e a norma – exceto em Manaus – era de taxas de crescimento de 2% ao ano ou menos.[52] Mas, em 2010, cerca de 114 milhões de habitantes – ou 60% da população nacional – viviam em cidades com população de 50 mil habitantes ou mais. Embora o crescimento da população das principais cidades tenha desacelerado consideravelmente após 1980 e algumas vezes até estagnado, houve novo crescimento nas grandes regiões metropolitanas, um fenômeno ocorrido na maior parte dos países da América Latina no final do século.[53] Portanto, em 2000, havia 10 regiões metropolitanas registradas no Brasil, cada uma com uma população total superior a 2 milhões de habitantes, sendo São Paulo a maior capital, com 18 milhões de habitantes; o Rio de Janeiro tinha 11 milhões, Belo Horizonte, 5 milhões, e Porto Alegre, 3,5 milhões de habitantes. Em todos os casos, o crescimento ocorria nas cidades do entorno e não nas cidades-núcleo, que representavam apenas a metade do total das maiores populações metropolitanas.[54] De 1950 a 2010, as cidades com mais de meio milhão de habitantes passaram de 26% para 34% da população urbana, enquanto a porcentagem da população urbana que vivia em cidades com mais de 100 mil habitantes passou de 39% para 61%. Portanto, cresceram não apenas os grandes centros, mas também as cidades de médio porte, com consequente queda das pequenas cidades de menos de 20 mil habitantes.

O crescimento das cidades ocorreu pela migração de habitantes da área rural em idade economicamente ativa, com uma significativa super-representação de mulheres na corrente migratória.[55] O crescente mercado de serviços domésticos em geral e empregos em fábricas motivou as mulheres a partir para cidades em rápida expansão. O resultado da migração foi que, em 2010, a proporção por sexo nas áreas urbanas era de 94 homens para 100 mulheres, ao passo que nas áreas rurais a proporção

---

52 IBGE, *Estatísticas do Século XX* (2003), tabela pop_S2T04.

53 Por exemplo, entre 1991 e 2002, o município de Belo Horizonte cresceu apenas 1,1% ao ano, ao passo que os dois municípios vizinhos que atualmente formam a região metropolitana cresceram nas taxas dos anos 1960 e 1970, de 4,4% ao ano. Em 1991, essas cidades representavam apenas 41% da população da região metropolitana e, onze anos depois, metade da população metropolitana. Fundação João Pinheiro, *Perfil Demográfico do Estado de Minas Gerais, 2000* (Belo Horizonte, 2003), p. 24, tabela 15.

54 IBGE, *Censo Demográfico 2000: resultados do universo*, tabela 411, "População residente, por grupos de idade, segundo as Regiões Metropolitanas, a RIDE e os Municípios".

55 No Censo de 2000, a idade de pico de migrantes para o estado de São Paulo era de 30-34 anos; no estado do Rio de Janeiro – que registra menos migrantes desse tipo – era principalmente de pessoas de 40 anos. IBGE, *Censo Demográfico 2000: migração e deslocamento, resultados da amostra* (Rio de Janeiro, 2003), gráfico 10.

era de 111 homens para 100 mulheres (Gráfico 3.22). A tendência desse padrão não deve mudar no futuro. As últimas estimativas da Cepal para o Brasil em 2050 indicam que a proporção por sexo para a área urbana ainda apresentará um viés em relação às mulheres, com 92 homens para 100 mulheres, e, na área rural, permanecerá o viés em relação aos homens, com 116 homens para 100 mulheres.[56]

O crescimento urbano não foi distribuído de maneira uniforme no país. Como previsto, considerando-se a prevalência da expansão de empregos na indústria da transformação e nas grandes cidades, a maior região em termos de urbanização foi o Sudeste, que continha mais da metade da população urbana em 1960. O Nordeste, por exemplo, atingiria mais de 50% da população urbana vinte anos depois. Em 2010, contudo, as diferenças entre regiões haviam caído consideravelmente. A queda na população rural e o aumento da população urbana atingiram todas as regiões brasileiras, mas em diferentes níveis de intensidade. No Norte e Nordeste, a população urbana atingiu cerca de 75% da população total do período, sendo 85% na região Sul, 89% no Centro-Oeste e uma porcentagem extraordinariamente alta de 93% no Sudeste. Em outras palavras, nas áreas de maior produção agrícola como Sul, Sudeste e Centro-Oeste, a população rural caiu abaixo da média nacional (Tabela 3.4). Se considerarmos os estados, São Paulo registrava 96% da população em áreas urbanas, sendo superado por Rio de Janeiro e Distrito Federal, ambos com 97% de população urbana. Por outro lado, os estados com as menores taxas de urbanização foram os agrícolas menos desenvolvidos, como o Maranhão (63%) e o Piauí (66%), considerados os menos urbanizados.[57]

A população rural migrou em números substanciais para as cidades a fim de melhorar o padrão de vida, tornando o Brasil do final do século uma sociedade extremamente urbana, mas também migrou para novas regiões, pelo mesmo motivo. Inicialmente, até o final do século XX, a migração ocorreu sobretudo para as cidades, mas no século XXI a migração envolveu movimentos significativos para as fronteiras do Norte e Oeste, à medida que as fronteiras agrícolas se abriam para novas famílias de produtores rurais.

---

[56] Os dados das taxas totais urbanas e rurais são do Celade, "Brasil, Estimaciones y proyecciones... Revisión 2016".

[57] Há uma discussão recente no Brasil sobre a extensão da urbanização. Alguns autores, em particular José Eli da Veiga, afirmam que há superestimativas do grau de urbanização, pois no Brasil há uma infinidade de pequenos municípios, cuja população é considerada urbana, mas vive em aglomerados tipicamente rurais. Sobre o tópico, veja: José Eli da Veiga, *Cidades imaginárias: o Brasil é menos urbano do que se calcula* (Campinas: Autores Associados, 2002).

Tabela 3.4 População urbana no Brasil por região, 1950-2010

População total

Ano	Brasil	Norte	Nordeste	Sudeste	Sul	Centro-Oeste
1950	51.944.397	2.048.696	17.973.413	22.548.494	7.840.870	1.532.924
1960	70.992.343	2.930.005	22.428.873	31.062.978	11.892.107	2.678.380
1970	94.508.583	4.188.313	28.675.110	40.331.969	16.683.551	4.629.640
1980	121.150.573	6.767.249	35.419.156	52.580.527	19.380.126	7.003.515
1991	146.917.459	10.257.266	42.470.225	62.660.700	22.117.026	9.412.242
2000	169.590.693	12.893.561	47.693.253	72.297.351	25.089.783	11.616.745
2010	190.755.799	15.864.454	53.081.950	80.364.410	27.386.891	14.058.094

Porcentagem da população total

1950	36%	30%	26%	48%	29%	26%
1960	45%	36%	34%	57%	38%	37%
1970	56%	43%	42%	73%	45%	51%
1980	68%	50%	51%	83%	63%	71%
1991	75%	58%	61%	88%	74%	81%
2000	81%	70%	69%	91%	81%	87%
2010	84%	74%	73%	93%	85%	89%

Fonte: IBGE, Sidra, tabela 1288

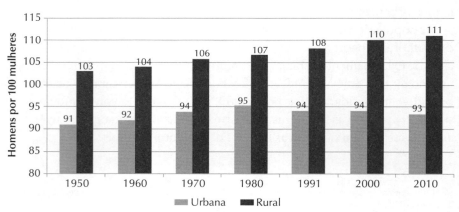

Gráfico 3.22 Proporção de mulheres na população rural e urbana, 1950-2010

Fonte: IBGE, Sidra, tabela 202; Celade, Proyecciones 2016

A partir de 1930, as migrações internacionais que haviam trazido cerca de 4,4 milhões de trabalhadores europeus e asiáticos, principalmente para o Sudeste, registraram desaceleração considerável no Brasil.[58] A maior parte da migração ocorreu no período entre os anos 1880 e os anos 1920, tendo se dirigido primeiramente para as lavouras de café do estado de São Paulo e Paraná e depois para cidades em expansão na região, principalmente no estado de São Paulo. O crescimento econômico continuado dos estados do centro e do sul, bem como o fim da grande imigração estrangeira, fizeram das regiões do centro-sul uma área de atração para os pobres do Nordeste, que atendiam às necessidades crescentes de trabalhadores. Já no final da década de 1920, a migração começou em base contínua, originando-se no Nordeste e mantendo-se constante durante os sessenta anos seguintes. No período de 1920-1940, São Paulo recebeu mais imigrantes internos do que estrangeiros.[59] A cada década, aumentava o ritmo de migração. Enquanto um quarto do crescimento do estado de São Paulo na década de 1940 envolvia migrantes de outros estados, atingiu 30% do crescimento total nas duas décadas seguintes e chegou ao pico no período de 1970-80, quando 42% do crescimento da população do estado era de migrantes internos. Foi o período de pico em São Paulo. A partir de então, a importância dos migrantes no crescimento paulista caiu para cerca de 10% da taxa de crescimento.[60] Enquanto a migração líquida chegou perto de 2 milhões na década de 1970, e a mais de 1 milhão nas duas décadas seguintes, caiu para apenas 667 mil na primeira década do novo século.[61]

No Censo de 1970, percebe-se que praticamente todos os estados do Nordeste, particularmente a Bahia, além de Minas Gerais, registravam perda líquida de população, ao passo que São Paulo, Paraná, Rio de Janeiro/

---

58 Os dados de 1872-1972 são de Maria Stella Ferreira Levy, "O papel da migração internacional na evolução da população brasileira (1872 a 1972)", *Revista de Saúde Pública* 8 (Supl.) (1974), pp. 71-73, tabela 1 [São Paulo]; os dados de 1820-1871 foram extraídos da Directoria Geral de Estatistica, *Boletim Commemorativo da Exposição Nacional de 1908* (Rio de Janeiro, 1908), pp. 82-85.

59 Thomas W. Merrick e Douglas H. Graham, *Population and Economic Development in Brazil, 1800 to the Present* (Baltimore: Johns Hopkins University Press, 1979), p. 125, tabela VI-4.

60 Carlos Américo Pacheco et al., "Análise demográfica do estado de São Paulo", *in* Carlos Américo Pacheco e Neide Patarra, eds., *Dinâmica demográfica regional e as novas questões populacionais no Brasil* (Campinas: Instituto de Economia/Unicamp, 2000), p. 372, tabela 4.

61 José Marcos Pinto da Cunha e Rosanna Baeninger, "Cenários da migração no Brasil nos anos 90", *Caderno CRH* (Bahia) 18, n. 43 (jan-abr, 2005), pp. 87-101; e Rosana Baeninger, "Migrações internas no Brasil século 21: evidências empíricas e desafios conceituais", *Revista Necat* 4, n. 7 (jan- jun 2015), pp. 9-22.

Tabela 3.5	Mudanças migratórias líquidas por regiões em estados selecionados, 1965/2010				
Região/Estado	1965/1970	1975/1980	1986/1991	1995/2000	2005/2010
Norte	30.160	314.741	122.855	91.071	52.941
NE. Nordeste (1)	-54.128	-186.660	-200.760	-263.347	-315.108
NE Central (1)	-625.638	-571.785	-395.424	-313.028	-334.620
NE Sul (1)	-280.191	-174.334	-258.729	-314.373	-301.737
Nordeste Total	-959.956	-932.778	-854.913	-890.747	-951.465
Minas Gerais	-746.853	-237.032	-86.994	57.770	-9.812
Espírito Santo	-104.033	17.114	40.174	40.329	68.001
Rio de Janeiro	504.323	140.756	-36.018	62.092	50.902
São Paulo	592.385	1.066.976	693.524	416.102	382.407
Paraná	582.335	-590.405	-167.195	-68.634	-30.073
Extremo Sul	-325.488	-58.543	19.736	46.485	123.366
Centro-Oeste	427.128	279.170	268.832	245.532	313.733

Fonte: Fausto Brito, José Irineu Rigotil e Jarvis Campos, "A mobilidade interestadual da população no Brasil no início do século XXI: mudança no padrão migratório?", B. Horizonte, UFMG/Cedeplar, 2012, p. 15
Nota (1): NE Nordeste (Maranhão e Piauí); NE Central (Ceará, Rio Grande do Norte, Paraíba, Pernambuco e Alagoas); NE Sul (Sergipe e Bahia)

Guanabara[62] e Goiás e Mato Grosso eram os principais receptores do processo de migração. As migrações desaceleraram após 1980. São Paulo começou a ter um fluxo reduzido de imigrantes nacionais. O Paraná tornou-se o maior originador líquido, mas o Centro-Oeste manteve a posição de atrair imigrantes. Minas Gerais, anteriormente um grande originador em termos migratórios, manteve relativa estabilidade de fluxo migratório líquido. A queda da migração para São Paulo explica a drástica redução dos padrões anteriores de crescimento da população do estado. A longa crise econômica dos anos 1980 e 1990 teria sido a principal causa da redução do fluxo migratório e da inversão de fluxos em algumas situações, como no caso do estado de Minas Gerais (Tabela 3.5).

Embora São Paulo continuasse a registrar um saldo positivo líquido de imigração até 2010, que, por sua vez, influenciou a alta migração líquida da região Sudeste, o Norte e o Centro-Oeste – nova fronteira comer-

---

62 Com a mudança da capital para Brasília, o antigo Distrito Federal constituído pela atual cidade do Rio de Janeiro foi transformado no estado da Guanabara. Posteriormente, em 1975, o antigo estado do Rio de Janeiro foi anexado ao estado da Guanabara, formando o atual estado do Rio de Janeiro.

cial agrícola – começaram a atrair um fluxo constante de imigrantes, não apenas da região pobre do Nordeste, mas também dos produtores rurais modernos do Sul – a chamada migração gaúcha. Embora inicialmente o Norte mostrasse bom desempenho, o grande vencedor foi o Centro-Oeste, cujos estados registraram influxos positivos líquidos no período como um todo. Apenas Goiás perdeu população na década de 1970, mas, na de 1990, foi o maior receptor regional de migrantes, posição que manteve na primeira década do século XXI. A partir dos anos 1970 até o século XXI, houve um êxodo constante de migrantes do Paraná em todas as décadas; no Rio Grande do Sul, houve em todas elas, exceto a de 1990. Apenas Santa Catarina registrou imigração constante e crescente que propiciou ao Sul números migratórios positivos de 1990 a 2010. O Nordeste jamais interrompeu o êxodo de emigrantes naquele período. Todos os estados do Nordeste, exceto Sergipe e Rio Grande do Norte, perderam população em todas as décadas. Os maiores fluxos emigratórios foram da Bahia, Pernambuco, Maranhão e Paraíba. Foi apenas nos anos 1990 que o fluxo de emigrantes desacelerou ligeiramente, e a região Sul enfim começou a apresentar um fluxo positivo de imigrantes.

O impacto da emigração pode ser observado na queda progressiva da importância do Nordeste na população nacional. No primeiro Censo Nacional de 1872, o Nordeste era a região mais populosa do Brasil e respondia por quase a metade da população nacional (47%), com os estados do Sudeste (Minas Gerais, Espírito Santo, Rio de Janeiro e São Paulo) logo atrás. Em 1920, a região Sudeste absorvia 47% da população, e o Nordeste caiu para 37% e continuaria a queda até atingir apenas 28% da população nacional total em 2017. Na década de 1960, o Nordeste perdeu 1,8 milhão de habitantes para a migração e, na década seguinte, outros 2,4 milhões de pessoas mais saíram do que entraram na região.[63] Embora o fluxo de emigrantes do Nordeste continuasse ininterrupto após 1980, o padrão era de uma migração mais dispersa, com migrantes partindo para o Oeste e o Norte desde a década de 1990 até hoje. Isso explica por que o Centro-Oeste aumentou a participação na população de apenas 3% em 1950 para 8% em 2017, sendo que o Norte passou de 4% para 9% no mesmo período (Mapa 3.1). Em 2014, por exemplo, dos 8 estados que registravam 20% ou mais

---

63 Neide Patarra, Rosana Baeninger e José Marcos Pinto da Cunha, "Dinâmica demográfica recente e a configuração de novas questões populacionais", in Carlos Américo Pacheco e Neide Patarra, eds., *Dinâmica demográfica regional e as novas questões populacionais no Brasil* (Campinas: Instituto de Economia/Unicamp, 2000), p. 30, tabela 12.

Mapa 3.1 Distribuição regional da população brasileira, 2017
(n = 207,6 milhões)

de brasileiros nascidos em outros estados, 7 deles se localizavam no Norte ou Centro-Oeste, e apenas o estado de São Paulo não pertencia a essas duas regiões em expansão – e, mesmo assim, São Paulo registrou a menor taxa desse grupo, com apenas 24% dos habitantes nascidos em outros estados.[64]

Ocorreram também mudanças básicas estruturais na força de trabalho, com forte impacto demográfico. Enquanto as taxas de participação da população economicamente ativa permaneceram contínuas nos últimos 60 anos ou mais, e, ainda que tenham caído ligeiramente enquanto a população se urbanizava (considerando-se que taxas nas áreas rurais são tradicionalmente maiores do que as taxas urbanas), a distribuição e

---

64 IBGE, *Síntese de indicadores sociais 2015* (Rio de Janeiro: IBGE, 2015), n.p., gráfico 1.8. Excluímos a capital federal de Brasília, que tinha 44% de residentes não nativos.

o sexo da força de trabalho mudaram. Portanto, as taxas de participação feminina na força de trabalho aumentaram continuamente nos últimos vinte anos, de uma proporção estimada de 34% de mulheres em idade economicamente ativa que participavam da força de trabalho em 1980 para uma PEA de 57% em 2014.[65]

As mulheres não apenas aumentaram a participação no mercado de trabalho, mas também a maioria trabalhava nos anos férteis. Portanto, a Pesquisa Nacional por Amostra de Domicílios (PNAD) de 2015 indicou que mais da metade do total de mulheres de 18-19 anos trabalhava. Essa taxa subiu para 61% de todas as mulheres de 20-24 anos e para 71% no grupo de mulheres de 25-29 anos – idades de pico de reprodução no período.[66] Também, como previsto, houve uma correlação negativa entre escolaridade e nível de emprego. Em 2015, cerca de 15% das mulheres tinham formação universitária, em comparação com 12% dos homens.[67] Na PNAD de 2014, homens e mulheres do país com formação universitária registravam uma taxa de emprego de 84%, com queda progressiva nas taxas de participação desde o ensino médio e ensino fundamental completos até uma taxa de apenas 56% para os cidadãos sem escolaridade.[68]

Todas essas mudanças na participação da força de trabalho e a crescente escolarização das mulheres tiveram um impacto ainda maior na fecundidade, tendo em vista que as mães tinham o primeiro filho em idade cada vez mais tardia. Em contraposição à primeira fase de fecundidade decrescente, as mulheres reduzem os nascimentos nas idades mais jovens e cada vez mais os retardam, devido a oportunidades educacionais e profissionais. Em 2017, por exemplo, a média de idade de todas as mães que tiveram filhos foi o coorte de 25-29 anos, e, enquanto o coorte de 20-24 anos era ainda o maior grupo de mães do país, respondendo por um quarto dos nascimentos, os próximos coortes mais significativos foram o de 25-29 anos (24% de todos os nascimentos) e 30-34 anos (20% de todos os nascimentos). Além disso, como previsto, o Sudeste era diferente do restante do país, com o

---

65 Calculado com base nos dados do IBGE, *Síntese de indicadores sociais 2015*, n.p., tabela 1, "Indicadores estruturais do mercado de trabalho para a população de 16 anos ou mais, por sexo, com indicação da variação percentual Brasil – 2004/2014".

66 IBGE, Sidra, PNAD, tabela 1864 – "Pessoas de 10 anos ou mais de idade, por condição de atividade na semana de referência, sexo, situação e grupos de idade".

67 IBGE, Sidra, PNAD, tabela 272 – "Pessoas de 10 anos ou mais de idade, por situação, sexo e anos de estudo".

68 IBGE, *Síntese de indicadores sociais 2015*, n.p., tabela 3, "Indicadores estruturais do mercado de trabalho da população de 16 anos ou mais de idade, total e variação percentual, por nível de instrução – Brasil – 2004/2014".

Mudanças demográficas

coorte de 25-29 anos sendo a média, assim como o coorte modal.[69] Considerando-se que o Sudeste era a região mais rica e avançada, que muitas vezes liderava tendências em fecundidade, pareceria que a tendência aumentaria para sempre o adiamento da fecundidade e o crescente envelhecimento das mães no primeiro nascimento. Portanto, no final da segunda década, as brasileiras começaram a ter um padrão de nascimentos por idade semelhante aos países industriais avançados.[70]

Como demonstrado por essa pesquisa, foram profundas as mudanças sociais e demográficas ocorridas no Brasil de 1950 a 2017. Uma sociedade tradicional, altamente desigual, com índices alarmantes de pobreza e analfabetismo, mesmo para os padrões da América Latina em meados do século XX, o Brasil alcançou igualdade em relação a outros países líderes da região em termos de índices demográficos básicos. Ainda mais significativo é o fato de que o país reduziu as extremas disparidades entre as regiões. Começou com enormes diferenças regionais segundo todas as métricas concebíveis e agora se torna uma sociedade bem mais uniforme em termos nacionais, apenas com diferenças regionais e moderadas na saúde, educação e previdência social. Também passou de nação predominantemente rural para uma sociedade altamente urbanizada. Grande parte dessa mudança está relacionada com a intervenção sistemática do governo, abrangendo da vacinação às escolas, da modernização da agricultura à criação de um amplo setor industrial. Também passou por uma profunda revolução demográfica que levou a mudanças nos padrões de casamento, redução do tamanho das famílias, menos nascimentos e mudanças básicas nos mercados de trabalho, bem como nos domicílios rurais e urbanos.

---

69 Infelizmente o Datasus não fornece taxas de natalidade específicas por idade, e esses números correspondem ao total de nascimentos por idade da mãe. Disponível em: <http://tabnet.datasus.gov.br/cgi/tabcgi.exe?sinasc/cnv/nvuf.def>, acesso em: 12.02.2019.

70 A média de idade das mães no primeiro nascimento nos Estados Unidos em 2017 (o ano mais recente para o qual existem dados) era de 26,8 anos. Veja *Births: Final Data for 2017*. CDC/NCHS, *National Vital Statistics Reports* 67, n. 8 (07.11.2018), p. 5.

Mulheres, família e trabalho

4

Hildegard Rosenthal, *À espera do bonde na Zona Cerealista*, São Paulo, SP, c. 1940

A modificação expressiva na vida urbana e os efeitos da transição demográfica registrados no Brasil desde o final dos anos 1960 tiveram um impacto profundo na magnitude e na natureza dos domicílios e das famílias. A essas mudanças sociais somaram-se alterações significativas na legislação na segunda metade do século XX, que incluíam a extensão dos direitos legais aos filhos nascidos fora do casamento, o reconhecimento legal das uniões consensuais e a legalização do divórcio, com grande impacto na organização da família. A consequência de todos esses fatos significou mudanças de mentalidade em relação à família tradicional e ao papel das mulheres na força de trabalho.

O primeiro impacto importante da queda da fecundidade foi o declínio lento e contínuo do tamanho das famílias, passando de mais de 5,1 pessoas por domicílio em 1950 para 2,9 em 2015.[1] Até o final da década de 1950, houve poucas mudanças, mas a redução se deu em ritmo constante nos anos posteriores, especialmente em 1980 e 2015, que registraram o dobro da taxa normal de diminuição no tamanho das famílias (Gráfico 4.1). A dimensão das famílias também declinou no mesmo ritmo até atingir 3 pessoas por domicílio em 2015.[2]

---

1 Dados de tamanhos de família e domicílios disponibilizados pelo IBGE, Brasil, *Censo Demográfico 1950*, Série Nacional, v. 1, p. 286; IBGE, Brasil, *Censo Demográfico 1970*, Série Nacional, v. 1, p. 112; IBGE, Brasil, *Censo Demográfico 1970*, Série Nacional, v. 1, p. 206; IBGE, *Censo Demográfico 2000: resultados do universo*, tabela 1.3.6; IBGE, *Censo Demográfico 2010: características da população e dos domicílios, resultados do universo* (Rio de Janeiro, 2001), tabela 1.6.1; IBGE, *Censo Demográfico 2010: famílias e domicílios resultados da amostra* (Rio de Janeiro, 2012), Tabela 1.1.3; os dados da PNAD para 1990, 2005 e 2015 estão disponíveis em IBGE, Sidra, PNAD, tabelas 1940, 1948; veja também José Eustáquio Diniz Alves e Suzana Cavenaghi, "Tendências demográficas, dos domicílios e das famílias no Brasil", *Aparte: Inclusão Social em Debate* 24 (2012), tabela 6; e Suzana Cavenaghi e José Eustáquio Diniz Alves, "Domicilios y familias en la experiencia censal del Brasil: cambios y propuesta para identificar arreglos familiares", *Notas de población 92 Cepal* (2011), p. 33, tabela 1; Arlindo Mello do Nascimento, "População e família brasileira: ontem e hoje", trabalho apresentado no XV Encontro Nacional de Estudos Populacionais, Abep (2006): 15, tabela 1.
2 IBGE, Sidra, tabelas 1941 e 1948.

Gráfico 4.1 Tamanho médio das famílias em anos selecionados, 1950-2015

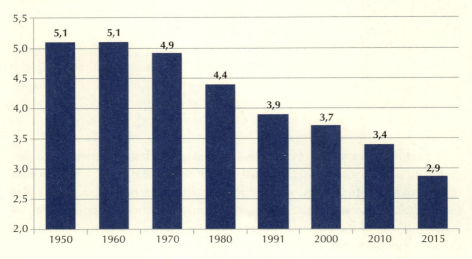

Fonte: veja nota 1

Gráfico 4.2 Proporção de domicílios chefiados por mulheres e uniões consensuais por Censo, 1960-2015

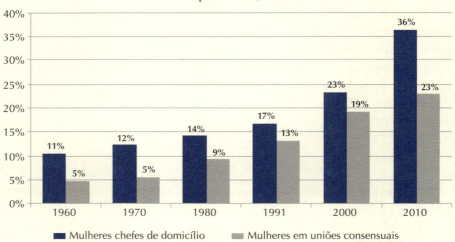

Fonte: Ipums, amostra de 5% dos Censos de 1960 a 2010

Como previsto, considerando-se as distintas taxas de declínio da fecundidade por domicílio, houve uma diferença significativa entre as taxas urbanas e rurais. Portanto, o tamanho das famílias rurais em 1950, por exemplo, era de 5,3 pessoas por família e de 4,9 pessoas por família nos centros urbanos, enquanto a média nacional era de 5,1.[3] Este foi o padrão até o Censo de 2010, quando a família urbana média era de apenas 2,9 pessoas, em comparação com 3,3 pessoas em média para a família rural.[4]

Embora ocorressem mudanças rápidas na fecundidade e no tamanho das famílias, o ritmo das alterações era muito mais lento na organização das famílias ou nos casamentos religiosos. Como aconteceria em todos os Censos posteriores, os domicílios ainda eram formados predominantemente por famílias em 1950. No Censo daquele ano, somente 12% dos domicílios eram chefiados por uma pessoa não casada. Ao mesmo tempo, apenas 12% dos domicílios eram chefiados por uma mulher sozinha e dois terços das mulheres que chefiavam uma família eram viúvas.

Para ambos os sexos, menos de 1% dos chefes de família eram divorciados ou separados (0,1% de famílias chefiadas por homens e 0,8% por mulheres).[5] Evidentemente, ainda era uma sociedade extremamente tradicional em termos de estabilidade do casamento, baixa incidência de famílias chefiadas por mulheres, pessoas que vivem sós e divorciados ou separados.

Essa situação relativamente estável começou a mudar nos anos seguintes. A participação das uniões consensuais e das famílias chefiadas por mulheres aumentou em todos os domicílios em cada Censo nacional posterior. Em 1960, somente 4,8% dos domicílios eram mantidos por união consensual e apenas 10,5% dos domicílios de qualquer tipo eram chefiados por mulheres. De acordo com o Censo de 2010, as uniões consensuais correspondiam a 22,9% de todos os domicílios e os chefiados por mulheres, 36,5% (**Gráfico 4.2**). Segundo a PNAD de 2015, as uniões consensuais aumentaram para 35,2% de todos os domicílios e estavam se aproximando do nível de famílias chefiadas por mulheres, que atingiu 40,5% naquele ano.[6]

---

3   Quanto à taxa urbana em 1950, combinamos as populações urbanas e suburbanas. IBGE, Brasil, *Censo Demográfico 1950*, Série Nacional, v. 1, p. 280.

4   IBGE, Sidra, Censo 2010, tabelas 3495 e 3521.

5   IBGE, Brasil, *Censo Demográfico 1950*, Série Nacional, v. 1, p. 280.

6   IBGE, Sidra, tabela 1942.

As uniões consensuais fizeram parte da organização familiar dos países latino-americanos desde os tempos coloniais. Contudo, as mudanças na legislação sobre uniões consensuais, divórcio e reconhecimento dos direitos de filhos naturais no século XX no Brasil, assim como em todos os países latino-americanos, levaram ao aumento das uniões consensuais. Inicialmente restritas às classes de baixa renda desde os tempos coloniais, as uniões consensuais surgiam posteriormente nas classes média e alta.[7] As uniões consensuais foram reconhecidas juridicamente somente na Constituição de 1988 e na chamada Lei da União Estável de 1996.[8] A Lei da União Estável garante aos "casais estáveis" todos os direitos tradicionais de herança e separação aplicáveis aos casais legalmente casados, que também incluem todos os acordos patrimoniais. Igualmente importante foi a equiparação dos direitos legais de filhos naturais com os dos filhos legítimos, o que ocorreu somente em 1977. Tais direitos foram ampliados na Constituição de 1988.[9] A Constituição garante o direito de todos os filhos ao patrimônio dos pais, independentemente da situação legal dos genitores, incluindo o fato de serem legalmente casados com outros parceiros. A aceitação de uniões consensuais se tornou tão arraigada no Brasil que a convenção social atualmente utiliza termos referenciais conjugais tanto para casamentos como para uniões originalmente consensuais. Além disso, considerando-se esses padrões evidentemente arraigados da vida doméstica, em geral não se sabe se o casamento é de "papel passado"

---

7   Jorge A. Rodríguez Vignoli, "Cohabitación en América Latina: ¿modernidad, exclusión o diversidad?", *Papeles de Población 10*, 40 (2004), pp. 97-145.

8   A Constituição de 1988 foi o instrumento que enfim reconheceu a legalidade das uniões consensuais. No artigo 226, parágrafo 3º, a Constituição estabelece que "Para efeito da proteção do Estado, é reconhecida a união estável entre o homem e a mulher como entidade familiar, devendo a lei facilitar sua conversão em casamento", e parágrafo 4º "Entende-se, também, como entidade familiar, a comunidade formada por qualquer dos pais e seus descendentes". Disponível em: <http://www.planalto.gov.br/ccivil_03/constituicao/constituicaocompilado.htm>, acesso em: 26.11.2017. Este artigo foi ampliado em 1996 na chamada Lei da União Estável (Lei 9.278) que declarava no artigo 1º que o Estado "reconhecia como entidade familiar a convivência duradoura, pública e contínua, de um homem e uma mulher, estabelecida com objetivo de constituição de família" e estabelecia no artigo 5º que "Os bens móveis e imóveis adquiridos por um ou por ambos os conviventes, na constância da união estável e a título oneroso, são considerados fruto do trabalho e da colaboração comum, passando a pertencer a ambos em condomínio e em partes iguais salvo estipulação contrária em contrato escrito". Veja <http://www.planalto.gov.br/ccivil_03/leis/L9278.htm>. Acesso em: 26.01.2019. Veja também Jamil Salim Amin, "A união estável no Brasil a partir da Constituição Federal de 1988 e leis posteriores" (tese de mestrado, Florianópolis: Universidade Federal de Santa Catarina – UFSC, 2001).

9   Sobre os direitos dos filhos nascidos fora do casamento formal, a grande mudança veio em 1977, com o reconhecimento e os direitos de herança dos filhos, o que foi reforçado pela Constituição de 1988, que declarava: "… haja ou não um relacionamento conjugal, ou por adoção, os filhos terão os mesmos direitos e qualificações, proibindo-se designações discriminatórias relacionadas à participação na família" (art. 227, § 6º)". Mafalda Lucchese, "Filhos – evolução até a plena igualdade jurídica". Disponível em: <http://www.emerj.tjrj.jus.br/serieaperfeicoamentodemagistrados/paginas/series/13/volumel/10 anosdocodigocivil_231.pdf>, acesso em: 26.11.2017.

ou não. Dadas essas mudanças, houve um declínio contínuo na proporção de pessoas oficialmente casadas. Em 1990, por exemplo, havia 7,5 casamentos por mil habitantes de 15 anos ou mais, e a proporção declinou para 5,7 casamentos por mil adultos em 2002. Vale destacar que o declínio teria sido ainda mais substancial não fosse pelas campanhas da Igreja de meados até o final dos anos 1990 incentivando casamentos em massa para pessoas que viviam em uniões consensuais.[10]

Paralelamente ao aumento das uniões consensuais, outra grande mudança na estrutura da família brasileira foi o declínio de casamentos "somente no religioso" e a consequente ascensão dos casamentos "só no civil". Portanto, do Censo de 1960 até o de 2010, os casamentos só no civil aumentaram, em detrimento dos casamentos religiosos e das cerimônias religiosas em combinação com casamentos civis (Tabela 4.1). Na PNAD de 2015, essas tendências continuaram, com casamentos só no civil em 30% e só no religioso caindo para 5% de todos os casamentos registrados na PNAD.[11] Portanto, de 1960 a 2015, a porcentagem de pessoas casadas no religioso (somente no religioso ou em combinação com casamento civil) caiu de 88% de todos os casamentos para apenas 70% atualmente.

Tabela 4.1	Porcentagem de casamento civil e/ou no religioso, 1960-2010			
Anos	**Somente civil**	**Somente religioso**	**Civil e religioso**	**Total**
1960	13%	22%	66%	100%
1970	15%	16%	69%	100%
1980	18%	9%	72%	100%
1991	21%	7%	72%	100%
2000	23%	7%	70%	100%
2010	25%	7%	68%	100%

Fonte: Ipums, amostra de 5% dos Censos 1960-2010

Vale ressaltar a mudança de mentalidade em relação ao casamento religioso e às uniões consensuais observada nos domicílios rurais e urbanos pelo Censo de 2010. Naquele Censo, as mulheres que viviam com cônjuges nas áreas rurais registravam taxas bem semelhantes de tipos de casamento às dos casais urbanos. Casavam-se no civil e viviam em uniões consensuais na mesma proporção que seus pares urbanos. Além disso, selecionando-se

---

10 IBGE, Estatísticas do Registro Civil, 2002 (Rio de Janeiro: IBGE, v. 29), n.p, gráfico 10, "Taxa de nupcialidade geral - Brasil - 1991-2002"; e IBGE, *Síntese de Indicadores Sociais 2002* (Rio de Janeiro, 2003), pp. 269-270.

11 Calculado com base na PNAD de 2015.

apenas mulheres que tinham filhos (34,9 milhões de mulheres) de todas as que coabitavam com cônjuges (40,5 milhões), percebe-se que esse padrão vem se repetindo há muito tempo. Mulheres casadas mais velhas registravam a mesma distribuição que o conjunto das mulheres casadas, novamente com taxas semelhantes para as das áreas rurais e urbanas (Tabela 4.2). Ao mesmo tempo, o subconjunto de mulheres rurais casadas de 10 anos ou mais e filhos tendia a ser mais de católicas (77%) e menos de protestantes (17%) do que as mulheres urbanas.[12] No entanto, a distribuição de casamentos não era tão diferente entre as mais jovens sem filhos. Evidentemente, a revolução social representada por esse fato, assim como o controle da fecundidade, é tão importante na área rural quanto na área urbana do Brasil e afeta até mesmo as católicas tradicionais.

Tabela 4.2 Porcentagem de mulheres casadas de 10 anos ou mais que moram com o marido por tipo de arranjo matrimonial, 2010

Categoria	Urbana	Rural
Todos		
Civil e religioso	43,3	41,2
Somente civil	17,8	14,1
Somente religioso	2,5	8,0
Uniões consensuais	36,4	36,7
Com filhos		
Civil e religioso	44,7	42,6
Somente civil	18,0	14,1
Somente religioso	2,7	8,3
Uniões consensuais	34,6	35,0

Fonte: IBGE, Sidra, tabela 102

Embora casais legalmente casados e aqueles em uniões consensuais ainda sejam a forma predominante de família e organização familiar, sua proporção está gradualmente declinando, além de haver uma diferença por sexo. Entre os homens chefes de família, a taxa de solteiros (cerca de 5%) e viúvos (cerca de 3%) permanece em ritmo relativamente estável de 1960 a 2010. No entanto, houve um aumento significativo de homens separados e divorciados: de 1%, em 1960, para mais de 9% em 2010. A proporção de solteiras que nunca se casaram sempre foi o dobro ou mais em relação à taxa de homens. Além disso, o Censo de 1980 – o primeiro que disponi-

---

12 IBGE, Sidra, tabela 97.

Tabela 4.3   Estado civil de chefes de domicílio por sexo, Censos de 1960-2010

	Solteiros ou nunca casados	Casados ou união consensual	Separados, divorciados ou cônjuge ausente	Viúvos	Total
Homens					
1960	5%	92%	1%	3%	100%
1970	5%	92%	1%	2%	100%
1980	5%	92%	1%	2%	100%
1991	4%	92%	2%	2%	100%
2000	4%	90%	5%	2%	100%
2010	6%	83%	9%	3%	100%
Mulheres					
1960	17%	n.g.	20%	63%	100%
1970	19%	n.g.	23%	58%	100%
1980	22%	2%	22%	55%	100%
1991	20%	5%	30%	46%	100%
2000	12%	15%	41%	33%	100%
2010	10%	40%	29%	21%	100%

Fonte: Ipums, amostra de 5% dos Censos de 1960-2010

biliza dados completos – mostra que os casados definiam 93% de homens chefes de família e somente 78% de mulheres chefes de família, sendo os outros chefes de família casados, divorciados, separados ou viúvos. Em contraste expressivo com os homens, as mulheres tinham sete vezes mais probabilidade de ficar viúvas do que os homens em 2010, talvez devido a dois fatores: a expectativa de vida mais longa das mulheres em comparação com a dos homens, atualmente com mais de 7 anos de diferença, e a taxa mais elevada de novos casamentos de viúvos em comparação com os de viúvas (Tabela 4.3).

A mudança mais expressiva nas famílias e nos domicílios em meados do século passado ocorreu na contínua ascensão de famílias lideradas por mulheres. As famílias chefiadas por mulheres (que incluem as nunca casadas e as casadas) passaram de 10,5% dos domicílios no Censo de 1960 para 27,3% de todos os domicílios de acordo com a PNAD de 2001. O ritmo do aumento foi especialmente acelerado na última década, atingindo 41% de todos os domicílios de acordo com a PNAD de 2015 (Gráfico 4.3). Esse fato certamente foi acompanhado por um declínio nas famílias chefiadas

Mulheres, família e trabalho

Gráfico 4.3 Proporção de homens e mulheres chefes de domicílio, 2001-2015

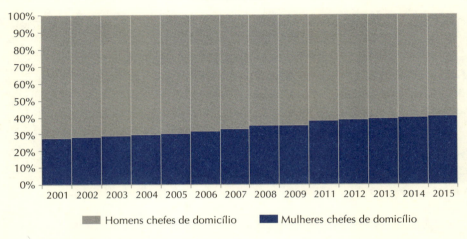

Fonte: IBGE, Sidra, PNAD, tabela 1942

Gráfico 4.4 Importância das mulheres chefes de domicílio e porcentual com marido presente, 2001-2015

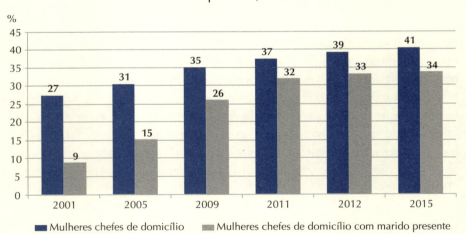

Fonte: IBGE, Sidra, PNAD, tabela 1947

por homens, de 89% de todos os domicílios no Censo de 1960 para apenas 59,5% de todos os domicílios de acordo com a PNAD de 2015.

No crescimento de famílias chefiadas por mulheres, houve também uma importante mudança estrutural. Ocorreu um declínio na proporção de mulheres solteiras, além de um grande aumento nas famílias chefiadas por mulheres com cônjuge presente. As mudanças na organização familiar podem ser observadas mais detalhadamente nas PNADs. Em um modelo não tão raro, de acordo com os padrões latino-americanos, a crescente importância de mulheres chefes de família não significava propriamente que os homens não estavam presentes. De fato, o expressivo aumento de famílias chefiadas por mulheres no Brasil foi acompanhado por um número crescente de domicílios que tinham cônjuges homens como um dos membros da família. Em 2001, cerca de 27% dos domicílios eram liderados por mulheres e 9% tinham a presença de cônjuges homens. Em 2015, os resultados foram de 41% e 34%, respectivamente (**Gráfico 4.4**). Essa mudança resulta de vários fatores, inclusive o crescente declínio de homens economicamente ativos nos coortes de idade ativa, a crescente participação das mulheres na força de trabalho e suas ascendentes realizações educacionais à frente dos homens.[13] Resulta, enfim, do papel crucial das mulheres como únicas receptoras das transferências de renda do Estado desde os anos 1990, mesmo quando um cônjuge masculino estivesse presente.[14] Chama atenção o fato de a cor das mulheres chefes de família não fazer diferença, já que todos os grupos tinham aproximadamente o mesmo número de homens ajudando na casa.[15] Finalmente, famílias chefiadas por mulheres com cônjuge presente passaram de 9% para mais de um terço dessas residências entre 2001 e 2015. Portanto, até mesmo algumas famílias tradicionais com dois cônjuges agora são chefiadas por mulheres, pois nessas famílias elas se

---

13 Veja Luiz Guilherme Dacar da Silva Scorzafave, "Caracterização da inserção feminina no mercado de trabalho e seus efeitos sobre a distribuição de renda" (tese de doutorado, FEA/USP, 2004), capítulo 2.

14 No Brasil, todas as transferências de renda relacionadas com o Bolsa Família são dadas exclusivamente às mães, mesmo que haja um cônjuge presente. Priscilla Albuquerque Tavares, "Efeito do Programa Bolsa Família sobre a oferta de trabalho das mães", XVI Encontro Nacional de Estudos Populacionais, Abep (2008), pp. 4-5.

15 IBGE, Sidra, tabela 1134. Os números de companheiros (cônjuges) de mulheres chefes de família neste ano do Censo estão abaixo dos levantamentos da PNAD dos anos anteriores e posteriores, gerando uma proporção de 26% para 29% de domicílios chefiados por mulheres dependendo da cor/etnia da mulher. O número menor detectado no Censo pode ser devido à pergunta se havia "compartilhamento da responsabilidade pelo domicílio com a pessoa responsável" – o número elevado da PNAD se explica pela existência de cônjuges masculinos que não ofereciam suporte significativo à mulher chefe de família.

tornam os principais provedores ("ganha pão"), e os homens passam a ser menos importantes nessa função.

A outra mudança básica nessas famílias é que estão sendo chefiadas por mais mulheres que já foram casadas do que antes, e tal mudança se deve a reformas jurídicas que facilitaram a separação e o divórcio. Embora o casamento civil tenha sido aprovado no Brasil em 1891 e o divórcio se tornado legalmente possível, as condições para o divórcio eram bem limitadas. O Código Civil de 1916, no entanto, permitiu o desquite por muitos motivos semelhantes, mas, novamente, com várias restrições e limites. Somente em 1977 foi garantido o divórcio pleno, mas um novo casamento seria permitido somente mais uma vez para os oficialmente separados. Finalmente, na Constituição de 1988 (artigo 226), foram estabelecidos plenos direitos a divórcio e novo casamento, os quais depois seriam incorporados ao Código Civil de 2002. Em 2007, o divórcio poderia ser determinado por arbitragem comum, sem presença nos tribunais, desde que não houvesse filhos menores envolvidos.[16]

O fato de que tal trajetória jurídica teve um impacto na organização familiar pode ser observado na conjuntura de que as taxas de divórcio eram insignificantes na população nacional de pessoas de 10 anos ou mais até 1980, para então registrarem um crescimento expressivo naquela década. Entre 1984 e 2001, o número de divórcios concedidos pelo Estado cresceu 9% ao ano.[17] Cresceu também o número de pessoas legalmente separadas – por conta de um dispositivo da Constituição de 1988 que determinava de um a dois anos de separação antes da concessão do divórcio final. Mas a proporção de divórcios em comparação com separações crescia em ritmo constante, e, em 2002, os divórcios constituíam 70% dos casamentos dissolvidos naquele ano.[18] A despeito do aumento de divorciados de todas as idades, em 2015 a média de idade deles era elevada, sendo de 35-39 anos para mulheres e 40-44 para homens, e ambas se mantiveram estáveis ao

---

16 "A trajetória do divórcio no Brasil: a consolidação do Estado Democrático de Direito", disponível em: <https://ibdfam.jusbrasil.com.br/noticias/2273698/a-trajetoria-do-divorcio-no-brasil-aconsolidacao -do-estado-democratico-de-direito>, acesso em: 26.11.2017.

17 IBGE, Estatísticas do Registro Civil, tabela 426, "Número de divórcios concedidos em primeira instância por grupos de idade da mulher e do marido na data da sentença".

18 Como se previa, a média de idade das pessoas que se separam, de ambos os sexos, era de três anos menos do que as que chegam ao divórcio final. IBGE, Estatísticas do Registro Civil 2002 (Rio de Janeiro: IBGE, v. 29), n.p, gráfico 14, "Idade média da população de 20 a 64 anos de idade na data da separação judicial e divórcio – Brasil – 2002".

longo do tempo.[19] O número de filhos afetados pelo divórcio também não mudou significativamente, pois a metade dos pedidos de divórcio envolvia consistentemente, ao longo do tempo, somente um filho ou nenhum.[20] Enfim, após altas substanciais, as taxas de divórcio e separação se tornaram razoavelmente estáveis na década passada. Em 2001, as taxas de separações legais entre adultos de 20 anos ou mais era de 0,9 por mil habitantes nessa faixa etária, permanecendo estável desde 1994. Por outro lado, a taxa de divórcios desse mesmo grupo etário cresceu gradualmente ao longo da década de 1990, atingindo 1,2 por mil adultos em 1999.[21] Como previsto, as taxas eram muito mais elevadas do que o padrão nacional nos estados do Sudeste e Sul, onde os índices de separação e divórcio eram de 1,3 por mil adultos (Sudeste) e 1,2 por mil adultos (Sul) em 2001.[22] À medida que a concessão do divórcio era facilitada, as separações legais gradualmente declinavam, sobretudo após 2000 (**Tabela 4.4**).

Essas mudanças significavam que os domicílios chefiados por pessoas solteiras agora existiam nas classes média e alta, assim como nas classes trabalhadoras. Portanto, as famílias chefiadas por mulheres no Brasil são bem mais diversificadas em termos de origem, renda e mesmo de cor do que as famílias chefiadas por mulheres na América do Norte. No caso do Brasil, o nível de escolaridade e alfabetização das famílias chefiadas por mulheres aumentou ao longo do tempo e superou efetivamente o das famílias chefiadas por homens em 2015. As PNADs mostraram que, enquanto as mulheres chefes de família inicialmente tinham 0,6 ano menos de escolaridade do que os homens chefes de família em 1992, na PNAD de 2016 elas os superaram em anos de escolaridade (8,6 anos para mulheres e 8,5 anos para homens).[23] As mulheres chefes desses domicílios, portanto, seguiam os padrões das mulheres em geral, pois, desde o final do século XX, passaram a ser mais alfabetizadas e a ter mais tempo de escolaridade do que os homens.

Inicialmente, havia uma diferença de 10 anos na média de idade entre as famílias chefiadas por homens e as chefiadas por mulheres. Essa foi a norma até 1980. Mas a crescente proporção de mulheres divorciadas e separadas

---

19   IBGE, Sidra, tabela 1695 para 2015, e, para períodos anteriores, IBGE, Estatísticas do Registro Civil, tabela 426.

20   IBGE, Estatísticas do Registro Civil, tabela 723, "Número de divórcios concedidos em primeira instância por número de filhos do casal". O resultado de 2013 foi de 59%, veja IBGE, Sidra, tabela 2995.

21   IBGE, *Síntese de Indicadores Sociais 2002*, p. 271.

22   Ibidem, pp. 275, 277, tabelas 10.3 e 10.5.

23   Calculado com base na PNAD de 2015. Quanto a dados de 1992 a 2008, veja IETS Análises dos Indicadores da PNAD, disponível em: <https://www.iets.org.br/spip.php?rubrique2>.

Tabela 4.4 Porcentagem da população de 10 anos ou mais, separados, divorciados ou viúvos, por sexo, 1960-2010

Ano	Separados	Divorciados	Viúvos
Homens			
1960	1,3		2
1970	1,3		1,7
1980	1,3		1,6
2000	3,0	2,5	3
2010	2,7	4,5	3,3
Mulheres			
1960	2,6		7
1970	2,8		6,9
1980	2,9		7,1
2000	4,2	2,5	13,9
2010	3,6	4,5	14,9

Fonte: Ipums, amostra de 5% dos Censos de 1960-1980; e IBGE, Sidra, tabela 1624
Nota: Entre 1960-1980 o número de divórcios legais era menos de 1% da população. Como os dados do Censo de 1991 não tinham aderência à série, foram excluídos da tabela.

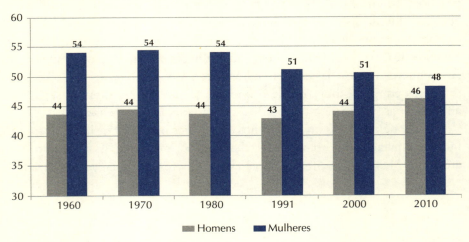

Gráfico 4.5 Média de idade do chefe de domicílio por sexo, 1960-2010

Fonte: Ipums, amostra de 5% dos Censos brasileiros, 1960-2010

Gráfico 4.6 Moradores de domicílios unipessoais por idade, 1960-2015

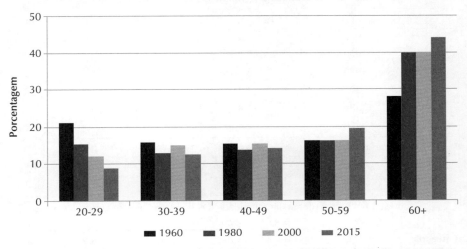

Fonte: Ipums, amostra de 5% dos Censos de 1960 a 2000, PNAD de 2015

com bom nível de escolaridade reduziu progressivamente a diferença de idade – para 8 anos em 1991 e uma diferença de apenas 2 anos entre famílias chefiadas por homens e chefiadas por mulheres em 2010. Evidentemente, antes do divórcio moderno, a existência de viúvas e mulheres que nunca se casaram influenciou significativamente a média superior e as idades medianas de mulheres chefes de família, ao passo que as mudanças legais a partir de 1980 reduziram consideravelmente essa diferença (Gráfico 4.5). A média de idade para homens chefes de família era de 40-42 anos desde o Censo de 1960 até o Censo de 1991; para mulheres, era de 50-52 anos no mesmo período. De acordo com o Censo de 2010, as médias de idade de chefes de família aumentaram para 46 anos e declinaram para 48 anos para mulheres (Gráfico 4.6).[24] Embora a idade de homens chefes de família tenha continuado a aumentar para uma média de 47 anos na época da PNAD de 2015, a média de idade das mulheres parece ter se estabilizado e, de fato, acabou subindo para 50 anos.[25] As viúvas representam uma parcela declinante nas famílias chefiadas por mulheres, o que explica o declínio na idade delas.

---

24 Calculado pelo projeto Ipums, amostra de 5% dos Censos brasileiros, 1960-2010.
25 Calculado com base na PNAD de 2015.

Mulheres, família e trabalho

Tabela 4.5   Média de filhos por sexo do chefe de domicílio, 1960-2010

Ano	Homens	Mulheres	Total
1960	2,9	1,8	2,8
1970	2,8	1,8	2,7
1980	2,4	1,6	2,2
1991	2,2	1,6	2,1
2000	1,8	1,4	1,7
2010	1,3	1,3	1,3

Fonte: Ipums, amostra de 5% dos Censos

Tabela 4.6   Tipo de domicílio com idade dos filhos em anos selecionados, 1992, 2002, 2015

Categoria	1992	2002	2015
Casal com filhos com menos de 14 anos	50,0	46,5	41,0
Casal com filhos com mais de 14 anos	18,0	27,8	37,5
Casal com filhos abaixo e acima de 14 anos	32,0	25,7	21,5
	100,0	100,0	100,0
Mãe solteira com filhos com menos de 14 anos	34,3	33,9	23,5
Mãe solteira com filhos com mais de 14 anos	40,8	48,0	61,1
Mãe solteira com filhos abaixo e acima de 14 anos	24,8	18,1	15,4
	100,0	100,0	100,0

Fonte: Gerado a partir das PNADs de 1992, 2002 e 2015 (v4723)

Em 1992, embora houvesse ligeiramente mais homens brancos do que mulheres brancas como chefes de domicílio (ou 57% de homens versus 53% de mulheres), em 2009 não havia diferença alguma. A taxa de homens e mulheres era de 49,5% brancos. Havia, no entanto, uma grande diferença no salário por sexo do chefe de domicílio, sendo que mulheres chefes de família ganhavam em média um terço a menos do que os homens nessa situação. Embora o salário médio mensal das mulheres empregadas no setor formal representasse 75% do valor do salário dos homens trabalhadores segundo o Censo de 2010, a média dos salários mensais de todas as mulheres trabalhadoras (tanto no mercado formal como no informal) naquele Censo foi de 67% de todos os homens trabalhadores, aproximadamente o mesmo que na PNAD de 2015, em que as mulheres chefes de família ganhavam apenas 68% das contrapartes masculinas.[26] Evidentemente, nas famílias chefiadas por mulheres, elas eram o principal provedor ("ganha pão") e respondiam por 88% da renda da família sem cônjuge presente e com filhos, em comparação com a menor importância da renda das mulheres em famílias com dois cônjuges chefiadas por homens em que elas contribuíam com menos de um quarto da renda familiar total.[27] Ao mesmo tempo, as mulheres chefes de família tinham também menor nível de emprego e de desemprego na força de trabalho em relação aos homens. Portanto, embora os salários delas fossem bem menores, a renda total pode ser mais elevada ou igual à das famílias chefiadas por homens, considerando-se a exclusiva orientação de transferência de renda do Estado para as mulheres, assim como a maior proporção de viúvas pensionistas nas famílias chefiadas por mulheres.[28] Essa ideia de que as mulheres chefes de família seriam mais provavelmente pensionistas e aposentadas da força de trabalho se reflete no fato de que elas tinham em média mais chances de ser viúvas e eram consistentemente mais velhas do que os homens chefes de domicílio.

Inicialmente, mulheres chefes de família tinham menos filhos, mas, como a taxa de fecundidade declinou em todas as áreas, em 2010 havia pouca diferença entre famílias chefiadas por homens e chefiadas por mulheres (Tabela 4.4.). Houve, no entanto, uma diferença importante na idade dos filhos em famílias chefiadas por casais e as chefiadas por mães solteiras. As mães solteiras tinham uma proporção muito menor de filhos pequenos do que as casadas e uma proporção maior de filhos com mais de 14 anos residentes em casa. Em 2015, por exemplo, cerca de 61% das famílias chefiadas por mulheres tinham filhos com mais de 14 anos, e menos de um quarto tinham filhos com menos de 14 anos. Entre os homens, as proporções se invertiam (Tabelas 4.5 e 4.6).

Todos esses fatores levaram os acadêmicos a observar que a ascensão de famílias chefiadas por mulheres não criou um grande problema social, na medida em que a maior parte desses domicílios é resultado de divórcio ou viuvez e que uma porcentagem muito significativa dos filhos residentes

---

26 IBGE, Sidra, *Censo Demográfico 2010, resultados do universo* - Características da população e dos domicílios, tabela 3170 para todos os trabalhadores; IBGE Sidra, tabela 3577 para trabalhadores do setor formal e cálculos da PNAD de 2015.

27 IBGE, "Estatísticas de gênero: uma análise dos resultados do *Censo Demográfico 2010*" (*Estudos & Pesquisas 33*; Rio de Janeiro, 2014), p. 66, gráfico 5.

28 Por exemplo, Carvalho mostra que a terceira maior fonte de renda das famílias nas regiões metropolitanas do Sudeste eram pensões de viúvas (65%) – após salários e pensões/aposentadorias (18%) em 2011. Cleusení Hermelina de Carvalho, "Bolsa Família e desigualdade da renda domiciliar entre 2006 e 2011" (tese de mestrado; PUC São Paulo, 2013), p. 127, tabela 29.

Mulheres, família e trabalho

Tabela 4.7 Porcentagem de solteiros por domicílio, por sexo, Censos de 1960-2010

	Homens	Mulheres
1960	3,3%	17,2%
1970	3,5%	17,1%
1980	4,2%	20,8%
1991	3,9%	18,9%
2000	5,8%	17,9%
2010	9,9%	14,9%

Fonte: Ipums, amostra de 5% dos Censos

Tabela 4.8 Idade e sexo de pessoas que moram sós, Censo de 2010

Idade	Homens	Mulheres
< = 19	1,3	0,8
20 a 24	5,4	3,4
25 a 29	8,6	5,0
30 a 34	9,7	4,9
35 a 39	9,5	4,4
40 a 44	10,1	5,0
45 a 49	10,4	6,6
50 a 54	10,0	8,5
55 a 59	8,8	9,9
60 a 64	7,6	11,0
65 a 69	6,3	10,8
70+	12,3	29,7
Total	**100,0**	**99,9**
N	**3.571.291**	**3.409.087**

Fonte: IBGE, Sidra, tabela 34

em casa são mais velhos do que os que vivem com pais que formam um casal.[29] Esses dados também ajudam a responder ao debate sobre a chamada feminização da pobreza – ou seja, discutir se a crescente proporção de famílias chefiadas por mulheres leva automaticamente ao aumento da pobreza. Esses domicílios são provavelmente mais pobres do que as famílias

---

[29] Medeiros e Costa, "Poverty among Women in Latin America: Feminization or Overrepresentation?", *working paper* 20, Centro Internacional da Pobreza, Brasília, 2006.

com dois cônjuges presentes? Análises recentes de pesquisas de domicílios latino-americanos sugerem que o aumento desses domicílios não está efetivamente ligado ao aumento dos níveis da pobreza.[30] Evidentemente, isso se aplica também ao Brasil. No entanto, alguns argumentam que pode haver outras consequências além da pobreza que são negativas para os domicílios desse tipo. Considerando-se os salários em geral menores, alguns estudiosos argumentam que os filhos residentes em casas chefiadas por mulheres sofrem mais efeitos negativos em termos de escolaridade e renda do que os de famílias chefiadas por homens.[31]

Outro novo aspecto das normas demográficas e culturais em mudança é a ascensão dos chamados domicílios unipessoais – ou seja, em que mora apenas um adulto. Embora crescendo em ritmo constante, os domicílios unipessoais são ainda uma pequena minoria. No entanto, a parcela deles mais do que dobrou em relação a todos os domicílios, passando de 5% para 12% do Censo de 1960 ao de 2010. Vale observar que em todos os Censos as mulheres tinham em média cinco vezes mais probabilidade de residir em domicílios unipessoais do que os homens (Tabela 4.7).

Ao longo do tempo, a idade do chefe de família dos domicílios unipessoais aumentou em ritmo constante. Esse crescimento ocorreu para os dois sexos. Famílias chefiadas por pessoas solteiras, de 50 anos ou mais, passaram de 44% de todos os domicílios desse tipo para 64% de todos os domicílios em 2015 (Gráfico 4.6). Mas, embora os homens tenham se concentrado nas faixas etárias médias, as mulheres consistentemente são mais velhas do que os homens. Portanto, no Censo de 2010, cerca de 69% das mulheres chefes de domicílios unipessoais tinham mais de 50 anos, em comparação com apenas 45% dos homens no mesmo grupo etário. Mais da metade dos homens pertencia ao grupo etário de 20-49 anos, em comparação com apenas 29% das mulheres (Tabela 4.8). Em termos de cor, 60% das mulheres de domicílios unipessoais eram brancas, em comparação com apenas 47% de brancos entre os homens. Finalmente, o Censo de 2010 mostra que houve relativamente pouca diferença entre as áreas urbana e rural, sendo que a urbana teria uma proporção ligeiramente mais elevada de tais domicílios (12,5% de todos os domicílios, em comparação com 10,5%

---

30 Veja Medeiros e Costa, "Poverty among Women in Latin America".

31 Ricardo Barros, Louise Fox e Rosane Mendonça, "Female-Headed Households, Poverty, and the Welfare of Children in Urban Brazil", *Economic Development and Cultural Change 45*, n. 2 (jan. 1997), pp. 231-257. Os dados se baseiam na PNAD de 1984.

nas áreas rurais, com pouca diferença por sexo).[32] O que provavelmente não surpreende é que os domicílios unipessoais eram mais ricos do que as unidades familiares convencionais. No Censo de 2010, de todos os domicílios que recebiam alguma renda, somente 18% do total ganhava 2 salários mínimos ou mais. O resultado se compara a 32% de todos os domicílios chefiados por pessoas solteiras que tinham esse nível de renda – não havendo diferença entre domicílios chefiados por homens solteiros e mulheres solteiras (32,7% dos homens e 32% das mulheres). Vale destacar que, entre esses domicílios, as mulheres tinham menos lares sem renda do que os homens (8,7% dos domicílios unipessoais de mulheres não tinham renda em comparação com 10,4% dos homens).[33] De fato, um estudo recente sobre mulheres idosas que moram sós, de 60 anos ou mais, com base no mesmo Censo de 2010, mostrou uma porcentagem surpreendentemente elevada de mulheres mais velhas que estavam em boa situação econômica. Cerca de 92% delas foram classificadas como tendo renda de classe média/classe média alta e um terço delas como classe alta.[34]

É evidente que o divórcio fazia com que mais homens em idade economicamente ativa morassem sozinhos, mas a viuvez ainda era um fator importante para as mulheres, o que pode explicar o fato de elas terem mais domicílios com renda e serem comparáveis, nesse aspecto, aos homens que moram sozinhos. Havia uma indicação de que o declínio dos domicílios multigeracionais e a maior expectativa de vida e a melhor qualidade de vida dos idosos, registradas pela população brasileira, levaram a um número crescente de idosos morando sozinhos, mesmo tendo família. De fato, um estudo sobre mulheres idosas (60 anos ou mais) que moram sozinhas mostrou que 80% das que administram domicílios unipessoais tinham um ou mais filhos, nenhum dos quais residindo com elas.[35]

---

32 IBGE, Sidra, tabela 1134.

33 IBGE, Sidra, tabela 1161. Embora pareça estranho, essas famílias registravam uma porcentagem mais elevada de domicílios sem renda – 9,6% de todas as famílias unipessoais em comparação com apenas 4,3% de todas as famílias.

34 Quanto à renda e ao status extremamente elevados de mulheres idosas que moram sozinhas, veja Fabio Roberto Bárbolo Alonso, "As mulheres idosas que residem em domicílios unipessoais: uma caracterização regional a partir do Censo 2010", revista *Kairós Gerontologia*, Revista da Faculdade de Ciências Humanas e Saúde 18, n. 19 (2015), p. 106, tabela 3. Este padrão de riqueza de mulheres que vivem sozinhas em comparação com mulheres de idades semelhantes que moram com a família pode também ser observado em estudos locais. Veja, por exemplo, Mirela Castro Santos Camargos, Carla Jorge Machado e Roberto Nascimento Rodrigues, "A relação entre renda e morar sozinha para idosas mineiras, 2003", XII Seminário Sobre a Economia Mineira (2006), pp. 6-7, tabela 1.

35 Alonso, "As mulheres idosas", p. 111, tabela 6.

Paralelamente às mudanças nas famílias e na habitação, houve uma alteração substancial no nível de realização educacional das mulheres. Em 1960, elas tinham maior grau de analfabetismo e eram menos escolarizadas do que os homens em todos os níveis. Esse déficit pode ser claramente observado nas taxas de analfabetismo por idade e sexo no Censo de 2010, em que as mulheres tinham menor grau de analfabetismo do que os homens em todos os grupos etários, exceto no de mais de 60 anos, em que as taxas se revertiam (27,4% para mulheres e 24,9% para homens).[36] As mulheres haviam se equiparado aos homens em 1970 e, em 1980, estavam à frente deles no que se refere ao ensino médio completo. Em 1991, superavam-nos em todos os níveis, incluindo o universitário. Mas, em 2000, as mulheres ultrapassaram a proporção de homens em termos de curso universitário completo. Em 2010, não somente haviam ultrapassado os homens em todos os níveis de escolaridade, como também crescia a distância entre os dois sexos (Tabela 4.9). Portanto, naquele ano as mulheres constituíam 54% do total de pessoas de 15 anos formadas no ensino médio e 59% do total de formados nas universidades e outras instituições do ensino superior. Por outro lado, constituíam somente 48% de todos os que não haviam completado o ensino fundamental e 49% dos que haviam completado apenas o ensino fundamental.

No entanto, as mulheres levaram mais tempo para se equiparar aos homens na força de trabalho, tendo em vista que estavam em menor número em comparação com eles até o Censo de 1950. Em cada Censo posterior desde então o número de mulheres crescia mais rapidamente do que o de homens, de forma que, no Censo de 2010, a proporção de sexo era de apenas 95 homens para 100 mulheres.[37] Essa mudança secular se deveu a dois fatores. O primeiro foi o declínio da população nascida fora do país, considerando-se que tanto o comércio de escravos pelo Atlântico como as migrações europeias e asiáticas haviam sido predominantemente de homens. Em 1950, os nascidos fora do Brasil haviam declinado para apenas 2,4% da população.[38] O segundo fator foi o declínio contínuo da mortalidade materna, que levou a uma expectativa de vida mais longa para as mulheres. Em meados do século XX, as mulheres viviam em média 3,5 anos a mais e eram mais numerosas do que os homens em todos os grupos etários acima de 25 anos – o pico da idade economicamente ativa.

---

36 IBGE, "Estatísticas de gênero" (2014), p. 96, gráfico 22.

37 IBGE, Sidra, Censo, tabela 616.

38 IBGE, Brasil, *Censo Demográfico 1950*, Série Nacional, v. 1, p. 8, tabela 9.

Tabela 4.9	Nível educacional completo das pessoas de 15 anos ou mais por sexo, 1960-2010									
	Menos que o Primário Completo		Primário Completo		Secundário Completo		Superior Completo		Total	
Ano	Homens	Mulheres	Homens	Mulheres	Homens	Mulheres	Homens	Mulheres	Homens	Mulheres
1960	92,2	93,7	4,9	5,5	1,93	0,15	1,0	0,2	100	100
1970	86,2	87,4	8,9	8,0	3,36	3,93	1,6	0,5	100	100
1980	72,7	73,1	17,3	16,7	7,11	8,16	2,8	1,9	100	100
1991	66,3	64,5	19,8	20,0	10,1	12,0	3,8	3,5	100	100
2000	55,1	51,9	26,1	25,8	14,8	17,9	4,0	4,4	100	100
2010	37,0	33,4	33,2	31,0	23,4	26,3	6,4	9,3	100	100

Fonte: Ipums, amostra de 5% dos Censos de 1960-2010

No entanto, até recentemente, as mulheres eram excluídas das principais áreas da economia e se concentravam no serviço doméstico e em profissões com qualificação mais baixa, com rendas menores do que as contrapartes masculinas. Tinham participação pequena nas taxas de emprego e trabalhavam principalmente na economia informal. Contudo, o declínio expressivo do número de filhos após 1960, ao lado da maior longevidade das mulheres (que viviam 7,3 anos a mais do que os homens na década de 2010) e seus crescentes números representariam um bônus demográfico potencial para o Brasil se elas pudessem ser incorporadas à força de trabalho. Isso significa que o aumento da sua participação na força de trabalho compensava o declínio cada vez maior dos homens nesse aspecto e, portanto, mantinha a taxa de dependência (a proporção de pessoas em idade ativa para pessoas economicamente dependentes – ou seja, crianças e idosos para aqueles economicamente ativos) bastante baixa.[39] Ao mesmo tempo, as mentalidades culturais e políticas no que se refere à educação de mulheres se modificou e, no último quarto do século, levaram as mulheres a se tornar mais alfabetizadas e ter mais anos de escolaridade em média do que os homens. Foi o adiamento da maternidade que lhes permitiu entrar no mercado de trabalho e conquistar mais escolaridade.

Todos esses fatores ocasionaram um extraordinário crescimento nas taxas de participação das mulheres no mercado de trabalho. Como observou um economista, o aproveitamento "do bônus demográfico feminino foi uma das forças responsáveis pelo avanço na qualidade de vida da população brasileira entre 1970 e 2010".[40] No Censo de 1950, a taxa de participação das mulheres, ou seja, mulheres trabalhadoras como porcentagem de todas as mulheres em idade economicamente ativa, era de somente 13,6%, em uma época em que a taxa de participação dos homens era de 80,8% de homens em idade economicamente ativa. Essa taxa de participação das mulheres era praticamente a mesma que a do Censo de 1920 (14%) e, em 1970, havia crescido para apenas 18%. De acordo com o Censo de 1991, contudo, a taxa de participação das mulheres aumentou para 33% e a dos homens declinou para 72% em termos de anos de idade economicamente ativa.[41] Em 2010, as mulheres

---

39 Para uma discussão sobre o bônus demográfico no contexto brasileiro, veja José Eustáquio Diniz Alves, "Crise no mercado de trabalho, bônus demográfico e desempoderamento feminino", *in* Nathalie Reis Itaboraí e Arlene Martinez Ricoldi, eds. *Até onde caminhou a revolução de gênero no Brasil? Implicações demográficas e questões sociais* (Belo Horizonte: ABEP ebook, 2016), p. 23.

40 Ibidem, p. 29.

41 Adriana Strasburg de Camargo Andrade, "Mulher e trabalho no Brasil dos anos 90" (tese de doutorado, Unicamp, 2004), p. 61, tabela 01.

aumentaram sua participação para 49%.[42] Na PNAD de 2015, no pico de uma depressão, a taxa das mulheres atingiu 55%. Essa taxa de participação não era tão diferente daquela dos Estados Unidos, que havia atingido 56,8% de mulheres de 16 anos ou mais no mesmo período.[43] O potencial de aumento dessas taxas no Brasil pode ser indicado pelos resultados obtidos nas nações do Norte Europeu, com o sistemático apoio do governo para mães trabalhadoras e famílias. Um país típico nesse sentido é a Dinamarca, onde a taxa de participação das mulheres era de 77% em 2016, mais de 20% superior às observadas no Brasil.[44]

O Brasil tem características similares às dos demais países das Américas, com exceção do Canadá, que registra taxas comparáveis às da Dinamarca. Na maior parte dos principais países latino-americanos, a taxa da PEA referente aos homens no final do século XX e as taxas de ocupação das mulheres cresceram até chegar a determinado nível básico, o qual ainda está longe do que pode ser atingido sem a intervenção direta do Estado na proteção à maternidade e às mulheres com filhos. Chama atenção o fato de que, uma vez empregadas, as mulheres são trabalhadoras com carteira de trabalho assinada na mesma proporção que os homens. Portanto, em 2015, cerca de 59% da PEA de homens tinha emprego com carteira de trabalho assinada, ao passo que o resultado da PEA de mulheres era de 58%. Certamente, se a mulher era a última a ser contratada, também seria a primeira a ser demitida. Era o que acontecia com a taxa de desemprego de mulheres, subindo de 41% no ano de queda do desemprego de 2001 para 45% na depressão de 2015. Embora a taxa de desemprego dos homens aumentasse, chegou somente a 23%.[45]

Embora os Censos e a PNADs sobre as taxas de participação masculina e feminina sejam baseados em uma população de 10 anos ou mais, entendemos que sejam mais úteis para fins comparativos as estatísticas da Organização Internacional do Trabalho (OIT) e do Banco Mundial, que usam o padrão de 15 anos ou mais. Com base nesses dados, pode-se observar que

---

42 IBGE, Sidra, Censo, tabela 616; e Alves, "Crise no mercado de trabalho", p. 27, para taxas pré-1991.

43 US Bureau of Labor Statistics, tabela 3.3. "Civilian labor force participation rate, by age, sex, race, and ethnicity", 1996, 2006, 2016, e projeções para 2026 (em porcentagem), disponível em: <https://www.bls.gov/emp/ep_table_303.htm>, acesso em: 12.04.2017. As estimativas do US Bureau para 2050 estão disponíveis em: <https://www.bls.gov/opub/ted/2007/jan/wk2/art03.htm>, acesso em: 04.12.2017.

44 Dados da OCDE estão disponíveis para 2000-2016 em: <https://stats.oecd.org/Index.aspx?DataSetCode=LFS_SEXAGE_I_R>, acesso em: 05.12.2017.

45 IBGE, *Síntese de indicadores sociais 2016*, tabela 1, "Indicadores estruturais do mercado de trabalho para a população de 16 anos ou mais de idade, por sexo, com indicação da variação percentual - Brasil - 2005/2015".

inicialmente houve uma correlação negativa entre as taxas de participação de mulheres e homens economicamente ativos – ou seja, enquanto uma taxa crescia, a outra declinava –, e isso foi provocado pela crescente taxa de participação de mulheres e pelo declínio na taxa de homens, que não se enquadravam mais na taxa de participação alta nas áreas rurais e passavam a trabalhar nas cidades, com taxa de participação baixa. Em 2006, por exemplo, a taxa da PEA urbana era de 72% para homens e 52% para mulheres, ao passo que a rural era de 82% para homens e 58% para mulheres.[46]

Desde a década de 1990, porém, esses indicadores por sexo estão positivamente correlacionados e caminham em harmonia, na medida em que ambos se situaram em uma faixa básica e mudaram paralelamente em resposta a períodos de crescimento e declínio econômico (Gráfico 4.7). Embora o crescimento da participação de mulheres na força de trabalho tenha desacelerado consideravelmente desde o início da década de 1990, era ainda consistentemente mais elevado do que o dos homens mesmo no século XXI.[47]

Adotando a definição mais limitada do subconjunto de pessoas de 16 anos ou mais, que estavam "ocupadas" (termo que significa a porcentagem de homens e mulheres na população total de pessoas de 16 anos ou mais que estão empregadas em comparação com todas as pessoas do mesmo grupo etário) na semana do levantamento da PNAD, percebem-se padrões semelhantes de altas correlações entre as taxas de homens e mulheres, sendo que elas atingiram um nível de participação bem inferior ao dos homens. Essa porcentagem de "ocupados" tem sido calculada para as PNADs desde 2004 (Gráfico 4.8). Por outro lado, há bem mais mulheres "desocupadas" ou desempregadas (cálculo realizado como porcentagem da PEA de pessoas de 16 anos ou mais – ou seja, o total de pessoas empregadas e desempregadas que trabalham ou procuram emprego).[48] Em ambos os casos, contudo,

---

46 IBGE, *Síntese de Indicadores Sociais 2006*, tabela 3.2 até tabela 3.2c. Acesso em: 02.12.2017, disponível em: <https://www.ibge.gov.br/estatisticas-novoportal/multidominio/genero/9221-sintese-deindicadores-sociais.html?edicao=10739&t=downloads>.

47 Simone Wajnman, "'Quantidade' e 'qualidade' da participação das mulheres na força de trabalho brasileira", *in* Itaboraí e Ricoldi, eds. *Até onde caminhou a revolução de gênero no Brasil?* (Belo Horizonte: Associação Brasileira de Estudos Populacionais, 2016), pp. 46-47.

48 O IBGE define a PEA como o total de trabalhadores empregados ou desempregados (mas procurando emprego e dispostos a aceitar) como a proporção de todas as pessoas em seu grupo etário. A PEA reconhece a "Taxa de Participação na Força de Trabalho" como o "porcentual de pessoas na força de trabalho, na semana de referência, em relação às pessoas em idade de trabalhar". IBGE, *Pesquisa Nacional por Amostra de Domicílios Contínua*, Notas Metodológicas (Rio de Janeiro, 2014), v. I, p. 18. As séries de trabalhadores empregados e desempregados estão disponíveis apenas para 2004 para pessoas de 16 anos ou mais; antes disso, a única classificação por sexo e participação no mercado de trabalho se refere a "Taxa de atividade", que é a proporção da PEA sobre as pessoas de mais de 10 anos elegíveis

Gráfico 4.7 Taxa de participação de homens e mulheres na força de trabalho para pessoas de 15 anos ou mais em anos selecionados, 1960-2015

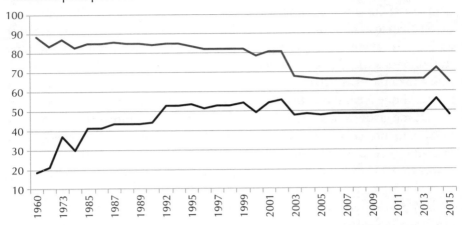

Fonte: Dados do Banco Mundial: <https://data.worldbank.org/indicator/SL.TLF.CACT.FE.ZS>

Gráfico 4.8 Porcentagem da população de 16 anos ou mais ocupada ou desocupada de acordo com o sexo, 2004-2015

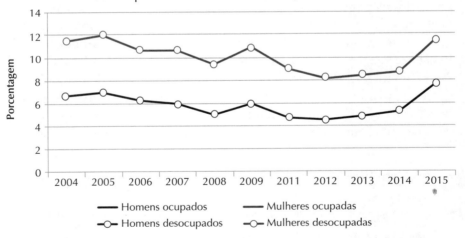

Fonte: Tabela 5.1 encontrada em <https://www.ibge.gov.br/estatisticas-novoportal/multidominio/genero/9221-sintese-de-indicadores-sociais.html?&t=resultados>

Tabela 4.10 Porcentagem de pessoas economicamente ativas por idade e sexo, 1991-2010						
	Mulheres			Homens		
Idade	1991	2000	2010	1991	2000	2010
10-14	6,6	6,7	6,2	14,3	11,9	8,5
15-19	31,8	40,6	35,0	61,9	58,4	45,8
20-24	45,7	60,9	63,3	89,3	86,9	79,9
25-29	46,1	62,4	68,9	95,3	92,3	87,3
30-34	46,6	63,1	70,1	96,4	93,4	89,3
35-39	47,2	63,6	69,7	96,3	93,1	89,7
40-44	45,0	61,2	67,9	95,1	91,8	88,8
45-49	38,8	54,6	63,9	92,1	88,2	87,0
50-54	31,5	n.g	55,7	84,5	n.g	82,0
55-59	24,2	n.g	43,6	75,0	n.g	73,3
Total	**32,9**	**44,1**	**48,9**	**71,5**	**69,6**	**67,1**

Fonte: IBGE, Sidra, tabela 616

as proporções de homens e mulheres nas duas categorias estão altamente correlacionadas ao longo do tempo.

Não somente há mais mulheres entrando no mercado de trabalho, como também suas taxas de atividade estão crescendo em todas as idades. Isso está em evidente contraste com a experiência dos homens na força de trabalho. No período entre o Censo de 1991 e o de 2010, no qual três Censos ocorreram, percebe-se um aumento de mulheres trabalhadoras em quase todas as categorias etárias. Por outro lado, a porcentagem dos homens declinou em todas elas no mesmo intervalo de tempo. A única exceção foi o declínio relativo ou a estabilidade de participação dos jovens com menos de 20 anos, que registravam maiores taxas de frequência à escola no mesmo período (Tabela 4.10).

Embora homens e mulheres estejam rapidamente aumentando a participação na vida escolar, conforme observado pelas taxas de participação brutas (definidas como as pessoas que frequentam a escola como porcentagem de seu coorte etário), é evidente que as mulheres ainda ultrapassam os homens em termos de escolaridade após o ensino médio – ou

---

para o trabalho contra a população total de pessoas de 10 anos ou mais. O IBGE em sua nova e contínua pesquisa PNAD, realizada mensalmente, define para a pesquisa a População Economicamente Ativa como a população de 14 anos ou mais (p. 29, tabela 1).

Mulheres, família e trabalho

Tabela 4.11	Proporção de crianças em cada grupo etário que frequentam escola, por sexo, 2000 e 2010					
	2000			**2010**		
Idade	Total	Homens	Mulheres	Total	Homens	Mulheres
4-5	51,4	50,7	52,1	80,1	79,8	80,4
6-14	93,1	92,7	93,5	96,7	96,5	96,9
15-17	77,7	77,6	77,8	83,3	83,2	83,4
18-24	32,7	32,4	32,9	30,6	29,4	31,9
25+	5,1	4,3	5,7	7,4	6,6	8,0

Fonte: IBGE, Estatísticas de gênero...2010 (2014), gráfico 23, para idades até 17 anos; e tabela gerada do IBGE
<https://www.ibge.gov.br/apps/snig/v1/?loc=0>

seja, entre pessoas de 18 anos ou mais (Tabela 4.11). Mais homens do que mulheres trabalhavam e estudavam (20% contra 14%), mas ambos registravam a mesma proporção que as pessoas que somente trabalhavam ou "nem trabalhavam, nem estudavam". De forma semelhante, os homens registravam desempenho fraco em comparação com as mulheres nas taxas de ensino médio e desistência da universidade ou em taxas de matrículas. Cerca de 41% dos homens e 32% das mulheres no grupo etário de 18 a 24 anos abandonaram a escola em 2010 – uma taxa bastante alta segundo os padrões europeus. Ao mesmo tempo, 15% das mulheres e somente 11% dos homens desse grupo etário frequentavam universidades ou outras escolas de ensino superior.[49] Embora homens e mulheres, mesmo em 2010, estejam longe da paridade, projeções recentes indicam que, se o nível de escolaridade das mulheres continuasse a aumentar como no passado, sua participação no mercado de trabalho atingiria 80% nas idades de alta atividade laboral em 2040.[50]

Como previsto, as taxas de atividade laboral das mulheres urbanas eram mais elevadas em todas as categorias etárias, exceto na de 50 anos ou mais, em comparação com mulheres rurais no Censo de 2010. No total, cerca de 44,7% das mulheres urbanas eram economicamente ativas, em comparação com 35,8% das mulheres rurais que estavam na força de trabalho. Nos grupos etários de pico, a diferença era ainda mais extrema, atingindo 19% para o coorte de 20-24 anos e uma diferença de 20% no coorte seguinte, de

---

49 IBGE, "Estatísticas de Gênero" (2014), p. 103, tabela 15; p. 104, gráfico 28; e p. 106, gráfico 30.
50 Wajnman, "'Quantidade' e 'qualidade' da participação", pp. 48-49.

Gráfico 4.9 Distribuição das mulheres em atividades urbanas e rurais por coorte etário, 2010

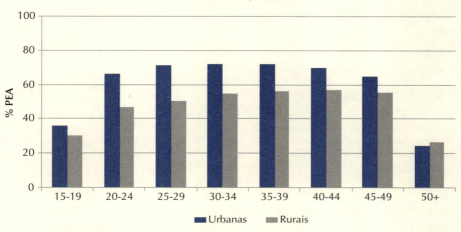

Fonte IBGE, Sidra, tabela 616

25-29 anos (**Gráfico 4.9**). Grande parte dessa diferença pode ser explicada provavelmente pelo fato de a taxa de escolaridade das mulheres urbanas ser muito mais elevada do que a das mulheres rurais.

O crescente nível de escolaridade das mulheres exerceu influência significativa no tipo de trabalho a elas disponível. Das taxas extremamente baixas no século XX, quando as mulheres trabalhavam sobretudo na área agrícola ou como domésticas, as mulheres aumentaram a participação na indústria, de maneira gradual e constante, assim como em outras profissões. Essa taxa aumentou até mesmo no setor industrial: de 22,5% de todos os trabalhadores em 1995 para 25,8% de todos os trabalhadores em 2015. As mulheres estão também presentes em vários setores, tendo maior representação do que essa média. Portanto, elas atualmente constituem mais de um terço dos trabalhadores nos campos da Energia Elétrica e Comunicações, na Indústria de Jornalismo e Editoração e nas Indústrias de Alimentos e Bebidas.[51] A proporção de domésticas entre as mulheres também declinou significativamente à medida que elas entraram em todos os outros setores da economia. De acordo com as tendências atuais, os

---

51 Sobre as atuais taxas de participação das mulheres no trabalho industrial, veja <http://www.portaldaindustria.com.br/agenciacni/noticias/2016/11/participacao-de-mulheres-nomercado-de-trabalho-industrial-cresce-143-em-20-anos/>, acesso em: 30.11.2017.

Tabela 4.12 Proporção de pessoas da população economicamente ativa (PEA) empregada, por sexo e nível educacional, 2015

Nível educacional	Homens	Mulheres
Total	71,5	48,8
Sem instrução ou fundamental incompleto	64,7	34,5
Fundamental completo e nível médio incompleto	67,4	41,6
Nível médio completo e superior incompleto	78,4	58,0
Superior completo	84,7	74,4

Fonte: IBGE, SIS, 2016, tabela 5.2 Indicadores estruturais
<https://www.ibge.gov.br/estatisticas-novoportal/multidominio/genero/9221-sintese-de-indicadores-sociais.html?&t=resultados>

indicadores sugerem que, no futuro, muitos campos de prestígio serão dominados por mulheres, em grande parte como ocorreu em todas as sociedades industriais avançadas. As mulheres emergiram gradualmente como maioria dos estudantes e nos campos profissionais, alguns dos quais considerados de alto status no Brasil. Enquanto 44% dos médicos formados eram mulheres em 2010, atualmente elas constituem 54% de todos os estudantes de medicina. Embora 46% dos advogados formados em 2010 fossem mulheres, elas agora constituem 52% de todos os estudantes de advocacia. As mulheres certamente dominam a área de educação e enfermagem, ocupações consideradas de menos prestígio, mas também começaram a ingressar na área da engenharia no Brasil. Embora somente 20% dos engenheiros formados fossem mulheres, elas já constituíam 28% dos estudantes de engenharia em 2010, indicando uma participação crescente também nessa atividade.[52]

No entanto, esse fato positivo é qualificado por dados dos níveis de emprego. Neste momento da evolução das mulheres que entram no mercado de trabalho, elas ainda não converteram sua vantagem educacional em emprego, como os homens o fizeram. Portanto, um número maior de homens que completaram o ensino médio e/ou superior tinha maior probabilidade de estar empregado do que as mulheres com o mesmo nível educacional,

---

52 Amélia Artes e Arlene Martinez Ricoldi, "Mulheres e as carreiras de prestígio no ensino superior brasileiro: o não lugar feminino", in Nathalie Reis Itaboraí e Arlene Martinez Ricoldi, eds. *Até onde caminhou a revolução de gênero no Brasil? Implicações demográficas e questões sociais* (Belo Horizonte: ABEP ebook, 2016), p. 89, tabela 1.

embora, novamente, nos dois grupos, os altamente escolarizados tivessem a maior proporção de emprego em 2015 (Tabela 4.12).

As indústrias com maior participação dos trabalhadores mais escolarizados eram, contudo, quase as mesmas para os dois sexos em 2015. O setor público e a indústria de serviços, que incluíam saúde, educação e serviço social, detinham as principais ocupações para mulheres, com altas taxas de participação. As que completavam o ensino fundamental e o ensino médio tendiam a estar distribuídas de maneira mais uniforme. No entanto, as pessoas sem escolaridade se concentravam na agricultura, neste caso, pessoas dos dois sexos. Em geral, os padrões de concentração industrial eram relativamente semelhantes para homens e mulheres, sugerindo que a escolaridade era a variável fundamental que determinava em que indústria a pessoa trabalharia (Tabela 4.13). Vale destacar que, para as pessoas empregadas, de 25 anos ou mais, 6,2% dos homens estavam na área de administração ou eram dirigentes de empresas, em comparação com 4,7% das mulheres que ocupavam os mesmos cargos – cuja taxa era apenas um quarto menor do que a dos homens.[53]

Paralelamente ao aumento do ingresso no mercado em todos os setores, houve também uma profunda mudança na participação das mulheres no mercado formal e informal. As mulheres se equiparam aos homens em termos de participação na força de trabalho formal. Desde o início do século XXI, a proporção de mulheres trabalhadoras com carteira assinada era praticamente igual à dos homens. A carteira de trabalho é um instrumento fundamental que indica que a pessoa contribui para o INSS e conta com os direitos e os benefícios comuns aos trabalhadores em geral.[54] Essas trabalhadoras eram protegidas pela Consolidação das Leis do Trabalho (CLT).[55]

---

53 IBGE, *Síntese de Indicadores Sociais*, 2016, tabela 5.15. Disponível em: <https://www.ibge.gov.br/estatisticas-novoportal/sociais/trabalho/9221-sintese-de-indicadoressociais.html?edicao=9222&t=downloads>.

54 Um conceito prático de carteira de trabalho é definido por Noronha como "uma verdadeira carteira de identidade ou como comprovante para a garantia de crédito ao consumidor, prova de que o trabalhador esteve empregado em 'boas empresas', de que é 'confiável' ou capaz de permanecer por muitos anos no mesmo emprego. Hoje, seu significado popular é o compromisso moral do empregador de seguir a legislação do trabalho, embora, de fato, não haja garantia, pois os empregadores podem, na prática, desrespeitar parte da legislação, sendo que os que não assinam podem ser processados. De todo modo, a assinatura em carteira torna mais fácil ao empregado a comprovação da existência de vínculo empregatício. Enfim, popularmente, no Brasil, ter 'trabalho formal' é ter a 'carteira assinada'". Artigo de Eduardo G. Noronha, "Informal, ilegal e injusto: percepções do mercado de trabalho no Brasil", *Revista Brasileira de Ciências Sociais* 18, n. 53 (out. 2003), pp. 111-129. A tradução foi republicada em 2005 e está disponível em: <http://socialsciences.scielo.org/scielo.php?pid=S010269092005000100009&script=sci_arttext&lng=en>.

55 Este Decreto-Lei foi emitido primeiramente pelo governo Vargas em 1943 (Decreto-Lei 5.452, de 1º de maio de 1943) e foi alterado constantemente ao longo dos anos, sendo a última em 2017, para incluir direitos dos trabalhadores temporários. Veja Marcelo Moura, *Consolidação das leis do trabalho*

Tabela 4.13   Porcentagem da população empregada por atividade, sexo e nível educacional, 2015

Setores da economia	Sem instrução ou fundamental incompleto		Fundamental completo e ensino médio incompleto		Ensino médio completo e superior incompleto		Nível superior completo		TOTAL	
	Homens	Mulheres	Homens	Mulheres	Homens	Mulheres	Homens	Mulheres	Homens	Mulheres
Total	**36**	**26**	**18**	**14**	**35**	**40**	**12**	**20**	100	100
Agricultura	73	72	14	13	12	12	2	2	100	100
Indústria	25	28	19	18	46	42	10	12	100	100
Construção	51	16	23	14	23	40	3	29	100	100
Comércio	28	17	22	17	43	56	8	10	100	100
Habitação e Alimentos	32	31	24	23	38	40	5	5	100	100
Transportes e Armazenagem	30	7	21	13	42	57	7	23	100	100
Administração Pública	14	8	10	7	48	43	29	42	100	100
Educação, Saúde e Serviços Sociais	6	6	5	5	38	40	51	50	100	100
Outros Serviços	18	31	13	18	42	37	27	14	100	100
Ocupações mal definidas	57	19	20	34	19	21	3	25	100	100

Fonte: IBGE, SIS, 2016, tabela 5.9, disponível em <https://www.ibge.gov.br/estatisticas-novoportal/multidominio/genero/9221-sintese-de-indicadores-sociais.html?edicao=10739&t=downloads>

Gráfico 4.10 Porcentagem de trabalhadores contribuintes da Previdência Social por sexo e cor, 2010

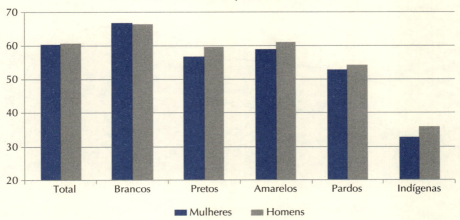

Fonte: IBGE, Sidra, Censo de 2010, tabela 3581

Os servidores públicos, no entanto, enquadram-se em dois regimes específicos: o estatutário e a CLT. No regime estatutário, não há carteira assinada, e a aposentadoria é concedida pelos planos de pensão dos servidores públicos, que podem ser do governo federal, estadual ou municipal, dependendo da área de atuação. Em 2001, 55% dos homens e 54% das mulheres com emprego estavam no setor formal e tinham carteira de trabalho assinada. Em 2015, a taxa aumentou para 65%, para homens empregados, e 62%, para mulheres empregadas.[56]

Essa participação igual de homens e mulheres no mercado de trabalho formal também se mantém em todos os grupos étnicos e raciais. Embora as mulheres ganhem menos do que os homens em todos os níveis de educação e ocupação e sejam, em geral, menos numerosas do que eles em determinadas ocupações, nesta área há uma surpreendente paridade entre homens e mulheres. Ou seja, ambos têm participação idêntica na economia formal, envolvendo 109 mil indígenas, 0,5 milhão de amarelos, cerca de 21 milhões de pardos e 4 milhões de pretos, além de 24 milhões de brancos em 2010 (Gráfico 4.10).

(7ª edição revista; Salvador: JusPodivm, 2017), acesso em: 07.12.2017 e disponível em: <https://www.editorajuspodivm.com.br/cdn/arquivos/ca615420c19a66758beaf108395fe01b.pdf>.

[56] IBGE, Sidra, tabela 1916.

Mulheres, família e trabalho

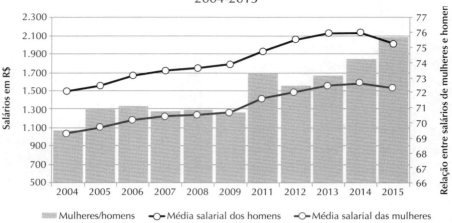

Gráfico 4.11 Salário médio por sexo das pessoas de 16 anos ou mais, 2004-2015

Fonte: IBGE, SIS 2016, tabela 5.10, encontrada em: <https://www.ibge.gov.br/estatisticas-o-voportal/multidominio/genero/9221-sintese-de-indicadores-sociais.html?&t=resultados>

Tabela 4.14 Comparativo de salários de homens e mulheres e proporção de mulheres em profissões liberais, 2010

Campos	Salário das mulheres como proporção dos salários dos homens	% das mulheres empregadas
Educação	72	83
Humanidades e Artes	79	74
Ciências Sociais, Administração e Direito	66	49
Ciências, Matemática e Computação	65	47
Engenharia, Produção e Construção	66	22
Agricultura e Veterinária	63	27
Saúde e Serviço Social	56	68
Serviços	53	55

Fonte: IBGE, *Estatísticas de Gênero...2010* (2014): 107, tabela 17

Até mesmo o diferencial salarial entre mulheres e homens se estreitou ao longo do tempo, na medida em que os salários das mulheres aumentaram mais depressa do que os dos homens, reduzindo, portanto, a distância entre os dois sexos. Assim, em 2004, a média salarial das mulheres correspondia a 70% dos salários dos homens e, em 2015, correspondia a 76% do valor médio dos salários dos homens (**Gráfico 4.11**). Ao mesmo tempo, o número de horas trabalhadas por semana por mulheres era de apenas 34,9 horas em 2015, em comparação com a média de 40,8 horas para homens. Por outro lado, as mulheres dedicavam 20,5 horas semanais às tarefas domésticas, em comparação com a metade de horas para os homens.[57] Mesmo em profissões de status elevado, a média de salários dos homens era sempre mais elevada do que a média das mulheres, embora muitas dessas profissões registrem pelo menos a metade ou mais de mulheres empregadas (**Tabela 4.14**).

Enfim, em termos da posição estrutural no mercado de trabalho, a proporção de mulheres na maior parte das categorias se aproxima bastante da dos homens. Registram melhores resultados na administração pública, em grande parte devido à sua prevalência no ensino fundamental e médio, embora sejam bem representadas nas universidades. São comparáveis aos homens na participação do mercado de trabalho legalmente reconhecido e no pagamento do INSS. No entanto, representam o dobro da taxa dos homens no trabalho não remunerado (**Tabela 4.15**).

Embora declinando, o diferencial salarial ainda é alto em quase todas as ocupações. Portanto, no mesmo Censo de 2010, os salários das mulheres, mesmo quando atuam na área governamental ou militar, são geralmente um quarto inferiores aos dos homens (**Gráfico 4.12**).

Quando classificados por grupos etários, porém, é evidente que as trabalhadoras mais jovens têm provavelmente salários mais próximos ao dos coortes masculinos. Portanto, para os empregados do coorte etário de 16-24 anos em 2010, as mulheres ganham 88% dos salários dos homens; para as mulheres de 25-39 anos, a taxa cai para 78%, para as de 40-59 anos, declina ainda mais, para 69%, e cai para 60% no caso das mulheres de 60 anos ou mais.[58] Isso indica que o crescente nível educacional das mulheres tem um impacto significativo nos salários e sugere que, se isso se mantiver, os salários devem começar a alcançar uma paridade no futuro, especialmente se as tendências de escolaridade se mantiverem no mesmo nível dos avanços das mulheres nas últimas décadas.

Como afirmou uma respeitada estudiosa, todas essas mudanças produziram uma mistura de tendências. De um lado, "a intensidade e a constância do aumento da participação feminina no mercado de trabalho, que tem

---

57 IBGE, *Síntese de Indicadores Sociais 2016*, tabela 5.13. Disponível em: <https://www.ibge.gov.br/estatisticas-novoportal/multidominio/genero/9221-sintese-de-indicadores-sociais.html?edicao=10739&t=downloads>.

58 IBGE, "Estatísticas de Gênero", p. 137, tabela 37.

Mulheres, família e trabalho

Tabela 4.15 Proporção de trabalhadores, em várias categorias de trabalho, de acordo com o sexo, Censo de 2010

Tipo de trabalho	Homens	Mulheres
Empregado	**68,1**	**74,5**
Empregado com carteira assinada	46,1	48,0
Empregado militar ou da administração pública	4,1	7,8
Empregado sem carteira assinada	17,9	18,8
Trabalho não remunerado	**1,1**	**2,4**
Trabalhador na produção para o próprio consumo	**3,9**	**2,7**
Empregador	**2,3**	**2,2**
Conta própria	24,5	18,2
Total	**100,0**	**100,0**

Fonte: IBGE, Sidra, tabela 3461

ocorrido desde a metade dos anos 1970, de outro, o elevado desemprego das mulheres e a má qualidade do emprego feminino; de um lado, o acesso a carreiras e profissões de prestígio e a cargos de gerência e mesmo diretoria por parte de mulheres escolarizadas, de outro, o predomínio do trabalho feminino em atividades precárias e informais".[59]

No entanto, mesmo nesses cargos precários, ocorreram importantíssimas mudanças recentes. Uma ocupação que ainda absorve 14% das mulheres economicamente ativas em 2016 é o serviço doméstico tradicional. O Código Civil e o Código do Trabalho, após a Constituição de 1988, deram mais direitos aos trabalhadores domésticos e incorporaram mais empregadas domésticas ao setor formal. Portanto, as domésticas com carteira assinada passaram de 25% de todas as domésticas em 2001 para 30% em 2016. Vale destacar que, considerando-se essas mudanças, as domésticas que moram no emprego agora são exceção, e não a norma, sendo que a construção de apartamentos modernos no Brasil já não prevê o tradicional "quarto de empregada". Todas essas transformações começaram em 1972, com a primeira lei que reconhecia os direitos básicos das domésticas (férias, contribuições para o INSS etc.).[60] Em 2015, foi promulgada uma lei bem mais detalhada, que definia como serviço doméstico formal mais de 2 dias

---

59 Maria Cristina Aranha Bruschini, "Trabalho e gênero no Brasil nos últimos dez anos", *Cadernos de pesquisa* 37, n. 132 (2007), p. 537.

60 Sobre a Lei 5.859/72, veja: <http://www.normaslegais.com.br/legislacao/trabalhista/lei5859_1972.htm>.

Gráfico 4.12 Relação entre os salários mensais de homens e mulheres por categoria de trabalhadores, 2010

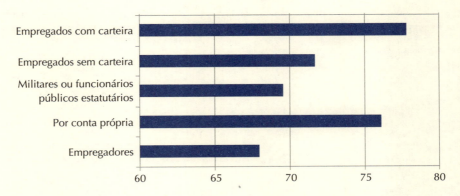

Fonte: IBGE, *Estatísticas de gênero* (2014): 135, tabela 35

por semana de trabalho (2 dias ou menos constituía serviço de diarista), exigindo contrato de trabalho formal entre empregados e empregadores, concedendo férias normais e direito de organização e regulamentação muito específica sobre a jornada de trabalho, além do pagamento de horas extras.[61] Essa lei assumiu maior importância com as regulamentações contra o chamado trabalho escravo, que definiam condições muito específicas para todos os trabalhadores, sendo implementada na década de 1990.[62] Enfim, existe uma série de juizados para garantir os direitos de trabalhadores autônomos, em que trabalhadores domésticos podem facilmente impetrar processos contra os patrões.

Ao mesmo tempo, a proporção de trabalhadoras de serviços domésticos na força de trabalho feminina declinava sistematicamente. No Censo de 1950, cerca de 27% das mulheres empregadas trabalhavam como domésticas, e essa era a segunda maior categoria após as trabalhadoras agrícolas.[63] Em 2001, tais trabalhadoras absorviam cerca de 22% de todas as mulheres empregadas na força de trabalho e, em 2015, a proporção caiu para 16% de todas as mulheres economicamente ativas. Por outro lado, 63% das tra-

---

61 Lei 150/2015. Disponível em: <http://www.planalto.gov.br/ccivil_03/leis/LCP/Lcp150.htm>.
62 A primeira das leis contra o trabalho escravo foi aprovada no código penal de 1940 (artigo 149), mas realmente entrou em vigor nos anos 1990 e foi revisada apenas recentemente, em 2017. Veja: <https://www.jusbrasil.com.br/topicos/10621211/artigo-149-do-decreto-lei-n-2848-de-07-dede-zembro-de-1940>.
63 Andrade, "Mulher e trabalho no Brasil", p. 62, tabela 03.

Tabela 4.16	Porcentagem de mulheres de 10 anos ou mais trabalhadoras em setores da força de trabalho, 2001-2015			
Ano	Empregadas	Empregadas domésticas	Empregadoras	Conta própria
2001	56,4	21,6	2,8	19,2
2002	56,6	21,0	3,1	19,3
2003	56,9	20,8	2,9	19,3
2004	57,5	20,4	2,9	19,2
2005	57,3	20,3	3,1	19,3
2006	58,1	19,7	3,2	18,9
2007	59,1	19,3	2,7	18,9
2008	60,4	18,3	3,2	18,0
2009	59,4	19,5	2,9	18,1
2011	62,9	17,6	2,4	17,1
2012	63,9	16,4	2,7	16,9
2013	64,4	16,3	2,7	16,6
2014	64,2	15,6	2,6	17,6
2015	63,0	15,7	2,6	18,8

Fonte: IBGE, Sidra, tabela 1907

balhadoras agora atuam na indústria e no comércio e poucas em atividades do setor primário (Tabela 4.16). No entanto, apesar de todas as mudanças, o emprego doméstico ainda se mantém como ocupação prioritariamente feminina, com as mulheres constituindo 92% de todos os empregados domésticos em 2016, proporção que mudou pouco desde 2001.[64] Vale destacar que, em 2015, as domésticas eram a categoria com as menores remunerações entre as mulheres, ganhando a metade da média dos salários mensais de todas as trabalhadoras, menos da metade das assalariadas e 37% a menos do que aquelas com a pior remuneração, ou seja, as que trabalhavam por conta própria.[65]

Uma última questão a ser examinada no que se refere a mulheres e trabalho é se todas as trabalhadoras são tratadas em condições iguais. Considerando-se as divisões raciais que ainda definem grande parte da sociedade

---

64 IBGE, Sidra, tabela 1906.
65 IBGE, Sidra, tabela 1908.

Tabela 4.17 Nível educacional das mulheres que trabalham no mercado formal por cor, Censo de 2010

Nível Educacional	Todas as mulheres	Brancas	Pardas e pretas
Sem instrução e fundamental incompleto	32,2	25,8	39,3
Fundamental completo e médio incompleto	17,0	15,9	18,3
Médio completo e superior incompleto	34,1	35,3	32,8
Superior completo	16,8	23,0	9,6
Total conhecido	**100,0**	**100,0**	**100,0**
Número de pessoas cuja educação é conhecida	36.356.345	18.957.289	16.815.643

Fonte: IBGE, Sidra, tabela 3577

brasileira, não é por acaso que nem todas as mulheres são tratadas em condições iguais no mercado de trabalho. Entre as mulheres brancas atuantes no mercado de trabalho formal, havia uma proporção muito mais elevada de graduadas e muito mais baixa de sem escolaridade (Tabela 4.17).

Por outro lado, esse fato compensava as diferentes médias de salários de mulheres por cor. No entanto, mesmo quando as mulheres não brancas tinham a mesma escolaridade que as brancas, ganhavam médias salariais consistentemente menores em todos os níveis de educação completa (Tabela 4.18). Este último resultado envolve maior complexidade do que apenas o racismo, já que os diplomas universitários provavelmente não são equivalentes. No Brasil, estudantes não brancos tendem a frequentar escolas públicas de ensino médio e universidades particulares, ao passo que as estudantes brancas tendem a um comportamento oposto: frequentam as melhores escolas privadas de ensino médio e as melhores universidades públicas. No Brasil, para entrar nas universidades públicas é preciso passar no exame vestibular, e as escolas públicas são de qualidade internacional, ao passo que as universidades privadas são essencialmente desregulamentadas e, com poucas exceções, oferecem diplomas de segunda linha. Portanto, um diploma universitário não é igual em todas as escolas, representando uma das maiores barreiras à mobilidade social no Brasil.

Paralelamente às mudanças na família, na educação e na participação no mercado de trabalho, várias ONGs e organizações de defesa da mulher também promovem uma melhor proteção para as mulheres contra a violência dos homens no ambiente familiar. A violência doméstica era considerada tradicionalmente um crime menor, e aplicavam-se esforços para reconciliar os parceiros em conflito. Mesmo após a promulgação da lei especial sobre

Mulheres, família e trabalho

Tabela 4.18   Rendimento médio dos trabalhadores no mercado formal por sexo e cor, Censo de 2010

Nível de Educação	Total		Mulheres				
	Homens	Mulheres	Brancas	Pretas	Amarelas	Pardas	Indígenas
Sem instrução e fundamental incompleto	510	500	510	500	480	400	45
Fundamental completo e médio incompleto	750	510	550	510	510	510	500
Médio completo e superior incompleto	1000	650	700	600	650	590	569
Superior completo	3000	1800	2000	1500	2000	1500	1485
Total conhecido	**800**	**600**	**700**	**510**	**600**	**510**	**300**
Número de trabalhadores	**49.618.496**	**36.356.345**	**18.957.289**	**2.757.690**	**463.107**	**14.057.953**	**120.149**

Fonte: IBGE, Sidra, tabela 3577

esta questão, em 1995, não houve esforço efetivo para proteger as vítimas. No entanto, após o ato particularmente cruel de um marido que tentou matar a mulher, em 2006 foi promulgada a chamada Lei Maria da Penha para proteção da vítima. A Lei Maria da Penha (Lei 11.340/06) regulamentou uma das mais avançadas legislações de proteção a mulher, tratando os casos de violência como crimes graves e disponibilizando uma estrutura coerente para as mulheres conseguirem apoio e assistência jurídica. A lei levou à criação de uma combinação de novas instituições. As Delegacias de Defesa da Mulher (DDMs), que haviam sido criadas em 1985, sendo as primeiras dessa modalidade na América Latina, tiveram mais autonomia e poder após 2006.[66] A nova lei também criou juizados especiais para tratar especificamente de questões de violência, os JVDs (Juizados de Violência Doméstica e Familiar contra a Mulher). Foram impostas punições mais severas para a agressão, oferecendo mais proteção para as mulheres. De forma semelhante, o Estado propôs a criação de grupos multiprofissionais para oferecer apoio e orientação para essas mulheres através das DDMs.[67] Com todos os problemas relacionados com a limitadíssima disponibilidade de recursos e a necessidade de enfrentar mentalidades tradicionais ainda dominantes,[68] essas delegacias tiveram certo impacto na proteção de mulheres vulneráveis e no combate à violência doméstica.[69]

Atualmente contamos com mais dados do que nunca sobre essa questão, que se tornou assunto de saúde pública. O Ministério da Saúde divulgou dados de 24 hospitais e clínicas em capitais de estado e no Distrito Federal sobre casos de violência doméstica notificados entre 2009 e 2010. Quase 76 mil mulheres foram hospitalizadas por esse motivo. Vale ressaltar que somente 47% eram não brancas e cerca de 46% tinham 9 anos ou mais

---

66 Atualmente há mais de 400 DDMs no Brasil. Nadine Jubb et al., *Regional Mapping Study of Women's Police Stations in Latin America* (Quito: Centro de Planificación y Estudios Sociales, 2008), pp. 1, 9.

67 Beatriz Accioly Lins, "A lei nas entrelinhas: a Lei Maria da Penha e o trabalho policial em duas Delegacias de Defesa da Mulher de São Paulo" (tese de mestrado, FFLCH, USP, 2014), capítulo 1.

68 A extensão da mentalidade tradicional pode ser vista na pesquisa de mentalidades em relação ao estupro e suas vítimas realizada pelo governo brasileiro. Veja Ipea, Sistema de Indicadores de Percepção Social (Sips), Tolerância social à violência contra as mulheres, 4 de abril de 2014, disponível em: <http://www.ipea.gov.br/portal/images/stories/PDFs/SIPS/140327_sips_violencia_mulheres.pdf>.

69 Quanto a estudos detalhados sobre o funcionamento das DDMs, além do excelente trabalho de Lins citado acima, veja as etnografias de Fabiana de Andrade, "Fios para trançar, jogos para armar: o fazer policial nos crimes de violência doméstica e familiar contra a mulher" (tese de mestrado; Unicamp, 2012) sobre Campinas; Ana Pereira dos Santos, "Entre embaraços, performances e resistências: a construção da queixa de violência doméstica de mulheres em uma delegacia" (tese de mestrado; Universidade Federal de Viçosa, 2014) para a DDM local de Viçosa, em Minas Gerais, e Ana Lúcia dos Santos, "Delegacia de defesa da mulher: um lugar de queixas – queixas de um lugar" (tese de mestrado; Unesp, Assis, 2007), realizada em uma delegacia no interior de São Paulo.

Gráfico 4.13a Nível educacional de mulheres vítimas de violência doméstica (%)

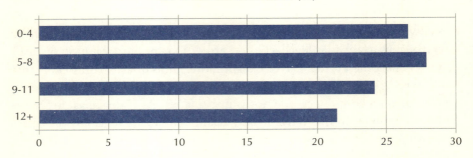

Gráfico 4.13b Estado civil de mulheres vítimas de violência doméstica (%)

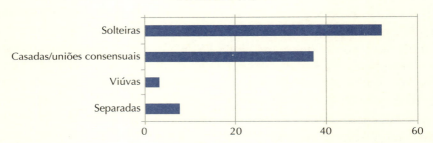

Fonte: Ministério da Saúde, VIVA (2013): 122, tabela 40

de escolaridade. Eram mais solteiras do que a população em geral, mas, por outro lado, possuíam nível mais elevado de escolaridade e pertenciam mais à classe média do que o esperado. Cerca de 48% delas haviam sido casadas (divorciadas, separadas e recasadas), ou seja, uma taxa relativamente baixa, mas o número de filhos envolvidos era muito alto, e nem mesmo as mais idosas estavam imunes à violência (Gráficos 4.13a e 4.13b).

Os grupos de defesa da mulher também pressionavam o governo para proteger as mulheres contra a violência em todas as situações. Após intenso debate, em 2009 foi promulgada a Lei dos Crimes contra a Dignidade Sexual, uma mudança fundamental na legislação que ampliou bastante a definição de agressão sexual, incluindo estupro ou tentativa de estupro, que antes eram mais amplamente definidos como atos não consentidos de natureza libidinosa praticados por uma pessoa contra outra (sem definição de gênero). Se a outra pessoa fosse menor de idade, os períodos de prisão aumentavam, e o Estado era obrigado a impetrar processo, mesmo que a família rejeitasse a acusação legal.[70]

Como parte desse novo movimento de proteção das mulheres como questão essencialmente de saúde, assim como caso de polícia, várias agências públicas e privadas começaram a coletar dados sistemáticos sobre homicídio/feminicídio e agressão sexual contra mulheres. A partir desses dados, surgiram alguns padrões gerais. Como previsto, o feminicídio era menor do que o assassinato de homens, mas o estupro e a tentativa de estupro eram bem mais numerosos do que se pensava e eram quase tão significativos quanto os assassinatos de homens. Embora a maior parte dos dados coletados seja bem recente, estão surgindo padrões claros. A taxa de feminicídios permanece relativamente estável em 4-5 mortes por 100 mil habitantes, enquanto as taxas de assassinatos de homens são dez vezes mais elevadas.[71] Quanto mais jovem o coorte etário, mais elevada a proporção de homicídios. Portanto, 15% das mortes de mulheres de 15-19 anos são causadas pela violência.[72] Mesmo nos anos de pico (entre 20 e 29 anos), a violência contra mulheres responde por 10 a 13% de todas as mortes desse grupo etário. Por outro lado, os dados de notificações de estupro e tentativa de estupro (disponíveis somente para 2009) são 5 a 6 vezes mais elevados do que a taxa de feminicídios, situando-se entre 24 a 29 por 100 mil habitantes, e oscilam muito mais do que a taxa de assassinatos de homens (Gráfico 4.14).[73]

O Ministério da Saúde também notificou a incidência de violência contra mulheres para vítimas que compareceram ao pronto-socorro de 26 hospitais e clínicas das capitais e do Distrito Federal em um período de

---

70 Lei 12.015, de agosto de 2009. Para um comentário sobre a lei, veja Gleick Meira Oliveira e Thaís Maia Rodrigues, "A nova lei de combate aos crimes contra a liberdade sexual: uma análise acerca das modificações trazidas ao crime de estupro". Disponível em: <http://www.ambitojuridico.com.br/site/index.php?n_link=revista_artigos_leitura&artigo_id=9553>. A lei é encontrada em: <http://www.planalto.gov.br/ccivil_03/_ato2007-2010/2009/lei/l12015.htm>.

71 A taxa geral de homicídios de 25-30 por 100 mil habitantes é relativamente alta segundo os padrões mundiais. É o dobro da taxa da maior parte das repúblicas da América Central e algumas ilhas do Caribe, mas, na América do Sul, apenas a Colômbia, com uma taxa de 32-35 no período desde 2004, a supera. A taxa dos Estados Unidos no período de 2000-2012 é de cerca de 5 mortes por 100 mil habitantes. UNODC (United Nations Office on Drugs and Crime), Global Study on Homicide, Trends 2013 / Contexts / Data (Viena: UNODC, 2013), pp. 126-127, tabela 8.1.

72 Daniel Cerqueira et al., *Atlas da Violência 2017* (Rio de Janeiro: Ipea & FBSP, 2017), p. 8, tabela 1.1.

73 Os maiores especialistas no assunto estimam que "a cada ano, no mínimo 527 mil pessoas são estupradas no Brasil. Desses casos, apenas 10% chegam ao conhecimento da polícia". Daniel Cerqueira e Danilo de Santa Cruz Coelho, *Estupro no Brasil: uma radiografia segundo os dados da Saúde* (versão preliminar), Nota Técnica 11 (Brasília: Ipea, 2014), p. 26.

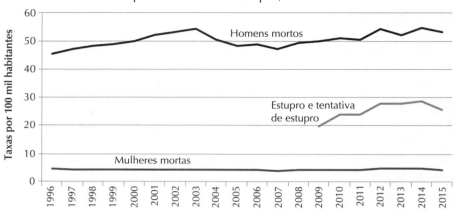

Gráfico 4.14 Incidência de homicídios por sexo e estupro e tentativa de estupro, 1996-2015

Fonte: <http://www.ipea.gov.br/atlasviolencia/dados-series; and http://www.forumseguranca.org.br/estatisticas/tableau-dignidade/>

dois meses em 2011. Houve cerca de 1.070 notificações, e, neste caso, 73% das mulheres eram não brancas, ou seja, proporção bem diferente do que se observava para mulheres vítimas de violência doméstica. No entanto, a distribuição etária era praticamente a mesma, sendo o maior coorte o de mulheres de 20-39 anos (55% dos casos), e o nível educacional estava ligeiramente abaixo das vítimas de violência doméstica, com 43% das mulheres com 9 ou mais anos de escolaridade.[74] Estes e outros dados mostram que, em termos de violência assim como de trabalho e educação, há uma diferença por cor no Brasil. A violência contra mulheres não brancas é observada não somente nesses estudos de vítimas, mas também nas taxas de homicídios mais elevadas, em comparação com mulheres não pretas. Os dados estão disponíveis apenas para vítimas de homicídio e para o grupo genérico de mulheres pretas, que também inclui pardas. Porém as mesmas diferenças por cor provavelmente ocorrem também para estupro e agressão sexual (Gráfico 4.15).

Os resultados nacionais de mortalidade em 2016 refletem bem esses padrões. Naquele ano, as mulheres morriam com muito menor frequência do que os homens por acidentes e outras causas de violência externa

---

[74] Ministério de Saúde, *Viva: Vigilância de Violências e Acidentes, 2009, 2010 e 2011* (Brasília, 2013), p. 56, tabela 5.

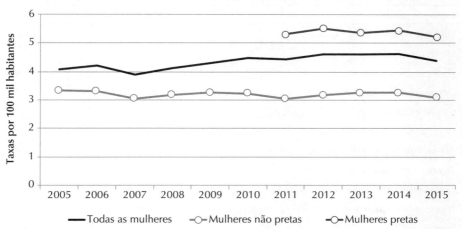

Gráfico 4.15 Incidência de mortes de mulheres por cor, 2005-2015

Fonte: <http://www.ipea.gov.br/atlasviolencia/dados-series>; e <http://www.forumseguranca.org.br/estatisticas/tableau-dignidade/>

e registravam uma porcentagem bem mais baixa de morte por doenças infecciosas (somente 38% de todas as mortes por doenças infecciosas e 43,7% de todas as mortes naquele ano). No entanto, em termos dos principais fatores de morte na sociedade brasileira, houve, curiosamente, pouca diferença entre os sexos (Tabela 4.19), e esse foi o padrão desde 1990.[75] No entanto, as mulheres ainda viviam mais do que os homens. Estima-se que a expectativa de vida das mulheres em 2018 ainda era 7,1 anos mais longa do que a dos homens (79,8 anos para mulheres e 72,7 para homens).[76]

A revolução que começou com a igualdade da escolaridade, a descoberta da pílula anticoncepcional e o posterior declínio substancial da fecundidade teve efeito libertador para as mulheres da sociedade brasileira. A metade do século passado testemunhou mudanças profundas para as famílias em geral e para as mulheres em particular. No decorrer do período, as famílias se tornaram bem mais diversificadas. As uniões consensuais,

---

75 Ministério da Saúde, Datasus, tabela C4. Disponível em: <http://tabnet.datasus.gov.br/cgi/tabcgi.exe?idb2012/c04.def>.

76 IBGE, "BRASIL, Projeção da população por sexo e idade - Indicadores implícitos na projeção - 2000/2060". Disponível em: <http://www.ibge.gov.br/home/estatistica/populacao/projecao_da_populacao/2013/default.shtm>.

Mulheres, família e trabalho

Tabela 4.19 Causas de morte, por sexo, 2016		
Causas de morte	Homens	Mulheres
Doenças do aparelho circulatório	25,8	30,0
Neoplasias (tumores)	15,5	17,6
Doenças do aparelho respiratório	11,1	13,4
Doenças endócrinas nutricionais e metabólicas	4,8	7,4
Causas externas de morbidade e mortalidade	17,4	4,8
Doenças do aparelho digestivo	5,5	4,4
Algumas doenças infecciosas e parasitárias	4,4	4,4
Doenças do aparelho geniturinário	2,6	3,6
Doenças do sistema nervoso	2,3	3,5
Algumas afec. originadas no período perinatal	1,6	1,6
Outras	9,0	9,3
Total	**100,0**	**100,0**

Fonte: Ministério de Saúde, DATSUS encontrado em
<http://tabnet.datasus.gov.br/cgi/deftohtm.exe?sim/cnv/obt10uf.def>

antes restritas às classes mais pobres, podem ser encontradas entre todos os grupos econômicos no Brasil. Famílias chefiadas por homens declinaram em ritmo constante, com o consequente aumento naquelas chefiadas por mulheres. Por outro lado, a participação das famílias chefiadas por mulheres não somente aumentou em todos os domicílios, mas também se transformou em termos de composição, atualmente com mais filhos, mulheres mais escolarizadas e mais jovens – resultando no aumento de divórcios e separações.

De maneira geral, as mulheres também passaram por mudanças profundas nesse período em relação à escolaridade e à participação na força de trabalho. O déficit tradicional das mulheres em tempo de escolaridade e frequência à escola em todos os níveis de escolaridade antes de 1950 foi substituído por um déficit cada vez maior dos homens, na medida em que as mulheres entraram no ensino médio e nas universidades em números cada vez maiores e atualmente são mais numerosas do que eles em todos os níveis educacionais, inclusive nas escolas profissionais mais elitistas.

As mulheres também ingressaram como nunca no mercado de trabalho. Embora ainda não no mesmo nível dos homens, aumentaram significativamente a participação em todas as faixas etárias. Entraram nas profissões de elite e se tornaram até mesmo gestoras e administradoras em números impressionantes. Embora a remuneração das mulheres ainda seja menor do que a dos homens, a defasagem foi gradualmente se reduzindo ao longo do tempo, e elas estão presentes no mercado formal tanto quanto eles. Mesmo que ainda tendam mais a estar desempregadas do que os homens – a mulher é a última a ser contratada e a primeira a ser demitida –, seus índices de emprego e desemprego estão fortemente relacionados com os dos homens, e ambos estão altamente correlacionados com as mudanças na economia. Todas essas grandes alterações no mercado para as mulheres foram possibilitadas pela revolução da fecundidade ocorrida no período, propiciando a elas mais tempo para entrar e permanecer na força de trabalho.

Além disso, a ascensão de grupos de apoio a mulheres, ONGs dedicadas a questões femininas e um governo mais solidário mudaram profundamente as leis brasileiras em favor das mulheres desde os anos 1980, conscientizaram a população sobre os direitos da mulher na sociedade e facilitaram o controle da própria vida, levando-as ao mercado de trabalho como nunca antes na história do país. No entanto, como indicam as estatísticas mais recentes sobre criminalidade, ainda se pratica muita violência contra mulheres, sendo a violência doméstica ainda uma questão significativa e problemática. Enfim, apesar de todos os ganhos para as mulheres em geral, nem todas tiveram as mesmas taxas de participação e sucesso. Nessa, e em muitas outras áreas da vida brasileira, há diferenças com base na raça e na classe.

5

O Estado de bem-estar social e os programas de transferência de renda

Paula Sampaio, *Rodovia Belém-Brasília*, Tocantins, 1997

Se, por um lado, o crescimento econômico motivou mudanças sociais profundas e a transição demográfica possibilitou à nação controlar o aumento da população, além de permitir o ingresso maciço de mulheres na força de trabalho, por outro, foi o Estado que distribuiu os recursos necessários para educar e disponibilizar atendimento à saúde e suporte de renda para a população. Foi nesse período que o Brasil criou um sistema de Previdência Social comparável ao dos regimes previdenciários no mundo industrial avançado e, apesar de toda a sua limitação como Estado de bem-estar social em uma economia em desenvolvimento, o país conseguiu reduzir disparidades regionais e de renda ao procurar eliminar a indigência e a pobreza de maneira efetiva.[1]

O início do moderno Estado de bem-estar social ocorreu no governo de Getúlio Vargas (1930-1945). Embora algumas nações europeias tenham criado instituições de bem-estar social já na década de 1880, os principais eventos na maioria dos países tiveram início imediatamente antes da Segunda Guerra Mundial e se desenvolveram por completo nas décadas após o término da guerra. Portanto, o momento dos acontecimentos brasileiros não divergiu tanto do que ocorreu na Europa e na América. Na maior parte dos casos, as reformas foram realizadas gradualmente nos governos democráticos após árduas negociações entre diferentes facções e classes. No caso do Brasil, quase toda a estrutura básica do Estado de bem-estar social foi desenvolvida em dois regimes autoritários: no período Vargas e nos

---

1   Há duas categorias distintas: define-se situação de indigência como a família ou pessoa que não tem condições de "comprar a cesta básica de menor custo que atenda às necessidades nutricionais básicas estimadas", já as pessoas pobres são as que podem comprar tais produtos para atender às necessidades calóricas básicas, mas não têm renda adequada para pagar moradia ou ter acesso a serviços básicos. Veja Sonia Rocha, "Opções metodológicas para a estimação de linhas de indigência e de pobreza no Brasil". Trabalho apresentado no Terceiro Encontro do Grupo de Especialistas sobre Estatísticas de Pobreza (Grupo do Rio), patrocinado pelo IBGE, Ecla, INE-Portugal. Lisboa, 22-24 de novembro, 1999, disponível em: <https://ww2.ibge.gov.br/poverty/pdf/sonia_rocha_brazil.pdf>.

governos militares de 1964 a 1985.[2] Embora tenham sofrido modificações no período democrático pós-1985, a estrutura e suas características básicas foram preservadas até os dias de hoje, quando o Estado gasta 42% do seu orçamento com bem-estar social.[3]

O Brasil, portanto, é visto como um caso excepcional quando comparado com a história comum das políticas democráticas e as legislações de bem-estar social.[4] Em vez de o governo responder às reivindicações dos trabalhadores e negociar com os empregadores, no caso brasileiro foram os governos que anteciparam as demandas e impuseram condições para trabalhadores e empregadores. Foi uma abordagem autoritária, e beneficiários e contribuintes tiveram pouca influência no desenvolvimento dessas instituições.

A princípio, parecia que a trajetória brasileira seria similar à dos países democráticos, em que o aumento das demandas dos trabalhadores levava gradualmente a negociações complexas entre empregadores, trabalhadores, governo e classes média e alta em resposta a tais reinvindicações. Embora o conflito trabalhista tenha sido relativamente tardio no Brasil, devido à permanência da escravidão até o final dos anos 1880, posteriormente houve crescimento expressivo do trabalho organizado, sobretudo após a chegada dos trabalhadores italianos e espanhóis. O período entre 1890 e os anos 1920 foi dominado por confrontos cada vez maiores entre trabalhadores e dirigentes de empresas e entre a elite e as classes trabalhadoras. Inicialmente, os principais centros de manifestações reivindicatórias foram as cidades com as maiores concentrações de trabalhadores da indústria, como Rio de Janeiro e São Paulo, além dos portuários da cidade de Santos. Desde o início, o sindicalismo anárquico, socialista e de resultados (também chamado de trabalhismo ou sindicalismo reformista) competia pelo controle do embrionário movimento trabalhista. A evolução do movimento trabalhista brasileiro seguiu a trajetória tradicional: de sociedades de socorro mútuo a

---

2 Peter H. Lindert, *Growing public: Social spending and economic growth since the eighteenth century* (New York: Cambridge University Press, 2004); e Gøsta Esping-Andersen, *The Three Worlds of Welfare Capitalism* (Cambridge: Polity Press, 1990).

3 É uma estimativa da média de gastos governamentais no Brasil com programas de seguridade social, saúde e educação no período de 1973-2000. Esse resultado é comparável a 45% e 46% nos Estados Unidos e Canadá, mas está abaixo da faixa de 50-60% dos países nórdicos. Por outro lado, representa 13,5% do PIB. Veja Alex Segura-Ubiergo, *The political economy of the welfare state in Latin America: globalization, democracy, and development* (Cambridge: Cambridge University Press, 2007), pp. 14-15.

4 Em colaboração com Esping-Andersen, *The three worlds of welfare capitalism*; e Lindert, *Growing public*; veja Peter Baldwin, *The politics of social solidarity: class bases of the European welfare state, 1875-1975* (Cambridge: Cambridge University Press, 1990); e Isabela Mares, *The politics of social risk: Business and welfare state development* (Cambridge: Cambridge University Press, 2003).

associações multiocupacionais e distritais, até sindicatos de artesãos e, posteriormente, industriais, e, por fim, confederações trabalhistas, embora o desenvolvimento da confederação brasileira tenha sido lento em comparação com outros movimentos trabalhistas nas Américas. A maior proporção de trabalhadores nativos na Capital Federal moderava o movimento trabalhista, ao passo que a elevada concentração de imigrantes estrangeiros em São Paulo estimulava soluções mais radicais. A reivindicação por jornadas de trabalho de oito horas foi a questão básica de 1900 em diante, ao lado de melhores salários e condições de trabalho e direito à greve conforme os sindicatos locais se tornavam mais poderosos e se aliavam a intelectuais da classe média nos movimentos socialista, anarquista, social católico e, por fim, no novo movimento comunista pós-Primeira Guerra.

A primeira onda de greves significativas no país ocorreu no período de 1905-13. A resposta do governo incluiu uma série de leis repressivas em 1907 e 1913, que concederam poderes irrestritos ao governo para expulsar trabalhadores nascidos fora do país, e estima-se que 556 imigrantes tenham sido deportados entre 1907 e 1922. Os líderes das primeiras greves eram trabalhadores qualificados e, sobretudo, tipográficos, além de ferroviários e portuários – a elite do movimento trabalhista ou que atuavam em áreas cruciais do sistema de transportes. Em 1910, após algumas tentativas para controlar o movimento trabalhista, o governo recorreu à repressão. A primeira greve geral se deu em São Paulo, em maio de 1917, e iniciou um período em que foram criados os primeiros grandes sindicatos industriais, com a repetição de greves, que se tornavam cada vez maiores e envolviam na época os metalúrgicos e trabalhadores da indústria têxtil – a maior força de trabalho industrial do país. Em 1920 ocorreu a greve geral no Rio de Janeiro, que levou o governo a prender 2 mil grevistas e assumir o controle de muitos sindicatos. A última década da República Velha foi um período de repressão violenta na medida em que o governo procurava desesperadamente destruir o movimento trabalhista. Durante a maior parte da década, o governo funcionou, de fato, em estado de sítio, sendo que a "questão social" (com o significado de conflito trabalhista) e as "classes perigosas" se tornaram um tema importante entre a elite política.[5]

---

5   Para uma cronologia do período, veja Vito Giannotti, *História das lutas dos trabalhadores no Brasil* (Rio de Janeiro: Mauad X, 2007). A análise padrão desses movimentos é de Boris Fausto, *Trabalho urbano e conflito social* (São Paulo: Difel, 1997), e Claudio Batalha, *O movimento Operário na Primeira República* (Rio de Janeiro: Jorge Zahar, 2000).

A queda da República Velha em 1930 e a implantação de um novo regime comandado por Getúlio Vargas mudariam substancialmente a posição do governo e levariam à implantação da seguridade social no Brasil. O antigo sistema liberal, oligárquico e federalista, baseado na cooperação das oligarquias regionais e no controle do governo central pelos interesses do café, foi substituído por um novo governo centralista e autoritário, que incluía novos protagonistas políticos. A princípio, contudo, nenhum desses novos grupos tinha poder para dominar o governo: a classe média, porque não tinha autonomia política em relação aos interesses tradicionais; a elite do café, porque havia sido excluída do poder político; e a classe trabalhadora, porque não estava incorporada ao sistema político. Considerando a hostilidade inicial da elite ao seu governo, Vargas decidiu procurar mais apoio nas massas urbanas, que se tornariam a principal base de legitimidade para o novo governo.[6] O estilo de gestão inaugurado por Vargas, classificado por alguns como populismo e por outros como regime de políticas de massa, procurava liderar a nação ao responder às aspirações populares das classes média e trabalhadoras.[7] Por esse motivo, o governo iniciou a primeira legislação trabalhista consistente no Brasil e começou a desenvolver programas de seguridade e saúde para as classes populares. Os nacionalistas da década de 1930 acreditavam que somente um regime autoritário e paternalista, guiado por um líder carismático, poderia promover a industrialização de um país subdesenvolvido. Ao mesmo tempo, Vargas e correligionários acreditavam que poderiam neutralizar o crescente radicalismo das classes trabalhadoras ao incorporá-las ao Estado sob controle direto do governo.[8]

Ao assumir o governo, Vargas dissolveu o Congresso Nacional e as assembleias estaduais e municipais, tendo nomeado "interventores" para

---

6 Francisco Weffort, *O populismo na política brasileira* (Rio de Janeiro: Paz e Terra, 1980), pp. 49-50.

7 Ibidem, p. 61. O populismo no Brasil é objeto de inúmeros estudos desde os anos 1960. Entre os recentes, podemos citar Jorge Ferreira, "O nome e as coisas: o populismo na política brasileira", e Angela de Castro Gomes, "O populismo e as ciências sociais no Brasil: notas sobre a trajetória de um conceito", *in* Jorge Ferreira, ed. "O populismo e sua história" (Rio de Janeiro, Ed. Civilização Brasileira, 2000); Angela de Castro Gomes, *A invenção do trabalhismo* (São Paulo: Vértice, 1988) e Boris Fausto, *Populism in the Past and Its Resurgence*, trabalho apresentado na Conferência em Homenagem a Boris Fausto, Stanford, 21 de maio de 2010. Veja também o importante estudo em três volumes de Vargas, por Lira Neto, *Getúlio. Dos anos de formação à conquista do poder* (1882-1930) (São Paulo: Companhia das Letras, 2012); e *Getúlio. Do governo provisório à ditadura do Estado Novo (1930-1943)* (São Paulo: Companhia das Letras, 2013) e *Getúlio. Da volta pela consagração popular ao suicídio* (São Paulo: Companhia das Letras, 2014).

8 Para conhecer as ideias dos autores, veja Boris Fausto, *O pensamento nacionalista autoritário* (1920-1940) (Rio de Janeiro: Zahar, 2001). Veja também Boris Fausto, *Getúlio Vargas* (São Paulo: Companhia das Letras, 2006).

substituir os governadores dos estados. Após a aprovação da nova Constituição, em 1934, Vargas foi eleito por voto indireto para um mandato de quatro anos. Em 1935, justificou a repressão ainda mais autoritária aos movimentos políticos com uma nova lei de segurança de Estado que concedia poder ilimitado ao governo.[9] Em novembro de 1937, abandonou o pretenso governo democrático e realizou um golpe de Estado, impôs uma nova Constituição que criou o Estado Novo, seguindo o modelo fascista. Até ser banido do poder, em 1945, Vargas governou por decreto, sem o Poder Legislativo. Se, por um lado, no período inicial, o governo Vargas já era centralizador e autoritário, com a criação do Estado Novo, o regime passou a ser um estado repressivo, adotando a suspensão de liberdades civis, prisões arbitrárias e censura total.[10]

Embora reprimisse violentamente os movimentos de esquerda e até mesmo movimentos fascistas incipientes, o governo desenvolveu uma nova política de cooptação de trabalhadores urbanos por meio de uma legislação trabalhista moderna, que envolvia o direito básico a greves e o apoio a acordos coletivos, tendo também estabelecido importantes instituições relacionadas com o bem-estar social. Mas essa reforma autoritária pretendia controlar os sindicatos e torná-los dependentes do apoio do governo. Muitas reformas foram iniciadas pelo governo em vez de serem respostas às demandas trabalhistas. Refletiam a percepção do governo de que os trabalhadores urbanos e suas organizações, especialmente do setor industrial, haviam se tornado um novo poder político potencialmente importante. Embora tal política resultasse em sindicatos controlados pelo governo e cooptação de líderes sindicais, as reformas geraram benefícios reais aos

---

9 Veja Robert M. Levine, *Father of the poor? Vargas and his era* (New York: Cambridge University Press, 1998); Thomas E. Skidmore, *Politics in Brazil, 1930-1964: An Experiment In Democracy* (New York: Oxford University Press, 1967), e John D. Wirth, *The Politics of Brazilian Development 1930-1954* (Stanford: Stanford University Press, 1970).

10 Veja José Maria Bello, *História da República* (São Paulo: Companhia Editora Nacional, 1976), pp. 315-317), Karl Loewenstein, *Brazil under Vargas* (New York: The Macmillian Company, 1942), cap. II. Embora o regime se assemelhasse ao fascismo, o movimento Integralista também foi banido em 1938 após a tentativa de golpe para derrubar o presidente. Sobre essa questão, veja Eli Diniz, "O Estado novo: estrutura de poder e relações de classe", in Boris Fausto, ed., *História geral da civilização brasileira* (São Paulo,: Difel, 1981), tomo 3, vol. 3: *Sociedade e Política* (1930-1964), pp. 77-119; Lourdes Sola, "O Golpe de 37 e o Estado Novo", *in* Carlos Guilherme Motta, ed., *Brasil em Perspectiva* (São Paulo: Difusão Europeia do Livro, 1969), pp. 257-284. Sobre esse tema, veja Beatriz M. de Souza Wahrlich, *Reforma administrativa da Era Vargas* (Rio de Janeiro: Fundação Getúlio Vargas, 1983); Sonia Miriam, *Rumos e metamorfoses, Estado e industrialização no Brasil: 1930-1960* (Rio de Janeiro: Paz e Terra, 1985), cap. 1. Sobre o governo Vargas, veja também Pedro Paulo Z. Bastos; Pedro Cezar Dutra Fonseca, eds., *A Era Vargas: desenvolvimentismo, economia e sociedade* (São Paulo: Unesp, 2012); Pedro Cesar Dutra Fonseca, *Vargas: o capitalismo em construção*, 1906-1953 (São Paulo: Brasiliense, 1999).

trabalhadores em termos de direito a greve, salário mínimo, garantia de férias etc.[11] O poder político posterior de Vargas derivou, em grande parte, do controle que exercia sobre o movimento trabalhista.

A legislação trabalhista promulgada por Vargas foi abrangente. Com a criação do Ministério do Trabalho, em 1930, foram estabelecidos inúmeros marcos legais que controlavam as relações entre sindicatos e empresas, contando com a intermediação do Estado. Além disso, o governo adotou a chamada política de "unicidade sindical", estabelecendo um único sindicato para cada indústria e/ou município.[12] Isso também limitou o número de trabalhadores estrangeiros por empresa (exigindo que dois terços deles fossem brasileiros), regularizou a jornada de trabalho, garantiu férias e determinou condições para o trabalho de mulheres e crianças. Para negociar contratos e disputas, foram criados também acordos coletivos de trabalho e Comissões de Conciliação Trabalhista, compostas por representantes dos trabalhadores e da administração das empresas.[13] O Dia do Trabalho (1° de maio) foi decretado feriado nacional, e Vargas assinou o primeiro decreto do salário mínimo da história brasileira. Em 1940, criou o imposto sindical (pago compulsoriamente pelos trabalhadores, mas distribuído aos sindicatos pelo governo), que propiciava recursos aos sindicatos e representava um instrumento fundamental de cooptação entre eles e o Estado.[14] As contribuições obrigatórias para os sindicatos e o modelo de sindicato único por indústria foram usados para consolidar o suporte trabalhista ao governo.[15]

---

11 Segundo Boris Fausto, o Estado que surgiu após a Revolução de 1930 manteve a política fundamental de enfraquecimento político das classes trabalhadoras, reprimindo violentamente seus líderes e organizações partidárias, mas, ao mesmo tempo, procurou estabelecer uma nova relação política com as classes trabalhadoras. Boris Fausto, *A Revolução de 1930* (São Paulo: Brasiliense, 1975), pp. 107-108.

12 Em 1939, foi estabelecida a unicidade sindical ou monopólio dos sindicatos por unidade territorial, que proibia mais de um sindicato representando a mesma categoria trabalhista. Essa norma, que combinada com o imposto sindical representa o vínculo entre o poder sindical e o Estado, permaneceu como item básico da legislação trabalhista até recentemente, embora a Constituição de 1988 garanta a liberdade de associação para os trabalhadores.

13 Convenções Coletivas de Trabalho e Juntas de Conciliação e Julgamento.

14 O imposto sindical era uma contribuição paga por todos os trabalhadores, sindicalizados ou não, e correspondia ao valor de um dia de trabalho, sendo recolhido e controlado pelo governo. Os recursos arrecadados eram então distribuídos para os sindicatos, que se sustentavam com essa contribuição discricionária. Portanto, os sindicatos dependiam do Estado, e não das contribuições dos trabalhadores sindicalizados. Esse imposto se manteve inalterado até 2017. Devido à mudança recente na legislação trabalhista, a contribuição deixou de ser compulsória.

15 As questões de unicidade sindical e imposto sindical compulsório foram contestadas pelo movimento sindical que surgiu com Lula durante o regime militar. Embora o PT tenha governado o país por mais de uma década com Lula e Dilma na presidência, nenhum deles alterou estas normas. Somente no governo Temer houve mudanças no imposto sindical (Lei 13.467 de 13 de julho de 2017), que foi mantido, mas exige autorização formal do trabalhador, o que não ocorria anteriormente. Essa mudança foi profundamente contestada pelos sindicatos.

Em 1941, foram criados os Tribunais de Trabalho, sistema jurídico dedicado ao julgamento das disputas trabalhistas, e, em 1943, todas as leis trabalhistas foram consolidadas em um código unificado que garantia direitos aos trabalhadores urbanos, a Consolidação das Leis do Trabalho (CLT), que ainda constitui a base das relações trabalhistas no Brasil.

Outro aspecto importante da política social de Vargas foi a criação de instituições de seguridade social. Como era a norma nas nações ocidentais mais avançadas, os primeiros fundos previdenciários tiveram início com pequenos grupos de trabalhadores em setores bem definidos da economia nos anos 1920 e 1930. Como na maior parte da América Latina, os servidores públicos da elite foram os primeiros e em geral os únicos beneficiários dos planos de aposentadoria, tradicionalmente denominados "montepios". No entanto, planos modernos que abrangiam mais do que o Exército e o funcionalismo público somente foram criados no Brasil nos anos 1920. O primeiro desses planos foi instituído em 1923, quando a Lei Eloy Chaves concedeu aos ferroviários o direito de criar planos de aposentadoria e pensão para viúvas, além de planos de saúde. Em 1926, esses direitos foram estendidos aos portuários e, nas décadas seguintes, a mais grupos de trabalhadores. Em 1931, as Caixas de Aposentadoria e Pensão (CAPs) foram estendidas a todos os servidores púbicos e, em 1932, aos trabalhadores do setor de mineração. Um Instituto de Aposentadoria da Marinha foi criado em 1934, seguido por organizações de comerciários e bancários, em 1936, e de trabalhadores dos transportes, em 1938. Cada setor tinha a própria CAP, organizada com financiamento de três fontes – trabalhadores, empregadores e governo – por meio de contribuições obrigatórias. O governo então racionalizou o sistema ao integrar as CAPs locais com os Institutos de Aposentadoria e Pensão (IAPs), que garantiam pensões para setores completos da economia. Em 1939, havia 98 CAPs e 5 IAPs, que abrangiam aproximadamente 1,8 milhão de trabalhadores, todos sob controle do Ministério do Trabalho. Como muitos observaram, a criação dos IAPs representava uma mudança significativa no sistema de seguridade social, que passou da esfera privada para a pública e do atendimento a trabalhadores de grupos específicos para o beneficiamento de classes inteiras de trabalhadores.[16] A partir de 1936, os fundos excedentes arrecadados pelas CAPs e por novos IAPs foram investidos em vários tipos de títulos públicos com o objetivo

---

16 Amélia Cohn, *Previdência social e processo político no Brasil* (São Paulo: Moderna, 1981), p. 8.

de criar fundos para suportar os planos de pensão.[17] A maioria dos títulos envolvia investimentos em empresas públicas. Nessa prática, o Brasil era comparável a muitos outros países, aplicando esses excedentes financeiros em atividades industriais.[18]

Enfim, o governo implantou sua principal iniciativa em relação às políticas de saúde já em 1930, quando foi criado o Ministério da Educação e Saúde independente, que contava com o Departamento de Saúde. Em 1934, esse órgão foi reorganizado como Departamento Nacional de Saúde e Medicina Social mais abrangente, que reuniu sob sua égide vários departamentos e serviços que atendiam a hospitais e portos e implementavam inúmeras campanhas formais contra doenças específicas em determinadas áreas. As campanhas, que ficaram de certa forma adormecidas entre 1930 e 1934, ganharam novo folego após 1935, na maior parte dos casos com a ajuda da Fundação Rockefeller. Em 1937, o Departamento Nacional de Saúde Pública assumiu o papel de coordenação de todas as secretarias de saúde estaduais, criando um fundo especial para saúde pública em todos os municípios sob a orientação do Governo Federal. Além disso, naquela época ocorreram as primeiras tentativas sistemáticas de financiamento e desenvolvimento de clínicas de saúde nas áreas rurais. O Governo Federal desempenhou papel importante como protagonista na saúde pública nacional nas décadas de 1930 e 1940. Finalmente, em 1953, foi criado um Ministério da Saúde independente, que assumiu o controle de todas as medidas tomadas pelo Governo Federal, abrangendo estatísticas de saúde e educação dos profissionais da área, criação de escolas de enfermagem e financiamento de institutos de pesquisa para avaliar a qualidade dos medicamentos produzidos no país.[19]

---

17 E.I.G. Andrade, "Estado e previdência no Brasil: uma breve história", *in* R.M. Marques et al. *A previdência social no Brasil* (São Paulo: Fundação Perseu Abramo, 2003), pp. 71-74.

18 Francisco Eduardo Barreto de Oliveira, Kaizô Iwakami Beltrão e Antonio Carlos de Albuquerque David, "Dívida da União com a Previdência Social: uma perspectiva histórica" (texto para discussão 638, Rio de Janeiro: Ipea, 1999). O uso das reservas previdenciárias para o financiamento de projetos públicos ou mesmo de setores privados não era um comportamento atípico, como se pode ver na experiência do México na formação da previdência social do presidente Aleman na década de 1940 e no Estado fascista de Mussolini, durante a década de 1930. Veja Rose J. Spalding, "Welfare Policymaking: Theoretical Implications of a Mexican Case Study", *Comparative Politics* 12 nº 4 (jul 1980), pp. 419-438, e Maria Sophia Quine, *Italy's Social Revolution: Charity and Welfare from Liberalism to Fascism* (New York: Palgrave, 2002), p. 115.

19 Sobre as reformas e iniciativas relacionadas com a saúde naquele período, veja Cristina M. Oliveira Fonseca, *Saúde no Governo Vargas (1930-1945): dualidade institucional de um bem público* (Rio de Janeiro: Editora Fiocruz, 2007), André Luiz Vieira de Campos, *Políticas internacionais de saúde na era Vargas: O Serviço Especial de Saúde Pública, 1942-1960* (Rio de Janeiro: Editora Fiocruz, 2006), e Lina Faria, *Saúde e Política: a Fundação Rockefeller e seus parceiros em São Paulo* (Rio de Janeiro: Editora Fiocruz, 2007).

Apesar do debate intenso sobre a reforma da educação naquele período, o número de alunos do ensino fundamental e médio cresceu de forma relativamente lenta na era Vargas. No entanto, um novo e importantíssimo sistema de educação industrial sustentado pelo Estado foi implementado pelas associações industriais regionais que surgiram na década de 1930. Em 1939, ao decretar que grandes empresas com 500 funcionários ou mais disponibilizassem instalações operacionalizadas, o governo também exigiu que mantivessem "cursos de desenvolvimento profissional" para os trabalhadores.[20] Essa ideia de sistema de educação industrial organizado pela iniciativa privada foi incentivada tanto pelo novo Ministério do Trabalho como pela Federação das Indústrias do Estado de São Paulo (Fiesp) sob a liderança de Roberto Simonsen, em grande parte contra a vontade do Ministério da Educação.[21] Influenciados por ideias alemãs de aprendizado industrial moderno, os industriais lutavam pelo controle sobre uma área totalmente negligenciada pelo Estado até aquela época. O resultado foi a criação daqueles que se tornariam alguns dos maiores sistemas de educação industrial moderna geridos pela iniciativa privada do mundo: o Serviço Nacional de Aprendizagem Industrial (Senai), em 1942, e o Serviço Nacional de Aprendizagem Comercial (Senac), em 1946.[22] Os grandes industriais convenceram o Governo Federal a criar um imposto sobre a folha de pagamento para desenvolver um sistema escolar administrado por associações industriais privadas em cada estado. O Senai logo criou cursos de treinamento e inscrevia milhares de estudantes em programas de curto e longo prazo. Posteriormente, formaria um futuro presidente da República.[23] Em 2015, o Senac e suas filiais contavam com 1,9 milhão de estudantes matriculados em seus cursos,[24] ao passo que o Senai tinha mais de 600 escolas e programas no território brasileiro funcionando em 2.200 municípios.[25]

---

20 Simon Schwartzman, Helena M.B. Bomeny e Vanda M.R. Costa, *Nos tempos de Capanema* (São Paulo: Editora da Universidade de São Paulo e Paz e Terra, 1984).

21 Simonsen também havia sido uma das principais figuras, ao lado de Júlio de Mesquita Filho, proprietário do jornal *O Estado de S.Paulo*, e do líder político Armando de Sales Oliveira, como apoiador da criação da Universidade de São Paulo, Schwartzman, *A Space for Science*, cap. 5.

22 A Fiesp, o Senai e o Senac foram criados em 1946.

23 Sobre as origens do Senai, veja Barbara Weinstein, "The Industrialists, the State, and the Issues of Worker Training and Social Services in Brazil, *1930-50*", *Hispanic American Historical Review* 70 n. 3. (ago 1990), 379-404 e seu longo estudo: *For Social Peace in Brazil: Industrialists and the Remaking of the Working Class in São Paulo, 1920-1964* (Chapel Hill, N.C.: University of North Carolina Press, 1996).

24 Sesi, Senai, IEL, *Relatório Anual 2015*, p. 16.

25 Veja <http://www.senac.br/>.

As instituições de assistência e seguridade sustentadas por iniciativa do Estado rapidamente criaram um grupo bem qualificado de administradores que apoiavam e ampliavam a iniciativa do governo.[26] Ao mesmo tempo, a pressão pelo ampliamento da iniciativa era constante, e o número de pessoas que recebiam pensão, benefícios e serviços de saúde pelos novos IAPs crescia continuamente. As numerosas iniciativas sociais e econômicas empreendidas no período Vargas constituíram a base para um Estado de bem-estar moderno, embora ainda relativamente restrito à cobertura de uma parcela limitada do setor urbano moderno. As ideias e as instituições criadas naquela época influenciaram profundamente o desenvolvimento pós-1950 do Estado de bem-estar moderno. Portanto, não é de surpreender que todos os governos seguintes à era Vargas – fossem autoritários, fossem democráticos – seriam profundamente influenciados pelas mudanças efetuadas naquele período. Os governos pós-1950, tanto democráticos como autoritários, jamais questionaram o direito do Estado de intervir na economia nem a responsabilidade dele pelo bem-estar da população. Todos os regimes pós-Vargas reconheceram o crescente poder das classes trabalhadoras e a importância da nova classe média em criar estabilidade e apoiar qualquer governo eficaz. Assim, todos eles se comprometeram com a expansão dos serviços de bem-estar social e sua meta de acesso universal a saúde, educação e seguridade social.

Os frágeis governos democráticos de 1945 a 1964 tentaram levar adiante os programas de Vargas. O esforço mais importante do período foi a Lei Orgânica da Assistência Social (Loas), promulgada em 1960. A Loas incluiu em uma peça legislativa abrangente todas as instituições e direitos previdenciários básicos. A lei também ampliava direitos básicos para incluir apoio a gestantes, despesas de funeral e casas de repouso para idosos.[27] Embora com modificações posteriores, representa o marco fundamental da constituição do sistema. Naquela época, a abrangência da lei havia sido estendida também a todos os trabalhadores urbanos, exceto domésticos, malgrado os trabalhadores rurais ainda fossem excluídos. Essa situação foi resolvida em 1963, com a promulgação da primeira lei a oferecer seguridade aos tra-

---

26 Veja James Malloy, *The Politics of Social Security in Brazil* (Pittsburgh: University of Pittsburgh Press, 1979).

27 Veja, por exemplo, a Lei Suplementar n° 6.887, de 10 de dezembro 1980, disponível em: <http://www.planalto.gov.br/ccivil_03/LEIS/L6887.htm#art1>, que foi acrescentada ao código Loas de 1960 (Lei n° 3.807, 26 de agosto de 1960), disponível em: <http://www.planalto.gov.br/ccivil_03/LEIS/1950-1969/L3807.htm>.

balhadores rurais com a criação do Fundo de Assistência ao Trabalhador Rural (Funrural).

De certa maneira, a tomada do poder pelos militares em 1964 foi uma continuação do modelo autoritário de Vargas na legislação social. Embora destrutivos, esses governos deram continuidade e aprofundaram as políticas de bem-estar social iniciadas na era Vargas, com o mesmo objetivo de conquistar apoio popular e reprimir a mobilização popular por reformas, com um programa autoritário de expansão dos programas de seguridade social.

Os governos que se seguiram ao período Vargas ampliaram tais políticas e suas formas de financiamento, inclusive durante o regime militar, embora fossem hostis às mobilizações trabalhistas e populares. A ascensão de um forte movimento trabalhista aliado a líderes políticos radicais foi um dos principais fatores que levaram os militares ao poder. Mas, em vez de abolir os sindicatos, usaram a legislação de Vargas para controlar e neutralizar tais associações. Com a necessidade de reduzir conflitos trabalhistas e conquistar apoio da crescente classe média, os militares se comprometeram a ampliar o sistema de bem-estar social e modernizar sua administração. Também permaneceram fiéis à visão de Vargas de criar um Estado industrial moderno, bastante centralizado, conservador e com pouca mobilização popular.

O período militar foi uma era de grandes mudanças sociais, muitas das quais produto de processos que precederam o regime militar, mas se intensificaram naquela fase. O período de rápida industrialização foi provavelmente a época da maior e mais rápida mobilidade social na história brasileira, à medida que uma nova elite industrial e burocrática surgia, vinda inclusive das classes mais humildes, em comparação com o que ocorria nas sociedades industriais mais desenvolvidas. Foi também um período de intensa migração interna, das áreas pobres para as mais ricas do país, combinado com um rápido e intenso crescimento das regiões metropolitanas. O caótico crescimento urbano também resultou na expansão de assentamentos ilegais, precários e sem infraestrutura básica em todas as grandes cidades.

Em um esforço bem-sucedido para conquistar apoio das classes médias urbanas emergentes, os militares realizaram uma expansão expressiva do ensino e educação gratuita no nível fundamental e médio, assim como a ampliação do ensino universitário e técnico. O governo também compensava suas políticas salariais repressivas por meio de políticas de seguridade social, que ocasionaram importantes avanços na saúde e na expansão do sistema nacional de aposentadorias e pensões, envolvendo até um programa massivo de moradia e saneamento. Nesse aspecto, o período militar foi uma época em que o Brasil enfim estabeleceu as bases de um sistema de bem-estar social moderno. Embora tenha se baseado em modelos autoritários e tecnocráticos, os regimes democráticos após 1985 mantiveram a estrutura básica, mesmo enquanto continuavam a modificar o sistema.[28]

Como resultado da completa reorganização do sistema financeiro do Brasil, os militares conseguiram criar um mercado de crédito de médio e longo prazo e também estabeleceram as bases do mercado da dívida pública. Uma parte dessa reorganização foi o novo plano de financiamento de hipotecas, com a criação do Banco Nacional da Habitação (BNH) e seus agentes no setor financeiro. Foram gerados fundos para habitação por meio de um sistema nacional de poupança obrigatória. Até 1963, os funcionários demitidos eram indenizados pelo pagamento do salário de um mês para cada ano trabalhado na empresa. Após dez anos de serviço, o empregador era obrigado a dobrar a indenização. Esse modelo limitava a mobilidade do trabalho. O sistema foi abolido em 1966 e substituído pelo Fundo de Garantia por Tempo de Serviço (FGTS), financiado pelo imposto sobre a folha de pagamento, com 8% pago pelos empregadores. O fundo deveria ser usado como um tipo de "seguro desemprego" para qualquer trabalhador demitido ou poderia ser utilizado como fundo de reserva pelo trabalhador para aposentadoria ou compra de moradia. A maior parte do valor acumulado pelo FGTS era orientada para o sistema habitacional, que utilizava os recursos para um extraordinário programa de habitação e saneamento.[29] Como ocorria um intenso processo de urbanização e crescimento das cidades, os recursos do FGTS representavam a principal fonte de financiamento para o saneamento e a construção de moradias para a classe média e as classes trabalhadoras. O sistema financiava não só o processo de construção, desenvolvido em grande parte na forma empresarial, como também propiciava o financiamento a longo pra-

---

28 Sonia Draibe, "O *Welfare State* no Brasil: características e perspectivas", *Caderno de Pesquisa* (Unicamp, NEPP), nº 8 (1993), pp. 19-21, definiu o período como aquele que instituiu o Estado de bem-estar social no Brasil, com a universalização de serviços e a criação de instituições governamentais atuantes em todas as áreas definidas por um Estado de bem-estar social. Embora esse modelo tenha sido profundamente reformado no período pós-ditadura militar, a estrutura básica foi elaborada nas décadas de 1960 e 1970.

29 J. Malloy, *op. cit.*, pp. 125-126.

zo para os compradores. Esse financiamento para a compra residencial era uma novidade no Brasil.[30]

Nos vinte e um anos do período militar, o Brasil passou a ser uma sociedade predominantemente urbana e industrial, e, pela primeira vez, a população rural começou a registrar taxas de crescimento negativas. Esse fato, em combinação com o início da modernização na agricultura, resultou em migração interna substancial, tanto para as cidades como para as fronteiras abertas do país. No entanto, o Brasil se caracterizava por grandes desigualdades em termos de renda e cor da pele da população, o que se refletiu no aumento inicial das disparidades regionais. Embora todas as regiões tivessem registrado avanços significativos em relação a riqueza, saúde e educação, o Nordeste mudou mais lentamente e ficou para trás das demais. Na década de 1980, as regiões mais avançadas do Brasil atingiram o padrão de vida dos países desenvolvidos, ao passo que o Nordeste ainda permanecia nos níveis dos países subdesenvolvidos da África e Ásia. Pode-se dizer que essa foi a ocasião em que as diferenças regionais foram as mais notáveis na história do país por causa do crescimento econômico explosivo e sua concentração inicial nas regiões Sul e Sudeste.

As políticas destinadas a criar uma base industrial constituíam o núcleo do regime militar. Ao controlar salários, fechar o mercado para produtos estrangeiros e investir em infraestrutura básica, o governo incentivava o investimento em atividades industriais, resultando em um crescimento econômico extraordinariamente rápido, que já era elevado antes da tomada do poder pelos militares.[31] Ocorreu também uma mudança estrutural importante no mercado de trabalho, com aumento massivo nos empregos no setor de serviços e na indústria. De 1960 a 1980, o número de trabalhadores do setor primário permaneceu constante em 11 milhões, ao passo que o setor secundário passou de 2,4 milhões para 9 milhões de trabalhadores, e o terciário de 5,2 milhões para 11,4 milhões.[32]

Em resposta à expansão do número de trabalhadores urbanos e da classe média, o governo militar se dedicou a modernizar e estabilizar o sistema

---

30 Francisco Vidal Luna e Herbert S. Klein, *Brazil since 1980* (New York: Cambridge University Press, 2006), cap. 3.

31 Segundo cálculos usando valores de 2006, a renda per capita dobrou de R$ 2.110 em 1940 para R$ 4.490 em 1960. Posteriormente cresceu em ritmo ainda mais acelerado para R$ 11.040 em 1980. Em 1960, a agricultura ainda respondia por 18 % do PIB e, em 1980, caiu para 11%, enquanto a porcentagem da indústria no PIB crescia de 33% para 44%, o maior nível no século XX. Adalberto Cardoso, "Transições da Escola para o Trabalho no Brasil: Persistências da Desigualdade e Frustação de Expectativas", *Dados: Revista de Ciências Sociais*, 51 nº 3 (2008), p. 573.

32 C.A.C. Ribeiro, *Estrutura de classe e mobilidade social no Brasil* (Bauru, SP: Educ, 2007), p. 310, tabela 6.

previdenciário pós-Vargas.[33] Em 1966, o IAPS e o CAPS foram substituídos pelo Instituto Nacional de Previdência Social (INPS), que colocou o sistema inteiro em posição financeira mais sólida e ampliou a cobertura para uma proporção maior da população nacional. Em 1968, dois anos após sua fundação, o INPS contava com 7,8 milhões de participantes nos planos de pensão.[34] Na década de 1970, o INPS expandiu sistematicamente a cobertura de trabalhadores brasileiros e, em 1971, ela foi estendida para trabalhadores rurais, transformando o Funrural, pela primeira vez, em um verdadeiro instrumento de seguridade. Enfim, em 1972, os trabalhadores domésticos foram incorporados ao sistema.

Daí em diante, o registro de trabalhadores segurados cresceu rapidamente: em 1980, o INPS havia triplicado o número de segurados para 24 milhões de pessoas.[35] Ao lado das pensões e seguros de vários tipos, o INPS e o Funrural também começaram a oferecer benefícios de saúde pelo Inamps. Enfim, em 1974, foi criado um Ministério de Previdência Social independente, que incorporou todos os planos de seguro, pensões e serviços de saúde em uma única pasta.

O crescimento de serviços de seguridade e de saúde foi fundamental para promover um rápido declínio da mortalidade infantil no período. Quando foi estabelecido o Ministério da Previdência Social, em 1974, houve uma clara delimitação entre pensões e saúde, com a última então sob o Instituto Nacional de Assistência Médica e Previdência Social (Inamps).[36] Várias outras mudanças institucionais levaram a uma grande expansão do sistema de saúde pública. Entre 1970 e 1980, as hospitalizações passaram de 6 milhões para 13 milhões – sendo o último resultado a norma até hoje.[37] Finalmente, na década de 1960 foram criados programas nacionais para a imunização infantil.[38] O crescimento na saúde

---

33 Malloy, *op. cit.*, pp. 124-125. O primeiro ministro do Trabalho no regime militar, Arnaldo Lopes Süssekind, era especialista em seguridade social.

34 IBGE, *Estatísticas do Século* xx (2003).

35 Ibidem.

36 Mauricio C. Coutinho e Cláudio Salm, "Social Welfare", *in* Edmar L. Bacha e Herbert S. Klein, ed., *Social Change in Brazil 1945-1985, The Incomplete Transformation* (Albuquerque: University of New Mexico Press, 1989), pp. 233-262.

37 Jairnilson Paim, Claudia Travassos, Celia Almeida, Ligia Bahia, e James Macinko, "The Brazilian Health System: History, Advances, and Challenges", *The Lancet 377*, nº 9779 (2011), p. 5.

38 Sobre as campanhas de vacinação contra varíola e polio nesse período, veja Gilberto Hochman, "Vacinação, varíola e uma cultura da imunização no Brasil", *Ciência & Saúde Coletiva* 16 (2011), pp. 375-386; e Ricardo Becker Feijó e Marco Aurélio P. Sáfadi, "Imunizações: três séculos de uma história de sucessos e constantes desafios", *Jornal de Pediatria: Rio de Janeiro* 82, n. 3, supl. (jul. 2006): S1-S3. A década de 1970 e o início dos anos 1980 foram também um período de grandes debates entre aca-

pública teve impacto direto sobre a mortalidade. Por outro lado, a taxa de mortalidade bruta foi de 15 óbitos por mil habitantes. Essa taxa mudaria pouco na década seguinte, mas começou a declinar em ritmo mais rápido nos anos posteriores, caindo para 8 óbitos por mil habitantes no início dos anos 1980.

Essa queda foi motivada principalmente pelo declínio contínuo da mortalidade infantil, que caiu pela metade: de 135 óbitos de bebês para mil nascidos vivos em 1950/55 para apenas 63 óbitos por mil nascidos vivos em 1980/85. O impacto desse declínio também é observado na queda contínua da importância das mortes de jovens (0-14 anos) como porcentagem do total de mortes de brasileiros, que passou de mais da metade de todas as mortes notificadas para apenas um terço das mortes no início da década de 1980. Ao mesmo tempo, houve um rápido aumento na porcentagem total de mortes de idosos (pessoas com mais de 65 anos), que passou de 14% de todas as pessoas que faleceram na década de 1950 para um terço das mortes no início da década de 1980.[39]

Apesar de todas as hostilidades à livre manifestação do pensamento, os programas desenvolvidos no período militar na área de educação e pesquisa científica foram significativos. Embora houvesse um progresso lento, mas contínuo, no desenvolvimento do ensino fundamental e médio, a partir da década de 1960 foi dado um grande impulso a estas duas áreas de atividade. Em 1960, somente 73% das crianças de 5-9 anos frequentavam a escola de ensino fundamental, mas o resultado subiu para 89% em 1968. Embora valores comparáveis não estejam disponíveis para os anos posteriores, em 1985 cerca de 79% das crianças de 5 a 14 anos frequentavam as escolas de ensino fundamental.[40] Vale destacar que tanto as matrículas do ensino médio como da universidade cresceram mais depressa do que a população nacional no período de 1960 a 1980.[41]

As mudanças mais drásticas ocorreram no sistema de ensino médio. Enquanto o ensino fundamental havia trilhado um longo caminho de crescimento, estimulado por investimentos contínuos, uma importante

---

dêmicos e médicos sobre a natureza do sistema de saúde que tiveram efeito profundo na criação do SUS e nas reformas de descentralização da saúde implementadas no período pós-ditadura militar. Veja Hésio Cordeiro, "Instituto de Medicina Social e a luta pela reforma sanitária: contribuição à história do SUS", *Physis* 14, n. 2 (2004), pp. 343-362.

39 Celade, "Brasil: Índices de Crescimento Demográfico". Disponível em: <http://www.eclac.org/celade/proyecciones/basedatos_BD.htm>.

40 Ribeiro, *op. cit.*, tabela 4, p. 309.

41 Simon Schwartzman, *A Space for Science: The Development of the Scientific Community in Brazil* (College Station, Pa.: The Pennsylvania State University Press, 1991), tabela 10.

iniciativa ocorreu em direção à expansão e à mudança no ensino médio. Entre 1963 e 1984, o número de professores do ensino médio dobrou, de aproximadamente 121 mil para 215 mil, sendo que as matrículas aumentaram de 1,7 milhão para 3 milhões. Mas a grande mudança ocorreu no papel desempenhado pelo governo no ensino médio. Em 1963, cerca de 60% dos estudantes do ensino médio estavam matriculados em escolas particulares, mas em 1984 isso se reverteu, e, atualmente, 65% dos estudantes estão matriculados em escolas públicas.[42] Esses aproximadamente 3 milhões de estudantes do ensino médio constituem 22% de todos os jovens de 15-19 anos, sendo que apenas 12% desse grupo etário estava matriculado em 1972.[43]

Foi também um período em que o governo, pela primeira vez na história, investiu maciçamente em ciência e tecnologia, tanto que um dos principais estudiosos da história das ciências no Brasil declarou esse período como o "primeiro" Grande Salto do Desenvolvimento.[44] Em 1964, o Banco Nacional de Desenvolvimento Econômico e Social (BNDES) estabeleceu um Fundo de Tecnologia de dez anos com US$ 100 milhões. Posteriormente, em 1974, o pequeno conselho nacional de pesquisa se expandiu e foi financiado de forma mais apropriada para se tornar o CNPq (Conselho Nacional de Desenvolvimento Científico e Tecnológico). O governo começou a investir maciçamente em pesquisas avançadas, assim como em infraestrutura básica e desenvolvimento industrial, tudo em nome de um programa nacionalista. Ao mesmo tempo, cientistas da Universidade de São Paulo e um número crescente de novos centros de pesquisas pressionaram pela criação de uma instituição nos moldes da National Science Foundation (NSF) dos Estados Unidos. Foi a NSF que desempenhou um papel crucial nos Estados Unidos do pós-guerra ao transformar o país em um centro de ciência e tecnologia de primeiro mundo. Em 1951, o governo brasileiro estabeleceu o CNPq nos moldes da NSF, e em 1953 criou um fundo de bolsas de estudo para a formação de estudantes principalmente em ciências. O programa era administrado pela Coordenação de Aperfeiçoamento de Pessoal de Ní-

---

42 Os resultados foram extraídos do *Anuário Estatístico do Brasil*, 1964, pp. 341-342, e do *Anuário Estatístico do Brasil*, 1986, pp. 174-175.

43 Ribeiro, *op. cit.*, p. 309, tabela 4.

44 Schwartzman, *op. cit.*, cap. 9.

vel Superior (Capes), que havia sido fundada em 1951.[45] Na década de 1960, centenas de cientistas brasileiros se formaram no exterior, sobretudo nos Estados Unidos e na Inglaterra. Ao retornar ao Brasil, formaram um poderoso grupo de pressão para a criação de laboratórios modernos e outras importantes ferramentas de pesquisas que permitiram ao Brasil competir nesse novo mundo do pós-guerra. Em 1968, foi promulgada uma nova Lei de Reforma Universitária, que estabeleceu essencialmente o mesmo sistema norte-americano de departamentos e três níveis de graduação: faculdade, mestrado e doutorado. As universidades federais fundadas em Minas Gerais e em Brasília foram desenvolvidas nesses moldes, e novas universidades públicas apoiadas pelo Governo Federal foram logo instituídas em todos os estados. O estado de São Paulo fundou uma nova universidade estadual na cidade de Campinas dois anos antes, com uma representação significativa de professores estrangeiros, a Unicamp, e rapidamente se transformou numa das mais importantes do país. A Unicamp se destinava desde o início a ser um centro de pesquisas avançadas, especialmente em Física, sendo que vários cientistas brasileiros que trabalhavam na Bell Labs e em universidades americanas voltaram para atuar na nova universidade.[46] O governo também criou programas de pesquisas aeronáuticas, computacionais e nucleares, tanto na universidade como fora dela. Esse esforço levou o Brasil a se tornar um protagonista no mundo das ciências e, ao lado da Índia e da China, foi um dos poucos países do mundo menos desenvolvido a ter condições de começar a competir em âmbito internacional.

A expansão do ensino médio, especialmente, começou a causar um lento crescimento no número de estudantes de nível superior. Em 1984, havia 68 universidades no Brasil, sendo 35 federais, 10 estaduais, 2 municipais e 20 instituições privadas. A população de estudantes universitários cresceu de 142 mil em 1964 para 1,3 milhão em 1984, com o número de mulheres ultrapassando ligeiramente o de homens.[47] Dentro desse grupo, os programas de pós-graduação dobraram as matrículas de estudantes para cerca de 40 mil em meados da década de 1980.[48] A porcentagem de jovens de 20-24

---

45 Campanha Nacional de Aperfeiçoamento de Pessoal de Nível Superior. Sobre a história dessa instituição, veja: <http://www.capes.gov.br/sobre-a-capes/historia-e-missao>.

46 Schwartzman, *op. cit.*, cap. 9.

47 Carlos Benedito Martins, "O ensino superior brasileiro nos anos 90", *São Paulo em Perspectiva* 14(1) (2000), pp. 42, 43, 48, tabelas 1 e 4; e para a classificação por sexo, veja *Anuário Estatístico do Brasil*, 1984, p. 251, tabela 2.6.

48 Schartzman, *op. cit.*, tabela 10.

anos que frequentavam instituições de ensino superior – universidades e escolas técnicas – cresceu de apenas 2% desse coorte etário em 1965 para 12% em 1985.[49]

Esse aumento na escolaridade reduziu rapidamente as taxas de analfabetismo em âmbito nacional. Em 1970, os alfabetizados eram dois terços da população e, em 1980, representavam 74%.[50] Somente no Censo de 1960, pela primeira vez, mulheres e homens alfabetizados constituíam a maioria da população. Em 1950, homens de 10 anos ou mais haviam se tornado, pela primeira vez, em sua maioria, alfabetizados; no entanto, naquele ano, as mulheres ainda registravam uma taxa de 44% de alfabetização. Em 1960, o ano crucial da transição, as mulheres alfabetizadas respondiam por 57% da população feminina de 10 anos ou mais e os homens haviam atingido 64% do grupo etário masculino.[51] No entanto, somente no início dos anos 1980 elas se tornaram tão alfabetizadas quanto os homens, em grande parte como resultado de um aumento significativo no número de mulheres frequentando a escola.

Uma reforma duradoura e de alto custo estabelecida naquele período foi o programa de renda garantida para pessoas com deficiência e outras de qualquer idade incapazes de atuar no mercado de trabalho, assim como pessoas de mais de 70 anos que não tinham pensão ou outros meios de suporte financeiro. A Renda Mensal Vitalícia (RMV) foi criada em 1974 para esses dois grupos da população e estipulava inicialmente que as pessoas obteriam uma determinada porcentagem de um salário mínimo vitalício, contanto que não estivessem recebendo nenhuma renda nem fossem sustentadas pela família.[52] Na Constituição Federal de 1988, essa prerrogativa foi definida como direito constitucional, e o valor foi reajustado para chegar a um salário mínimo integral vitalício, independentemente da contribuição ou não para o INSS, e a idade para os idosos sem pensão foi reduzida para 65 anos. O programa de 1996 ficou conhecido como Benefício de Prestação Continuada da Assistência Social (BPC) e se tornaria aquele de maior custo entre os de transferência de renda ou assistência social, com extraordinário impacto social.

---

49 Ribeiro, *op. cit.*, p. 309, tabelas 4 e 5.
50 IBGE, *Estatísticas do Século XX*, tabela "População1981aeb-002". Disponível em: <http://www.ibge.gov.br/seculoxx/arquivos_xls/populacao.shtm>.
51 Ibidem, tabela pop_1965aeb-06.2. Disponível em: <http://www.ibge.gov.br/seculoxx/arquivos_xls/populacao.shtm>.
52 Veja <http://www.planalto.gov.br/ccivil_03/leis/L6179.htm>.

Em 1985, o retorno para a democracia abriu o país para novos movimentos e ideias. Em relação ao Estado de bem-estar social, a reforma mais significativa foi um movimento no sentido de organizar uma estrutura descentralizada e mais democrática. A maior parte das ideias reformistas encontrou expressão na nova Constituição de 1988, altamente avançada em termos de direitos políticos e sociais, estendendo aos analfabetos o direito a voto e reduzindo a idade mínima para votar. Exigia também que o governo oferecesse apoio a saúde, educação e meios de subsistência econômica para os cidadãos. No entanto, não conseguiu organizar totalmente os acordos financeiros e institucionais do Estado.[53] A Carta Magna refletia o conflito de muitos segmentos da sociedade então libertos dos grilhões da ditadura, mas sem um grupo ou visão dominante. A consequência da acomodação de múltiplos grupos de pressão criou dificuldades para os novos governos democráticos, que foram obrigados a elaborar mais de 100 emendas à Constituição para possibilitar maiores flexibilidade econômica, equidade e equilíbrio fiscal. A universalização de direitos foi imposta sem uma base fiscal correspondente para permitir sua plena implantação. Muitos monopólios públicos foram consagrados sob pressão de grupos nacionalistas ou como reflexo de interesses corporativos, que posteriormente se comprovaram inadequados, sobretudo quando foram exigidas maiores abertura e globalização da economia do país.

Tendo expandido e reforçado a maior parte das estruturas do Estado de bem-estar social, os novos governos democráticos pós-1985 se defrontaram com uma crise inflacionária e um lento crescimento e foram obrigados a adotar políticas ortodoxas recessivas. O final do regime militar e a abertura democrática dificultaram a continuidade das medidas recessivas. No entanto, a situação geral era crítica devido à deterioração das contas públicas, ao estrangulamento externo e à inflação alta e ascendente.[54] Para enfrentar a crise, tentaram-se vários planos não ortodoxos, sem resultados para estancar a aceleração inflacionária, que atingiu cerca de 50% ao mês. A elevada

---

53   O PT não aprovou a nova Constituição. Em entrevista à *Folha de S. Paulo* (05.12.2008), o então presidente Lula admitiu que foi um erro, afirmando que "o PT chegou ao Congresso com uma proposta de Constituição pronta e acabada que, se fosse aprovada, certamente seria muito mais difícil governar do que hoje. Como um partido de oposição que nunca havia chegado ao poder, tínhamos soluções mágicas para todas as mazelas do país. Talvez não nos déssemos conta de que, num prazo tão curto de tempo, poderíamos chegar ao governo. E aí teríamos a responsabilidade de colocar em prática tudo o que propúnhamos".

54   Em março de 1985, quando Sarney assumiu a presidência, a inflação mensal era da ordem de 12%. Depois de dois anos de governo e após o fracasso do primeiro plano heterodoxo para controle da inflação (Plano Cruzado), o país foi obrigado a decretar moratória da dívida externa, que teria sérias consequências para a posição internacional do Brasil (fev 1987).

Gráfico 5.1 Variação do PIB por década, 1960-2000 (em US$ 2004)

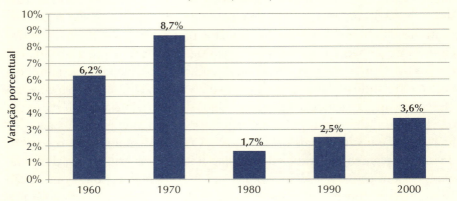

Fonte: Ipeadata, GAG_PIBCAP

inflação distorcia completamente o sistema de preços e restringia o crescimento, que permaneceu baixo durante uma década e reduziu a renda dos assalariados e dos segmentos mais pobres da população. Somente em 1994 tornou-se possível a implementação de um plano de estabilização, que controlaria definitivamente a inflação elevada persistente durante meio século. O Plano Real foi um marco na política econômica brasileira.

Do ponto de vista político, os anos 1980 e 1990 foram um período de avanços democráticos significativos, mas, do ponto de vista econômico, eles interromperam o longo ciclo de crescimento registrado nas primeiras sete décadas do século.[55] A crise econômica comprometeu as condições sociais da população e dificultou implantar muitas das obrigações sociais impostas pela nova Constituição (**Gráfico 5.1**).

Mas com o Plano Real de 1994 e a estabilização e o crescimento subsequentes da economia, o governo de Fernando Henrique Cardoso e os posteriores conseguiram avanços nos programas de bem-estar social. O estancamento da inflação e do imposto inflacionário que afetava especialmente os pobres é um dos fatores fundamentais para explicar o desempenho excepcional na área social registrado pelo país nos últimos anos. A demanda doméstica irrompeu sob o Plano Real, particularmente no que se refere a bens de consumo dos grupos de baixa renda. O processo de mobilidade

---

55 Ipeadata. PIB var. real anual (% a.a.) – Instituto Brasileiro de Geografia e Estatística, Sistema de Contas Nacionais Referência 2000 (IBGE/SCN 2000 Anual) - SCN_PIBG.

social, que começava a afetar todas as classes, ocorreu não apenas por causa do Plano Real, mas também graças ao aumento da oferta de emprego, que crescia significativamente. Durante vários anos, o país manteve altos níveis de emprego e baixas taxas de desemprego, especialmente no primeiro mandato de Lula.[56] Foi também um período em que o emprego formal aumentou em detrimento do mercado de trabalho informal, criando um crescente contingente de trabalhadores com direito a benefícios sociais e financiamento da aposentadoria pelo INSS (Gráfico 5.2).

Portanto, no final dos anos 1990, o Estado finalmente conseguiu implantar com sucesso muitos dos direitos estabelecidos na Constituição de 1988. O sistema integrado de seguridade social e assistência social, previsto na Constituição de 1988, incluía os servidores do Governo Federal, sendo que todos os trabalhadores privados foram inseridos em um sistema previdenciário unificado. O financiamento do sistema foi colocado em uma base tributária mais sólida e o valor das pensões foi indexado à inflação. Enfim, os direitos de pensão se tornaram universais para todos os homens e mulheres na área rural, fossem ou não trabalhadores registrados e independentemente de terem contribuído ou não para o sistema previdenciário. No início dos anos 1990, essas múltiplas medidas foram consolidadas na Lei Orgânica da Seguridade Social (Loas). Os programas de assistência e seguro social foram reorganizados em um novo INSS, que substituiu o INPS e o Funrural, além de outros setores específicos de assistência social, envolvendo também a transferência de todas as atividades de atendimento à saúde para o Ministério de Saúde.[57]

Nesse aspecto, o Brasil se afastava essencialmente da maior parte das reformas previdenciárias neoliberais realizadas na América Latina, a começar pelo Chile, na década de 1980 e posteriormente expandida para muitos países da América Latina nos anos 1990. Ao contrário de muitos outros países, o Brasil não privatizou os planos previdenciários. Em vez disso, consolidou e racionalizou seu sistema único de repartição, embora tivesse aberto as portas para os planos complementares.[58] Em 2004, estimava-se que cerca

---

56 A taxa de desemprego nas áreas metropolitanas era de 13% em 2001, caindo para 7,9% em 2011, e ainda mais em 2014. Ipeadata. Tabela Taxa de desemprego - (%) - Instituto de Pesquisa Econômica Aplicada (Ipea) - DISOC_DESE.

57 Beltrão et al., *"Population and Social Security in Brazil"*, pp. 5-6.

58 Para diferenças comparativas com base em outras reformas regionais, veja Florencia Antía e Arnaldo Provasi, "Multi-Pillared Social Insurance Systems: The Post-Reform Picture in Chile, Uruguay and Brazil", *International Social Security Review*, 64:1 (2011), pp. 53-71; Fabio M. Betranou e Rafael Rofman, "Providing Social Security in a Context of Change: Experience and Challenges in Latin America, International Social Security Review", 55 nº 1 (2002), pp. 67-82, e Alex Segura-Ubiergo, *The political eco-*

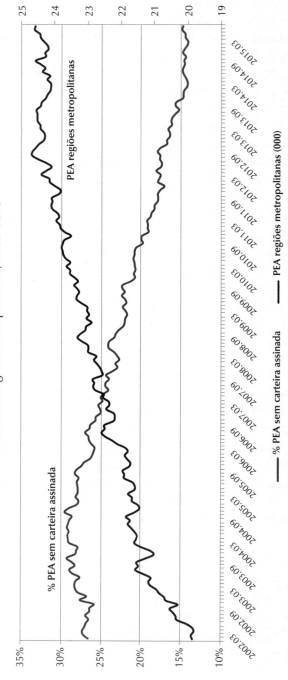

Gráfico 5.2 População economicamente ativa (PEA) e trabalhadores sem carteira assinada, todas as regiões metropolitanas, 2002-2015

Fonte: IBGE-Pesquisa Mensal Emprego; Seade

de 42 milhões de trabalhadores brasileiros (de 16 a 59 anos) contribuíam para o INSS e para os sistemas de pensão estaduais e municipais (cerca de 29,7 milhões por meio do Regime Geral de Previdência Social [RGPS], outros 7,7 milhões de trabalhadores rurais pelo RGPS e 4,8 milhões pelos planos de pensão para servidores públicos), e cerca de 22 milhões eram beneficiários. Embora aproximadamente 27 milhões de trabalhadores ativos ainda não estivessem cobertos,[59] em 2009 estimava-se que significativos 59,3% da população economicamente ativa estavam incluídos em algum plano de pensão.[60]

Esse novo compromisso com planos universais de pensão, especialmente para trabalhadores rurais e idosos que não contavam com planos de pensão, teve um impacto profundo na redução da indigência e da pobreza entre as populações mais idosas e residentes da área rural.[61] Embora as pensões rurais fossem originalmente bem pequenas – cerca de 85% da população rural recebia menos do que o salário mínimo em 1985 –, progressivamente se tornaram mais importantes. Na Constituição de 1988, a pensão básica para aposentados rurais foi aumentada para 1 salário mínimo.[62] Estima-se que as pensões para trabalhadores rurais não apenas reduziram a pobreza rural, como também diminuíram significativamente a desigualdade no Brasil rural.[63] De fato, o Brasil está entre os países mais avançados no mundo em desenvolvimento na redução de níveis de pobreza na população rural.[64]

---

nomy of the welfare state in Latin America: globalization, democracy, and development (Cambridge: Cambridge University Press, 2007).

59 Informe de Previdência Social, 16:5 (maio 2004), pp. 1, 18. O crescimento do número de beneficiários foi muito rápido. A partir de 1995, somente 15,7 milhões de pessoas se beneficiavam do sistema e, em 2003, esse número havia crescido 40%, atingindo 21,7 milhões de beneficiários. Informe de Previdência Social, 16:2 (fev 2004), p. 1.

60 Essa porcentagem era de 53,8% em 2002. Ipea, Políticas sociais: acompanhamento e análise, v. 19 (2011), p. 18, tabela 1, "Evolução da cobertura previdenciária – 2002-2009".

61 Em 1999, aproximadamente 79% dos brasileiros de 60 anos ou mais recebiam pensão. Helmut Schwarzer e Ana Carolina Querino, Benefícios sociais e pobreza: Programas não contributivos da seguridade social brasileira (Brasília: Ipea, texto para discussão nº 929, 2002), p. 7.

62 Kaizô Iwakami Beltrão e Sonoe Sugahara Pinheiro, Brazilian Population and the Social Security System: Reform Alternatives (texto para discussão 929, Rio de Janeiro: IPEA, 2005), p. 6.

63 Estima-se que em 2002 o índice de Gini de distribuição de renda, excluindo-se pensões, seria de 0,56, caindo para 0,52, quando se incluíam pensões. Beltrão e Pinheiro, op. cit., p. 12.

64 Aproximadamente 35% das pessoas que recebiam pensão em 2003, com residência declarada, viviam na área rural, uma proporção muito maior do que a da população total. Informe da Previdência Social, 16:2 (fevereiro de 2004), p. 1. A forma incomum adotada pelo Brasil para conceder aposentadoria para os idosos rurais, mesmo para os padrões latino-americanos, pode ser vista em Celade, Los adultos mayores en América Latina y el Caribe, datos e indicadores (Boletín Informativo, Edición Especial; Santiago do Chile, 2002), gráficos 8, 9, 16, 18.

Portanto, pela primeira vez, o fato de ser idoso e residente rural não possui mais correlação automática com a pobreza no Brasil.

A década de 1990 também marcou o início dos modernos programas de transferência de renda que tiveram grande impacto no Brasil, assim como em muitos países em desenvolvimento. O governo Cardoso estabeleceu vários programas de transferência de renda que foram expandidos e consolidados em um único programa pelo governo Lula e, atualmente, os benefícios atingem uma parte importante da população nacional. No primeiro mandato de Cardoso foi criado o Programa de Erradicação do Trabalho Infantil (Peti) – que se expandiu em 2001 em um programa "bolsa escola" mais completo, um plano nacional destinado a eliminar o trabalho infantil e incentivar a frequência à escola pelo pagamento de um valor condicional em dinheiro para famílias pobres com crianças em idade escolar contanto que as mantivessem na escola.[65] O Bolsa Escola e o Bolsa Alimentação do governo Cardoso se concentravam nas famílias pobres com filhos. O Bolsa Escola beneficiou famílias de baixa renda com filhos de 6 a 15 anos, e o Bolsa Alimentação atendia famílias com crianças de até 7 anos. A estrutura dos dois programas era praticamente igual, com pagamentos diretos aos beneficiários por meio de cartões eletrônicos.[66] No governo Lula, ocorreu uma mudança nos programas de transferência de renda, com o lançamento do Bolsa Família,[67] que unificou todos os programas de transferência de renda e mudou o perfil dos beneficiários, incluindo a renda média da família, assim como o número de filhos e a idade deles. Atualmente, há 13,8 milhões de famílias beneficiárias do Bolsa Família.[68] Foi um dos programas mais populares criados pelo governo Lula.[69] Ainda mais significativo foi o crescimento do Benefício de

---

[65] Schwarzer e Querino, *op. cit.*

[66] Sonia Rocha, "Impacto sobre a pobreza dos novos programas federais de transferência de renda". Associação Nacional dos Centros de Pós-Graduação em Economia (n.d.). Disponível em: <http://www.anpec.org.br/encontro2004/artigos/A04A137.pdf>.

[67] Ao assumir o governo, em 2003, Lula lançou com grande aplauso o Programa Fome Zero, mas, devido às dificuldades de implementação, foi também incorporado ao Programa Bolsa Família.

[68] Ministério do Desenvolvimento Social, <http://www.mds.gov.br/bolsafamilia>. Além dos critérios de renda, há condições na área da educação (como frequência mínima à escola) e na área da saúde, incluindo levar as crianças para clínicas de saúde para monitoramento e participação em campanhas de vacinação. Marcelo Medeiros, Tatiana Britto e Fábio Soares, *Programas focalizados de Transferência de Renda no Brasil: Contribuições para o Debate* (texto para discussão 1283, Brasília: Ipea, 2007), p. 8.

[69] Para uma análise desses programas, veja Rocha, "Impacto sobre a pobreza dos novos programas federais". Vários especialistas argumentam que a preferência dos programas de governo pelo Bolsa Família em relação a outros benefícios de prestação continuada, tais como a transferência mensal de renda para pessoas com graves deficiências, de todas as idades, e pessoas com mais de 65 anos, se deve ao grande efeito político do Bolsa Família. Medeiros, Britto e Soares, *op. cit.*, pp. 9-10.

Prestação Continuada (BPC), ou Renda Mensal Vitalícia (RMV), ou dos benefícios vitalícios mensais para pessoas com deficiência e idosos com mais de 65 anos sem pensão. Em 2018, esse programa era quase o dobro do Bolsa Família.[70] Vale ressaltar que todas as transferências de renda se baseavam no mesmo nível do salário mínimo, que aumentou de valor real ao longo do tempo (Gráfico 5.3).

Os resultados das políticas de transferência de renda podem ser observados nas transformações sociais que ocorreram no Brasil nas últimas duas décadas do século XX e na primeira década do século XXI. Muitas dessas tendências, evidentes no período de 1945 a 1980, aceleraram-se na era democrática pós-militar, sendo que as mudanças mais significativas foram as que influenciaram a pobreza, o crescimento populacional, a saúde e a educação, ocasionando um declínio considerável nas disparidades regionais. Nos últimos trinta anos, todos os estados e regiões do país se aproximaram dos padrões dos estados mais avançados do Sul e Sudeste, mostrando que o ritmo de desenvolvimento das regiões mais pobres geralmente registrava uma taxa mais acelerada do que as avançadas. Portanto, os estados do Nordeste atingiram níveis de renda, educação, fecundidade e mortalidade cada vez mais próximos aos do Sul e Sudeste. Embora a sociedade brasileira ainda permaneça extraordinariamente desigual, reduziu-se a ruptura mais extrema do país entre o norte, atrasado e pobre, e o sul, industrializado e moderno. Classe, raça e região ainda definem grandes desigualdades no Brasil, mas não são mais tão substanciais em termos geográficos para definir duas sociedades diferentes. A industrialização, a urbanização e a modernização da agricultura em todo o país também reduziram as diferenças entre as regiões e, portanto, desaceleraram os movimentos da população entre elas. O final da década de 1980 representou o pico de migração entre regiões no

---

[70] Os dados mais recentes de beneficiários do programa Benefícios de Prestação Continuada (BPC) são de 2015 e incluem um total de 4,2 milhões de pessoas que recebem tais benefícios, das quais 2,3 milhões apresentavam alguma deficiência e 1,9 milhão eram idosos aposentados que haviam contribuído para o INSS. Boletim BPC 2015, p. 12, tabela 2, disponível em: <http://www.mds.gov.br/webarquivos/arquivo/assistencia_social/boletim_BPC_2015.pdf>. Em 2017, 13,2 milhões de famílias recebiam o Bolsa Família. Veja <http://mds.gov.br/area-de-imprensa/noticias/2017/junho/bolsa-família-governo--federalrepassara-r-2-4-bilhoes-aos-beneficiarios-em-junho>. No orçamento proposto para 2018, o BPC e o Bolsa Família devem custar aproximadamente R$ 83,1 bilhões (ou US$ 23,8 bilhões segundo a taxa oficial de 3,50 reais por dólar): a categorização desses programas é de R$ 31 bilhões (US$ 8,8 bilhões) para pessoas com deficiência (Benefícios de Prestação Continuada à Pessoa com Deficiência e Renda Mensal Vitalícia [RMV] por Invalidez) para a parcela de pensão dos Benefícios de Prestação Continuada à Pessoa Idosa e da Renda Mensal Vitalícia por Idade, o valor é de R$ 23,9 bilhões (ou US$ 6,8 bilhões) e o valor das Transferência de Renda Diretamente às Famílias em Condição de Pobreza e Extrema Pobreza foi de R$ 28,2 bilhões (US$ 8 bilhões). Orçamento fiscal e da seguridade social, exercício financeiro de 2018, disponível em: <http://www.planejamento.gov.br/assuntos/orcamento-1/orcamentosanuais/2018/orcamento-anual-de-2018#LOA>, anexo I.

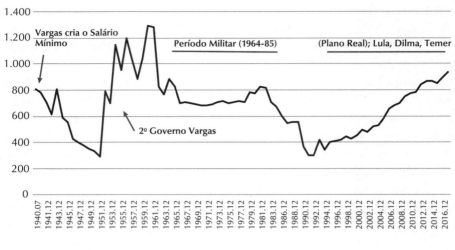

Gráfico 5.3 Salário mínimo (valores constantes), 1940-2017, expresso em reais de agosto de 2017

Fonte: Ipeadata

Brasil, e desde então a migração declinou, tendo em vista que fatores que a motivavam, como a defasagem de renda, diminuíram, e oportunidades para uma vida melhor passaram a ser distribuídas de maneira mais igualitária.

A partir de 1985, as mudanças foram causadas pelo impacto dos programas de transferência de renda, pela queda dos preços de alimentos, pelo aumento da participação no mercado de trabalho formal e pelo crescimento econômico geral.[71] Naquele período, o Bolsa Família era apenas um dos principais programas de transferência de renda que incluíam o programa de pensão rural e os BPCs para pessoas com deficiência e a garantia de pensões mensais para todos os aposentados com renda de menos de 1 salário mínimo.[72] Em 2005, pelo menos a metade de todas as famílias recebia

---

[71] Entre fevereiro de 1976 e agosto de 2006, o custo da cesta básica no Brasil caiu em uma taxa significativa de -3,13% ao ano. Os maiores beneficiários foram os consumidores mais pobres. Sem esse declínio, os programas de transferência de renda não teriam sucesso. E.R.A. Alves et al. "Fatos marcantes da agricultura brasileira", in Roberto de Andrade Alves, Geraldo da Silva e Souza Eliane Gonçalves, eds., Contribuição da Embrapa para o desenvolvimento da agricultura no Brasil (Brasília: Embrapa, 2013), p. 22.

[72] Para conhecer a evolução desses programas recentes, veja André Portela Souza, "Políticas de Distribuição de Renda no Brasil e o Bolsa Família", in Edmar Lisboa Bacha e Simon Schwartzman, eds., Brasil: a nova agenda social (Rio de Janeiro: LTC, 2011), pp. 166-186. Muitos estudos foram realizados procurando explicar a queda da extrema pobreza e do índice de Gini de desigualdade. A maior parte argumenta que a renda não originada do trabalho, mas por meio de transferências públicas, é tão crucial quanto a educação universal e o valor do salário mínimo (sobre o qual se baseia grande

algum tipo de suporte financeiro do Estado.[73] Enfim, essa combinação de fatores rompeu o padrão de longo prazo de pobreza que afetava 40-45% da população nos anos 1970 e 1980, enquanto 20% dela registrou redução na indigência nestas duas décadas.[74] Os níveis de pobreza eram ainda evidentes no início da década de 1990, mas, nos anos 2010, tanto as taxas de pobreza como as de indigência caíram pela metade (Gráfico 5.4).

Todas essas mudanças tiveram um grande impacto na redução não apenas da pobreza rural como também dos tradicionais níveis de desigualdade de renda, especialmente após o início do século XXI. Nas décadas de 1980 e 1990, o índice de Gini não foi menor do que nos anos 1960,[75] tendo iniciado um lento declínio somente no final do século que se acelerou no fim dos anos 2000 (Gráfico 5.5).

Esse declínio da desigualdade, combinado com a maior integração de trabalhadores no mercado formal e o consequente impacto do aumento do salário mínimo, ocasionou a queda da extrema pobreza e a virtual eliminação da desnutrição e da fome no Brasil. Estima-se que mais de 15,9 milhões de famílias saíram da pobreza (ou seja, aquelas que viviam em extrema pobreza, assim como pobres e que ganhavam mais que 1 salário mínimo, mas eram consideradas vulneráveis) no período de 2004 a 2009. O resultado foi a porcentagem de famílias não pobres que passou de 35,8% de todas as fa-

---

parte dos planos de pensão e transferência de renda) na explicação do declínio. Veja, por exemplo, Ricardo Barros, Mirela de Carvalho, Samuel Franco e Rosane Mendonça, "Markets, the State and the Dynamics of Inequality: Brazil's case study", in Luis Felipe Lopez-Calva e Nora Lustig, eds., *Declining Inequality in Latin America: A Decade of Progress?* (Washington, D.C.: Brookings Institution Press, 2010), pp. 134-174; Barros, Carvalho e Franco, "O papel das Transferências Públicas na queda recente da desigualdade de Renda Brasileira", in Edmar Lisboa Bacha e Simon Schwartzman, eds., *Brasil: A nova agenda social* (Rio de Janeiro: LTC, 2011), pp. 41-85; Sergei Soares, "Análise de bem-estar e classificação por fatores da queda na desigualdade entre 1995 e 2004", *Econômica* 8, n. 1 (2006), pp. 83-115, e Rodolfo Hoffmann, "Transferências de renda e a redução da desigualdade no Brasil", pp. 55-81. Hoffman enfatizou que há uma variação obviamente regional nesse impacto, que foi bem maior no Nordeste e em outras regiões extremamente pobres do que no restante do país. Para conhecer um dos poucos oponentes a essa ênfase no impacto das transferências de renda do governo sobre a redução da pobreza, veja Emerson Marinho e Jair Araújo, "Pobreza e o sistema de seguridade social rural no Brasil", *Revista Brasileira de Economia* 64, n. 2 (2010), pp. 161-174.

73 Ricardo Paes de Barros, Mirela de Carvalho e Samuel Franco, "O papel das Transferências Públicas na queda recente da desigualdade de Renda Brasileira", in Edmar Lisboa Bacha e Simon Schwartzman, eds., *Brasil: A nova agenda social* (Rio de Janeiro: LTC, 2011), p. 41. Os autores enfatizam a importância das transferências de renda do Bolsa Família e do BFC.

74 Os dados das décadas de 1970 e 1980 foram extraídos de Ricardo Henriques, ed., *Desigualdade e pobreza no Brasil* (Rio de Janeiro: IPEA, 2000), p. 24.

75 Atualmente, o IBGE adota a renda de pessoas de 15 anos ou mais como categoria básica, mas anteriormente adotava uma base de 10 anos ou mais, ou, como nos Censos de 1991 e 2000, apenas listava o índice de Gini para chefes de família, independentemente da renda. Mas todos esses Ginis são bastante semelhantes e podem dar uma ideia aproximada das tendências. Portanto, o Gini do Censo de 1991 era de 0,64 para todo o Brasil e 0,61 para o Censo de 2000. IBGE, Sidra, tabela 155.

Gráfico 5.4 Porcentagem da população brasileira considerada indigente e pobre, 1990-2015

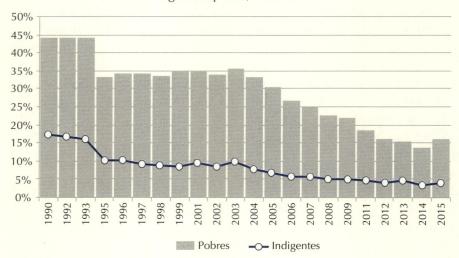

Fonte: Rocha (2014); e Rocha (2018).

Gráfico 5.5 Índice de Gini dos salários das pessoas de 15 anos ou mais, 2004-2015

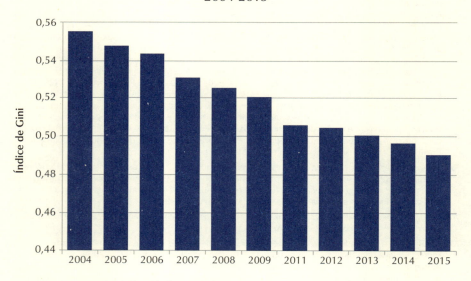

Fonte: IBGE, Sidra, tabela 5801.

Gráfico 5.6 Redução da pobreza nas famílias brasileiras em 2004 e 2009

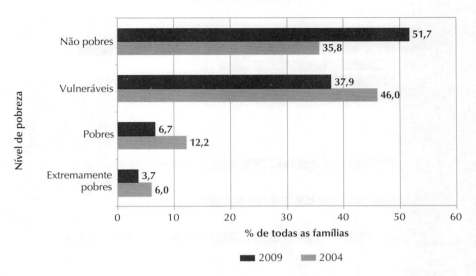

Fonte: Osório et al. Perfil da Pobreza no Brasil (IPEA, TD, 1647, 2011), p. 17, tabela 2

mílias em 2004 para 51,5% das 56,8 milhões de famílias cinco anos depois (Gráfico 5.6).[76]

Um estudo de 2005 mostra que um quarto da renda das famílias advinha de fontes não relacionadas com o trabalho, e 90% dessa renda não relacionada com o trabalho originava-se de pensões do governo e transferências de renda. Dessas fontes do governo, o maior programa, em termos de cobertura, foi o Bolsa Família, que cresceu de 2,6 milhões de pessoas em 2001 para 6,5 milhões em 2005. Ocorreu também uma expansão do programa BPC, que aumentou de 180 mil beneficiários para 1,2 milhão no mesmo período.[77]

Enquanto a taxa de pobreza em todas as regiões declinava, em 2014 o Norte e o Nordeste ainda estavam bem acima da média nacional, com 13% da população vivendo na pobreza. Curiosamente, o Sudeste assemelhava-se ao Centro-Oeste, e somente a região Sul registrava níveis de pobreza extraordina-

---

[76] Osório, Souza, Soares e Oliveira, *Perfil da pobreza*, tabela 2:17.
[77] Ricardo Paes de Barros, Mirela de Carvalho e Samuel Franco, "O papel das transferências públicas na queda recente da desigualdade de renda brasileira", Ipea, *Desigualdade de renda no Brasil: uma análise da queda recente* (2 vols.; Brasília, Ipea, 2007), v. 2, pp. 46-49.

Gráfico 5.7 Porcentagem da população pobre por região e residência, 2014

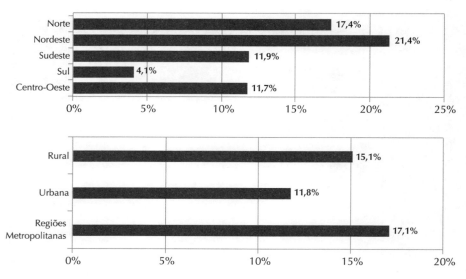

Fonte: S. Rocha, tabelas IETS

riamente baixos. Não surpreende o fato de que, considerando-se os esforços do governo para reduzir a pobreza rural, tradicionalmente a pior área para os pobres, eram então as regiões metropolitanas que registravam os níveis mais elevados de pobreza (Gráfico 5.7).

Paralelamente à redução da pobreza, houve um grande avanço na educação. Desde meados do século XX há investimentos significativos nessa área em todo o país. Anteriormente com uma das maiores taxas de analfabetismo do hemisfério, nos últimos setenta anos o Brasil se tornou um dos países com o menor número de analfabetos da América Latina. Quanto ao número de escolas e frequência às aulas, há uma tendência que existe desde meados do século passado até hoje. Embora a qualidade da educação tenha sido questionada, o governo colocou a maior parte das crianças na escola, como sugerem as taxas líquidas de matrícula. Atualmente, a matrícula no ensino fundamental é quase total no que se refere a crianças no grupo etário em questão, e houve uma mudança substancial na participação no ensino médio e superior nos últimos anos. Esse rápido crescimento teve início na era militar, mas continuou ininterruptamente no período democrático após 1985. Esse aspecto pode ser observado nas taxas líquidas de matrícula (ou

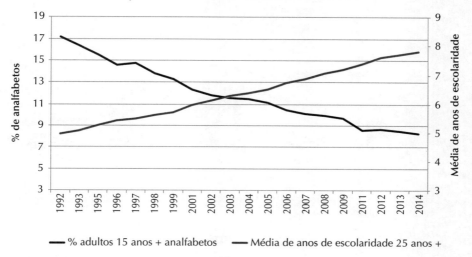

Gráfico 5.8 Média de anos de escolaridade para adultos de 25 anos ou mais e porcentagem de analfabetismo de pessoas de 15 anos ou mais, 1992-2014

Fonte: IETS, PNAD, dados disponíveis em: <https://www.iets.org.br/spip.php?article406>

seja, a porcentagem do respectivo coorte etário na escola) de crianças em idade de ensino fundamental que frequentavam a escola. A taxa passou de 81% para 96% entre 1992 e 2014. No mesmo período, a taxa líquida de matrículas no ensino médio foi de 18% para 58%, sendo que no ensino superior passou de 5% para 18%. Todo esse avanço educacional teve o impacto esperado tanto na média de anos de escolaridade como nas taxas de alfabetização da população. Portanto, de 1992 a 2014, a porcentagem de analfabetos caiu de uma taxa ainda elevada de 17% para 8% da população adulta de 15 anos ou mais. Por outro lado, a média de anos de escolaridade foi de 4,9 para 7,7 entre pessoas de 25 anos ou mais (Gráfico 5.8).

Sem dúvida, ambos os sexos se beneficiaram dessas mudanças. Mas, evidentemente, o crescimento da escolaridade e da alfabetização mudou mais rápido para as mulheres do que para os homens. Em 1950, havia uma desvantagem educacional muito significativa contra elas. Enquanto 43% dos homens eram alfabetizados em 1950, isso ocorria somente com 39% de todas as mulheres. Em 2015, elas se tornaram efetivamente mais alfabetizadas do que os homens (91,3% de mulheres e 90,3% de homens), com ligeira variação por região. Vale ressaltar que, para ambos os sexos, as

Gráfico 5.9 Alfabetizados por sexo e região, 1950 e 2015

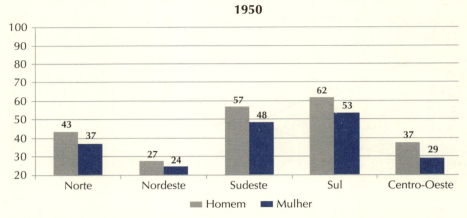

Fonte: *Censo demográfico de 1950*, Série Nacional, I: 90, tabela 47, usando divisão regional contemporânea

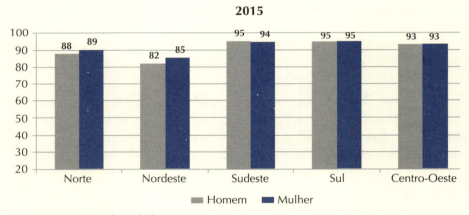

Fonte: IBGE, Sidra, tabela 2585

diferenças regionais vêm declinando continuamente. Portanto, de 1950 a 2015, o Nordeste, a região menos alfabetizada, registrou o crescimento mais acelerado no período recente e está eliminando a defasagem rapidamente, sendo que, em poucas décadas, deve ser comparável à maioria das regiões avançadas (**Gráfico 5.9**).

Grande parte da mudança social surgiu com o aumento da renda e um mercado mais diversificado, resultante do crescimento econômico. No entanto, uma parcela importante da mudança na saúde, educação e seguridade social se deve ao Estado e suas atividades que tiveram início na década de 1930. Apesar disso, o Estado de bem-estar social levou décadas para se expandir, e somente no século XXI o Brasil passou a disponibilizar, lenta e arduamente, os serviços sociais básicos que uma sociedade industrial moderna deve garantir. A oferta de seguro-desemprego, pensões, indenizações trabalhistas e atendimento à saúde só se tornou universal no último quarto de século.

Entretanto, as políticas de governo destinadas ao crescimento na segunda década do novo século foram desenvolvidas sem preocupação com o equilíbrio fiscal, resultando em uma das mais intensas crises econômicas do Brasil e um retorno subsequente à austeridade e aos choques ortodoxos. Portanto, após um período de extraordinário crescimento nos últimos vinte anos, houve uma queda substancial no PIB e um aumento significativo no nível de desemprego. Porém ainda é cedo para avaliar as consequências sociais da grave recessão de 2015/2016, quando o PIB caiu 7%. Ao mesmo tempo, há graves problemas na atual estrutura previdenciária que devem ser resolvidos antes que investimentos sustentados sejam realizados no sistema. Um número extraordinariamente grande de beneficiários não contribui em proporção aos benefícios atuariais, deixando, portanto, o sistema com recursos insuficientes e exigindo suporte suplementar e crescente do orçamento federal. A atual situação fiscal não se sustenta. O crescimento dos gastos previdenciários está superando o aumento da renda e, consequentemente, comprometendo o equilíbrio fiscal do Estado. Atualmente há um total de 32,7 milhões de beneficiários ativos na Previdência Social, dos quais 23,3 milhões são da área urbana e 9,3 milhões da rural, o que reflete, de certa forma, a distribuição dessas populações em âmbito nacional.[78]

Na área urbana, a maior parte dos benefícios é constituída de pensões, das quais mais da metade é concedida por tempo de contribuição e aproximadamente um terço por idade. Deve-se ressaltar, no entanto, que 24% das pensões foram concedidas por invalidez. Os benefícios previdenciários na área urbana incluem pensões para viúvas e órfãos, que respondem por mais de um quarto de todos os benefícios previdenciários. Na área rural, os mais expressivos são os benefícios por idade e pensões por morte. Há poucos benefícios concedidos por tempo de contribuição, já que a aposentadoria

---

78 A pesquisa patrocinada pelo Ministério do Desenvolvimento Agrário conclui que 36% da população brasileira é rural, ao contrário dos 16% indicados pelo último Censo do IBGE. A maior porcentagem se origina da aplicação de um conceito diferente do termo "rural" adotado pelos pesquisadores. De acordo com a pesquisa, como há somente o conceito de "urbano" na legislação, a ruralidade acaba sendo definida por exclusão. Veja: <http://agenciabrasil.ebc.com.br/geral/noticia/201503/pesquisa-diz-que-populacao-rural-do-brasil-e-maior-que-apurada-pelo-ibge>.

Tabela 5.1 Beneficiários ativos da Previdência Social, dezembro de 2015, em R$ 000					
	Número de beneficiários			Valor dos benefícios (R$)		
Tipos de benefícios	Total	Urbano	Rural	Total	Urbano	Rural
Total	32.658.862	23.295.036	9.363.826	35.961.514	28.583.105	7.378.408
Benefícios do RGPS (CLT)	28.225.898	18.937.254	9.288.644	32.449.782	25.130.617	7.319.165
Previdenciários	27.392.602	18.136.061	9.256.541	31.597.649	24.301.243	7.296.407
Aposentadorias	**18.331.635**	**11.617.192**	**6.714.443**	**21.861.844**	**16.555.198**	**5.306.646**
Pensão por morte	7.429.823	5.101.580	2.328.243	7.941.233	6.114.571	1.826.661
Auxílios	**1.576.299**	**1.368.908**	**207.391**	**1.743.974**	**1.585.969**	**158.005**
Salário maternidade	54.700	48.236	6.464	50.505	45.411	5.094
Acidentários	**833.296**	**801.193**	**32.103**	**852.132**	**829.374**	**22.759**
Benefícios assistênciais	4.422.134	4.346.952	75.182	3.493.300	3.434.057	59.243
Amparos assistênciais	**4.251.726**	**4.251.726**		**3.350.338**	**3.350.338**	
Rendas mensais vitalícias	159.273	84.091	75.182	125.507	66.264	59.243
Encargos Prev. União - EPU	10.830	10.830		18.432	18.432	

Fonte: Tabela C.2, Ministério da Previdência Social: <http://www.previdencia.gov.br/dados-abertos/>

rural permite a participação não contributiva de aposentados, sendo suficiente demonstrar que foi exercida uma atividade rural e atingida a idade de 60 anos para homens e 55 para mulheres.

As aposentadorias respondem por 61% do valor gasto com os benefícios previdenciários, as pensões por morte por 22% e o auxílio por doença, invalidez e acidente por 5%. Há também importantes diferenças no que se refere a local de residência e a quem recebe as maiores rendas do programa da Previdência Social. Portanto, somente 15% dos benefícios da população urbana são decorrentes da idade de aposentadoria, enquanto 67% dos benefícios da população rural se destinam a pessoas que se aposentam devido à idade (Tabela 5.1). Quanto ao gênero, há um equilíbrio no número de benefícios concedidos a homens e mulheres, mas os primeiros respondem por 58% do valor. No que se refere à idade, vale ressaltar que quase 20% dos beneficiários têm 54 anos ou menos, ou seja, porcentagem que chega a 30% quando se incluem pessoas de até 60 anos. Só um pouco mais da metade dos beneficiários (54%) têm mais de 65 anos (Tabela 5.2). Enfim, verificamos que nas áreas urbanas os beneficiários de até 60 anos representam aproximadamente 35% dos dois tipos de beneficiários e em termos de valor; nas áreas rurais a porcentagem declina para cerca de 15% (Tabela 5.3).

Para entender as propostas de reforma que vêm merecendo especial atenção na segunda década deste século é preciso compreender também a estrutura e o escopo da seguridade social no Brasil, conforme previsto na Constituição de 1988 e na Lei Orgânica da Previdência Social revisada de 1991. Essas leis criaram dois tipos de planos de pensão: repartição e capitalização. Em suas origens, o sistema foi constituído pelo sistema de capitalização. Porém, já em meados do século XX, as reservas acumuladas foram exauridas, e o sistema gradualmente se tornou um sistema de repartição. Por um lado, no sistema de capitalização os benefícios são financiados pela captação de recursos acumulados ao longo da vida ativa do trabalhador; por outro, no sistema de distribuição, os benefícios, pensões e outras formas são sustentados pela próxima geração e se originam de fundos gerais do Estado. As mudanças na estrutura entre trabalhadores ativos e aposentados, nas proporções de idade e dependência, ou proporção de empregos formais e informais, afetam diretamente o equilíbrio do sistema. Embora coexista o regime de capitalização no sistema previdenciário brasileiro, como acontece

Tabela 5.2 Beneficiários ativos da Previdência Social por sexo e idade, dezembro, 2015							
	Pessoas				Valor dos benefícios em R$ 000		
Idades	Total	Homens	Mulheres	Ignoradas	Total	Homens	Mulheres	Ignorados
Total	**25.091.262**	**12.738.373**	**12.319.282**	**33.607**	**27.843.895**	**16.055.524**	**11.761.026**	**27.346**
até 19	598.200	352.035	246.163	2	473.379	278.594	194.783	2
20 - 24	242.731	141.929	100.800	2	200.954	118.749	82.205	1
25 - 29	302.238	175.631	126.600	7	264.314	155.263	109.045	5
30 - 34	387.559	225.555	161.994	10	354.887	207.901	146.978	8
35 - 39	479.598	278.283	201.299	16	455.127	269.789	185.326	12
40 - 44	579.603	335.822	243.741	40	587.936	358.482	229.422	32
45 - 49	805.474	451.211	354.070	193	909.241	553.887	355.202	153
50 - 54	1.348.607	727.026	621.072	509	1.760.951	1.047.569	712.975	407
55 - 59	2.654.054	1.221.548	1.431.671	835	3.488.165	1.972.845	1.514.653	668
60 - 64	4.077.322	1.966.847	2.109.351	1.124	5.033.298	2.865.246	2.167.072	980
65 - 69	4.593.051	2.434.806	2.156.757	1.488	5.183.511	3.127.207	2.055.002	1.302
70 - 74	3.492.958	1.812.659	1.677.997	2.302	3.702.548	2.179.389	1.521.235	1.924
75 - 79	2.599.166	1.282.265	1.313.523	3.378	2.614.785	1.467.697	1.144.344	2.745
80 - 84	1.588.192	745.998	839.592	2.602	1.547.086	828.221	716.737	2.128
85 - 89	859.725	389.855	466.828	3.042	825.673	421.898	401.193	2.582
90 +	478.946	194.730	266.309	17.907	438.208	200.497	223.419	14.292
Ignoradas	3.838	2.173	1.515	150	3.830	2.289	1.436	105

Fonte: Tabela C.5 criada pelo Ministério da Previdência Social: <http://www.previdencia.gov.br/dados-abertos/>

Tabela 5.3	Quantidade e valor de benefícios da Previdência Social por domicílio, dezembro, 2015			
	Urbano		Rural	
Idades	Pessoas	Valor (R$ 000)	Pessoas	Valor (R$ 000)
Total	18.059.664	22.295.494	7.031.598	5.548.401
até 19	594.539	470.684	3.661	2.695
20 - 24	236.745	196.402	5.986	4.552
25 - 29	289.620	254.798	12.618	9.516
30 - 34	365.078	337.929	22.481	16.958
35 - 39	445.557	429.344	34.041	25.783
40 - 44	531.117	550.895	48.486	37.041
45 - 49	730.349	851.234	75.125	58.007
50 - 54	1.237.806	1.674.623	110.801	86.329
55 - 59	1.937.386	2.923.319	716.668	564.846
60 - 64	2.708.154	3.950.885	1.369.168	1.082.413
65 - 69	3.195.724	4.079.053	1.397.327	1.104.458
70 - 74	2.374.535	2.818.683	1.118.423	883.865
75 - 79	1.680.693	1.889.578	918.473	725.208
80 - 84	991.326	1.075.602	596.866	471.485
85 - 89	518.378	555.883	341.347	269.791
90 +	219.311	233.140	259.635	205.068
Ignoradas	3.346	3.442	492	388

Fonte: Ministério da Previdência Social: <http://www.previdencia.gov.br/dados-abertos/>

com os Fundos de Pensão, a maioria dos benefícios pagos é distribuída com base em repartição sem cobertura financeira.[79]

Outra característica do sistema previdenciário no Brasil é a coexistência de dois sistemas paralelos, o RGPS (Regime Geral da Previdência Social) e

---

[79] Meiriane Nunes Amaro e Fernando B. Meneguin, *A evolução da previdência social após a Constituição de 1988*, Senado Federal. Disponível em: <https://www12.senado.leg.br/públicasacoes/estudos-legislativos/tipos-de-estudos/outraspublicacoes/volume-v-constituicao-de-1988-o-brasil--20-anos-depois.-os-cidadaos-nacarta-cidada/seguridade-social-a-evolucao-da-previdencia-social--apos-aconstituicao-de-1988>, acesso em: 04.01.2018; Christiano Ferreira, "Mudança do regime previdenciário de repartição para o regime misto: uma perspectiva para o Brasil" (dissertação de mestrado, PUC-RS, Porto Alegre, 2012); Luciana Caduz da Almeida Costa, "O custo de peso morto do sistema previdenciário de repartição: analisando o caso brasileiro", FGV, 2007. Disponível em: <https://bibliotecadigital.fgv.br/dspace/handle/10438/310>, acesso em: 04.01.2018.

o RPPS (Regime Próprio da Previdência Social). Os empregados do setor privado são regidos pelo RGPS, que também incorpora alguns servidores públicos. O sistema corresponde aos empregados regidos pela CLT (Consolidação das Leis do Trabalho). Já o RPPS é exclusivo do funcionalismo público. O RGPS foi criado simultaneamente à CLT e desde o início se baseou no teto da contribuição, que limitava os benefícios ao mesmo nível, definido pela média de contribuições pagas pelos beneficiários. O teto e o cálculo da média sofreram variações ao longo do tempo. Atualmente, o teto corresponde a pouco mais de 5 salários mínimos, ou seja, um montante que correspondia a R$ 6.101,05 no início de 2020. Há uma contribuição progressiva do trabalhador, que começa com 8% e chega a 11%. O empregador paga, em regra, 20% sobre a folha de pagamento, sem limite de teto.[80] Recentemente, a legislação definiu setores em que a contribuição se baseava no faturamento, e não na folha de pagamento.[81] Além disso, grande parte dos benefícios da Previdência Social no regime geral é corrigida pelo salário mínimo, que registrou um crescimento significativo até 2013.

Os servidores públicos contam com um sistema de aposentadoria bem mais generoso. A Constituição de 1988 declarou que eles poderiam se aposentar voluntariamente com salários integrais, com base na última remuneração, com 35 anos de serviço, no caso de homens, e 30 anos de serviço, no caso de mulheres. Professores tinham um requisito de 5 anos a menos. Poderiam também se aposentar com proventos proporcionais ao tempo de serviço: 30 anos para os homens e 25 anos para as mulheres. Além disso, a legislação previa aposentadoria voluntária aos 65 anos para homens e 60 anos para mulheres. Nesse caso, os salários também eram proporcionais ao tempo de serviço. No caso de aposentadorias proporcionais, a base de cálculo é também o último salário recebido. Não havia teto no valor das aposentadorias, e o sistema não era contributivo. A Constituição mantinha o princípio da isonomia com funcionários públicos ativos. Ou seja, os benefícios de aposentadoria seriam revisados na mesma proporção e na mesma data sempre que a remuneração dos funcionários ativos mudasse, inclusive quando fossem transformados ou reclassificados no cargo ou função em

---

80 Além da contribuição de 20% sobre a folha de pagamento, os empresários pagam de 1% a 3% como Risco de Acidente de Trabalho, dependendo do nível de risco da atividade. Também contribuem com 5,8% para outras entidades como o Senai, Sesc, Sesi, Sebrae etc. Nesse caso, o INSS funciona como mero arrecadador, pois as atividades são realizadas diretamente por essas entidades, que são administradas pelos empregadores.

81 Em alguns setores econômicos, como o da construção civil, transporte público e jornais, a contribuição está vinculada ao faturamento.

que ocorreu a aposentadoria. A Constituição também estabelecia que o benefício da pensão por morte, para a viúva ou o viúvo, teria por base o salário total ou os ganhos do servidor falecido. Ou seja, a Constituição de 1988 mantinha os princípios tradicionais da aposentadoria no serviço público: aposentadoria com salário integral, não contributivo e nenhum requisito de idade para a aposentadoria.[82] Como era possível mensurar a duração do serviço em atividades regidas pela CLT, uma pessoa que começasse um período de trabalho com carteira assinada aos 14 anos, a idade mínima exigida anteriormente, poderia se aposentar aos 49 anos, com o salário integral dos cargos que exercia no momento da aposentadoria e sem ter contribuído para o sistema previdenciário. A Constituição também estabelecia a seguridade social rural, equiparando os benefícios dos trabalhadores rurais aos dos urbanos, reduzindo a idade da aposentadoria em 5 anos e aumentando o valor do benefício a 1 salário mínimo.[83]

A insustentabilidade do sistema como um todo era previsível desde o início, principalmente para servidores públicos e trabalhadores rurais. Em meados dos anos 1990, após o sucesso do Plano Real, começaram a surgir discussões sobre a necessidade de reforma previdenciária, especialmente à medida que afetava os servidores públicos. Em 1993 foi introduzida a contribuição previdenciária dos servidores públicos ativos. Posteriormente, foi criado o chamado fator previdenciário, que ajusta o valor da aposentadoria a ser recebido de acordo com a expectativa de vida após a aposentadoria. Em 2003 foi incorporada a contribuição de servidores públicos aposentados que recebem benefícios acima do teto do valor dos benefícios do Sistema Geral da Previdência Social.[84] Em 2012, a Lei 2.618 introduziu outra profunda mudança na aposentadoria de novos servidores públicos. Os servidores não teriam mais direito a uma aposentadoria integral, mas estariam sujeitos aos mesmos limites estabelecidos pelo Regime Geral. A mudança afetou somente novos funcionários públicos. Hoje há um teto de contribuição e um teto de benefícios. O servidor público tem o direito de participar do Programa de Pensão Suplementar, contribuindo com a dife-

---

82 Artigo 40 da Constituição de 1988, em sua forma original aprovada.

83 Guimarães destaca que, com a promulgação da Constituição Federal de 1988, os trabalhadores rurais passaram a se integrar totalmente à Seguridade Social, mas era necessária a aprovação da regulamentação para fazer valer os direitos constitucionais, e isso ocorreu somente com a publicação das Leis 8.212/91 e 8.213/91 e outras regulamentações. Roberto Élito dos Reis Guimarães, *O trabalhador rural e a previdência social: evolução histórica e aspectos controvertidos*. Disponível em: <www.agu.gov.br/page/download/índice/id/580103>, acesso em: 04.01.2018.

84 Emendas Constitucionais nº 41 de 19 de dezembro de 2003 e nº 45 de 23 de fevereiro de 2005.

Tabela 5.4 Fluxo de caixa do INSS (R$ milhões nominais), 2015-2106			
	2015	2016	Variação
Arrecadação líquida total	350.272	358.137	2%
Arrecadação líquida urbana	317.742	332.622	5%
Arrecadação líquida rural	7.081	7.920	12%
Outros	25.449	17.595	
Renúncias previdenciárias	40.832	43.421	6%
Despesas com benefícios	436.090	507.871	
Benefícios urbanos	328.961	385.277	17%
Benefícios rurais	95.754	108.659	13%
Passivo judicial	9.622	11.597	
Resultado previdenciário e renúncias	**-44.986,60**	**-106.313,30**	136%
Resultado previdenciário	**-85.818,10**	**-149.733,90**	74%

Fonte: Marcelo Caetano, sobre a proposta de Reforma da Previdência enviada pelo Governo Federal: <http://www.fazenda.gov.br/centrais-de-conteudos/apresentacoes/2017/apresentacao-m-caetano.pdf/view>

rença entre a remuneração real e o teto de contribuição pelo RPPS. Esse Plano de Pensão Complementar oferecido aos servidores públicos já existia no Brasil havia muitos anos para os trabalhadores que desejavam aumentar a aposentadoria e atuavam no setor privado, estando sujeitos às normas da CLT. Embora com base ampla, a maior parte dos contribuintes desse fundo era de companhias públicas em geral, como Petrobras, Banco do Brasil, Telebras e Eletrobras, assim como companhias públicas privatizadas, que patrocinavam os planos de aposentadoria complementar.[85]

Porém essas reformas foram insuficientes para desacelerar os crescentes déficits do Sistema de Previdência Social, prejudicando a sustentabilidade do sistema e o equilíbrio orçamentário do próprio Governo Federal, considerando-se o valor do déficit corrente e as previsões futuras. Em 2017, foi apresentada uma proposta de ampla alteração no sistema, que não foi validada no Congresso. Entretanto, no início do governo Bolsonaro, foi aprovada uma ampla reforma, com forte impacto orçamentário, que, en-

---

[85] Veja José Cláudio Rodarte, "A evolução da previdência complementar fechada no Brasil, da década de 70 aos dias atuais: expectativas, tendências e desafios" (tese de mestrado, UFMG, 2011).

tre outras medidas, introduziu a idade mínima para aposentadoria, prática comum à maior pare dos sistemas previdenciários no hemisfério ocidental.[86]

O grau de seriedade da situação econômica em relação às pensões pode ser observado nos últimos dados disponíveis. O Sistema Geral de Previdência Social atualmente tem um déficit de R$ 149 bilhões. Dois terços desse déficit se devem às pensões rurais e pensões para servidores públicos não contribuintes. O aumento dos benefícios entre 2015 e 2016 se situava na ordem de 17% (para beneficiários urbanos) e 13% (para beneficiários rurais), em comparação com 6,29% de inflação ao ano (Tabela 5.4). O déficit do Regime Geral deveria ser acrescentado ao déficit financeiro identificado no sistema de pensões do governo, que totalizava R$ 77 bilhões em 2016. Quando se considera o agregado dos três níveis de governo – federal (União), estadual e municipal –, o déficit atinge o dobro da taxa, ou seja, aproximadamente R$ 156 bilhões.

Outro aspecto dessa crise nas pensões é a alta proporção de aposentados e pensionistas em relação aos contribuintes ativos, ou seja, atualmente 1,2 contribuinte para 1 pensionista na União e 1,3 contribuinte ativo para 1 pensionista nos estados. Ou seja, em poucos anos, o número de beneficiários excederá o de contribuintes. A reforma proposta atualmente pelo governo pretende garantir a sustentabilidade presente e futura da Previdência Social, em vista da transição demográfica da população brasileira. A reforma pretende harmonizar os direitos de pensão e ajustá-los às práticas internacionais, além de assegurar que nenhum aposentado receba menos de 1 salário mínimo. O crescente déficit previdenciário explica a urgência do movimento de reforma.

Um estudo recente do Banco Mundial sobre os gastos públicos no Brasil concluiu que o requisito mais importante para a viabilidade fiscal de longo prazo para as finanças do Estado brasileiro é a reforma da Previdência Social. O estudo também observou que o atual sistema de pensões é desigual, sendo que 35% dos subsídios de pensão beneficiam os 20% mais ricos da população, ao passo que somente 18% desses subsídios beneficiam os 40% mais pobres. O estudo indica que os déficits do RPPS foram projetados para crescer substancialmente nos próximos 5-10 anos, considerando-se que muitos servidores públicos que entraram no governo antes da reforma

---

86 Um estudo do Ipea apresenta uma comparação interessante da Seguridade Social em vários países, colocando as instituições brasileiras no contexto internacional. Marcelo Abia-Ramia Caetano e Rogério Boueri Miranda, *Comparativo internacional para a previdência social* (texto para discussão 1302, Brasília: Ipea, 2007).

de 2003 vão se aposentar. Isso vai prejudicar a solvência fiscal de muitos governos estaduais. Portanto, serão exigidas medidas adicionais para alinhar os benefícios do RPGS e RPPS com o nível das contribuições. Vale ressaltar que o Banco Mundial recomenda desvincular o valor mínimo das aposentadorias do salário mínimo, e, em vez disso, corrigir pelo custo de vida. Enfim, segundo o estudo, o governo deveria considerar a aposentadoria rural e o BPC como programas sociais, e não da Previdência Social.[87]

Apesar de todos os problemas relacionados com os custos e os desequilíbrios fiscais dos planos de pensão, quase não se questiona a importância que tal programa de seguridade social desempenhou para a ascensão social de parcela da população mais pobre, a redução das desigualdades de renda e regionais e o apoio à disponibilidade quase universal de suporte à saúde, educação e pensões para a população nacional como um todo. Evidentemente, a reforma será exigida à medida que o Brasil reconstruir sua capacidade de disponibilizar financiamento para todas essas importantes atividades. Sem uma economia em crescimento, muitos desses benefícios talvez não sejam sustentáveis, mas o cenário atual indica que os crescentes níveis de educação e saúde da população e as reduções da desigualdade criaram uma sociedade mais uniforme, em que se eliminou a fome e se reduziu substancialmente a indigência. Também ajudou a gerar uma nova classe média, bem maior do que jamais existiu. O Brasil de hoje é predominantemente urbano e uma sociedade bem diferente do que existia em meados do século XX.

---

[87] Grupo Banco Mundial, *A Fair Adjustment: Efficiency and Equity of Public Spending in Brazil*, v. I, *Síntese* (Washington, DC: World Bank, 2017), pp. 9-17. Além dos gastos da seguridade social, o estudo analisa outros componentes importantes dos gastos públicos no Brasil.

6

Vida urbana
nos séculos XX e XXI

German Lorca, *Viaduto Santa Ifigênia*, 1990

Apesar da prevalência da vida rural até meados do século XX, o Brasil é atualmente um dos países mais urbanizados do mundo. Em 1960, menos da metade da população brasileira habitava áreas urbanas, estando abaixo da média da América Latina e bem aquém da média da Europa e da Ásia Central (de 55%), sendo somente mais elevada do que o nível de urbanização das nações do leste da Ásia e Pacífico. Porém, nos últimos cinquenta anos, a migração do campo para as cidades no Brasil foi superior ao dessas regiões mencionadas e até mesmo da maior parte dos países desenvolvidos, atingindo, em 2016, uma posição comparável à maioria das nações das Américas e da Europa. Naquele ano, a proporção de 86% da população urbana no Brasil ultrapassava a do Canadá e dos Estados Unidos e de países europeus como Espanha, França, Alemanha e Itália. O nível de urbanização no Brasil era superado somente por Austrália e Chile (ambos com 90% de população urbana), Argentina (92% de população urbana) e Japão (94% de população urbana).[1]

A grande migração da população rural foi estimulada pela atração exercida pelo novo setor industrial, que cresceu 3% ao ano entre 1949 e 2017. Paralelamente, a ascendente mecanização da agricultura nacional após 1960 confirmou o importante fator de expulsão que orientava a migração. Teve início já nos anos 1920, com o fim das grandes migrações internacionais, mas ganhou proporções substanciais na segunda metade do século XX. A migração envolvia não apenas movimentos entre as áreas rurais e urbanas dentro de estados e regiões, mas também a migração de milhões de habitantes entre as regiões e especialmente a partir dos estados mais pobres do Nordeste para o Sudeste.

O resultado dessa urbanização foi a constante redução na porcentagem da população empregada na agricultura e, consequentemente, no tamanho

---

1 ONU, Distribuição da População, tabela WUP2018-F02-Proportion_Urban.xls. Disponível em: <https://esa.un.org/unpd/wup/Download/>, acesso em: 27.06.2018.

da força de trabalho no campo. No início respondendo por dois terços da população economicamente ativa em 1940,[2] os trabalhadores rurais se reduziram a apenas 9% da força de trabalho nacional na época do Censo Agrícola de 2006. Embora o tamanho da força de trabalho rural continuasse a crescer em números absolutos, atingindo o pico de 23,4 milhões em 1985, os números registrados entraram em declínio depois dessa data. Na época do Censo Agrícola de 2006, havia apenas 16,6 milhões de pessoas trabalhando na agricultura, e seus números declinaram para aproximadamente 15,7 milhões em 2015.[3]

Por outro lado, o tamanho e a importância da força de trabalho urbana cresciam substancialmente. No Censo de 1991, a População Economicamente Ativa de pessoas de 10 anos ou mais na área urbana havia atingido 45,6 milhões, ou seja, 78% da população economicamente ativa em âmbito nacional, e, em 2010, havia 84,5 milhões de trabalhadores urbanos, que então representavam 86% da população economicamente ativa daquele grupo etário.[4] Em 2015, a PEA urbana atingiu 89,8 milhões de pessoas.[5] As mulheres da área urbana tinham uma participação maior na força de trabalho do que aquelas das áreas rurais. Pelo Censo de 2010, por exemplo, cerca de 45% das mulheres urbanas de 10 anos ou mais faziam parte da força de trabalho, ao passo que na área rural somente 36% estavam empregadas, algo que as mulheres urbanas haviam atingido em 1991.[6]

Ao contrário da imigração em massa de escravos africanos e imigrantes europeus, predominantemente de homens, a nova migração do campo para as cidades foi dominada por mulheres. Com um grande setor de serviço doméstico nos centros urbanos, elas encontravam trabalho com mais facilidade do que os homens, considerando-se o baixo nível de alfabetização e de qualificação da maioria das migrantes. Esse foi o padrão da maior parte das cidades da Europa e América do Norte no século XIX e início do século XX. Portanto, a proporção por sexo nas cidades, considerando-se o número de homens para 100 mulheres, permaneceu na faixa de 91 a 95 homens para 100 mulheres de 1940 a 2010, ao passo que a taxa da área rural nunca foi

---

2   IBGE, Brasil no século XX, tabela pop_1971aeb-002.

3   IBGE, Sidra, tabelas 265 e 2859.

4   IBGE, Sidra, tabela 616.

5   IBGE, Sidra. A tabela 2859 indica a estimativa mais recente. Uma estimativa anterior foi de 94,5 milhões em 2015. Veja IBGE, Séries Históricas, tabela PD374, Situação rural ou urbana. Período de referência de 365 dias. Disponível em: <https://seriesestatisticas.ibge.gov.br/series.aspx?no=7&op=0&-vcodigo=PD374&t=situacao-rural-urbana-periodo-referencia-365>.

6   IBGE, Sidra, tabela 616.

Tabela 6.1	População urbana e rural no Brasil, Censos de 1940 a 2010		
Censo	Urbana	Rural	Total
1940	12.880.182	28.356.133	41.236.315
1950	18.782.891	33.161.506	51.944.397
1960	31.303.034	38.767.423	70.070.457
1970	52.097.260	41.037.586	93.134.846
1980	80.437.327	38.573.725	119.011.052
1991	110.990.990	35.834.485	146.825.475
2000	137.953.959	31.845.211	169.799.170
2010	160.925.804	29.829.995	190.755.799

Fonte: IBGE, *Estatísticas do século xx*, "População1992aeb-003" para 1960 e IBGE, Sidra, tabela 202 de 1980 até hoje

inferior a 104 e atingiu 111 homens para 100 mulheres no Censo de 2010 (**Tabela 6.1**).

Essa substancial migração rural-urbana trouxe sérias consequências para os centros urbanos, pois estavam geralmente despreparados ou eram incapazes de disponibilizar moradia e os serviços necessários para acolher os migrantes. Inicialmente, eles se dirigiam para as capitais dos estados, que, via de regra, eram as maiores cidades de cada unidade federativa. Rio de Janeiro e São Paulo cresceram substancialmente na segunda metade do século XX, ao passo que para outras capitais isso se deu em ritmo mais lento. Porém, no final do século XX, além das capitais, outras cidades de porte médio cresceram rapidamente em todas as regiões. Isso explica por que a porcentagem da população das capitais permaneceu estável desde 1970 (**Tabela 6.2**).

No final do século XX, a cidade de São Paulo registrou o maior crescimento absoluto. A partir de uma posição modesta em 1872, quando era bem menor do que a maioria das capitais do Brasil, atingiria o tamanho do Rio de Janeiro na metade do século XX. Com grande proporção da indústria brasileira consolidada na cidade e no seu entorno, cresceu em ritmo acelerado entre 1940 e 1980. Enquanto a população nacional crescia a 2,7% ao ano e a do estado se expandia 3,2% ao ano, a cidade e a região metropolitana de São Paulo apresentaram taxa superior a 5% ao ano. Em 2010, a cidade, então com mais de 11 milhões de habitantes, representava um quarto da população de todas as capitais brasileiras, 27% da população do estado de

Vida urbana nos séculos xx e xxi

Tabela 6.2 População do Brasil, capital federal e capitais dos estados, 1972-2010

Censo	População das Capitais	% da População Total	São Paulo	Rio de Janeiro	Salvador	Brasília	Fortaleza	Belo Horizonte	Manaus	Recife	Porto Alegre	Belém
1872	956.092	10%	31.385	274.972	129.109	-	42.458	-	29.334	116.671	43.998	61.997
1890	1.286.637	9%	64.934	522.651	174.412	-	40.902	-	38.720	111.556	52.421	50.064
1900	1.965.306	11%	239.820	811.443	205.813	-	48.369	13.472	50.300	113.106	73.674	96.560
1920	3.386.158	11%	579.033	1.157.873	283.422	-	78.536	55.563	75.704	238.843	179.263	236.402
1940	5.558.336	13%	1.326.261	1.764.141	290.443	-	180.185	211.377	106.399	348.424	272.232	206.331
1950	8.120.554	16%	2.198.096	2.377.451	417.235	-	270.169	352.724	139.620	524.682	394.151	254.949
1960	13.064.674	18%	3.825.351	3.307.163	655.735	141.742	514.818	693.328	175.343	797.234	641.173	402.170
1970	20.235.126	21%	5.978.977	4.315.746	1.027.142	546.015	872.702	1.255.415	314.197	1.084.459	903.175	642.514
1980	29.175.524	24%	8.587.665	5.183.992	1.531.242	1.203.333	1.338.793	1.822.221	642.492	1.240.937	1.158.709	949.545
1991	35.300.818	24%	9.626.894	5.473.909	2.072.058	1.598.415	1.765.794	2.017.127	1.010.544	1.296.995	1.263.239	1.244.688
2000	40.388.490	24%	10.405.867	5.851.914	2.440.828	2.043.169	2.138.234	2.232.747	1.403.796	1.421.993	1.360.033	1.279.861
2010	45.466.045	24%	11.253.503	6.320.446	2.675.656	2.570.160	2.452.185	2.375.151	1.802.014	1.537.704	1.409.351	1.393.399

Fonte: IBGE, Sidra, tabela 1287

São Paulo e 6% da população brasileira. A RMSP (Região Metropolitana de São Paulo), com 39 municípios e 19,7 milhões de habitantes, constituía quase a metade da população do estado e um décimo da população brasileira. Naquela época, a cidade de São Paulo se tornou uma das maiores do mundo e a capital econômica e financeira do país.[7]

No início, o crescimento urbano foi predominantemente restrito – embora não de maneira exclusiva – às capitais. Enquanto a população brasileira como um todo cresceu 2,5% na década de 1970, as regiões metropolitanas de várias cidades expandiram-se a uma taxa de 4,5%. As regiões metropolitanas que mais se desenvolveram, ou seja, as que cresceram acima de 6% ao ano naquela década, incluíam não apenas capitais, como o Distrito Federal, Manaus e Vitória, mas também cidades como Campinas. A região metropolitana que cresceu mais lentamente na década de 1970 foi a Região Metropolitana do Rio de Janeiro (RMRJ), somente 2,4%.[8] Esse fraco crescimento foi causado pela perda de indústrias e recursos financeiros para São Paulo,[9] assim como pelo impacto da transferência da capital do país para Brasília, que ocorreu gradualmente durante a década de 1950 até os anos 1970. Além disso, houve profundas mudanças na reorganização político-administrativa da região, que deixou de ser Distrito Federal, tornando-se a capital do estado do Rio de Janeiro.[10]

---

7   Sobre esse tema, veja Manuel Castells, *The Urban Question* (London: Arnold, 1977); J.V. Beaverstock, R.G. Smith e P.J. Taylor, "A Roster of World Cities", *Globalization and World Cities Study Group and Network*. Boletim de Pesquisa 5, <http://www.lboro.ac.uk/gawc/rb/rb5.html>; P.J. Taylor, *Worlds of Large Cities: Pondeering Castells' Space of Flows*. Globalization and World Cities Study Group and Network. Research Bulletin 14. <http://www.lboro.ac.uk/gawc/rb/rb14.html>. Vários estudos nacionais recentes aplicam essa metodologia para o estudo de São Paulo. Veja Stamatia Koulioumba, *São Paulo: cidade mundial?* (tese de doutorado, FAU-USP, São Paulo, 2002) e João Sette Whitaker Ferreira, *São Paulo: o mito da cidade-global* (tese de doutorado, FAU-USP, São Paulo, 2003); e Tamás Szmrecsányi, ed., *História Econômica da cidade de São Paulo* (São Paulo: Globo, 2005). Em 2019 a população de São Paulo alcançava 11,8 milhões de habitantes e a região metropolitana 21 milhões. Disponível em: <http://www.perfil.seade.gov.br>, acesso em: 09.07.2019.

8   Fausto A. de Brito e Breno A. T. D. de Pinho, *A dinâmica do processo de urbanização no Brasil, 1940-2010* (Belo Horizonte: UFMG/Cedeplar, 2012), p. 14, tabela 5.

9   Sobre a concentração de atividades em São Paulo, veja Francisco Vidal Luna. "São Paulo: A capital financeira do país", *in* Szmrecsányi, ed., *História econômica da cidade de São Paulo*: 328-355; Lucia Maria Machado Bógus, *A reorganização metropolitana de São Paulo: espaços sociais no contexto da globalização*. Disponível em: <https://revistas.pucsp.br/index.php/metropole/article/view/9329>, acesso em: 20.11.2017; e Ana Fani Alessandri Carlos, "A metrópole de São Paulo no contexto da urbanização contemporânea", *Estudos Avançados* 23, n. 66 (2009), pp. 304-314.

10   Marly Silva da Motta, *O lugar da cidade do Rio de Janeiro na Federação Brasileira: uma questão em três momentos* (Rio de Janeiro: CPDOC, 2001), p. 16. Disponível em: <https://bibliotecadigital.fgv.br/dspace/bitstream/handle/10438/6799/1232.pdf>, acesso em: 20.11.2017; Ana Cláudia Nonato da Silva Loureiro, "Rio de Janeiro: uma análise da perda recente de centralidade" (tese de mestrado, Universidade Federal de Minas Gerais, 2006); Mauro Osório da Silva, *A crise do Rio e suas especificidades*. Disponível em: <http://www.ie.ufrj.br/intranet/ie/userintranet/hpp/arquivos/especificidades_crise.pdf>, acesso em: 20.11.2017; Marly Silva da Motta, "A fusão da Guanabara com o Estado do Rio: desafios

Tabela 6.3	Regiões Metropolitanas, taxas de crescimento e média anual de aumento da população, 1970-2010			
Taxas	1970/1980	1980/1991	1999/2000	2000/2010
Taxa de crescimento				
Centro	3,57	1,6	1,33	1,03
Periferia	4,98	3,27	2,94	1,51
Total	4,05	2,23	2,00	1,24
Média anual de aumento população				
Centro	770.753	450.813	434.629	375.201
Periferia	558.644	560.705	684.850	435.212
Total	1.329.397	1.011.518	1.119.478	810.413

Fonte: Fausto A. de Brito e Breno A. T. D. de Pinho. *A dinâmica do processo de urbanização no Brasil, 1940-2010*, Belo Horizonte, UFMG/Cedeplar, 2012:13-14

O processo de migração acelerou a formação das grandes aglomerações urbanas e o início das regiões metropolitanas, com suas cidades-satélites e cidades do entorno. A falta de infraestrutura urbana e de habitação adequada para acomodar a chegada em massa de migrantes com baixo nível de escolaridade estimulou a ocupação da periferia das grandes cidades, formando cinturões de pobreza ao redor dos centros urbanos, com a proliferação de núcleos urbanos que geralmente cresciam de maneira desordenada, precária e irregular. Isso explica uma característica essencial de todas as principais regiões metropolitanas no Brasil: elas são formadas a partir de um centro ativo e orgânico, em que se concentra o emprego, e de periferias pobres com infraestrutura urbana inadequada, que são geralmente cidades-dormitório distantes do centro, exigindo dos trabalhadores longas horas de transporte até o local de trabalho.[11]

Nesse processo de crescimento das áreas metropolitanas, que representavam mais da metade de toda a população urbana, ocorreu um aumento mais rápido na periferia do que na cidade líder (Tabela 6.3). Na Região Metropolitana de São Paulo, por exemplo, a capital cresceu 3,6 ao ano, contra

---

e desencantos", *in* Américo Freire, Carlos Eduardo Sarmento e Marly Silva da Motta, eds., *Um estado em questão: os 25 anos do Rio de Janeiro Rio de Janeiro* (Rio de Janeiro: FGV, 2001), pp. 19-56. Após a mudança da capital, o antigo Distrito Federal tornou-se o estado da Guanabara. Posteriormente houve a fusão dos estados da Guanabara e do Rio de Janeiro, sendo que a cidade do Rio de Janeiro tornou-se a capital do novo estado.

11 Brito e Pinho, *op. cit.*, pp. 13-14.

4,1% das cidades periféricas, ao longo da década de 1970. O mesmo se deu na década de 1980: a taxa de crescimento da capital caiu para 1,6% ao ano, ao passo que a área periférica aumentava a 3,3% ao ano. O período mais explosivo de crescimento para essas áreas metropolitanas foi nas décadas de 1970 e 1980. A partir dos anos 1990, o crescimento declinou consideravelmente, de forma que, em 2010, as áreas metropolitanas respondiam por somente 43% da população urbana nacional, em comparação com a proporção de 52% em 1970.[12]

O declínio relativo das áreas metropolitanas se deve à ascensão de cidades de médio porte no Brasil, que cresceram significativamente nos últimos trinta anos por todos os estados. No Censo de 2010, por exemplo, as cidades entre 100 mil e 500 mil habitantes representavam 27% do total da população urbana, em comparação com 15% em 1970, e sua participação atual assemelha-se à das cidades com população entre 500 mil e 1 milhão de habitantes.[13] Uma estimativa da população em 2017 mostra que o Brasil tinha 17 cidades com mais de 1 milhão de habitantes, 42 com mais de 500 mil habitantes e acima de 300 com mais de 100 mil habitantes. Se considerarmos somente o estado de São Paulo, há 3 cidades com mais de 1 milhão de habitantes, 9 com mais de 500 mil e 78 com mais de 100 mil.[14] Em 2016, a população de todas as principais regiões metropolitanas chegava a 94 milhões de pessoas e representava 46% da população total do Brasil. Havia duas regiões metropolitanas com mais de 10 milhões de habitantes: São Paulo (21,2 milhões) e Rio de Janeiro (12,3 milhões), e 6 capitais de estado com população de 4 a 6 milhões (Belo Horizonte, Distrito Federal, Porto Alegre, Fortaleza, Salvador e Recife). Havia também grandes regiões metropolitanas com mais de 1 milhão de habitantes que não eram capitais. O estado de São Paulo, por exemplo, tinha 5 grandes áreas metropolitanas, incluindo a grande Região Metropolitana de Campinas, com 3,1 milhões de habitantes (Tabela 6.4).[15]

---

12 Ibidem, p. 13, tabela 4.

13 Thomaz Almeida Andrade e Rodrigo Valente Serra, *O recente desempenho das cidades médias no crescimento populacional brasileiro*, Brasília: Ipea, texto para discussão n. 554, 1998; Tompson Almeida Serra e Rodrigo Valente Serra (org.), *Cidades médias brasileiras*, Rio de Janeiro: IPEA, 2001; Diva Maria Ferlin Lopes, Wendel Henrique (org.), *Cidades médias e pequenas: teorias, conceitos e estudos de caso*, Salvador: SEI, 2010, 250 p. (Série Estudos e Pesquisas, 87).

14 IBGE. Disponível em: <https://www.ibge.gov.br/estatisticas-novoportal/sociais/populacao/9103-estimativas-de-populacao.html?&t=downloads>, acesso em: 03.11.2017.

15 Além da Região Metropolitana (RM) de Campinas, há a RM do Vale do Paraíba e Litoral Norte (2,5 milhões de habitantes), a RM de Sorocaba (1,9 milhão), a RM da Baixada Santista (1,8 milhão) e a Aglomeração Urbana de Piracicaba (1,5 milhão). IBGE: <https://agenciadenoticias.ibge.gov.br/agencia-

Tabela 6.4 População das Regiões Metropolitanas e taxas de crescimento, 1970-2016

Região Metropolitana	População		Taxas anuais de crescimento		Aumento da população	Estimativa da população
	1970	2010	1970/1980	2000/2010	1970/1980	2016 (1)
São Paulo	8.139.705	19.683.975	4,46	0,97	444.904	21.242.939
Rio de Janeiro	6.879.183	11.835.708	2,44	0,86	187.925	12.330.186
Belo Horizonte	1.724.820	4.883.970	4,51	1,15	95.696	5.873.841
Porto Alegre	1.751.889	3.958.985	3,49	0,63	71.614	4.276.475
Distrito Federal	761.961	3.717.728	7,15	2,33	75.807	4.284.676
Recife	1.827.173	3.690.547	2,71	1,01	55.928	3.940.456
Fortaleza	1.130.145	3.615.767	4,16	1,69	56.928	4.019.213
Salvador	1.211.950	3.573.973	4,31	1,37	63.586	3.984.583
Curitiba	907.391	3.174.201	5,38	1,38	62.499	3.537.894
Campinas	680.826	2.797.137	6,49	1,81	59.598	3.131.528
Goiânia	509.570	2.173.141	5,82	2,23	38.781	2.458.504
Manaus	404.514	2.106.322	6,38	2,5	34.644	2.568.817
Belém	685.616	2.101.883	4,31	1,35	35.990	2.422.481
Florianópolis	418.273	1.687.704	4,05	2,14	11.929	1.152.115
Vitória	245.043	877.116	6,07	1,61	33.569	1.935.483
Total Regiões Metropolitanas	27.278.059	69.878.157	4,05	1,24	1.329.397	77.159.191
População Urbana	52.097.260	160.925.792	4,44	1,55	2.834.007	
Total População Nacional	93.134.846	190.755.799	2,48	1,17	2.587.621	206.081.432
Regiões Metrop./Pop. Urbana Total	52,36	43,42				
Regiões Metrop./População Total	29,29	36,63				

Fonte: Brito e Pinho, *A dinâmica do processo de urbanização no Brasil*: 13-14; e para 2016, veja IBGE em: <https://agenciadenoticias.ibge.gov.br/agencia-sala-de-imprensa/2013-agencia-de-noticias/releases/9497-ibge-divulga-as-estimativas-populacionais-dos-municipios-em-2016.html>
Nota: (1) Quando o IBGE considera todas as Regiões Metropolitanas e Aglomerações Urbanas com mais de 1 milhão de habitantes, a população totaliza 94,183,623, ou 45,7% da população total

O rápido crescimento urbano no Brasil como um todo trouxe sérias consequências para as condições de vida nas grandes cidades e regiões metropolitanas. Exacerbou os problemas sociais como moradia, saneamento e transportes. Mas, apesar de todas as dificuldades para os migrantes, o deslocamento melhorava seu padrão de vida. O aprimoramento de quase todos os indicadores sociais no Brasil foi influenciado pela urbanização, que disponibilizava mais serviços de saúde e educação do governo do que nas áreas rurais, assim como um número bem maior de empregos. Portanto, a migração urbana e regional transferiu a população de áreas de menor produtividade econômica para os principais polos industriais do país, em que a indústria manufatureira se concentrava e um amplo mercado de trabalho se desenvolvia, com capacidade para absorver trabalhadores com níveis extremamente diversos de qualificação e escolaridade.[16] Na fase mais intensa do processo migratório, os trabalhadores não apenas foram absorvidos pelo mercado de trabalho da indústria em expansão, mas também pelo setor de construção. O rápido crescimento das cidades exigia moradia e todos os tipos de infraestrutura, ampliando o mercado de trabalho mesmo para trabalhadores com pouca qualificação nos projetos de habitação, construção de estradas e nos grandes empreendimentos de eletrificação e saneamento.

No entanto, as cidades propriamente ditas estavam despreparadas. Limitações fiscais impediam os grandes investimentos que seriam necessários para disponibilizar infraestrutura adequada para a população que chegava aos principais centros das regiões metropolitanas. Fontes de recursos públicos eram insuficientes para realizar esses projetos; faltava um mercado de crédito de longo prazo para financiar a habitação; além disso, havia leis que impediam a correção de aluguéis pela inflação. A falta de capital dificultou o suprimento adequado de infraestrutura urbana e a redução da escassez crônica de moradias.[17] Havia também sérias questões jurídicas sobre as ins-

---

-sala-de-imprensa/2013-agencia-de-noticias/releases/9497-ibge-divulga-as-estimativas-populacionais--dos-municipios-em-2016.html>.

16 Paul Singer, *Economia Política de la Urbanización* (México: Siglo Ventiuno Editores, 1978), p. 44.

17 De acordo com Cláudio H. M. Santos, a situação do setor habitacional brasileiro no período anterior à criação do SFH era das mais graves. O crescimento explosivo da demanda por habitações urbanas provocado pelo rápido processo de urbanização, em um contexto fortemente inibidor do investimento na área (marcado por forte aceleração inflacionária, taxas de juros nominais fixas e leis populistas no mercado de aluguéis), acabou por gerar um déficit habitacional estimado em 8 milhões de habitações. Cláudio H. M. Santos, *Políticas federais de habitação no Brasil: 1964/1980* (Brasília: Ipea, 1999), p. 10. Veja também Sérgio de Azevedo e Luís Aureliano Gama de Andrade, *Habitação e Poder: Da Fundação da Casa Popular ao Banco Nacional de Habitação* (Rio de Janeiro: Centro Edelstein de Pesquisas Sociais, 1982); Sérgio Azevedo. "Vinte e dois anos de política de habitação popular (1946-1986):

tituições que deveriam se dedicar a esses projetos. Apesar da importância das regiões metropolitanas, havia um vácuo relativo em sua regulação e administração. Os grandes problemas das regiões metropolitanas na administração e na seguridade das áreas de transportes, saneamento básico, tratamento de resíduos, por exemplo, ainda não tinham as estruturas jurídicas e institucionais que permitiriam um controle coerente. Causavam, portanto, conflitos de interesse entre autoridades municipais e estaduais e impediam a criação de instituições e sistemas para equacionar essas questões.[18] A habitação foi a primeira questão fundamental a ser enfrentada pelos imigrantes. Porém, foi também um grande problema para os que moravam nas cidades havia mais tempo. A inflação se tornara uma parte importante da economia nacional desde os anos 1950, com taxas anuais que se situavam entre 20% e 40% ao ano. A tradicional Lei da Usura permaneceu em vigor, impedindo a emissão de qualquer tipo de instrumento financeiro de médio e longo prazo no Brasil, inclusive Títulos da Dívida Pública. O financiamento do déficit público era realizado por meio de empréstimos externos ou pela emissão de moeda. Imediatamente após a implantação do regime militar, foi criado um instrumento de correção monetária, a princípio para corrigir a dívida pública, mas gradualmente aplicado a todos os ativos e passivos financeiros de médio e longo prazo.[19] A implementação de um mecanismo de correção monetária permitiu a criação de um mercado de crédito de médio e longo prazo no Brasil, fato crucial para o mercado da habitação e para a infraestrutura de saneamento.

Foram gerados recursos para habitação por meio de um sistema nacional de poupança obrigatória. Até 1963, os empregados demitidos eram indenizados com o pagamento do salário de um mês para cada ano de serviço. Dez anos após a contratação, tornou-se ainda mais difícil demitir trabalhadores, já que o empregador era obrigado a pagar o dobro da taxa.

---

criação, trajetória e extinção do BNH", *Revista de Administração Pública* 22, n. 4 (out/dez 1988), pp. 107-119; José Maria Aragão, *Sistema Financeiro da Habitação, uma análise jurídica da gênese, desenvolvimento e crise do sistema* (Curitiba: Juruá Editora, 2000).

[18] Lucia Camargos Melchiors e Heleniza Ávila Campo, "As regiões metropolitanas brasileiras no contexto do Estatuto da Metrópole: Desafios a serem superados em direção à governança colaborativa", *Revista Política e Planejamento Regional* 3, n. 2 (jul./dez. 2016), pp. 181-203; Joroen Johannes Klink, "Novas governanças para as áreas metropolitanas. O panorama internacional e as perspectivas para o caso brasileiro", *Cadernos Metrópole* (São Paulo) 11, n. 22 (jul./dez. 2009), pp. 415-433; Sol Garson Braule Pinto, "Regiões metropolitanas: obstáculos institucionais à cooperação em políticas urbanas" (tese de doutorado, Universidade Federal do Rio de Janeiro, Rio de Janeiro, 2007).

[19] A Lei 4.357 de 17 de julho de 1964 autorizou a emissão de Obrigações do Tesouro Nacional ajustadas pelas variações no poder aquisitivo da moeda nacional. Francisco Vidal Luna e Thomaz de Aquino Nogueira Neto, *Correção Monetária e Mercado de Capitais – A Experiência Brasileira* (São Paulo: Bolsa de Valores de São Paulo, Bovespa, 1978).

Isso tendia a limitar a mobilidade do trabalhador. Esse sistema foi abolido e substituído pelo Fundo de Garantia por Tempo de Serviço (FGTS). O novo sistema foi um importante instrumento de poupança de longo prazo, e seus recursos se tornaram a principal fonte de financiamento para obras de habitação e saneamento. Para utilizar esses recursos, foi criado o Sistema Financeiro de Habitação, liderado pelo Banco Nacional de Habitação (BNH), entidade de financiamento público que aproveitava recursos do FGTS paralelamente aos fundos disponíveis de outras fontes públicas (Caixas Econômicas) e fontes privadas, tais como as Cooperativas de Crédito para Habitação.[20] Além dos recursos compulsórios do FGTS, os agentes financeiros poderiam levantar fundos livremente no mercado através de Cadernetas de Poupança, tradicional instrumento de crédito no Brasil, e pela emissão de Letras de Crédito Imobiliário. As operações ativas e passivas do FGTS eram indexadas pela correção monetária mensal.[21] Considerando-se sua autonomia, o sistema exigia a remuneração dos depositantes, e, dessa forma, o financiamento se destinava principalmente ao mercado da classe média e aos trabalhadores com capacidade de pagar a moradia, não visando diretamente a habitação para as pessoas de baixa renda, que dependiam de subsídios para comprar apartamentos ou casas.[22]

Esse sistema de financiamento impulsionou o mercado imobiliário e orientou recursos para obras construídas e operadas pelas companhias estaduais de saneamento.[23] A criação do sistema atingia dois objetivos simul-

---

20 A Lei 4.380, de 21 de agosto de 1964, criou o Sistema Financeiro da Habitação, composto pelo Banco Nacional de Habitação, com participação de agências federais, estaduais e municipais que financiaram obras de habitação e outras relacionadas; instituições de crédito imobiliário; fundações, cooperativas, sociedades de ajuda mútua e outros grupos sem fins lucrativos dedicados à construção de moradias. Sobre a história da formação do BNH, veja Aragão, *Sistema Financeiro da Habitação*: partes 1 e 2.

21 Claudia Magalhães Eloy, "O papel do Sistema Financeiro da Habitação diante do desafio de universalizar o acesso à moradia digna no Brasil" (tese de doutorado FAU/USP, São Paulo, 2013).

22 Embora não tenham sido usados recursos financeiros diretamente, o sistema operava com diferenças nas taxas de juros para diversos segmentos do mercado imobiliário, favorecendo os segmentos de baixa renda. Além disso, havia subsídios cruzados entre mutuários e titulares da poupança obrigatória que financiava o sistema. Azevedo, "Vinte e dois anos de política de habitação popular": 109. Havia também a correção parcial das dívidas dos mutuários, que criava imensos passivos para o sistema, o que ajuda a explicar a crise e a extinção do programa.

23 A partir dos anos 1930, foram criados programas de habitação popular pelos Institutos de Aposentadoria e Pensão. Segundo Azevedo, essas entidades atuavam de maneira fragmentada, cobrindo somente um pequeno número dos associados. A experiência oficial com a criação da Fundação da Casa Popular em 1946 teria pouco resultado prático. De acordo com o autor, após a tomada do poder pelos militares em 1964, a Fundação da Casa Popular foi abandonada por causa de sua estreita ligação com o governo Goulart. No entanto, vinte e dois anos mais tarde, com a redemocratização do país, as novas autoridades adotaram argumentos semelhantes para justificar a extinção do Banco Nacional de Habitação. Azevedo, *op. cit.*,107-108. Veja também Azevedo e Andrade, *Habitação e poder*: cap. "Habitação e populismo: a Fundação da Casa Popular".

taneamente: ajudava a corrigir a séria escassez de moradia e estimulava a economia ao expandir a construção e as atividades econômicas de trabalho intensivo e ao fortalecer as indústrias, disponibilizando insumos para o setor imobiliário.[24] O consequente aumento na habitação, o maior nível de atividades de construção e a expansão de emprego para trabalhadores no setor da construção de moradias foram importantes para oferecer legitimação política ao regime militar.

Sem dúvida, o sistema financeiro de habitação criado teve papel importante na ampliação expressiva de moradias da classe média e no financiamento público de residências para a classe trabalhadora. Combinou, com sucesso, recursos compulsórios privados (FGTS) com fundos captados em uma ampla rede de agentes financeiros privados e públicos. Operava com a lógica do mercado, aceitando a necessidade de lucro para todos os investidores públicos e privados. Nas duas décadas de operação, o BNH construiu aproximadamente 4,5 milhões de moradias, das quais metade foi construída pelo mercado, atendendo à população de classe média. Outra parte atendeu aos tradicionais programas das Companhias Municipais de Habitação (Cohabs), programas de erradicação de favelas e de autoconstrução (mutirões), cooperativas e programas desenvolvidos por sindicatos. Mas somente um terço das moradias se destinou ao segmento mais pobre da população. Portanto, esse sistema orientado para o mercado foi menos bem-sucedido em suprir o mercado de baixa renda, que constituía e ainda constitui o setor com as necessidades mais agudas de habitação. Considerando-se os custos e a falta de retorno sobre o capital, esse setor depende essencialmente de recursos fiscais, e não de crédito.[25]

O outro grande problema foi a falta de planejamento coerente. O BNH não se preocupava realmente com os impactos sociais e urbanísticos dos grandes contingentes de moradias que financiava. Naqueles grandes projetos, a construção se realizava nas áreas periféricas em que os terrenos eram mais baratos, mas havia pouca infraestrutura, criando grandes complexos habitacionais sem transporte adequado e distantes dos centros geradores de emprego. Era o que ocorria em geral nas principais cidades brasileiras,

---

24 Segundo Azevedo, a principal motivação para a criação do Banco Nacional de Habitação foi política. De acordo com os idealizadores do BNH, a produção de casas populares permitiria ao novo regime militar conquistar a simpatia de amplos setores das classes que constituíam o principal apoio do governo populista anterior, derrubado em 1964. Sérgio Azevedo, "Vinte e dois anos de política de habitação popular", p. 109; e Aragão, *op. cit.*

25 Sobre a organização do sistema, veja Aragão, *op. cit.*

particularmente no Rio de Janeiro e em São Paulo. A Cidade Tiradentes, um grande completo habitacional criado na Zona Leste de São Paulo na década de 1970, é um caso ilustrativo. Enormes conjuntos habitacionais foram construídos tanto por entidades públicas como pelo setor privado. Nesta cidade-satélite habitam cerca de 200 mil pessoas, uma parte nas casas construídas pelo Sistema Nacional de Habitação e outra em favelas e assentamentos clandestinos que constituem alguns dos grandes complexos habitacionais. No entanto, a falta de infraestrutura, transportes e empregos explica os sérios problemas sociais que persistem até hoje na região.[26]

Apesar da importância do BNH, seu tempo de vida foi efêmero. Criado em 1964, foi liquidado em 1986.[27] Com o retorno da inflação no período final do regime militar, foram realizadas tentativas para reduzir o impacto da indexação integral sobre os benefícios e/ou o saldo da dívida de mutuários que haviam recebido empréstimos imobiliários vinculados à infla-

---

26 Conforme dados da prefeitura: "A Cidade Tiradentes, maior complexo habitacional da América Latina, contém mais de 40 mil unidades, a maior parte construída na década de 1980 pela COHAB (Companhia Metropolitana de Habitação de São Paulo), CDHU (Companhia de Desenvolvimento Habitacional e Urbano do Estado de São Paulo) e por grandes empreiteiras. A área foi planejada como um grande "bairro dormitório" do tipo periférico e unifuncional para o deslocamento das populações afetadas pelas obras públicas, como ocorreu na Cidade de Deus no Rio de Janeiro. No final da década de 1970, o governo iniciou o processo de aquisição de uma fazenda localizada na região, conhecida então como Fazenda Santa Etelvina, formada por eucaliptos e trechos da Mata Atlântica. Começaram a ser construídas edificações residenciais, modificando a paisagem, sendo que o local passou a ser habitado por enormes contingentes de famílias, que esperavam em fila nos escritórios das companhias de construção de moradias. Além da enormidade dos complexos habitacionais que constituem a cidade formal, existe também a "cidade informal", constituída por favelas e moradias clandestinas, além de loteamentos irregulares em áreas privadas. A população da Cidade Tiradentes é de 211.501.000 habitantes (Censo de 2010). A alta concentração da população – 14.100 habitantes/km² – se soma a uma das maiores taxas de crescimento da cidade e graves problemas sociais. Essa população totaliza 52.875 de famílias residentes no território coberto pela Prefeitura Regional. Desse total, 8.064 famílias estão em situação de grande vulnerabilidade. Prefeitura de São Paulo, Prefeitura Regional da Cidade Tiradentes, histórico. Disponível em: <http://www.prefeitura.sp.gov.br/cidade/secretarias/regionais/cidade_tiradentes/historico/index.php?p=94>, acesso em: 27.11.2017. Um estudo das tensões sociais e raciais nesse projeto e em outros semelhantes está disponível em Reinaldo José de Oliveira, "Segregação urbana e racial na cidade de São Paulo: as periferias de Brasilândia, Cidade Tiradentes e Jardim Ângela" (tese de doutorado, PUC-SP, 2008).

27 Embora houvesse motivos econômicos objetivos que explicavam a extinção do BNH, que, na verdade, passava por uma séria crise financeira, havia fatores políticos que contribuíram para isso, sem planejamento quanto ao futuro das operações já realizadas pelo BNH. Azevedo afirma que "a extinção do BNH, sem qualquer tentativa de equacionar seus problemas concretos, parecia ser uma estratégia do governo para angariar apoio político em uma época em que o Plano de Estabilização Econômica estava fracassado e quando propôs medidas corretivas extremamente impopulares. Nesse sentido, o fim do BNH, instituição vista por grande parte da população como onerosa, de eficiência questionável e identificada com o regime anterior, seria a contrapartida do governo aos sacrifícios exigidos da população. Serviria como exemplo da vontade de refrear os gastos públicos". Azevedo, *op. cit.*, p. 118. Sobre o tema, veja também José Maria Aragão, *op. cit.*, e Fundação Getúlio Vargas, *O crédito imobiliário no Brasil, caracterização e desafios* (São Paulo: FGV, 2007), pp. 529-534; Santos, *op. cit.*, pp. 10-17.

Vida urbana nos séculos XX e XXI

ção.[28] Esse fato ocorreu inclusive no BNDES, cujos empréstimos, a partir de 1975, eram corrigidos apenas parcialmente pela inflação real. A correção monetária teria um teto de 20%, ao passo que a inflação chegava a mais de 30% e seguia em ascensão.[29]

A instabilidade econômica que começou em meados da década de 1970 e continuou até o meio dos anos 1990, assim como a aceleração da inflação, reduziu o poder aquisitivo da população. Aumentou significativamente a taxa de inadimplência do sistema e afetou a própria solvência das instituições financeiras envolvidas, inclusive o BNH. O Governo Federal concedia subsídios sucessivos e cumulativos aos proprietários dos imóveis para honrar suas obrigações hipotecárias e, em 1983, assumiu a obrigação de pagamento ao Fundo de Compensação de Variações Salariais (FCVS).[30] O FCVS foi um fundo originalmente criado para compensar desequilíbrios previstos para o sistema, como o seguro moradia, para cobrir o saldo a pagar na eventualidade de morte do devedor etc. Mas o sistema se responsabilizava por todos os desequilíbrios causados pelos subsídios do sistema, inclusive o diferencial da correção monetária. Os custos se tornaram insustentáveis, devido aos vários planos heterodoxos de combate à inflação.[31] Após 1986, com a extinção do BNH, muitas de suas funções passaram a ser acumuladas pela Caixa Econômica Federal, que se tornou a principal fonte de empréstimos para habitação. Houve, sem dúvida, um decréscimo na qualidade operacional nessa mudança, pois foi perdida grande parte da experiência acumulada no BNH em assuntos relativos tanto a moradia como

---

28 Sobre o impacto da aceleração da inflação sobre os passivos indexados, veja João Sayad e Francisco Vidal Luna, "Politica Anti-inflacionaria y el Plan Cruzado", *in Neoliberalismo y Políticas Economicas Alternativas*, Quito: Corporacion de Estudios para el Desarrolo (CORDES), 1987, pp. 189-204.

29 Porcentagens de 34% (1974), 30% (1975) e 46% (1076). Sobre o tema, veja Sheila Najberg, "Privatização dos recursos públicos: os empréstimos do sistema BNDES ao setor privado nacional com correção monetária parcial" (dissertação de mestrado, PUC/RJ, Rio de Janeiro, 1989). Veja também José Maria Aragão, *op. cit.*, cap. X.

30 Ministério da Fazenda, Fundo de Compensações Salariais. Disponível em: <http://www.tesouro.fazenda.gov.br/documents/10180/380517/PFI_texto+fcvs+na+internet+p%C3%A1gina+tesouro+abr+2016.pdf/dedafcb2-d8f0-4adb-8a2f-c962682a063d>, acesso em: 27.11.2017. Veja também Aragão, *op. cit.*, cap. xx, e FGV, *op. cit.*, cap. 2.

31 A correção monetária permitiu que o sistema financeiro operasse mesmo com altos níveis inflacionários. Surgiram grandes problemas quando houve importantes declínios da inflação, como no Plano Cruzado (1986) e no Plano Real (1994). O Plano Real foi o plano de estabilização que efetivamente refreou o processo inflacionário no Brasil. Quando implementado, houve uma crise significativa do sistema financeiro e, para evitar uma crise sistemática, o governo implementou com sucesso um plano para socorrer o sistema financeiro (Proer). Veja Francisco Vidal Luna e Herbert S. Klein, *Brazil since 1980* (Cambridge: Cambridge University Press, 2006), cap. 3.

Gráfico 6.1 Número de unidades habitacionais financiadas pelo SBPE e pelo FGTS, 1964-1997

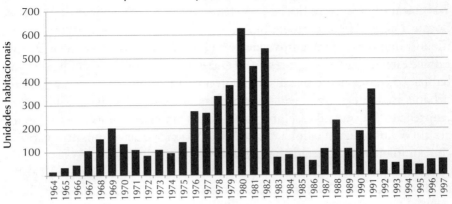

Fonte: Aragão (2000): 162; Cherkezian e Bofatti (1998): 131

a saneamento básico.[32] Apesar das várias tentativas para desenvolver programas de habitação social suportados com recursos públicos, a turbulência econômica dos anos 1980 e 1990 prejudicou a implementação de medidas mais consistentes. A construção de moradias declinou substancialmente no período, piorando os padrões de vida da população nos principais centros metropolitanos (**Gráfico 6.1**).

Enfim, com a inflação controlada pelo Plano Real, em 1997 foram criados dois novos programas governamentais de habitação. O primeiro foi o Sistema de Financiamento Imobiliário, que previa a securitização dos empréstimos imobiliários. O novo sistema operava com Certificados de Crédito Imobiliário (CRIs), Letras de Crédito Imobiliário (LCIs) e Cartas de Crédito Imobiliário (CCIs), instrumentos do mercado de capitais que operam segundo as taxas de mercado. Esse sistema foi utilizado principalmen-

---

32 Santos afirma: "Com efeito, o que se seguiu à extinção do BNH foi uma imensa confusão institucional provocada por reformulações constantes nos órgãos responsáveis pela questão urbana em geral e pelo setor habitacional em particular. Em um período de apenas quatro anos, o Ministério do Desenvolvimento Urbano e Meio Ambiente (MDU), criado em 1985, transformou-se em Ministério da Habitação, Desenvolvimento Urbano e Meio Ambiente (MHU), em Ministério da Habitação e Bem-Estar Social (MBES) e, finalmente, foi extinto em 1989, quando a questão urbana voltou a ser atribuição do Ministério do Interior (ao qual o BNH era formalmente ligado). As atribuições na área habitacional do governo, antes praticamente concentradas no BNH, foram pulverizadas por vários órgãos federais [...]". Santos, *op. cit.*, p. 19.

te para construir imóveis comerciais.[33] O segundo foi iniciado pelo novo Ministério das Cidades em 2005, com a criação do Sistema Nacional de Habitação de Interesse Social (SNHIS) e do Fundo Nacional de Interesse Social (FNIS). Havia também um novo Plano Nacional de Habitação (PlanHab), que representava um avanço na identificação das carências de moradia e da necessidade de integração entre as várias políticas públicas para a habitação, saneamento e transporte urbano. Pretendia-se a volta a projetos urbanísticos integrados, levando a infraestrutura social e disponibilidade de empregos.[34] Enquanto esse programa estava em fase de implementação, foi criado o Minha Casa Minha Vida (MCMV), provocando uma transformação completa na política de habitação.[35]

No segundo mandato de Lula, decidiu-se adotar o MCMV como política monetária anticíclica, em resposta à crise econômica mundial iniciada em 2008. A proposta era construir 1 milhão de casas, com fundos originados do orçamento da União, FGTS e BNDES. O programa tinha o objetivo de atender aos vários segmentos do setor da habitação e reduzir o déficit estimado de 7,2 milhões de moradias. O programa pretendia responder às necessidades dos segmentos mais pobres ao produzir 400 mil unidades habitacionais para as famílias que ganhavam até 3 salários mínimos, moradias estas que seriam desenvolvidas com uma contribuição substancial de recursos fiscais do Governo Federal, que se propunha a disponibilizar 70% dos recursos para as famílias mais carentes.[36]

Porém o MCMV foi criticado por alocar somente 40% de seus recursos a esse segmento mais pobre do mercado, em que se concentrava 90% do déficit habitacional.[37] O maior problema do programa, no entanto, foi

---

33 No Brasil, ainda há questões jurídicas e institucionais relacionadas com direitos imobiliários e com a capacidade de execução de garantias. Foram aprovados vários instrumentos jurídicos para oferecer maior garantia patrimonial e ajudar a desenvolver o mercado hipotecário. Veja a Lei 10.931, de 2 de agosto de 2004; e Fundação Getúlio Vargas, *O crédito imobiliário no Brasil*, cap. 2. Em 2003, também foi criado o Ministério das Cidades, dando maior coordenação ao sistema; e, em 2004, foi aprovada uma nova Política Nacional de Habitação.

34 Lei 11.124, de 16 de junho de 2005.

35 Lei 11.977, de 7 de julho de 2009.

36 Caio Santo Amore, "Minha Casa Minha Vida para iniciantes", *in* Caio Santo Amore, Lúcia Zainin Shimbo e Maria Beatriz Cruz Rufino, eds., *Minha Casa....e a cidade? Avaliação do programa Minha Casa Minha Vida em seis Estados Brasileiros* (Rio de Janeiro: Letra Capital, 2015), pp. 11-28.

37 Segundo Maricato, o governo Lula retomou investimentos em habitação (2005) e saneamento (2003) após 23 anos de curso errático dessas políticas públicas em nível federal. No entanto, o principal desafio da política habitacional ainda é a população de baixa renda, e, para enfrentá-lo, são necessárias mudanças mais profundas e persistentes. Ermínia Maricato, "O 'Minha Casa' é um avanço, mas a segregação urbana fica intocada". *Carta Maior*, São Paulo, 27 de maio de 2009. Disponível em: <https://www.cartamaior.com.br/?/Editoria/Politica/O-Minha-Casa-e-um-avanco-mas-segregacao-urbana-fica-intocada/4/15160>, acesso em: 27.11.2017.

a volta de um modelo de produção de grandes complexos habitacionais localizados nas periferias das grandes cidades, áreas desprovidas de empregos e sem infraestrutura básica como transportes ou instituições sociais, como escolas e clínicas de saúde, modelo que reproduzia essencialmente os antigos projetos do BNH.[38] Apesar dessas críticas, é inegável a retomada dos investimentos em moradias, atingindo todos os segmentos do mercado imobiliário, financiados por recursos do SBPS, FGTS e de consumidores (Tabelas 6.5 e 6.6). Entre 2009 e 2016, aproximadamente 4,5 milhões de moradias foram contratadas e 3,2 milhões foram finalizadas e entregues. Das unidades construídas e entregues, cerca de 40% beneficiaram as famílias mais pobres (Nível 1), com o governo cobrindo 90% do custo da habitação (Tabela 6.7).[39] A intensidade da construção e da finalização de habitações ocorreu durante os primeiros anos do MCMV de maneira comparável ao que ocorreu com o BNH na década de 1970.[40]

Em 2013, porém, a indústria da construção de moradias entrou em crise, devido a problemas do setor e à recessão da economia nacional. Entre o terceiro trimestre de 2013 e o terceiro trimestre de 2017, o PIB declinou

---

38 Segundo Rolnik e Nakano, "A forma de produzir casas populares além dos limites da cidade gera sérias consequências que acabam prejudicando a todos. Além de aumentar o alcance das infraestruturas urbanas, que precisam atingir locais cada vez mais distantes, a distância entre os locais de trabalho, equipamentos urbanos e áreas habitacionais aprofundam a segregação socioespacial e aumentam os custos da mobilidade urbana. A longa jornada diária entre a residência e o trabalho ou os centros educacionais congestionam as ruas e transportes coletivos, prejudicando a qualidade da vida coletiva. Raquel Rolnik e Kazuo Nakan, "As armadilhas do pacote habitacional", *Le monde diplomatique*, Brasil, Edição 20, março de 2009, 1-5. Disponível em: <https://diplomatique.org.br/as-armadilhas-do-pacote-habitacional/>, acesso em: 27.11.2017.

39 De acordo com a análise da Consultoria de Orçamento do Congresso Nacional, com as normas definidas na Portaria do MCID 267/2017 e na Portaria Interministerial 99/2016, o beneficiário do PMCMV pode adquirir um imóvel e receber um subsídio orçamentário de até 90% do valor do imóvel comprado. Além disso, em situações mais específicas, como as relacionadas com reassentamento, situações de emergência ou desastre, a participação financeira dos beneficiários na forma de parcelas mensais se torna isenta e, neste caso, a verba pode corresponder a 100% do valor do imóvel. *Avaliação de Políticas Públicas, Programa Minha Casa Minha Vida*, Brasília, Congresso Nacional, Consultoria de Orçamentos, Fiscalização e Controle, outubro/2007. Disponível em: <http://www2.camara.leg.br/orcamento-da-uniao/estudos/2017/InformativoAvaliacaoPoliticasPublicasPMCMV_WEB.pdf>, acesso em: 07.12.2007.

40 Há vasta literatura sobre o Minha Casa Minha Vida, o programa mais visível dos governos Lula e Dilma. Veja: Amore e Shimbo, eds., *Minha Casa... e a Cidade?*; Renato Balbim, Cleandro Krause e Vicente Correia Lima Neto, *Mais Além do Minha Casa Minha Vida: uma política de habitação de interesse social* (Brasília, Ipea, Texto para Discussão, 2116, agosto de 2015); Adauto Lucio Cardoso, ed. *Programa Minha Casa Minha Vida e seus Efeitos Territoriais* (Rio de Janeiro: Letra Capital, 2013); Viviane Fernanda de Oliveira, "Do BNH ao Minha Casa Minha Vida: Mudanças e permanências na política habitacional". *Caminhos de Geografia*, revista online, Uberlândia, v. 15, n. 50, jul 2014, pp. 36-53. Disponível em: <http://www.seer.ufu.br/index.php/caminhosdegeografia/article/view/22937>, acesso em: 07.12.2017; Marlon Lima da Silva e Helena Lúcia Zagury Tourinho, "O Banco Nacional de Habitação e o Programa Minha Casa Minha Vida: duas políticas habitacionais e uma mesma lógica locacional", *Cadernos Metrópole* (São Paulo) 17 n. 34 (nov. 2015), pp. 401-417.

Tabela 6.5 Financiamentos imobiliários com recursos SBPE (Sistema Brasileiro de Poupança e Empréstimo)

	Construção		Aquisições		Total	
Ano	Valor R$	Unidades	Valor R$	Unidades	Valor R$	Unidades
1994	1.123.664.153	39.767	611.431.475	21.617	1.735.095.628	61.384
1995	825.710.383	22.128	1.050.673.234	24.466	1.876.383.617	46.594
1996	698.696.098	21.439	763.980.180	16.847	1.462.676.278	38.286
1997	856.501.397	19.556	868.104.951	15.931	1.724.606.348	35.487
1998	1.161.499.530	22.234	984.109.638	18.081	2.145.609.168	40.315
1999	757.675.347	17.110	915.651.660	18.390	1.673.327.007	35.500
2000	1.047.597.302	19.899	887.901.293	17.853	1.935.498.595	37.752
2001	665.818.386	15.498	1.216.170.368	20.636	1.881.988.754	36.134
2002	594.682.885	10.317	1.174.703.843	18.615	1.769.386.728	28.932
2003	965.283.031	16.797	1.252.388.376	19.683	2.217.671.407	36.480
2004	1.394.392.606	24.961	1.607.863.590	28.866	3.002.256.196	53.827
2005	2.855.228.721	34.762	1.996.854.935	26.461	4.852.083.656	61.223
2006	4.483.511.118	45.433	4.856.775.892	68.440	9.340.287.010	113.873
2007	9.400.686.375	89.011	9.008.997.801	107.122	18.409.684.176	196.133
2008	16.220.846.923	162.299	13.811.491.211	137.386	30.032.338.134	299.685
2009	13.853.857.571	138.721	20.163.406.837	163.970	34.017.264.408	302.691
2010	24.412.172.265	201.758	31.785.406.148	219.627	56.197.578.413	421.385
2011	35.193.181.820	226.733	44.723.573.547	265.756	79.916.755.367	492.489
2012	28.086.332.539	168.170	54.690.647.923	285.154	82.776.980.462	453.324
2013	35.157.456.147	183.763	83.755.599.365	398.215	118.913.055.512	581.978
2014	32.787.469.412	169.912	84.238.616.133	387.008	117.026.085.545	556.920
2015	21.430.599.031	109.063	56.943.199.771	246.801	78.373.798.802	355.864
2016	11.133.373.732	53.346	38.649.155.029	161.613	49.782.528.761	214.959
2017	4.462.186.735	17.299	16.520.836.997	67.184	20.983.023.732	84.483

Fonte: CBCI: <http://www.cbicdados.com.br/menu/financiamento-habitacional/sbpe, tabela 04-A96_28>

6% e o PIB da indústria da construção retraiu-se em 23%, afetando consideravelmente o setor da habitação.[41] O número de unidades habitacionais

---

[41] Quanto ao setor de construção habitacional, veja Bradesco, *Mercado Imobiliário*, São Paulo: Depec, novembro de 2017. Disponível em: <https://www.economiaemdia.com.br/EconomiaEmDia/pdf/inf-set_imobiliario.pdf>, acesso em: 07.12.2017.

Tabela 6.6	Projetos de habitação, saneamento e infraestrutura urbana com recursos do FGTS, 2000-2016					
	Habitação		Valor (R$)			
Ano	Unidades	Valor (R$)	Saneamento	Infraestrutura urbana	Outros	Valor Total (R$)
2000	316.398	3.872.463.808	16.656.400	144.228	-	3.889.264.435
2001	264.021	3.072.801.097	-	35.214	-	3.072.836.310
2002	253.190	3.730.846.454	220.240.504	-	-	3.951.086.959
2003	246.107	3.818.289.389	1.499.952.646	-	-	5.318.242.035
2004	267.362	3.879.398.166	1.735.194.597	-	-	5.614.592.764
2005	337.846	5.532.466.903	17.067.990	-	-	5.549.534.893
2006	407.901	6.982.900.389	1.396.107.423	57.055.924	-	8.436.063.736
2007	333.237	6.899.141.256	3.247.489.568	717.120	-	10.147.347.944
2008	285.446	10.559.372.788	3.740.513.594	-	-	14.299.886.381
2009	396.367	15.836.350.930	1.668.770.083	-	-	17.505.121.013
2010	665.885	27.688.850.670	3.959.037.114	4.877.542.575	-	36.525.430.359
2011	549.661	34.224.193.737	1.049.341.646	2.101.373.929	-	37.374.909.312
2012	515.342	35.990.547.687	3.098.094.435	2.234.698.158	2.427.284.996	43.750.625.276
2013	491.861	40.133.317.658	5.813.684.881	5.577.145.445	2.401.093.888	53.925.241.873
2014	486.229	43.960.920.802	7.228.688.819	9.707.934.014	1.707.219.778	62.604.763.413
2015	632.729	54.249.675.631	2.421.567.038	1.141.309.672	600.000.000	58.412.552.342
2016	617.851	52.239.972.637	356.898.555	1.811.275.597	16.688.362.052	71.096.508.841

Fonte: CBIC, tabela.04_B.01_04. <http://www.cbicdados.com.br/menu/financiamento-habitacional/fgts>

Tabela 6.7 Programa Minha Casa Minha Vida, unidades contratadas e unidades entregues (dezembro 2016)							
	Unidades contratadas				Unidades entregues		
Ano	Nível 1*	Nível 2	Nível 3	Total	Nível 1*	Nível 2	Nível 3	Total
2009	143.894	98.593	43.818	286.305	67	66.367	10.499	76.933
2010	338.847	277.174	102.805	718.826	9.340	233.736	35.551	278.627
2011	104.310	296.707	77.935	478.952	113.060	177.108	16.856	307.024
2012	384.821	307.018	97.711	789.550	174.572	200.530	24.939	400.041
2013	537.185	281.744	93.961	912.890	162.920	272.021	46.703	481.644
2014	200.289	331.002	37.447	568.738	217.076	314.712	45.692	577.480
2015	16.890	349.486	40.557	406.933	202.330	163.880	24.579	390.789
2016	35.008	277.193	68.204	380.405	258.182	392.573	85.079	735.834
Total	1.761.244	2.218.917	562.438	4.542.599	1.137.547	1.820.927	290.198	3.248.672

Fonte: Avaliação de Políticas Públicas, Programa Minha Casa Minha Vida. Brasília, Congresso Nacional, Consultoria de Orçamentos, Fiscalização e Controle, out/2007

Nota: *Nível indica renda e passa do nível 1, menos renda, para o nível 3, mais renda

financiadas decresceu de 581 mil para 214 mil. Houve queda na construção de casas e apartamentos e redução significativa na média dos preços imobiliários. Por sua vez, o mercado de habitação social, ou seja, o mercado destinado à população mais pobre, sofreu a mais severa retração devido à crise nos financiamentos do governo de que tanto dependia. Somente será possível retomar uma construção significativa no setor de baixa renda quando os recursos públicos das várias esferas do governo retornarem com força maciça ao setor, pois não há solução de mercado para esse segmento.

Apesar de todos esses programas de construção de moradias nos últimos cinquenta anos ou mais, há ainda escassez substancial de habitação adequada no Brasil. A Fundação João Pinheiro, de Minas Gerais, desenvolveu uma metodologia para estimar o déficit habitacional que é considerado o índice mais confiável.[42] Estima-se que o déficit tenha atingido 7,2 milhões de unidades em 2000, permanecendo em 6,1 milhões em 2015, dos quais 5,3 milhões correspondem a habitação em áreas urbanas. As áreas com a maior concentração de necessidades habitacionais são o Sudeste e o Nordeste, que, juntas, precisam de um total de 3,7 milhões de casas nas áreas urbanas e respondem por mais de 70% da escassez existente (Tabela 6.8). Ademais, torna-se evidente a prevalência absoluta do déficit na faixa de até 3 salários mínimos (mais de 80%), sendo o segmento predominante no Brasil inteiro, com pouca variação regional (Tabela 6.9).[43]

O não atendimento das necessidades de habitação motivou ocupações ilegais de áreas urbanas não ocupadas ou de edifícios vazios nas regiões centrais das cidades. Em geral, esses assentamentos (favelas) se desenvolveram espontaneamente ou com a ajuda de organizações externas. Movimentos sociais urbanos se organizaram durante o período da ditadura militar para as lutas por habitação, regularização de terras, saúde e saneamento, em que a então progressista Igreja Católica desempenhava um papel fundamental. No período da redemocratização, os movimentos por habitação se aliaram a outras organizações (sindicatos, universidades, ONGs), constituindo uma

---

42 Os estudos da Fundação João Pinheiro, do governo do Estado de Minas Gerais, estão disponíveis em: <http://www.fjp.mg.gov.br/index.php/produtos-e-servicos1/2742-deficit-habitacional-no-brasil-3>, acesso em: 07.12.2017.

43 Por um lado, há um déficit habitacional, mas também um número significativo de imóveis desocupados no país. O Censo de 2010 registra um total de 56,7 milhões de domicílios. Desses, 7,3 milhões estavam desocupados e outros 2,6 milhões tinham ocupação eventual, sendo que 4,7 milhões eram classificados como domicílios "privados, desocupados, vagos". As principais cidades brasileiras atualmente apresentam o problema da subutilização de imóveis antigos, particularmente nas áreas centrais com maior infraestrutura urbana. Apesar dos esforços oficiais, pouca coisa foi recuperada para reutilização como moradia.

Tabela 6.8 Estimativa do déficit habitacional no Brasil por região, 2007-2015 (1)

Região/ano	Urbano	Rural	Total	Precário	Cohabitação	Custo	Densidade (2)
Déficit habitacional por região, 2015							
Norte	488.729	138.647	627.376	156.875	253.814	179.586	37.101
Nordeste	1.401.625	522.708	1.924.333	492.789	619.768	754.200	57.576
Sudeste	2.383.963	46.373	2.430.336	109.292	599.895	1.540.013	181.136
Sul	649.051	48.585	697.636	117.610	157.854	410.451	11.721
Centro-Oeste	491.432	15.390	506.822	48.246	126.485	304.809	27.282
Brasil	5.414.800	771.703	6.186.503	924.812	1.757.816	3.189.059	314.816
Déficit habitacional no Brasil, 2000-2015							
2000	5.469.851	1.752.794	7.222.645				
2007	5.003.418	985.646	5.989.064	1.240.922	2.450.029	1.950.087	348.026
2008	4.629.832	916.478	5.546.310	1.138.890	2.182.002	1.888.203	337.215
2009	5.089.160	909.750	5.998.909	1.064.457	2.480.465	2.088.458	365.529
2010	5.885.528	1.055.163	6.940.691	1.343.435	2.991.313	2.124.404	481.539
2011	4.689.405	892.563	5.581.968	1.187.903	1.916.716	2.091.392	385.957
2012	4.664.113	766.449	5.430.562	883.777	1.865.457	2.310.642	370.686
2013	5.010.839	835.201	5.846.040	977.264	1.905.085	2.553.436	390.255
2014	5.315.251	752.810	6.068.061	863.030	1.911.598	2.926.543	366.890
2015	5.414.800	771.703	6.186.503	924.812	1.757.816	3.189.059	314.816

Fonte: Fundação João Pinheiro, Governo de Minas Gerais, Belo Horizonte,
Notas:
(1) Os dados para 2015 são preliminares. A metodologia da identificação do déficit foi diferente do uso atual.
(2) Densidade é o excesso de moradores por habitação.

Tabela 6.9 Porcentagem do déficit habitacional por nível de renda e região, 2014

Região	Até 3 SM	Mais de 3 e menos de 5	Mais de 5 e menos de 10	Mais de 10	Total
Norte	79,5%	11,8%	6,5%	2,2%	100%
Nordeste	88,2%	7,0%	3,5%	1,2%	100%
Sudeste	83,7%	10,0%	5,2%	1,0%	100%
Sul	78,2%	13,1%	6,4%	2,3%	100%
Centro-Oeste	83,9%	8,8%	5,0%	2,4%	100%
Brasil	**84,4%**	**9,5%**	**4,7%**	**1,4%**	**100%**

Brasil: Fundação João Pinheiro, Déficit Habitacional no Brasil (2016): 31

rede de reforma urbana agrupada no Fórum Nacional de Reforma Urbana (FNRU). Esse programa enfatiza o acesso universal a serviços por meio de políticas urbanas de redistribuição.[44]

A eleição de Lula gerou uma grande expectativa quanto ao avanço dessas lutas. De fato, em 2003, um processo de conferências públicas teve início nos três níveis de governo (municipal, estadual e federal) para discutir novas políticas urbanas. As propostas sugeriam amplas reformas, as quais o governo finalmente aceitou por meio dos projetos Habitação de Interesse Social (HIS).[45] Algumas demandas foram equacionadas nos últimos vinte anos, particularmente com a aprovação do Estatuto da Cidade (Lei 10.257, de 10 de julho de 2001), do Fundo Nacional de Habitação de Interesse Social (Lei 11.124, de 16 de junho de 2005) e do Plano Nacional de Habitação (PlanHab), de 2009.

Houve também uma mudança profunda nas políticas voltadas para combater o crescimento de moradias precárias (subnormais), particularmente nas favelas urbanas que se espalharam na maioria das áreas metropolitanas do Brasil. No passado, a tendência era adotar programas de erradicação de favelas, retirando os habitantes da ocupação existente e realocando-os em áreas periféricas das cidades, construindo novas aglomerações habitacionais sem infraestrutura e distantes dos polos geradores de emprego e renda e em que se concentram os melhores serviços públicos de transporte, educação e saúde. Mas, nos últimos vinte anos, os governos municipais decidiram regularizar e incorporar as favelas à vida da cidade por meio de programas intensos de urbanização de favelas e regularização da proprie-

---

44 Há vasta literatura sobre o assentamento e a organização de favelas e a vida nesses centros, principalmente quanto às favelas do Rio de Janeiro. Veja os estudos clássicos de Janice E. Perlman, *The myth of marginality. Urban poverty and politics in Rio de Janeiro* (Berkeley: University of California Press, 1979) e *Favela: Four decades of living on the edge in Rio de Janeiro* (New York: Oxford University Press, 2010). Quanto à evolução inicial das favelas do Rio, veja Brodwyn Fischer, *The poverty of rights: Citizenship and Inequality in Twentieth-Century Rio de Janeiro* (Stanford: Stanford University Press, 2008). Veja alguns estudos recentes sobre as favelas do Rio: Bryan McCann, *Hard times in the marvelous city: From dictatorship to democracy in the favelas of Rio de Janeiro* (Durham: Duke University Press, 2013); Robert Gay, *Popular organization and democracy in Rio de Janeiro: a tale of two favelas* (Philadelphia: Temple University Press, 2010); veja estudos mais específicos como Enríque Desmond Arias, "Faith em Our Neighbors: Networks and Social Order in Three Brazilian Favelas", *Latin American Politics and Society* 46, n. 1 (2004), pp. 1-38. Sobre o papel da criminalidade nas favelas e como a favela se relaciona com a sociedade mais ampla, veja Enrique Desmond Arias, *Drugs and democracy in Rio de Janeiro: Trafficking, social networks, and public security* (Chapel Hill: University of North Carolina Press, 2009).

45 Na década de 1980, foram organizados dois principais movimentos habitacionais em âmbito nacional: a UNMP (União Nacional por Moradia Popular) e o MNLM (Movimento Nacional de Luta pela Moradia). Regina Fátima Cordeiro Fonseca Ferreira, "Movimentos de moradia, autogestão e política habitacional no Brasil: do acesso à moradia ao direito à cidade". *2º Fórum de Sociologia, Justiça Social e Democratização*, Buenos Aires, 1-4 de agosto de 2012. Acesso em: 07.12.2017, em: <http://www.observatoriodasmetropoles.net/download/artigo_reginaferreira_isa.pdf> (pp. 2-3).

dade das terras. Desde 1967 existe a lei de Concessão de Direito Real de Uso (CDRU), que permite a utilização de terrenos públicos e privados para fins específicos de urbanização, industrialização, edificação, cultivo da terra ou outros usos de interesse social.[46] Uma nova lei de 2007 previa também a regularização da posse da terra por interesse social.[47] A estrutura jurídica para todos esses eventos foi o Estatuto da Cidade, que definiu princípios gerais e instrumentos de administração urbana,[48] posteriormente detalhados na seção de regularização das terras da Lei 11.977, de 7 de julho de 2009, que criou o programa Minha Casa Minha Vida. Essa última lei constitui um conjunto de medidas jurídicas, urbanas, ambientais e sociais destinadas a regularizar assentamentos irregulares e conceder títulos de terra aos ocupantes, para garantir o direito social à habitação, ao desenvolvimento integral das funções sociais da propriedade urbana e a um meio ambiente ecologicamente equilibrado.[49]

Vale observar que essa legalização de terrenos de favela e moradias mantém os moradores no local de assentamento, em contraste com o processo anterior, que se baseava na erradicação da ocupação irregular e no reassentamento da população em áreas sem infraestrutura, transportes e, o que é mais importante, sem emprego.[50] Muitas favelas estão relativamente bem localizadas em relação a esses serviços e centros de emprego. Foi um dos motivos da forte oposição ao antigo programa de erradicação e reassentamento pelos movimentos populares e de moradores. Os processos de regularização das favelas que já se instalavam se intensificaram com a nova legislação urbana. No caso do estado de São Paulo, por exemplo, o Programa Cidade Legal, criado em 2007, buscava disponibilizar suporte técnico aos municípios por meio da regularização de loteamentos e da construção de

---

46 Decreto Lei 217, de 28 de fevereiro de 1967.

47 Lei 11.481, de 31 de maio de 2007.

48 Lei 10.257, de 10 de julho de 2001.

49 Artigo 46 da Lei 11.977, de 7 de julho de 2009. Quanto a estudos dessa reforma, veja, por exemplo, Paulo Bastos, "Urbanização de favelas", *Estudos avançados* 17, n. 47 (2003), pp. 212-221; Adauto Lúcio Cardoso, "Avanços e desafios na experiência brasileira de urbanização de favelas", *Cadernos Metrópole* 17 (janeiro-junho, 2007), pp. 219-240.

50 Vitor da Cunha Miranda, *A concessão de direito real de uso (CDRU) e a concessão de uso especial para fins de moradia (CUEM) como instrumentos de regularização fundiárias públicas no Brasil*. Acesso em: 28.05.2018. Disponível em: <https://jus.com.br/artigos/48642/a-concessao-de-direito-real-de-uso-cdru-e-a-concessao-de-uso-especial-para-fins-de-moradia-cuem-como-instrumentos-de-regularizacao-fundiaria-em-areas-publicas-no-brasil>; quanto a esse tema, veja também IBAM – Instituto Brasileiro de Administração Municipal, *Estudo de Avaliação da Experiência Brasileira sobre Urbanização de Favelas e Regularização Fundiária* (Rio de Janeiro, outubro de 2002); e Patrícia Cezario Silva Spinazzola, "Impactos da regularização fundiária no espaço urbano" (dissertação de mestrado, FAU/USP, 2008).

conjuntos habitacionais públicos ou privados para fins residenciais, a serem localizados em áreas urbanas ou áreas de expansão urbana. Em 2017, foram emitidos 1.469 certificados de regularização de terrenos do programa, que beneficiavam 2,5 milhões de famílias que viviam em moradias irregulares.[51] Esse tipo de programa se repetiu em muitos estados.

Outra grande mudança na paisagem urbana foi o aumento significativo na construção de apartamentos. Desde a época do BNH, houve um processo de verticalização da habitação nos centros urbanos que atendia particularmente às classes média e alta. Apesar dessa importante mudança, a casa ainda predomina no Brasil, representando 88% das moradias e acomodando 90% dos habitantes. Mesmo que a construção de apartamentos seja maior, as casas ainda prevalecem. Na cidade de São Paulo, por exemplo, as casas representam dois terços dos domicílios; nas 10 maiores cidades brasileiras, a média é semelhante: 69%.[52] Isso significa que as grandes cidades brasileiras são esparsamente povoadas e os habitantes se espalham por grandes áreas urbanas.[53] Esse fato cria o paradoxo de infraestrutura não aproveitada, geralmente nas áreas urbanas centrais mais antigas, além da falta de infraestrutura substancial nas regiões periféricas das cidades, distantes dos polos mais bem-dotados em termos de empregos e infraestrutura social. Em várias cidades, como São Paulo, há esforços e incentivos para promover maior concentração da população em áreas que contam com oferta de infraestrutura. É uma característica do plano diretor mais recente da cidade, que orienta a política de urbanização e investimentos em infraestrutura.[54]

No entanto, esse planejamento cuidadoso ainda não é a regra em muitas cidades. A ocupação desordenada delas e o déficit habitacional persistente, identificado pela Fundação João Pinheiro, motivaram a proliferação de cinturões de moradias precárias na maior parte das cidades de grande e médio porte no país. Em 2010, 11,4 milhões de pessoas viviam em 3,2 milhões de moradias precárias, correspondendo a 7% da população urbana. O Sudeste, com 5,6 milhões de habitantes e 1,6 milhões de domicílios, representava a maior área em termos numéricos, seguida pelo Nordeste, com 3,2 milhões

---

51 Secretaria da Habitação do Estado de São Paulo, acesso em: 28.05.2018, em: <http://www.habitacao.sp.gov.br/noticias/viewer.aspx?Id=8270>.

52 IBGE, Sidra, tabela 3152.

53 IBGE, Sidra, tabela 1952.

54 No Censo de 2010, entre as quatro maiores cidades, São Paulo era a mais densa, com 7.298,3 habitantes/km², seguida por Belo Horizonte (7.167,0 habitantes/km²), Rio de Janeiro (5.265,3 habitantes/km²) e Salvador (3.858,4 habitantes/km²).

Gráfico 6.2 Municípios com maior população em aglomerados subnormais (Censo de 2010)

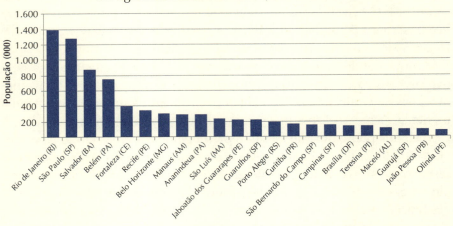

Fonte: IBGE, Censo de 2010, Subnormais

de pessoas e 926 mil domicílios. Proporcionalmente, o Norte registrou os piores indicadores, considerando-se que mais de 15% dos domicílios e dos habitantes moravam em domicílios precários. Mesmo as grandes cidades tinham uma parcela significativa da população residindo em cinturões de moradias subnormais. Em São Paulo, havia 1,3 milhões de pessoas (11% da população) morando em moradias inadequadas; no Rio de Janeiro, havia 1,4 milhão (22% da população); em Salvador, 882 mil pessoas (ou 33% da população). A situação mais drástica nas capitais de estado era a de Belém, que registrava 758 mil pessoas residindo em unidades habitacionais subnormais, representando 54% da população (Gráfico 6.2).[55]

---

[55] IBGE, Sidra, tabela 3770 e Eduardo Marques, ed., *Assentamentos precários no Brasil Urbano* (Centro de Estudos da Metrópole/Cebrap, Ministério das Cidades, 2007); Caio Santo Amore, "Entre o nó e o fato consumado, o lugar dos pobres na cidade. Um estudo sobre as ZEIS e os impasses da reforma urbana na atualidade" (tese de doutorado, FAU/USP, 2013); Rosana Denaldi, "Políticas de Urbanização de Favelas: evolução e impasses" (tese de doutorado, FAU/USP, 2003); Suzana Pasternak, "Favelas no Brasil e em São Paulo: avanços nas análises a partir da Leitura Territorial do Censo de 2010" *Cadernos Metrópole* (São Paulo) 18 n. 35 (abril de 2016), pp. 75-99; Nadalin, Krause e Lima Neto, *Distribuição de aglomerados subnormais na rede urbana*; Izabel Cristina Reis Mendes, "O uso contemporâneo da favela na cidade do Rio de Janeiro" (tese de doutorado, FAU/USP, 2014); Mayara Silva de Noronha, "Multiplicidades da Favela" (tese de doutorado, FGV-São Paulo, 2017); Gary A. Dymski, "Ten ways to see a favela: notes on the political economy of the new city", *Revista Econômica* 13, n. 1 (jun. 2011), pp. 7-36; Marcos Roberto Cotrim Brito e Alexandre Nicolas Rennó, *A favela da Geografia:* análise e uso do termo favela. Acesso em: 08.12.2017, em: <http://observatoriogeograficoamericalatina.org.mx/egal12/Teoriaymetodo/Conceptuales/16.pdf>

Ao examinar o local das moradias subnormais nas áreas metropolitanas, é evidente que não se restringe aos bairros periféricos. Na maior parte dos casos, tanto no centro das cidades como nas periferias, existem zonas bastante precárias em termos de habitação, com grandes loteamentos irregulares, ocupações ilegais ou mesmo antigos conjuntos habitacionais, construídos sem a infraestrutura básica necessária. O Censo de 2010 disponibiliza os dados para o exame da distribuição de parcelas de moradias inadequadas nos bairros das regiões metropolitanas,[56] sendo a maior delas São Paulo, seguida pelo Rio de Janeiro. Em geral, as moradias subnormais são encontradas tanto no centro da cidade como nos municípios do entorno. Por exemplo, na Região Metropolitana de São Paulo, embora seja constituída por 39 municípios, dois terços das moradias em assentamentos precários estão localizados na cidade de São Paulo. Na Região Metropolitana do Rio de Janeiro, a situação se repete, já que 82% dos domicílios pertencentes a cinturões de moradias subnormais ficam dentro da cidade do Rio de Janeiro.[57] Nessas duas grandes cidades, o total de moradias precárias contém cerca de 10% da população. Mas, em muitas regiões metropolitanas das cidades do Nordeste, a proporção está na faixa de 20%, sendo Belém, de longe, a pior, com mais da metade dos habitantes residindo em moradias subnormais.[58]

As moradias precárias também são definidas pelo IBGE pelo tipo de materiais usados nas paredes externas. Nas regiões metropolitanas, mais de 15% dos domicílios têm características inadequadas, como alvenaria sem acabamento e paredes de madeira. No caso de Curitiba e Porto Alegre, o uso da madeira é relativamente comum, mesmo em casas com boas condições de habitabilidade, mas não nas outras áreas metropolitanas, em que esse tipo de material geralmente se encontra nas piores moradias dos cinturões de habitação precária. Em um desenvolvimento posterior, as casas de madeira são transformadas em casas de alvenaria sem acabamento, característica das grandes favelas de São Paulo e Rio de Janeiro.[59]

A disponibilidade de serviços públicos representa outra forma de avaliar as condições dos habitantes urbanos. Um dos serviços fundamentais é

---

56 IBGE, *Censo Demográfico 2010, Aglomerados Subnormais. Informações Territoriais*. Rio de Janeiro, 2010; veja também IBGE, *Aglomerados Subnormais. Informações territoriais*. Censo 2010, Primeiros Resultados, 2011. Acesso em: 08.12.2017, em: <https://ww2.ibge.gov.br/home/presidencia/noticias/imprensa/ppts/00000015164811202013480105748802.pdf>.

57 IBGE, *Censo Demográfico 2010*, pp. 55-69.

58 IBGE, *Censo Demográfico 2010*, "Primeiros Resultados, 2011". Disponível em: <https://ww2.ibge.gov.br/home/presidencia/noticias/imprensa/ppts/00000015164811202013480105748802.pdf>.

59 IBGE, Sidra, tabela 1617.

o abastecimento de água potável, um serviço público bastante abrangente. Em 2010, cerca de 91% da população urbana era abastecida com água potável por meio de uma rede geral de distribuição, e somente 6% das moradias ainda dependiam de poços ou fontes. Embora a rede de distribuição de água tenha se estendido a todas as regiões, vale ressaltar a menor cobertura de tais redes na região Norte, em que somente 66% dos domicílios recebiam esse serviço. O outro serviço básico, o suprimento de eletricidade, é praticamente universalizado para as moradias urbanas. No entanto, não se pode dizer o mesmo sobre a disponibilidade de tratamento de esgoto. No Censo de 2010, somente 54% da população urbana era servida por uma rede geral de esgotos, com 16% dela atendida por tanques sépticos e 21% por fossas rudimentares. Vale notar que 3% da população, ou seja, mais de 5 milhões de pessoas, não contava com processos de tratamento de esgoto. Como previsto, há diferenças regionais significativas. Enquanto no Sudeste 86% dos domicílios na área urbana eram servidos por redes gerais de coleta de esgoto, essa porcentagem caía para somente 18% no Norte e para 45% no Nordeste. Mesmo na região Sul, a área com condições sociais e econômicas mais elevadas do que a média brasileira, somente 53% dos domicílios eram atendidos pela rede geral, 25% por tanques sépticos e 19% por fossas.

Porém esses números não revelam toda a história do saneamento. Além da coleta ser parcial, o tratamento é ainda mais limitado. De acordo com dados de 2015, um total de 99 milhões de pessoas tinham acesso a sistemas de coleta de esgoto, por meio de 29 milhões de conexões que atendiam a 32,8 milhões de residências. Dos 5,2 milhões de metros cúbicos do sistema, somente 3,8 milhões de metros cúbicos, ou seja, 73%, eram tratados. Trata-se de um problema grave de saúde pública que aumenta a contaminação do meio ambiente.[60]

Outra questão relevante na identificação da qualidade de vida nas cidades diz respeito à coleta do lixo. Em geral, há sistemas do serviço nas regiões do Brasil. Como no caso do saneamento, o problema não é apenas a coleta, mas o destino do lixo. De acordo com o Ministério do Meio Ambiente, a

---

[60] Quanto ao tema saneamento, veja: Ministério das Cidades. *Diagnóstico dos Serviços de Água e Esgotos – 2015*. Sistema Nacional de Informações sobre Saneamento (SNIS), 2017, acesso em: 08.12.2017, em: <http://www.snis.gov.br/diagnostico-agua-e-esgotos/diagnostico-ae-2015>; *Brasil em Desenvolvimento: Estado, Planejamento e Políticas Públicas*, Brasília, IPEA, 2009, cap. 15: Diagnóstico e Desempenho Recente da Política Nacional de Saneamento Básico: 431-450; Felipe von Atzingen Dantas et al., "Uma Análise da Situação do Saneamento no Brasil", *FACEF Pesquisa, Desenvolvimento e Gestão*, 15 n. 3 (set./out./nov. 2012), pp. 272-284; Victor Toyoji de Nozaki, "Análise do setor de saneamento Básico no Brasil" (dissertação de mestrado, FEA-USP, Ribeirão Preto, 2007); Aluizio Tadeu Furtado Vidal, "As perspectivas do Saneamento Básico no Brasil" (dissertação de mestrado, Fundação João Pinheiro, Belo Horizonte, 2002).

coleta e o destino de resíduos sólidos têm merecido especial atenção, especialmente em áreas urbanas. Em 2009, a taxa de coleta atingia quase 90% do total de domicílios e está se aproximando da totalidade das moradias urbanas. No que diz respeito ao destino do lixo, problema ainda não solucionado em definitivo, em 2008, dos 5.565 municípios, apenas 1.540 operavam com aterro sanitário, considerado um sistema ambientalmente adequado. Outros 1.074 aterros eram manejados com menos segurança ambiental, mas havia 2.810 municípios que operavam com a deposição a céu aberto, os chamados "lixões", sem nenhum cuidado sanitário, os quais respondem pela metade do lixo coletado no Brasil (Tabela 6.10).[61]

Esse problema de saúde pública é gravíssimo e envolve a contaminação do meio ambiente. Em 2010, foi aprovada a Política Nacional de Resíduos Sólidos (PNRS), que propunha grandes avanços na administração e no despejo de resíduos sólidos, inclusive o final de todos os lixões municipais em 2014. Mas, quatro anos após sua aprovação, houve pouco progresso, considerando-se a falta de recursos dos municípios.[62] Os lixões representam um grave problema de saúde pública, devido à persistência de famílias que vivem da coleta de produtos recicláveis, resíduos orgânicos e inorgânicos nessas áreas de despejo de lixo sem tratamento. Em Brasília, a 15 quilômetros de distância do Palácio do Planalto, está o maior aterro da América Latina, em que 2 mil famílias ganham a vida.[63] Embora esse caso seja considerado extremo, aterros ilegais de lixo continuam a existir no Brasil inteiro, causando problemas de contaminação ambiental e colocando em risco a população pobre que depende desses aterros para a sobrevivência.[64]

---

61 Bruno Milanez e Luciana Miyolo Massukado, *Caderno de Diagnóstico, Resíduos Sólidos Urbanos*, Brasília, Ipea, agosto 2011. Quanto ao impacto na saúde, veja Kevan Guillherme Nóbrega Barbosa e Ayla Cristina Nóbrega Barbosa, *O impacto do lixo na saúde e a problemática da destinação final e coleta seletiva dos resíduos sólidos*. Acesso em: 08.12.2017, em: <http://www.e-publicacoes.uerj.br/index.php/polemica/article/view/11669/9146>.

62 Lei 12.305, de 2 agosto de 2010. De acordo com o Ministério do Meio Ambiente, o prazo previsto na lei estabelecendo o final dos aterros no quarto ano do PNRS é definitivo. Porém o Ministério está aberto a discussões para aperfeiçoamento da lei. Também reconhece a dificuldade de pequenos municípios, geralmente remotos, que, além de demandar tratamento específico de resíduos, nem sempre estão em condições de implementar as medidas necessárias ou obter financiamento do governo federal. Acesso em: 08.12.2017, em: <http://www.mma.gov.br/informma/item/10272-pol%C3%ADtica--de-res%C3%ADduos-s%C3%B3lidos-apresenta-resultados-em-4-anos>.

63 BBB Brasil, 12 de março de 2016. Acesso em: 09.12.2017, em: <http://www.bbc.com/portuguese/noticias/2016/03/160310_galeria_lixao_estrutural_pf>.

64 Outro grande lixão localizado em Duque de Caxias, no Rio de Janeiro, e então considerado o maior do Brasil foi extinto em 2012, mas no final de 2017 ainda não havia programa de recuperação. Paralelamente à extinção das atividades do maior lixão da América Latina foram feitas muitas promessas de recuperação da área de mangues, revitalização do bairro e qualificação profissional de milhares de catadores de resíduos, que seriam realizadas até a Olimpíada, mas jamais foram concretizadas. *O Dia*.

Tabela 6.10   Serviços de água e esgoto, energia elétrica, coleta e destino do lixo em áreas urbanas e aglomerados habitacionais subnormais

Domicílios em áreas urbanas, por região, Censo de 2010

	Moradores	Domicílios em todas as áreas urbanas					
	Brasil	Brasil	Norte	Nordeste	Sudeste	Sul	Centro-Oeste
Forma de abastecimento de água							
Total	160.246.510	49.226.751	3.012.377	11.199.960	23.539.756	7.615.138	3.859.520
Rede geral de distribuição	91%	92%	66%	90%	95%	95%	90%
Poço ou nascente na propriedade	6%	6%	27%	4%	3%	4%	9%
Poço ou nascente fora da propriedade	2%	2%	6%	3%	1%	1%	1%
Outros	1%	1%	1%	2%	1%	0%	0%
Rede geral de esgoto ou pluvial							
Total	137.015.685	49.226.751	3012377	11199960	23539756	7615138	3859520
Rede geral de esgoto ou pluvial	54%	64%	18%	45%	86%	53%	43%
Fossa séptica	16%	11%	22%	12%	5%	25%	13%
Fossa rudimentar	21%	20%	48%	36%	5%	19%	43%
Vala	2%	2%	4%	2%	2%	2%	0%
Rio, lago ou mar	2%	2%	3%	2%	3%	1%	0%
Outro tipo	1%	1%	3%	1%	0%	0%	0%
Não tinham	3%	1%	2%	2%	0%	0%	0%
Destino do lixo							
Total	160.246.510	49.226.751	3.012.377	11.199.960	23.539.756	7.615.138	3.859.520
Coletado	97%	97%	94%	94%	99%	99%	98%
Coletado por serviço de limpeza	90%	90%	84%	80%	93%	95%	92%
Coletado em caçamba de serviço de limpeza	7%	7%	10%	13%	5%	4%	6%
Outros	3%	3%	6%	6%	1%	1%	2%
Existência de Energia Elétrica							
Total	160.246.510,0	49.226.751,0	3.012.377	11.199.960	23.539.756	7.615.138	3.859.520
Tinham	100%	100%	99%	99%	100%	100%	100%
Tinham - de companhia distribuidora	99%	99%	98%	99%	99%	100%	99%
Tinham - de outra fonte	1%	1%	1%	1%	1%	0%	0%
Não tinham	0%	0%	1%	1%	0%	0%	0%

(cont.)

Tabela 6.10   Serviços de água e esgoto, energia elétrica, coleta e destino do lixo em áreas urbanas e aglomerados habitacionais subnormais

	Domicílios em aglomerados subnormais						
	Moradores	Domicílios em todas as áreas urbanas					
	Brasil	Brasil	Norte	Nordeste	Sudeste	Sul	Centro-Oeste
Forma de abastecimento de água							
Total	11.425.644	3.220.713	462.834	925.115	1.605.757	169.948	57.059
Rede geral de distribuição	88%	88%	60%	90%	95%	97%	94%
Poço ou nascente na propriedade	6%	6%	28%	3%	2%	2%	2%
Poço ou nascente fora da propriedade	4%	4%	10%	5%	2%	0%	2%
Outros	2%	2%	2%	2%	2%	1%	1%
Rede geral de esgoto ou pluvial							
Total	11.425.644	3.220.713	462.834	925.115	1.605.757	169.948	57.059
Rede geral de esgoto ou pluvial	56%	56%	18%	49%	72%	63%	20%
Fossa séptica	11%	11%	27%	14%	4%	13%	23%
Fossa rudimentar	16%	16%	38%	24%	4%	7%	54%
Vala	6%	6%	6%	5%	7%	10%	2%
Rio, lago ou mar	8%	8%	6%	5%	11%	4%	1%
Outro tipo	2%	2%	2%	1%	2%	1%	0%
Não tinham	0%	0%	0%	0%	0%	0%	0%
Destino do lixo							
Total	11.425.644	3.220.713	462.834	925.115	1.605.757	169.948	57.059
Coletado	95%	95%	94%	92%	97%	99%	89%
Coletado por serviço de limpeza	76%	76%	85%	73%	74%	93%	67%
Coletado em caçamba de serviço de limpeza	19%	19%	9%	20%	23%	6%	22%
Outros	5%	5%	6%	8%	3%	1%	11%
Existência de energia elétrica							
Total	11.425.644	3.220.713	462.834	925.115	1.605.757	169.948	57.059
Tinham	100%	100%	99%	100%	100%	100%	100%
Tinham - de companhia distribuidora	96%	96%	97%	98%	95%	97%	90%
Tinham - de outra fonte	4%	4%	3%	2%	5%	3%	10%
Não tinham	0%	0%	1%	0%	0%	0%	0%

Fonte: IBGE, Censo de 2010, Sidra, tabelas 3370, 3217 e 3382

Nota (1): na falta de informações de moradores por situação do domicílio, usamos a proporção encontrada nos fogos e aplicada para a população.

As condições precárias de vida nas áreas urbanas foram reveladas pela PNAD de 2016, a qual detectou que 34% dos brasileiros vivem em casas sem qualquer tipo de esgoto; mesmo entre as que tinham acesso ao esgoto, 30% ainda usavam fossa sem conexão com o sistema de esgoto com tratamento adequado. Os dados são ainda mais alarmantes quando examinados regionalmente, pois no Norte esse percentual reduzia-se a 19%. Além disso, 3,5 milhões de famílias são abastecidas com água tratada no máximo três vezes por semana, sendo que centenas de milhares passam semanas sem receber água tratada.[65] Portanto, mesmo que os dados agregados pareçam positivos, não revelam o quadro completo. No caso do abastecimento de água, a pesquisa detectou que os habitantes algumas vezes estão conectados à rede de abastecimento, mas não há água na rede.

Outro sério problema enfrentado por todas as áreas urbanas é o contínuo aumento da criminalidade e violência. O Brasil vem sofrendo uma expansão no tráfico de drogas que afeta muito a população pobre dessas áreas e leva a níveis de criminalidade elevados e crescentes, particularmente na região Nordeste. Além disso, a lentidão do sistema judiciário brasileiro cria um senso de insegurança na população como um todo, além do senso de impunidade da classe criminosa. Paralelamente, o sistema penitenciário propriamente dito está falido. De acordo com o Departamento Penitenciário Nacional do Ministério da Justiça, a situação carcerária está em graves condições de superpopulação, violência e controle por gangues criminosas, ressaltando a incapacidade relativa do governo para resolver os problemas. O Brasil tem uma população carcerária de 607 mil pessoas, com espaço para apenas 377 mil detentos, representando uma taxa de ocupação de 161%. A taxa de detenção é de 300 prisioneiros para cada 100 mil habitantes. Vale ressaltar que 41% dos prisioneiros são encarcerados antes da condenação. Esses números colocam o Brasil em péssima situação em comparação com outros países. O Brasil tem a quarta maior população carcerária do mundo, bem atrás dos Estados Unidos e da China, mas com números semelhantes aos da Rússia. Entre os 20 países do mundo com as maiores populações carcerárias, o Brasil é superado somente por Estados Unidos, Rússia e Tailândia em termos da taxa total de população carcerária, sendo o sexto em relação à taxa de detidos sem condenação formal, atrás de Índia, Filipinas,

---

Acesso em: 09.12.2017, em <http://odia.ig.com.br/rio-de-janeiro/2016-09-11/fechamento-do-aterro--de-jardim-gramacho-deixou-frustracao-a-milhares-de-pessoas.html>.

65 Alexandre Baldy, "Pela modernização das cidades", *Folha de S. Paulo*, 5 de dezembro de 2017, seção Tendências/Debates, p. A3.

Paquistão, Peru e Marrocos. Além disso, enquanto Estados Unidos, China e Rússia revelaram uma redução nas taxas prisionais entre 2008 e 2014, no Brasil esse indicador registrou um crescimento de 33%.

Os detentos são principalmente jovens do sexo masculino, não brancos, com pouca escolaridade. Um terço é formado por pessoas jovens entre 18 e 24 anos, e mais da metade tem menos de 30 anos. Os brancos representam apenas 31% dos encarcerados. Somente cerca de 9% concluiu o ensino médio. O tráfico de drogas é a maior causa de encarceramento, respondendo por um quarto dos homens encarcerados e por 63% das mulheres detidas.[66] A cor e a classe social da população carcerária refletem os padrões de vida das favelas e outras zonas residenciais pobres de onde veio. Entre os habitantes das aglomerações precárias, em 2010 os brancos representavam somente 31%, ao passo que os não brancos eram 69% dos moradores dessas habitações e áreas inadequadas.

Em termos da criminalidade violenta, a situação se torna cada vez mais grave ao longo do tempo. Em 2015, a taxa de homicídios era de 28,9 por 100 mil habitantes. Após um período de aumento sistemático entre 1996 e 2002, houve um declínio temporário em meados dos anos 2000, seguido por um aumento significativo posteriormente (Gráfico 6.3). No entanto, a distribuição regional das taxas de homicídios indica que recentemente houve uma inversão por região. Em 1996, a taxa do Nordeste foi de 18,1 por 100 mil habitantes, ao passo que o Sudeste registrou uma taxa muito mais elevada, de cerca de 34 homicídios. Desde então, houve uma queda sistemática nas taxas do Sudeste e um rápido aumento nas taxas do Nordeste, que atingiu o elevado resultado de 41,1 homicídios por 100 mil habitantes, contra 192 do Sudeste (Gráfico 6.4). Os 59.627 homicídios ocorridos no Brasil em 2017 correspondem a mais de 10% dos casos registrados no mundo e posicionam o país no primeiro lugar em número absoluto de homicídios. Em comparação com uma lista de 154 países com dados disponíveis em 2012, as taxas de homicídios por 100 mil habitantes no Brasil estão entre as 12 maiores usando as estimativas de 2015.[67]

---

66 *Levantamento Nacional de Informações Penitenciárias. Infopen – junho de 2014,* Departamento Penitenciário Nacional, Ministério da Justiça: 8-12, s/d.

67 Daniel Cerqueira et al. *Atlas da Violência 2016,* Brasília, março de 2016, Nota Técnica n. 17, p. 6. O Banco Mundial apresenta dados de violência em: <https://datos.bancomundial.org/indicador/VC.IHR.PSRC.P5?order=wbapi_data_value_2012+wbapi_data_value+wbapi_data_value-last&sort=des>; acesso em: 09.12.2017. Considerando os dados disponíveis, de 2012 a 2015, o Brasil, com 26,7 homicídios por mil habitantes, seria o 11º pior país do mundo quanto a esse aspecto. Entre os países com piores indicadores que o Brasil, quase todos são da América Central e Caribe, sendo San Salvador, Honduras, Guatemala, e Venezuela na América do Sul (57,1). A Colômbia registra valores semelhantes

Gráfico 6.3 Número e taxa de homicídios no Brasil, 1996-2015

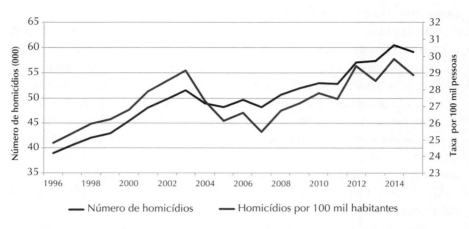

Fonte: Ipea, Atlas da violência

Gráfico 6.4 Taxa de homicídios por 100 mil habitantes no Brasil, regiões Nordeste e Sudeste, 1996-2015

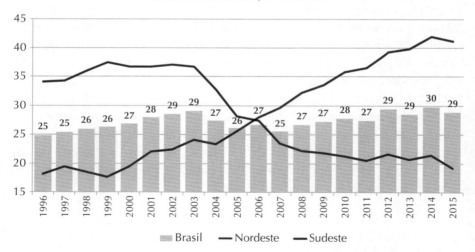

Fonte: Ipea, Atlas da violência

Dada a correlação entre pobreza e criminalidade, não é de surpreender que jovens não brancos do sexo masculino registrem o maior número de homicídios. A taxa de homicídios em 2015 foi de 37,6 entre pretos e pardos e menos da metade, 15,3, entre amarelos e brancos. Vale notar que são os jovens de todos os grupos as maiores vítimas dessa violência. Portanto, metade ou mais das mortes de homens de 15-24 anos se devem a homicídios, e 40% dos jovens de 25-29 anos foram assassinados: isso porque a taxa geral de homicídios em todas as idades é de somente 8% de todas as mortes.

A maior parte dos crimes violentos ocorre nas cidades, mas com grandes diferenças por região. Florianópolis e São Paulo são as capitais com as menores taxas de homicídios, seguidas por Campo Grande e Rio de Janeiro. A taxa do Rio de Janeiro é surpreendente, considerando-se que é o cenário de uma sucessão de conflitos violentos entre as forças policiais e o crime organizado, que se entranhou nas favelas da cidade.[68] Com exceção de Recife, todas as outras capitais do Nordeste registravam os níveis mais elevados de homicídios (**Tabela 6.11**). Nesse sentido, as três piores capitais foram São Luís, Fortaleza e Belém, na região Norte (**Tabela 6.12**). Mesmo para as cidades secundárias do interior com população de mais de 100 mil habitantes, a maior parte delas com as taxas mais elevadas se localiza nas regiões Norte e Nordeste.[69] Todos esses crimes violentos afetam a saúde, a demografia e o desenvolvimento econômico e social, sendo que a incapacidade de equacionar efetivamente essa questão indica a incapacidade por parte das autoridades em âmbito federal, estadual e municipal de lidar com a complexa agenda de segurança pública.[70]

---

aos do Brasil (26,5), mas México (16,3), Bolívia (12,4) e Paraguai (9,3) têm a menor taxa de homicídios em comparação com o Brasil.

68 Segundo a Constituição de 1988, a segurança pública é constitucionalmente função dos estados. No entanto, devido a crises fiscais e altos níveis de corrupção demonstrados pelas administrações dos estados, em 2018, pela primeira vez na história, o governo federal realizou intervenção na segurança pública de um estado. Quanto a relação entre drogas, criminalidade e violência nas favelas do Rio, veja os estudos de Enrique Desmond Arias, *Drugs and democracy in Rio de Janeiro: Trafficking, social networks, and public security* (Chapel Hill: University of North Carolina Press, 2009) assim como vários estudos a esse respeito: Enrique Desmond Arias e Corinne Davis Rodrigues, "The myth of personal security: Criminal gangs, dispute resolution, and identity in Rio de Janeiro's favelas". *Latin American politics and society* 48 n. 4 (2006), pp. 53-81; Enrique Desmond Arias, "Trouble en route: Drug trafficking and clientelism in Rio de Janeiro shantytowns", *Qualitative Sociology* 29, n. 4 (2006), pp. 427-445.

69 Quanto à violência no Nordeste, veja José Maria Pereira de Nobrega Júnior, "Os homicídios no Brasil, no Nordeste e em Pernambuco: dinâmica, relações de causalidade e políticas públicas" (tese de doutorado, Universidade Federal de Pernambuco, Recife, 2010); e o ensaio "Os homicídios no Nordeste Brasileiro". Acesso em: 10.12.2017, em: <http://www.justica.gov.br/sua-seguranca/seguranca-publica/analise-e-pesquisa/download/estudos/sjcvolume6/os_homicidios_ne_brasileiro.pdf>

70 Daniel Cerqueira *Atlas da Violência 2017* (Rio de Janeiro: Ipea e FBSP, 2017), p. 8. Veja o monitoramento sistemático da segurança pública pelo Ipea em: <http://ipea.gov.br/atlasviolencia>; o site do

Tabela 6.11 Homicídios e mortes violentas por causas indeterminadas (MVCI) nas capitais de estado e cidades mais violentas, 2015 (1)

Capitais de estado	População	Número de homicídios	Número de mortes violentas por causas indeterminadas	Taxa de homicídios	Taxa de mortes violentas por causas indeterminadas	Taxa de homicídios e mortes violentas
Florianópolis (SC)	469.690	61	2	13,0	0,4	13,4
São Paulo (SP)	11.967.825	1.584	483	13,2	4,0	17,3
Campo Grande (MS)	853.622	170	30	19,9	3,5	23,4
Rio de Janeiro (RJ)	6.476.631	1.444	422	22,3	6,5	28,8
Belo Horizonte (MG)	2.502.557	610	116	24,4	4,6	29,0
Vitória (ES)	355.875	89	18	25,0	5,1	30,1
Brasília (DF)	2.914.830	742	41	25,5	1,4	26,9
Curitiba (PR)	1.879.355	518	83	27,6	4,4	32,0
Rio Branco (AC)	370.550	126	1	34,0	0,3	34,3
Palmas (TO)	272.726	98	1	35,9	0,4	36,3
Recife (PE)	1.617.183	582	220	36,0	13,6	49,6
Boa Vista (RR)	320.714	120	14	37,4	4,4	41,8
Macapá (AP)	456.171	188	12	41,2	2,6	43,8
Porto Velho (RO)	502.748	208	3	41,4	0,6	42,0
Teresina (PI)	844.245	351	27	41,6	3,2	44,8
Cuiabá (MT)	580.489	256	24	44,1	4,1	48,2
Porto Alegre (RS)	1.476.867	688	28	46,6	1,9	48,5
Goiânia (GO)	1.430.697	698	10	48,8	0,7	49,5
Natal (RN)	869.954	446	92	51,3	10,6	61,8
Salvador (BA)	2.921.087	1.542	191	52,8	6,5	59,3
Manaus (AM)	2.057.711	1.130	17	54,9	0,8	55,7
Maceió (AL)	1.013.773	573	4	56,5	0,4	56,9
Aracaju (SE)	632.744	371	29	58,6	4,6	63,2
João Pessoa (PB)	791.438	467	9	59,0	1,1	60,1
Belém (PA)	1.439.561	875	15	60,8	1,0	61,8

(cont.)

Tabela 6.11 Homicídios e mortes violentas por causas indeterminadas (MVCI) nas capitais de estado e cidades mais violentas, 2015 (1)

Capitais de estado	População	Número de homicídios	Número de mortes violentas por causas indeterminadas	Taxa de homicídios	Taxa de mortes violentas por causas indeterminadas	Taxa de homicídios e mortes violentas
Fortaleza (CE)	2.591.188	1.729	295	66,7	11,4	78,1
São Luís (MA)	1.073.893	758	36	70,6	3,4	73,9
Cidades acima de 100 mil habitantes com maior taxa de homicídios						
Marabá (PA)	262.085	201	15	76,7	5,7	82,4
Cabo de Santo Agostinho (PE)	200.546	147	24	73,3	12,0	85,3
Porto Seguro (BA)	145.431	123	2	84,6	1,4	86,0
Piraquara (PR)	104.481	83	8	79,4	7,7	87,1
Teixeira de Freitas (BA)	157.804	114	25	72,2	15,8	88,1
Maracanaú (CE)	221.504	172	26	77,7	11,7	89,4
Simões Filho (Ba)	133.202	112	11	84,1	8,3	92,3
São José de Ribamar (MA)	174.267	159	9	91,2	5,2	96,4
Nossa Senhora do Socorro (SE)	177.344	159	12	89,7	6,8	96,4
Lauro de Freitas (BA)	191.436	177	10	92,5	5,2	97,7
Altamira (PA)	108.382	114	2	105,2	1,8	107,0

Fonte: Daniel Cerqueira. Atlas da Violência 2017 (2017): 63-74
Nota: (1) Taxas por 100 mil habitantes.

Vida urbana nos séculos XX e XXI

Tabela 6.12 Tempo de deslocamento habitual ao trabalho em regiões metropolitanas, Censo de 2010						
Região Metropolitana	Número de pessoas	Até 5 minutos	De 6 a 30 minutos	De 31 a 60 minutos	Mais de 1 hora até 2 horas	Mais de 2 horas
São Paulo (SP)	6.877.980	5%	32%	35%	23%	5%
Rio de Janeiro (RJ)	3.856.724	6%	32%	33%	23%	5%
Belo Horizonte (MG)	2.036.937	7%	41%	34%	17%	2%
Porto Alegre (RS)	1.504.973	9%	49%	31%	11%	1%
Curitiba (PR)	1.204.263	8%	46%	32%	13%	1%
Salvador (BA)	1.180.176	7%	38%	36%	17%	2%
Recife (PE)	1.132.393	7%	42%	35%	15%	2%
Fortaleza (CE)	1.123.240	10%	48%	31%	11%	1%
Campinas (SP)	1.055.989	8%	54%	28%	8%	1%
Goiânia (GO)	823.844	10%	50%	28%	11%	1%
Belém (PA)	639.920	9%	47%	31%	13%	1%
Grande Vitória (ES)	630.781	8%	45%	32%	14%	1%
Manaus (AM)	610.128	9%	39%	36%	14%	2%
Baixada Santista (SP)	575.446	7%	50%	31%	10%	1%
Natal (RN)	427.763	10%	51%	31%	8%	1%
Florianópolis (SC)	425.378	12%	56%	24%	7%	1%
Norte/Nordeste Catarinense (SC)	424.409	13%	62%	21%	4%	0%
Grande São Luís (MA)	407.490	7%	41%	37%	14%	2%
João Pessoa (PB)	366.437	10%	56%	27%	7%	1%
Maceió (AL)	341.183	9%	48%	30%	11%	2%

Fonte: IBGE, Sidra, Censo de 2010, tabela 3422

O crescimento rápido e desordenado das cidades e áreas metropolitanas criou outros problemas, entre os quais o transporte se tornou um aspecto fundamental. A mobilidade é, talvez, um dos problemas mais sérios enfrentado pelos habitantes urbanos, particularmente no transporte cotidiano ao trabalho. Cidades sem planejamento, sem infraestrutura viária adequada, sem disponibilidade de transportes de massa, como as redes de metrô, trens

---

Fórum Brasileiro de Segurança Pública também apresenta informações sobre esse tema em: <http://www.forumseguranca.org.br/publicacoes/atlas-da-violencia-2017/>.

suburbanos e BRT, VLT ou sistemas de monotrilho, geram graves problemas para as classes trabalhadoras. A maioria dos trabalhadores é obrigada a utilizar, no transporte diário ao trabalho, sistemas sobre rodas, ou seja, carros e ônibus urbanos, quase todos poluentes e lentos. Nas áreas metropolitanas de São Paulo e Rio de Janeiro, por exemplo, mais de um quarto da locomoção ao trabalho leva entre 1 e 2 horas e 5% da locomoção leva mais de 2 horas. Embora em menor medida, a situação geralmente se repete em várias grandes cidades e regiões metropolitanas (**Tabela 6.12**).

Em todas as cidades de grande e médio porte, o transporte motorizado é fundamental, sendo os carros individuais quase tão importantes quanto o transporte público. Em 2014, os carros faziam 17,3 bilhões de viagens, número semelhante de viagens pelo transporte público, que totalizava 18,2 bilhões no mesmo ano. Além disso, o transporte público foi quase totalmente dominado por ônibus, que são menos eficientes. Do total de viagens realizadas pelo sistema de transporte público naquele mesmo ano, 86% foram feitas em ônibus municipais e intermunicipais e somente 14% pelo sistema ferroviário, bem mais eficiente e menos poluente.[71]

As cidades brasileiras, independentemente do planejamento oferecido pela administração municipal e apesar das leis de regulação da ocupação urbana, dependem sobretudo de decisões privadas dos empreendedores do mercado imobiliário ou de proprietários de terras individuais que nem sempre são guiados pelo bem comum nem estão dispostos a cumprir os requisitos da legislação urbana. Mesmo os programas públicos, como no caso de grandes projetos de habitação financiados pelo BNH e o Minha Casa Minha Vida, são realizados sem cumprir padrões mínimos de suporte de infraestrutura urbana e, mais particularmente, critérios para conectar os habitantes aos locais de trabalho. O preço dos terrenos é o fator determinante. Portanto, nas cidades brasileiras há uma grande proporção da população – principalmente a mais pobre – morando em áreas distantes do trabalho, exigindo longas jornadas que consomem várias horas diárias para milhões de pessoas, utilizando um sistema de transporte poluente, lento e de baixa qualidade. Tudo isso representa um ônus financeiro significativo para a grande população de baixa renda que reside nas grandes cidades. Vale notar que a recente crise fiscal e a baixa capacidade de investimento

---

71 ANTP, *Sistema de Informações da Mobilidade Urbana, 2016*: 5.

Tabela 6.13 Características do sistema metroferroviário, 2014

Sistemas	Municípios	Linhas	Extensão	Trens	km/ano (milhões)	Passageiros/ ano (milhões)	Empregados	Relação Receita/ Despesas (1)
Metrô SP	São Paulo	6	81,9	1.012	145	1.090	10.536	1,05
CPTM	São Paulo	6	260,8	1.294	202	655	8.591	0,64
Opportrans	Rio de Janeiro	2	42,0	296	44	256	2.742	1,31
Supervia	Rio de Janeiro	5	270,0	783	67	164	2.917	1,29
Metrorec	Recife	3	71,4	173	17	110	1.794	0,76
CBTU-BH	Belo Horizonte	1	28,1	96	2	64	999	1,07
Trensurb	Porto Alegre	1	44,6	138	16	59	1.120	0,43
Metrô DF	Brasília	1	40,4	128	4	43	1.063	0,32
CBTU Fortaleza	Fortaleza	2	43,6	84	7	4	1.201	0,14
CBTU JP	João Pessoa	1	30,0	25	0	2	104	0,09
CBTU Teresina	Teresina	1	13,6	9	0	2	91	0,57
CBTU Salvador	Salvador	1	13,7	9	0	4	127	0,06
CBTU Maceio	Maceió	1	32,1	24	1	3	129	0,12
CBTU Natal	Natal	2	56,2	10	0	2	113	0,09
Total		**33**		**4.081**	**505**	**2.458**	**31.527**	**0,84**

Fonte: ANTP, Sistema de Informações da Mobilidade Urbana, Relatório Geral, 2014
Nota (1): Receita de passagens/custos operacionais.

das cidades brasileiras fizeram da mobilidade um dos problemas mais complexos com que se defrontam os centros urbanos.[72]

Outro aspecto fundamental é a falta total de infraestrutura metroviária no Brasil nas duas maiores cidades. Dos 2,5 bilhões passageiros/ano transportados pelo sistema metroviário, 71% usam o metrô de São Paulo e 17% usam o metrô do Rio de Janeiro. Vale notar que, mesmo com seus 82 quilômetros, o sistema metroviário da cidade de São Paulo é pequeno em comparação com o de outras grandes metrópoles do mundo. São Paulo e a Cidade do México iniciaram a implantação do sistema metroviário na mesma época, mas a rede de metrô na Cidade do México é quase três vezes maior do que a de São Paulo, transportando quase o dobro de passageiros.[73] Por outro lado, devido ao porte da cidade e à sua reduzida rede metroviária, o metrô de São Paulo é um dos sistemas com o mais elevado número de passageiros por quilômetro de rede metroviária do mundo. Felizmente, opera com alto grau de eficiência.[74]

A Região Metropolitana de São Paulo também conta com uma extensa rede de trens metropolitanos suburbanos, graças ao legado do antigo sistema ferroviário usado para o transporte de café partindo das regiões produtoras do interior do estado ao porto de Santos. Foi transformado em um sistema de transporte coletivo e responde pela maior extensão de linhas de trens metroviários de São Paulo (260 quilômetros), que estão sendo modernizadas e integradas ao sistema metroviário existente. Apesar dessa rede de trens suburbanos e linhas metroviárias urbanas, o sistema de São Paulo transporta

---

[72] Quanto ao transporte urbano, veja Marcos Kiyoto de Tani e Isola, "Transporte sobre trilhos na Região Metropolitana de São Paulo. Estudo sobre a concepção e a inserção das redes de transporte de alta capacidade" (dissertação de mestrado, FAU/USP, São Paulo, 2013); ANTP, Associação Nacional de Transportes Públicos, *Sistema de Informações da Mobilidade Urbana. Relatório Geral 2014* (São Paulo, julho de 2016); Carlos Henrique Ribeiro de Carvalho, *Mobilidade urbana: tendências e desafios* (texto para discussão n. 94; São Paulo: Ipea, 2013); Centro de Estudos e Debates Estratégicos, Consultoria Legislativa, *O desafio da mobilidade urbana* (Brasília: Câmara dos Deputados, 2015); Alexandre de Avila Gomide, *Transporte urbano e inclusão social: elementos para políticas públicas* (texto para discussão n. 960; Brasília: Ipea, julho de 2003,); *Mobilidade Urbana. Hora de mudar os rumos. Revista em Discussão*. Revista de Audiências Públicas do Senado Federal, Brasília, ano 4, n. 18, novembro de 2013; Marilene de Paula e Dawid Danilo Barlet, eds., *Mobilidade Urbana no Brasil. Desafios e alternativas* (Rio de Janeiro: Fundação Heinrich Boll, 2016).

[73] Luiz Roberto Hupsel et al., *Transporte sobre trilhos no Brasil: uma perspectiva do material rodante* (Rio de Janeiro: BNDES, Setorial, n. 40, 2014), p. 238. Acesso em: 14.06.2018, em: <https://web.bndes.gov.br/bib/jspui/bitstream/1408/3021/2/Transporte%20sobre%20trilhos%20no%20Brasil.pdf>.

[74] Silvanilza Machado Teixeira et al., "Qualidade do transporte urbano de passageiros: uma avaliação do nível de serviço do sistema do metropolitano de São Paulo" *RMS – Revista Metropolitana de Sustentabilidade* 4, n. 1 (2014), pp. 3-20; Metrô, *Relatório da Administração, 2016*, São Paulo, Cia do Metropolitano de São Paulo, 2017; Janice Caiafa, *O metrô de São Paulo e problema da rede*. Trabalho apresentado no *XXV Encontro Anual da Compós*, Universidade Federal de Goiás, junho 2016. Acesso em: 10.12.2017, em: <http://www.compos.org.br/biblioteca/caiafacompo_s2016_3317.pdf>.

menos do que o número de passageiros do sistema de ônibus na cidade de São Paulo (**Tabela 6.13**).[75]

A consequência desse sistema de transportes urbanos nas cidades de médio e grande porte no Brasil é que a média de tempo gasto no deslocamento diário aumenta com o tamanho das cidades. Portanto, os residentes de grandes cidades, com mais de 1 milhão de habitantes, passam em média 55 minutos por dia no transporte de todos os tipos, dos quais 27 minutos são gastos no transporte coletivo.[76] Esse tempo se reduz proporcionalmente, à medida que diminui o tamanho das cidades. Naquelas de médio porte, com 100 a 250 mil habitantes, por exemplo, há uma redução na média do tempo para 23 minutos, sendo que, nesse caso, o tempo é distribuído igualmente entre o transporte coletivo e não motorizado (10 minutos cada), com menor importância para os carros.

Com base nessa pesquisa, fica evidente que o crescimento da população das cidades do Brasil desde meados do último século não foi acompanhado pelo aumento da infraestrutura urbana necessária nem pelo planejamento urbano adequado, bem como por financiamentos referentes às exigências de habitação, saneamento, abastecimento de água, educação, saúde e transporte desses imigrantes. Mas, se as cidades de médio e grande porte registram graves problemas de habitação e integração dos imigrantes, então deve-se perguntar o motivo pelo qual os migrantes rurais partiram em massa para as cidades. É claro que os migrantes encontraram recursos, instituições e infraestrutura suficientes para que a mudança valesse a pena, já que não existiam as mesmas instituições básicas nas áreas rurais. Vale ressaltar que os centros urbanos constituem grandes fontes de emprego, particularmente de alta qualidade, podendo oferecer melhores sistemas de saúde, redes de educação e até mesmo de cultura. Logo podem oferecer serviços que não estão disponíveis ou são de pior qualidade nas cidades menores ou nas áreas rurais de onde vieram os migrantes. É somente nas cidades que existem serviços de saúde mais complexos e melhores ofertas de educação. As cidades são centros de cultura e lazer. Representam centros de comércio que atraem compradores para atender necessidades pessoais ou profissionais. Os gran-

---

75 Tani e Isola, *Transporte sobre trilhos na Região Metropolitana de São Paulo.*

76 De acordo com o relatório da ANTP, nem todos os habitantes se movimentam nas ruas e muitos o fazem poucas vezes por mês, de forma que essa média de dados por habitante é menor do que os dados que corresponderiam somente às pessoas que se movimentam regularmente para o trabalho, por exemplo. ANTP. Associação Nacional de Transportes Públicos. *Sistema de Informações da Mobilidade Urbana. Relatório Geral 2014*, São Paulo, julho de 2016, p. 12. Já apresentamos dados sobre o tempo usado até o trabalho. Neste caso, temos um movimento diário.

des shopping centers ou os tradicionais e populares centros de compras no atacado, como a rua Vinte de Cinco de Março, na cidade de São Paulo, atraem milhões de compradores anualmente.

Além disso, foi nos centros urbanos, devido à economia de escala, que ocorreram as principais transformações na forma e na organização de serviços. Cidades de médio e grande porte oferecem o atendimento à saúde mais completo existente no Brasil. Inicialmente, a maior parte dos sistemas de saúde se concentrava nas cidades, sendo essa a norma até a década de 1980. Portanto, o acesso a esses sistemas foi um importante fator de atração para as pessoas que se mudavam para os centros urbanos. Ao longo do tempo, porém, foi nesta área que o Brasil buscou equilíbrio desde os anos 1980. Especialmente desde o retorno à democracia, houve um esforço sustentado para atender a área rural e cidades menores, embora tenha sido exigido um sistema caro e de difícil manutenção.

Em 1990, o Serviço Nacional de Saúde foi reorganizado e decentralizado com novo foco nos municípios.[77] Foi criado o Sistema Único de Saúde (SUS), que garante saúde universal aos cidadãos, mas disponibiliza as instalações mais complexas em centros urbanos e cidades, registrando também a maior concentração de médicos.[78] Na nova organização hierárquica, foi formada uma rede com diferentes níveis de complexidade para atender determinada região, sendo os municípios responsáveis pela administração básica da saúde. Esse atendimento local, feito pela rede de unidades básicas de saúde e pelo Programa Saúde da Família, teve grande sucesso ao reduzir a mortalidade infantil em todos os locais e ao disponibilizar um grupo de profissionais da saúde que garante atendimento básico preventivo para todos os municípios e áreas rurais.[79] No entanto, tratamentos mais avançados são

---

[77] Câmara dos Deputados, Consultoria de orçamento e fiscalização financeira, Nota Técnica n.10, de 2011. Acesso em: 16.12.2017, em: <http://www2.camara.leg.br/orcamento-da-uniao/estudos/2011/nt10.pdf>.

[78] A Constituição de 1988 estabelece no artigo 196 que "A saúde é direito de todos e dever do Estado, garantido mediante políticas sociais e econômicas que visem à redução do risco de doença e de outros agravos e ao acesso universal e igualitário às ações e serviços para sua promoção, proteção e recuperação". O artigo 198 cria o SUS, que será garantido por uma rede hierárquica e descentralizada com base regional. O Artigo 199 declara que a atenção à saúde é livre para a iniciativa privada; sendo que as instituições privadas podem participar de forma complementar ao Sistema Único de Saúde, por meio de contrato ou acordo, com preferência concedida a organizações filantrópicas e sem fins lucrativos.

[79] Sarah Escorel, Ligia Giovanella, Maria Helena Magalhães de Mendonça e Mônica de C.M. Senna, "Programa de Saúde da Família e a construção de um novo modelo para atenção básica no Brasil", *Revista Panamericana de Salud Pública* 21, n. 2 (2007), p. 165; e Deborah Carvalho Malta et al., "A cobertura da Estratégia da Saúde da Família (ESF) no Brasil, segundo a Pesquisa Nacional de Saúde, 2013", *Ciência & Saúde Coletiva* 21, n. 2 (2016), p. 331, tabela 1. Uma pesquisa recente da população nacional indica que o acesso a esse serviço é bom, mas os custos dos medicamentos ainda não são totalmente cobertos. Veja Andréa Dâmaso Bertoldi, Aluísio Jardim Dornellas de Barros, Anita Wagner,

fornecidos apenas nas cidades de médio e grande porte.[80] A ideia básica é uma rede em que os serviços de menor densidade tecnológica, como as Unidades Básicas de Saúde (UBSs), são oferecidos de forma dispersa, e os serviços com maior densidade tecnológica, que se beneficiam de economias de escala, tendem a se concentrar nos maiores centros urbanos.[81] Embora haja problemas relacionados com a dificuldade de coordenação entre os níveis federativos, o problema crucial é a falta de recursos para financiamento do sistema. O SUS pode ser considerado um grande avanço na equiparação do acesso à saúde dos habitantes tanto das áreas rurais como urbanas.[82] Conta com cerca de 6 mil hospitais, mais de 2 bilhões de procedimentos ambulatoriais ao ano, 10 milhões de procedimentos de quimioterapia e radioterapia, e mais de 200 mil cirurgias cardíacas ao ano, sendo seus programas de transplante e de tratamento da aids reconhecidos em âmbito internacional.[83]

Além disso, ao contrário da maior parte dos outros serviços públicos, diferenças regionais enormes foram eliminadas em termos de assistência médica. O sistema cria um intenso fluxo de pessoas desde as áreas menos densas e mais pobres até os principais centros médicos urbanos regionais. São verdadeiras caravanas organizadas pelas próprias prefeituras, transportando os habitantes aos maiores centros urbanos em que serão realizados os serviços. Vale mencionar o caso de Teresina, capital do Piauí, um dos importantes centros médicos do Nordeste. Ao contrário de outras capitais da região, Teresina se localiza no interior do estado, em uma importante intersecção, com conexões para Belém, São Luís, Fortaleza, Recife, Salvador e Brasília. A cidade se tornou um importante centro de saúde regional,

---

Dennis Ross-Degnan e Pedro Curi Hallal, "Medicine access and utilization in a population covered by primary helathcare in Brasil", *Política de saúde 89*, n. 3 (2009), pp. 295-302.

80 Georgia Costa de Araújo Souza, "O SUS nos seus 20 anos: reflexões num contexto de mudanças", *Saúde Social* (São Paulo) 19, n. 3 (2010), p. 512. Veja também: Gilson Carvalho, "A saúde Pública no Brasil", *Estudos Avançados* 27, n. 78 (2013), pp. 7-26; Fátima Aparecida Ribeiro, "Atenção Primária (APS) e o Sistema de Saúde no Brasil: Uma perspectiva histórica"(dissertação de mestrado, FM/USP, 2007); Telma Maria Gonçalves Menicucci, "Público e privado na política assistência à saúde no Brasil: atores, processos e trajetória" (tese de doutorado, FFCH-UFMG, 2003); Sandra Maria Spedo, "Desafios para implementar a integralidade da assistência à saúde no SUS: estudo de caso no município de São Paulo" (tese de doutorado, Faculdade de Saúde Pública USP, 2009).

81 Curso de autoaprendizado *Redes de Atenção à Saúde no Sistema Único de Saúde*. Brasília, Ministério da Saúde, 2012, pp.12-13. Acesso em: 17.12.2017, em: <https://edisciplinas.usp.br/pluginfile. php/2921879/mod_resource/content/1/Apostila%20MS%20-%20RAS_curso%20completo-M%-C3%B3dulo%202-APS%20nas%20RAS%20-%20Pg%2031-45.pdf>.

82 Sobre os atuais problemas financeiros e de pessoal do sistema, veja Silvio Fernandes da Silva, "Organização de Redes Regionalizadas e Integradas de Atenção à Saúde: desafios do Sistema Único de Saúde (Brasil)", *Ciência & Saúde Coletiva* 16 (2011), pp. 2753-2762.

83 Eugênio Vilaça Mendes, "25 anos do Sistema Único de Saúde: resultados e desafios", *Estudos Avançados* 27, n. 78 (2013), p. 28.

atendendo a população do interior de vários estados do Nordeste.[84] Isso se aplica também às principais áreas metropolitanas, ou centros regionais de grande importância, em que se concentram serviços médicos de média e alta complexidade, ao passo que somente os postos de saúde básica são mantidos no âmbito municipal em pequenas aglomerações urbanas.

Quando se considera a rede geral de atendimento à saúde, tanto em termos de unidades de saúde como de leitos hospitalares, há uma grande cobertura no Brasil. No caso de leitos, não há diferença significativa entre as várias regiões do Brasil. Quase todas têm números similares de leitos por mil habitantes. Mas, como poderia ser previsto pela forma de organização do sistema, as regiões metropolitanas contam com a maior parte dos hospitais. Cerca de 46% dos leitos hospitalares estão nas 25 maiores regiões metropolitanas e 57% nas áreas metropolitanas como um todo. Dos 437 mil leitos hospitalares, 39% estão na esfera pública, principalmente municipal, 37% são controlados por entidades sem fins lucrativos e os demais por entidades privadas. Como previsto, dado o tamanho e a importância econômica da cidade, São Paulo é a área com a maior cobertura de serviços de saúde, com inúmeros serviços médicos altamente complexos que atraem pessoas de todos os estados para a capital. Grande parte dos hospitais de relevância nacional em inúmeras especialidades se localiza também em São Paulo.[85]

Mesmo com toda a infraestrutura, a realização dos serviços é ainda diferente nas áreas rurais, mesmo nos melhores períodos. Portanto, duas pesquisas de saúde realizadas em 2003 e 2008 indicaram que os habitantes rurais tinham pouca probabilidade de consultar um dentista e uma possibilidade ainda menor de ter alguma modalidade de seguro saúde.[86] Além disso, há evidente escassez de médicos paramédicos nas áreas rurais, supridas

---

84 Cerca de 30% dos atendimentos diários do Hospital Getúlio Vargas, no "Polo de Saúde", são habitantes da capital, 50% vêm do interior de Piauí e 20%, de outros estados. Teresina é o centro de referência em várias áreas especializadas, desenvolvendo atendimento médico avançado e procedimentos de alta complexidade, concentrando um grande número de clínicas, médicos e equipamentos. Samanta Petersen, *O Polo de Saúde de Teresina é referência em atendimento*. Cidadeverde.com, acesso em: 17.12.2017, em <https://cidadeverde.com/vida/68938/especial-polo-saude-de-teresina-e-referencia-em-atendimento>.

85 Ministério da Saúde – Cadastro Nacional dos Estabelecimentos de Saúde do Brasil – CNES, *Número de Estabelecimento por tipo*, e *Leitos por tipo de estabelecimento*. Apesar disso, um relatório publicado em 16.02.2017 pela *Folha de S. Paulo* destaca pesquisas que indicam que a saúde é o principal problema dos paulistas, 29%, seguido pela segurança. Acesso em: 17.12.2017, em <http://www1.folha.uol.com.br/cotidiano/2017/02/1859141-morador-de-sp-considera-saude-maior-problema-da-cidade-diz-datafolha.shtml>.

86 IBGE, Sidra. PNAD, Suplemento Acesso e Utilização de Serviços de Saúde – 2003/2008, tabelas 2526 e 2494.

recentemente pela presença dos profissionais de saúde vindos do exterior.[87] A crise econômica recente e o declínio da eficiência governamental na segunda metade dos anos 2010 afetaram enormemente esse sistema no Brasil como um todo.

A educação é também mais desenvolvida nos centros urbanos do que nas áreas rurais e tradicionalmente atraía habitantes desses locais para as cidades. Assim como a saúde, a educação é outra grande área de atividade governamental destinada a reduzir a desigualdade no que se refere ao acesso à educação pela população rural. Mas há diferenças importantes até hoje. Em 2016, havia 183 mil escolas no Brasil, das quais 120 mil estavam em áreas urbanas e 63 mil em áreas rurais. Das escolas existentes, o setor público responde por 79%, com predominância das administrações municipais (62% de todas as escolas existentes), já que o governo municipal é o principal responsável pelo ensino fundamental. A maioria das escolas, desde meados do último século, era pública, sendo que as escolas privadas de ensino fundamental e ensino médio respondiam por somente 21% das escolas existentes. Dos 48 milhões de estudantes, 58% estão matriculados nas escolas de ensino fundamental, 17% no ensino médio e 18% nas pré-escolas e creches. Dos 28 milhões de estudantes matriculados nas nove séries do ensino fundamental, o setor público responde por 83%, dos quais mais da metade estão matriculados nas redes municipais disseminadas pelo Brasil.

Porém há importantes diferenças entre escolaridade rural e urbana em termos da composição e da estrutura das escolas. Cerca de 70% dos estudantes rurais estavam matriculados em escolas do ensino fundamental e somente 6% no ensino médio. Na área urbana, o ensino fundamental absorve 56% das matrículas e o ensino médio, 18%. Somente nas matrículas da pré-escola não há diferenças entre as áreas urbanas e rurais. Entretanto, os estudantes rurais tendem a interromper os estudos após completarem o ensino fundamental, ou abandonam a escola rural, partindo para as áreas urbanas para continuar os estudos. Esse padrão diferenciado também é observado nas nove séries do ensino fundamental. Na área urbana há esta-

---

[87] O "Programa Mais Médicos" foi criado em 2013 e se estendeu até o início de 2019. O programa empregou cerca de 14 mil cubanos e médicos profissionais nas áreas rurais brasileiras para atuar em clínicas locais de saúde familiar. Felipe Proenço de Oliveira, Tazio Vanni, Hêider Aurélio Pinto, Jerzey Timoteo Ribeiro dos Santos, Alexandre Medeiros de Figueiredo, Sidclei Queiroga de Araújo, Mateus Falcão Martins Matos e Eliana Goldfarb Cyrin, "Mais Médicos: um programa brasileiro em uma perspectiva internacional". Interface-Comunicação, Saúde, Educação, 19 (2015), pp. 623-634; e Leonor Maria Pacheco Santos, Ana Maria Costa e Sábado Nicolau Girardi, "Programa Mais Médicos: uma ação efetiva para reduzir iniquidades em saúde", *Ciência & Saúde Coletiva* 20 (2015), pp. 3547-3552.

bilidade no número de estudantes, mas nas áreas rurais há uma taxa de desistência de 40% entre a 5ª e a 9ª série. Além disso, as unidades escolares rurais têm infraestrutura inferior às escolas urbanas. Enquanto 94% das escolas urbanas são abastecidas por redes públicas de água, isso ocorre somente em 29% das rurais. Além disso, enquanto 71% das escolas urbanas têm sistemas adequados de esgoto, somente 5% das rurais contam com esse sistema. Cerca de 48% das escolas urbanas têm biblioteca, mas isso se dá em apenas 15% das escolas rurais. As escolas rurais não contam com bons serviços em termos de laboratórios, salas de leitura, quadras de esportes etc. Segundo levantamentos recentes, 88% das escolas urbanas estão conectadas à internet, 76% delas com banda larga; nas áreas rurais, somente 30% das escolas têm internet e apenas 17% banda larga (**Tabela 6.14**).

Observam-se diferenças na disponibilidade e na qualidade de escolas nas enormes defasagens existentes entre homens e mulheres nos níveis de educação. No Censo de 2010, a população rural de 25 anos ou mais registrou sistematicamente piores taxas de conquistas educacionais do que os residentes urbanos, tanto homens como mulheres (**Tabela 6.15**).

As oportunidades nas áreas urbanas incluem não apenas serviços médicos avançados e melhor nível de educação, mas também um mercado mais abundante de bens e serviços para todas as classes sociais e econômicas. O varejo faz parte dos sistemas de distribuição entre produtor e consumidor, atuando como intermediário e funcionando como elemento de ligação entre o nível de consumo e o de produção, assumindo cada vez mais um papel proativo na identificação de necessidades e definindo o que deveria ser produzido para atender às demandas do mercado. Entre essas instituições de varejo, a ascensão de supermercados e shopping centers em todas as grandes cidades brasileiras nas últimas duas décadas afetou profundamente a vida urbana.

De acordo com Knoke, quando surgiram os supermercados nos Estados Unidos, o empório típico era pequeno e relativamente ineficiente. Em geral, mercearias e açougues ofereciam todos os serviços: venda pessoal, crédito e entrega. Embora não houvesse dados precisos sobre a margem bruta com que operavam, estima-se que era de aproximadamente 20 a 21%. Com o desemprego, o declínio nas receitas e a redução do poder aquisitivo – fatores que acompanharam a depressão do início dos anos 1930 –, formou-se um cenário favorável ao estabelecimento e ao desenvolvimento de uma instituição de varejo que poderia baixar os preços de bens de consumo e disponibilizar escolhas mais abundantes em um único local. Essa foi precisamente a função dos primeiros supermercados nos Estados Unidos. A

Tabela 6.14 Escolas urbanas e rurais, números, matrículas e características, 2018

	Total	Urbanas	Rurais
Total de escolas	183.376	66%	34%
Matrículas por nível ou tipo de ensino			
Matrículas em creches	3.238.894	94%	6%
Matrículas em pré-escolas	5.040.210	86%	14%
Matrículas anos iniciais	15.442.039	84%	16%
Matrículas anos finais	12.249.439	88%	12%
Matrículas ensino médio	8.133.040	96%	4%
Matrículas EJA	3.482.174	89%	11%
Matrículas educação especial	174.886	99%	1%
Características das escolas			
Serviços			
Água via rede pública	72%	94%	29%
Energia via rede pública	95%	100%	86%
Esgoto via rede pública	49%	71%	5%
Coleta de lixo periódica	76%	99%	31%
Dependências			
Biblioteca	37%	48%	15%
Cozinha	92%	92%	90%
Laboratório de informática	42%	52%	23%
Laboratório de ciências	11%	17%	2%
Quadra de esportes	34%	46%	12%
Sala para leitura	24%	31%	9%
Sala para a diretoria	68%	86%	33%
Sala para os professores	56%	74%	24%
Sala para atendimento especial	18%	23%	7%
Sanitário dentro do prédio da escola	87%	94%	73%
Sanitário fora do prédio da escola	16%	13%	22%
Equipamentos			
Aparelho de DVD	77%	89%	54%
Impressora	69%	83%	43%
Antena parabólica	23%	26%	18%
Máquina copiadora	45%	58%	21%
Retroprojetor	30%	40%	10%
Televisão	82%	94%	58%

Tabela 6.14 Escolas urbanas e rurais, números, matrículas e características, 2018 (cont.)

	Total	Urbanas	Rurais
Total de escolas	183.376	66%	34%
Tecnologia			
Internet	68%	88%	30%
Banda larga	56%	76%	17%
Computadores uso dos alunos	7	10	2
Computadores uso administrativo	3	4	1
Alimentação			
Escolas que fornecem alimentação	86%	79%	100%
Escolas que fornecem água filtrada	87%	92%	78%
Outras características			
Funcionários em todas as escolas	31	41	12
Escolas com organização por ciclos	24%	24%	24%

Fonte: Qedu: <http://qedu.org.br/brasil/censo-escolar?year=2016&dependence=0&localization=0&education_>

Tabela 6.15 Distribuição da população de 25 anos ou mais por nível educacional, sexo e residência, 2010

	Mulheres		Homens	
Nível de educação completa	Urbano	Rural	Urbano	Rural
Sem educação ou fundamental incompleto	43,5	77,3	45,0	81,7
Fundamental completo, sem médio completo	15,0	10,1	16,0	9,4
Médio completo, sem superior completo	27,2	10,0	27,2	7,6
Superior completo	14,0	2,5	11,6	1,2

Fonte: IBGE, Estatísticas de Gênero...2010 (2014), Tabela 16 (n.p.)

economia na compra de alimentos nos supermercados foi suficientemente importante para responder a um forte estímulo de consumo, com o objetivo de fazer o consumidor mudar os hábitos de compra.[88]

No Brasil, assim como nos Estados Unidos, a distribuição de produtos alimentícios era realizada exclusivamente por pequenas lojas especializadas. No caso brasileiro, porém, também havia a tradicional feira livre, que

---

[88] William Knoke, "O supermercado no Brasil e nos Estados Unidos: confronto e contrastes", *Revista de Administração de Empresas* 3, n. 9 (set./dez. 1963), p. 93.

jamais desapareceu e ainda constitui parte fundamental da vida urbana brasileira em todo o país. As feiras repetem-se semanalmente nos mesmo espaços públicos, geralmente nas ruas, estando amplamente disponíveis na maior parte dos bairros urbanos. Mesmo nas grandes cidades, a multiplicidade de feiras, que se movem diariamente, permite que a maioria da população tenha acesso a pé a uma ou mais delas durante a semana. A forma dessa organização possibilita maior competitividade aos mercados, particularmente em produtos da horticultura. Somente na cidade de São Paulo há aproximadamente 850 feiras livres, que envolvem 16.305 fornecedores.[89]

Os primeiros supermercados surgiram no Brasil somente em meados do século XX.[90] O aumento substancial nas populações urbanas no período motivou a busca por mecanismos mais modernos de produção e distribuição de alimentos. As transformações ocorridas na política agrícola na década de 1970 refletiam a necessidade de abastecer adequadamente a crescente população urbana a preços viáveis para manter os salários sob controle.[91] Os governos militares também apoiavam o setor supermercadista, considerando-o um controle de inflação útil devido às economias de escala das cadeias de supermercado, que poderiam reduzir custos, praticar preços menores e, portanto, reduzir a inflação.[92] Nos anos 1970, vários formatos foram testados em termos de tamanho e variedade de produtos, incluindo o surgimento dos hipermercados.[93] Nos anos 1980 e 1990, em vista da crise fiscal, que reduziu substancialmente o financiamento público da produção agrícola, ocorreu

---

89   Veja no site do município uma lista completa das feiras de São Paulo, com dia da semana, nome da feira, endereço e extensão: <http://www9.prefeitura.sp.gov.br/secretarias/sdte/pesquisa/feiras/lista_completa.html>.

90   Em meados do século XX, já havia algumas experiências de autosserviço em várias partes do país, como a Rede de Autosserviço aberta em 1953. Mas o primeiro supermercado surgiu com a Doceria Pão de Açúcar. Em 1959, foi aberta a primeira loja Pão de Açúcar, com 2.500 itens à venda. "Poucos, se comparados com um supermercado atual, mas o próprio autosserviço era novo e causava espanto às senhoras da sociedade o fato de terem de servir-se elas próprias das mercadorias nas gôndolas, enquanto os homens, nos raros momentos em que as frequentavam, o máximo que faziam era empurrar os carrinhos". Armando João Dalla Costa, *A importância da Logística no Varejo Brasileiro: o caso Pão de Açúcar*. Acesso em: 10.12.2017, em <http://www.empresas.ufpr.br/logistica.pdf>, p. 4. Sobre esse período de pioneirismo, veja Umberto Antonio Sesso Filho, "O setor supermercadista no Brasil nos anos 1990" (tese de doutorado, Escola Superior de Agricultura Luiz de Queiroz, Universidade de São Paulo, Piracicaba, 2003).

91   Veja Herbert S. Klein e Francisco Vidal Luna, *Alimentando o mundo: o surgimento da moderna economia agrícola no Brasil* (São Paulo: Imesp-FGV, 2020).

92   Sesso Filho, "O setor supermercadista no Brasil nos anos 1990": 12; Ciryllo, D.C, "O papel do supermercado no varejo de alimentos", São Paulo, Instituto de Pesquisas Econômicas, 1987, p. 198.

93   Em 1975, o Carrefour inaugurou o primeiro supermercado na cidade de São Paulo. Quanto ao processo de consolidação dos supermercados nessa fase inicial, veja: Denise Cavallini Cyrillo, "O papel do supermercado no varejo de alimentos", São Paulo, Instituto de Pesquisas Econômicas, 1987.

uma profunda transformação na agricultura brasileira que ocasionou a integração das técnicas de processamento, distribuição e exportação. Nesse caso, ampliou-se o poder relativo dos eficientes canais de distribuição, dos quais os supermercados faziam parte, e se tornaram uma fonte adicional de financiamento aos produtores agrícolas, compensando parte da redução de créditos provenientes do setor público.[94] Ao longo dos anos 1980, os supermercados se consolidaram como os canais de distribuição mais eficientes. Em 1989, por exemplo, eles totalizavam 32.950 lojas, empregando diretamente 533 mil empregados, com 95.677 caixas registradoras.[95] Desde então, o sistema aumentou exponencialmente.[96] No final de 2016, o setor tinha mais de 89 mil lojas, 225.025 caixas registradoras, com uma área total de 21,7 milhões de metros quadrados e vendas de 338,7 bilhões de reais, representando mais de 5,4% do PIB nacional. São Paulo, com 31,8%, Rio Grande do Sul, com 11,6%, e Minas Gerais, com 10,8%, lideravam o ranking em termos de participação no faturamento do setor (Tabela 6.16).[97]

A modernização do setor varejista foi também complementada pela formação de uma rede de shopping centers com múltiplas lojas, seguindo a tendência mundial. Em 1966, foi inaugurado o primeiro shopping desse tipo, o Shopping Iguatemi, em São Paulo, provocando grande impacto no bairro em que foi implantado. Financiado por milhares de investidores, o Iguatemi abriu um centro de 25 mil metros quadrados de área bruta locável. Os primeiros anos do Iguatemi foram marcados pela rejeição quase completa de suas instalações e de seu conteúdo inovador; lojas fecharam e

---

94 Klein e Luna, *Alimentando o mundo, op. cit.,* cap. 10.

95 Mariana Pires de Carvalho e Albuquerque, "Análise da Evolução do Setor Supermercadista Brasileiro: Uma Visão Estratégica" (dissertação de mestrado, Faculdade de Economia e Finanças IBMEC, Rio de Janeiro, 2007), p. 52.

96 Jony Lan, "A diversificação dos canais comerciais como fonte de vantagem competitiva em redes de supermercados no Brasil" (dissertação de mestrado, Universidade Presbiteriana Mackenzie, São Paulo, 2010); Fernanda Bittencourt Pamplona, "Os investimentos diretos estrangeiros na indústria do varejo nos supermercados no Brasil" (dissertação de mestrado, Universidade Federal de Pernambuco, Recife, 2007); Ariel Wilder, "Mudanças no setor supermercadista e a formação de associações de pequenos supermercados" (tese de doutorado, Escola de Superior de Agricultura Luiz de Queiroz, Universidade de São Paulo, Piracicaba, 2003); PWC – *o setor de varejo e o consumo no Brasil. Como enfrentar a crise.* Janeiro de 2016, acesso em: 11.12.2017, em: <https://www.pwc.com.br/pt/estudos/setores--atividade/produtos-consumo-varejo/2016/pwc-setor-varejo-consumo-brasil-como-enfrentar-crise-16.html>; Paulo Roberto do Amaral Ferreira, "O processo de globalização do varejo de massa e as lutas competitivas: o caso do setor supermercadista no Brasil" (tese de mestrado, Coppead/UFRJ, Rio de Janeiro, 2013); a APAS disponibiliza pesquisas sobre tendências e dados de consumo do setor supermercadista. Janeiro de 2016. Acesso em: 11.12.2017, em: <http://www.portalapas.org.br/wp-content/uploads/2016/06/COLETIVA-Pesquisa-APAS-Nielsen-Kantar.pdf>.

97 Informações extraídas da Associação Brasileira de Supermercados (Abras). Acesso em: 11.12.2017, disponível em: <http://www.abras.com.br/economia-e-pesquisa/ranking-abras/os-numeros-do-setor/>.

Tabela 6.16	Setor supermercadista no Brasil – 1994-2012			
Anos	Número de lojas	Número de empregados	Área de vendas (em milhões de m²)	Participação da receita no PIB
1994	37.543	650.000		6,0
1995	41.439	655.200		6,6
1996	43.763	625.000		6,2
1997	47.847	655.000	12,0	6,0
1998	51.502	666.752	12,7	6,1
1999	55.313	670.086	13,1	6,1
2000	61.259	701.622	14,3	6,3
2001	69.396	710.743	15,3	6,2
2002	68.907	718.631	15,9	6,1
2003	71.372	739.846	17,9	5,7
2004	71.951	788.268	18,1	5,5
2005	72.884	800.922	18,4	5,5
2006	73.695	838.047	18,9	5,3
2007	74.602	868.023	18,8	5,2
2008	75.725	876.916	18,8	5,5
2009	78.300	899.700	19,3	5,6
2010	81.100	920.000	19,7	5,5
2011	82.000	967.700	20,6	5,4
2012	83.600	986.100	21,0	5,5
2016	89.009	1.809.852	21,7	5,4

Fonte: Ferreira (2013):163, e Santos, Estudo da Estrutura de mercado, encontrado em <https://www.fee.rs.gov.br/4-encontro-economia.../estudos-setoriais-sessao3-3.doc>, dados de 2006: ABRAS <http://www.abras.com.br/economia-e-pesquisa/ranking-abras/as-500-maiores/>

Paulo Roberto do Amaral Ferreira, "O processo de globalização do varejo de massa e as lutas competitivas: o caso do setor supermercadista no Brasil", dissertação de mestrado, COPPEAD/UFRJ, Rio de Janeiro, 2013.

não houve retorno financeiro aos investidores.[98] Em 1971, teve início em Brasília o Shopping Conjunto Nacional e, em meados dos anos 1970, vários novos empreendimentos foram implementados: 3 em São Pau-

---

[98] "No fim da década de 60, comercialmente, a rua Augusta reinava quase que absoluta e a nova presença do Iguatemi foi caracterizada pela ausência de consumidores / compradores, pela regularidade com que lojas fechavam e pela ausência de retorno financeiro não só para os lojistas, como também para a legião de investidores que havia comprado – por alguma razão – os títulos dos vendedores ambulantes do visionário Alfredo Mathias", Semma Empresa de Shopping Centers. Acesso em: 11.12.2017, em <http://www.semma.com.br/historia-dos-shopping-centers-no-brasil/>.

lo, 1 em Salvador e 1 em Belo Horizonte. Os anos 1980 representaram uma fase de grande expansão e consolidação da indústria dos shopping centers no Brasil. O sucesso dos novos ou dos antigos centros de compras dependia também de uma mudança básica no aluguel cobrado dos inquilinos. Foram introduzidas cláusulas de porcentagem do aluguel, determinando que o lojista pagaria uma porcentagem preestabelecida de suas vendas como aluguel, o que permitiria aos potenciais investidores se proteger contra as perdas causadas pela inflação, assim como participar do crescente sucesso de cada shopping center, garantindo e aumentando seu retorno financeiro.[99]

Os anos 1990 assinalaram importantes mudanças na configuração dos empreendimentos, que começavam a contar com grandes áreas de lazer, redes de cinema e extensas praças de alimentação para atender um público variado. O shopping passou a ser parte da vida da cidade, em especial dos jovens, que usam o espaço seguro para múltiplos interesses, principalmente o lazer. A facilidade dos shoppings, com amplos espaços, estacionamentos e, sobretudo, altos níveis de segurança, é uma atração nas cidades brasileiras, considerando-se os crescentes problemas de criminalidade. Pesquisas com usuários detectaram inúmeros usos dos shoppings: de compras e passeios a serviços, alimentação e até simples atividades de lazer.[100]

No final de 2016, havia 558 shoppings no Brasil, com 99.990 lojas, perfazendo uma área locável de 15.237 milhões de metros quadrados. Empregavam mais de 1 milhão de pessoas e eram usados por 439 milhões de frequentadores por mês (**Tabela 6.17**). Os shoppings representam uma indústria de grande importância econômica e tiveram um impacto marcante na vida social das cidades. Na distribuição regional dos shoppings, 302 estão concentrados no Sudeste, 95 no Sul e 88 no Nordeste. O estado de São Paulo tem 180 shoppings, e somente a cidade de São Paulo, 54, seguida pela

---

99 Semma Empresa de Shopping Centers. Acesso em: 11.12.2017, em: <http://www.semma.com.br/historia-dos-shopping-centers-no-brasil/>.

100 Veja: *Censo Brasileiro de Shopping Centers,* ABRASCE, acesso em: 11 de dezembro de 2017, em: <http://www.portaldoshopping.com.br/uploads/general/general_4b58c194fec5e617b0e01f-c71487af24.pdf>; Bradesco. *Shopping center,* DEPEC, junho de 2017, acesso em: 11.12.2017, em <https://www. economiaemdia.com.br/EconomiaEmDia/pdf/infset_shoppings_centers.pdf>; Fernando Garrefa, "Shopping Centers, de centro de abastecimento a produto de consumo" (tese de doutorado, FAU/USP, 2007); Madalena Grimaldi de Carvalho, "A difusão e a integração dos shopping centers na cidade. As particularidades do Rio de Janeiro" (tese de doutorado, UFRJ, Rio de Janeiro, 2005); Silvia Catarina Araújo das Virgens, "Shopping Center e a produção do espaço urbano em Salvador, BA" (tese de mestrado, Universidade Federal da Bahia, Salvador, 2016); Charles Albert de Andrade, "Shopping Center também tem memória: uma história esquecida dos shoppings centers nos espaços urbanos do Rio de Janeiro e de São Paulo nos anos 60 e 70" (tese de mestrado, Universidade Federal Fluminense, Niterói, 2009).

Tabela 6.17 A indústria de shopping center no Brasil (2006-2016)						
Ano	Número de shoppings	Área bruta para aluguel (milhões m²)	Número de lojas	Receitas, bilhões p/ano	Empregados	Trânsito de pessoas
2006	351	7.492	56.487	50	524.090	203
2007	363	8.253	62.086	58	629.700	305
2008	376	8.645	65.500	65	700.650	325
2009	392	9.081	70.500	74	707.166	328
2010	408	9.512	73.775	91	720.641	329
2011	430	10.344	80.192	108	775.383	376
2012	457	11.403	83.631	119	804.683	398
2013	495	12.940	86.271	129	843.254	415
2014	520	13.846	95.242	142	978.963	431
2015	538	14.680	98.201	152	990.126	444
2016	558	15.237	99.990	158	1.016.428	439

Fonte: Abrasce. <http://www.abrasce.com.br/monitoramento/evolucao-do-setor>

cidade do Rio de Janeiro, com 39.[101] Apesar da importância desses projetos de shopping centers no Brasil, as áreas oferecidas por ele são modestas em comparação com outros países. Considerando-se a área bruta locável (ABL) por habitante (em m²), a oferta no Brasil é muito pequena: é de 1.872 m² nos Estados Unidos, 1.127 m² no Canadá, 590 m² na Austrália, 303 m² no Japão e chega mais de 200 m² na França, África do Sul e Espanha, com 81 m² no México em comparação com apenas 40 m² no Brasil.[102]

As cidades também representam os maiores centros de produção cultural.[103] Embora a cultura possa ser produzida e consumida em qualquer espaço territorial, as cidades são os principais centros de produção e oferta de tais serviços, sendo atualmente um importante diferencial de muitas cidades do mundo. As densidades populacionais oferecem grande escala pela multiplicidade de manifestações culturais que caracterizam algumas cidades de médio e grande porte do mundo. Além disso, parte do prestígio de uma grande metrópole é sua capacidade de oferecer uma ampla gama

---

[101] Informações extraídas da ABRAS – Associação o Brasileira de Supermercados. Acesso em: 11.12.2017, em: <http://www.abras.com.br/economia-e-pesquisa/ranking-abras/os-numeros-do-setor/>.

[102] Associação Brasileira de Shopping Centers (Abrasce). <https://abrasce.com.br/monitoramento/publicacoes-de-pesquisas>

[103] Paula Abreu e Claudino Ferreira. "Apresentação: a cidade, as artes e a cultura", *Revista Crítica de Ciências Sociais* (Coimbra), 67 (dez. 2003), pp. 3-6.

de opções culturais aos habitantes – bibliotecas, exposições permanentes ou temporárias, música de todas as categorias, além de produções de teatro ao vivo e cinemas – podendo até mesmo atrair turistas pela oferta de atividades culturais. Há eventos públicos ao ar livre como o Carnaval do Rio de Janeiro e Salvador, as festas religiosas do Círio de Nazaré em Belém do Pará, o Festival de Folclore de Parintins no Amazonas, a lavagem das escadas da igreja do Bonfim em Salvador, as festas de São João no Nordeste, a Festa do Peão do Boiadeiro de Barretos, no estado de São Paulo, a Festa Literária Internacional de Paraty (Flip), no Rio de Janeiro, e outros eventos. A cidade de São Paulo atrai milhares de turistas anualmente pela série de eventos culturais, museus – vários de qualidade internacional –, peças de teatro, espetáculos musicais, a corrida de Fórmula 1 e a Parada do Orgulho Gay.[104] Além disso, atrai milhões de frequentadores do interior pelo chamado turismo de compras, que destaca o corredor comercial da rua Vinte e Cinco de Março. Minas Gerais também atrai visitantes nacionais e internacionais pelo conjunto de arquitetura barroca, e o Rio de Janeiro encanta milhares de turistas no Carnaval. São diferentes manifestações culturais, refletindo a diversidade cultural do Brasil.

Em termos gastronômicos, as cidades contam com excelentes restaurantes, que sustentam inúmeros trabalhadores e atraem clientes de todo o país. Quanto à participação popular, porém, são os esportes e os shows musicais que chamam as maiores multidões. O Brasil é cenário de uma explosão de shows nacionais e internacionais, apresentados em grandes espaços abertos, como o Rock in Rio e o Lollapalooza, e até mesmo em estádios de futebol, novos ou reformados, alguns dos quais construídos para a Copa do Mundo realizada em 2014.[105] Há vários shows musicais, muitos de música internacional, assim como de música brasileira de todos os gêneros, inclusive música popular brasileira. Embora esses shows se disseminem pelo Brasil, São Paulo e Rio de Janeiro se tornaram os principais centros de shows internacionais. O mais tradicional é o Rock in Rio, iniciado em 1985, com 10 dias consecutivos de eventos musicais, em uma área de 250

---

104 De acordo com estimativas, em 2018, a Parada Gay de São Paulo teve um público de mais de 3 milhões de pessoas.

105 O estádio de futebol mais usado para shows e eventos era o Allianz Parque, na cidade de São Paulo, recentemente reconstruído para ser usado como campo de futebol e palco de grandes shows. De acordo com várias reportagens, o Allianz Parque foi considerado a segunda maior arena do mundo para shows e eventos em 2016, depois do MetLife em Nova Jersey. Ocorreram 27 partidas de futebol e 14 shows. *Revista Veja*. Acesso em: 16.12.2017, em <https://veja.abril.com.br/blog/radar/allianz-parque-e-a-segunda-arena-com-mais-shows-e-eventos-do-mundo/>.

mil metros quadrados e um público de 1,4 milhões de pessoas.[106] São Paulo abriga vários grandes shows como o Lollapalooza, criado nos Estados Unidos, e com uma edição paulista que congrega 190 mil pessoas em dois dias de apresentação no Autódromo de Interlagos. Em 2016, por exemplo, São Paulo recebeu 423 artistas internacionais, em 468 shows e 17 festivais internacionais. Entre as atrações, estavam os Rolling Stones. Houve mais de 20 megaeventos, com mais de 10 mil pessoas, e 75 com a participação de 2 mil a 10 mil espectadores. Predominaram rock, metal, indie, pop e jazz.[107] Além de Rio de Janeiro e São Paulo, há outros centros muito ativos, como Salvador, que acolhe o Festival de Verão – na edição de 2014, teve um público total de 120 mil pessoas, incluindo turistas de todo o Brasil atraídos pelo verão do Nordeste.[108] O Brasil ocupa a segunda posição na América Latina no mercado de música ao vivo, depois do México.[109]

Mas, além desses grandes eventos e shows que atraem multidões, há uma atividade permanente de serviços culturais oferecidos pelas cidades de maior ou menor porte. Uma pesquisa de cultura realizada pelo IBGE[110] detectou a grande influência da TV aberta, presente em quase todos os municípios brasileiros, além da existência de bibliotecas públicas em quase

---

106 Segundo os organizadores, as inovações incluíam o maior palco do mundo, e, pela primeira vez, a plateia de um grande show seria iluminada. Além disso, a plateia começava a fazer parte do show e assim nascia o maior festival de música do mundo. Ocorreram 17 shows desde 1985, apresentando 1.588 artistas, foram gerados 182 mil empregos, com 11 milhões de fãs online. Rock in Rio, acesso em: 16.12.2017, em <http://rockinrio.com/rio/pt-BR/historia>.

107 2016. O mercado de shows internacionais. Acesso em: 16.12.2017, em: <https://www.rockinchair.com.br/especial/2016/>.

108 Governo do Brasil, acesso em: 16.12.2017, em: <http://www.brasil.gov.br/turismo/2014/09/brasil-ocupa-segundo-lugar-no-mercado-de-eventos-musicais>. Esse festival criou cerca de 21 mil empregos diretos e indiretos.

109 Durante a edição do Rock in Rio em 2013, a ocupação dos hotéis na cidade do Rio de Janeiro foi de 90%. Das 7 milhões de pessoas que assistiram aos shows, 46% eram de outros estados. São Paulo, o maior local de shows do Brasil, também conta com os benefícios dos grandes shows musicais. Na segunda edição do Lollapalooza, em 2013, que atraiu 167 mil pessoas, 58% não moravam na cidade. Governo do Brasil, acesso em: 16.12.2017, em: <http://www.brasil.gov.br/turismo/2014/09/brasil-ocupa-segundo-lugar-no-mercado-de-eventos-musicais>.

110 IBGE, *Perfil dos estados e dos municípios brasileiros: Cultura: 2014, Coordenação de População e Indicadores Sociais* (Rio de Janeiro: IBGE, 2015), p. 9. Desde a década de 1970, a Unesco estabeleceu uma nova estrutura conceitual para a produção de estatísticas culturais, baseadas no conceito original da indústria cultural, incorporando a dimensão de patrimônio histórico. Na interação com os países-membros, a Unesco redefiniu o campo da cultura, incorporando o idioma como um patrimônio intangível a ser preservado como patrimônio da humanidade, assim como celebrações singulares e expressivas, além de manifestações artísticas de uma determinada comunidade. Veja também Leandro Valioti e Ana Letícia do Nascimento Fialho, eds., *Atlas Econômico da Cultura Brasileira* (Porto Alegre: Editoria da UFRGS/CEGO, 2017), 2 vols.; Ministério da Cultura, *Cultura em Números, Anuário de estatísticas culturais*, Brasília, MinC, 2010; Rodrigo Manoel Dias da Silva, "As políticas culturais brasileiras na contemporaneidade: mudanças institucionais e modelos de agenciamento", *Revista Sociedade e Estado 29*, n. 1 (2014); Antonio Albino Canelas Rubim, ed., *Políticas culturais no Governo Lula* (Salvador: Edufba, 2010).

todos eles. A internet é disponibilizada em quase dois terços das grandes e pequenas cidades, tendo crescido 44% entre 2006 e 2014. Os centros culturais são menos comuns, assim como as livrarias, bancas de revistas e teatros – evidentemente estando presentes somente nas maiores cidades. Curiosamente, os cinemas são relativamente raros na maior parte das comunidades, e os shopping centers existem em apenas 7% das cidades. Por outro lado, a maioria das comunidades conta com grupos de artesanato, organizações culturais, atividades de dança e grupos musicais. Há grupos de teatro em 43% dos municípios e orquestra em 22% deles.

Evidentemente há uma relação direta entre o porte da cidade e a capacidade de manter atividades culturais e apoiar grupos culturais. Além disso, observa-se a alta correlação entre o porte dos municípios e a existência de todos os tipos de festivais e produções culturais. Somente 20% dos municípios de até 50 mil habitantes possuem conselhos para a preservação do patrimônio cultural; a porcentagem dobra para municípios com mais de 100 mil habitantes e triplica para aqueles com mais de 500 mil habitantes. Além disso, os municípios de médio e grande porte com mostras de cinema e vídeo conseguem sustentar a produção audiovisual. Quase a metade dos municípios com mais de 500 mil habitantes e capitais se enquadram nessa categoria.[111]

Na expectativa de uma vida melhor, os migrantes ocuparam as cidades. Partiram principalmente em busca de trabalho e melhor educação para os filhos. As cidades em rápido crescimento, com suas importantes atividades de construção e indústrias em expansão, ofereciam empregos. As escolas, em maior número, disponibilizavam educação aos filhos, e o fácil acesso a profissionais de saúde garantia vida melhor. Feiras e shoppings, além dos centros de comércio, são fatores positivos nos horizontes em expansão dos migrantes. Embora tenham encarado habitação precária e longas viagens, e até mesmo a maior incidência de criminalidade em comparação com seus locais de origem, os custos valeram a pena. A mobilidade social somente se tornou possível graças à mudança do campo para a cidade, que oferecia as oportunidades de renda e educação para ascender na estrutura de classes. Para as mulheres, havia maior participação na força de trabalho e vida mais independente, sendo que a própria cidade, com sua habitação precária, também causaria mudanças no tamanho e na organização das famílias. A cidade foi modificada pelos migrantes, assim como os migrantes foram modificados pela cidade.

---

111 IBGE, *Pesquisa de Informações Básicas Estaduais; Cultura, 2014*: 18, 22, 81.

7

Estratificação e mobilidade social

Cristiano Mascaro, *Viaduto Dr. Eusébio Stevaux*, São Paulo, SP, 1990

O Brasil é uma das sociedades mais desiguais do mundo. Essa afirmação se torna ainda mais categórica quando se consideram apenas os países mais industrializados. Nenhum deles apresenta indicadores de desigualdade comparáveis aos do Brasil. Em 2014, os 10% mais ricos da população detinham 44% de renda salarial e os 50% mais pobres apenas 16%.[1] Nota-se a gravidade dessa distorção nos dados comparáveis aos do Canadá em 2014: os 10% mais ricos respondiam por somente um quarto da renda nacional, enquanto a metade mais pobre por 27%. Em um típico país escandinavo como a Suécia, em 2014 os 10% mais ricos detinham apenas 20% da renda nacional, e a metade mais pobre, um terço.[2] O Brasil registrava um índice de Gini de desigualdade calculado pelas Pesquisas Nacionais por Amostra de Domicílios (PNADs)[3] de 0,51, em comparação com a Suécia, com apenas a metade dessa taxa (ou seja, um índice de Gini de 0,25). Nesse aspecto, o Brasil assemelha-se à maioria dos países da América Latina, com índices de Gini na faixa de 0,5, em contraste com os índices entre 0,2 e 0,4 das nações industriais mais avançadas (Gráfico 7.1).[4]

1　UNU/WIDER World Income Inequality Database (WIID), "World Income Inequality Database WIID3.4, divulgado em janeiro de 2017", tabela WID2 disponível em: <https://www.wider.unu.edu/database/world-income-inequality-database-wiid34>. Para o Brasil, a PNAD mais recente, de 2006, aponta 16% para a faixa dos 50% mais pobres e 45% para os 10% mais ricos, disponível em IBGE Sidra, tabela 297.

2　IBGE, Sidra, tabela WID2a1. O Ipea lista os 10% mais ricos do Brasil como detentores de 47% da renda total em 1981 e 46% em 2002. Ipeadata, "Renda – parcela apropriada por 10% mais ricos (% renda total).

3　Estudos da desigualdade no Brasil se baseiam geralmente na PNAD (Pesquisa Nacional por Amostra de Domicílios), que inclui no questionário renda de trabalho, pensões, renda de aposentadoria, doações, transferências de programas sociais, aluguéis e juros de investimentos financeiros e dividendos. IBGE, PNAD, *Dicionário de variáveis da PNAD 2015* – disponível em <https://ww2.ibge.gov.br/home/estatistica/populacao/trabalhoerendimento/pnad2015/microdados.shtm>.

4　Conforme concluiu um estudo recente do Banco Mundial, "De acordo com pesquisas de domicílios, os 10% mais ricos recebem entre 40% e 47% da renda total na maior parte das sociedades da América Latina, ao passo que os 20% mais pobres recebem apenas 2-4%. Essas diferenças são substancialmente maiores do que nos países da OCDE, Leste Europeu, e a maior parte da Ásia. Além disso, o atributo mais distintivo da desigualdade de renda na América Latina é a concentração extraordinariamente grande de renda no topo da distribuição... Mesmo os países menos desiguais da América Latina (Costa

Gráfico 7.1 Estimativas do Banco Mundial do Índice de Gini da desigualdade nos países da América, c. 2014

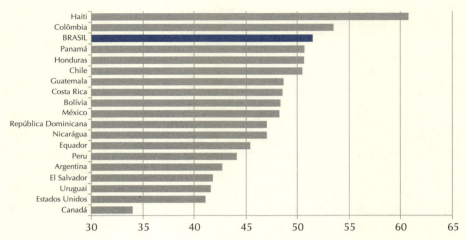

Fonte: <https://data.worldbank.org/indicator/SI.POV.GINI?year_high_-desc=false>, dados atualizados em 30.01.2019.
Os dados do Canadá e dos Estados Unidos são de 2013.

Embora o Gini do Brasil não seja tão extremo como o do Haiti, ou mesmo como o da Colômbia, outras medições indicam que a desigualdade no país é ainda mais pronunciada. Quando são adotados dados das declarações de imposto de renda, que captam de maneira mais precisa a renda derivada de aluguéis, juros e dividendos, assim como salários,[5] o Brasil se inclina ainda mais para os países mais ricos do que quase todas as outras nações. Quando se comparam a renda total antes do imposto dos 1% mais ricos e o total da riqueza nacional que recebem, é evidente que o Brasil, mesmo em 2010, se destaca como o país com a desigualdade mais extrema do mundo moderno. Os 1% mais ricos controlam 28% da riqueza, enquanto na Dinamarca o

---

Rica e Uruguai) têm níveis significativamente elevados de desigualdade de renda". David de Ferranti, Guillermo E. Perry, Francisco Ferreira, Michael Walton, *Inequality in Latin America: Breaking with History?* (Washington, D.C. Banco Mundial, 2004), p. Resumo-3. Para os últimos índices de Gini da América Latina, veja a figura 2-3: 2-10.

5   Tradicionalmente, os estudos sobre distribuição de renda eram efetuados com base nas PNADs que eram realizadas no Brasil anualmente desde meados da década de 1970. A estas pesquisas se somaram dados dos censos decenais. Recentemente vários estudos foram elaborados com base nas declarações de Imposto de Renda. Geralmente são estudos mais precisos, particularmente para a faixa de renda superior, e resultaram em estudos que mostram maiores proporções de concentração do que as encontradas pelos estudos baseados apenas nas PNADs e nos Censos.

Gráfico 7.2 Participação da renda antes dos impostos dos 1% mais ricos em 2010

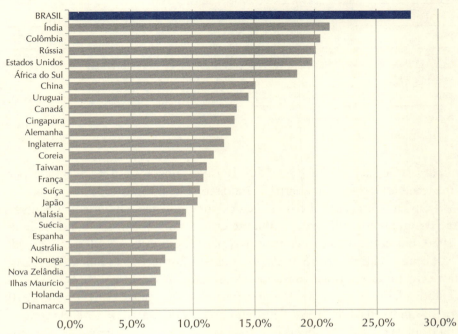

Fonte: <http://wid.world/data/>

mesmo grupo detém apenas 6% (**Gráfico 7.2**). Mesmo quando são incluídas as transferências de renda do governo, como os planos de pensão e programas de transferência de renda, observa-se uma desigualdade contínua e extremamente elevada. Os dados mais precisos sobre salários e transferências de renda do governo combinados, assim como uma série de indicadores econômicos e sociais, derivam das PNADs. Essas pesquisas estão entre as mais importantes realizadas no mundo, tendo sido conduzidas em base sistemática durante os últimos 40 anos. Combinando os dados de salário das PNADs e a DIRPF (Declaração do Imposto sobre a Renda da Pessoa Física), o Gini para adultos entre 2006 e 2012 indicou cerca de 0,70, taxa extraordinariamente elevada e bem acima da obtida quando se considerava apenas a renda de salários, que estava na faixa de 0,50-0,55 no período.[6] De forma semelhante,

---

[6] Marcelo Medeiros e Pedro H. G. F. Souza, "A estabilidade da desigualdade no Brasil entre 2006 e 2012: resultados adicionais", *Pesquisa e Planejamento Econômico* 46, n. 3 (dez. 2016), p. 21, tabela 1.

Tabela 7.1   Fração média da renda e ganhos de capital, recebida pelos 1% mais ricos, nos quinquênios 1930-1935, 1970-1975

País	Quinquênio		
	1930-35	1970-75	2010-2015
Brasil	24,3	24,6	23,2
Estados Unidos	16,9	9,2	20,7
Suécia	12,3	5,8	8,8

Fonte: Souza (2016): 249, tabela 5

a parcela do salário total e renda do Brasil destinada aos 1% mais ricos permaneceu estável em um quarto da renda total de 2006-2013.[7]

Obviamente, esse alto nível de desigualdade não é novidade. Os níveis de desigualdade estão relativamente estáveis no Brasil desde a década de 1930, em contraposição com outros países, em que a implementação de reformas ou crises econômicas provocaram flutuações significativas.[8] Esse aspecto pode ser observado ao se comparar o Brasil com a Suécia e os Estados Unidos em três diferentes períodos. Nos anos 1930, 1970 e 2010, os 1% mais ricos do Brasil detinham quase um quarto do total da renda e da riqueza do país. A Suécia e os Estados Unidos, por outro lado, registravam mudanças nas taxas ao longo do tempo, passando de taxas elevadas antes da Primeira Guerra para taxas muito baixas no pós-guerra, devido a modificações substanciais na educação da população e à introdução do moderno sistema de previdência social, com altos impostos e redistribuição de renda pelo Estado. Conforme indicado por Piketty e outros,[9] a partir da década de 1970 houve aumento nos níveis de concentração nos Estados Unidos, mas sem atingir os níveis atuais do Brasil (Tabela 7.1). No Brasil, enquanto as primeiras duas décadas do século XXI registram um

---

7   Ibidem, p. 20, gráfico 2.

8   Embora comparações sejam difíceis de fazer devido a mudanças na arrecadação de impostos, alíquotas tributáveis e estimativas de renda bruta e riqueza nos períodos anteriores, um estudo recente, retrocedendo à década de 1930, sugere uma estabilidade relativa das porcentagens da renda total para as pessoas do segmento dos 1% mais ricos. Veja Pedro H. G. F. Souza, "Top Incomes in Brazil, 1933-2012: A Research Note" (11 de dezembro de 2014). Disponível em: <http://dx.doi.org/10.2139/ssrn.2537026>, acesso em: 10.06.2017.

9   Thomas Piketty, *O capital no século XXI* (Rio de Janeiro: Intrínseca, 2014). Veja também Facundo Alvaredo, Anthony B. Atkinson, Thomas Piketty e Emmanuel Saez, "The Top 1 Percent in International and Historical Perspective", *Journal of Economic Perspectives* 27, n. 3 (2013), pp. 3-20; e Branko Milanovic, "Global Inequality and the Global Inequality Extraction Ratio: the Story of the Past Two Centuries", *Explorations in Economic History* 48 (2011), pp. 494-506.

crescimento mais rápido do que nunca na riqueza da metade mais pobre da população e um aumento de sua porcentagem na riqueza total para 13,9%, os 1% mais ricos também aumentaram sua porcentagem para 28,3% da riqueza de todas as fontes de renda.[10]

Não é fácil entender a causa dessa extraordinária disparidade entre o Brasil e outros países com tamanho, tipo de organização e até mesmo evolução histórica semelhantes. Desde os anos 1970, há um intenso debate no país sobre a causa da concentração da riqueza. Muitos especialistas adotaram modelos internacionalmente aceitos para estudar a questão. No entanto, esses instrumentos de análise somente permitem o entendimento da distribuição de renda atual e, principalmente, dos salários atuais. Nessa área, certamente, a educação é a variável fundamental. Mas se a educação é tão fundamental para explicar a atual desigualdade, não seria o caso de questionar o motivo pelo qual a distribuição da renda permanece tão desigual, apesar das profundas mudanças ocorridas na área educacional no Brasil? De fato, se até os anos 1930 a oferta de educação era bem mais limitada do que hoje, ainda assim se pode afirmar que a desigualdade era pior em 1930 do que agora? Então por que, apesar da grande industrialização e modernização da economia, houve pouca melhora na distribuição de renda e recursos entre a população brasileira que agora conquista níveis mais elevados de educação?[11]

Embora seja impossível dar uma resposta definitiva para essas questões, podemos oferecer algumas considerações que talvez nos levem a entender as características que ajudaram a definir a evolução do país e contribuíram para essa terrível desigualdade. Em primeiro lugar, sabe-se que até o início do século XIX eram concedidas somente grandes extensões de terras, e a posse representava uma clara indicação de poder. Nos latifúndios, havia enorme disparidade entre o tamanho e o nível efetivo de ocupação econômica da propriedade. Os escravos eram os principais trabalhadores. À margem desse universo de latifúndios, foi formado um mundo de pequenos

---

10   Marc Morgan, "Extreme and persistent inequality: new evidence for Brazil combining national accounts, surveys and fiscal data, 2001-2015" (série de WP [papéis de trabalho], n. 12; World Wealth and Income Database, 2017), p. 47, tabela 2.

11   Dados recentes correlacionando grupos de renda e anos de escolaridade mostram que o Brasil melhorou consistentemente em todos os grupos etários ao longo do tempo na média de anos de escolaridade, mesmo para os decis inferiores de renda. Entretanto, os níveis de desigualdade de renda mudaram pouco. Sobre dados de educação e distribuição de renda, veja Ferranti et al., *Inequality in Latin America*, tabelas A22-A23 e A25, pp. 419-20,422. Veja também a classificação por idade em mais detalhes nas tabelas educacionais/por idade suplementares e as Tabelas Gini para esse volume disponível em <http://www.depeco.econo.unlp.edu.ar/cedlas/wb/>.

Estratificação e mobilidade social

agricultores de subsistência, muitos dos quais eram posseiros ou detinham somente uma titularidade precária da terra. Os produtores de subsistência eram a maioria da população livre.

No final do século XIX, com a abolição da escravatura e o abandono das culturas agrícolas pelos antigos escravos, foram introduzidos imigrantes europeus como seus substitutos, e esse fato levou à alteração nas regras de acesso à terra. As sesmarias coloniais de concessão de grandes terras seriam substituídas por um moderno mercado de terras. A Lei da Terra, de 1850, que regulava a nova forma de acesso à terra, dificultou a aquisição de propriedades pelos imigrantes.[12] Trabalhadores livres foram trazidos para atuar como assalariados no agronegócio existente, especialmente nas lavouras de café, e não para serem pequenos produtores independentes.

Havia colônias de pequenos produtores formadas no Sul do país, com uma política de colonização bem definida, com base na concessão de pequenas propriedades, e lá surgiu uma sociedade com características distintas das outras regiões do Brasil. Mas a migração de pequenos agricultores foi limitada, localizada e constantemente atacada pelas elites detentoras de grandes terras, que estavam mais preocupadas com a substituição de escravos por trabalhadores livres sem-terra do que com a promoção da venda de terras para pequenos produtores. Dado o tamanho continental do país, a maioria do território brasileiro era constituída por terras desocupadas, terras devolutas, que foram colonizadas por posseiros pobres e então gradualmente apropriadas pelos grandes fazendeiros, muitas vezes de forma ilegal. Nunca houve no Brasil, exceto nas colônias agrícolas do Sul, uma distribuição generalizada de terras a pequenos produtores que poderiam efetivamente explorar a terra, como ocorreu no Oeste dos Estados Unidos. Tampouco existiu uma forma violenta ou organizada de reforma agrária ou um rompimento abrupto no poder da elite que poderia ter alterado a estrutura da propriedade das terras. Mesmo quando a ocupação da terra se ampliou no século XX e o agronegócio se expandiu, tornando-se generalizado no Brasil, a estrutura agrária continuava como uma das mais concentradas do mundo.

A revolução tecnológica do agronegócio brasileiro, que se tornou um dos mais produtivos do mundo nos últimos vinte anos, envolveu somente uma minoria, ou seja, cerca de 5 milhões de propriedades rurais no Brasil. Alguns autores se referem a esse processo de desenvolvimento agrário como

---

12 Warren Dean, "Latifundia and Land Policy in Nineteenth-Century Brazil", *The Hispanic American Historical Review* 51, n. 4 (nov. 1971), pp. 606-625.

"bifurcado". O termo significa que há uma minoria dinâmica de produtores altamente produtivos, capitalizados e globalizados, mas uma maioria de produtores engajados na produção mínima ou de subsistência, que dependem, atualmente e no futuro, de subsídios públicos das transferências de renda para subsistir no mundo rural.[13]

Nas últimas décadas, houve um intenso processo chamado "reforma agrária" pelo governo, mas que poderia ser classificado mais apropriadamente como processo de colonização, abrangendo uma área total de 88 milhões de hectares, que representa mais de um quarto da área total da terra agrícola do país, tendo envolvido 19% das famílias de produtores rurais no Censo Agrícola de 2006. No entanto, apesar da "reforma", persiste a estrutura agrária concentrada. Conforme medida pelo índice de Gini, a distribuição de terras permanece praticamente inalterada desde o primeiro Censo Agrícola de 1920. Embora ao longo do tempo tenha havido uma mudança no tamanho médio das fazendas, ocorreu pouca alteração na estrutura da propriedade da terra. De 1920 a 2017, o índice de Gini de distribuição de terra permaneceu praticamente inalterado, variando entre 0,832 e 0,859 (Tabela 7.2).[14]

Embora seja muito elevado segundo os padrões mundiais, o índice está próximo do que constitui a regra para a maioria dos países da América Latina, a região do mundo com a maior desigualdade na distribuição de terras.[15] Houve variações por cultura agrícola, com ele para safras de alimentos básicos sendo muito menor do que a média, e, paralelamente, sendo o Gini mais elevado nas culturas comerciais para exportação, como a cultura de soja e sobretudo de açúcar (0,88).[16] Apesar da grande desigualdade na propriedade de terras, a produção agrícola não se restringe aos latifúndios. Há uma participação significativa de fazendas de pequeno e médio porte na produção comercial, apesar da crescente importância das fazendas de mil hectares ou mais. Portanto, das fazendas que mais produziam riqueza no Brasil em

---

13 Antonio Marcio Buiainai, "Sete teses sobre o mundo rural brasileiro", *in* Antônio Márcio Buainain, et al., eds., *O mundo rural no Brasil do século 21, A formação de um novo padrão agrário e agrícola* (Brasília, DF: Embrapa, 2014), pp. 1159-1182. Sobre o desenvolvimento recente da agricultura brasileira, veja Herbert S. Klein e Francisco Vidal Luna, *Alimentando o mundo: o surgimento da moderna economia agrícola no Brasil* (São Paulo: Imesp-FGV, 2020).

14 Veja Bastiaan Philip Reydon, "Governança de terras e a questão agrária no Brasil", *in* Antônio Márcio Buainain, et al., eds., *op. cit.*, p. 736, Tabela 3.

15 Dietrich Vollrath, "Land Distribution and International Agricultural productivity", *American Journal of Agricultural Economics* 89, n. 1 (fev. 2007), p. 204, tabela 1.

16 Luiz A. Martinelli, Rosamond Naylor, Peter M. Vitousek e Paulo Moutinho, "Agriculture in Brazil: impacts, costs, and opportunities for a sustainable future", *Current Opinion in Environmental Sustainability* 2, n. 4-5 (2010), p. 433, tabela 1.

Tabela 7.2 Número de estabelecimentos, tamanho em hectares e índice de Gini, Censos de 1920-2017

Ano	Número de estabelecimentos por tamanho						
	Total	Índice de Gini	Menos de 10 ha	10-100 ha	Menos de 100 ha	100-1,000 ha	1,000+
1920	648.153	0,832	-	-	463.879	157.959	26.045
1940	1.904.589	0,833	654.557	975.441	1.629.995	243.818	27.822
1950	2.064.642	0,844	710.934	1.052.557	1.763.491	268.159	32.628
1960	3.337.769	0,842	1.495.020	1.491.415	2.986.435	314.831	32.480
1970	4.924.019	0,844	2.519.630	1.934.392	4.454.022	414.746	36.874
1975	4.993.252	0,855	2.601.860	1.898.949	4.500.809	446.170	41.468
1980	5.159.851	0,857	2.598.019	2.016.774	4.614.793	488.521	47.841
1985	5.801.809	0,857	3.064.822	2.160.340	5.225.162	517.431	50.411
1995	4.859.865	0,856	2.402.374	1.916.487	4.318.861	469.964	49.358
2006	5.175.636	0,872	2.477.151	1.971.600	4.448.751	424.288	47.578
2017	4.994.694	0,859	2.543.778	1.979.915	4.523.693	420.136	50.865

Ano	Área dos estabelecimentos por tamanho						
	Total	Tamanho médio	Menos de 10 ha	10-100 ha	Menos de 100 ha	100-1,000 ha	1,000+
1920	175.104.675	270	-	-	15.708.314	48.415.737	110.980.624
1940	197.720.247	104	1.993.439	33.112.160	36.005.599	66.184.999	95.529.649
1950	232.211.106	112	3.025.372	35.562.747	38.588.119	75.520.717	118.102.270
1960	249.862.142	75	5.592.381	47.566.290	53.158.671	86.029.455	110.314.016
1970	294.145.466	60	9.083.495	60.069.704	69.153.199	108.742.676	116.249.591
1975	323.896.082	65	8.982.646	60.171.637	69.154.283	115.923.043	138.818.756
1980	364.854.421	71	9.004.259	64.494.343	73.498.602	126.799.188	164.556.629
1985	374.924.929	65	9.986.637	69.565.161	79.551.798	131.432.667	163.940.463
1995	353.611.246	73	7.882.194	62.693.585	70.575.779	123.541.517	159.493.949
2006	333.680.037	64	7.798.777	62.893.979	70.692.756	112.844.186	150.143.096
2017	350.253.330	70	63.783.346	112.029.612	175.812.958	166.451.258	350.253.330

Fonte: Dados Básicos: IBGE - Censo Agropecuário - Sidra tabelas 263,6710; Gini: IBGE. Censo Agropecuário, 2006. Brasil, Grandes Regiões e Unidades da Federação, 2009, 109; Sczmrecsányi (2007) e Hoffmann e Ney (2010)

Tabela 7.3 Distribuição do valor anual bruto da produção agrícola por classes de salários mínimos mensais, Censo agrícola de 2006

Classes de salários mínimos mensais	Estabelecimentos	%	Valor bruto da produção (VBP)	%	VBP/ estabelecimento (em valor)	VBP/ estabelecimento (em salários mínimos)
0-2	2.904.769	66,0%	5.518.045.129	3,3%	1.900	0,52
2-10	995.750	22,6%	16.688.283.807	10,1%	16.760	4,66
10-200	472.702	10,7%	58.689.461.376	35,5%	124.157	34,49
200+	27.306	0,6%	84.727.015.692	51,2%	3.102.872	861,91
total	4.400.527	100,0%	165.522.806.004	100,0%	37.614	10,45

Fonte: Alves, Souza e Rocha (2012), 48
Notas: IBGE Censo de 2006, dados atualizados para 2010. Salário mínimo mensal = R$ 300,00. IBGE (2012).
Somente considerados os estabelecimentos que declararam o VBP

2006, cerca de 20% estavam na faixa de 5-20 hectares, 37% na de 20-100 hectares e 22% na de 100-500 hectares. No total, 79% das fazendas mais ricas tinham menos de 500 hectares.[17] No entanto, a maioria das terras pode ser vista como fazendas de subsistência cujos proprietários sobrevivem somente de aposentadoria/pensão e outras transferências de renda do governo federal. Em 2006, três quartos das fazendas abrangiam menos de 2 hectares e ganhavam apenas a metade de 1 salário mínimo, respondendo por apenas 3% do Bruto da Produção Agropecuária (VBP agro) (Tabela 7.3).

Ao lado das distorções históricas de propriedade da terra, escravidão e substituição dos escravos por imigrantes europeus, há outro processo de colonização e exploração econômica que deixou seus vestígios – de difícil medição, mas que merecem ser discutidos. O Brasil foi ocupado e explorado comercialmente com base no trabalho escravo que existia em todas as partes do país, não apenas nas áreas agrícolas e de mineração para exportação, como também na produção dedicada ao mercado interno. Alguns pequenos grupos de trabalhadores livres, especialmente pretos e pardos, se inseriram no mercado de trabalho. No entanto, as pessoas livres, enquanto

---

17 Steven M. Helfand, Vanessa da Fonseca Pereira e Wagner Lopes Soares, "Pequenos e médios produtores na agricultura brasileira: situação atual e perspectivas", in Antônio Márcio Buainain, et al., eds., *O mundo rural no Brasil do século 21, A formação de um novo padrão agrário e agrícola* (Brasília, DF: Embrapa, 2014), p. 543, Tabela 1.

persistiu o regime escravista, se concentravam sobretudo na agricultura rudimentar, essencialmente dedicada à produção de gêneros de subsistência, vendendo, se possível, a produção excedente nos mercados locais e regionais. Havia pouca integração econômica entre as várias áreas de território ocupado, que contavam apenas com estradas precárias.[18]

Com a abolição da escravatura em 1888, a maior parte dos antigos escravos foi incorporada ao mercado de trabalho como assalariados ou trabalhadores que recorriam à agricultura de subsistência. Inicialmente, porém, as ocupações qualificadas e as principais atividades comerciais, em especial na agricultura, se destinavam aos imigrantes europeus que chegavam em números substanciais a partir das duas últimas décadas do século XIX. Os afrodescendentes da era da escravidão permaneceram nos níveis mais baixos do mercado de trabalho após a abolição durante a maior parte da primeira metade do século XX. O processo industrial, implantado a partir dos anos 1930, dependia inicialmente, em grande medida, da força de trabalho dos imigrantes europeus e seus descendentes, e somente mais tarde os trabalhadores rurais nativos foram atraídos para os centros urbanos.[19] Grande parte dessa história ajuda a explicar as variações nas oportunidades por cor assim como por classe no Brasil.

Foi somente em meados do século XX que o governo brasileiro finalmente se comprometeu a garantir escolas públicas para todos os cidadãos, muito tempo depois do ocorrido na maior parte dos países da América Latina. Essa política explica em grande parte os níveis extraordinariamente elevados de analfabetismo ainda hoje no país. Havia pouca oferta de ensino público, mas de excelência, assim todos os que tinham acesso a ele, pobres ou membros da classe média, se beneficiavam de ensino de qualidade, especialmente o secundário público de alto nível. Tinham, assim, chances reais de ingressar nas universidades públicas gratuitas e competir por empregos com os estudantes ricos que usualmente completavam o ensino primário e o secundário em escolas privadas, mas estudavam nas universidades públicas, que ofereciam ensino de alta qualidade.

---

18 Para uma visão geral da escravidão no Brasil, veja Herbert S. Klein e Francisco Vidal Luna, *Escravismo no Brasil* (São Paulo: Edusp-Imprensa Oficial do Estado de São Paulo, 2010).

19 Há poucos estudos específicos sobre a transição dos escravos libertados em 1888 e sua imediata inserção no mercado de trabalho, seja nas lavouras de café, em atividades suplementares, na agricultura de sobrevivência ou integração na vida urbana. Sobre os aspectos sociológicos da transição, veja a obra seminal de Florestan Fernandes, *A Integração do Negro na Sociedade de Classes*, São Paulo: Ática, 1978. Sobre o tema veja também Hebe Maria Mattos, *Das cores do silêncio*, Rio de Janeiro: Nova Fronteira, 1998.

Paradoxalmente, a abertura do sistema público de educação a toda a população criaria uma nova forma de desigualdade. A partir dos anos 1970, foi implantada uma política de universalização da educação básica, que finalmente atingiu a meta de cobertura completa na última década do século XX. No entanto, a universalização não significava igualdade de oportunidades, já que a "massificação" do ensino primário e secundário (hoje fundamental e médio) prejudicou a qualidade. A massificação criou um sistema "bifurcado", em que os pobres vão à escola pública de ensino fundamental e médio e os ricos matriculam os filhos em escolas privadas, de alta qualidade. Por sua vez, os alunos de escolas privadas com nível mais elevado de educação têm maior oportunidade de ingressar nas universidades públicas gratuitas e estudar nas melhores escolas do país. Infelizmente, a maioria dos alunos das escolas públicas não obtém formação suficiente para competir por uma vaga nas universidades públicas e geralmente ingressam em faculdades particulares, pagando por um ensino de baixa qualidade. Embora existam universidades e institutos privados de alta qualidade, estes são caros e absorvem somente os alunos que poderiam ser aprovados em vestibulares e entrar em universidades públicas. Em geral, os alunos das universidades privadas não são bem preparados para o mercado de trabalho, ao contrário daqueles que estudam em universidades públicas gratuitas e nos poucos institutos privados com qualidade.

Portanto, como está constituído, o sistema brasileiro de educação, embora promova inegavelmente a mobilidade social, pouco ajuda na redução do processo de concentração de riqueza. Hoje há trajetórias bem distintas para ricos e pobres: os primeiros recebem educação comparável aos padrões do primeiro mundo; os pobres, apesar do acesso universal ao ensino fundamental, são marginalizados pela qualidade do ensino que recebem. A qualidade do ensino público fundamental é tão fraca que ainda se definem muitos alunos como analfabetos funcionais.[20] A identificação da desigualdade no acesso a universidades públicas resultou recentemente na implementação de um sistema de cotas, garantindo aos estudantes que têm me-

---

20 Helena Sampaio, Fernando Limongi e Haroldo Torres, *Equidade e heterogeneidade no ensino superior brasileiro*. NUPES-USP, Documento de Trabalho 1/00, s/d., 91 p.; Maria Helena Guimarães de Castro, *Avaliação do sistema educacional brasileiro: tendências e perspectivas*. Brasília, INEP, 1998, 59 p.; Nadir Zago, "Do acesso à permanência no ensino superior: percurso de estudantes universitários de camadas populares. *"Revista Brasileira de Educação*, v. 11, n. 32, maio/ago. 2006: 226-237; Nilson José Machado. "Qualidade da educação: cinco lembretes e uma lembrança, *Estudos Avançados*, 21(61), 2007: 277-294; José Goldemberg, "O repensar da educação no Brasil", *Estudos Avançados*, 7(18), 1993: 65-137; Simon Schwartzman, Eunice Ribeiro Durham e José Goldemberg, *A educação no Brasil em perspectiva de transformação*. São Paulo, Projeto sobre Educação na América Latina, junho de 1993. Acesso em 18.10.2017: <http://www.schwartzman.org.br/simon/transform.htm>.

Gráfico 7.3 Mudança na participação da renda dos 50% mais pobres e 10% mais ricos em termos de renda per capita, Brasil, 1960-2014

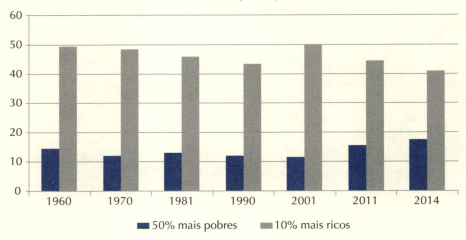

Fonte: WIID ver 3.4 e ECLA

nos vantagens econômicas e sociais a oportunidade de cursar universidades públicas de alta qualidade.[21]

O processo de industrialização induzida, ocorrido a partir dos anos 1930, alterou profundamente a estrutura produtiva do país, modernizando a economia e provocando um êxodo expressivo da população das áreas rurais para os centros urbanos. Atualmente todas as regiões do país estão integradas à economia de mercado, que, sem dúvida, foi estimulada pela industrialização e pela expansão do moderno mercado de trabalho. Para a população como um todo, a renda aumentou substancialmente. Porém, apesar de todas as mudanças, a estrutura de concentração da riqueza, que caracteriza o país como um dos mais injustos do mundo, mudou apenas

---

[21] O sistema teve início em 2004 na Universidade de Brasília, reservando 20% das vagas de cada curso para estudantes autodeclarados pretos, pardos e indígenas. Subsequentemente, várias instituições públicas seguiram o mesmo processo, e o governo federal instituiu o sistema de cotas para todas as universidades federais (Lei 12.711, de 29.08.2012). Além das universidades federais, outras instituições públicas estaduais e municipais estão aos poucos adotando algumas cotas, privilegiando grupos sociais menos favorecidos. Sobre estes acontecimentos, veja Lara Vilela, Naercio Menezes--Filho e Thiago Yudi Tachibana, *As cotas nas universidades públicas diminuem a qualidade dos alunos selecionados? Simulações com dados do Enem* (São Paulo, Insper, Política n. 17, jun. 2016). O estudo mostra que o novo sistema de cotas não teve impacto significativo sobre as notas médias dos aprovados para admissão. O motivo deste resultado é a existência de um grande grupo de estudantes elegíveis com boas notas, de alunos pobres e pretos que vinham de escolas públicas e foram admitidos pelo sistema de cotas.

modestamente. O recente crescimento da economia e o início das transferências de renda pelo governo desde o final da década de 1990 testemunharam as porcentagens de renda e riqueza aumentarem para os 50% mais pobres da população, desenvolvimento mais rápido do que para os 10% mais ricos. Isso, por sua vez, explica a progressiva redução do Gini nas duas últimas décadas. Dos anos 1950 a 2001, o Gini flutuou cerca de 0,60 sem tendência secular evidente. Mas esses dados registraram um declínio lento, mas contínuo, para a faixa de 0,50-0,55 em meados dos anos 2010 (Gráfico 7.3).[22] Não se sabe se esse declínio vai continuar ou não, já que ainda não conhecemos as consequências da profunda crise política e econômica que teve início em meados dos anos 2010 e causou grande queda no PIB e aumento do desemprego, reduzindo as perspectivas de crescimento futuro.

Ao lado dos fatores históricos que, a nosso ver, prejudicaram o aspecto da igualdade no Brasil, há outras questões a serem observadas que afetaram a distribuição de riqueza. Estão relacionadas com poder político e políticas de governo. Vários estudos indicam como algumas políticas tiveram efeitos perversos na distribuição de renda. Abrangem o impacto do sistema tributário,[23] assim como do sistema de pensões,[24] bem como o diferencial de pagamentos entre os setores público e privado no Brasil.[25] Outros estudos indicam que, mesmo quando o setor público presta serviços que deveriam ter efeito positivo na expansão das oportunidades dos segmentos mais vulnerá-

---

22 Rodolfo Hoffman e Régis Oliveira, "The Evolution of Income Distribution in Brazil in the Agricultural and the Non-Agricultural Sectors", *World Journal of Agricultural Research* 2, n. 5 (2014), p. 194, tabela 1.

23 José Roberto R. Affonso, *IRPF e desigualdade em debate: o já revelado e o por revelar* (Rio de Janeiro, FGB IBRE, TD n. 42, ago. 2014); Sérgio Wulff Gobetti e Rodrigo Octávio Orair, *Tributação e distribuição da renda no Brasil: novas evidências a partir das declarações tributárias das pessoas físicas.* (Brasília, Internacional Policy – Centre for Inclusive Growth, WP n. 136, fevereiro de 2016; Fernando Gaiger Silveira, *Equidade fiscal: impactos distributivos da tributação e do gasto social.* (Brasília: ESAF; Tesouro Nacional, 2012, XVII Prêmio Tesouro Nacional – 2012); Fernando Gaiger Silveira, *Tributação, Previdência e Assistência Sociais: Impactos distributivos* (Tese de Doutorado, Unicamp, Campinas, 2008); José Adrian Pintos-Payeras, "Análise da progressividade da carga tributária sobre a população brasileira", *Pesquisa e Planejamento Econômico*, v. 40, n. 2, ago. de 2010; Sonia Rocha, "O impacto distributivo do imposto de renda sobre a desigualdade de renda das famílias" *Pesquisa e Planejamento Econômico*, v. 32, n. 1, abr. 2007, pp. 73-105.

24 Rodolfo Hoffmann, "Desigualdade da distribuição de renda no Brasil: a contribuição de aposentadorias e pensões e de outras parcelas do rendimento domiciliar per capita", *Economia e Sociedade,* Campinas, v. 18, n. 1 (35), pp. 213-231, abril de 2009; Brian Nicholson. *A previdência injusta: como o fim dos privilégios pode mudar o Brasil.* São Paulo: Geração Editorial, 2007; Fernando Gaiger Silveira. *Tributação, Previdência e Assistência Sociais: Impactos distributivos* (Tese de Doutorado, Unicamp, Campinas, 2008).

25 Walter Belluzzo, Francisco Amatti-Neto e Elaine T. Pazello, "Distribuição de salários e o diferencial público privado no Brasil", RBE, Rio de Janeiro, 50(4), 511-533, out./dez. 2005; Miguel N. Foguel, Indermit Gill, Rosane Mendonça e Ricardo Paes de Barros, "The public-private Wage Gap in Brazil". RBE, Rio de Janeiro, 54 (4), pp. 433-472, out./dez. 2000.

veis e influenciar positivamente os efeitos distributivos, a qualidade destes serviços pode interferir na desigualdade da riqueza.[26] Argumenta-se que estudos sobre gastos públicos, que geralmente se concentram no volume e na composição dos gastos, dão pouca atenção aos resultados das despesas. Estudos sugerem que a estrutura de gastos do Estado na verdade colabora para aumentar a desigualdade no Brasil, contribuindo proporcionalmente mais do que o setor privado.[27]

Enfim, nem mesmo a industrialização do país, que levou ao aumento da riqueza de muitos cidadãos, diluiu a desigualdade herdada do passado agrário. Embora a orientação a favor da indústria tenha surgido por intermédio do governo nos anos 1930, as reformas implementadas pela gestão Kubitschek em meados da década de 1950 foram fundamentais para a formação de um mercado nacional moderno. Em poucos anos, foi criada uma importante indústria automotiva e de bens de consumo duráveis, que rapidamente supriu as necessidades básicas do mercado interno e apoiou igualmente a criação de um moderno mercado de consumo. Esse mercado necessita de uma expressiva parcela da população com renda média ou elevada. Por outro lado, a indústria criou uma nova classe trabalhadora, com empregos muito bem remunerados. A política do governo apoiava trabalhadores e proprietários de indústrias na criação de um mercado moderno, mas tendia a reforçar o processo de concentração de riqueza. O motivo é que estes benefícios não abrangeram a população como um todo, e o crescimento do setor foi tão rápido que excluiu grandes segmentos da população. Dado o tamanho do Brasil em termos de área e população, nem mesmo o fato de haver grande parcela da população fora do mercado moderno de consumo permitiu a expansão do processo de industrialização. O governo concedeu

---

26 Marcelo Medeiros e Pedro H.G.F. Souza, *Gasto público, tributos e desigualdade de renda no Brasil* (Rio de Janeiro, Ipea, TD 1844, junho de 2013).

27 "A decomposição do coeficiente de Gini da renda familiar disponível per capita mostra que aproximadamente um terço de toda a desigualdade no país pode ser relacionado a transferências e tributos que fluem diretamente entre o Estado e as famílias. As duas categorias principais de transferências do Estado afetando a desigualdade são salários e Previdência. Os outros dois terços da desigualdade referem-se a transferências do setor privado, em sua maioria, remuneração do trabalho. Essa remuneração, no entanto, é menos concentrada que a remuneração do trabalho no setor público", Marcelo Medeiros e Pedro H.G.F. Souza. *op. cit.*, p. 28. Essas observações a respeito da qualidade dos gastos e o tipo de gasto realizado podem ser confirmadas pelo passado recente no Brasil. Nos mandatos de Lula e de Dilma, aumentaram os gastos sociais, com os inúmeros novos programas ou a intensificação dos programas existentes. Embora tenha ocorrido, indubitavelmente, uma melhora nas condições de vida da população mais vulnerável, há claras evidências de que foi dada pouca atenção à administração e controle destes programas, muitos com resultados ineficazes quando se consideram os recursos investidos. Portanto, mesmo durante o segundo mandato da presidente Dilma, vários programas foram reavaliados e muitos perderam recursos. O mesmo foi feito posteriormente no governo Temer.

enormes subsídios aos segmentos envolvidos nesse processo, tanto aos produtores como aos consumidores. Durante o governo militar, especialmente na década de 1970, intensificou-se o processo de industrialização, fortalecendo tanto o mercado de consumo como o mercado de trabalho, com maior incorporação de trabalhadores ao sistema mais moderno e dinâmico da economia. Sem dúvida, todos se beneficiaram dos anos de crescimento. No entanto, foi exatamente nesse período que teve início o debate nacional sobre o problema da distribuição da riqueza no país, questionando-se o modelo brasileiro como um todo, que se baseava na restrição do crescimento dos salários para subsidiar essa expansão.

Defensores da política governamental argumentavam que a política havia promovido grande integração de novos trabalhadores na economia de mercado e que as distorções distributivas eram transitórias.[28] Sustentavam que o desequilíbrio entre a crescente demanda de profissionais altamente qualificados, ainda escassos no mercado, causava temporariamente as desigualdades observadas na estrutura salarial. Oponentes afirmavam que não era uma concentração transitória provocada por distorções no mercado de trabalho, mas sim consequência da política salarial imposta pelo governo militar, mesmo em anos de crescimento extraordinário. A redução deliberada dos salários reais, conhecida como "arrocho salarial", reduzia os custos salariais para as empresas, mas ao mesmo tempo restringia a demanda agregada e contribuía para a desigualdade social. O procedimento foi introduzido por um regime extremamente repressivo (que incluía o controle das atividades sindicais) e provocou uma redução significativa nos salários reais. Essas medidas, contudo, não teriam sido implementadas em um regime político aberto, com liberdade de associação e de movimentos reivindicatórios.[29]

A crise dos anos 1980, marcada por baixo crescimento e alta inflação, não reduziu as distorções na renda. A renda absoluta per capita cresceu pouco no período e não houve processo redistributivo. A inflação era realmente um processo perverso que causava deterioração em todas as rendas,

---

28 Carlos Langoni, *Distribuição da renda e desenvolvimento econômico do Brasil* (Rio de Janeiro: Expressão e Cultura, 1973).

29 Albert Fishlow, "A distribuição de renda no Brasil: um novo exame", *Dados*, n. 11 (1973). Veja também Albert Fishlow, "Brazilian size distribution of income", *American Economic Review* (v. 2, n. 62); Edmar Bacha & Lance Taylor, "Brazilian income distribution in the 1960s: 'Facts', model results and the controversy", in Lance Taylor et al. (eds.), *Models of growth and distribution for Brazil* (Nova York: Oxford University Press, 1980); Lauro R. A. Ramos & José Guilherme Almeida Reis, "Distribuição da renda: aspectos teóricos e o debate no Brasil", *in* José Marcio Camargo & Fabio Giambiagi (orgs.), *Distribuição de renda no Brasil* (Rio de Janeiro: Paz e Terra, 2000), pp. 21-45.

mas principalmente nos salários dos trabalhadores que não tinham mecanismos efetivos para se proteger dela. Outras fontes de renda, sobretudo as relacionadas ao mercado financeiro, e até mesmo aquelas referentes a salários muito elevados, usavam a indexação para a proteção dos ganhos. Portanto, a profunda recessão e a alta inflação foram extremamente negativas para a evolução do nível absoluto da renda e a sua distribuição. Em 1986, foi implementado o primeiro plano de estabilização, que controlou a inflação temporariamente e promoveu intenso crescimento. Como o plano teve vida curta, não permitiu resultados na reversão dos indicadores distributivos, embora tenha reduzido temporariamente as desigualdades de renda.[30]

Nos anos 1990 ocorreram profundas mudanças no pensamento político das classes dominantes no Brasil, primeiro com a eleição de Fernando Collor de Melo e, particularmente, no governo de Fernando Henrique Cardoso. Embora o liberalismo econômico, representado pelo chamado Consenso de Washington, já estivesse bem arraigado no mundo ocidental,[31] pouco havia afetado o Brasil. O curto governo de Collor deu início ao processo de liberalização da economia brasileira, e, nos governos seguintes, foi implantado o bem-sucedido Plano Real, programa de estabilização que seria um marco na economia brasileira. O Plano Real refreou o processo inflacionário que havia acometido o país durante décadas e corroído o salário real dos trabalhadores.[32] A estabilidade gerada pelo Plano Real representou

---

30 Há vasta literatura sobre o Plano Cruzado, que representa uma inovação teórica nas políticas de combate à inflação inercial. Sobre essa experiência, veja Eduardo Modiano, "A Ópera dos três Cruzados: 1985-1989"; João Sayad, *Planos Cruzado e Real: Acertos e desacertos* (Rio de Janeiro: Ipea, Seminários Dimac n. 30, set. 2000); Maria Silva Bastos Marques, "O Plano Cruzado: Teoria e Prática", *Revista de Economia Política*, 8(3) (julho-set. 1983); Luiz Carlos Bresser Pereira, "Inflação Inercial e o Plano Cruzado", *Revista de Economia Política* 6(3) (julho-setembro 1986); Edmar Bacha, "Moeda, inércia e conflito: reflexões sobre políticas de estabilização no Brasil", *Pesquisa e Planejamento Econômico*, v. 18 n. 1. (1988) pp.1-16; J.M. Rego, *Inflação inercial, teorias sobre inflação e o Plano Cruzado* (Rio de Janeiro: Paz e Terra, 1986).

31 O Consenso de Washington constituiu uma orientação para os países em desenvolvimento que se defrontaram com graves problemas econômicos, particularmente os estrangulamentos externos e as dificuldades para honrar a dívida externa. Uma série de reformas internas era sugerida no sentido de abrir a economia, gerando um equilíbrio fiscal e reduzindo o tamanho do Estado, que permitiria o ajuste das contas externas. O Tesouro Americano, o Banco Mundial e o FMI foram os principais defensores destas medidas.

32 Após anos de combate à inflação por métodos ortodoxos e heterodoxos, o Plano Real conquistou resultados efetivos no combate à inflação, que permaneceu estável durante dez anos. A vasta literatura sobre o assunto inclui: João Sayad, *Planos Cruzado e Real: Acertos e desacertos* (Rio de Janeiro: Ipea, Seminários Dimac n. 30, set. 2000); Luiz Filgueiras, *História do Plano Real* (São Paulo: Boitempo Editorial, 2000); Aloizio Mercadante, ed., *O Brasil pós Real, A política econômica em debate* (Campinas: Unicamp, 1997); Fabio Giambiagi e Maurício Mesquita Moreira. *A Economia Brasileira nos anos 90* (Rio de Janeiro: BNDES, 1990); Maria da Conceição Tavares, *Destruição não criadora* (Rio de Janeiro: Record, 1990); Gustavo Franco, *O Plano Real e outros ensaios* (Rio de Janeiro: Editora Francisco Alves, 1995). Mesmo o ex-Ministro da Fazenda, Agricultura e Planejamento do Governo Militar, e um dos mais respeitados economistas do Brasil, afirmou que o Plano Real era "uma pequena joia".

um alívio para os trabalhadores e os segmentos mais pobres da população. O fim da inflação, que se mantinha elevada e crescente, constituiu o término do imposto inflacionário, que consumira por décadas a renda real da população, e permitiu um grande aumento da demanda, particularmente pelos segmentos mais pobres da sociedade.

O sucesso do Plano Real possibilitou a implantação de um programa abrangente de reformas neoliberais pelo governo Fernando Henrique Cardoso (1995-2002), representando o rompimento com o modelo estatista iniciado com Vargas e depois enfatizado durante o governo militar. O desmantelamento do Estado intervencionista se tornou um programa muito bem desenvolvido e coerente na administração Cardoso. Destinava-se a reduzir o papel do Estado como entidade ativa na estrutura produtiva nacional e transformá-lo no Estado regulador, responsável apenas pelas atividades típicas do Estado, como segurança, justiça, educação e saúde. A produção de bens e serviços caberia ao setor privado. Cardoso também buscou implantar um programa de reforma do Estado.[33] Nessa direção foram abolidos os monopólios estatais do petróleo, da energia elétrica, das telecomunicações e da navegação de cabotagem e houve grande impacto na economia brasileira, uma das mais fechadas do mundo até o final da década de 1980.

A abertura da economia brasileira coincidiu com uma sucessão de crises externas: México (1994/95), Ásia (1997/98), Rússia (1998) e, enfim, a própria crise brasileira. Apesar da estabilidade promovida pelo Plano Real, o Brasil sofreu outra crise na balança de pagamentos. Para evitar o colapso externo, o país recorreu ao Fundo Monetário Internacional[34] e foi obrigado

---

Representava uma contribuição importante e prática dos economistas brasileiros que participaram do Plano Real. Alguns deles tiveram experiências de outros programas de estabilização, mas esse era um novo conceito. Apesar destes elogios, o economista criticava enfaticamente a valorização da moeda nacional que ocorreu após a implementação do plano. Ribamar Oliveira, "Delfim Netto: Plano Real Acentuou Redução da Capacidade Exportadora Brasileira", *Jornal Valor Econômico*, 29.06.2014.

33 Apesar de ambicioso, o plano de reforma do Estado obteve resultados parciais, mesmo a despeito de forte oposição às mudanças na estrutura do funcionamento do Estado. Mesmo medidas inovadoras como as agências regulatórias, implantadas com sucesso por Cardoso, foram posteriormente distorcidas pela indicação de políticos para posições executivas puramente técnicas. Sobre a reforma do Estado, veja Valeriano Mendes Ferreira Costa, "A dinâmica Institucional da Reforma do Estado: um balanço do período FHC", *in O Estado Numa Era de Reformas: os Anos FHC* (Brasília, 2002), Parte 2: 9-56.

34 O acirramento da crise no Brasil levou ao socorro de emergência do FMI e de países desenvolvidos. Pelo porte do país e tamanho da dívida, temia-se que a deterioração das condições externas no Brasil aumentasse a crise em outros países emergentes. Isso explica a celeridade do acordo realizado em dezembro de 1998, que deu ao país um crédito de US$ 41,5 bilhões. O documento assinado envolvia compromissos sobre o comportamento de vários importantes indicadores e iniciativas, como redução do déficit público, necessidade de saldo positivo nas contas correntes e aprovação de medidas fiscais que estavam em tramitação no Congresso.

a realizar medidas austeras de ajuste, elevando as taxas de juros, reduzindo despesas e desvalorizando a moeda nacional.[35] Como consequência, o país passou por um período de baixo crescimento (média de 2,5% ao ano), limitando os efeitos positivos que o fim da inflação poderia ter proporcionado nas condições sociais do país, particularmente no que se refere à sua estrutura perversa de distribuição de renda.

Embora Lula e o PT criticassem o governo de Cardoso, a política econômica do governo Lula seguiu as diretrizes gerais estabelecidas no final do mandato de Fernando Henrique Cardoso. No entanto, podemos identificar uma alteração significativa ao longo dos oito anos do governo Lula e que diferencia seus dois mandatos. No primeiro mandato, procurava-se seguir rigorosamente as metas da inflação, mesmo em prejuízo do crescimento. No segundo, Lula preservou a orientação geral da política econômica, inclusive as metas de inflação, mas havia uma preocupação maior com o crescimento através do PAC (Programa de Aceleração do Crescimento) e algumas medidas esparsas de política industrial. Infelizmente, o PAC não foi um plano de desenvolvimento coerente e as medidas específicas de política industrial tampouco representaram um programa coerente para promover a produção nacional. Todas as tentativas de incentivar a indústria seriam prejudicadas pela manutenção de uma moeda supervalorizada, que tornava os produtos domésticos menos competitivos.

O governo Lula, no entanto, conseguiu expandir as políticas sociais já iniciadas no governo anterior, intensificando os programas de transferência de renda condicional e aumentando significativamente o salário mínimo. O mais importante destes programas de transferência de renda seria o Bolsa Família, que representava a consolidação de vários programas existentes. Também foram criados inúmeros outros programas, alguns preexistentes, outros implantados no período e vários relançados com novo nome e configuração. Entre os mais importantes estão o Minha Casa Minha Vida, para moradias subsidiadas pelo Estado, o Programa Nacional de Acesso ao Ensino Técnico e Emprego (Pronatec), o Fundo de Financiamento Estudantil

---

35 Embora o governo federal não conseguisse alcançar sucesso total nas medidas anunciadas, muitos avanços foram obtidos. Esses sucessos envolviam a regulação da reforma administrativa, reforma da Previdência Social na esfera pública e privada, criação da Lei de Responsabilidade Fiscal, reforma tributárias, restruturação da Receita Federal, alterações na estrutura Orçamentária e desregulamentação do setor de combustíveis. O governo também desejava aprovar a reforma trabalhista, mas se defrontava com forte oposição do PT. Em outras áreas, na tributária, embora não fosse realmente uma reforma, o governo aproveitou a legislação ordinária para expandir a receita federal. Na área da previdência social, a despeito de forte oposição, o governo conseguiu resultados significativos. Sobre o Plano de Estabilização Fiscal, veja: <http://www.fazenda.gov.br/portugues/ajuste/respef.asp>.

(Fies), o Programa Universidade para Todos (ProUni). O Programa Nacional de Fortalecimento da Agricultura Familiar (Pronaf), criado por Cardoso em 1995, foi mantido e tornou-se fundamental para os pequenos agricultores. Além desses programas, que transferiam valores públicos significativos para a população mais pobre, houve aumento contínuo do salário mínimo, que se multiplicou por 2,5 em termos reais entre julho de 1994 (data do Plano Real) até agosto de 2017. A maior parte destes programas gerou efeito positivo na oferta de serviços básicos e suporte financeiro para pobres e indigentes. Essas políticas, paralelamente à economia em expansão, levaram milhões de trabalhadores para a economia formal e, portanto, aumentaram o número dos que contribuíam para a Previdência Social. Também reduziu substancialmente a pobreza extrema (indigência) e expandiu a classe média.

No segundo mandato, Lula mudou o curso da política econômica, que se tornou mais intervencionista, menos comprometida com o equilíbrio fiscal, particularmente após a crise internacional de 2008, e muito preocupada com a consolidação do Partido dos Trabalhadores no poder.[36] O governo Dilma (PT) aprofundou essa tendência e abandonou totalmente o equilíbrio fiscal anteriormente existente. No final dos dois governos do PT, muitas das conquistas da área econômica e da área social foram revertidas em uma das piores recessões sofridas pelo Brasil. O problema fiscal levou a uma profunda crise econômica e social, resultando em queda substancial do PIB, aumento extraordinário do desemprego e colapso do governo Dilma.

Em seguida, o governo de Michel Temer, embora atingisse alguns resultados positivos, enfrentou enormes dificuldades para implantar reformas fundamentais, particularmente na área fiscal. O PIB declinou substancialmente em 2015 e 2016, atingindo uma queda cumulativa de 7,5%; a taxa de desemprego praticamente dobrou nos últimos anos, atingindo 12%, equivalente a mais de 12 milhões de desempregados. Felizmente, a crise não provocou o retorno do processo inflacionário, nem houve problema na balança de pagamentos, graças ao extraordinário volume de reservas internacionais e às altas taxas de juros, que representam um custo significativo para o país, mas geram conforto para superar crises econômicas internas e externas.[37] O baixo desempenho da economia, além da aversão ao Partido

---

36 Desde a posse de Lula, o PT começou a desenvolver um projeto de poder de longo prazo, não se importando com os meios necessários para seus propósitos, ferindo os princípios republicanos e criando uma rede de corrupção que evolvia o próprio partido, seus principais líderes e partidos aliados. Os processos judiciais em andamento demonstraram amplamente esse projeto de poder.

37 A despeito da relativa estabilidade da posição internacional, o Brasil registra sucessivas reduções na classificação das principais agências internacionais. O grande desequilíbrio fiscal gera um aumento

Estratificação e mobilidade social

Tabela 7.4 Principais indicadores econômicos, 2000-2016

Ano	Variação anual do PIB	Taxa de inflação (IGPM anual)	Taxa de juros anual	Superávit orçamentário primário (% PIB)	Dívida bruta (% PIB)	Taxa de desemprego (PNAD contínua)	Taxa de investimento (% PIB)	Saldo transações correntes (% PIB)	Reservas internacionais (Fim do período)
2016	-3,6	7,2	13,8	-2,5	77,5	12,0	15,6	-1,3	365
2015	-3,8	10,5	14,3	-1,9	71,7	9,0	16,7	-3,3	356
2014	0,5	3,7	11,8	-0,6	61,6	6,5	19,2	-4,2	363
2013	3,0	5,5	10,0	1,7	59,6	6,2	20,3	-3,0	359
2012	1,9	7,8	7,3	2,2	61,6	6,9	20,5	-3,0	373
2011	4,0	5,1	11,0	2,9	60,6		20,1	-3,0	352
2010	7,5	11,3	10,8	2,6	62,4		20,0	-3,4	289
2009	-0,1	-1,7	8,8	1,9	64,7		19,8	-1,6	238
2008	5,1	9,8	13,8	3,3	61,4		18,9	-1,8	194
2007	6,1	7,8	11,8	3,2	63,0		18,0	0,0	180
2006	4,0	3,8	13,3	3,2	64,6		16,6	1,3	86
2005	3,2	1,2	18,0	3,7	67,0		16,3	1,6	54
2004	5,8	12,4	15,8	3,7	68,0		16,8	1,8	54
2003	1,1	8,7	16,5	3,2	71,5		16,1	0,8	49
2002	3,1	25,3	25,0	3,2	76,1		17,7	-1,5	38
2001	1,4	10,4	19,0		67,3		16,8	-4,2	36
2000	4,3	10,0	15,8				17,1	-3,8	33

Fonte: Banco Central, IBGE, Ipeadata

dos Trabalhadores, resultou na eleição do presidente Jair Bolsonaro, declaradamente representando a extrema-direita, que, além de uma agenda conservadora na área de costumes, procura implantar profundas reformas na área econômica, que envolvem maior abertura, redução do tamanho do Estado e equilíbrio fiscal.

O fraco desempenho da economia brasileira nos últimos cinco anos compromete a continuidade de melhores condições de vida da população e a redução de desigualdades. Esse fraco desempenho ocasionou uma retração drástica dos recursos alocados aos principais programas sociais, com impacto negativo sobre as desigualdades. Além disso, o declínio acentuado nos investimentos públicos e privados, que se mantiveram na faixa dos 15% do PIB nos anos 2016 a 2018, também compromete o desempenho futuro da economia brasileira. Dado o declínio do PIB e as baixas estimativas de crescimento nos próximos anos, estima-se que a renda per capita obtida em 2013 será atingida somente em 2023. Se as previsões forem confirmadas, será uma década perdida em termos de renda per capita.[38] É um cenário dramático para um país de renda média com alta concentração de riqueza (Tabela 7.4).

Assim, o ótimo avanço na redução das desigualdades ocorrido nas últimas três décadas se desacelerou ou até mesmo se reverteu. Além disso, o Brasil ainda sofre desigualdade, não apenas no que se refere à classe econômica (renda), mas também em termos de residência, gênero e raça. Assim como muitos países, o Brasil registrou grandes disparidades regionais, que, embora comuns até mesmo em sociedades industriais avançadas, foi especialmente pronunciada neste país continental. Os estados do extremo norte e oeste registravam índices econômicos equivalentes aos da Índia, ao passo que a população dos estados das regiões Sudeste e Sul tinha um padrão de vida comparável ao da Bélgica. Enquanto a maior parte dos índices sociais

---

progressivo do nível de endividamento público, reduzindo a confiança na estabilidade econômica de longo prazo do país. Depois de vários anos de melhora sistemática destes indicadores que chegaram ao Grau de Investimento em 2010, o país desde então registra uma redução gradual no rating internacional.

38 Adotando as estimativas de população disponibilizadas pelo IBGE, acessadas em 28 de julho de 2018 em <http://www.ibge.gov.br/home/estatistica/populacao/projecao_da_populacao/2013/default.shtm>; assim como as estimativas do PIB divulgadas pelo Banco Central, in *Focus: Relatório do Mercado*, acesso em 20 de julho de 2018, em: <https://www.bcb.gov.br/pec/GCI/PORT/readout/R20180720.pdf>. O Relatório Focus apresentada estimativas de produto apenas até 2021. Para os dois anos seguintes estimamos crescimento do PIB de 3% ao ano.

e demográficos aponta redução das desigualdades regionais do Brasil, os indicadores econômicos mostram-se menos favoráveis.[39]

Ocorreram algumas mudanças significativas em algumas regiões, mas em outras o crescimento não reduziu muito a defasagem entre as mais pobres e as mais ricas. Em meados do século XX, as regiões mais pobres eram Centro-Oeste, Norte e Nordeste, mas esse quadro mudou depois de setenta anos. A maior modificação ocorreu no Centro-Oeste, que em 2010 tinha uma renda per capital comparável à das regiões mais ricas do Sul e Sudeste. Embora a renda média per capita do Norte e Nordeste aumentasse com mais rapidez do que a das áreas mais ricas, ainda representava menos da metade da renda do Sudeste, sendo que a do Norte representava apenas 52% da renda do Sudeste em 2010 (Tabela 7.5).

Explica-se esse rápido crescimento do Centro-Oeste após 1950 pela introdução maciça do agronegócio moderno na região. De forma semelhante, a lenta introdução do agronegócio no Norte do Brasil sugere que algumas partes da enorme região poderão se assemelhar ao Centro-Oeste na redução da pobreza nas próximas décadas. Por outro lado, o Nordeste parece ter menos potencial para tal crescimento. A expansão do Centro-Oeste pode ser observada em todas as estatísticas referentes à região, que, antes de 1950, registrava uma população pequena e apresentava padrão de vida relativamente baixo. Respondia por somente 3% da população nacional no Censo de 1950, mas subiu para 7% da população nacional em 2010.[40] De 1984 a 1995, o PIB per capita do Centro-Oeste subiu de 63% para 82% em comparação com os estados do Sudeste – isso quando a proporção da renda per capita do Nordeste permanecia em pouco mais de um terço da região Sudeste no mesmo período.[41] Sua porcentagem do PIB passou de 5,6% do total nacional em 1985 para 7,1% em 1998.[42] Tais tendências persistiram no século XXI. Em 2013, o Centro-Oeste respondia por 9% do PIB brasileiro, e a renda per capita da população era de 94% em comparação com a região Sudeste. No entanto, em 2006 o Centro-

---

39 Veja Edmar Bacha e Herbert S. Klein, eds., *Social Change in Brazil, 1945-1985: The Incomplete Transformation* (Albuquerque: University of New Mexico Press, 1989).

40 IBGE, Sidra, Censo de 2010, Tabela 1286, e *Sinopse do Censo Demográfico 2010* (Rio de Janeiro, 2011), Tabela 1.13.

41 Eduardo Henrique Garcia, Marcelo Rubens do Amaral e Lena Lavinas, "Desigualdades Regionais e Retomada do Crescimento num Quadro de Integração Econômica" (texto para discussão 466, Rio de Janeiro, Ipea, mar. 1997), p. 3.

42 Antonio Braz de Oliveira e Silva e Mérida Herasme Medina, "Produto Interno Bruto por Unidade da Federação – 1985-1998" (Ipea, n. 677; Brasília, out. 1999), tabelas 3 & 4.

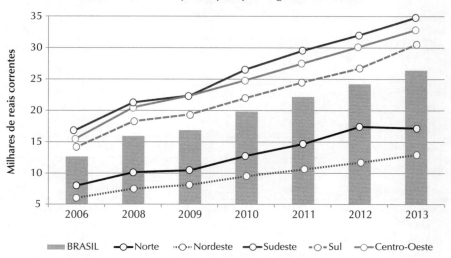

Gráfico 7.4 PIB per capita por região, 2006-2013

Fonte: IBGE, Sidra, tabela 1194

-Oeste atingiu o segundo PIB mais elevado per capita do Brasil, à frente dos estados do Sul.

No mesmo período, o Nordeste perdeu participação na população nacional, declinando para 28% no Censo de 2010, tendo sua porcentagem do PIB nacional permanecido em 14% em 2013, idêntica à de 1985. O PIB per capita continuou em 37% da taxa do Sudeste, não muito diferente da situação dos anos 1980. A renda per capita das regiões Norte e Nordeste cresceu lentamente e caiu em relação às três regiões mais ricas (Gráfico 7.4).

No entanto, esse enriquecimento não se distribuiu igualmente entre a população do Centro-Oeste. Embora o PIB per capita dessa região seja semelhante ao PIB per capita do Sudeste e esteja à frente do Sul, a distribuição dos rendimentos salariais mostra que o Centro-Oeste é apenas moderadamente mais avançado do que as áreas mais pobres do Norte e do Nordeste. Essas diferenças podem ser observadas na renda per capita familiar, mensurada em porcentagens do salário mínimo. Em 2006, 73% dos domicílios do Nordeste obtinham rendimentos de menos de 1 salário mínimo, no Norte esse percentual era de 69%, e no Centro-Oeste, 53% dos domicílios. Assim, apesar do intenso crescimento, através da agricultura moderna, o Centro-Oeste ainda tem grandes áreas de pobreza, formadas principalmente por agricultores não integrados na agricultura comercial.

Tabela 7.5 Renda média domiciliar per capita por região, Censos de 1991, 2000 e 2010 (R$)

Ano	1991	2000	2010
Norte	232	356	494
Nordeste	178	305	459
Sudeste	470	766	943
Sul	364	674	920
Centro-Oeste	390	679	935
Total	**348**	**586**	**767**
Nordeste/Sudeste	38%	40%	49%
Centro-Oeste/Sudeste	83%	89%	99%

Fonte: Datasus. Disponível em: <http://tabnet.datasus.gov.br/ cgi/tabcgi.exe?ibge/censo/cnv/rendauf.def>

Tabela 7.6 Porcentagem cumulativa da renda familiar per capita em proporções do salário mínimo por regiões, 2006

Salário Mínimo	Norte	Nordeste	Sudeste	Sul	Centro-Oeste
até 1/4	13%	20%	4%	4%	5%
1/4-1/2	37%	47%	17%	16%	22%
1/2-1	**69%**	**76%**	44%	43%	**53%**
1-2	88%	91%	**73%**	**73%**	78%
2-3	94%	95%	84%	85%	87%
3-5	97%	97%	92%	93%	93%
> 5	100%	100%	100%	100%	100%

Fonte: IBGE, Sidra, PNAD, tabela 405

Tabela 7.7 Índice de Gini da renda domiciliar per capita por região, 1991, 2000 e 2010

Região	1991	2000	2010
Sul	0,586	0,589	0,534
Sudeste	0,598	0,609	0,585
Centro-Oeste	0,624	0,642	0,602
Nordeste	0,659	0,668	0,628
Norte	0,626	0,655	0,632

Fonte: Datasus. Acesso em: 04.10.2017, em: <http://tabnet.datasus.gov.br/cgi/ibge/censo/cnv/giniuf.def>

Comparativamente, os rendimentos salariais se distribuem de forma mais equilibrada no Sul e Sudeste, e as famílias pobres que ganhavam menos de 1 salário mínimo representavam apenas 43% e 44%, respectivamente, dos domicílios da região (Tabela 7.6).

Essas diferenças regionais também aparecem na renda das pessoas, assim como das famílias. Portanto uma estimativa do Gini, de desigualdade de renda per capita, mostra um modesto declínio na desigualdade desde 1991. Também revela que o Norte e o Nordeste permanecem como as regiões mais desiguais – sendo o Sul e o Sudeste as regiões menos desiguais do Brasil, como previsto (Tabela 7.7).

O lento declínio da desigualdade geral ao longo do tempo se deve à expansão da economia, que levou mais pessoas ao mercado de trabalho formal, recebendo, portanto, pelo menos 1 ou mais salários mínimos mensais. Assim, houve pouca alteração na participação da elite do Brasil na riqueza total; entretanto, no último quarto de século ocorreu uma mudança significativa na renda salarial da metade mais pobre do país, à medida que as taxas de pobreza mensuradas pela renda salarial declinavam significativamente no século XXI. Embora houvesse pouca mudança na porcentagem relativa dos que viviam com menos de 1 salário mínimo, desde 2001 houve um crescimento expressivo daqueles que ganhavam entre 1 e 2 salários mínimos. A porcentagem destes cidadãos na população aumentou de 28% para 35%, enquanto os que ganhavam acima desse valor perderam participação na população total, passando de 41% da população assalariada em 2001 para apenas 29% em 2015. Essas alterações foram acompanhadas por um grande movimento da classe trabalhadora do setor de trabalho informal para o formal (Tabela 7.8).

Esse lento e contínuo crescimento no número de pessoas que conseguem um salário digno permitiu o declínio de longo prazo da população abaixo da linha da pobreza. Recentemente, essa tendência foi desacelerada pela crise de 2013/2014 e a posterior depressão econômica no Brasil. No entanto, até o momento, as mudanças foram modestas, sendo a estimativa da pobreza atualmente de 15% e sem retorno ao nível anterior de 46%, em 1992 (Gráfico 7.5). Aparentemente, com base nas estimativas realizadas durante o início da crise econômica de 2015-2017, embora tenha havido uma reversão dessa tendência de declínio da pobreza, até agora esse movimento foi modesto e não parece ter havido mudança na proporção da população em extrema pobreza.[43] Mas, considerando-se as estimativas não promisso-

---

43 Cálculos disponibilizados em 10.09.2017 por Sonia Rocha, com dados relativos ao período 1985-2015.

Estratificação e mobilidade social

Tabela 7.8 Rendimentos das pessoas de 10 anos ou mais, em salários mínimos, por região, 2001-2015

Salários Mínimos	2001	2002	2003	2004	2005	2006	2007	2008	2009	2011	2012	2013	2014	2015
< 1/2 sm	8,2	10,7	12,3	11,8	12,0	12,5	10,9	12,0	11,9	10,4	11,4	10,7	10,5	10,4
1/2-1 sm	23,0	24,2	24,1	24,0	26,4	26,2	25,6	24,9	25,4	24,9	25,8	24,6	25,0	25,8
1-2 sm	**27,7**	**27,6**	**26,9**	**29,6**	**29,6**	**30,8**	**31,4**	**31,7**	**32,5**	**33,5**	**33,6**	**34,4**	**33,0**	**34,6**
2-3 sm	13,7	13,1	13,5	11,1	11,1	11,5	12,4	12,4	11,4	13,5	11,4	14,0	14,1	12,2
3-5 sm	12,3	11,1	11,2	11,8	10,4	8,6	9,5	9,8	9,9	8,9	10,2	8,1	9,2	8,8
5-10 sm	9,1	8,3	7,2	7,5	6,8	7,0	6,8	6,1	5,8	6,1	5,2	5,5	5,7	5,6
10-20sm	4,1	3,4	3,3	3,1	2,6	2,4	2,6	2,4	2,3	2,1	1,8	2,0	1,9	1,9
20+ sm	1,9	1,7	1,5	1,2	1,0	0,9	0,9	0,9	0,8	0,7	0,6	0,7	0,7	0,6
Total	100,0	100,0	100,0	100,0	100,0	100,0	100,0	100,0	100,0	100,0	100,0	100,0	100,0	100,0

Fonte: IBGE, Sidra, PNAD, tabela 1860

Gráfico 7.5   Porcentagem da população classificada como pobre, 1992-2014

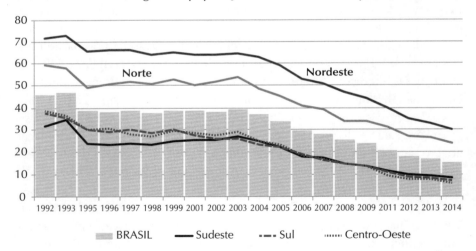

Fonte: IETS, Dados de elaboração do PNAD. Disponível em:
<https://www.iets.org.br/spip.php?article406>

ras de crescimento do produto nacional nos próximos anos, infelizmente pode ocorrer o estancamento ou a reversão do processo de inclusão social nas próximas décadas.

Entretanto, a diferença de renda e riqueza entre as regiões ainda é significativa, apesar das tendências no sentido da redução das disparidades regionais. A diferença regional também pode ser avaliada por pesquisa domiciliar sobre consumo de alimentos realizada em 2004, que detectou que apenas 43% das famílias brasileiras tinham segurança alimentar, ou seja, poderiam satisfazer todas as necessidades calóricas. Mas houve diferenças acentuadas por região, sendo que o Norte e o Nordeste estavam bem abaixo dessa taxa, e as três outras regiões, ou seja, Sul, Sudeste e Centro-Oeste, estavam bem acima das taxas nacionais (Gráfico 7.6). Mas, se ainda existe escassez, não é por falta de produção de alimentos em âmbito nacional, mas sim pelas restrições econômicas aos consumidores pobres que não conseguem comprar os produtos comercializados.

Com índices de pobreza mais elevados do que o normal, o Norte e o Nordeste também tinham até recentemente uma qualidade muito inferior em termos de moradias. Em 2001, a PNAD detectou, por exemplo, que somente 67% dos domicílios do Nordeste tinham abastecimento de água adequado, em comparação com 97% nos estados do Sul. Água encanada foi detectada em apenas 78% das moradias urbanas e rurais do Nordeste, mas respondiam por mais de 90% dos domicílios em todas as outras regiões.[44] Somente no fornecimento adequado de energia elétrica houve proporções semelhantes – 89% tinham energia elétrica adequada na região do Nordeste e bem mais de 96% a 99% em todas as demais.[45]

No entanto, esses índices melhoraram em todas as regiões no período recente. Na PNAD de 2015, entre 98% e 99% das moradias no país contavam com energia elétrica. Água encanada estava disponível para 95% dos domicílios, mesmo no Norte e no Nordeste, sendo 99% das moradias em todas as outras regiões.[46] As poucas diferenças na qualidade da habitação por região se referem a saneamento e equipamentos de tecnologia avançada, como computadores. Enquanto 91% das moradias urbanas no Sudeste em 2015 estão conectadas a um sistema municipal de coleta de resíduos, no Nordeste somente 49% delas estão conectadas a esse tipo de sistema. Além disso, 19% das moradias urbanas no Nordeste ainda têm banheiros precá-

---

44 IBGE, Sidra, PNAD, tabelas 1955, 1956 e 1957.

45 IBGE, Sidra, PNAD, tabela 1959.

46 IBGE, Sidra, PNAD, tabelas 1955, 1957 e 1959.

Estratificação e mobilidade social

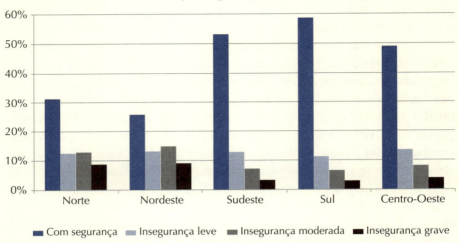

Gráfico 7.6 Domicílios por segurança alimentar, por região, 2004

Fonte: IBGE, Sidra, PNAD, tabela 2998

rios chamados "casinhas"; no Sudeste, são apenas 2%.[47] Por outro lado, 93% das habitações brasileiras tinham telefone em 2015, com diferenças regionais modestas. Em termos de computador, mais da metade dos domicílios do Sudeste tinha esse equipamento, ao passo que no Nordeste havia em somente 30% das moradias.[48]

As condições de vida urbana são também consideravelmente piores nas capitais do Nordeste. Examinamos esse aspecto detalhadamente no capítulo anterior. Entretanto, vale destacar que as condições de vida constituem um grande problema em todas as áreas urbanas, independentemente da região. Embora em menor proporção do que em algumas regiões metropolitanas do Norte e Nordeste, como Belém, Salvador e Recife, as regiões metropolitanas do Rio de Janeiro e São Paulo também tinham uma parcela expressiva da sua população morando em casas precárias. Embora estas últimas duas tivessem menor proporção de moradias subnormais, apresentavam os maiores números absolutos de pessoas em domicílios precários, somando mais de 2 milhões de pessoas somente na Região Metropolitana de São Paulo e 1,7 milhão na Região Metropolitana do Rio de Janeiro.

---

[47] IBGE, Sidra, PNAD, tabela 1956.
[48] IBGE, Sidra, tabela 2387.

Enquanto persistem diferenças regionais significativas em termos de riqueza e habitação, nos índices mais básicos de saúde e educação a defasagem regional está sendo reduzida rapidamente, especialmente nas últimas duas décadas. Apesar da grande melhora no padrão de vida e na oferta de serviços públicos nas regiões mais pobres, a contínua disparidade econômica em relação ao restante do país fez do Nordeste um grande exportador de população.[49] O Nordeste respondia por 44% das pessoas pobres do país em 1985, percentual aumentado para 56% em 2015.[50] Isso explica por que o Sul continha 14% da população nacional em 2010, mas respondia por somente 11% daqueles tidos como pobres em 2015.[51] Nesse período houve o declínio da porcentagem do Nordeste na população nacional, que passou de 35% da população em 1950 para apenas 28% no Censo de 2010.[52]

A disparidade regional também era evidente em termos de capital humano, como se observa nas taxas regionais de alfabetização. Em 1999, a taxa do Nordeste continha surpreendentes 46% de habitantes de 15 anos ou mais considerados analfabetos funcionais, em comparação com somente 21% no Sul.[53] As taxas de alfabetização melhoraram ao longo do tempo. Em 2001, a taxa de analfabetismo de pessoas de 15 anos ou mais foi de 24% no Nordeste, em comparação com 7% no Sul. A partir de 2015, as taxas declinaram para 16% e 4%, respectivamente, e o Nordeste ainda permanece como a região com o maior número de analfabetos no Brasil, superior ao nível da região Norte, que apresenta o percentual de 9%.[54] Além disso, em 2015, apesar do expressivo aumento nos anos de escolaridade em todas as regiões, os residentes do Nordeste com mais de 10 anos ainda tinham 2,3 anos a menos de escolaridade do que os residentes na região Sul.[55]

---

49 Sobre as contínuas disparidades econômicas regionais, veja Lena Lavinas, Eduardo Henrique Garcia e Marcelo Rubens do Amaral, "Desigualdades Regionais e retomada do crescimento num quadro de Integração Econômica" (Ipea, texto para discussão 466; Rio de Janeiro, março de 1997); Claudio Monteiro Considera e Mérida Herasme Medina, "PIB por unidade da federação: valores correntes e constantes – 1985/96" (Ipea, texto para discussão, 610; Rio de Janeiro, dezembro de 1998); e para 2013, veja IBGE, Sidra, tabela 1194.

50 Sonia Rocha, "Desigualdade regional e pobreza no Brasil: A Evolução – 1981/95", Ipea, n. 567 (1998), p. 20; e IBGE, Sidra, PNAD, tabela 1860. Pobreza corresponde a menos de meio salário mínimo.

51 IBGE, Sidra, Censo de 2010, Tabela 1286; e IBGE, Sidra, PNAD, Tabela 1860.

52 Antonio Braz de Oliveira e Silva e Mérida Herasme Medina, "Produto Interno Bruto por Unidade da Federação – 1985-1998" (Ipea, texto para discussão 677; Brasília, out. 1999); e IBGE, Sidra, Censo 2010, tabela 1286.

53 IBGE, *Estatísticas do Século* xx (2003), tabela educação2000s2_aeb-82.

54 IBGE, Sidra, PNAD, Tabela 271.

55 IBGE, *Estatísticas do Século* xx (2003), tabela educação2000s2-aeb-86.

Estratificação e mobilidade social

Mas a defasagem regional na escolaridade, assim como na saúde, continua diminuindo. Em 1990, 75% das crianças em idade escolar de 7-9 anos estavam matriculadas nas escolas no Nordeste, em comparação com 91% no Sul.[56] Já em 1998, a taxa bruta de matrículas no ensino fundamental (porcentagem de crianças que frequentam a escola em comparação com o total de crianças do grupo etário) foi de 92% na região Nordeste e 97% na Sul.[57] Pelo Censo de 2010, todas as regiões registraram taxas de frequência deste grupo etário entre 98% e 99%, exceto o Norte, que apresentava 95%.[58] Há ainda diferenças nas taxas de conclusão do ensino e na qualidade da educação nas regiões mais pobres e mais ricas, bem como nos investimentos por aluno do fundamental.[59] Entretanto, todos os indicadores sugerem que dentro de uma ou duas décadas haverá poucas diferenças regionais, à medida que o Brasil se torna gradativamente uma sociedade menos diferenciada tanto em termos de saúde e educação, como de renda e riqueza.

Se algumas desigualdades estão declinando, persistem outras estruturais no Brasil. Embora a população rural tenha declinado substancialmente, os que permanecem na área rural têm menos renda do que os que moram nas áreas urbanas. É evidente que a maior parte do crescimento dos rendimentos das classes trabalhadoras ocorre na área urbana, onde se concentrava 86% da população assalariada entre 2001 e 2015. Outro aspecto a enfatizar é a pouca mudança na distribuição de salários rurais no período. Assim, em média, somente um terço dos trabalhadores urbanos ganhava 1 salário mínimo ou menos, em comparação com mais de 60% dos trabalhadores rurais. Além disso, a população urbana que ganhava 1 a 2 salários mínimos aumentou continuamente no período entre 2001 e 2014 em comparação com a que recebia acima de 2 salários mínimos, uma indicação de declínio da desigualdade. Em contraste, há pouca mudança na parcela da população por faixas de salário mínimo na área rural (Tabela 7.9).

Há também uma desigualdade gritante entre homens e mulheres, que tinham menos escolaridade e eram menos alfabetizadas durante a maior parte dos séculos XIX e XX. No Censo de 1950, por exemplo, a taxa de alfabetização

---

56 IBGE, *Estatísticas do Século* XX (2003), tabela, População1992aeb-055.1

57 Maria Helena Guimarães de Castro, *Educação para o Século* XXI: *o desafio da qualidade e da equidade* (Brasília: Inep/MEC, 1999), p. 11.

58 IBGE, Sidra, Censo de 2010, tabela 3544.

59 Em 1996, foi criado o Fundo de Manutenção e Desenvolvimento do Ensino Fundamental e de Valorização do Magistério (Fundef) (Lei 9424 de 24.12.1996). Posteriormente foi transformado no Fundeb – Fundo de Manutenção e Desenvolvimento da Educação Básica e de Valorização dos Profissionais da Educação (Lei 11.494, de 20.06.2007), com o objetivo de aumentar o status da carreira do magistério e dar maior homogeneidade à remuneração dos professores em todo o território nacional.

relativa aos homens de 15 anos ou mais era de 55%, enquanto a relativa às mulheres era de somente 44%. Posteriormente, a cada censo, a taxa de alfabetização das mulheres aumentou mais rapidamente do que a dos homens. Em 1960, a taxa dos homens de 15 anos ou mais era de 65%, contra 56% das mulheres.[60] Conforme o Censo de 2000, as mulheres deste grupo etário finalmente se igualaram aos homens, com 88% de alfabetizados,[61] e posteriormente ultrapassaram a taxa de alfabetização deles. Na PNAD de 2016, as mulheres com mais de 15 anos eram 92,3% alfabetizadas, em comparação com 91,7% dos homens.[62] Essa taxa de alfabetização refletia o fato de as mulheres obterem mais anos de escolaridade do que os homens, tendência que deve manter-se ao longo do tempo.[63] Em 1950, ambos frequentavam igualmente escolas primárias e secundárias, em proporção de 18% das pessoas de 10 anos ou mais. Para aqueles que obtinham o grau universitário ou de pós-graduação, a diferença era substancial, pois alcançava 29% dos homens e somente 3% das mulheres.[64] Foi somente no Censo de 1991 que as mulheres finalmente ultrapassaram os homens em tempo de escolaridade.[65] Pela PNAD de 2015, elas registravam 8 anos de escolaridade em comparação com apenas 7,7 anos para os homens.[66] Essa conquista resultou no fato de que, naquele ano, somente 12% dos homens de 25 anos ou mais tinham educação superior, em comparação com 15% das mulheres.[67]

Mas, se a educação se tornou uma área importante de avanço para as mulheres, a renda, como vimos, não passou pela mesma mudança. As PNADs de 1992 a 2011 indicaram que a renda das mulheres flutuou cerca de dois terços da média dos salários mensais dos homens, sem alterações básicas nesse longo período.[68]Até mesmo no primeiro semestre de 2018, para pessoas de 14 anos ou mais, as mulheres ganhavam 78% dos salários

---

60 Brasil, *Estatísticas do Século* xx (2003), Tabela pop_1965aeb-05.1.

61 IBGE, Sidra, Censo de 2000, Tabela 2097.

62 IBGE, Censo de 1991, Tabela 141; e IBGE, PNAD, Tabela 1187.

63 No Censo daquele ano, 13% das mulheres tinham 11 anos ou mais de escolaridade, em comparação com apenas 11% dos homens. IBGE, Sidra, Censo de 1991, tabela 142.

64 IBGE, *Estatísticas do Século* xx (2003), tabela Educação1955aeb-05.

65 Kaizô Iwakami Beltrão e José Eustáquio Diniz Alves, "A reversão do hiato de gênero na educação brasileira no Século xx", *Anais* (2016), p. 10, gráfico 1.

66 IBGE, Sidra, PNAD, Tabela 1189; e para 2016, veja IBGE, PNAD, Indicadores Sociais, 2016, Tabela 4.13, disponível em <https://www.ibge.gov.br/estatisticas-novoportal/sociais/populacao/9221-sintese-de-indicadores-sociais.html?edicao=9222&t=downloads>.

67 IBGE, PNAD, Indicadores Socias, 2016, Tabela 4.14, disponível em <https://www.ibge.gov.br/estatisticas-novoportal/sociais/populacao/9221-sintese-de-indicadores-sociais.html?edicao=9222&t=downloads>

68 IBGE, Sidra, PNAD, Tabela 1172.

Estratificação e mobilidade social

Tabela 7.9 Salário corrente das pessoas de 10 anos ou mais, por local de residência, em salários mínimos, 2001-2015				
Distribuição por Faixas de Salário Mínimo (%)				
Anos	**< 1 SM**	**1-2 SM**	**2+ SM**	**Total**
Áreas urbanas				
2001	27,1	27,7	45,1	100,0
2002	30,7	27,9	41,4	100,0
2003	32,4	27,4	40,2	100,0
2004	31,7	30,1	38,2	100,0
2005	34,3	30,3	35,4	100,0
2006	34,5	31,7	33,8	100,0
2007	32,3	32,3	35,5	100,0
2008	32,7	32,7	34,6	100,0
2009	33,1	33,6	33,3	100,0
2011	31,1	34,6	34,3	100,0
2012	32,9	35,0	32,1	100,0
2013	30,9	35,7	33,4	100,0
2014	31,4	34,0	34,6	100,0
2015	31,9	36,0	32,2	100,0
Áreas rurais				
2001	56,1	27,5	16,4	100,0
2002	60,4	25,4	14,2	100,0
2003	60,5	24,1	15,4	100,0
2004	58,3	26,6	15,1	100,0
2005	61,2	25,9	13,0	100,0
2006	62,1	25,6	12,2	100,0
2007	60,4	26,4	13,3	100,0
2008	60,3	26,4	13,2	100,0
2009	61,2	26,3	12,5	100,0
2011	61,3	26,4	12,2	100,0
2012	63,5	25,3	11,2	100,0
2013	61,3	26,5	12,2	100,0
2014	60,7	26,5	12,9	100,0
2015	62,2	26,5	11,3	100,0

Fonte: IBGE, Sidra, PNAD, tabela 1860

dos homens.[69] No entanto, as tendências verificadas para os homens são também evidentes para mulheres. Em 2015, as pessoas que ganhavam 1-2 salários mínimos passaram de 27% para 36% para homens e de 28% para 34% para mulheres, ao passo que as que ganhavam mais de 2 salários mínimos declinaram em ambos os sexos: de 48% para 36% para mulheres e de 32% para 22% para homens (Tabela 7.10).

Algumas diferenças na média de salários se devem à concentração de mulheres nas ocupações dos estratos inferiores. Esse aspecto pode ser observado em sua distribuição entre os maiores grupos ocupacionais em 2015. Dominava o mal remunerado setor de serviços domésticos, e as mulheres tinham maior probabilidade de trabalhar como assalariadas do que de ser autônomas ou empregadoras (Tabela 7.11).

No entanto, mulheres com mais escolaridade conquistaram uma participação significativa também em empregos de maior status. Assim, embora as mulheres representassem 45% da força de trabalho estimada em 2015, estavam acima daquela proporção em muitos campos relacionados com a saúde, na área jurídica, no ensino e na administração em níveis intermediários. Na PNAD de 2015, as mulheres eram 45% dos médicos, 56% dos dentistas, 59% dos farmacêuticos e 86% dos profissionais de enfermagem (Tabela 7.12). Na área jurídica, perfaziam 46% dos advogados, 44% dos defensores públicos e 41% dos juízes. Eram 43% dos auditores e contadores e perfaziam 95% das funções de secretários bilíngues e 100% dos cartógrafos. Eram bem representadas na indústria têxtil, mas estavam em grande parte ausentes em outras áreas da indústria manufatureira e pouco representadas nas profissões de engenharia, mas formavam 58% dos arquitetos.[70] Com base nesses dados, pode-se concluir que mulheres com alto nível de escolaridade lentamente ingressaram em uma série de profissões liberais, embora estejam longe de atingir a igualdade com os homens em muitos destes campos. Além disso, na crise recente, as mulheres registram taxas consistentemente mais elevadas de desemprego do que os homens em todos os níveis de educação; da mesma forma que os homens, as mulheres com os níveis mais elevados de escolaridade registram as menores taxas de desemprego.[71]

---

[69] IBGE, Sidra, PNADC/T, Tabela 5429.

[70] Essas porcentagens foram geradas pelos microdados da PNAD 2015.

[71] IBGE, *Síntese de Indicadores Sociais 2017, Uma análise das condições de vida da população brasileira* (Rio de Janeiro, 2017), gráfico 8.

Tabela 7.10 Salário corrente das pessoas de 10 anos ou mais, por sexo, em salários mínimos, 2001-2015				
Distribuição por Faixas de Salário Mínimo (%)				
Ano	< 1 SM	1-2 SM	2+ SM	Total
Homens				
2001	24,3	27,4	48,2	100,0
2002	27,5	28,0	44,4	100,0
2003	28,9	27,4	43,8	100,0
2004	27,7	30,1	42,2	100,0
2005	30,7	30,9	38,4	100,0
2006	30,4	32,4	37,2	100,0
2007	28,2	32,5	39,3	100,0
2008	28,8	32,8	38,4	100,0
2009	29,0	33,8	37,3	100,0
2011	26,7	34,2	39,1	100,0
2012	29,0	34,6	36,4	100,0
2013	27,2	35,1	37,7	100,0
2014	27,5	33,3	39,3	100,0
2015	28,2	35,7	36,1	100,0
Mulheres				
2001	40,0	28,0	32,0	100,0
2002	43,9	27,0	29,1	100,0
2003	45,4	26,5	28,1	100,0
2004	45,0	29,0	26,0	100,0
2005	47,4	28,2	24,4	100,0
2006	47,9	29,0	23,1	100,0
2007	45,9	30,1	24,0	100,0
2008	45,8	30,5	23,6	100,0
2009	46,4	31,1	22,5	100,0
2011	44,5	32,7	22,8	100,0
2012	45,9	32,6	21,5	100,0
2013	43,8	33,6	22,6	100,0
2014	43,8	32,7	23,5	100,0
2015	44,6	33,5	21,9	100,0

Fonte: IBGE, Sidra, PNAD, tabela 1860

Tabela 7.11		Estrutura do mercado de trabalho de acordo com o sexo, 2015				
Sexo	Empregado	Trabalhador Doméstico	Conta Própria	Empregador	Diversos	Total
Participação de acordo com o sexo						
Homens	68,0	1,2	24,8	5,1	0,9	100,0
Mulheres	62,5	15,7	17,3	2,6	1,8	100,0
Total	65,5	7,7	21,5	4,0	1,3	100,0
Participação de acordo com o sexo em cada ocupação						
Homens	57,2	8,3	63,8	71,0	37,9	55,2
Mulheres	42,8	91,7	36,2	29,0	62,1	44,8
	100,0	100,0	100,0	100,0	100,0	100,0

Fonte: Elaborado a partir de microdados da PNAD 2015

Como em quase todos os países em desenvolvimento, o Brasil também apresenta uma clara distinção entre as populações rurais e urbanas, mas a diferença está desaparecendo de forma lenta, porém progressiva. Até 1950, de fato, o Brasil era uma sociedade rural, e a maior parte de população agrícola estava envolvida em atividades de subsistência. Esse grupo foi o mais atingido pela pobreza, com o menor padrão de vida, o nível mais elevado de mortalidade e fecundidade e os menores níveis de educação. A pobreza era endêmica na área rural, e o contraste entre a sociedade rural e a urbana não poderia ser pior. Mas a combinação do crescimento de um setor urbano moderno com a revolução agrícola reduziu o número de trabalhadores rurais na sociedade como um todo, mesmo em termos absolutos, levando também a um acentuado declínio na proporção de indigentes e pobres que permaneceram na área rural.

Com o pujante crescimento do agronegócio moderno e a lenta incorporação de comunicações modernas nas áreas rurais, as disparidades tradicionalmente acentuadas na população nacional causadas pelo local de residência estão declinando gradualmente. A estes fatores econômicos, acrescente-se a extraordinária decisão do Estado no final do século XX de garantir previdência social e serviços à anteriormente negligenciada área rural. Entre as muitas políticas estabelecidas, a mais revolucionária foi a decisão do governo, em 1991, de garantir aposentadoria básica (de 1 salário mínimo) a todos os trabalhadores rurais – um conceito revolucionário na Previdência Social da América Latina e uma ideia que praticamente eliminou a extrema pobreza na área rural. Embora as indenizações por acidente do trabalho e pensões parciais para trabalhadores rurais tivessem sido desenvolvidas nos anos 1950, foi somente na Constituição de 1988 que o

Estratificação e mobilidade social

Tabela 7.12 Distribuição dos trabalhadores pelos principais setores da economia de acordo com o sexo, 2015

Sexo	Agricultura	Transformação industrial	Construção	Comércio	Alimentação e alojamento	Transportes e comunicação	Administração pública	Educação, saúde e serviços sociais	Serviços domésticos	Outros	Total
Participação do setor por Sexo											
Homens	17,1	13,2	15,6	18,6	3,8	8,4	5,3	4,4	0,9	12,7	100,0
Mulheres	9,7	10,8	0,8	18,0	6,6	1,7	4,6	18,5	14,4	15,0	100,0
Participação do sexo dentro do setor											
Homens	69,7	61,5	96,3	57,3	43,0	86,4	59,9	23,4	7,7	52,4	56,5
Mulheres	30,3	38,5	3,7	42,7	57,0	13,6	40,1	76,6	92,3	47,6	43,5

Fonte: Elaborado a partir de Microdados da PNAD 2015

direito à pensão passou a ser concedido a todos os habitantes rurais de determinada idade. A pensão era garantida a todos os trabalhadores agrícolas que atingiam 60 anos para homens e 55 anos para mulheres, independentemente de terem contribuído ou não para programas previdenciários.[72] A partir de meados do século XX, houve também a intensificação da prestação de serviços sociais para as áreas rurais, que levaram saúde, educação e outros serviços às muitas comunidades rurais anteriormente isoladas.

Todos esses fatores indicavam que a defasagem real entre a população urbana e a rural declinava progressivamente em muitas áreas. Como ocorria em toda a América Latina, por exemplo, as taxas de nascimento e mortalidade da população rural eram bem mais elevadas do que as dos habitantes urbanos. Porém as taxas de fecundidade e de mortalidade na área rural seguiam as tendências urbanas, e o diferencial entre setores urbanos e rurais diminuiu em muitas áreas. Embora o diferencial dessas taxas declinasse ao longo do tempo, ainda permaneciam diferenças econômicas importantes entre as duas populações. Evidentemente, as populações urbanas tinham mais escolaridade e empregos com status mais elevado. As populações rurais também revelaram menor proporção de brancos do que as populações urbanas (cerca de 84% dos brancos residiam na área urbana em 1999, em comparação com 74% das pessoas não brancas).[73] Além disso, a média de renda familiar na área rural era apenas a metade da renda familiar observada nos centros urbanos. Ademais, três quartos dos adultos da área rural de 10 anos ou mais ganhavam menos de 1 salário mínimo, contra apenas 39% dos trabalhadores das áreas urbanas (Tabela 7.13). Evidentemente, a população mais rica e com mais escolaridade não estava nas áreas rurais do Brasil, considerando-se que somente 1,6% ganhava 5 salários mínimos ou mais, em comparação com 9% da população urbana. Mas os programas de pensão rural provocaram uma reversão surpreendente da pobreza, pois era menor a proporção de pobres entre os idosos aposentados do que nos grupos etários mais jovens (ou uma estimativa de 23% entre idosos aposentados, contra 39% entre não idosos).[74] Além disso, em todas as regiões mais ricas do país a distribuição de renda era moderadamente menos concentrada nas áreas rurais do que nas urbanas.[75]

---

72 Betrão et al., "A população rural".

73 IBGE, *Estatísticas do Século XX*, tabela população2000aeb_s2_021.

74 Ricardo Paes de Barros, Rosane Mendonça e Daniel Santos, "Incidência e natureza da pobreza entre idosos no Brasil" (Ipea, texto para discussão 686; Rio de Janeiro, dezembro de 1999), p. 25, tabela 4.

75 Sobre a magnitude do índice de Gini de 0.59 nas áreas urbanas e 0,55 nas zonas rurais. IBGE Sidra, Tabela 2037 - Índice de Gini da distribuição do rendimento nominal mensal dos domicílios particulares permanentes, com rendimento domiciliar, por situação do domicílio.

Estratificação e mobilidade social

Classes de Salário Mínimo	Total	Residência		Cor/Etnia				
		Urbana	Rural	Branca	Preta	Amarela	Parda	Indígena
1/4	4,9	3,4	15,2	2,7	5,7	5,1	7,6	12,3
1/4-1/2	5,1	4,0	12,6	3,2	6,2	4,9	7,4	12,3
1/2-1	33,6	31,8	45,5	27,6	40,7	30,5	39,8	39,4
1-2	30,0	31,7	19,0	31,3	30,4	25,9	28,4	22,4
2-3	10,0	10,9	3,8	12,1	8,2	10,0	7,7	6,0
3-5	8,0	8,9	2,3	10,6	5,3	9,7	5,2	4,2
5-10	5,7	6,4	1,2	8,3	2,8	9,0	3,0	2,5
10-15	1,1	1,2	0,2	1,6	0,4	1,9	0,4	0,4
15-20	0,9	1,0	0,1	1,4	0,2	1,7	0,3	0,3
20-30	0,4	0,5	0,1	0,7	0,1	0,9	0,1	0,1
30+	0,3	0,3	0,1	0,4	0,1	0,5	0,1	0,1
Total	100,0	100,0	100,0	100,0	100,0	100,0	100,0	100,0

Tabela 7.13   Distribuição dos salários das pessoas de 10 anos ou mais, por residência e cor, em salários mínimos, 2010

Fonte: IBGE, Sidra, Censo de 2010, tabela 3177

Se, por um lado, as diferenças por sexo, residência e possivelmente por raça declinavam lentamente, a distribuição de renda por classe permanecia bastante desigual, apesar das recentes mudanças modestas. Esse é o problema social mais difícil que o país enfrenta. Apesar da "massificação" das matrículas escolares, tanto no ensino fundamental como, em menor grau, no ensino médio, e da criação de uma vasta rede de universidades privadas, estaduais e federais e da queda extraordinária do analfabetismo, a desigualdade no Brasil mudou apenas moderadamente. A pobreza e o analfabetismo declinam por meio de políticas sociais mais intensivas, mas a distribuição da renda alterou-se discretamente ao longo do tempo.[76] O lento e recente declínio da desigualdade foi causado pela crescente porcentagem de renda destinada à metade inferior dos domicílios dos brasileiros. De 1992 a 2012, a porcentagem dos salários obtidos pelos domicílios mais pobres cresceu de 12,5% para 16,7% do total da renda salarial. Embora essa porcentagem seja baixa segundo os padrões mundiais, exerceu grande impacto na distribuição da renda. No período, a parcela dos 10% mais ricos caiu de

---

[76] PNUD, Fundação João Pinheiro, Ipea, Atlas do Desenvolvimento Humano no Brasil – 2003.

47,7% para 41,5%, a dos 5% mais ricos de 34% para 29,5%, e até mesmo o extremo dos 1% mais ricos tiveram 1,5% de decréscimo. Isso levou a um progressivo declínio do Gini, de 0,60 em 1992 para 0,52 em 2012.[77] A redução se deve ao crescente nível de emprego e melhores salários, assim como os inúmeros programas de transferência de renda mantidos pelo governo.

Portanto, o cenário da estratificação no Brasil é alarmante, com modestas possibilidades de mudança, e dependerá do crescimento e do suporte público. Evidentemente, a recente depressão levou a uma pausa nas tendências de longo prazo. Somente a retomada do crescimento sustentável e a manutenção de programas sociais, de preferência com melhor gestão, deverão permitir a continuidade da tendência positiva observada desde meados de 1990. A alfabetização tornou-se universal, a economia formal se expandiu significativamente e as políticas de bem-estar social beneficiam de maneira substancial os pobres urbanos e rurais. Esse fato causou um deslocamento da população da extrema indigência e pobreza, fortalecendo muito as classes trabalhadoras.

O processo descrito também resultou dos altos níveis de mobilidade social no período recente. Na qualidade de país com rápidas industrialização e urbanização em meados do século XX, o Brasil inicialmente registrava altas taxas de mobilidade social ascendente. Passou de uma sociedade predominantemente rural, com baixos níveis educacionais em meados do século, para altos graus de urbanização e industrialização, com níveis educacionais muito mais elevados na última metade do século XX. O fato levou a uma grande expansão da população economicamente ativa e a maiores segmentação e diversificação da força de trabalho. Assim, a população economicamente ativa passou de 17 milhões em 1950 para 30 milhões em 1970 e 44 milhões em 1980.[78] O trabalho não braçal foi de 2,5 milhões em 1960 para 8,2 milhões de pessoas vinte anos depois, ao passo que o número de trabalhadores no setor terciário (serviços) passou de 4,5 milhões para 8,1 milhões no período de 1979 a 1989. Essas rápidas e intensas mudanças podem ser observadas no declínio no número de trabalhadores no setor primário, que passou de 61% da força de trabalho em 1950 para 31% em 1980, ao passo que o setor secundário (indústria) aumentou de 17% para 29%, e o setor terciário de 22% para 40% no mes-

---

[77] Hoffman e Oliveira, "The Evolution of Income Distribution in Brazil 2014", tabela 2.

[78] Brasil, *Estatísticas do Século* XX (2003), tabela trabalho1981aeb_01.

mo período.[79] Evidentemente, o setor que mais cresceu foi o de serviços, embora nem todas as ocupações deste setor fossem de trabalhadores qualificados. Estimativas indicam que os trabalhadores domésticos foram de 680 mil para 1,8 milhão entre 1950 e 1970, e outro segmento significativo passou a ser encontrado na economia informal.[80] No entanto, de maneira geral, houve enorme expansão de empregos de alta qualificação no setor secundário, assim como no terciário, ao longo da última metade do século XX e até o momento. Portanto, apenas no período de 2002 a 2014, houve uma expansão de 19,6 milhões de empregos urbanos, em comparação com a perda de 1,6 milhão de ocupações rurais no mesmo período. Dos empregos urbanos, 4,5 milhões estavam em ocupações definidas como de classe alta ou de classe média alta.[81]

O rápido crescimento inicial levou a uma importante mudança na mobilidade, considerando-se que novas oportunidades ocupacionais surgiam pela primeira vez. Portanto, em lugar do padrão circular mais tradicional das sociedades industriais mais avançadas, em que há mobilidade tanto ascendente como decrescente, o Brasil por um curto período de tempo registrou mais mobilidade ascendente do que descendente – definida como mobilidade estrutural.[82] Segundo estimativas de um estudo, na década de 1970 a mobilidade social brasileira era predominantemente estrutural (57% da mudança de ocupações entre pais e filhos era estrutural e 47% era circular). Esse é um padrão comum nas sociedades em desenvolvimento devido às crescentes oportunidades de emprego, mudanças nas estruturas ocupacionais e consequente, substancial aumento das ocupações urbanas e declínio das ocupações rurais.[83] Estudos mais recentes que adotam agrupamentos ocupacionais mais refinados detectaram que a mobilidade estrutural foi de 61% em 1973 para 67% em 1988 e 66% em 1996, sendo que nestes três anos a PNAD apresentou questões sobre ocupações de pais e filhos. A imobilidade – ou seja, a falta de movimento além da ocupação dos pais – declinou de 39% para 33% no período.[84] Uma análise mais completa por sexo, que foi acrescentada à PNAD de 2008, indicou

---

79   Carlos Antonio Costa Ribeiro e Maria Celi Scalon, "Mobilidade de classe no Brasil em perspectiva comparada", *Dados, Revista de Ciências Sociais* 44, n. 1 (2001), pp. 53-96.

80   José Pastore, *Inequality and Social Mobility in Brazil* (Madison: University of Wisconsin Press, 1982), cap. 4.

81   Adalberto Cardoso Cardoso e Edmond Préteceille, "Classes médias no Brasil: do que se trata? Qual seu tamanho? Como vem mudando?" *Dados: Revista de Ciências Sociais* 60, n. 4 (2017), p. 999, tabela 2.

82   Pastore, *op. cit.*, p. 21.

83   Ibidem, pp. 32-33.

84   Ribeiro e Scalon, *op. cit.*, p. 66, tabela 4.

que a mobilidade para homens passou de 55,3% em 1973 para 67,3% em 2008, e, para mulheres, de 57,5% para 75,4% em 2008.[85]

Porém, apesar de toda a mobilidade, a maioria dos autores concorda que grande parte da mobilidade estrutural veio das camadas mais baixas da estrutura ocupacional, ao passo que a maioria das ocupações da elite ainda tendia a ser circular. Ou seja, a maior parte da mudança foi de trabalhadores braçais rurais transferidos para trabalhos braçais urbanos. Portanto, entre 1973 e 1996, 24 a 25% de trabalhadores rurais terminaram indo para trabalhos braçais urbanos sem qualificação, e outros 17% a 19% foram para trabalhos braçais urbanos qualificados. Sendo assim, as pesquisas de mobilidade em 2008 para homens indicam um contínuo e crescente declínio no número de filhos que acompanham a ocupação dos pais em trabalhos agrícolas, passando de 36,7% em 1973 para 13,7% em 2008.[86] Certamente, essa tendência seria revertida mais tarde, à medida que a população rural parava de perder trabalhadores para o setor urbano e a qualidade da educação e de empregos aumentava na área rural.

Todos estes autores também destacam uma imobilidade relativa nos níveis superiores das categorias ocupacionais, considerando-se que a elite se aproveita do sistema educacional, tributário e de pensões para repassar a riqueza e impedir a mobilidade decrescente dos filhos.[87] Mas, ao mesmo tempo, o nível crescente de educação para todos os trabalhadores ao longo do tempo significa que o bônus excessivo para a educação que existia no período anterior, quando a média de escolaridade era de 3,4 anos (1973), declinou à medida que a média de escolaridade cresceu para 8,4 anos em 2014, tendo um impacto importante na redução da desigualdade, refletida no índice de Gini, que caiu do intervalo de 0,60-0,65 para 0,50-0,55. Em todos os níveis de ocupação, dos mais elevados aos mais inferiores, houve um aumento no tempo de escolaridade, com os trabalhadores rurais e os urbanos, os qualificados e os não qualificados, dobrando o tempo de escolaridade no período de 1973 a 2014.[88]

---

85 Esses dados foram disponibilizados por Carlos Antonio Costa Ribeiro, "Quatro décadas de mobilidade social no Brasil", *Dados: revista de ciências sociais* 55, n. 3 (2012), p. 656m, tabela 1.

86 Ribeiro e Scalon, *op. cit.*, Tabela A, e Ribeiro, "Quatro décadas de mobilidade", Tabela 1.

87 Para uma discussão interessante destas estratégias, veja Marcelo Medeiros, "O que faz os ricos ricos: um estudo sobre fatores que determinam a riqueza" (tese de doutorado, Departamento de Sociologia. Universidade de Brasília, 2003).

88 Carlos Antonio Costa Ribeiro, "Tendências da desigualdade de oportunidades no Brasil: mobilidade social e estratificação educacional", *Boletim, Mercado de trabalho: conjuntura e análise* (Ipea) (abr. 2017) 23, n. 62, p. 656, tabela 1.

Tabela 7.14 Porcentagem da relação entre estratos ocupacionais das pessoas entre 25 a 64 anos e o estrato ocupacional dos pais, PNAD 2014 (número em mil)

FILHOS	PAIS						Número
	A	B	C	D	E	F	
	Pessoas entre 25 e 44 anos						
A	55,7	32,4	38,2	14,5	19,3	8,4	5.906
B	11,9	19,3	12,9	9,3	9,4	4,0	2.666
C	9,4	15,1	14,6	13,8	13,0	4,9	3.333
D	7,9	13,6	15,6	31,4	21,0	25,5	8.040
E	14,2	18,2	18,7	28,9	35,2	28,4	9.005
F	1,0	1,3	0,2	2,2	2,1	28,8	3.771
	100	100	100	100	100	100	32.721
	Pessoas entre 45 e 65 anos						
A	51,5	38,6	36,4	16,7	18,7	7,8	3.540
B	15,6	14,6	10,8	7,5	8,8	3,0	1.394
C	8,1	5,8	10,1	8,2	10,0	2,9	1.276
D	8,9	16,5	17,7	31,7	24,5	22,9	5.432
E	14,1	22,0	23,8	32,6	34,8	27,4	6.408
F	1,7	2,3	1,3	3,3	3,1	35,9	4.393
	100	100	100	100	100	100	22.443

Fonte: Calculado a partir da tabela 3.9 da PNAD 2014, dados obtidos em <https://ww2.ibge.gov.br/home/xml/suplemento_pnad.shtm>

Considerando-se a contínua expansão da educação no período após 1950, a idade de entrada no mercado de trabalho mantinha-se alta. A partir das PNADs, estima-se que as pessoas que entraram no mercado de trabalho na década de 1920 e 1930 tinham 14 anos, e essa idade cresceu continuamente até atingir 17 anos na década de 1960, conforme mais pessoas continuavam a completar o ensino fundamental e até mesmo o ensino médio.[89] Portanto, adotando a idade de 17 anos para entrada no mercado de trabalho, podemos avaliar o amadurecimento da mobilidade social na PNAD de 2014, ou seja, a última a formular perguntas sobre diferenças ocupacionais e educacionais entre filhos e pais. A pesquisa também classificou a ocupação dos filhos por idade para cerca de 55 milhões de pessoas, permitindo, por-

---

[89] Pastore, *op. cit.*, p. 69, tabela 5.1.

tanto, uma visão da mobilidade em desaceleração. O grupo de 45 a 65 anos em 2014 entrou no mercado de trabalho entre o final da década de 1960 e o final da década de 1980, ao passo que o grupo mais jovem, de 25 a 44 anos, entrou no mercado de trabalho entre o final da década de 1980 e 2006. O que se torna evidente na PNAD de 2014 é que o grupo mais velho teve maior mobilidade ocupacional ascendente, ou seja, pelo Estrato A (definido como administradores, executivos e profissionais liberais) e pelo Estrato B (profissionais técnicos qualificados), do que o grupo etário mais jovem, embora o número total de cargos fosse menor no período anterior (Tabela 7.14). Ocorreu também uma grande mudança na origem, com 50% dos filhos entrevistados entre o grupo mais velho tendo pais que foram trabalhadores em fazendas (Estrato F), ao passo que, entre os trabalhadores mais jovens, somente 36% tinham pais que vinham do mundo rural. Isso mostra, evidentemente, que no período mais recente a desaceleração da emigração das áreas rurais e o crescente número de trabalhadores nascidos em áreas urbanas significam que cada vez menos trabalhadores estão saindo das áreas rurais. Também mostra que, para as posições de elite, a imobilidade está se tornando mais importante no período mais recente, com menos pessoas ingressando nos dois estratos ocupacionais mais baixos e uma proporção maior permanecendo na posição de status elevado dos pais (veja Tabela 7.14). Ao observar as diferenças absolutas entre os coortes mais jovens e mais velhos, é evidente que os últimos, que entraram na força de trabalho nas décadas de 1960 e 1970, tiveram taxas de mobilidade mais elevadas. Tinham maior probabilidade de atingir estratos superiores e tendiam, na maioria dos casos, a chegar a estratos diferentes em comparação com os pais e a ter uma proporção muito mais elevada saindo dos estratos inferiores de ocupações urbanas rurais e não braçais (Tabela 7.15). De forma geral, metade das pessoas apresentou mobilidade ascendente, mas, entre os contingentes mais velhos, somente 15% apresentaram mobilidade decrescente, em comparação com 18% entre os trabalhadores mais jovens. Tudo isso parece sugerir que a mobilidade estrutural está lentamente sendo substituída pela tradicional mobilidade circular (Tabela 7.16).[90]

---

[90] Um estudo recente de Torche e Ribeiro sustenta essa ideia de padrões de mobilidade em mudança no período anterior e posterior aos anos 1980. Os autores também ressaltam o bônus dado à educação em declínio, na medida em que mais trabalhadores atingem níveis semelhantes de educação. Veja Florencia Torche e Carlos Costa Ribeiro, "Pathways of change in social mobility: Industrialization, education and growing fluidity in Brazil", *Research in Social Stratification and Mobility* 28, n. 3 (2010), pp. 291-307.

Estratificação e mobilidade social

Tabela 7.15   Estratos ocupacionais das pessoas entre 25 e 64 anos, pelo estrato ocupacional dos pais, PNAD 2014   (números em mil)

FILHOS	PAIS						
	A	B	C	D	E	F	Total
Pessoas entre 25 a 44 anos							
A	27,4	7,1	6,4	28,0	14,4	16,6	100
B	13,0	9,4	4,8	39,5	15,5	17,8	100
C	8,2	5,9	4,4	47,0	17,1	17,4	100
D	2,8	2,2	1,9	44,4	11,4	37,2	100
E	4,6	2,6	2,1	36,6	17,1	37,0	100
F	0,8	0,5	0,1	6,6	2,4	89,7	100
Número	2.909	1.301	995	11.389	4.384	11.744	32.722
Pessoas entre 45 e 65 anos							
A	20,4	7,5	5,6	28,1	13,4	25,0	100
B	15,7	7,2	4,2	31,9	16,1	24,7	100
C	8,9	3,1	4,3	38,0	19,9	25,8	100
D	2,3	2,1	1,8	34,7	11,5	47,7	100
E	3,1	2,4	2,0	30,2	13,8	48,5	100
F	0,5	0,4	0,2	4,5	1,8	92,6	100
Número	1.400	690	547	5.941	2.540	11.325	22.443

Fonte: Calculado a partir da tabela 3.9 da PNAD 2014, dados obtidos em <https://ww2.ibge.gov.br/home/xml/suplemento_pnad.shtm>

Tabela 7.16   Porcentagem absoluta da diferença entre pessoas mais jovens e mais velhas em relação à ocupação do pai, 2014

FILHOS	OCUPAÇÃO DO PAI					
	A	B	C	D	E	F
A	-7,1	0,4	-0,8	0,0	-0,9	8,4
B	2,7	-2,2	-0,6	-7,7	0,6	6,9
C	0,7	-2,8	-0,0	-9,0	2,8	8,4
D	-0,6	-0,1	-0,1	-9,7	0,0	10,5
E	-1,5	-0,3	-0,0	-6,3	-3,3	11,5
F	-0,2	-0,1	0,1	-2,1	-0,6	2,9

Fonte: Baseado na tabela 7.14

Portanto, a relativa estabilidade de estratificação e o aumento da mobilidade social são os dois padrões que emergem deste estudo da sociedade brasileira no período a partir de 1950. A elite ainda detém grande porcentagem da riqueza nacional, mas houve enorme mudança socioeconômica nos níveis de renda inferiores, levando ao surgimento de uma vasta classe média, padrão que pode ser encontrado em outros países em rápido crescimento da América Latina.[91] O acesso à educação universal, combinado com um grande aumento em ocupações não manuais e não rurais, incentivou a rápida mobilidade na segunda metade do século XX. No entanto, apesar dos avanços significativos para reduzir as defasagens educacionais e de renda entre regiões, classes, gêneros e raças, e do claro aumento na mobilidade socioeconômica por todos os habitantes, a rigidez das instituições como as de educação e a tributação do governo se tornaram novas barreiras em termos de mobilidade e movimento das classes trabalhadoras para as classes média e alta. Além disso, enquanto as mulheres avançaram mais rapidamente do que os homens nos últimos anos, a defasagem entre brancos e não brancos não se reduziu de maneira tão acelerada. Mas, ao mesmo tempo, a universalidade do acesso à educação e o aumento significativo nas ocupações especializadas levaram o Brasil a se tornar mais semelhante às sociedades ocidentais mais avançadas e deixar de ser aquela sociedade rural subdesenvolvida de 1950 em que o analfabetismo predominava.

---

[91] Veja dois ensaios de Florencia Torche, "Unequal but fluid: social mobility in Chile in comparative perspective", *American Sociological Review* 70, n. 3 (2005), pp. 422-450; e o estudo de Torche "Intergenerational mobility and inequality: The Latin American case", *Annual Review of Sociology* 40 (2014), pp. 619-642.

Raça e estratificação social

Pierre Fatumbi Verger, *Fête da Conceição*, Salvador, Brasil, anos 1950

Assim como acontece com os aspectos de classe social, gênero e residência, a classificação por cor/raça é um dos fatores mais importantes que definem a população brasileira desde a introdução da mão de obra escrava africana no século XVI. Apesar da mobilidade de africanos e afrodescendentes ocorrida antes e depois da abolição da escravatura, em 1888, o fator racial ainda permanece como um marcador significativo de classe e status no Brasil. Para confundir ainda mais os fatos, o Brasil passou de uma sociedade principalmente não branca em 1872 para uma sociedade predominantemente branca em 1900, após a maciça imigração de cerca de 5 milhões de europeus e asiáticos. O país permaneceu predominantemente branco até o Censo mais recente de 2010, quando se tornou novamente uma sociedade predominantemente não branca e deve continuar, no futuro previsível, a sê--lo. Claramente, o Censo de 1940 foi o ano de pico para os brancos e o nível mais baixo para os pardos. Desde aquela época, ocorre uma ascensão constante de pardos e um declínio relativo de brancos – sem diferenças expressivas na fecundidade, que seria responsável pelas mudanças. Certamente, o aumento do casamento inter-racial teve algum impacto no crescimento da população parda. Pode-se afirmar também que a mudança de mentalidade em relação à raça, bem como a aceitação generalizada da cor parda como a mais comum entre os brasileiros, em associação com uma crescente consciência negra e com o recente movimento de ações afirmativas para os não brancos levaram a uma profunda mudança na raça autodeclarada. O único grupo afetado pela migração é o de asiáticos, que subiram para 1,1% da população em 2010 devido à chegada de coreanos e outros imigrantes, que se somaram à antiga imigração japonesa (Gráfico 8.1).[1]

---

1   A população indígena representava 4% da população brasileira em 1872, mas apenas 0,4% no Censo de 2010 e não foi contada nos Censos do século XX até 1991. Da mesma forma, a categoria de raça/cor não foi registrada nos Censos de 1920 e, novamente, foi excluída do Censo de 1970.

Gráfico 8.1 Porcentagem da população por cor e etnia no Brasil, 1872-2010

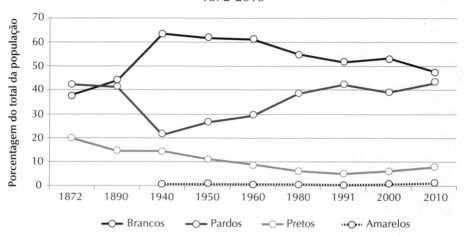

Fonte: *Recenseamento geral de 1950*, Série Nacional, vol.1, tabelas 1 a 1950; 1960-1980, Série Nacional v.1; 1991-2010, IBGE, Sidra, tabela 136

O fator racial é tão importante quanto a classe no Brasil no que se refere à definição do lugar das pessoas na sociedade brasileira? Essa é uma das questões mais discutidas nas ciências sociais contemporâneas. É o tema que examinaremos neste capítulo. Para começar, é claro que as três distinções raciais (pretos, pardos e brancos) que dominam a sociedade brasileira permitem um sistema mais integrado do que simplesmente a classificação de pretos e brancos, sendo bem mais ambíguas em termos de definição racial. Embora a discriminação contra pretos seja mais evidente, a contra pardos – atualmente o maior grupo dessa classe racial no Brasil – é bem menos precisa. O motivo é que estabelecer "quem é pardo" não é uma simples definição da cor da pele ou de caraterísticas africanas, mas pode também incluir uma série de caraterísticas de classe e escolaridade. De fato, há certa confusão entre brasileiros quanto à definição racial de cada cidadão.[2]

Há intensos debates na literatura quanto à existência ou não da discriminação racial no Brasil, ou se a discriminação racial existiu somente no

---

[2] Rafael Guerreiro Osório, "O sistema classificatório de 'cor ou raça' do IBGE" (texto para discussão 996; Brasília: Ipea, 2003). Sobre essa superação de fronteiras intergeracionais entre as famílias, veja Luisa Farah Schwartzman, "Does Money Whiten? Intergenerational Changes in Racial Classificação in Brasil", *American Sociological Review* 72 (dez. 2007, pp. 940-963.

período da escravidão e tende a desaparecer na sociedade industrial moderna, ou se é um reflexo da herança acumulada de pobreza e posições racistas anteriores que afetam as gerações subsequentes, ou ainda se funciona atualmente na sociedade brasileira como forma de reafirmar as posições da elite branca.[3] Vale lembrar que os antigos escravos entraram na economia de livre mercado com poucos recursos financeiros e poucas qualificações e, portanto, tendiam a constituir os elementos mais pobres da sociedade após a emancipação. A discriminação existente contra os pobres em geral, na maioria trabalhadores rurais sem qualificação e analfabetos com acesso limitado aos serviços do governo, também significava que pretos e pardos começavam a vida a partir de um nível econômico inferior ao da maior parte dos brancos no início do século XX. Isso significava que a mobilidade era mais lenta e levava mais gerações do que acontecia, por exemplo, com os trabalhadores brancos nascidos fora do Brasil e alfabetizados.

Ao analisar os casamentos entre raças, famílias, níveis de educação e renda por cor, procuramos determinar os níveis e a intensidade da discriminação ao longo do tempo. Os dados quantitativos mais antigos disponíveis sobre raça mostram taxas muito mais elevadas de desvantagem dos não brancos (definidos nesse texto como pretos e pardos) em termos de renda, educação e saúde devido ao seu maior isolamento em áreas rurais e concentração nos estados mais pobres da federação. Considerando-se o controle sobre a saúde e a educação pelos governos estaduais, pode-se afirmar que os estados mais ricos e mais brancos do Sudeste e Sul ofereciam maiores benefícios aos cidadãos do que os estados mais pobres do Nordeste, onde se concentrava a população não branca. Em 1950, por exemplo, a Bahia – o maior estado do Nordeste – registrava uma população não branca de 70%, em comparação com São Paulo – o maior estado do Sudeste –, que registrava somente 11% de população não branca. O Norte e Nordeste como um todo eram 69% e 58% não brancos e respondiam por dois terços de todos os pardos do país e 44% de todos os pretos. No Sudeste e no Sul, os não brancos somavam 29% e 11%, respectivamente, nas duas regiões. Em 1991, apesar da migração em massa do Nordeste para o Sul, o Norte e o Nordeste ainda representavam 77% e 73% de não brancos em comparação com o Sul e o Sudeste, que registravam, respectivamente, 37% e 17% de não brancos.[4]

---

3   Para uma excelente análise da literatura sociológica brasileira quanto a esse debate sobre racismo, veja Rafael Guerreiro Osório, *A mobilidade social dos negros brasileiros* (texto para discussão 1033; Brasília: Ipea, 2004).

4   IBGE, Sidra, tabela 136; e Censo Demográfico 1950, Série Nacional v.1, p. 69, tabela 39.

No entanto, esse padrão se modificou. Enquanto em 2001 apenas 31% da população combinada do Sudeste e do Sul era composta de pardos e pretos, em 2015 sua porcentagem combinada havia crescido para 40% da população total dessas duas regiões, ainda predominantemente brancas.[5] Com a combinação das emigrações do Norte e Nordeste para o Sul e a criação de um sistema cada vez mais universal de saúde e educação, os dados começaram a mudar. Pretos e pardos eram menos alfabetizados, tinham menos tempo de escolaridade, assim como renda e saúde inferiores aos brancos ou asiáticos em meados do século, mas essa defasagem entre brancos e não brancos começou a declinar nas décadas seguintes.

Observa-se essa mudança em termos de saúde e fecundidade. Inicialmente, pretos e pardos apresentavam resultados bem piores do que brancos em termos de saúde. As primeiras estimativas disponíveis sobre expectativa de vida por raça mostram que, no Censo de 1872, os escravos brasileiros, que naquela época eram menos da metade da população preta e parda, tinham baixa expectativa de vida em comparação com o total da população livre (brancos e não brancos). Naquele ano, homens escravos viviam 3,7 anos menos do que homens livres, sendo que as mulheres escravas tinham expectativa de vida média de 2,3 anos menos do que as mulheres livres.[6]

Dizer que a expectativa de vida para homens escravos no Brasil era de (no máximo) 23 anos naquele período não significa que a média de escravos morria naquela idade. Deve-se ressaltar que a mortalidade infantil era tão elevada no século XIX no Brasil que um terço de todas as crianças do sexo masculino morriam antes de completar 1 ano e um pouco menos da metade morria antes de 5 anos. Para as crianças do sexo masculino filhos de escravos que atingiam 1 ano, a expectativa de vida era de 33,6 anos; para os que sobreviviam aos primeiros 5 anos, a média de tempo de vida restante era de 38,4 anos (Gráfico 8.2). Portanto, os homens escravos que sobreviviam durante os anos extremamente perigosos do primeiro aniversário e da primeira infância tinham excelentes chances de atingir 40 anos ou mais. Para as crianças do sexo feminino, filhas de escravos, a expectativa de vida era melhor. Apenas 27% morriam antes de completar 1 ano e 43% antes dos 5 anos, o que significava que a expectativa de vida para as escravas ao nascer

---

5   IBGE, Sidra, tabela 262.

6   Eduardo E. Arriaga, *New Life Tables for Latin American Populations in the Nineteenth and Twentieth Centuries* (Berkeley, University of California: Population Monograph Series 3, 1968), tabela III. 3, pp. 29-30; e Carvalho de Mello, "The Economics of Labor in the Brazilian Coffee Plantations" (tese de doutorado, University of Chicago, 1975), tabela 31, p. 123.

Gráfico 8.2 Limite superior de expectativa de vida de escravos (desde o nascimento e por coortes de cinco anos)

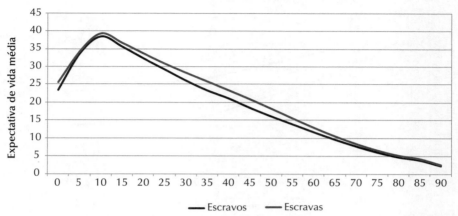

Fonte: Carvalho de Melo, "The Economics of Labor in Brazilian Coffee Plantations", tese, p. 123

era de 25,5 anos, com as correspondentes expectativas de vida daqueles que sobreviviam após 1 ano atingindo 34 anos e daquelas que sobreviviam 5 anos atingindo 39 anos. Enfim, os dados disponíveis indicam que, enquanto os escravos registravam maior mortalidade infantil do que a população total, e, portanto, menor expectativa de vida ao nascer (diferença de 2 anos), por volta de 5 anos a expectativa de vida diferia em apenas 1 ano.

As diferenças em termos de raça e mortalidade infantil continuaram a ocorrer no século XX, muito tempo após a emancipação. Embora as estatísticas vitais por raça não fossem sistematicamente coletadas pelo governo nacional até o final dos anos 1990,[7] há alguns dados e estimativas em nível regional e nacional que apresentam uma ideia aproximada das diferenças básicas. Em geral, o Nordeste, predominantemente não branco, registrava dados sistematicamente piores em todos os índices de saúde – da mortali-

---

[7] "Nos anos 1990, surgiram reflexos na demografia das desigualdades como novo objeto de estudo no campo da saúde pública... e líderes do movimento negro começaram a questionar as relações entre racismo e saúde, instando a administração de saúde pública a incluir a categoria de raça/cor nos sistemas de informação de saúde. Essa inclusão ocorreu primeiramente na cidade de São Paulo (Portaria 696/90 7). Em 1996, a categoria de raça/cor foi incluída nos Sistemas de Informações de Nascimentos e de Informações Mortalidade do Ministério da Saúde (Portaria 3.947/98 8)". Luis Eduardo Batista e Sônia Barros, "Confronting Racism in Health Services", *Cadernos de Saúde Pública*, 33 (2017), p. 1; e Rubens de C.F. Adorno, Augusta Thereza de Alvarenga e Maria da Penha Vasconcellos, "Quesito cor no sistema de informação em saúde", *Estudos Avançados* 18, n. 50 (2004), pp. 119-123.

Gráfico 8.3 Mortalidade infantil por raça no Brasil, 1977-1993

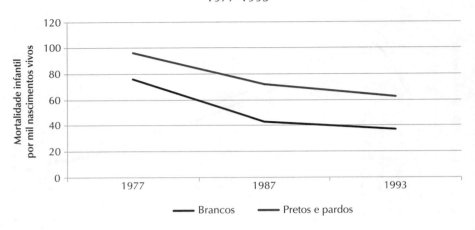

Fonte: Cunha (2001): 78, tabela 5

dade infantil até a expectativa de vida – do que acontecia com a população do Sul, de maioria branca.[8] Certamente, essas informações levam a um viés econômico, já que é difícil distinguir o aspecto "pobreza" do aspecto "cor" nesses dados. Ocasionalmente, verificamos alguns dados precisos por cor. Estima-se, portanto, que pretos (nesse caso definidos como pretos e pardos) registravam uma taxa 40% mais elevada de mortalidade infantil do que brancos no final do século XX (**Gráfico 8.3**).

Outra estimativa mostra que, enquanto brancos e não brancos registravam uma média de expectativa de vida ascendente desde os anos 1950, houve mudanças modestas na diferença entre as taxas de brancos e não brancos. Embora a diferença tenha oscilado em cada ano de censo, havia ainda um mínimo de seis anos de diferença entre 1950 e 2000 (**Gráfico 8.4**).[9]

---

[8] Veja Francisco Vidal Luna e Herbert S. Klein, *História econômica e social do Brasil: o Brasil desde a República* (São Paulo: Saraiva, 2016), cap. 4.

[9] Deve-se ressaltar que os dados indicados na obra de Charles H. Wood, José Alberto Magno de Carvalho e Cláudia Júlia Guimarães Horta, "The color of child mortalidade in Brasil, 1950–2000 Social Progress and Persistent Racial Inequality", *Latin American Research Review* 45, n. 2 (2010), pp. 114-139 e que utilizamos no Gráfico 8.x, diferem consideravelmente das estimativas de 1950 indicadas na obra de Charles H. Wood e José Alberto Magno de Carvalho, *The Demography of Inequality in Brazil* (Cambridge: Cambridge University Press, 1988), pp. 145, Tabela 6.2. Parece também que nesse aspecto e em muitos outros o Censo de 1991 não é muito confiável.

Gráfico 8.4 Estimativa de expectativa de vida de brancos e não brancos, 1950-2000

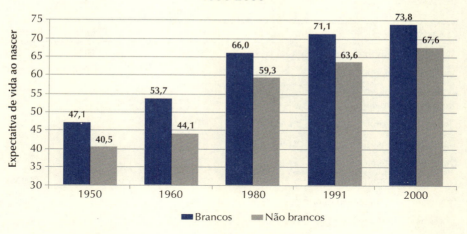

Fonte: Wood-Carvalho-Horta (2010):126, tabela 2

Muitos dos dados acima são estimativas. Porém, depois que os dados coletados se tornaram sistematicamente disponíveis no que se refere ao século XXI, ainda restam algumas diferenças de mortalidade por cor. Um estudo inicial se baseou em 169 mil mortes de brancos e pretos no estado de São Paulo em 1999. Embora excluindo pardos e com uma amostra relativamente pequena de pretos, os dados mostram claramente determinados padrões básicos. As mulheres pretas registravam mais de seis vezes a taxa de mortalidade materna do que as brancas. Como previsto, os homens registravam taxas muito mais elevadas de mortes violentas do que as mulheres; em termos raciais, porém, homens pretos registravam o dobro da taxa de mortes violentas em relação aos brancos, embora a diferença entre mulheres fosse bem menos acentuada. Para todas as outras causas de morte, não houve tendência alguma, sendo que algumas vezes os brancos registravam taxas muito mais elevadas do que os pretos (homens e mulheres), como no caso de câncer, por exemplo, mas o oposto ocorria para doenças cardiovasculares e infecciosas. No que se refere a outras doenças, basicamente não houve diferenças em termos raciais, sendo o sexo o fator determinante mais significativo para as diferenças de mortalidade (**Tabela 8.1**).

Esse padrão foi revelado também em um estudo mais completo de mortes no estado de São Paulo de 1999 a 2001. Pretos e pardos (então incluídos) registravam taxas muito mais elevadas de morte por doenças infecciosas,

Tabela 8.1 Taxas de mortalidade, por causa, de brancos e pretos no estado de São Paulo, 1999*

	Mulheres		Homens	
Causas da Morte	Brancas	Pretas	Brancos	Pretos
Algumas doenças infecciosas e parasitárias	19,3	31,0	36,3	67,3
Neoplasias (câncer)	81,7	74,8	108,6	87,0
Doenças de sangue, hematopoiéticos e transtornos imunitários	2,1	1,4	2,3	2,2
Doenças endócrinas, nutricionais e metabólicas	29,8	39,7	25,9	30,8
Transtornos mentais e comportamentais	1,9	3,3	6,4	19,6
Doenças do sistema nervoso	7,4	5,4	9,8	11,4
Doenças do aparelho circulatório	174,5	199,6	212,9	244,5
Doenças do aparelho respiratório	56,3	43,8	77,4	72,5
Doenças do aparelho digestivo	20,9	21,9	46,4	44,4
Doenças do aparelho geniturinário	8,8	9,8	10,7	11,0
Morte materna	37,9	245,5		
Malformação congênita e deformidades...	5,5	2,3	7,0	3,5
Causas externas (acidente e mortes violentas)	23,3	30,4	136,2	274,4
Número total	**64.512**	**4.085**	**93.000**	**6.921**

Notas: (*) pardos não estão incluídos
Fonte: Seade (2005):988

mortalidade materna, diabetes e mortes violentas, mas os brancos tinham mais probabilidade do que os pretos e pardos de morrer de câncer, doenças pulmonares e a maioria das outras formas de morte.[10] Um estudo sobre mortalidade materna de 2004 a 2007 no Rio Grande do Sul também revelou que as mulheres pretas e pardas, controladas por idade, tinham taxas de mortalidade materna consistentemente mais elevadas do que as brancas, sendo que as mulheres pretas registravam as piores taxas.[11] No Paraná – outro estado do Sul – a mortalidade materna de brancas no período de 2000-2002 foi de

---

10 Esse estudo, no entanto, não analisou o quesito idade, de forma que as taxas mais elevadas de brancos para as doenças degenerativas clássicas podem ser devidas a diferenças na expectativa de vida. Veja Luís Eduardo Batista, Maria Mercedes Loureiro Escuder e Julio Cesar Rodrigues Pereira, "A cor da morte: causas de óbito segundo características de raça no Estado de São Paulo, 1999 a 2001", *Revista da Saúde Pública* 38, n. 5 (2004), p. 33, tabela 2.

11 Ioná Carreno, Ana Lúcia de Lourenzi Bonilha e Juvenal Soares Dias da Costa, "Perfil epidemiológico das mortes maternas ocorridas no Rio Grande do Sul, Brasil: 2004-2007", *Revista Brasileira de Epidemiologia* 15, n. 2 (jun. 2012), p. 401, tabela 3.

49 óbitos por 100 mil nascimentos; já para as mulheres pardas e pretas, em conjunto, o resultado foi de 245 mortes maternas por 100 mil nascimentos.[12]

Por outro lado, um estudo de mortes por AVC e outras doenças cardiovasculares no Brasil em 2010 detectou que as taxas de mortalidade por tais doenças ajustadas por idade mostravam grandes diferenças por cor que diferiam do estudo de São Paulo. Entre os homens, os brancos registravam uma média de 44,4 mortes por mil habitantes por doença cardíaca; para os pardos, foram 48,2 mortes e, para os pretos, 63,3 mortes; sendo que para as mulheres brancas a taxa foi de 29 mortes por mil habitantes; para mulheres pardas, foi de 33,7 mortes, sendo a mais elevada para as mulheres pretas: 51 mortes por mil habitantes. O estudo concluiu que "o ônus da mortalidade por AVC é mais elevado entre pretos em comparação com pardos e brancos".[13] Enfim, um estudo da mortalidade na cidade de Vitória do Espírito Santo, em 2006, mostrou que os pretos tinham probabilidade ligeiramente maior de morrer por qualquer causa e em qualquer grupo etário, tanto em relação aos brancos como em relação aos pardos – o último grupo se colocando no mesmo patamar que os brancos.[14]

Deve-se ressaltar que a região desempenha um papel importante ao influenciar diferenças raciais na mortalidade. Assim, um estudo detalhado de cerca de 34 mil casos de mortalidade infantil mostrou que, exceto no que se refere aos asiáticos, praticamente não há diferenças por raça na taxa de mortalidade infantil nos três estados do Sul, em contraste com as grandes diferenças entre pretos e brancos no Nordeste. Mesmo no Nordeste, os pardos registram taxas inferiores às dos brancos, assim como no Norte e no Centro-Oeste (Tabela 8.2). Por fim, nesse mesmo estudo, as taxas de óbitos pós-neonatais eram mais elevadas entre brancos e pretos no Norte e no Nordeste em relação a todos os outros grupos, mas comparável com todos os outros grupos nas demais regiões.

Outros dados também mostram resultados contraditórios. Assim, na PNAD de 2003, entre as pessoas de 18 anos ou mais com doenças crônicas, praticamente não houve diferenças entre brancos e pretos (42% dos entrevistados disseram ter doença crônica), sendo os pardos e indígenas

---

12 Alaerte Leandro Martins, "Mortalidade materna de mulheres negras no Brasil", *Cadernos de Saúde Pública* (Rio de Janeiro), 22, n. 11 (nov. 2006), p. 2477, tabela 1.

13 Paulo Andrade Lotufo e Isabela Judith Martins Bensenor, "Raça e mortalidade cerebrovascular no Brasil", *Revista de Saúde Pública* 47, n. 6 (2013), p. 1201.

14 Nathalia Modenesi Fiorio, "Mortalidade por raça/cor em Vitória/ES: análise da informação e das desigualdades em saúde" (dissertação de mestrado: Universidade Federal do Espírito Santo, 2009), p. 79, tabela 14.

Raça e estratificação social

Tabela 8.2 Mortalidade infantil por região, 2009/2010*					
Região	Brancos	Pretos	Amarelos	Pardos	Total
Norte	29,9	52,5	28	18,8	21,5
Nordeste	26,5	50,1	8,8	17,8	19,7
Sudeste	13,3	24,1	8,1	13,6	13,6
Sul	11,5	11,4	6,8	11,9	11,6
Centro-Oeste	16,7	43,2	6,3	14,4	16,2
BRASIL	15,2	29,1	9,7	16,6	16,3

Nota: (*) de agosto a julho
Fonte: Caldas et al. (2017):6, tabela 3

a exceção: os pardos com a taxa mais baixa, de 38%, e os indígenas, com a mais elevada, de 48%.[15] Outro estudo sobre pessoas que declararam ter estado de saúde precário mostrou diferenças modestas e insignificativas por cor, embora tenham sido relevantes por sexo. Por outro lado, a "magnitude da associação entre raça e autoavaliação do estado de saúde foi bem menor que a encontrada nos estudos norte-americanos".[16]

Quase todos os estudos detectam algumas diferenças de saúde por raça, mas nem sempre em padrão semelhante por região e sexo. Todos esses estudos também indicam que as diferenças entre os grupos estão declinando lentamente, à medida que todos os estados apresentam um padrão nacional comum. Grande parte desse declínio ocorreu a partir do final dos anos 1990 e especialmente no século XXI com a expansão do SUS. Como mostra a mais recente Pesquisa Nacional de Saúde de 2013, há relativamente pouca diferença entre brancos e os maiores grupos de não brancos no que se refere ao acesso básico a serviços de saúde, exames e equipamentos de assistência à saúde.[17] Por exemplo, o número de gestantes que tinham sido submetidas a ultrassom naquele ano caiu de 99% das brancas para 97% das

---

15 Marilisa Berti de Azevedo Barros, Chester Luiz Galvão César, Luana Carandina e Graciella Dalla Torre, "Desigualdades sociais na prevalência de doenças crônicas no Brasil, PNAD-2003", *Ciência & Saúde Coletiva* 11, n. 4 (2006), pp. 915, tabela 2.

16 Ana Luiza Braz Pavão, Guilherme Loureiro Werneck e Mônica Rodrigues Campos, "Autoavaliação do estado de saúde e a associação com fatores sociodemográficos, hábitos de vida e morbidade na população: um inquérito nacional", *Cadernos de Saúde Pública* 29, n. 4 (2013), p. 731.

17 Todos esses índices de acesso aos serviços de saúde podem ser encontrados em IBGE, Sidra, Pesquisa Nacional de Saúde, <https://sidra.ibge.gov.br/pesquisa/pns> e especialmente em Saúde de Mulheres, nos vs. 4 e 1. Um estudo mais recente indicou que há ainda algumas diferenças no atendimento pré-natal e experiências de partos em hospitais, entre pretos, brancos e pardos. Maria do Carmo Leal et al., "The color of pain: racial iniquities in prenatal care and childbirth in Brazil", *Cadernos de Saúde Pública* 33 Suplemento 1 (2017), pp. 2-17.

pardas, e as mesmas porcentagens foram observadas para consultas médicas no pré-natal.[18] Quanto ao atendimento de longo prazo, havia ainda algumas diferenças entre mulheres por raça. Portanto, 83% das mulheres brancas tinham se submetido ao exame de papanicolau nos últimos três anos, em comparação com 77% das pretas e 76% das pardas. Deve-se ressaltar que nos Estados Unidos, e 2013, apenas 69% das mulheres tinham realizado o exame nos últimos três anos.[19] Apenas 13% das brasileiras brancas de 50 a 69 anos jamais tinham feito uma mamografia, em comparação com 23% das pretas e 24% das pardas nesse grupo etário.[20] Essa taxa estava abaixo dos índices dos Estados Unidos, que eram de 28% para brancas e pretas de 50 a 64 anos.[21] Curiosamente, ainda havia diferenças entre mulheres mais jovens no que se refere ao fato de terem contado com um médico em seu último parto, com 92% das brancas tendo sido atendidas por médico em comparação com 85% das pretas e 84% das pardas.[22]

Entretanto, se os resultados melhoraram em termos de redução das disparidades de saúde por raça, as diferenças de renda mudaram apenas modestamente ao longo do tempo. A média de renda mensal aumentou para brancos e não brancos (usando números deflacionados de 2007), mas, nos últimos anos, houve um aumento modesto na separação entre brancos e pretos/pardos em termos de renda média (Gráfico 8.5).

Distribuídos por região, os salários de pretos e pardos estão consistentemente 40% a 50% abaixo dos salários dos brancos, com poucas diferenças regionais. Os pretos registram melhor resultado nas regiões Sul e Norte, e os pardos registram pior desempenho no Sudeste. Chama atenção o nível inferior consistente da média dos salários dos pardos em comparação com os dos pretos (Gráfico 8.6).

Ao examinarmos a média salarial, em relação à cor e à idade, as diferenças são evidentes. Mulheres em geral ganhavam um terço menos do que os homens. Essa era a proporção das mulheres brancas em relação aos homens brancos. Mas, surpreendentemente, para as mulheres pretas e pardas a dife-

---

18 IBGE, Sidra, tabela 5835.

19 Foram adotados dados brutos – disponibilizados pelo CDC, NCHS, *Health, United States, 2016* (Washington, DC, 2017), p. 270, tabela 71. A versão atualizada dos dados está disponível em <https://www.cdc.gov/nchs/hus/contents2016.htm#071>. Curiosamente, as mulheres afrodescendentes tinham uma porcentagem mais elevada na realização do exame do que as brancas – embora o resultado tenha sido de apenas 75%.

20 IBGE, Sidra, tabelas 5473 e 5488.

21 CDC, NCHS, *Health, United States, 2016*, tabela 70, disponível em: <https://www.cdc.gov/nchs/hus/contents2016.htm#070>.

22 IBGE, Sidra, tabela 5888.

Raça e estratificação social

Gráfico 8.5 Média mensal de renda de pessoas de 10 anos ou mais por raça, 1992-2011

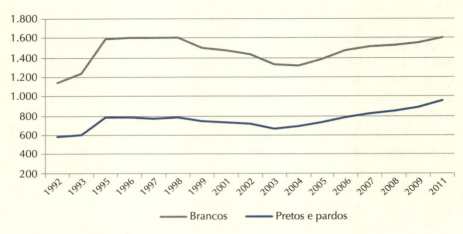

Fonte: IBGE, Sidra, tabela 1173

Gráfico 8.6 Média dos salários mensais nominais de pretos e pardos como participação coeficiente de renda dos brancos por região no Censo de 2010 (brancos = 100)

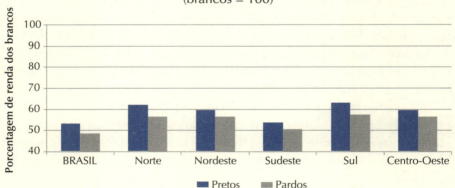

Fonte: IBGE, Sidra, tabela 1382

rença em relação aos homens pretos e pardos era menor, da ordem de 15%. Isso ocorria porque os homens pretos e pardos ganhavam em média 40% menos do que os homens brancos. Ademais, quando comparados dentro de cada sexo, foram observadas diferenças bastante significativas entre brancos e não brancos na maioria das regiões (Tabela 8.3).

Tabela 8.3 Coeficiente médio de renda de pretos e pardos sobre a renda mediana de brancos por sexo e região, para pessoas de 10 anos ou mais com renda, 2010						
	Homens			Mulheres		
Região	Brancos	Pretos	Pardos	Brancas	Pretas	Pardas
Norte	100	98	59	100	94	
Nordeste	100	80	40	100	100	80
Sudeste	100	64	64	100	98	35
Sul	100	73	68	100	100	50
Centro-Oeste	100	77	73	100	81	39
Brasil	100	85	85	100	44	18
Pessoas com renda	27.219.066	4.708.870	21.868.690	24.437.053	3.699.098	18.521.944

Fonte: IBGE, Sidra, tabela 1381

A PNAD detectava consistentemente a mesma dispersão de renda entre brancos, pretos e pardos em todas as ocupações/profissões e em todas as regiões. Em 2003, por exemplo, os brancos ganhavam duas vezes mais que os pretos e pardos, sendo esse dado consistente em todas as regiões. A única exceção foi a Norte, em que ganhavam dois terços do salário médio dos brancos. Além disso, não houve diferença significativa por sexo, sendo que os homens pretos e pardos tinham desempenho modestamente melhor do que as mulheres pretas e pardas. Aliás, o tempo de escolaridade fazia pouca diferença, com pretos e pardos ganhando menos do que os brancos com o mesmo tempo de escolaridade.[23] Esse diferencial continua até hoje, como se pode observar no Censo de 2010. Chama atenção o fato de que, no Censo, os pretos apresentaram melhor desempenho na média de salários do que os pardos em todas as regiões do país, embora ambos estivessem consideravelmente abaixo dos brancos (Gráfico 8.7). Provavelmente isso se deve ao fato de que os pretos se concentravam tanto quanto os brancos no Sudeste, a região mais rica, ao passo que os pardos, até recentemente, se concentravam nas regiões mais pobres do Nordeste. Isso se tornou evidente nos Censos de 1991 e 2000, assim como no de 2010.[24]

---

23 IBGE, *Síntese de Indicadores Sociais 2004*, tabela 11.11.
24 PNAD, Sidra, tabela 136.

Raça e estratificação social

Gráfico 8.7 Índice da média salarial por cor e região, Censo de 2010 (todas as pessoas = 100)

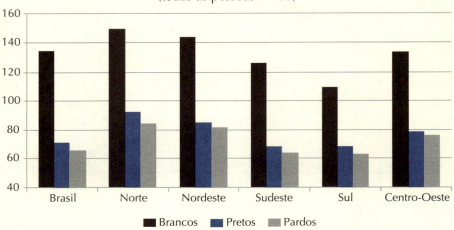

Fonte: IBGE, Sidra, Censo 2010, tabela 1382

A população preta e parda do Brasil tendia mais do que a branca a pertencer à metade inferior dos decis de renda. Cerca de 51% dos brancos se situavam nos 30% de renda superior, ao passo que apenas 27% de pretos e pardos ocupavam essa posição de elite econômica. A acentuada desigualdade tornou-se evidente na distribuição ocupacional, assim como nos salários.[25] Em 2015, cerca de 6% dos brancos trabalhavam no serviço doméstico, em comparação com 10% de pretos e pardos – nessa ocupação, pretos e pardos constituíam 75% da força de trabalho. Por outro lado, compunham metade da proporção de empregadores em comparação com os brancos e, por sua vez, eram apenas um terço desses empregadores (Tabela 8.4).[26]

Mesmo quando a população preta e parda tinha a mesma ocupação, sua renda média era consistentemente inferior à dos brancos. Portanto, em 2003, trabalhadores pretos e pardos do setor formal ganhavam um terço menos em média do que trabalhadores brancos. No setor informal, pretos e pardos ganhavam pouco menos da metade do salário dos brancos. Em 2004, apenas 54% dos brancos e 37% dos pretos e pardos estavam no setor formal, com carteira de trabalho assinada e recebendo pelo menos 1 salário míni-

---

[25] PNAD (Pesquisa Nacional por Amostra de Domicílios 2001): microdados (Rio de Janeiro: IBGE, 2002). 1 CD-ROM, tabela 9.16.
[26] IBGE, *Síntese de Indicadores Sociais 2004*, tabela 11.13.

		Tabela 8.4	Estrutura do mercado de trabalho por cor, 2015			
Cor	Empregado	Trabalhador doméstico	Conta própria	Empregador	Diversos	Total
Participação na ocupação por cor						
Brancos	67,3	5,7	20,3	5,5	1,2	100,0
Pretos	64,8	11,5	20,8	1,9	1,0	100,0
Pardos	63,7	9,2	23,0	2,6	1,5	100,0
Total	65,5	7,7	21,5	4,0	1,3	100,0
Participação da cor em cada ocupação						
Brancos	49,4	35,2	45,3	66,4	42,5	47,9
Pretos	9,8	14,8	9,6	4,6	7,8	9,9
Pardos	40,7	49,7	44,6	27,3	48,8	41,7
Total	100,0	100,0	100,0	100,0	100,0	100,0

Fonte: Elaborado a partir dos microdados da PNAD 2015

mo mensal. Em 2015, os resultados foram, respectivamente, de 66% para brancos e 52% para a população total de pretos e pardos.[27] Entretanto, a desigualdade persistia, e, em todas as regiões, trabalhadores brancos participavam mais do setor formal do que trabalhadores pretos e pardos, embora a diferença ocorresse nas três regiões mais ricas – Sul, Sudeste e Centro-Oeste – e fosse mais grave nas regiões mais pobres (Gráfico 8.8).

Em 2003, entre militares e servidores públicos, pretos e pardos ganhavam um terço menos do que os brancos, e, entre empregadores – o grupo de maior renda para brancos e não brancos –, pretos e pardos ganhavam pouco menos da metade do que os brancos.[28] Todos esses fatores explicam a distribuição de riqueza distorcida por cor. Em 2015, pretos e pardos combinados constituíam 76% dos 10% mais pobres dos detentores de riqueza e renda no país, enquanto compunham apenas 18% dos 1% mais ricos. Houve uma melhora modesta a partir de 2004, quando eram 12% dos 1% mais ricos. Nos dois casos, eram proporções bem inferiores em comparação

---

27 IBGE, *Síntese de Indicadores Sociais, Uma análise das condições da vida da população brasileira, 2015* (Rio de Janeiro, 2016), tabela 5.8, disponível em um conjunto de dados anexado em <https://www.ibge.gov.br/estatisticas-novoportal/sociais/populacao/9221-sintese-de-indicadoressociais.html?edicao=9222&t=downloads>.

28 IBGE, *Síntese de Indicadores Sociais 2004*, tabela 11.14.

Raça e estratificação social

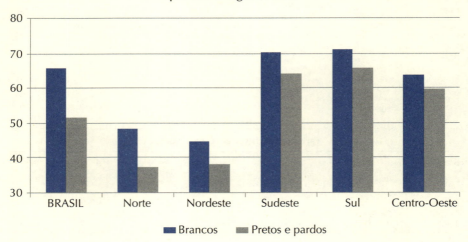

Gráfico 8.8 Porcentagem dos trabalhadores do setor formal por cor e região, 2015

Fonte: IBGE, Síntese de Indicadores Sociais 2015, tabela 5.8

com sua representação na população como um todo.[29] A proporção de não brancos que viviam abaixo da linha da pobreza no Brasil era de cerca de 50%, ao passo que a proporção da população branca era de apenas 25%.[30]

Conforme revelado pela PNAD de 2015, pretos e pardos tinham representação maior no serviço doméstico e menor como empregadores em comparação com brancos. Os pretos tinham proporção mais expressiva na força de trabalho em termos de profissão autônoma. Entre os autônomos, apenas 23% dos pardos e pretos contribuíam para o INSS, em comparação com 40% dos brancos. Claramente, os pardos e pretos eram encontrados mais no mercado informal do que os brancos. Ao examinar o papel deles em cada grande setor da economia, torna-se evidente que os pardos tinham representação maior na agricultura e no serviço doméstico. Pretos e pardos eram menos representados nas áreas de administração pública e educação e saúde, e os brancos tinham representação mais relevante em

---

[29] IBGE, *Síntese de Indicadores Sociais, Uma análise das condições de vida da população brasileira, 2015* (Rio de Janeiro, 2016), tabela 6.7, disponível em um conjunto de dados anexado em <https://www.ibge.gov.br/estatisticas-novoportal/sociais/populacao/9221-sintese-de-indicadores-sociais.html?edicao=9222&t=downloads>.

[30] PNUD, Cedelpar, "Atlas Racial Brasileiro – 2004".

tais áreas. Chama atenção o fato de que pardos e pretos constituíam dois terços dos trabalhadores rurais e domésticos e a metade ou mais em todos os outros campos, exceto na área de educação e saúde e no setor industrial (Tabela 8.5). Os pardos eram especialmente bem representados em todos os níveis nas organizações policiais e militares e encontrados, ao lado de pretos, como técnicos de laboratório e em inúmeros campos. Também tinham representação significativa como professores do ensino fundamental, no setor de transportes e nas artes, embora ela fosse menor nas profissões liberais.

É evidente que, mais de um século após a emancipação, a população afrodescendente do Brasil permanece assustadoramente pobre e com pouca representação nas ocupações de nível mais elevado e entre as classes mais ricas. Assim como houve grande saída da indigência e pobreza no último quarto de século, os aspectos de ocupação, renda e educação melhoraram para esse subconjunto da população nacional. As diferenças em termos de saúde entre brancos e não brancos diminuíram consideravelmente, e a defasagem na média de anos de escolaridade entre eles vem diminuindo gradualmente. E isso tem ocorrido tão rápido que se pode até esperar que as diferenças referentes à educação entre brancos e não brancos desapareçam em poucos anos. O fato pode ser constatado nos resultados das matrículas escolares de 2003, que mostram pouca diferença por cor nas proporções de inscrições de quase todos os coortes etários. Apenas nos coortes com mais idade houve diferença expressiva, e a distribuição não foi tão extrema. Portanto, para os estudantes de 15-17 anos – ou seja, entre os alunos do ensino médio – e para os de 20-24 anos – aqueles matriculados nas escolas de nível superior – houve uma diferença de 7% entre não brancos e brancos.[31] Embora o tempo de escolaridade no momento esteja se normalizando em todos os grupos, a crescente divisão, em termos de qualidade, entre alunos de escolas públicas e privadas do ensino fundamental e médio passou a ser uma grande barreira, uma vez que os ricos predominam nas escolas privadas do ensino fundamental e médio e os pobres frequentam escolas públicas do ensino fundamental e médio de baixa qualidade. O contrário ocorreu no ensino superior, com os ricos dominando as universidades públicas mais avançadas e os pobres relegados às faculdades privadas de pior qualificação. Portanto, a educação, que inicialmente se tornou a principal motivadora da mobilidade até os anos 1980 e 1990, agora cria novas barreiras, justamente quando brancos e não brancos atingem níveis comparáveis de tempo de escolaridade.

---

31 Os resultados eram de 86% a 79% para o coorte de 15-17 anos e de 30% a 23% para o grupo de 20-24 anos. IBGE, *Síntese de Indicadores Sociais 2004*, tabela 11.4.

Tabela 8.5   Distribuição dos trabalhadores pelos principais setores da economia por cor, 2015

Cor	Agricultura	Indústria de Transformação	Construção	Comércio	Alimentos e alojamento	Transportes e comunicação	Administração pública	Educação, saúde e serviços sociais	Serviços domésticos	Outros	Total
				Participação no setor por cor							
Brancos	10,4	14,6	7,1	19,0	4,7	5,7	5,5	12,6	5,2	15,4	100,0
Pretos	12,6	11,1	12,2	16,5	5,5	5,3	4,7	9,2	10,1	12,9	100,0
Pardos	17,7	11,6	10,6	18,1	5,2	5,3	4,5	8,7	7,7	10,5	100,0
Total	**13,9**	**12,9**	**9,1**	**18,3**	**5,0**	**5,5**	**5,0**	**10,5**	**6,8**	**13,0**	**100,0**
				Participação da cor no setor							
Brancos	34,3	51,5	35,2	47,2	42,7	47,2	50,3	54,6	34,6	54,1	45,6
Pretos	9,0	8,5	13,3	8,9	10,9	9,6	9,3	8,8	14,8	9,9	10,0
Pardos	56,7	39,9	51,5	43,9	46,3	43,2	40,4	36,6	50,6	36,0	44,4
Total	**100,0**	**100,0**	**100,0**	**100,0**	**100,0**	**100,0**	**100,0**	**100,0**	**100,0**	**100,0**	**100,0**

Fonte: Elaborado a partir de microdados da PNAD 2015

Gráfico 8.9 Média de diferenças salariais entre homens e mulheres e entre pretos e brancos, 1995-2005

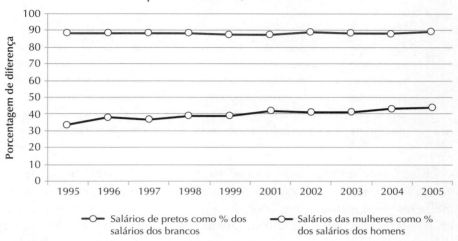

Fonte: Paes de Barros et al. (2007):14

Quase todos os estudos de renda e raça mostram diferenças significativas até o momento, sendo que algumas delas provavelmente resultaram da nova barreira na educação. Um importante estudo realizado pelo Ipea mostra que ainda existem diferenças em termos de discriminação, mas sugere que elas sejam bem piores em termos de gênero do que de raça, com a média salarial de brancos sendo cerca de 11% a 12% superior do que os salários dos pretos, embora as diferenças entre os salários de homens e mulheres sejam muito maiores, passando de dois terços para aproximadamente metade do salário de mulheres entre 1995 e 2005 (**Gráfico 8.9**). Portanto, de maneira geral, o estudo do Ipea detectou maior discriminação em termos de gênero do que de cor em todas as suas análises.[32]

Os resultados referentes a cor e gênero questionam essas diferenças persistentes, mas, felizmente, já estão em processo de declínio. Elas se devem à discriminação exercida pelos empregadores e à segmentação do mercado, em que as mulheres ou não brancos se concentram em empregos de baixos salários? A segmentação existe apenas por tipo de indústria ou ela é espacial, por região ou estado? Representa o peso relativo do mercado formal

---

[32] Ricardo Paes de Barros, Samuel Franco e Rosane Mendonça, "Discriminação e segmentação no mercado de trabalho e desigualdade de renda no Brasil" (texto para discussão 1288; Rio de Janeiro: Ipea, 2017), p. 14.

e informal ou se deve a caraterísticas individuais diferentes de mulheres e pretos em comparação com homens brancos? Como Ricardo Paes de Barros e coautores observaram:

> O mercado gera desigualdade tanto quando remunera de forma diferenciada homens e mulheres ou brancos e negros de mesma produtividade, como quando existem diferenças de remuneração entre trabalhadores perfeitos substitutos na produção ocupando postos em distintos segmentos do mercado de trabalho. No primeiro caso, dizemos que os diferenciais decorrem de discriminação no mercado de trabalho e, no segundo, de sua segmentação.[33]

Essa é uma questão fundamental na literatura e foi respondida de diversas maneiras. Vários estudos mostram que, embora a porcentagem de mulheres empregadas seja menor do que a dos homens, para as pessoas economicamente ativas há pouca diferença nas proporções de emprego e desemprego. Mas, em geral, a semana de trabalho das mulheres é de 5 horas a menos que a dos homens, o que pode explicar algumas das diferenças de salário. Vários autores destacam que há segmentação no mercado, com uma proporção muito elevada de mulheres que trabalham em setores predominantemente femininos (como magistério ou serviço doméstico), nos quais os homens se concentram menos, o que explica as diferenças de salários. Mesmo quando se controlam o nível de educação e a segmentação do mercado, as mulheres ainda recebem salários inferiores aos dos homens. Recentemente, alguns autores argumentaram que a grande diferença está no status interprofissional, sendo que os homens têm consistentemente status mais elevado e, portanto, mais renda do que as mulheres, possivelmente devido à sua posição anterior no mercado de trabalho, em comparação com as mulheres que chegaram depois.[34] Entretanto, todos os estudos indicam que, quanto mais elevado o nível educacional dos trabalhadores, menor é a discriminação salarial, sugerindo um declínio continuado na discriminação por sexo à medida que as mulheres continuam a registrar níveis mais elevados de educação em relação aos homens.[35]

---

33 Barros, Franco e Mendonça, *op. cit.*, p. 8.

34 Ricardo Paes de Barros, Carlos Henrique Corseuil, Daniel Domingues dos Santos e Sérgio Pinheiro Firpo, "Inserção no mercado de trabalho: diferenças por sexo e consequências sobre o bem-estar" (texto para discussão 796; Rio de Janeiro: Ipea, 2001), pp. 4-5.

35 Quanto ao declínio das diferenças seculares – que foi mais rápido no Brasil do que nos Estados Unidos, veja Ana Carolina Giuberti e Naércio Menezes-Filho, "Discriminação de rendimentos por gênero: uma comparação entre o Brasil e os Estados Unidos", *Economia Aplicada* 9, n. 3 (2005), pp. 369-383.

Gráfico 8.10 Mediana de renda por cor, sexo e situação de trabalho, São Paulo, 2002

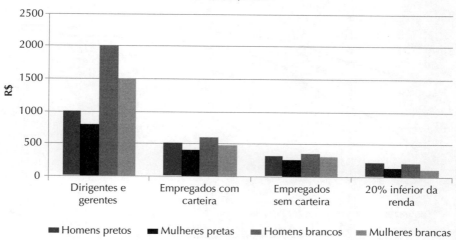

Fonte: Cacciamali e Hirate (2005): 775, tabela 2

A discriminação salarial está declinando para mulheres brancas, mas qual é a situação de não brancos em comparação com brancos? Mesmo quando pretos alcançam um status profissional mais elevado, a renda recebida é menor do que a de brancos. Na realidade, a média de renda era a metade da obtida pelos brancos como diretores e administradores de empresas em São Paulo em 2002. Porém, descendo na hierarquia profissional, o salário mensal de trabalhadores com carteira assinada mostrou uma diferença modesta entre brancos e não brancos dos dois sexos e entre homens brancos e mulheres brancas. Isso indica que na base da pirâmide de renda há maior igualdade por cor e sexo (**Gráfico 8.10**). Há também um padrão não usual. Homens pretos geralmente têm melhor resultado do que mulheres brancas entre gerentes e diretores no estado de São Paulo e na Bahia. Os autores desse estudo comparativo de 2002 afirmam que a "a discriminação [racial e por gênero] está presente no mercado de trabalho brasileiro", independentemente da estrutura do mercado ou da composição racial da força de trabalho.[36]

---

36 Maria Cristina Cacciamali e Guilherme Issamu Hirata, "A influência da raça e do gênero nas oportunidades de obtenção de renda – uma análise da discriminação em mercados de trabalho distintos: Bahia e São Paulo", pp. 774-785.

Gráfico 8.11 Porcentagem de pessoas de 7 a 14 anos que frequentam escola por raça, 1992-2009

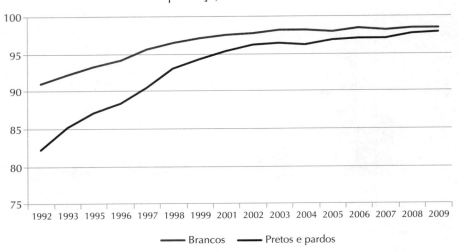

Fonte: IBGE, Sidra, tabela 1186

Gráfico 8.12 Porcentagem de adultos alfabetizados de 15 anos ou mais por raça, 2004-2015

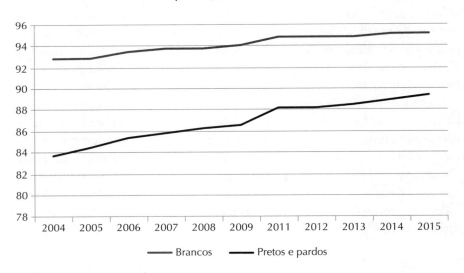

Fonte: IBGE, Sidra, tabela 1188

Devido à sua influência na mobilidade e renda, o papel da discriminação no âmbito educacional se tornou uma importante área de pesquisas recentes. Como inúmeros estudos enfatizaram, salários e mobilidade estão profundamente relacionados com os níveis de educação e escolaridade. A questão que se coloca é sobre o melhor ou pior desempenho dos pretos e pardos em comparação com os brancos. De fato, as diferenças entre sexos em termos de educação mudaram mais rapidamente do que as mudanças entre brancos e não brancos. Enquanto as mulheres atingiram igualdade de tempo de escolaridade nos anos 1980, somente agora, no final da segunda década do século XXI, não brancos e brancos estão se aproximando da igualdade no que se refere a matrículas escolares. Em 1991, havia uma diferença de 9% na frequência à escola, mas essa diferença caiu para menos de 1% em 2009 (**Gráfico 8.11**).

Esse fato levou a um declínio lento, mas constante, na distribuição entre taxas de alfabetização de brancos e não brancos. Considerando-se o desenvolvimento tardio da participação em iguais condições em nível do ensino fundamental, virão outras gerações até que as taxas de alfabetização sejam as mesmas entre brancos e pretos. Em 2004, a taxa de alfabetização para a população de 15 anos ou mais era de 92,8% para brancos e de apenas 83,7% para não brancos. A defasagem diminuiu lentamente, ao passo que a taxa de alfabetização aumentava mais rapidamente para pretos/pardos do que para brancos, de forma que a diferença entre os dois grupos chegou a declinar de 10% em 2004 para apenas 6% em 2015 (**Gráfico 8.12**).

Tais mudanças também podem ser observadas no levantamento de analfabetos funcionais, ou seja, aqueles que têm algum nível de escolaridade, mas não sabem ler e escrever adequadamente. Na PNAD de 2004, por exemplo, cerca de 67% dos adultos não brancos eram analfabetos funcionais, enquanto apenas a metade dos brancos tinha essa desvantagem.

Em 2015, cerca de 49% dos adultos pretos e pardos (25 anos ou mais) eram analfabetos funcionais, contra cerca de 35% dos brancos nessa categoria. Embora ainda em desvantagem, a defasagem em lento declínio entre brancos e não brancos deve prevalecer ao longo do tempo, já que pretos e pardos apresentam taxas de alfabetização em crescimento mais rápido do que os brancos.[37]

---

37 IBGE, *Síntese de Indicadores Sociais, Uma análise das condições da vida da população brasileira, 2016* (Rio de Janeiro, 2016), tabela 4.14, disponível em um conjunto de dados anexado em <https://www.ibge.gov.br/estatisticas-novoportal/sociais/populacao/9221-sintese-de-indicadoressociais.html?edicao=9222&t=downloads>. Os analfabetos funcionais eram definidos como aqueles sem instrução e com ensino fundamental incompleto.

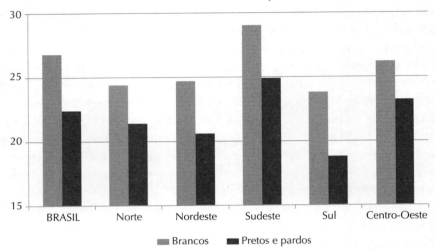

Gráfico 8.13 Porcentagem de pessoas entre 25-64 anos com 11 anos de escolaridade por cor, 2009

Fonte: IBGE, Sidra, tabela 3899

Tabela 8.6 Média de anos de escolaridade por sexo e cor, 1989 e 2015

1989	Brancos	Pretos	Pardos	Total
Homens	7,4	4,9	5,7	6,6
Mulheres	7,9	5,0	6,0	6,9
Total	7,6	4,9	5,9	6,7

2015	Brancos	Pretos	Pardos	Total
Homens	8,3	7,5	6,9	7,6
Mulheres	8,7	7,9	7,4	8,1
Total	8,5	7,7	7,1	7,8

Fonte: Cavalieri & Fernandes (1988): 161, tabela 3; 2015. Calculado a partir de microdados da PNAD

No mesmo período, a diferença na média de tempo de escolaridade de pretos e pardos declinou de 2,1 anos abaixo dos 7 anos dos brancos em 2001 para apenas 1,8 ano abaixo dos 8,8 anos dos brancos em 2015.[38] Essa defasagem entre brancos e não brancos é a norma para todas as regiões do Brasil. Assim como em todos os outros índices educacionais, a distribuição de tempo de escolaridade entre brancos e não brancos declinou consideravelmente no período recente, à medida que bem mais pessoas concluíram o ensino médio. O número de alunos brancos formados no ensino médio aumentou 0,4% ao ano entre 2009 e 2015, constituindo 29,4% de todos os brancos adultos no período, mas a quantidade de pretos e pardos cresceu 2,9% ao ano no mesmo período, o que significa que 27,4% deles se formaram no ensino médio em 2015. Portanto, a defasagem caiu pela metade, sendo que pretos e pardos agora representam 93% da taxa de brancos que concluíram o ensino médio. Além disso, o Sudeste deixou de registrar uma das maiores defasagens entre brancos e não brancos (86% da taxa de formados brancos em 2009 para 98% em 2015), mudança não registrada no Sul, que nesse mesmo ano permaneceu como a pior de todas as regiões em termos de diferença nas taxas de formados entre brancos e pardos e pretos (**Gráfico 8.13**).

No entanto, ainda há diferenças por sexo e cor. Embora todas as mulheres tivessem melhores resultados do que os homens em termos educacionais, as não brancas ainda estão bem atrás dos níveis atingidos pelas mulheres brancas e ainda mais abaixo dos níveis atingidos por homens brancos. Esse fato pode ser observado na evolução do tempo de escolaridade. No final dos anos 1980, as PNADs revelaram que as mulheres tinham consistentemente melhor nível de escolaridade do que os homens de sua cor (**Tabela 8.6**) e esse fato permaneceu inalterado. Embora todos os grupos de homens e mulheres aumentassem em termos de níveis educacionais em 2015, os grupos de pessoas pretas aumentaram mais rapidamente. A diferença entre homens pretos e homens brancos passou de 2,5 anos, em comparação com os brancos, em 1989, para 0,9 em 2015; no mesmo período, a diferença entre mulheres pretas e brancas caiu de 3 anos completos para 0,9. Por outro lado, a posição dos pardos mudou também naquele período, porém mais moderadamente (**Tabela 8.6**).

As diferenças gerais em termos educacionais entre brancos e não brancos continuaram a declinar sistematicamente no século XXI. Entre 2004 e

---

38 IBGE, *Síntese de Indicadores Sociais 2016*, tabela 4.13, disponível em um conjunto de dados anexado em <https://www.ibge.gov.br/estatisticas-novoportal/sociais/populacao/9221-sintese-de-indicadoressociais.html?edicao=9222&t=downloads>.

Raça e estratificação social

Gráfico 8.14 Média de anos de estudo das pessoas de 25 anos ou mais por cor, 2004-2014

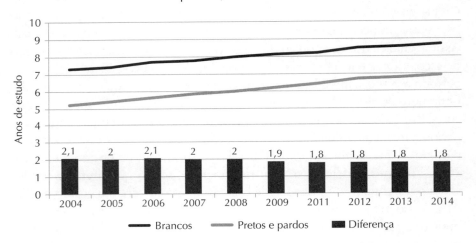

Fonte: IBGE, Sínteses de Indicadores Sociais 2017, tabela 3.12

2014, houve um aumento constante de tempo de escolaridade dos mais velhos, com idade superior a 25 anos. Os homens ficaram bem atrás das mulheres (de 0,02 anos a 0,4 anos), e os pretos reduziram a diferença em relação aos brancos, mas a defasagem ainda era de 1,8 ano. Em 2014, as mulheres tinham 8,1 anos de escolaridade, e os homens, 7,7 anos, sendo que os brancos atingiam 8,8 anos, enquanto os não brancos (pretos e pardos), 7, embora as diferenças que inicialmente pareciam mudar pouco declinaram de maneira moderada desde 2006: de 2 anos de diferença entre os dois grupos para 1,8 ano (**Gráfico 8.14**).[39]

Como todos os estudos indicam, houve um aumento expressivo no nível educacional da população no período entre o Censo de 1960 e o de 2010. O nível educacional dos dois sexos e todas as raças aumentou significativamente, sobretudo após a universalização do ensino fundamental no Brasil nos anos 1990. Mas é evidente que as mulheres tiveram melhores resultados do que os homens em termos de escolaridade e que os pretos e pardos ainda estão abaixo dos níveis educacionais dos brancos. A mudança mais importante para brancos e não brancos de ambos os sexos é que a defasagem diminuiu

---

[39] IBGE, Tabela 4.13, Síntese de Indicadores Sociais 2016. Disponível em: <https://ww2.ibge.gov.br/home/estatistica/populacao/condicaodevida/indicadoresminimos/sinteseindicsociais2015/default_tab_xls.shtm>, acesso em: 27.12.2017.

consideravelmente entre homens e mulheres desde 1960. A taxa de defasagem entre homens pardos/brancos passou de 10% da taxa de brancos formados no ensino médio e superior para quase dois terços da taxa dos brancos em 2010. Essa redução ocorreu ainda mais rapidamente para as mulheres pardas, que atingiram 78% das taxas das mulheres brancas em 2010. Mudanças similares ocorreram para homens e mulheres pretas (Tabela 8.7).

Um resumo dos níveis de educação conquistados pelas pessoas de 25 anos nas PNADs, adotando as definições educacionais mais simples para a população brasileira, revela os mesmos padrões que os dados dos censos decenais. Entre 2004, a primeira PNAD em que foram disponibilizados dados comparáveis, e 2015, a defasagem entre brancos e pretos/pardos continuava a declinar à medida que o nível educacional do último grupo aumentava em ritmo mais rápido do que o grupo de brancos (Tabela 8.8).

Na maioria dos outros índices educacionais analisados, como a idade de alunos matriculados por série e taxas de retenção, a defasagem racial também se mostrou em declínio nos últimos anos. Assim, para os alunos matriculados de 15-17 anos, que eram mais velhos do que o respectivo grupo etário da classe, um claro sinal de escolaridade disfuncional, havia inicialmente uma defasagem muito mais elevada entre brancos e pretos/pardos. Em 2004, a metade dos estudantes pardos e pretos estava acima da idade, em comparação com apenas mais de um quarto dos brancos. Em 2015, a taxa caiu para 19%, para brancos, e 31%, para não brancos.[40]

Dois padrões distintos surgem quando se comparam as taxas de conclusão por nível de escolaridade para cor e sexo em 2015. As mulheres consistentemente registram melhores resultados do que os homens em todos os grupos de raça. Ao mesmo tempo, pretos e pardos ainda registram o menor nível de escolaridade. Os brancos que não tinham escolaridade ou haviam concluído apenas o ensino fundamental respondiam por 35% de todas as pessoas brancas com mais de 25 anos, enquanto os pretos registravam uma participação nesse grupo etário de 47% e os pardos 50%. Por outro lado, o impacto do aumento de oportunidades educacionais é visto nos alunos formados no ensino médio, que obtêm resultados basicamente iguais em todos sexos e cores. Essa equiparação ainda não foi observada nos estudantes formados do ensino superior. Entre eles, as mulheres não apenas superam os homens, mas há também uma diferença bastante significativa

---

40 PNAD 2016, Tabela 4.8, "Proporção de estudantes de 15 a 17 anos de idade com distorção idade-série,..." disponível em <https://www.ibge.gov.br/estatisticas-novoportal/sociais/populacao/9221-sintese--de-indicadores-sociais.html?edicao=9222&t=downloads>.

Raça e estratificação social

Tabela 8.7 Anos de escolaridade de pessoas de 25 ou mais por sexo e cor, 1960, 2010

	1960			2010		
Homens	**Brancos**	**Pretos**	**Pardos**	**Brancos**	**Pretos**	**Pardos**
Sem escolaridade	33,0	65,1	60,5	0,9	2,1	2,2
Alguma educação primária completa	33,3	25,2	28,7	22,5	32,8	33,2
Primário, de 4 anos, completo	23,5	8,9	9,2	13,7	13,6	13,8
Primário, de 6 anos, completo	4,8	0,6	1,1	20,7	21,6	21,5
Ginásio completo	0,3	0,0	0,1	5,0	5,8	5,5
Colegial completo	2,4	0,1	0,3	20,5	18,0	17,4
Algum curso universitário completo	0,5	0,0	0,1	4,6	2,6	2,4
Superior completo	2,2	0,0	0,2	12,0	3,6	3,9
Total	**100,0**	**100,0**	**100,0**	**100,0**	**100,0**	**100,0**

	1960			2010		
Mulheres	**Brancas**	**Pretas**	**Pardas**	**Brancas**	**Pretas**	**Pardas**
Sem escolaridade	43,8	76,8	72,3	0,8	1,9	1,7
Alguma educação primária completa	25,9	16,1	19,3	21,4	30,8	30,4
Primário, de 4 anos, completo	22,7	6,7	7,3	13,4	12,8	12,9
Primário, de 6 anos, completo	4,7	0,3	0,7	18,4	20,1	20,2
Ginásio completo	0,2	0,0	0,0	4,7	5,8	5,7
Colegial completo	2,3	0,1	0,2	21,3	19,4	19,5
Algum curso universitário completo	0,1	0,0	0,0	4,5	3,3	3,1
Superior completo	0,3	0,0	0,0	15,5	6,0	6,5
Total	**100,0**	**100,0**	**100,0**	**100,0**	**100,0**	**100,0**

Fonte: Uso público da amostra do Censo de 1960, 2010 IPUMS

entre homens e mulheres de cor branca e homens e mulheres de cor preta e parda (Tabela 8.9).

O que dizer de casamentos e uniões informais e raça? Eles refletem discriminação com base na cor da pele? Até que ponto os casais informais são endógamos em termos de pretos e pardos? Inicialmente, é importante reconhecer que houve uma mudança significativa nas uniões informais, que atualmente atingem todas as classes sociais e todos os grupos raciais. Trata-se,

Tabela 8.8   Escolaridade completa das pessoas de 25 anos ou mais por raça, 2004/2015

Cor	Nenhuma	Fundamental Incompleto	Fundamental Completo	Médio Incompleto	Médio Completo	Superior incompleto	Superior Completo
			2004				
Brancos	10,5	39,5	9,6	3,8	20,7	3,7	11,8
Pretos e Pardos	22,1	44,8	8,0	4,0	15,5	1,7	3,3
			2015				
Brancos	7,4	27,8	9,5	3,4	27,4	4,6	19,7
Pretos e Pardos	14,4	34,6	9,8	4,7	25,5	3,1	7,7

Fonte: PNAD 2016, tabela 4.14 - Nível de ensino das pessoas de 25 anos ou mais

Tabela 8.9   Nível de escolaridade, por cor e sexo, de pessoas de 25 anos ou mais, 2015

	Brasil					
	Brancos		Pretos		Pardos	
Nível	Homens	Mulheres	Homens	Mulheres	Homens	Mulheres
Sem escolaridade	7,2	7,6	14,6	14,3	15,1	13,7
Fundamental incompleto	28,7	27,2	34,3	31,2	36,5	33,8
Fundamental completo	10,1	9,0	10,3	9,8	10,1	9,4
Médio incompleto	3,6	3,2	5,3	4,7	4,8	4,6
Médio completo	27,3	27,6	26,7	27,9	24,3	25,9
Superior incompleto	5,0	4,3	3,0	3,6	2,8	3,3
Superior completo	18,1	21,2	5,8	8,5	6,4	9,2
Total	**100,0**	**100,0**	**100,0**	**100,0**	**100,0**	**100,0**

Fonte: Microdados da PNAD 2015

certamente, do declínio do casamento formal e do crescimento das uniões consensuais. Embora essas últimas sejam tradicionalmente um arranjo institucional das classes inferiores remontando aos tempos coloniais, e, portanto, mais prevalente entre pretos e pardos, as mudanças na situação jurídica das mulheres que vivem em uniões informais e a garantia dos direitos dos filhos, conforme mencionado anteriormente, fez com que uniões consensuais surgissem cada vez mais entre todos os grupos, inclusive de cidadãos brancos.

Raça e estratificação social

Tabela 8.10 Distribuição por tipo de União Conjugal, de mulheres de 20 a 29 anos, por cor, Censos de 1980, 1991, 2000 e 2010*

	1980		1990		2000		2010	
Raça/cor	União consensual	Casada	União consensual	Casada	União consensual	Casada	União consensual	Casada
Brancas	9,7	90,3	18,8	81.2	37,4	62,7	49,4	50,6
Pretas	19.1	80,9	32,1	67,9	51,0	48,3	55,8	44,2
Pardas	27,7	72,3	40,7	59,3	58,1	41,9	60,8	39,2

Fonte: Longo (2011): 96, tabela 7 para 1980-2000; e IBGE, Sidra, tabela 3487 para 2010
Notas: O autor usa amostras dos três primeiros censos, e as tabelas IBGE Sidra para o universo da mulheres

Como se observa em uma análise do coorte de mulheres de 20-29 anos, a proporção das mulheres que coabitam com homens em uniões consensuais cresce continuamente desde o final do século XX e aumenta de maneira consistente em todos os grupos. Entre as mulheres brancas dessa faixa etária, as que vivem em uniões consensuais passaram de 10% para 49% de todas as mulheres que coabitam com homens. Essa mudança se realizou com mais intensidade e rapidez nas mulheres pardas e pretas, mas atualmente se torna a forma dominante de relacionamento para esse grupo etário de mulheres. Segundo o último Censo de 2010, as uniões consensuais respondiam por 56% dos casais (**Tabela 8.10**).

De maneira semelhante, houve um declínio nas relações endógamas com base na cor da pele. Ou seja, a porcentagem de brancos que se casavam com brancos passou de mais de 90% em 1960 para cerca de 80%, tanto para homens como para mulheres, em uniões heterossexuais em 1991.[41] De maneira geral, para todos os grupos de pretos, pardos e brancos, a endogamia racial passou de 88% dos casamentos em 1960 para 80% em 1980, caindo para 69% em 2000. Embora esse resultado esteja longe da igualdade total para todos os grupos, o declínio das relações endógamas está se aproximando do que ocorreria se não houvesse preconceito de classe ou de cor. Uma estimativa baseada nas proporções da população sugere que as taxas de endogamia seriam de 51% em 1960, 48% em 1980 e 45% em 2000 se não houvesse distinção de cor.[42]

---

41 Edward E. Telles, *Race in another America: The significance of skin color in Brazil* (Princeton: Princeton University Press, 2014), pp. 176-177.

42 Carlos Antonio Costa Ribeiro e Nelson do Valle Silva, "Cor, educação e casamento: tendências da seletividade marital no Brasil, 1960 a 2000", *Dados – Revista de Ciências Sociais* 52, n. 1 (2009), p. 5.

Desses grupos raciais autodeclarados, a maioria dos brancos e pardos vivia com parceiros do mesmo grupo racial no Censo de 1991, enquanto pretos de ambos os sexos eram, na maioria, os que se casavam com pessoas de outro grupo de cor. Das mulheres pretas que se casavam fora de sua identidade de cor, 32% viviam com homens pardos e 19% com homens brancos. Por outro lado, 26% das mulheres pardas viviam com homens brancos e apenas 3% delas tinham parceiros pretos, sugerindo os tradicionais objetivos de "branqueamento" dos casamentos brasileiros. Inicialmente, as mulheres se casavam fora de sua identidade racial mais do que os homens, exceto as mulheres brancas em 1990. Mas esse resultado se reverteu em 2000, à medida que mais homens se casavam de forma exógena, novamente as mulheres brancas eram a exceção, pois já se casavam fora de sua identidade racial mais do que os homens brancos (**Gráfico 8.15**).

Considerando-se esses padrões nas mudanças de longo prazo, restou evidente, como demonstraram análises das PNADs de 1987 e 1998, que, quanto mais jovem era o casal, mais elevada seria a taxa de casamentos exógamos, sendo esse resultado semelhante para todos os grupos raciais.[43] Parece também haver uma reversão em alguns dos níveis entre educação e casamento interracial. Como concluiu um estudo, "os resultados mostram que um indivíduo de uma raça/cor de menor status social tem mais chances de se unir a um parceiro de uma raça/cor de maior status social quando as diferenças nos níveis de escolaridade compensarem essas diferenças raciais".[44] Portanto, independentemente das vantagens de beleza versus status que talvez influenciem os casamentos interraciais, a escolaridade é um importante componente que, em alguns casos, parece compensar o status racial inferior. Além disso, dada a crescente vantagem das mulheres em todos os níveis de educação, a distribuição geral entre os níveis educacionais do marido e da mulher nos casamentos exógamos caiu pela metade entre 1960 e 2000. No caso de pretos que se casam entre si, os níveis educacionais são iguais, e há uma diferença modesta nos casamentos entre brancos/pretos e brancos/pardos.[45] Como outro estudo de escolaridade e casamentos interraciais concluiu:

---

43 José Luis Petruccelli, "Seletividade por cor e escolhas conjugais no Brasil dos 90", *Estudos Afro-Asiáticos* 23, n. 1 (2001), p. 40, tabela 9.

44 Luciene Aparecida Ferreira de Barros Longo, "Uniões intra e inter-raciais, status marital, escolaridade e religião no Brasil: um estudo sobre a seletividade marital feminina, 1980-2000" (tese de doutorado; Belo Horizonte: Universidade Federal de Minas Gerais, 2011), p. 152.

45 Ribeiro e Silva, *op. cit.*, p. 7, tabela 3.

Gráfico 8.15 Endogamia racial de casais, Censos de 1991 e 2000

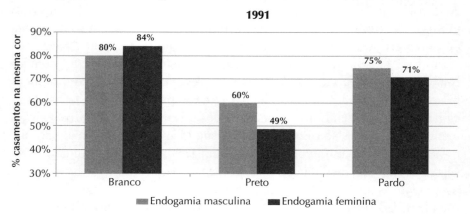

Fonte: IBGE, Sidra, tabela 273

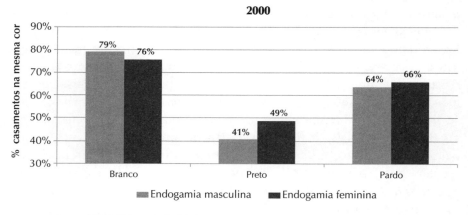

Fonte: IBGE, Sidra, tabela 2642

[...] entre 1960 e 2000, houve uma diminuição realmente significativa nas barreiras, dificultando o casamento entre pessoas brancas, pardas e pretas, bem como entre pessoas com níveis educacionais diferentes. Isso significa que a sociedade brasileira parece estar se tornando significativamente mais aberta aos casamentos cruzando barreiras educacionais e de cor. Isso não quer dizer, no entanto, que as barreiras de cor e educacionais não existam, mas indica uma forte tendência de diminuição dessas barreiras.[46]

---

[46] Ibidem, pp. 45-46.

Resumindo os resultados básicos, esses autores concluíram que há um aumento contínuo nos casamentos interraciais. "Em 1960, 1 em cada 10 de todos os casamentos era entre pessoas de grupos de cor diferentes; em 1980, esse número aumentou para 1 em cada 5; em 2000, para 1 em cada 3."[47]

Outra área em que a discriminação se destaca é a da moradia e residência. Nos Estados Unidos, foi desenvolvida uma metodologia para mensurar a segregação racial em termos de habitação. Os dois índices mais usados são o *índice de dissimilaridade*, que mede a concentração racial, demonstrando qual porcentagem de um grupo racial teria que sair de uma área para que a igualdade fosse atingida com um segundo grupo (digamos, brancos serem iguais a pretos e pardos) em termos de participação na população, e o *índice de isolamento*, que mostra o nível de exposição de um grupo em comparação com outro – em que a porcentagem mais elevada de isolamento indica o menor contato. Um estudo recente detalhado de todos os principais centros metropolitanos do Brasil revelou que o índice de dissimilaridade foi bastante baixo no Brasil em comparação com os Estados Unidos. Assim, em 1980, a cidade de Nova York registrava um índice de dissimilaridade de 75 e São Paulo, de 37; Washington, 79, e Brasília, 39; Chicago, 92, e Salvador, 48. O estudo também revelou que "a exposição residencial de brancos em relação a não brancos no Brasil é evidentemente maior do que nas cidades dos Estados Unidos de composição racial comparável".[48] Outro estudo revelou crescente discriminação das moradias nos níveis de renda superior no Brasil.[49] Novamente, a segregação de renda, assim como a segregação racial em termos de habitação, era considerada de leve a moderada no Brasil, especialmente em comparação com os Estados Unidos, com suas políticas deliberadas de criação de guetos segregados nas cidades do norte na era moderna, resultando em níveis preocupantes de segregação.

---

47 Ibidem, p. 8.

48 Teles, *Race in another America*, cap. 8. A citação é extraída da p. 205.

49 De maneira geral, as taxas de dissimilaridade eram de 0,30, e passaram de 0,18 nos estratos de baixa renda para 0,36 nos de alta renda (acima de 20 salários mínimos). Veja Danilo Sales do Nascimento França, "Raça, classe e segregação residencial no município de São Paulo" (dissertação de mestrado, Universidade de São Paulo, 2010), p. 72, tabela 6. Para outros estudos de segregação de renda, veja Elvis Vitoriano da Silva, "Desigualdade de renda no espaço intra-urbano: análise da evolução na cidade de Porto Alegre no período 1991- 2000" (Dissertação de Mestrado, Universidade Federal do Rio Grande do Sul, 2011), p. 141. Para uma análise detalhada de índices de isolamento pela classe de renda em todos os distritos de uma cidade do Sul de 261 mil habitantes, veja Thayse Cristiane Severo do Prado, "Segregação residencial por índices de dissimilaridade, isolamento e exposição, com indicador de renda, no espaço urbano de Santa Maria - RS, por geotecnologias" (dissertação de mestrado, Universidade Federal de Santa Maria, 2012).

Outra pergunta importante é se a raça afeta as chances de mobilidade social. Com base nos estudos mais recentes no Brasil, parece que a mobilidade ascendente é determinada principalmente pelas condições econômicas e sociais, e não pela raça, mas nos padrões de mobilidade decrescente a raça passa a ter impacto bem maior do que a renda.[50] O Brasil passou por grande mobilidade estrutural devido à rápida urbanização e à industrialização tardia. Há poucas décadas, na segunda metade do século XX, o Brasil passou de uma população principalmente rural para uma sociedade predominantemente urbana, cujo resultado foi uma grande mobilidade social no topo da estrutura ocupacional. Cerca de 80% dos administradores, proprietários de empresas e profissionais vêm de outras classes.[51] Além disso, na década de 1990, na base da estrutura ocupacional, mais da metade dos trabalhadores braçais urbanos tinham origem rural. Isso significa que o Brasil registrou um volume crescente de mobilidade social desde os anos 1970 até os anos 2000.[52]

Um recente grupo de estudos que detalhou profissões de pais e filhos na PNAD disponibilizou uma riqueza de dados para analisar a questão de mobilidade social por raça. Os filhos permanecem no mesmo status ocupacional dos pais ou migram para um nível de renda e profissional superior ou inferior ao deles? Na PNAD de 2014, recentemente divulgada, o IBGE publicou dados de pessoas mais velhas e mais jovens e suas posições ocupacionais em comparação com os pais, distribuídos por raça. O Censo divulga as profissões de Alto status (A), Nível médio (B), Nível inferior (C), Mão de obra urbana semiqualificada (D), Mão de obra urbana não qualificada (E), Mão de obra rural não qualificada (F) em uma gradação decrescente de qualificações, renda e status (**Tabela 8.11**).

---

50 Para uma posição clássica, veja Carlos A. Hasenbalg, Nelson do Valle Silva e Marcia Lima, *Cor e estratificação social no Brasil* (Rio de Janeiro, Contracapa, 1999); e Ricardo Henriques, "Desigualdade racial no Brasil: evolução das condições de vida na década de 90" (Ipea, texto para discussão 807; Rio de Janeiro, julho de 2001). Para argumentos alternativos ressaltando os fatores não raciais que influenciam as diferenças, veja Pedro Ferreira de Souza, Carlos Antonio Costa Ribeiro e Flavio Carvalhaes, "Desigualdade de oportunidades no Brasil: considerações sobre classe, educação e raça", *Revista Brasileira de Ciências Sociais* 25, n. 73 (2010), 77-100; e Carlos Antonio Costa Ribeiro, "Classe, Raça e Mobilidade Social no Brasil *Dados – Revista de Ciências Sociais* 49, n. 4 (2006), pp. 833-873.

51 Ribeiro e Scalon, "Mobilidade de classe no Brasil em perspectiva comparada".

52 Para duas pesquisas básicas de mobilidade social nesse período veja Ribeiro e Scalon, *op. cit.*, *Dados* 44, n. 1 (2001), Carlos Antonio Costa Ribeiro, "Quatro Décadas de Mobilidade Social no Brasil", *Dados* 55, n. 3 (2012); e sua *Estrutura de Classe e Mobilidade Social no Brasil* (Bauru: Edusc, 2007); Maria Celi Scalon, *Mobilidade Social no Brasil: Padrões e Tendências* (Rio de Janeiro: Revan/IUPERJ-UCAM, 1999). Veja também os estudos clássicos de José Pastore (1981), *Inequality and Social Mobility in Brazil* (Madison, University of Wisconsin Press, 1981) e revisões atualizadas em José Pastore e Nelson do Valle Silva, *Mobilidade Social no Brasil* (São Paulo: Makron, 2000).

Para entender melhor essas distinções, criamos uma tabela de diferenças absolutas entre brancos e não brancos para cada grupo ocupacional, ou seja, diferenças derivadas da Tabela 8.11 subtraindo cada porcentagem de não brancos da porcentagem correspondente de brancos.[53] A tabela mostra a probabilidade relativa de mobilidade entre cada categoria para os dois grupos raciais. Chama atenção na tabela o fato de que, com apenas uma exceção, todas as porcentagens abaixo da linha diagonal são negativas, e, com duas exceções, todas as porcentagens acima da linha diagonal são positivas. Isso sugere que as chances de mobilidade ascendente para brancos são maiores do que para pretos e que as chances de mobilidade decrescente para pretos são maiores do que para brancos. Também ocorre que os filhos de brancos do grupo de alto status tendem mais a manter o status do pai do que os pretos, sendo que os brancos do grupo de status profissional inferior, ou seja, a mão de obra rural, têm maior probabilidade do que os pretos de apresentar mobilidade ascendente (**Tabela 8.12**).

A mesma pesquisa também classificou filhos e filhas em dois coortes etários, os de 25-44 anos e os de 45-65 anos. O coorte mais velho, portanto, inclui uma geração que estava em idade economicamente ativa no final dos anos 1970 até o início dos anos 1990, ou seja, no período de grande mudança estrutural. Os resultados de diferença absoluta são aproximadamente os mesmos para os dois coortes etários dos filhos, sugerindo, desse modo, que pouco mudou ao longo do tempo no padrão de mobilidade social por raça. A pesquisa de 2014 sugere que houve uma diferença modesta entre homens e mulheres por raça, pelo menos entre as posições da elite de Nível médio (B) e Alto status (A). Por sua vez, as mulheres não brancas, assim como os homens não brancos, tiveram maus resultados em todas as combinações de status de pais e filhos que, na época, eram mão de obra urbana não qualificada (E) ou mão de obra rural não qualificada (F) (**Tabela 8.13**).

No entanto, como outros autores indicaram, esses dados não levam em conta a educação, renda, porcentagem da população, residência e outras variáveis que poderiam mitigar o impacto racial. Portanto, um estudo selecionou apenas São Paulo, adotando os dados da PNAD de 1996, e eliminou todos os migrantes. Também adotou o modelo de diferenças absolutas, sendo que os resultados obtidos indicam que o fator racial teve grande influência. Porém o estudo também mostrou uma diferença muito mais extrema

---

53 Esse é o modelo usado por Telles.

Raça e estratificação social

Tabela 8.11 Porcentagem da mobilidade ocupacional entre pais e filhos de 25 anos ou mais por cor e idade, Brasil 2014

Brancos	Ocupação do Pai					
Ocupação dos filhos	A	B	C	D	E	F
A	58,8	42,3	43,4	20,0	23,8	11,1
B	12,3	16,7	11,0	9,5	11,2	3,9
C	9,5	11,3	12,9	13,3	14,1	4,8
D	6,8	11,1	13,8	28,8	16,9	25,0
E	12,1	17,4	18,4	26,4	32,0	27,3
F	0,6	1,2	0,5	2,0	2,0	27,9
Total	100	100	100	100	100	100
N (000)	3 145	1 235	928	8 553	3 481	9 716
Não brancos						
A	39,9	22,2	28,5	10,2	13,9	5,9
B	15,4	20,4	13,9	8,0	6,8	3,2
C	7,6	12,2	13,2	10,3	10,0	3,3
D	13,4	20,8	19,9	34,2	27,5	23,3
E	20,3	22,4	23,9	34,1	38,8	28,1
F	3,5	2,0	0,6	3,3	3,0	36,2
Total	100	100	100	100	100	100
N (000)	1 060	744	612	8 622	3 356	13 216

Fonte: IBGE, Síntese (2017), tabelas 3.12 e 3.12a, em: <https://www.ibge.gov.br/estatisticas-novoportal/multidominio/genero/9221-sintese-de-indicadores-sociais.html?&t=resultados>

Tabela 8.12 Diferença na mobilidade absoluta entre brancos e não brancos por ocupação do pai, 2014

Ocupação dos filhos	Ocupação do pai					
	A	B	C	D	E	F
A	18,9	20,1	14,9	9,8	9,9	5,2
B	-3,1	-3,7	-2,9	1,5	4,4	0,7
C	1,9	-0,9	-0,3	3,0	4,1	1,5
D	-6,6	-9,7	-6,1	-5,4	-10,6	1,7
E	-8,2	-5,0	-5,5	-7,7	-6,8	-0,8
F	-2,9	-0,8	-0,1	-1,3	-1,0	-8,3

Fonte: Calculada a partir da tabela 8.11

		Tabela 8.13	Diferença na mobilidade absoluta entre brancos e não brancos por sexo, 2014			
Homens			Ocupação do pai			
Ocupação dos filhos	A	B	C	D	E	F
A	18	19,8	16,5	1,5	10,8	4,6
B	0	-1,2	-1,6	-0,1	5,7	1,2
C	2	-0,3	-0,7	-0,5	5	0,5
D	-10	-15,9	-12,1	-0,7	-19,1	1,3
E	-6	-1,4	-2,3	-0,3	-0,1	-0,3
F	-4	-1	0,2	0,2	-2,3	-7,3

Mulheres			Ocupação do pai			
Ocupação dos filhos	A	B	C	D	E	F
A	18	20,2	11,4	-0,4	8,9	6,0
B	- 6	-6,9	-4,2	-0,7	3,0	-0,3
C	0	-2,0	-0,9	-3,3	3,1	2,9
D	1	-0,9	4,5	1,2	-1,2	2,8
E	- 12	-9,8	-10,2	2,7	-14,2	-2,0
F	- 1	-0,8	-0,8	0,4	0,3	-9,5

Fonte: Calculada a partir de IBGE, Síntese (2017), tabelas 3.13a e 3.14a

na mobilidade por raça para mulheres em comparação com homens, o que é evidenciado por dados de mobilidade da PNAD de 2014.[54]

No entanto, para analisar integralmente o impacto racial, é essencial incluir todas as variáveis e avaliar a importância relativa dos grupos raciais dentro de cada estrato ocupacional original.[55] Vários estudos recentes que se basearam nos mesmos dados das PNADs, porém utilizaram variáveis bem mais causais do que sexo e raça, revelaram que a mobilidade ascendente foi a mesma para brancos e não brancos quando todas as variáveis relevantes eram incluídas, mas que uma diferença racial surgiu na mobili-

---

54 Telles, *Race in another America*, pp. 140-145.

55 Como observa Ribeiro, "O principal problema na análise da mobilidade intergeracional de brancos, pardos e pretos é que o primeiro grupo tende a ser representado em maior proporção nas classes de origem mais altas, e os dois últimos grupos nas classes de origem mais baixas. Esse fato faz com que as oportunidades de mobilidade de brancos sejam maiores do que as de pretos e pardos. Portanto, ao analisar as chances de mobilidade utilizando apenas as taxas brutas (percentuais), não temos como separar o efeito da classe de origem do da cor da pele", *op. cit.*, p. 862.

Raça e estratificação social

Tabela 8.14 Religião identificada por cor, 2000-2010						
	2000			**2010**		
Religião	**Brancos**	**Pretos**	**Pardos**	**Brancos**	**Pretos**	**Pardos**
Católica romana	74,7	69,2	73,2	66,4	58,2	64,1
Protestantes tradicionais	4,7	3,2	3,4	6,6	6,4	5,8
Evangélicos pentecostais	9,5	11,7	11,4	11,6	14,9	15,0
Outras religiões cristãs	3,8	0,0	2,8	6,5	7,5	6,2
Espírita	1,9	1,0	0,6	2,9	1,8	1,1
Umbanda e Candomblé	0,3	0,9	0,2	0,3	0,9	0,2
Sem religião	6,1	11,0	8,4	6,7	11,8	8,7

Fonte: IBGE, Sidra, tabela 2094

dade decrescente de pais pretos e pardos incapazes de manter os filhos em posições iguais ou melhores tanto quanto pais brancos. Conforme observou o autor de um dos principais estudos: "A principal conclusão... é que a desigualdade racial nas chances de mobilidade está presente apenas para indivíduos com origem nas classes mais altas. Homens brancos, pardos e pretos com origem nas classes mais baixas têm chances semelhantes de mobilidade social". Para vários desses analistas, há alguma influência de preconceito racial na sociedade brasileira, mas não é tão intensa quanto outros fatores, como renda e educação, para determinar as chances e oportunidades de vida dos cidadãos.[56] Portanto, a partir das pesquisas recentes e mais sofisticadas, poderíamos concluir que o preconceito racial é um dos fatores que afetam a mobilidade, mas é menos importante do que renda, educação e uma série de outros fatores. Também podemos concluir que a raça se revela mais importante nas posições de elite, ao mesmo tempo que afeta menos a mobilidade social em todos os outros grupos e classes.

Quais outros aspectos da vida brasileira revelam diferenças raciais? Uma importante mudança na sociedade brasileira moderna foi a ascensão do pentecostalismo e o declínio do catolicismo tradicional, embora o Brasil se mantenha até hoje como o maior país católico do mundo. Ao examinar a identidade religiosa por raça/cor, torna-se evidente que pretos e pardos

---

56 Ribeiro, *op. cit.*, pp. 862-866; como observa Osorio em seu estudo detalhado sobre distribuição de renda, a origem social é o principal fator que explica a reprodução da desigualdade, mas sua persistência é possibilitada apenas pelo complemento da discriminação. Osorio, "A desigualdade racial de renda no Brasil: 1976-2006" (tese de doutorado, Universidade de Brasília, 2009), p. 315.

	Tabela 8.15 Religião identificada por sexo e cor, 2010					
	Brancos		Pretos		Pardos	
Religião	Homens	Mulheres	Homens	Mulheres	Homens	Mulheres
Católica romana	67,2	65,7	59,2	57,1	65,1	63,0
Protestantes tradicionais	4,1	4,7	3,3	4,2	3,3	4,1
Evangélicos pentecostais	10,6	12,5	13,3	16,7	13,5	16,5
Outras religiões cristãs	8,3	9,8	9,4	12,0	8,2	10,1
Espírita	2,5	3,3	1,4	2,1	0,9	1,2
Umbanda e Candomblé	0,3	0,3	0,8	1,0	0,2	0,2
Sem religião	8,2	5,3	14,1	9,4	10,4	7,0

Fonte: IBGE, Sidra, tabela 1489

brasileiros mudaram a identidade religiosa mais do que brancos e que, entre os pretos, há uma preferência moderada por religiões afro-brasileiras; no entanto, os pretos também estavam entre os mais não crentes de qualquer grupo (Tabela 8.14).

Quando a identidade religiosa é decomposta por sexo, surgem alguns padrões interessantes. Mais homens do que mulheres são católicos e não religiosos em todos os grupos raciais. No entanto, mais mulheres do que homens em todos os grupos raciais estão envolvidas em todas as outras igrejas (Tabela 8.15). Dado o papel das religiões pentecostais no apoio às famílias e comunidades, esse resultado não surpreende. Além disso, seguindo suas contrapartes masculinas, as mulheres pretas tendem a ser as menos religiosas – na realidade, em nível mais elevado do que mulheres e homens brancos e mulheres pardas.

Esse resultado indica que não há um padrão particular de comportamento religioso por cor, uma vez que mesmo entre as religiões afro-brasileiras há uma participação mais elevada entre os brancos do que entre os pardos, embora nos dois ela seja reduzida. Ainda que mulheres e homens pretos sejam mais representativos nessas religiões, eles são bem mais entre os que expressam posições não religiosas; até mesmo os pardos têm uma taxa mais elevada de não religiosos do que os brancos.

O que os dados de saúde, educação, mobilidade ocupacional e religião indicam é que a classe prevalece mais do que a raça, mas esta continua a ter grande impacto na mobilidade social na sociedade brasileira. A previdência social nivelou o campo de atuação para todos os brasileiros e todos os índices de saúde, acesso a serviços e participação em programas não compensatórios de transferência renda atualmente mostram cada um dos grupos raciais migrando para um padrão mais universal para todos os cidadãos. Embora pretos e pardos estejam ainda abaixo dos brancos em muitos índices de saúde e educação, a tendência secular é a redução da defasagem. Mesmo em relações íntimas, como uniões informais, a superação de barreiras entre pretos e pardos se tornou a norma mais do que a exceção, sendo que hoje a educação e a classe têm mais peso do que a cor.

Quanto à mobilidade, os estudos de alguns índices básicos assim como as análises de múltiplas variáveis mais sofisticadas apontam para a mesma direção de crescente igualdade para todos os grupos. No que se refere à mobilidade, atualmente o Brasil tem um sistema fluido de mobilidade em que metade da população passa para uma classe ocupacional diferente daquela do pai devido ao enorme crescimento de empregos causado pela industrialização e urbanização desde os anos 1950 até os anos 1970. Embora a mobilidade tenda a decrescer desde as primeiras PNADs, o impacto estrutural da migração em massa das áreas rurais para os centros urbanos e as taxas de escolaridade cada vez mais elevadas para todos significavam a expansão das ocupações das classes inferiores, médias e média alta assim como das classes trabalhadoras urbanas em detrimento dos trabalhadores rurais não qualificados. Até mesmo na PNAD mais recente, metade da população trabalhadora estava na classe baixa e na média baixa combinadas e um quarto da população não realizava trabalhos braçais. Isso indica que houve uma grande redução no peso das classes inferiores de trabalhadores. A partir de 1996, cerca de 82% dos filhos da classe alta advinham de posições de classe inferior. Cerca de 86% estavam na mesma classe do pai ou em mais elevadas, e apenas 13% caíram de classe em comparação com a posição do pai, relativamente semelhante aos 90% e 11% divulgados em 1973. O movimento ocorria predominantemente em direção a uma classe social mais alta e era muito menos comum para duas classes ou mais acima da posição socioeconômica do pai.[57] A PNAD de 2014 mostra que

---

57 No famoso estudo de Pastore, cerca de 50% dos filhos analisados na pesquisa de mobilidade da PNAD de 1973 mudaram de status de classe em comparação com os pais; cerca de 47% ascenderam pelo menos uma classe, 42% permaneceram na mesma e apenas 11% desceram da posição de classe dos pais. Tudo isso indica uma importante mobilidade estrutural. Veja José Pastore e Nelson do Valle Silva, "Análise dos Processos de Mobilidade Social no Brasil no Último Século", trabalho apresentado no *XXV Encontro Anual da ANPOCS* (Caxambu, de 16 a 20 de outubro de 2001). Um estudo mais recente também reafirma esses resultados de 1973 e 1996 sobre o aumento da mobilidade e relativo declínio no peso da educação na medida em que mais pessoas alcançam maior nível de escolaridade. Veja Florencia Torche e Carlos Costa Ribeiro, "Pathways of Change in Social Mobility: Industrialization, Education and Growing Fluidity in Brazil", *Research in Social Stratification and Mobility* 28 (2010), pp. 291-307.

a mobilidade desacelerou e que 83% (dos homens e mulheres) estavam na mesma classe que os pais e 17% deles tinham caído em relação à classe social dos pais. Portanto, a mobilidade decrescente indica o retorno para uma mobilidade mais circular. Da mesma forma, a Classe Ocupacional Superior (estrato A) mostra uma retenção crescente de filhos e filhas que vieram daquela classe, além de ser uma indicação importante da imobilidade crescente da elite brasileira.[58]

Em termos de mobilidade, pretos e pardos rapidamente registraram maior ascensão a partir da classe inferior, reduzindo também a defasagem entre eles e os brancos pela expansão maciça de seus níveis de educação. Mas a própria educação se tornou cada vez mais uma barreira ao aumento da mobilidade social. O Brasil tem uma das taxas de matrícula escolar mais baixas no ensino superior nas Américas. Além disso, dos 8 milhões de alunos matriculados nas escolas de ensino superior em 2016, três quartos frequentavam universidades privadas, das quais metade eram instituições com fins lucrativos em 2005.[59] Essas instituições foram controladas inadequadamente pelo Estado, mesmo considerando-se que o governo promovia a expansão dos sistemas privados e concedia bolsas de estudo federais para apoiá-los. A maioria dessas escolas com fins lucrativos oferece diplomas de segunda classe de cursos que contam com o corpo docente em tempo parcial, o qual possui relativamente poucos diplomas de nível elevado, e, portanto, propicia aos alunos resultados profissionais inferiores.[60] As universidades públicas federais, a elite do sistema, posicionadas entre as melhores da América Latina, registram quase a mes-

---

58 Item calculado com base na PNAD de 2014, "Tabela 3.9 - Pessoas de 25 a 65 anos de idade, ocupadas na semana de referência, cujo pai, com quem moravam, estava ocupado quando tinham 15 anos de idade...". Disponível em: <https://www.ibge.gov.br/estatisticas-novoportal/multidominio/genero/9221-sintese-de-indicadores-sociais.html?&t=resultados>.

59 Cerca de 69% dos formados com nível superior vieram de escolas privadas e 93% de todas essas novas vagas abertas ocorreram nas instituições privadas. Veja Inep, Instituto Nacional de Estudos e Pesquisas Educacionais, "Sinopse Estatística da Educação Superior 2016", tabela 1.3. Disponível em: <http://portal.inep.gov.br/básicasa-censo-escolar-sinopse-sinopse>. O Brasil tem o maior sistema de educação privada com fins lucrativos do mundo. As escolas privadas passaram a ser um grande negócio, com ações vendidas na bolsa de valores, e resultaram no estabelecimento de grandes oligopólios que controlam um grande número dessas instituições. Veja Romualdo Portela de Oliveira, "A transformação da educação em mercadoria no Brasil", *Revista Educação e Sociedade* 30, n. 108 (2009), pp. 739-760; veja também, especialmente, José Marcelino de Rezende Pinto, "O acesso à educação superior no Brasil", *Revista Educação e Sociedade* 25, n. 88 (2004), pp. 727-756.

60 Cerca de 63% dos professores das universidades públicas federais têm doutorado, em comparação com apenas 22% nas universidades privadas; além disso, uma taxa extraordinária de 88% dos professores trabalha em meio período nas universidades privadas em comparação com apenas 9% que trabalham em meio período nas federais. Inep, "Sinopse Estatística da Educação Superior 2016", tabelas 2.1 e 2.3.

Raça e estratificação social

ma proporção de pretos, pardos e brancos que as instituições privadas, embora respondam por apenas 31% dos estudantes universitários.[61] A maioria dos estudantes das classes baixa e média não tem condições de passar no vestibular para universidades públicas quando se formam nas escolas públicas, sendo, portanto, obrigados a frequentar universidades privadas que se expandiram rapidamente e têm vagas de sobra. Pelo programa ProUni, o governo oferece centenas de milhares de bolsas de estudo para alunos pobres, a maioria para frequentar universidades privadas, instituições com fins lucrativos subsidiadas por meio de isenções fiscais.[62] Questiona-se, assim, quão longe irá a mobilidade educacional, tendo em vista que o total de anos de escolaridade não garante oportunidades iguais, uma vez que às pessoas mais pobres é negado o acesso às universidades públicas em razão do ensino público (fundamental e médio) de baixa qualidade que tiveram. Recentemente, o governo envidou esforços para compensar esse problema crescente por meio de programas de ação afirmativa nas universidades públicas.[63] Mas, para que essa barreira seja ultrapassada, é necessário antes reformular o ensino superior privado.

A pesquisa revela que a recente oferta maciça de educação e saúde pública pelo governo reduziu as tradicionais disparidades extremas por classe, região e raça. O aumento da população parda, que agora representa 42% da população brasileira, a crescente taxa de casamentos e uniões inter-raciais e o relativo declínio da segregação por residência parecem sugerir uma diminuição da influência da raça na estratificação social. A maior igualdade no nível de escolaridade também propiciou padrões comuns de mobilidade. Aceita-se o fato de que residência, renda e cor da pele ainda funcionam como marcadores de status, mas uma crescente uniformidade entre regiões e grupos reduziu seu impacto ao longo do tempo.

---

61 INEP, "Sinopse Estatística da Educação Superior 2016", tabelas 1.2 e 1.10.

62 No segundo semestre de 2018, por exemplo, 174.289 bolsas de estudo integrais foram concedidas em 1.460 universidades e faculdades de ensino superior. Os candidatos precisavam vir de famílias de baixa renda (até 1,5 salário mínimo) e milhares de bolsas de 50% foram concedidas a alunos cujas famílias ganhavam até 3 salários mínimos. Empréstimos também eram concedidos a alunos pelo Fundo de Financiamento Estudantil (Fies). *O Globo*, disponível em: <https://g1.globo.com/educacao/noticia/prouni2018-resultado-da-primeira-chamada-do-2o-semestre-e-divulgado.ghtml>. Sobre os acordos de benefícios fiscais, veja Pinto, "O acesso à educação superior no Brasil", p. 750.

63 Para uma pesquisa útil sobre a evolução da ação afirmativa no Brasil, que agora ressalta a classe assim como a raça, veja Edward Telles e Marcelo Paixão, "Affirmative Action in Brazil", *Lasa Forum* 44, n. 2 (segundo semestre de 2013), pp. 10-12; Luisa Farah Schwartzman e Graziella Moraes Dias da Silva, "Unexpected narratives from multicultural policies: Translations of affirmative action in Brazil", *Latin American and Caribbean Ethnic Studies* 7, n. 1 (2012), pp. 31-48; e Luisa Farah Schwartzman e Angela Randolpho Paiva, "Not just racial quotas: affirmative action in Brazilian higher education 10 years later", *British Journal of Sociology of Education* 37, n. 4 (2016), pp. 548-566.

9

Organizações da sociedade civil

Juca Martins, *Manifestação contra o custo de vida na praça da Sé*, São Paulo, SP, 1978

Assim como a maioria dos países da América Latina, o Brasil é considerado uma nação com sociedade civil restrita, se comparado com os Estados Unidos, por exemplo. Alguns acadêmicos argumentam que a suposta escassez dessas entidades é de certa maneira prejudicial à evolução das instituições democráticas na região.[1] Nesse aspecto, o Brasil se assemelha à maioria das nações do mundo, em que o governo geralmente atende a muitas necessidades sociais e culturais dos cidadãos, o que é comum nos Estados Unidos. Assim como a maior parte das sociedades democráticas, o Brasil tem uma cultura cívica vibrante formada por uma combinação complexa de instituições voluntárias que abrangem de organizações privadas sem fins lucrativos a organizações público-privadas semiautônomas. O país também tem uma tradição de movimentos populares reivindicatórios.

Essas organizações voluntárias se encontram em todas as áreas, de associações religiosas a sociedades musicais, de escolas de samba a torcidas de futebol e movimentos reivindicatórios de todos os tipos, relativamente bem organizados. O país tem inúmeras ONGs (organizações não governamentais) sem fins lucrativos de defesa, ensino, promoção ou análise de causas em várias áreas, abrangendo de pobres trabalhadores a ricos industriais, de crianças a idosos, de indígenas a homossexuais, de animais às florestas tropicais. Provavelmente há tantas associações de defesa de mulheres, crianças ou minorias sexuais quanto grupos de pressão defendendo os interesses das cooperativas, produtores, consumidores ou industriais. Além disso, o país conta com fortes e poderosos grupos corporativos de *advocacy*, representando segmentos de servidores públicos, como professores, autoridades fiscalizadoras ou juízes. Associações de bairro também são encontradas em

---

1 Veja o levantamento dessas opiniões em Leonardo Avritzer, "Democratization and Changes in the Pattern of Association in Brazil", *Journal of Interamerican Studies and World Affairs* 42, n. 3 (primeiro semestre de 2000), pp. 9-76.

toda parte. Embora muitos acadêmicos estabeleçam a ocorrência da ascensão dessas organizações sem fins lucrativos e movimentos sociais na era da oposição civil aos militares (1964-1985), algumas dessas fundações e entidades foram criadas bem antes daquele período. Paralelamente, na era pós-militar, um número cada vez maior dessas organizações se estabeleceu a cada década, sendo que elas hoje totalizam várias centenas de milhares, com voluntários e funcionários atingindo mais de 2 milhões de pessoas.[2]

Ao descrever essas associações, tentaremos mostrar como as organizações voluntárias se desenvolveram e que papel desempenham na evolução social do Brasil. Essas instituições autônomas e semiautônomas são um contrapeso para o Estado e oferecem aos cidadãos maneiras alternativas de expressar suas necessidades políticas, sociais e econômicas, além de promover uma relação direta com o Estado. Para essa análise, adotamos o modelo proposto por Ernest Gellner, que definiu sociedade civil como "um conjunto diversificado de instituições não governamentais que é forte o suficiente para servir de contrapeso para o Estado, e, embora não impeça o Estado de cumprir seu papel de guardião da paz e árbitro entre grandes interesses, pode, no entanto, impedir que o Estado domine e pulverize o resto de sociedade".[3]

O que se torna claro ao examinar o caso brasileiro é que a fronteira que separa as organizações voluntárias e o Estado não revela uma situação excludente. Isto é, algumas associações voluntárias recebem recursos financeiros ou suporte jurídico do Estado e outras não têm ligação com ele. Outras, ainda, prestam serviços para o governo, mas são autônomas. Há até algumas que representam os interesses privados de segmentos de servidores públicos.

É preciso dividir as várias categorias de instituições encontradas na sociedade brasileira em termos de independência do setor público. Primeiramente, há um importante grupo de entidades da sociedade civil com total ou ampla independência do setor público, organizadas na forma de ONGs ou Fundações. São chamadas no Brasil de Fundações Privadas e Associações sem Fins Lucrativos (Fasfil), ou simplesmente ONGs. Geralmente são entidades sem fins lucrativos que defendem ou apoiam várias

---

2 Para uma pesquisa das principais áreas em que essas entidades sem fins lucrativos atuam (denominadas oficialmente "Fundações Privadas e Associações sem Fins Lucrativos"), veja Aldino Graef e Valéria Salgado, *Relações de parceria entre poder público e entes de cooperação e colaboração no Brasil* (Brasília: Editora IABS, 2012).

3 Ernest Gellner, "The Importance of Being Modular", *in* John A. Hall, ed., *Civil Society: Theory, History, Comparison* (Cambridge, Reino Unido: Polity Press, 1995), p. 32.

causas ou minorias, meio ambiente e direitos humanos. Em alguns casos, contam com apoio do governo, mas, em geral, são independentes nas ideias, ações, reivindicações e financiamentos. Embora sejam grupos de pressão (*lobby*) em favor de suas causas, não representam grupos econômicos ou setores de atividade específicos.

Existem também organizações independentes sem fins lucrativos, com administração própria, que são pagas diretamente pelo governo ou por meio de acordos fiscais e têm poder de controle sobre seus membros. São os sindicatos, associações profissionais, como a Ordem dos Advogados e os Conselhos Médicos, além dos enormes sistemas educacionais privados conhecidos como "Sistema S" (as escolas de formação técnica do Senai, Sesi, Senac, Sesc e Sebrae). Até pouco tempo atrás, os sindicatos eram sustentados pelo imposto sindical, e o Sistema S depende do imposto sobre a folha de pagamento. As entidades profissionais têm poder regulatório sobre as profissões, mas não contam com recursos públicos.[4] A OAB (Ordem dos Advogados do Brasil), por exemplo, é uma organização especialmente efetiva desse tipo, com completa independência do governo.[5]

A terceira categoria de organizações voluntárias são as chamadas Organizações Sociais, criadas em 1998, que representam entidades de direito privado e prestam serviços ao setor público, administrando recursos públicos por meio de um contrato de gestão. Desempenham papel importante na área de saúde e cultura. Há também as cooperativas, legalmente reconhecidas já em 1907,[6] que em geral são entidades privadas, organizadas pela sociedade civil, geralmente sem fins lucrativos, que apoiam economicamente produtores (por exemplo, cooperativas agrícolas) ou consumidores (cooperativas de consumidores e habitacionais). Visam obter lucro, a ser distribuído aos membros, bem como reduzir custos ou

---

4   Há muita controvérsia quanto à categorização legal das entidades reguladoras das atividades profissionais. Ferraz, por exemplo, acredita que "ao lado da Administração Direta e Administração Indireta (Decreto Lei 200/67), há, assim como em Portugal, uma Administração Pública Autônoma, formada precisamente por ordens e conselhos profissionais, cujo regime jurídico é diferente daquele aplicável à Administração Indireta, também formada por outras entidades com perfil semelhante, geralmente conhecidas como paraestatais (entidades do 'Sistema S')", *in* Luciano Ferraz, "Regime jurídico aplicável aos conselhos profissionais está nas mãos do Supremo". *Consultor Jurídico,* acesso em 04.08.2018, em: <https://www.conjur.com.br/2017-mar-02/interesse-publico-regime-juridico--conselhos-profissionais-maos-stf>.

5   Exerce funções estatais e regula as atividades profissionais de advogados, mas é altamente independente. Sobre seu importante papel autônomo na era militar, veja Denise Rollemberg, "Memória, Opinião e Cultura Política. A Ordem dos Advogados do Brasil sob a Ditadura (1964-1974)", *in* Daniel Aarão Reis e Denis Rolland, eds., *Modernidades Alternativas* (Rio de Janeiro: FGV, 2008), pp. 57-96.

6   Decreto 1.637 (5 de janeiro de 1907), disponível em <http://www2.camara.leg.br/legin/fed/decret/1900-1909/decreto-1637-5-janeiro-1907-582195-publicacaooriginal-104950-pl.html>.

executar projetos, como no caso de cooperativas habitacionais, sendo que as próprias entidades têm os mesmo interesses coletivos do grupo que representam.

No entanto, essas categorias nem sempre abrangem completamente todos esses grupos. Algumas vezes essas fundações e associações independentes, privadas e sem fins lucrativos administram escolas especiais ou atividades culturais com financiamento internacional. Outras são exclusivamente sustentadas por associados e não filiadas a partidos políticos; outras, como o Movimento dos Trabalhadores Rurais Sem Terra (MST), estavam alinhadas com o governo durante os mandatos do PT e mobilizam com frequência manifestações e protestos populares. Ao mesmo tempo, muitas ONGs apoiadas pelo governo expressam oposição e influenciam políticas governamentais, ao passo que outras são completamente independentes, mas desempenham um papel de pouca importância ao se apresentar como voz alternativa ao governo. Grupos lobistas muitas vezes têm status legal e ainda conseguem contestar ações do governo ou apoiar interesses de grupos que diferem dos interesses do governo. As igrejas também desempenham papel significativo ao influenciar políticas governamentais ou mesmo organizar suas próprias alianças políticas e eleger parlamentares, embora sejam completamente independentes do Estado. As ONGs originadas de movimentos sociais em geral têm relações difíceis com o Estado à medida que se tornam mais autônomas técnica e administrativamente ao criar estruturas de poder separadas.[7] Enfim, muitas mobilizações populares, que parecem ser caóticas e desorganizadas, acabam tendo padrões coerentes e características bem conhecidas que fazem com que essas mobilizações se tornem parte habitual da sociedade civil.

Como se torna óbvio a partir dessa discussão e das diferentes definições de sociedade civil determinadas por vários cientistas sociais, o Brasil pode ter inúmeras instituições e associações voluntárias que propiciam aos indivíduos um poder de voz além da família e do grupo de parentesco. Além disso, como observado por Bernardo Sorj, seu poder muda ao longo do tempo. No regime militar autoritário, algumas associações e grupos ganharam poder incomum, como foi o caso do Sínodo dos Bispos católicos e da

---

7   Uma análise equilibrada desses complexos relacionamentos está disponível em Ana Claudia Chaves Teixeira, "A atuação das organizações não governamentais: entre o Estado e o conjunto da sociedade", *in* Evelina Dagnino, ed., *Sociedade civil e espaços públicos no Brasil* (São Paulo: Paz e Terra, 2002), pp. 105-143. Também sobre essas questões de governo e entidades privadas sem fins lucrativos, veja Graef e Salgado, *Relações de parceria entre poder público e entes de cooperação e colaboração no Brasil*, cap. 1.

OAB.[8] No entanto, o retorno ao regime democrático reduziu a importância deles à medida que outros grupos, associações e instituições preencheram a lacuna criada durante a era militar. Portanto, o retorno de jornais e jornalistas independentes e sem censura, o reavivamento dos sindicatos independentes e o retorno à independência de várias instituições econômicas e políticas permitiram a expansão do espaço público e de múltiplas vozes para a expressão autônoma de protesto ou acomodação. Novos grupos surgem constantemente para tratar de novas causas ou redefinir antigos problemas – essa era a norma de atuação em várias organizações relacionadas com a saúde. Mesmo em um país anteriormente dominado pela Igreja Católica, novos movimentos religiosos transformaram o Brasil em um dos maiores países protestantes do mundo desde a década de 1970.

As centenas de milhares de associações, instituições e centros de pesquisa privados sem fins lucrativos que ocuparam o espaço público entre os cidadãos e o Estado representaram determinadas classes e também ultrapassaram os limites delas. Embora muitas dessas associações existissem muito antes de 1964, a maioria dos estudiosos data a era militar como seu período básico de incubação. Foi naquela época que os principais movimentos sociais que protestavam contra o regime militar se desenvolveram, quando não existiam partidos políticos para expressar oposição.[9] Com o final do regime militar, os movimentos sociais expandiram-se e evoluíram para um mundo de associações, organizações e instituições rotuladas como Terceiro Setor – o mundo das organizações autônomas que tratam de questões políticas e socioeconômicas e não são controladas pelo governo ou diretamente relacionadas com o mercado. Abrangem todas as áreas, desde grupos de pesquisa que estudam a criminalidade até ONGs de proteção ao meio ambiente.[10] Grande parte da literatura disponível concentrou-se apenas nessas ONGs que se envolveram em mobilizações populares e na proteção dos elementos mais carentes da sociedade. Como

---

8 Bernardo Sorj, "Sociedade civil e política no Brasil", apresentado no seminário Sociedade Civil e Democracia na América Latina: Crise e Reinvenção da política. *Anais do Instituto Fernando Henrique Cardoso e Centro Edelstein de Pesquisas Sociais*, São Paulo, 2006.

9 "Antes disso, tais movimentos sociais eram vistos, de certa forma, como ilegítimos, já que ocupavam o espaço dos partidos políticos. Mas os regimes militares impediam os partidos de funcionar e abriam espaço para esses novos atores. Geralmente citadas como típicas desses novos movimentos, eram as CEBs (Comunidades Eclesiais de Base)." Céli Regina Jardim Pinto, "As ONGs e a Política no Brasil: Presença de Novos Atores", *Dados* 49, n. 3 (2006), pp. 650-651.

10 Sugere-se que a designação ONG chegou ao uso comum no Brasil apenas na década de 1990, na medida em que essas organizações passavam por uma grande onda de crescimento. Veja Ana Claudio Chaves Teixeira, *Identidade em construção: as Organizações Não Governamentais no processo brasileiro de democratização* (São Paulo: Annablume, 2003), p. 17.

Organizações da sociedade civil

um acadêmico argumentou, elas são "organizações civis legalmente sancionadas que prestam serviços e apoiam grupos locais de base em comunidades desfavorecidas e/ou se engajam em atividades de pesquisa e *advocacy*".[11] No entanto, essa definição é muito limitada, mesmo para aquelas que trabalham com educação ou políticas nacionais ou uma gama de atividades e obviamente não incluem associações privadas de produtores, organizações profissionais e, claro, as igrejas, que também têm programas muito abrangentes.[12] Ao lado dessas fundações e associações privadas sem fins lucrativos de âmbito nacional, há também ONGs internacionais que se incorporaram ao cenário brasileiro e agora apoiam grupos locais e têm grande influência aqui e no exterior.[13]

Quantas organizações dessas existem? Em 2002, a ONU estabeleceu um amplo conjunto de definições sobre como devem ser as ONGs ou as Fasfil. Essa definição foi adotada pelo Brasil em todo os censos recentes dessas entidades. Foram definidas como "entidades privadas não governamentais, não estatais, legalmente reconhecidas, autogeridas, voluntárias e autônomas".[14] Segundo essa definição, há uma enorme manifestação dessas organizações internacionais e locais em todo o Brasil, trabalhando nas áreas de saúde, educação, direitos humanos e de gênero, meio ambiente, bem como protegendo os direitos de diferentes classes, grupos, profissões e ocupações. Existem, até mesmo, centros que estudam questões sociais e governamentais, como criminalidade e políticas fiscais do governo. Em suma, são um conjunto de organizações tão diversificado e complexo quanto o que é observado na América do Norte. O levantamento mais recente do IBGE, em 2010, registrou 290.692 dessas organizações, empregando 2,1 milhões de trabalhadores remunerados e voluntários, dos quais 63% eram mulheres e 37%, homens, sendo que o salário médio corresponde a 3,3 salários mínimos.[15]

---

11 Nathalie Lebon, "Professionalization of Women's Health Groups in Sao Paulo: The Troublesome Road towards Organizational Diversity", *Organization 3*, n. 4 (1996), p. 589.

12 Para uma classificação prática das principais áreas de atuação dessas e sua atividade, veja Maria da Glória Gohn, *Movimentos sociais e redes de mobilizações civis no Brasil contemporâneo* (Petrópolis: Editora Vozes, 2010).

13 Estima-se que atualmente existam 40 mil ONGs Internacionais. Ringo Ossewaarde, Andre Nijhof e Liesbet Heyse, "Dynamics of NGO Legitimacy: How Organising Betrays Core Missions of INGOs", *Public Administration and Development* 28 (2008), p. 42.

14 IBGE, *As Fundações Privadas e Associações sem Fins Lucrativos no Brasil, 2010* (*Estudos & Estudos* 20; Rio de Janeiro, 2012), n.p., seção "Conceituação".

15 IBGE, Sidra, Tabela 3608.

Gráfico 9.1 Fundações privadas e associações sem fins lucrativos por atividade, 2010 (porcentagem)

Fonte: IBGE (2012), tabela 11

Pouco mais da metade (59%) das Fasfil foram fundadas antes de 2000, mas no período de 2001-2010 surgiram mais 119 mil, tornando a década de 2000 o período com o maior número de criação de Fasfil. Os anos 1990 foram o segundo período mais importante, quando foram formadas 90 mil.[16] De maneira geral, cerca de 80% dessas organizações foram fundadas na era pós-militar. Evidentemente, o argumento apresentado nos anos 1980, de que essas instituições iriam declinar após a era militar, estava errado. Em lugar disso, elas se tornaram peça fundamental do espaço público no Brasil.[17] Essas organizações eram encontradas em todos os campos de atuação, mas foram especialmente importantes nas áreas de educação, religião, associações profissionais, além de cultura e desenvolvimento sustentável. Embora bem conhecidas e de grande influência, apenas 2 mil se dedicavam às áreas ambientais e de proteção animal. Excluindo-se as associações religiosas, o número de organizações leigas era ainda de significativos 202 mil associações legalmente reconhecidas (Gráfico 9.1).

---

16 IBGE, *As Fundações Privadas e Associações sem Fins Lucrativos no Brasil, 2010*: n.p., Tabela 9.

17 Como ressaltou Evelina Dagnino, o "reestabelecimento do regime democrático formal e a relativa abertura da maior parte dos regimes na América Latina não retirou a importância da sociedade civil como haviam previsto alguns 'transitologistas'". Evelina Dagnino, "Civil Society in Latin America", *The Oxford Handbook of Civil Society* (New York: Oxford University Press, 2011), p. 122.

Tabela 9.1	Número de fundações e associações sem fins lucrativos por 100 mil habitantes por região, 2010						
Região	Total	Recreação e Cultura	Assistência Social	Religião	Patronais e Professionais	Desenvolvimento e defesa de direitos	Outras
Norte	97,5	8,2	6,2	26,2	26,2	10,6	20,1
Nordeste	129,5	10,1	8,5	23,4	32,2	31,9	23,4
Sudeste	165,7	20,6	18,7	61,3	16,7	17,8	30,6
Sul	235,8	47,4	33,1	48,2	32,3	34,7	39,9
Centro-Oeste	146,2	15,1	14,5	51,7	23,4	11,9	29,7
Brasil	148,7	18,9	15,6	42,4	23,0	21,7	27,2

Fonte: IBGE, Sidra, tabela 3846

Das 290 mil entidades, 44% estavam no Sudeste, 23% no Nordeste e 22% no Sul. As entidades de todas as outras regiões representavam menos de 10%. Dividindo-se os tipos de entidades pelas principais atividades por região, surgem alguns padrões interessantes. O Sudeste e o Sul, seguidos pelo Centro-Oeste, registravam a concentração mais densa dessas entidades. O Sul e o Sudeste lideravam em instituições culturais, como previsto, considerando-se sua riqueza, ao passo que organizações dedicadas ao desenvolvimento sustentável e direitos humanos estavam significativamente acima dos níveis nacionais de representação no Nordeste, mas supreendentemente também na rica região Sul. Todas as regiões registravam aproximadamente a mesma proporção de associações profissionais. A distribuição de associações religiosas reflete mais provavelmente a importância das igrejas pentecostais, e elas são mais relevantes nas regiões economicamente mais avançadas (Tabela 9.1).

Em 2002, foi realizado um levantamento mais detalhado apenas com membros da Associação Brasileira de Organizações Não Governamentais (Abong) – que também auxiliou no Censo do IBGE de 2010. Esse levantamento pesquisou apenas as 271 ONGs do Brasil que eram membros da Abong. Dessas associações, 106 estavam sediadas no Sudeste, conforme previsto, considerando-se as origens de classe média de muitas dessas entidades, mas também 103 estavam sediadas no Nordeste – as duas regiões, portanto, respondiam por mais de três quartos dessas organizações. Independentemente do domicílio, no entanto, cerca de 60% dessas organizações atuavam no Nordeste – a região mais pobre do país. Cerca de 37% delas atuam em nível nacional, 34% em estadual e

Gráfico 9.2 Áreas de atividade de 685 ONGs no Brasil em 2002

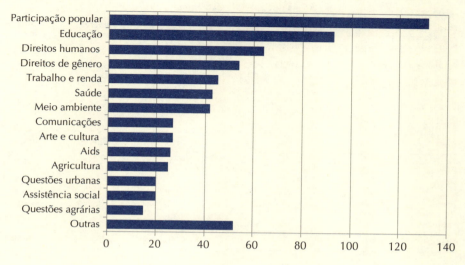

Fonte: Silva (2008): 38

o restante em municipal. Essas organizações geralmente têm múltiplas áreas de interesse. O financiamento vem de todos os tipos de fontes, de organizações internacionais, do governo municipal ou federal e até de doadores privados. Inicialmente, a principal fonte de financiamento de muitas dessas organizações eram as agências internacionais. No entanto, ao longo do tempo houve uma mudança para fontes de governos municipais – que em geral financiavam projetos específicos, as próprias vendas de produtos e contribuições individuais.[18] O levantamento mostra que os principais temas eram educação, participação popular e direitos humanos e de gênero. Muitas ONGs nacionais também apoiavam ONGs municipais e seus esforços, especialmente na área de participação popular (**Gráfico 9.2**).

As PNADs de 2014-2015 revelaram que havia 13.659 ONGs sem fins lucrativos atuando diretamente na assistência social, envolvendo muitos temas, como ajuda direta a pessoas com deficiência, crianças, adolescentes e

---

[18] Vanusa Maria Queiroz da Silva, "O Raio-X do Terceiro Setor" (tese de mestrado CPDOC-FGV, Rio de Janeiro, 2008); veja também Victor Cláudio Paradela Ferreira, "ONGs no Brasil: um estudo sobre suas características e fatores que têm induzido seu crescimento" (tese de doutorado, FVG, Rio de Janeiro, 2005).

Tabela 9.2 Porcentagem de voluntários na população total de 14 anos ou mais por nível educacional, sexo e idade, 2017

Nível educacional	Homens	Mulheres	Total
Sem instrução ou fundamental incompleto	2,2	3,6	2,9
Fundamental completo e médio incompleto	3,1	4,3	3,7
Médio completo e superior incompleto	4,1	5,6	4,9
Superior completo	7,3	8,7	8,1
Total	3,5	5,1	4,4
Cor	**Homens**	**Mulheres**	**Total**
Brancos	4,0	5,5	4,8
Pretos	3,3	5,5	4,4
Pardos	3,2	4,7	3,9
Total	3,5	5,1	4,4
Idade	**Homens**	**Mulheres**	**Total**
14-24	2,5	3,3	2,9
25-49	3,7	5,3	4,6
50+	4,0	5,9	5,1
Total	3,5	5,1	4,4

Fonte: PNADct, "2017 Outras formas de Trabalho, Trabalho voluntário", em: <https://www.ibge.gov.br/estatisticas-novoportal/sociais/trabalho/17270-pnad-continua.html?edicao=20636&t=resultados>.

idosos, ou trabalho com sem-teto e pessoas em situação de rua. As ONGs eram bem distribuídas em termos de tamanho urbano, com um pouco mais da metade atuando em grandes cidades de 100 mil habitantes ou mais e a outra metade em cidades pequenas ou de médio porte. No entanto, regionalmente, mais de três quartos atuavam no Sul e no Sudeste.[19]

Enfim, na nova PNAD Contínua, o governo propunha perguntas detalhadas a respeito das pessoas que participavam das organizações voluntárias. A PNAD revelou que 6,5 milhões de pessoas se dedicavam a atividades voluntárias em 2016, o que corresponde a 3,9% da população de 14 anos ou mais, e, em 2017, o resultado aumentou para 7,4 milhões,

---

[19] IBGE, As Entidades de Assistência Social Privadas sem Fins Lucrativos no Brasil – PEAS, 2014-2015, Tabelas 1 e 2, disponíveis em <https://www.ibge.gov.br/estatisticas-novoportal/sociais/protecao-social/9021-as-entidades-de-assistencia-social-privadas-sem-fins-lucrativos-no-brasil.html?=&t=resultados>.

ou 4,4% da população total com mais de 14 anos.[20] As duas regiões com a taxa mais elevada de atividade voluntária eram o Norte (5,8%) e o Sul (5,2%), enquanto o Nordeste registrava a menor taxa (3,2%); o Sudeste registrava 4,5% e o Centro-Oeste, 5,0%. As mulheres tendiam mais a se engajar em trabalho voluntário do que os homens, sendo que a taxa de trabalho voluntário aumentava com a idade e o nível de escolaridade, sendo mais elevada entre mulheres, brancas e pretas, do que entre homens ou pessoas pardas (Tabela 9.2). No entanto, a pesquisa de 2016 revelou que havia pouca diferença por sexo na média de horas por semana dedicadas ao trabalho voluntário: 6,9 horas para homens e 6,6 horas para mulheres. A maior parte do trabalho voluntário era realizada em igrejas, sindicatos, condomínios, partidos políticos, escolas, hospitais e casas de repouso (asilos). Muitos voluntários atuavam em mais de uma organização, e muitos também dedicavam tempo livre a causas específicas, como proteção animal ou do meio ambiente.[21]

Na administração de Fernando Henrique Cardoso, o governo brasileiro reconhecia a importância dessas organizações voluntárias e atendia às suas demandas. Isso era evidente no campo dos direitos humanos, que o governo finalmente aceitou como questão importante após o fim da ditadura militar. Tanto as ONGs brasileiras como as internacionais, como a Anistia Internacional (AI) e a Human Watch Rights, atuavam em parceria nas campanhas. A AI atuou extensivamente com cerca de 50 prisioneiros brasileiros durante a era militar, e, em 1978, muitos dos grupos locais estabeleceram Comitês Brasileiros de Anistia nas principais cidades do país; no ano seguinte, surgiram os Centros de Defesa de Direitos Humanos. Em 1985, foi formada a seção brasileira da AI. Todas essas organizações colocaram grande pressão nos governos estaduais e federal e influenciaram a legislação sobre tortura e direitos humanos básicos, que foi incorporada à Constituição de 1988.[22]

A área da saúde era outra plataforma de grandes campanhas das ONGs. Em 1980, ocorreram as primeiras notificações de aids no Brasil,

---

20 Dados extraídos da PNADct (contínua), disponível em: <https://agenciadenoticias.ibge.gov.br/agencia-noticias/2012-agencia-de-noticias/noticias/20913-voluntariado-aumentou-em-840-mil-pessoas--em-2017>. Sobre voluntariado, veja também Luisa de Azevedo Senra Soares, "A oferta de trabalho voluntário no Brasil" (tese de mestrado, FEA, USP, 2014).

21 Dados disponíveis em: <https://agenciadenoticias.ibge.gov.br/agencia-detalhe-de-midia.html?view=-mediaibge&catid=2103&id=1603>; acesso em: 12.07.2017.

22 Luciana Maria de Aragão Ballestrin, "Estado e ONGs no Brasil: acordos e controvérsias a propósito de Direitos Humanos (1994-2002)" (tese de mestrado, Universidade Federal do Rio Grande do Sul, 2006), caps. 2 e 3.

e logo surgiram grupos de pacientes chamados PVHAs (Pessoas Vivendo com HIV/Aids). Em 1985, as primeiras ONGs relacionadas à aids se estabeleceram em São Paulo (Gapa/SP ou Grupo de Apoio à Prevenção da Aids de São Paulo) e no Rio de Janeiro (Abia/RJ – Associação Brasileira Interdisciplinar de Aids) pelos ativistas Herbert Daniel e Herbert de Sousa.[23] O objetivo imediato era pressionar o SUS para responder melhor à epidemia e controlar a disseminação da aids entre populações vulneráveis. Em pouco tempo, muitas outras cidades tinham Gapas.[24] Em 1989, esses grupos locais organizaram o primeiro primeiro Enong (Encontro Nacional de ONG, Redes e Movimentos de Luta contra a Aids), que congregava todas as organizações relacionadas à aids do país.[25] Essa pressão resultou em programas governamentais, muito eficazes e aclamados no mundo inteiro para o tratamento de vítimas da doença. No entanto, o sucesso não interrompeu o trabalho dessas organizações.[26] Novas ONGs continuam a trabalhar para instruir sobre doenças sexualmente transmissíveis, assim como a aids, no Brasil.[27] Aliadas a esse movimento estão as organizações de prostitutas. Em 1987, foi realizado o primeiro Encontro Nacional de Prostitutas, com representantes de 8 capitais com demandas para legalização, proteção contra a violência da polícia e controle da aids. Esses gru-

---

23 Uma pesquisa útil dessa campanha de combate à aids de todos os setores da sociedade é de Adriana Jimenez Pereira e Lúcia Yasuko Izumi Nichiata, "A sociedade civil contra a aids: demandas coletivas e políticas públicas", *Ciência & Saúde Coletiva* 16, n. 7 (jul. 2011), pp. 3249-3257.

24 Sobre a subsistência do GAPA-BA, veja Tacilla da Costa e Sá Siqueira Santos, "As Diferentes Dimensões da Sustentabilidade em Uma Organização da Sociedade Civil: Uma Análise da Prática Social do Grupo de Apoio à Prevenção à Aids da Bahia", *Sociedade, Contabilidade e Gestão* 2, n. 2 (segundo semestre de 2007), pp. 61-76.

25 Átila Andrade de Carvalho, "O campo das ONG/aids: Etnografando o ativismo em João Pessoa" (dissertação de mestrado; Universidade Federal da Paraíba, João Pessoa, 2012), cap. 1. Há inúmeros estudos sobre ONGs/aids locais, sendo um dos mais interessantes, uma vez que ressalta a evolução de longo prazo, desde o apoio a pessoas com a doença até a educação e múltiplas outras atividades de assistência social e educacionais conforme a doença se tornava endêmica, é a CAF ou ONG Casa de Assistência Filadélfia, fundada na casa de uma mulher com um filho paciente de aids em São Paulo, em 1980, que se tornou uma ONG legalizada na década de 1990, permanecendo ativa até hoje em inúmeros campos com um grande corpo de voluntários. Ieda Maria Siebra Bochio e Paulo Antonio de Carvalho Fortes, "A influência da aids no processo de desenvolvimento organizacional das organizações não governamentais: um estudo de caso sobre a Casa de Assistência Filadélfia", *Cadernos de Saúde Pública* 24, n. 11 (2008), pp. 2541-2550.

26 Sobre os programas de aids do governo brasileiro, reconhecidos mundialmente, veja Susan Okie, "Fighting HIV- Lessons from Brazil", *New England Journal of Medicine,* 354 (May 11, 2006), pp. 1977-1981; e Jane Galvão, "Access to antiretroviral drugs in Brazil", *The Lancet* 360, ed. 9348, dez. 2002, pp. 1862-1865.

27 Descreve o trabalho do Grab (Grupo de Resistência Asa Branca) por exemplo, em Fortaleza. Veja Adriano Henrique Caetano Costa, "Homens que fazem sexo com homens (HSH): políticas públicas de prevenção às DST/aids para uma população anônima" (dissertação de mestrado; Universidade Federal do Ceará, 2011).

pos acabaram por formar uma rede, e algumas organizações se tornaram ONGs legalizadas. Em 2002, conseguiram o reconhecimento legal da profissão pelo governo e, em 2005, obrigaram-no a rejeitar fundos da Usaid (agência dos Estados Unidos para o desenvolvimento internacional) devido à decisão do país de impedir que esses grupos participassem do trabalho com aids. Também combatiam grupos da Igreja Católica que queriam abolir a prostituição. Uma das maiores ONGS da rede é a OGN-Davila, que atua na Região Metropolitana do Rio de Janeiro, assim como em 15 cidades do interior do estado, com centros de serviços de saúde oferecendo contraceptivos e informações sobre doenças sexualmente transmissíveis.[28]

Temas e questões grandes e pequenos tornaram-se a base de políticas e atividades dessas ONGs. Desse modo, existe a Junior Achievement Rio Grande do Sul (Jars), inspirada nos grupos fundados nos Estados Unidos. O primeiro deles foi estabelecido no Rio Grande do Sul em 1994, dedicado ao ensino sobre empreendedorismo e promoção de pequenos negócios.[29] No outro extremo está a Federação de Órgãos para Assistência Social e Educacional (Fase), fundada em 1961, com sede no Rio de Janeiro e que atua como ONG em 6 estados. A Fase aliou-se com a Central Única dos Trabalhadores (CUT) e participou da fundação do Partido dos Trabalhadores (PT). Atua na educação de adultos, promovendo o fim do trabalho infantil e desenvolvendo distribuição de alimentos para pobres e indigentes. Recebe financiamento do Banco Mundial, da União Europeia, da Organização Internacional do Trabalho (OIT) e da Unesco.[30] Entre milhares de outras ONGs, há uma organizada por arquitetos para criar moradias viáveis para os pobres de Porto Alegre.[31] Há outra fundada para prestar ajuda técnica e administrativa para outras ONGs chamada Parceiros Voluntários, fundada em 1997 no Rio Grande do Sul e que, em 2012, contava com 400

---

28 Essa organização muito atuante patrocina até um bloco de carnaval na capital e administra a oficina de confecção de roupas Daspu, cujas camisetas foram apresentadas na Bienal de Arte de São Paulo em 2006 e divulgadas internacionalmente. Andreia Skackauskas Vaz de Mello, "Burocratização e institucionalização das organizações de movimentos sociais: O caso da organização de prostitutas Davida" (dissertação de mestrado; Universidade Federal de Minas Gerais, Belo Horizonte, 2007), pp. 64-68, 76-77.

29 Catia Eli Gemelli, "Motivações para o trabalho voluntário sob a perspectiva do indivíduo: Um estudo de caso no ONG Junior Achievement" (dissertação de mestrado; Universidade do Valle do Rio dos Sinos – Unsinos, São Leopoldo, 2015), p. 60.

30 Dilena Dustan Lucas da Silva, "Organizações não governamentais: um estudo de caso da Federação de Órgãos para Assistência Social e Educacional (FASE)" (tese de doutorado; Universidade Federal do Rio Grande do Sul, 2005), caps. 1 e 2.

31 Bibiana Volkmer Martins, "A presença da ONG Cidade para a construção de um planejamento urbano democrático em Porto Alegre" (dissertação de mestrado; Universidade Federal do Rio Grande do Sul, Porto Alegre, 2011).

mil voluntários, cujo trabalho era assessorar e apoiar outras ONGs com suas habilidades profissionais.[32]

Sem dúvida, a ONG com maior poder político e intimamente vinculada ao PT é o Movimento dos Trabalhadores Rurais Sem Terra (MST), fundado em 1979. O MST é apenas um entre vários esforços sindicais. Dentre as organizações mais importantes estão as Ligas Camponesas, movimento fundado em 1945 e impiedosamente destruído pelo regime militar em 1964. No entanto, as ligas camponesas e os posteriores sindicatos rurais contavam com trabalhadores rurais que, em geral, eram proprietários de terras. Nos anos 1950, foi criado o Movimento dos Agricultores Sem Terra (Master) no Rio Grande do Sul, que se engajou na invasão de fazendas não produtivas e veio a se tornar o grupo mais radical. Esses sindicatos de camponeses e associações em favor da posse da terra foram apoiados pela Igreja Católica e pelo Partido Comunista Brasileiro (PCB), e todas as ligas, sindicatos e associações pressionavam pela concretização da reforma agrária. A atividade foi interrompida quando os militares assumiram o poder. No entanto, a questão agrária permaneceu como tema fundamental durante o período militar inteiro, mesmo entre os sindicatos rurais submissos, organizados pelo regime militar. Os governos militares responderam com um forte esquema de colonização de terras, que deixava intocados os grandes latifúndios. No entanto, a pressão continuou. Em 1975, a Igreja Católica criou a Comissão Pastoral da Terra, que deu cobertura a novos agrupamentos de camponeses. Novamente no Rio Grande do Sul, um grupo de trabalhadores rurais sem-terra ocupou uma fazenda em 1979, e a partir de então houve outras invasões semelhantes que levaram à formação do MST em 1985, com o apoio da Igreja.[33] O Estado com frequência combatia essas invasões, mas o movimento crescia continuamente na era pós-militar e se tornava uma força poderosa na política nacional e na educação rural. Seus estreitos vínculos com o PT, no entanto, enfraqueceram a organização. Além disso, a modernização extraordinariamente bem-sucedida da agricultura brasileira e o contínuo programa de assentamento do governo reduziram seu poder e

---

32 Talita Raquel de Oliveira, "Dependência e criação de trajetória no terceiro setor – Um estudo de caso na ONG Parceiros Voluntários" (dissertação de mestrado; Universidade do Valle do Rio dos Sinos – Unsinos, São Leopoldo, 2013), p. 19.

33 Pesquisas úteis sobre as origens históricas do MST estão disponíveis em Bernardo Mançano Fernandes, "Contribuição ao estudo do campesinato brasileiro formação e territorialização do Movimento dos Trabalhadores Rurais Sem Terra – MST (1979-1999)" (Tese de Doutorado, USP, São Paulo, 1999), caps. 1 e 2; e Arnaldo José Zangelmi, Fabrício Roberto Costa Oliveira e Izabella Fátima Oliveira de Sales, "Movimentos, mediações e Estado: apontamentos sobre a luta pela terra no Brasil na segunda metade do século xx", *Sociedade e Cultura* 19, n. 1 (jan./jun. 2016), pp. 133-141.

questionaram a necessidade de reforma agrária; eles, por sua vez, concentraram suas atividades na educação.[34]

De todas as questões que dominam as ONGs no Brasil, provavelmente as que mais atraem interesse internacional e grande atividade local são as que se dedicam ao meio ambiente de uma forma ou de outra. O Brasil é, certamente, foco de preocupação mundial para a preservação de sua extraordinária riqueza ecológica. Nas décadas de 1970 e 1980, surgiu um grande movimento ambiental no Brasil, o primeiro da América Latina.[35] Considerando-se a importância da Floresta Amazônica, da Mata Atlântica e dos rios brasileiros para as condições climáticas em âmbito mundial, cresceu também a preocupação internacional com a grande expansão da agricultura, da pecuária e de madeireiras. Os movimentos ambientais passaram também a criticar investimentos expressivos em grandes obras, como estradas e barragens, que se realizavam sem preocupação com a preservação do meio ambiente. Muitas dessas obras eram financiadas por agências financeiras internacionais. A combinação de movimentos de base no Brasil, o surgimento de ONGs internacionais preocupadas com o meio ambiente e a ascensão de uma nova classe média consciente da crescente degradação da vida urbana devido à poluição nas últimas três décadas do século XX levaram à criação de um forte movimento ecológico no Brasil. Esses temas vieram à tona na Rio-92, Conferência das Nações Unidas sobre o Meio Ambiente e o Desenvolvimento (Cnumad), patrocinada pela ONU, que todos os acadêmicos marcam como a maturidade do movimento das ONGs no Brasil.[36]

O primeiro grupo de defesa ambiental no Brasil foi fundado em junho de 1971 no Rio Grande do Sul.[37] Na realidade, foi a primeira associação ecológica criada na América Latina. Logo foram formados outros grupos

---

34 Sobre a relação do MST com os governos do PT, veja Marcos Paulo Campos, "Movimentos Sociais e Conjuntura Política: uma reflexão a partir das relações entre o MST e o governo Dilma", *Revista Cadernos de Estudos Sociais e Políticos*, v. 4, n. 7 (jan./jun. 2015), pp. 79-100. Isso levou o MST a concentrar mais esforços na educação rural. Veja Anita Helena Helena Schlesener e Donizete Aparecido Fernandes, "Os conflitos sociais no campo e a educação: a questão agrária no Brasil", *Cadernos de Pesquisa: Pensamento Educacional* 10, n. 24 (2017), pp. 131-148.

35 Sobre o impacto de políticas recentes e anteriores, veja Warren Dean, *With Broadaxe e Firebrand: The Destruction of the Brazilian Atlantic Forest* (Berkeley, CA: University of California Press, 1995). Para uma ótima pesquisa sobre essa questão na América Latina, veja Shawn W. Miller, *An Environmental History of Latin America* (Cambridge: Cambridge University Press, 2007), e seu estudo anterior sobre desmatamento colonial, *Fruitless Trees: Portuguese Conservation and Brazil's Colonial Timber* (Stanford, CA: Stanford University Press, 2000).

36 Teixeira, "A atuação das organizações não governamentais", p. 107.

37 Agapan: Associação Gaúcha de Proteção ao Ambiente Natural.

regionais, e campanhas educacionais começaram a conscientizar a população sobre questões de preservação. O primeiro indício do impacto das preocupações em âmbito nacional e internacional sobre desmatamento e degradação do solo e de recursos hídricos do país ocorreu no mandato do general Ernesto Geisel. Em 1974, o General Geisel instituiu a Secretaria Especial de Meio Ambiente (Sema) graças à insistência de organizações internacionais de ajuda sobre a necessidade de uma agência formal governamental que produzisse estudos de impacto ambiental a fim de que empréstimos vindos do exterior pudessem ser aprovados.

Entre as crises do petróleo de 1973-1979 e o lento retorno à democracia, o movimento ecológico começou a se expandir a partir de grupos de *advocacy,* motivados em grande parte por cientistas, e se tornou mais político, de militância, no Brasil. Um dos movimentos mais marcantes foi conduzido pelos trabalhadores de extração de borracha no estado do Pará, com a liderança de Chico Mendes, que organizou uma oposição sistemática ao desmatamento de meados até o fim da década de 1970 e se tornou um símbolo do movimento ecológico em âmbito internacional.[38] No final dos anos 1970 e início dos 1980, foram fundadas associações ecológicas estaduais em várias áreas. Foi produzida a primeira de muitas revistas ecológicas nacionais e surgiu uma grande discussão no país sobre a necessidade de proteger a Amazônia. O crescente poder desse movimento foi demonstrado com a criação, em 1985, de um novo grupo de pressão com o objetivo de influenciar a Assembleia Constituinte, que então elaborava a nova Constituição democrática: a chamada Coordenação Interestadual Ecológica para a Assembleia Constituinte (Ciec). Essa organização altamente política promovia candidatos que apoiavam o meio ambiente (verdes) para a Assembleia Constituinte e exigia intervenção sobre ecologia para a nova Constituição.[39] Seu sucesso foi evidente na nova Constituição de 1988, em que o meio ambiente foi citado em inúmeras seções e o governo, pela primeira

---

[38] Margaret E. Keck, "Social Equity and Environmental Politics in Brazil: Lessons from the Rubber Tappers of Acre", *Comparative Politics* 27:4 (jul. 1995), pp. 409-424.

[39] Sobre o início da trajetória histórica desse movimento, veja Eduardo J. Viola, "The Ecologist Movement in Brazil (1974-1986): From Environmentalism to Ecopolitics", *International Journal of Urban and Regional Research* 12: 2 (jun. 1988), pp. 211-228; e Onil Banerjee, Alexander J. Macpherson, Janaki Alavalapati, "Toward a Policy of Sustainable Forest Management in Brazil: A Historical Analysis", *The Journal of Environment & Development* 18:2 (jun. 2009), pp. 130-153; e Wilson José Ferreira de Oliveira, "Gênese e redefinições do militantismo ambientalista no Brasil", *DADOS Revista de Ciências Sociais*, 51:3 (2008), pp. 751-777. Sobre a evolução das políticas e instituições em nível estadual, veja Barry Ames e Margaret E. Keck, "The Politics of Sustainable Development: Environmental Policy Making in Four Brazilian States", *Journal of Interamerican Studies and World Affairs* 39, 4 (inverno de 1997-1998), pp. 1-40.

vez, se comprometeu sistematicamente a defendê-lo.[40] O movimento não apenas influenciou os principais partidos de oposição e lutou por candidatos "verdes", mas também liderou a fundação de um Partido Verde formal no início de 1986. Em 2010, o partido, com a candidata Marina Silva, conquistou 20% dos votos do país na eleição presidencial, ocupando a terceira posição, atrás do PT e do PMDB.

Além de seu envolvimento político e de suas campanhas educativas, o movimento ecológico teve grande impacto nas legislações estaduais e federais destinadas a proteger o meio ambiente. Uma das conquistas iniciais foi a formação, em 1985, de um novo Ministério do Meio Ambiente e Desenvolvimento Urbano, no primeiro governo democrático. Em 1989, foi criado o Instituto Brasileiro do Meio Ambiente e dos Recursos Naturais Renováveis (Ibama), que, pela Constituição de 1988, obtinha controle sobre todas as florestas nacionais. Lentamente essas agências governamentais começaram a impactar a preservação das florestas e pântanos e estabelecer legislação sistemática para proteger o meio ambiente. No entanto, a aplicação da legislação variou de um governo para outro nos últimos vinte e cinco anos, e, em 2012, houve até uma tentativa de enfraquecer a importante e respeitada Lei Florestal de 1965 – a qual foi por fim vetada pela administração Dilma, pela forte oposição dos ambientalistas.[41]

Tanto os grupos ambientais brasileiros como os internacionais pressionam sistematicamente as grandes agências internacionais de crédito a mudar as políticas de empréstimos ao governo brasileiro. Isso se tornou evidente no final da década de 1970, quando o Banco Mundial começou a conceder os primeiros empréstimos para obras da região amazônica. O mais controverso foi um grande investimento nos assentamentos no noroeste da Amazônia, denominado projeto Programa Integrado de Desenvolvimento do Noroeste do Brasil (Polonoroeste). Embora certas tentativas de controlar as condições ecológicas tenham sido estabelecidas no instrumento de concessão do empréstimo, tal licença foi, em grande parte, malsucedida,

---

40 Vladimir Passos de Freitas, "A constituição federal e a efetividade das normas ambientais" (tese de doutorado, Faculdade de Direito da Universidade Federal do Paraná, 1999) e Antonio Herman de Vasconcellos e Benjamin, *O Meio Ambiente na Constituição Federal de 1988* (Informativo Jurídico da Biblioteca Ministro Oscar Saraiva, v. 19, n. 1, jan./jun. 2008). Sobre mudanças nas leis ordinárias relacionadas com questões de preservação, veja Carlos José Saldanha Machado, "Mudanças conceituais na administração pública do meio ambiente", *Ciência e Cultura* 55, 4 (2003), pp. 24-26.

41 Pressionada pelo movimento verde, a presidente Dilma foi obrigada a vetar 12 itens do código e modificar outros 32 dispositivos. Veja os relatórios nas reportagens de *O Estado de S.Paulo* e *O Globo* em <http://www.estadao.com.br/noticias/vidae,dilma-veta-12-pontos-e-faz-32-modificacoes-no-codigo-florestal,877923,0.htm> e <http://veja.abril.com.br/noticia/brasil/dilma-veta-12-itens-do-codigo-florestal>.

Organizações da sociedade civil

e o Banco Mundial foi duramente criticado por ONGs nacionais e internacionais, por seu investimento, forçando-o a suspender temporariamente o apoio em meados dos anos 1980 e mudar as diretrizes ambientais.[42] O Banco Mundial divulgou dois relatórios críticos no final da década de 1980 demonstrando como as leis tributárias brasileiras promoviam a degradação ecológica e aumentavam a extensão do desmatamento da Amazônia.[43] Ao mesmo tempo, o Banco Mundial se tornava cada vez mais ecológico. Em 1987, estabeleceu um departamento ambiental central, assim como divisões ambientais para áreas do mundo, as quais foram alçadas ao patamar de vice-presidência em 1992.[44]

Como resposta aos dois choques do petróleo, o governo brasileiro também começou a se preocupar com fontes alternativas de combustíveis, especialmente porque o Brasil era ainda um grande importador de petróleo. Em 1975, como resultado do choque do petróleo do ano anterior, o governo instituiu o Programa Nacional do Álcool (Proálcool) para utilizar açúcar como combustível alternativo. O governo subsidiava a produção de açúcar e decretava que houvesse etanol na proporção de 24% em toda a gasolina comercializada. O governo expandiu o programa após a segunda crise do petróleo, em 1979, e em 2005 o Brasil produziu 4 milhões de galões de etanol, aproximadamente o mesmo que era produzido de milho nos Estados Unidos. Assim, o etanol respondia por cerca de 40% do consumo de combustíveis no Brasil, em comparação com apenas 3% no mercado norte-americano. O aumento da eficiência do programa brasileiro permitiu que o país produzisse a mesma quantidade de biocombustíveis que os Estados Unidos em metade da área de terras. Até a safra de 2004/05, o Brasil era não apenas o maior produtor de cana-de-açúcar do mundo, mas também o de etanol, respondendo por 37% da produção mundial.[45] Mas esse desenvolvimento

---

[42] Sobre problemas relacionados com a ecologia em todos esses projetos conjuntos envolvendo a Amazônia, o Banco Mundial e o governo brasileiro, veja Sérgio Margulis, "O Desempenho Ambiental do Governo Brasileiro e do Banco Mundial em Projetos Cofinanciados pelo Banco" (texto para discussão 194; Brasília, Ipea, 1999).

[43] Veja os dois documentos: Hans Binswanger, "Brazilian Policies that Encourage Deforestation" (Environment Department Paper n. 16, World Bank, Washington, DC 1988); e Dennis J. Mahar, "Government Policies and Deforestation in the Brazilian Amazon" (Washington, DC: Banco Mundial, 1989).

[44] John Redwood II, *World Bank Approaches to the Brazilian Amazon: The Bumpy Road toward Sustainable Development* (LCR Sustainable Development Working Paper n. 13; Washington DC: Banco Mundial, nov. 2002).

[45] Marcus Renato S. Xavier, "The Brazilian Sugarcane Ethanol Experience" (Washington, DC: Competitive Enterprise Institute, 17 de fevereiro de 2007); e Martines-Filho, J., H. L. Burnquist, e C. E. F. Vian, "Bioenergy and the rise of sugarcane-based ethanol in Brazil", *Choices* 21, n. 2 (2006), pp. 91-96.

do etanol levou a um grande debate entre ecologistas sobre seus impactos ambientais positivos e negativos.[46]

Apesar do maior poder do movimento verde e da crescente ação do governo, a extração ilegal de madeira e as atividades agropecuárias na Amazônia e em outros habitats naturais, com redução da biodiversidade e da fauna e da flora nativas, ainda continuam.[47] Além disso, o desmatamento não diminuiu nas últimas décadas, sendo que os esforços ambientais do Brasil produziram resultados muito menores do que em outras regiões do mundo. Na pesquisa de 2011 sobre as florestas mundiais, a ONU revelou que o Brasil tinha 520 milhões de hectares de florestas, representando 13% do total das florestas mundiais. Na década de 1990-2000, o Brasil perdeu em média 2,9 milhões de hectares de florestas por ano, representando 35% da perda total em âmbito global naquela década. Na década de 2000-2010, o Brasil perdeu mais 2,6 milhões de hectares por ano, o que representa hoje 51% da destruição total de florestas no mundo.[48] Há também graves problemas de longo prazo nas áreas de saneamento, qualidade do ar, água potável e habitações precárias em muitos centros urbanos. O Brasil está agindo lentamente para resolver esses problemas. Porém há um forte movimento verde que realiza campanhas sistemáticas para melhorar as condições ecológicas no país, especialmente a partir dos governos do PT, que reforçaram o crescimento da proteção ambiental. Todos esses movimentos nacionais e internacionais levaram a uma enorme quantidade de pesquisas científicas sobre recursos sustentáveis, reflorestamento e proteção da frágil

---

46 Luiz A. Martinelli e Solange Filoso, "Expansion of sugarcane ethanol production in Brazil: Environmental and social challenges", *Atmospheric Environment* 18, n. 4 (2008), pp. 885-898.

47 Sobre as dificuldades para controlar o desmatamento, veja Sérgio Margulis, Causes *of deforestation of the Brazilian Amazon* (World Bank Working Papers n. 22; Washington, DC: World Bank, 2004). Veja também Stephen G Bunker, *Underdeveloping the Amazon: Extraction, Unequal Exchange, and the Failure of the Modern State* (Urbana: University of Illinois Press, 1985); Michael Goulding, Nigel J. H. Smith, e Dennis J Mahar, *Floods of Fortune: Ecology and Economy along the Amazon* (New York: Columbia University Press, 1996). Sobre as florestas subtropicais no litoral do Atlântico no Brasil conhecidas como Mata Atlântica e sua subsistência precária, veja Milton Cezar Ribeiro, Jean Paul Metzger, Alexandre Camargo Martensen, Flávio Jorge Ponzoni e Márcia Makiko Hirota, "The Brazilian Atlantic Forest: How much is left, and how is the remaining forest distributed? Implications for conservation", *Biological Conservation* 142 (2009), pp. 1141-1153. Até o momento, a maior parte da perda de pássaros nativos no Brasil ocorreu na Mata Atlântica. Veja Miguel Angelo Marini e Federico Innecco Garcia, "Bird Conservation in Brazil", *Conservation Biology* 19, n. 3 (jun. 2005), pp. 665-671. É evidente que os mamíferos estão sendo seriamente prejudicados pelo crescente desmatamento na região amazônica. Veja William F. Laurance, Heraldo L. Vasconcelos e Thomas E. Lovejoy, "Forest loss and fragmentation in the Amazon: implications for wildlife conservation", *Oryx*, 34 (1) (2000), pp. 39-45; e William F. Laurance et al., "The fate of Amazonian forest fragments: A 32-year investigation", *Biological Conservation* 144 (2011), pp. 56-67.

48 FAO, *State of the World's Forests 2011* (Roma: Organização da ONU para Alimentação e Agricultura, 2011), pp. 110-118, tabela 2.

Organizações da sociedade civil

região amazônica, fazendo do meio ambiente brasileiro uma das questões mais estudadas do mundo.[49]

As organizações e os *lobbies* mais eficazes em termos de educação foram as federações patronais. A Confederação Nacional da Indústria (CNI), fundada na década de 1930, foi crucial para o desenvolvimento do ensino técnico no Brasil. Desde o final da década de 1940, surgem essas organizações patronais que desenvolvem intensos programas de qualificação industrial (Senai), e as entidade representativas do comércio fazem gestão dos seus programas através do Senac. Essas escolas estão entre as principais dos sistemas de ensino técnico do mundo. Em 2017, registravam mais de 900 mil alunos.[50] No entanto, em termos de influência nas políticas de governo, as associações de indústrias estaduais e nacionais têm sido menos eficientes no período mais recente em termos de representação de uma estrutura autônoma de poder, independente do Estado, especialmente em comparação com a Europa e América do Norte.[51] Portanto, o poder real da CNI está um tanto diluído pelas federações nacionais, que dão peso igual às pequenas associações estaduais e à poderosa Federação das Indústrias do Estado de São Paulo (Fiesp). Embora tais associações tenham sido robustas na era Vargas e até os anos 1940, declinaram desde a era pós-militar. Grande parte do declínio se deve, provavelmente, à convergência de interesses entre o Estado e as associações, mas também pode refletir o poder decrescente da indústria nacional e a expansão de multinacionais como fatores importantes do mercado industrial brasileiro após a década de 1990.[52]

---

49 Sobre a relação entre desmatamento e aquecimento global, veja o ensaio mais recente de P. M. Fearnside e W.F. Laurance, "Tropical Deforestation and Greenhouse Gas Emissions", *Ecological Applications* 14:4 (2004), pp. 982-986. Sobre atividades sustentáveis, veja, entre os estudos mais gerais, Daniel C. Nepstad, Claudia M. Stickler, Britaldo Soares-Filho e Frank Merry, "Interactions among Amazon land use, forests and climate: prospects for a near-term forest tipping point", *Philosophical Transactions of the Royal Society B* 363 (2008), pp. 1737-1746; Daniel C. Nepstad, et al., "The End of Deforestation in the Brazilian Amazon", *Science*, v. 326 (dez. 2009), pp. 1350-1351; Britaldo Silveira Soares-Filho, et al., "Modelling conservation in the Amazon basin", *Nature*, 440, n. 23 (mar. 2006), pp. 520-523; Luiz A Martinelli, Rosamond Naylor, Peter M Vitousek e Paulo Moutinho, "Agriculture in Brazil", pp. 431-438.

50 Rita Almeida, Nicole Amaral e Fabiana de Felicio, *Assessing Advances and Challenges in Technical Education in Brazil* (Washington, DC: Banco Mundial, 2015), p. 11, figura 1.2. Partimos do pressuposto de que todo ensino vocacional privado é realizado nesse sistema.

51 Veja Ben Ross Schneider, "From corporatism to organized disarticulation *in* Brazil", *in* Ben Ross Schneider, ed., *Business Politics and the State in Twentieth Century Latin America* (Cambridge: Cambridge University Press, 2004), pp. 93-127.

52 Os *lobbies* industriais tiveram pouco impacto na Constituição de 1988 e se dividiram completamente sobre a abertura do mercado nacional a indústrias estrangeiras na década de 1990, sendo que as indústrias perdidas não conseguiram interromper o processo e as confederações passivas concordaram com a política do governo, prejudicando muitos de seus membros. Veja Eli Diniz, "Empresariado industrial, representação de interesses e ação política: trajetória histórica e novas configurações", *Política*

Se, por um lado, os *lobbies* e as organizações industriais não são mais politicamente poderosos, por outro, há um conjunto de novos atores no setor agrícola, anteriormente com menor representação. Como a agricultura se modernizou e se transformou em uma potência internacional desde a década de 1960, também os novos setores agrícolas começaram a se organizar para proteger interesses e promover políticas. Inicialmente, a maioria das associações rurais se organizava para se defender das invasões de terras do MST.[53] À medida que a agricultura comercial se expandia e se tornava organizada vertical e internacionalmente, despontaram grupos modernos de produtores em todas as principais culturas agrícolas. Grande parte da reorganização surgiu com a desregulamentação do mercado no final da década de 1990 e com a eliminação de todos os institutos estaduais de agricultura que controlavam a produção nacional.[54] Tanto as associações de produtores quanto as cooperativas se tornaram atores importantes na agricultura comercial. No Censo Agropecuário de 2006, cerca de 41% das fazendas que detinham 40% das terras agrícolas estavam associadas a alguma cooperativa, entidades de classe como os sindicatos, associação de produtores ou organização comunitária e/ou entidade de classe e cooperativa. O estado mais bem organizado era o Rio Grande do Sul, onde 68% das fazendas e 72% das terras estavam associadas a esses grupos.[55] Embora grande parte das associações de produtores tenha permanecido como organizações sem fins lucrativos, defendendo o interesse de seus membros, algumas cooperativas que começaram como associações sem fins lucrativos também se tornaram grandes produtores rurais, algumas tendo grande sucesso e outras fracasso.[56] Embora em alguns setores

---

& *Sociedade* 9, n. 17 (out. 2010), pp. 106-109; e Mariele Troiano, "Os empresários no Congresso: a legitimação de interesses via audiências públicas" (dissertação de mestrado; Universidade Federal de São Carlos, 2016).

53 Foi a origem do primeiro grande *lobby*, a União Democrática Ruralista (UDR) em 1985. Veja Celso Donizete Locatel e Fernanda Laize Silva de Lima, "Agronegócio e poder político: políticas agrícolas e o exercício do poder no Brasil", *Sociedade e Território* (Natal) 28, n. 2 (jun./dez. 2016), pp. 66-67.

54 Sobre os efeitos da desregulamentação do mercado do café, veja Fernando Tadeu Pongelupe Nogueira e Danilo R. D. Aguia, "Efeitos da Desregulamentação na Extensão e no Grau de Integração do Mercado Brasileiro de Café", *Revista de Economia* 37, n. 3 (set./dez. 2011), pp. 21-46.

55 IBGE, Sidra, Censo Agrícola, tabela 840.

56 Um exemplo clássico é a CCGL (Cooperativa Central Gaúcha de Leite), que chegou a controlar quase a metade da produção do estado do Rio Grande do Sul, mas teve que abrir mão disso após o colapso da cooperativa de trigo e vários anos depois voltou a comprar as empresas que havia vendido a empreendedores privados. Veja Maria Domingues Benetti, "Endividamento e crise no cooperativismo empresarial do Rio Grande do Sul: análise do caso Fecotrigo/Centralsul - 1975-83", *Ensaios FEE* (Porto Alegre) 6, n. 2 (1985), pp. 23-55; e Guilherme Gadonski de Lima, Emerson Juliano Lucca e Dilson Trennepohl, "Expansão da cadeia produtiva do leite e seu potencial de impacto no desenvolvimento da região noroeste rio-grandense", *53° Congresso da SOBER 2015* (João Pessoa).

comerciais, como o de laticínios, as cooperativas sejam menos importantes do que aquelas nos Estados Unidos ou na Europa, nas áreas de soja, trigo, aveia, açúcar e algodão as cooperativas são grandes atores independentes, algumas delas se tornando grandes empresas industriais e de pesquisa.[57] Em um censo de cooperativas agrícolas realizado pelo governo, em 2016, havia 1.440 registradas.[58] Recentemente, surgiram cooperativas de crédito, intimamente ligadas à economia rural. As primeiras foram criadas em 1971, mas em 2006 ainda eram bastante limitadas e representavam apenas 5% de todos os empréstimos rurais concedidos.[59] Por outro lado, na Europa e na América do Norte, as cooperativas de crédito respondem por um quarto a mais da metade do crédito rural disponível.[60]

Considerando-se sua importância na economia, os grupos de interesses agrícolas acabaram organizando um bloco de votação no Congresso em 1995, conhecido como Frente Parlamentar da Agropecuária (FPA). Esse bloco, popularmente conhecido como bancada ruralista, atualmente conta com 120 deputados federais e 13 senadores – ou seja, 23% da Câmara e 16% do Senado.[61] O problema é que a bancada ruralista apoia tanto os agricultores tradicionais como os mais modernos e, portanto, tende a se opor a políticas mais progressistas de distribuição de terras, de trabalho e de meio ambiente, sendo considerada uma força conservadora na legislatura nacional.[62]

---

57 O mesmo ocorreu com a cooperativa de açúcar em São Paulo. Em 1959, a Copersucar (Cooperativa de Produtores de Cana-de-Açúcar, Açúcar e Álcool do Estado de São Paulo) foi formada pela fusão de duas cooperativas brasileiras de produtores de açúcar. Começou como uma associação de produtores, concentrando-se na comercialização de açúcar e álcool de seus membros. No final da década, a Copersucar representava 86% dos usineiros de São Paulo e comercializava mais de 90% da produção de açúcar e álcool do estado. Rapidamente evoluiu para formar um conglomerado, oferecendo muitos itens, como: crédito para a compra de destilarias, além de atuar em todos os aspectos do processo de produção, inclusive a expansão das exportações. Veja Marcos Fava Nevesa, Allan W. Grayb e Brian A. Bourquard, "Copersucar: A World Leader in Sugar e Ethanol", *International Food e Agribusiness Management Review* 19, n. 2 (2016).

58 IBGE, Sidra, tabela 254.

59 IBGE, Sidra, Censo Agrário 2006, tabela 829.

60 Marcos Antonio Henriques Pinheiro, *Cooperativas de Crédito: História da evolução normativa no Brasil* (6ª ed.; Brasília: Banco Central do Brasil, 2008), pp. 7-8; e Fábio Luiz Búrigo, "Finanças e solidariedade: o cooperativismo de crédito rural solidário no Brasil", *Estudos Sociedade e Agricultura* 1 (dez. 2013), pp. 312-349.

61 Sobre a trajetória inicial desses grupos, veja Instituto de Estudos Socioeconômicos: "Bancada Ruralista: O maior grupo de interesse no Congresso Nacional". Acesso em 11.03.2017, em <https://www.terra.com.br/noticias/maior-lobby-no-congresso-ruralistas-controlam-14-da-camara,4668a418851ca310VgnCLD200000bbcceb0aRCRD.html. Sobre o tamanho da bancada ruralista na atual legislatura, veja <https://www.terra.com.br/noticias/maior-lobby-no-congresso-ruralistas--controlam-14-da-camara,4668a418851ca310VgnCLD200000bbcceb0aRCRD.html>.

62 Ranon Bento Pereira e Glauber Lopes Xavier, "A propriedade da terra e a política brasileira durante a nova república (1985-2014): A bancada ruralista e a questão agrária contemporânea (52ª, 53ª e 54ª

As cooperativas também existem para produzir e distribuir energia elétrica, construir moradias ou organizar produtores ou consumidores de vários produtos. Há um grupo significativo de médicos brasileiros que se organizam em cooperativas médicas denominadas Unimeds, que empregam 42% de todos os profissionais de saúde brasileiros e podem ser encontradas em todo o país.[63] Em geral, o movimento de cooperativas está muito bem estabelecido no Brasil, sendo uma força alternativa poderosa na esfera pública e independente do governo, embora profundamente integrada ao mercado. Como se observa em uma listagem dessas organizações de 2017, as cooperativas de crédito, de consumidores, da agricultura e de energia elétrica são as mais importantes em termos de número de associados (Tabela 9.3).

De todas as principais associações e movimentos no Brasil, os menos autônomos na maioria dos períodos estudados são os sindicatos, que, desde os anos 1930, tendem a ser controlados pelo governo, pelo menos até a década de 1980. Como em todas as sociedades capitalistas ocidentais, a relação entre capital e trabalho resultou em conflitos que levaram à organização dos trabalhadores em vários tipos de entidades representativas voluntárias. Em última análise, tornaram-se atreladas ao movimento sindical, que é agora a forma predominante de organização dos trabalhadores. Na Europa, esses movimentos trabalhistas surgiram paralelamente à consolidação do processo industrial. No Brasil, devido à persistência da escravidão até 1888 e às poucas atividades industriais, houve um atraso relativo na formação das organizações de trabalhadores. Foi o único país com intensa entrada de imigrantes europeus da Itália e Espanha, que vieram substituir os escravos no café e então constituíram a principal força de trabalho das indústrias nascentes, em que os sindicatos finalmente emergiram nos primeiros anos do século XX. Em 1903 e 1907, o governo reconheceu o direito de sindicalização, mas apenas para fins de mediação, sendo hostil ao confronto normal

---

legislaturas)", trabalho apresentado nos *ANAIS - Seminário de Pesquisa, Pós-Graduação, Ensino e Extensão do CCSEH – SEPE, 2016*.

63 Evandro Scheidt Ninaut e Marcos Antonio Matos, "Panorama do cooperativismo no Brasil: Censo, exportações e faturamento", *Informações Econômicas, SP* 38, n. 8 (ago. 2008), p. 44. As Unimeds que registravam mais de 100 mil pacientes eram as de Belo Horizonte (MG), do estado do Paraná (PR) e da cidade de Porto Alegre (RS). As Unimeds com 20 mil a 100 mil pacientes incluíam a Unimed Vale dos Sinos (RS), Unimed Sul Capixaba (ES) e Unimed Santa Bárbara D'Oeste e Americana (SP). Dados da OCB, acessos em 11.01.2017 e disponíveis em: <http://www.ocb.org.br/noticia/20916/unimeds-fazem-bonito-em-ranking-da-ans>.

Organizações da sociedade civil

Tabela 9.3 Número de cooperativas por área de interesse, com número de membros e empregados, 2017

Área	Número de cooperativas	Membros	Empregados
Crédito	976	7.476.308	50.268
Consumidores	147	2.990.020	14.056
Agricultura	1.555	1.016.606	188.777
Eletricidade e infraestrutura	125	955.387	6.154
Saúde	813	225.191	96.230
Transportes	1.205	136.425	11.209
Habitação	293	114.567	886
Mineração	79	57.204	187
Educação	279	50.847	3.966
Produção industrial	257	12.494	3.458

Nota: áreas com menor participação foram excluídas.
Fonte: Organização das Cooperativas Brasileiras, acesso em: 03.11.2017, em: <http://www.ocb.org.br/ramos>.

entre capital e trabalho.[64] Apesar de terem surgido sindicatos legais e ilegais nesse período, foi somente após 1930 que foi estabelecida uma política governamental positiva.[65]

A revolução de Vargas teve como valor fundamental a adaptação do Estado às novas realidades sociais de uma sociedade mais complexa. Vargas criou uma série de instituições básicas para tratar de relações trabalhistas, saúde pública, aposentadorias e economia, todas destinadas a conduzir a tradicional sociedade rural baseada na oligarquia à era moderna. Isso foi realizado por um governo não democrático que poderia forjar novas alianças com o crescente setor industrial e aproveitar o movimento trabalhista em evolução para obter apoio permanente ao regime em troca de proteções trabalhistas. O governo concedeu o direito de sindicalização, além de direitos básicos do trabalhador à negociação e à seguridade social. A criação da

---

64 O Decreto 1.637, de 5 de janeiro de 1907, assim como o decreto de 1903, estabelecia que os trabalhadores tinham liberdade para organizar sindicatos. Veja: <http://www2.camara.leg.br/legin/fed/decret/1900-1909/decreto-1637-5-janeiro-1907-582195-publicacaooriginal-104950-pl.html>.

65 Sobre a criação da Previdência Social no Brasil, veja Herbert S. Klein e Francisco Vidal Luna, *Brazil, The Military Regimes of Latin America in The Cold War* (New Haven, Yale University Press, 2017).

legislação trabalhista moderna deixou para o Estado o controle final sobre os sindicatos. Tal cooptação diminuiu a autonomia da organização do trabalho, conduzindo a sindicatos controlados pelo governo, mas forneceu uma importante base política ao governo Vargas.[66]

O governo adotou a política da chamada unicidade sindical, que estabelecia um único sindicato para cada indústria e/ou município.[67] A legislação limitava o número de trabalhadores estrangeiros por empresa (a lei de dois terços de trabalhadores nacionais), regularizava a jornada de trabalho, garantia feriados e previa o controle e a proteção das mulheres e eliminação do trabalho infantil. Havia também contratos coletivos de trabalho e Convenções Coletivas de Trabalho e Juntas de Conciliação e Julgamento, compostas por representantes dos trabalhadores e da administração das empresas para lidar com contratos de trabalho e disputas trabalhistas. O dia Primeiro de Maio foi decretado feriado nacional, e o governo instituiu o primeiro salário mínimo do Brasil. Em 1940, Vargas criou o imposto sindical, que concedia renda aos sindicatos, arrecadada e distribuída pelo Ministério do Trabalho. O imposto sindical se tornou um instrumento fundamental de cooptação entre o Estado e os sindicatos.[68] O marco legal para tudo isso era a lei trabalhista codificada, ou seja, a Consolidação das Leis do Trabalho (CLT), elaborada durante o Estado Novo (1937-45) e definitivamente estabelecida em 1943.[69]

---

[66] Sobre esse tema, veja Boris Fausto, *A Revolução de 1930* (São Paulo: Brasiliense, 1972). Sobre a legislação trabalhista que foi muito influenciada pelo código de trabalho corporativista da Itália, veja Leôncio Martins Rodrigues, "Sindicalismo corporativo no Brasil", *in Partidos e sindicatos: escritos de sociologia política* (Rio de Janeiro: Centro Edelstein de Pesquisas Sociais, 2009), pp. 38-65 online e acesso em 11/1/2017, em: <http://books.scielo.org/id/cghr3/pdf/rodrigues-9788579820267-04.pdf>; Fabio Gentile, "O fascismo como modelo: incorporação da 'Carta del Lavoro' na via brasileira para o corporativismo autoritário da década de 1930", *in Dossiê – Pensamento de direita e chauvinismo na América Latina*: pp. 84-101, acesso em: 11.01.2017, disponíveis em: <http://www.uel.br/revistas/uel/index.php/mediacoes/article/view/19857>.

[67] Em 1939, foi estabelecida a "exclusividade" ou monopólio da associação trabalhista por unidade territorial, que significa a proibição da representação da mesma categoria de trabalho por mais de um sindicato. Essa norma que, em combinação com o imposto sindical, representa a proteção do poder dos sindicatos perante o Estado continua vigente até hoje, embora a Constituição estabeleça a liberdade de associação dos trabalhadores. Nem mesmo o PT – que na oposição atacou a regra de união sindical e o imposto sindical – se preocupou em alterar a legislação depois que assumiu a presidência.

[68] O imposto sindical representava uma contribuição no valor de um dia de trabalho de todos os trabalhadores, sindicalizados ou não. Os recursos arrecadados eram distribuídos aos sindicatos, que se sustentavam com essa contribuição discricionária. O governo recebia os recursos e os distribuía de acordo com as regras do distrito. Por exemplo, em 2008, 5% foram para a confederação correspondente, 10% para o sindicato central, 15% para a federação, 60% para o respectivo sindicato e 10% para a Conta Especial para Emprego e Salários. Essa última conta hoje faz parte do FAT (Fundo de Assistência ao Trabalhador). Os recursos da União dependiam desse imposto e, assim, os sindicatos dependiam do Estado), e não das contribuições dos sindicalistas.

[69] Título V, Decreto Lei 5.452, de 1º de maio de 1943.

Segundo esse código trabalhista, os sindicatos deveriam se organizar em uma estrutura piramidal para evitar a organização horizontal das diferentes categorias ocupacionais, sendo proibida a formação de associações de coordenação entre os sindicatos em nível local. Os sindicalistas podiam se reunir apenas através de federações do mesmo setor da economia.[70] A lei previa que todas as eleições sindicais seriam controladas pelo Ministério do Trabalho e que os funcionários sindicalizados eleitos poderiam ser demitidos pelo ministro. As greves se tornaram praticamente ilegais, obrigando a solução de todas as disputas trabalhistas por um tribunal do trabalho controlado pelo governo e, portanto, proibindo os acordos coletivos entre sindicatos e empregadores.[71]

A estrutura formal implementada por esse código permaneceu relativamente estável até 2016. Os governos que sucederam o período Vargas apoiaram-no integralmente porque atendia aos interesses do Estado. Até mesmo os militares deixaram a legislação praticamente intacta.[72] No entanto, adotando os instrumentos formais existentes na CLT, intervieram nos sindicatos e demitiram os principais líderes sindicais.[73] Invadiram 383 sindicatos e as várias confederações locais, regionais e nacionais e expulsaram as lideranças, substituindo-as por líderes mais tradicionais que se concentraram em questões sindicais do dia a dia e desistiram de atividades grevistas.[74] Embora não tenham abolido os sindicatos, os governos militares de 1964-1985 suspenderam o direito de greve, implementaram um rígido controle

---

70 Maria Helena Moreira Alves, *Estado e Oposição no Brasil (1964-1984)*. Petrópolis: Vozes, 1989, pp. 236-237.

71 Thomas E. Skidmore, *The Politics of Military Rule in Brazil, 1964-85* (New York: Oxford University Press, 1988), pp. 33-34. Sobre o movimento trabalhista no período de 1930-1964, veja Leôncio Martins Rodrigues, "Sindicalismo e classe operária (1930-1964)", *in* Boris Fausto, ed., *História Geral da Civilização Brasileira* (São Paulo: São Paulo, Difel, 1986), t. III, v. 10, pp. 509-555.

72 Maria Helena Moreira Alves, *op. cit.*, pp. 236-237.

73 Na seção VIII, Artigo V, Decreto Lei 5.452, o inciso que trata das penalidades aos sindicatos permite a demissão de Diretores e membros do Conselho de Administração, anulação do reconhecimento legal do sindicato, fechamento do Sindicato, Federação ou Confederação por um período de até 6 meses. O decreto previa que, uma vez que a administração do sindicato fosse demitida, o Ministro do Trabalho, Comércio e Indústria designaria um representante para dirigir a associação e continuaria com o processo de eleição da nova diretoria. Além dessas possibilidades formais do decreto original, em 1969, durante o período militar, foi acrescentado o § 2 que permitia ao ministro do Trabalho determinar a demissão preventiva de um líder trabalhista com base em elementos de queixa formal.

74 Segundo Mattos, essa primeira fase dos interventores não poderia barrar completamente os ativistas mais combativos, o que seria comprovado com a vitória dos candidatos oposicionistas quando novas eleições sindicais foram convocadas. Marcelo Badaró Mattos, *Trabalhadores e sindicatos no Brasil*. São Paulo: Editora Expressão Popular, 2009, pp. 101-105.

salarial, extinguiram a estabilidade no emprego[75] e alteraram radicalmente o sistema de aposentadorias e pensões.[76]

O impacto sobre os sindicatos foi enorme, demorando mais de uma década para que ocorresse a efetiva retomada das mobilizações trabalhistas e dos movimentos de greve.[77] No final dos anos 1970, ao mesmo tempo que o sistema começava a se abrir para uma saída democrática, os protestos dos trabalhadores foram reavivados, surgindo o "novo sindicalismo".[78] A greve dos metalúrgicos do ABC, na Grande São Paulo, em 1978, representa um marco nesse processo de ressurgimento.[79] Luiz Inácio da Silva – Lula –, que posteriormente se tornaria presidente da República, emergiu como o grande líder do novo sindicalismo. As greves continuaram em 1979, envolvendo várias categorias profissionais e sendo reprimidas com violência pela polícia. A maior manifestação ocorreu em São Bernardo do Campo e em Diadema, onde houve uma longa greve patrocinada pelo Sindicato dos Metalúrgicos, liderado por Lula. O Tribunal Regional Eleitoral considerou a greve ilegal, e houve intervenção federal no sindicato. Houve protestos no dia 1º de maio em São Bernardo, reu-

---

75　A legislação trabalhista estipulava a estabilidade após 10 anos de trabalho em um emprego. Essa norma, por um lado, conferia maior estabilidade ao emprego, mas tornou a relação de trabalho inflexível, dificultando o progresso das relações trabalho/capital nas áreas urbanas. O mecanismo de estabilidade foi substituído pelo FGTS (Fundo de Garantia por Tempo de Serviço), em que um valor mensal era depositado em nome do trabalhador e constituía um importante fundo institucional para o financiamento de moradia e saneamento.

76　Veja Herbert S. Klein e Francisco Vidal Luna, *Brazil, The Military Regimes of Latin America in The Cold War* (New Haven: Yale University Press, 2017), caps. 3 e 4.

77　Marcelo Badaró Mattos. *op. cit.*, pp. 101-102. Mesmo nesse período de violenta repressão, ocorreram duas greves históricas, uma em Contagem (Minas Gerais) e outra em Osasco (São Paulo), ambas em 1968, fortemente reprimidas com violência pelas forças policiais. Uma visão geral do movimento sindical em São Paulo está disponível *in* Alessandro Moura, "Movimento Operário e Sindicalismo em Osasco, São Paulo e ABC Paulista: Rupturas e Descontinuidades" (Tese de Doutorado, UNVESP, Marília, 2015).

78　Ressurgimento do novo sindicalismo, com fortes repercussões na região do ABC e no chamado "movimento de oposição". O Sindicato dos Metalúrgicos de São Paulo conquistou forte apoio de segmentos da Igreja Católica. Iram Jácome Rodrigues, "Igreja e Movimento Operário nas Origens do Novo Sindicalismo no Brasil (1964-1978)", *História, Questões & Debates* (Curitiba) 29 (1998, 25-58). Por suas origens mais combativas, o novo sindicalismo também ficou conhecido como "sindicalistas autênticos".

79　Sob a orientação do Sindicato dos Metalúrgicos de São Bernardo e Diadema, chefiado por Luiz Inácio Lula da Silva, os trabalhadores decidiram não participar das negociações salariais anuais, denunciando que tais negociações eram uma farsa, pois a legislação salarial limitava reajustes. Depois de determinar a taxa de reajuste, os trabalhadores de algumas empresas, começando pela Scania, decidiram paralisar as máquinas e permanecer na fábrica. Essa forma de protesto se disseminou para outras fábricas na região do ABC e outras cidades do estado de São Paulo, representando um importante marco no novo sindicalismo. Acesso em: 31.10.2017, em: <http://www.abcdeluta.org.br/materia.asp?id_CON=34>.

Organizações da sociedade civil

nindo milhares de pessoas. A greve e a manifestação foram mais um dos marcos da luta pela democratização do país.[80]

O novo sindicalismo criticava abertamente a legislação estatal autoritária e corporativa sobre os sindicatos. A liderança se opôs ao modelo de unicidade sindical e ao imposto sindical, duas características do código trabalhista que limitavam a livre organização sindical e reforçavam a interferência do Estado. O novo sindicalismo adquiriu força política expressiva. A nova força sindical, com o apoio de intelectuais, representantes de movimentos populares e de setores da Igreja Católica,[81] fundou o PT em 1980. Embora o "novo sindicalismo" tenha consolidado sua posição no movimento sindical e estivesse bem representado na luta pela redemocratização, sua liderança não estava totalmente comprometida com o novo movimento político, havendo fortes disputas internas entre o novo sindicalismo concentrado na região de São Paulo e os grupos mais tradicionais dos sindicatos de todo o sistema, que eram menos radicais e politicamente comprometidos. Os dois grupos estariam representados nas duas principais centrais sindicais que seriam criadas no início dos anos 1980.[82] Em 1983, durante o Congresso Nacional da Classe Trabalhadora (Conclat), foi criada a Central Única dos Trabalhadores (CUT), que representaria essencialmente o novo sindicalismo, estando diretamente relacionada ao PT. Em 1986, foi criada a TCGT (Central Geral dos Trabalhadores), em oposição à CUT.[83] Os conflitos internos posteriores provocaram sucessivas divisões na CGT que levaram à criação da UGT (União Geral dos Trabalhadores). Em 1991, foi criada a Força Sindical, importante força

---

80 Esse ato foi um momento decisivo na luta pela redemocratização, com a participação de representantes da sociedade civil e consolidando a posição de Lula como uma das principais lideranças nacionais.

81 Sobre a influência da Igreja Católica na formação do PT, veja Adriano Henriques Machado, "A influência dos setores católicos na formação do Partido dos Trabalhadores: da relação com os movimentos sociais à ideia de formar um novo partido", *ANPUH – xxv Simpósio Nacional de História, 2009* (Fortaleza), acesso em: 01.11.2017, em: <http://anais.anpuh.org/wp-ontent/uploads/mp/pdf/ANPUH.S25.0956.pdf>.

82 A disputa fundamental entre os dois setores pela hegemonia do movimento sindical brasileiro ocorreu na Primeira Conferência Nacional das Classes Operárias (I Conclat) em agosto de 1981. Na época, foi eleita uma Comissão Coordenadora da Única Central, a Pró-Reza. A Comissão da CUT, que acrescentou membros de ambos os blocos, foi encarregada não apenas de dirigir a luta geral da classe trabalhadora brasileira, mas também de preparar a organização da II Conclat, na qual a CUT seria fundada. No entanto, o bloco identificado com a Unidade Sindical, alegando que 1982 era um ano eleitoral e que um congresso naquele momento poderia dividir os trabalhadores, se empenhou em adiá-lo. A questão era a expansão da participação ou a ancoragem da nova Confederação na estrutura sindical da época. FGV-CPDC, Confederação Geral dos Trabalhadores (CGT)". Acesso em: 02.10.2017, em: <http://www.fgv.br/cpdoc/acervo/dicionarios/verbete-tematico/confederacao-geral-dos-trabalhadores>.

83 Sobre as Confederações Sindicais, veja: Edson Gramuglia Araujo, "As Centrais no sistema de representação sindical no Brasil" (tese de mestrado, Faculdade de Direito da USP, 2012). Leôncio Martins Rodrigues, "As tendências políticas na formação das centrais sindicais", *in* Armando Boito, ed., *O sindicalismo brasileiro nos anos 80* (Rio de Janeiro: Paz e Terra, 1991), pp. 11-42.

política do Sindicato dos Metalúrgicos de São Paulo que representava mais uma em oposição à CUT.

A redemocratização de 1985 e a Constituição democrática de 1988 aboliram parte das restrições à liberdade de expressão e ao direito de greve. No entanto, o novo sindicalismo, representado pela CUT, que surgiu em defesa de uma transformação radical da estrutura sindical, acabou assumindo uma posição mais moderada em relação ao imposto sindical e às normas da unicidade. Nem mesmo o Partido dos Trabalhadores, quando chegou ao poder e deteve grande maioria no Congresso, fez muito para alterar a legislação sindical tradicional. Essa base legal também explica as características da estrutura atual dos sindicatos no Brasil, suas fontes de receita, o grande número de sindicatos existentes e a taxa relativamente alta de sindicalização.[84]

Além disso, desde que a Constituição de 1988 permitiu a sindicalização de servidores públicos, o processo de sindicalização entre eles e os funcionários de empresas estatais, particularmente aquelas relacionadas com serviços públicos em geral, progrediu rapidamente. Atualmente, as principais greves dos movimentos operários ocorrem na esfera pública, tanto contra o próprio governo como contra empresas estatais. A paralisia dos serviços públicos administrados pelo setor público ou por empresas públicas tornou-se a principal arma da luta sindical no Brasil. Essas entidades corporativas, que atualmente representam diferentes segmentos da administração pública, como professores, juízes, promotores de justiça ou autoridades fiscais, têm enorme poder, graças à capacidade de influenciar atividades cruciais do governo. Nas recentes tentativas de reforma previdenciária, por exemplo, as principais forças de oposição à reforma, e talvez as decisivas, foram as entidades de servidores públicos que não aceitaram mudanças na legislação vigente que reduziam seus direitos e privilégios. Estima-se que cerca de um quarto dos deputados federais venha diretamente do serviço público, o que explica sua força no Congresso Nacional.[85]

---

84 Daniel Pestana Mota, "CUT, Sindicato orgânico e reforma da estrutura sindical" (tese de mestrado, Unesp, Marília, 2006); Carlos Alberto Matos, "A Fenajufe e seus sindicatos: a CUT no poder judiciário federal e no ministério público da União" (dissertação de mestrado; Unicamp, 2002); Alexandre Pinto Loureiro, "O direito de greve do servidor público no Brasil diante do princípio do interesse público" (dissertação de mestrado; Faculdade de Direito/USP, 2009); e Fábio Túlio Barroso, *Servidores públicos da esfera civil e militar: sindicalização e greve*. Acesso em: 02.11.2017, disponível em: <http://www. ambito-juridico.com.br/site/?n_link=revista_artigos_leitura&artigo_id=11514>.

85 Conforme publicado em *O Globo*, "é o lobby mais poderoso do Congresso, com um quarto dos deputados federais como funcionários públicos". Acesso em 04.08.2018, em: <https://epocanegocios. globo.com/Brasil/noticia/2018/07/bancada-mais-poderosa-do-congresso-um-quarto-dos-deputados--federais-e-servidor-publico.html>.

Em 2016, foram implementadas mudanças importantes na legislação trabalhista, respondendo às demandas de empresários que pediam maior flexibilidade no processo de contratação de trabalhadores, incluindo trabalhos em regime de meio período e serviços terceirizados, bem como no regime de trabalho em geral. Do ponto de vista das relações trabalhistas, um dos aspectos mais importantes é a força dos acordos coletivos entre trabalhadores e empregadores. Na legislação anterior, esses acordos eram rigidamente controlados. Qualquer aspecto de um acordo coletivo que contradiga algum item das leis da CLT, mesmo que tenha o apoio do respectivo sindicato, não terá valor. Assim, a nova lei previa muito mais flexibilidade nas negociações entre trabalhadores e a administração das empresas.[86] Sob a nova lei, os acordos terão valor, desde que não contradigam a Constituição. Esse foi um dos pontos mais importantes da nova lei, assim como a maior flexibilidade na contratação de mão de obra terceirizada, no trabalho temporário e na jornada de trabalho. Outro aspecto fundamental foi a eliminação do imposto sindical, um dos principais marcos da estrutura sindical brasileira. Houve oposição dos sindicatos, que procuraram criar uma forma alternativa de cobrança de contribuições compulsórias dos trabalhadores. Embora tenha sido aprovada em 2016, foi apenas em 2018 que o Supremo Tribunal Federal considerou constitucional a lei que extinguia o imposto.

Houve grande expansão dos sindicatos desde o retorno ao regime democrático, incluindo sindicatos de empregadores e grupos profissionais. Em 2015 havia 17.128 sindicatos, dos quais 69% representavam diversas categorias de trabalhadores, profissionais, servidores públicos e outros, além de sindicatos rurais. As associações patronais representavam 31% dos sindicatos de trabalhadores e empregadores: 73% eram urbanos e 27%, rurais. Esse número extraordinário não se relaciona diretamente com os interesses dos trabalhadores, mas reflete o interesse em criar novas entidades para receber as vantagens do imposto sindical, que não dependia da vontade da sindicalização dos trabalhadores. Regionalmente, um terço dos sindicatos estava sediado no Sudeste; o Nordeste e o Sul representavam aproximadamente um quarto cada. Cerca de um quinto se localizava no Centro-Oeste e no Norte. No que se refere às centrais sindicais, a CUT se destacou numericamente, com 754 sindicatos filiados. A Força Sindical tinha 592 sindicatos e a UGT,

---

86 Como exemplo, pode-se citar que a CLT regula em quantas vezes as férias podem ser divididas, descanso entre períodos de trabalho, número máximo de horas de trabalho por dia etc. Esses itens e inúmeros outros foram flexibilizados.

559. Essas três federações trabalhistas nacionais enfrentam disputa política e ideológica desde sua fundação. Em 2001, a CUT tinha 7,2 milhões de membros filiados através dos sindicatos associados a ela e foi importante tanto nas áreas urbanas como nas rurais, com 3,8 milhões de trabalhadores rurais. A seguir, em importância, estava a Força Sindical, com 1,7 milhão de membros, e a UGT, com 1,1 milhão. As duas últimas confederações nacionais tinham pouca representatividade na área rural (Tabela 9.4).

Em 2015, os sindicatos arrecadaram R$ 2,7 bilhões, dos quais 72% foram obtidos pelos sindicatos; o restante foi arrecadado pelas associações de empregadores. Regionalmente, o Sudeste foi responsável por 57% do total arrecadado, seguido pelo Centro-Oeste e pelo Sul, com cerca de 15% cada (Tabela 9.5). Segundo Rodrigues, as facções mais radicais do movimento sindical, antes críticas à estrutura sindical, perderam muito do fervor repreensivo ao ganhar liderança e posições no sindicalismo oficial sob o controle do PT.[87]

No Brasil, a porcentagem de trabalhadores sindicalizados permaneceu em torno de 20% entre 2004 e 2015, taxa comparável à de outros importantes países latino-americanos, como México, Argentina e Chile, e não muito inferior à da Inglaterra (25%), mas superior à dos Estados Unidos (11%). Em geral, o padrão internacional de sindicalização se situa entre 10 e 30%. Como o imposto sindical era compulsório, e pago por trabalhadores sindicalizados ou não, a força das entidades sindicais, ou ao menos seu poder financeiro, não reflete a proporção direta dos sindicalizados, como em outros países (Tabelas 9.6 e 9.7).

Os dados coletados na PNAD de 2015 permitem um melhor entendimento da relação entre os trabalhadores e os sindicatos. Cerca de 50% dos trabalhadores que declararam ser sindicalizados na pesquisa afirmaram que se tornaram membros porque o sindicato defendia seus direitos; 20% disseram ter aderido ao sindicato por causa dos serviços oferecidos e 27% pensavam que era obrigatório. Por outro lado, entre os não sindicalizados,

---

87 Segundo Rodrigues, "as facções mais radicais do movimento sindical, antes bastante críticas à estrutura sindical corporativa, perderam grande parte do fervor crítico na conquista de posições de liderança no sindicalismo oficial. Nesse sentido, a Constituição de 1988, ao limitar drasticamente o poder de intervenção do Ministério do Trabalho nos assuntos internos dos sindicatos, eliminou um dos aspectos que os dirigentes sindicais consideraram mais negativo no modelo corporativo e, consequentemente, arrefeceu o momento de mudança e aumentou a importância dos sindicatos oficiais como instrumento de pressão dos trabalhadores, ascensão social e política dos dirigentes sindicais e de emprego para os burocratas da federação e da confederação. Paradoxalmente, a Constituição fortaleceu as estruturas corporativas, concedendo-lhes autonomia em relação ao Estado". Leôncio Martins Rodrigues, "Sindicalismo corporativo no Brasil", in Partidos e sindicatos: escritos de sociologia política (Rio de Janeiro: Centro Edelstein de Pesquisas Sociais, 2009), p. 64.

Organizações da sociedade civil

Tabela 9.4 Número de membros de sindicato por filiação à central sindical – Brasil – 2001							
BRASIL	**Total**	**Não filiado a Centrais Sindicais**	**Filiados a Centrais Sindicais**	**CUT**	**Força Sindical**	**UGT (1) (CT+CGT+SDS)**	**Outras Centrais**
Urbanos	10.391.687	3.958.334	6.433.353	3.860.961	1.596.099	926.615	49.678
Empregados	9.216.544	3.088.138	6.128.406	3.697.990	1.522.814	859.644	47.958
Trabalhadores autônomos	522.729	405.108	117.621	15.969	63.742	36.190	1.720
Profissionais liberais	567.606	389.403	178.203	143.742	4.562	29.899	
Trabalhadores avulsos	84.808	75.685	9.123	3.260	4.981	882	
Rurais	9.136.624	5.358.792	3.777.832	3.390.622	138.634	244.599	
Trabalhadores	9.136.624	5.358.792	3.777.832	3.390.622	138.634	244.599	

Fonte: IBGE, Sindicatos - Indicadores Sociais, 2001. Acesso em: 03.11.2017, <https://biblioteca.ibge.gov.br/visualizacao/livros/liv1416.pdf>

Tabela 9.5 Número de entidades sindicais e arrecadação – 2015

Características	Número	Valores arrecadados (em R$)
Categorias		
Total de sindicatos trabalhadores urbanos	**9.069**	**2.022.422.390**
Empregados urbanos em geral	5.121	1.473.432.917
Servidores públicos	2.181	138.428.956
Categorias diferenciadas (1)	667	92.677.241
Profissionais Liberais	532	131.406.313
Autônomos e avulsos	568	186.476.963
Sindicatos rurais	4.601	12.145.899
Empregadores	3.458	539.132.817
Total	17.128	2.573.701.106
Residência		
Sindicatos urbanos	12.670	2.727.304.556
Sindicatos rurais	4.601	12.145.899
Tipo		
Sindicatos de trabalhadores	11.867	1.959.306.734
Sindicatos de empregadores	5.408	780.143.721
Regiões		
Centro-Oeste	1850	475.304.975
Sudeste	5853	1.689.203.940
Nordeste	4206	261.852.695
Norte	1252	78.629.868
Sul	4127	436.775.400
Federações		
Sem filiação	980	1.037.487.279
CUT - Central Única dos Trabalhadores	754	481.994.729
Força Sindical	592	379.955.836
UGT - União Geral dos Trabalhadores	559	341.847.879
NCST - Nova Central dos Trabalhadores	361	246.419.313
CBT - Central Trabalhadores Brasil	320	104.329.001
Central dos Sindicatos Brasileiros	305	99.533.367

Fonte: Ministério do Trabalho em: <http://relacoesdotrabalho.mte.gov.br/pentaho/api/repos/:public:SRT:srt_principal1.xaction/generatedContent>.
Nota (1) Categorias com legislação especial, como professores, jornalistas etc.

Organizações da sociedade civil

Tabela 9.6 Aumento no número de sindicalizados e proporção de trabalhadores sindicalizados, 2004/2005							
	Trabalhadores sindicalizados			% variação	Proporção de sindicalizados		
	2004	2009	2015	2015/2004	2004	2009	2015
TOTAL	15.317	16.651	18.414	20%	19%	18%	20%
Agrícola	4.055	3.994	3.738	-8%	24%	26%	29%
Indústria de transformação	2.572	2.633	2.600	1%	22%	21%	23%
Outras atividades industriais	251	290	262	4%	37%	37%	37%
Construção	387	581	789	104%	7%	8%	9%
Comércio e reparação	1.620	1.875	2.274	40%	11%	12%	13%
Alojamento e alimentação	277	331	513	85%	9%	9%	11%
Transporte, armazenamento e comunicação	969	1.073	1.306	35%	25%	24%	25%
Administração pública	1.113	1.282	1.350	21%	26%	27%	27%
Educação, saúde e serviços sociais	2.232	2.506	3.117	40%	30%	29%	30%
Serviços domésticos	98	155	248	153%	2%	2%	4%
Outros serviços coletivos, sociais e pessoais	354	389	383	8%	10%	10%	9%
Outras atividades	1.379	1.537	1.831	33%	24%	21%	22%
Atividades indefinidas e não declaradas	10	6	3	-70%	5%	3%	4%

Trabalhadores sindicalizados por região	Número	% dos trabalhadores da região
Brasil	18.414	20%
Norte	1.168	16%
Nordeste	5.318	22%
Sudeste	7.496	18%
Sul	3.121	21%
Centro-Oeste	1.313	17%

Fonte: IBGE, PNAD, Pesquisa das Relações de Trabalho e Sindicalização, 2015 (2017), 50-63

havia uma crença geral de que o sindicato não representava seus interesses, não oferecia serviços que eles desejavam ou não sabiam realmente qual sindicato os representava. As razões citadas na pesquisa, por sindicalizados e não sindicalizados, mostram alguma confusão sobre sindicatos e seu papel efetivo (Tabela 9.8).

Além do papel político e representativo nas relações econômicas, os sindicatos também oferecem apoio legal importante para os membros. No

Tabela 9.7   Porcentagem de trabalhadores sindicalizados em diversos países

País	Ano	% de sindicalizados
Brasil	2013	16,6
Argentina	2008	37,7
México	2013	13,6
Estados Unidos	2013	10,8
Chile	2013	15,0
Canadá	2012	27,5
Inglaterra	2013	25,4
Itália	2013	36,9
Rússia	2013	27,8
Turquia	2013	6,3
Austrália	2013	17,0
África do Sul	2012	29,6
Japão	2013	17,8
Coreia do Sul	2012	10,1

Fonte: Internacional Labor Organization
<http://www.ilo.org/ilostat/faces/oracle/webcenter/portalapp/pagehierarchy/Page3.jspx?MBI_ID=9>

Brasil, a rescisão de um contrato de trabalho assinado por um funcionário com mais de um ano de serviço só tinha valor se assinado com a assessoria do sindicato da categoria ou de uma autoridade pública. Essa autorização sindical só foi abolida na nova lei trabalhista de 2016. O Brasil também é um país incomum por ter uma estrutura judicial independente de direito trabalhista com um sistema separado de Tribunais do Trabalho, paralelo e semelhante à estrutura do judiciário. Assim, há Tribunais do Trabalho em primeira instância, Tribunais Regionais do Trabalho (segunda instância) e Tribunal Superior do Trabalho (instância extraordinária). De fato, a estrutura da legislação trabalhista no Brasil, ainda baseada no código trabalhista de Vargas, contribui para inúmeros litígios. Em 2016, havia 4,2 milhões de casos na Justiça do Trabalho, com 5,3 milhões de pendências.[88] Esse número diminuiu sob o impacto do novo código trabalhista. Seis meses após a reforma dos códigos trabalhistas, houve um decréscimo de aproxima-

---

[88] "Justiça em Números 2017, ano-base 2016"; Conselho Nacional de Justiça, Brasília, CNJ, 2017, p. 36.

Organizações da sociedade civil

Tabela 9.8 Motivo da sindicalização por tipo de sindicato, 2015		
	Número	%
Sindicalizados	**19.586**	
Tipo de sindicato		
Empregados urbanos	11.309	58%
Empregados rurais	4.770	24%
Trabalhadores autônomos	273	1%
Trabalhadores avulsos	38	0%
Profissionais liberais	494	3%
Outros sindicatos	2.702	14%
Motivo da associação ao sindicato		
Sindicato defendia os direitos dos trabalhadores	9.948	51%
Serviços oferecidos pelo sindicato	3.956	20%
Achavam quer era obrigatório	5.265	27%
Outro	418	2%
Utilizam as atividades promovidas pelo sindicato	**4.103**	**21%**
Trabalhadores não sindicalizados – Razões	**83.135**	
Estava sem trabalhar ou tinha parado de trabalhar	5.499	7%
A contribuição era cara	5.798	7%
Não representava seus interesses ou não acreditava no sindicato	13.833	17%
Não tinha serviços que o interessassem	19.617	24%
Não conhecia o sindicato que representava a categoria	21.917	26%
Não sabia como se associar	9.819	12%
Receio de represália da empresa	258	0%
Outros	6.394	8%

Fonte: IBGE, PNAD, Pesquisa das Relações de Trabalho... 2015 (2017), 50-63

mente 50% no número de novos processos. Pela primeira vez em cinco anos, houve redução no número de casos pendentes.[89]

Os sindicatos também oferecem atividades de esportes e educação para aposentados e, principalmente, serviços de saúde. Após os atendimentos

---

[89] "Estoque de Ações cai na Justiça do Trabalho", *Folha de S. Paulo*, 17.04.2018. Em: <https://www1.folha. uol.com.br/mercado/2018/04/estoque-de-acoes-cai-na-justica-do-trabalho.shtml>; veja também: "após a reforma o número de novos processos trabalhistas caiu pela metade". Em: <https://www.cartacapital. com.br/politica/Apos-reforma-numero-de-novos-processos-trabalhistas-caiu-pela-metade>.

jurídicos, a assistência à saúde é, provavelmente, o principal serviço não relacionado ao trabalho oferecido por eles. Uma pesquisa realizada em 2015 constatou que os membros dos sindicatos nas áreas rural e urbana usavam mais os serviços odontológicos, médicos e jurídicos do sindicato, sendo as funções de esportes e educação outro grupo significativo de serviços populares entre os membros.[90]

O atletismo é outra área importante de associações voluntárias que ocupam um importante espaço cultural. O Brasil é conhecido por sua paixão pelo futebol e pela importância social e cultural do esporte no país. Já foi dito que, sem entender o futebol, não se pode entender completamente o Brasil.[91] Embora o país se destaque em outros esportes, como o voleibol, por exemplo, nenhum esporte se compara ao futebol em termos de representatividade social e cultural. Algumas informações demonstram essa importância. Segundo dados do Ibope, 63% das transmissões esportivas na TV foram dedicadas ao futebol; cada uma das outras atividades esportivas tinha menos de 5% do tempo dedicado ao esporte.[92] Pesquisas recentes mostram que mais de 140 milhões de pessoas afirmam torcer para um clube de futebol. Alguns clubes, como o Flamengo (RJ) e o Corinthians (SP) têm cerca de 30 milhões de torcedores.[93] Na maioria, são torcedores fiéis que acompanham diariamente as notícias do time, assistem às suas partidas regularmente[94] e em geral são consumidores de produtos vendidos pelo clu-

---

90 IBGE, PNAD, Pesquisa das Relações de Trabalho... 2015 (2017), pp. 50-63.

91 Segundo o autor, o futebol praticado, vivido, discutido e teorizado no Brasil seria um caminho específico, pelo qual a sociedade fala, se apresenta e se revela. Roberto DaMatta, "Esporte na Sociedade: um ensaio sobre o futebol brasileiro", in Roberto DaMatta, Universo do futebol. Esporte e sociedade brasileira, Rio de Janeiro, Pinakotheke, 1982, pp. 21-22. Witter, por outro lado, declarou que ao contrário do que se acredita, o futebol não está vinculado aos grandes problemas da sociedade brasileira. Pelo contrário, envolve interesses econômicos e trata de ideologias nas quais se manifestam políticas nacionais e internacionais. José Sebastião Witter, Breve história do futebol brasileiro. São Paulo: FTD, 1995, p. 5.

92 Portal imprensa, acesso em: 06.11.2017, em: <http://www.portalimprensa.com.br/noticias/brasil/66895/pesquisa+do+ibope+aponta+que+tempo+dedicado+ao+esporte+na+tv+cresceu+53>. O mais representativo dos demais esportes teve participação menor que 5%.

93 Lance. Pesquisa Lance/Ibope. Acesso em: 06.11.2017, em: <http://www.lance.com.br/futebol-nacional/flamengo-segue-com-maior-torcida-mas-vantagem-para-timao-cai.html>.

94 Como em outros países, a maioria dos jogos é televisionada. Além dessa conveniência e economia, parte do público interessado em futebol deixa de ir aos estádios por motivos de segurança, sendo esse um dos sintomas da má administração do futebol no Brasil. Segundo o Ibope, 35% da população declara que a segurança é uma restrição importante para a participação nos jogos de futebol. Acesso em: 06.11.2017, em: <http://www.ibopeinteligencia.com/noticias-e-pesquisas/falta-de-seguranca-e--o-principal-motivo-para-torcedor-nao-ir-ao-estadio/>. Assim, por motivos de renda, organização ou segurança, a realidade é que o Brasil ocupa apenas o 18º lugar no ranking dos campeonatos nacionais de futebol com maior público médio nos estádios. No Brasil, o público médio chega a 13 mil espectadores (2013), contra 44 mil da Bundesliga, 36 mil da Premier League Inglesa, 29 mil da Liga Espanhola e até 24 mil da Liga Mexicana. Fut Pop Club. Acesso em: 06.11.2017, em: <https://futpopclube.com/tag/ranking-mundial-de-publico-nos-estadios/>.

Organizações da sociedade civil

be.[95] Há uma categoria de membros apoiadores que pagam regularmente uma taxa de apoio ao time. Alguns clubes como Grêmio (RS), Corinthians (SP), Palmeiras (SP), São Paulo (SP), Internacional (RS) e Atlético Mineiro (MG) têm mais de 100 mil torcedores nessa categoria.[96]

Embora o Brasil não se destaque no mundo olímpico (ocupa a 35ª posição),[97] tem um papel significativo no futebol, sendo o país com o maior número de campeonatos mundiais e muitas vezes lidera o ranking da Federação Internacional de Futebol. Isso reflete a paixão pelo futebol e seu papel de destaque em comparação a qualquer outro esporte no Brasil. A paixão por ele também se reflete na prática de esportes no Brasil. De acordo com uma pergunta sobre o tema na PNAD de 2015, constatou-se que 24% da população brasileira de 15 anos ou mais praticava algum tipo de esporte. A porcentagem foi de 32% dos homens e 17% das mulheres, sem diferença de raça/cor. Como esperado, os números foram maiores em algumas idades, com 44% dos jovens entre 15 e 17 anos praticando esportes, em comparação com apenas 28% das pessoas entre 25 e 39 anos. Há também uma correlação entre renda e prática de esporte. Apenas 23% dos que ganham até 2 salários mínimos praticam esportes, 30% dos que ganham 2 a 5 salários mínimos e 40% dos que ganham 5 ou mais salários mínimos (Tabela 9.9).

---

95 Vale ressaltar que o nível de envolvimento emocional com o clube é elevado entre os fãs de futebol no Brasil, que acompanham as notícias do seu time e assistem aos jogos com assiduidade, no estádio ou na televisão. Pesquisas mostram que 93% dos torcedores, não importa o que aconteça com o clube, mesmo que não esteja ganhando, são sempre leais ao time (96% entre os homens). Ao mesmo tempo, 80% disseram que tiveram bons momentos com o time, especialmente os homens (83%). Para 63,8% dos entrevistados, o clube faz parte da vida, e se identificam com as conquistas dele. A pesquisa mostra que 62% se sentem desconfortáveis quando alguém fala mal do time, principalmente mulheres (73%), pertencentes à classe A/B (73%) e torcedores que se declaram fiéis (75%). Sobre o dia de jogo, 54% disseram que tinham um compromisso com o time favorito, com o maior percentual encontrado entre os torcedores da Classe A / B (64%) e amadores (77%). Seja pela mídia ou no estádio, a frequência com que os entrevistados assistem aos jogos do time na mídia ou no estádio é significativa: de uma a duas vezes por semana para 73% da amostra. Em contrapartida, 10% raramente assistem aos jogos (aumentando para 20% entre as mulheres). Como o estudo revelou, "Tudo se passa, então, numa projeção psicológica como se o time de futebol fosse alguém a quem os torcedores prezam imensamente, a ponto de dedicarem tempo e investimento emocional praticamente irrestrito". *Mercado de Consumo do Futebol Brasileiro*. CNDL/SPC Brasil, setembro de 2016. Acesso em: 06.11.2017, p. 13, em: <https://www.google.com.br/search?q=Mercado+de+Consumo+do+Futebol+Brasileiro.+CNDL%-2FSPC+Brasil%2C+Setembro+de+2016&rlz=1C1SQJL_pt-BRBR778BR778&oq=Mercado+de+Con-sumo+do+Futebol+Brasileiro.+CNDL%2FSPC+Brasil%2C+Setembro+de+2016&aqs=chrome..69i57. 446j0j8&sourceid=chrome&ie=UTF-8>. Sobre esse tema, veja Roberto Romeiro Hryniewicz, "Torcida de futebol: adesão, alienação e violência" (dissertação de mestrado; Instituto de Psicologia/USP, 2008).

96 Acesso em: 08.04.2018, em: <https://www.90min.com/pt-BR/posts/6076274-atualizado-os-10-clubes--que-lideram-o-ranking-de-socio-torcedor-no-brasilIX-46>.

97 O Brasil tem apenas 30 medalhas de ouro, contra 1.022 dos Estados Unidos, e países com mais de 200 medalhas de ouro: Itália (206), França (212) e Grã-Bretanha (263). O Brasil tem um número de medalhas semelhante ao Quênia (31), Grécia (33) e é superior à Argentina (21).

Tabela 9.9 Percentual de pessoas de 15 anos ou mais que praticam algum tipo de esporte, 2015	
Características	Porcentagem
Total	24%
Homens	32%
Mulheres	17%
Cor	
Brancos	25%
Pretos e pardos	23%
Idade	
15-17 anos	44%
18-24 anos	34%
25-39 anos	28%
40-59 anos	18%
60+	13%
Rendimento por salário mínimo	
Sem rendimento	21%
1/2 SM a 1 SM	21%
1 SM a 2 SM	23%
2 SM a 3 SM	30%
3 SM a 5 SM	35%
5 SM ou mais	40%

Fonte: IBGE, "Práticas de esporte e atividade física, 2015" (2007), 26-50

Chama atenção no caso brasileiro a grande concentração da prática de futebol em relação a outros esportes. Daqueles que declaram praticar algum esporte, 39% citaram o futebol, contra outros esportes como ciclismo, boxe, ginástica, vôlei, basquete e handebol, praticados por cerca de 3%.[98] Existem algumas diferenças regionais. As regiões Norte e Nordeste apresentam maior porcentual de jogadores de futebol do que as regiões Sul, Sudeste e Centro-Oeste. O futebol é praticado predominantemente por homens (95%) e por pessoas mais jovens. Embora 39% da população nacional pratique o esporte, entre 15 e 17 anos esse percentual sobe para 65%, e ainda é alto na faixa de 18 a 24 anos (Tabela 9.10).

---

98 Houve 24% que citaram caminhada como atividade, mas ela não foi considerada esporte.

Organizações da sociedade civil

Tabela 9.10 Tipo de esporte realizado pela população de 15 anos ou mais que pratica algum esporte, 2015

Porcentagem dos que praticam cada esporte	Porcentagem
Futebol	39,3%
Caminhada	24,6%
Voleibol, basquete e handebol	2,9%
Fitness	9,0%
Ciclismo	3,2%
Lutas e artes marciais	3,1%
Ginástica rítmica e artística	3,2%
Outros esportes	14,7%
Total	**100,0%**
Distribuição regional das pessoas que jogam futebol	
Brasil	39,3%
Norte	55,9%
Nordeste	48,8%
Sudeste	33,3%
Sul	35,1%
Centro-Oeste	32,9%
Porcentagem por idade dos que jogam futebol	
15-17 anos	64,5%
18-24 anos	57,6%
25-39 anos	41,4%
40-59 anos	24,1%
60+	4,9%
Porcentagem por sexo dos que jogam futebol	
Homens	94,5%
Mulheres	5,5%
Total	**100,0%**

Fonte: "Práticas de esporte... 2015" / IBGE, Coordenação de Trabalho e Rendimento. Rio de Janeiro: IBGE, 2017: 26-50

Apesar da importância dos clubes de futebol profissional no Brasil, sua gestão é ineficiente e amadora. Todos os grandes clubes esportivos do Brasil são organizados como sociedades sem fins lucrativos que combinam esporte e lazer. Essas mesmas entidades representam o esporte amador e profissional no Brasil, incluindo times de futebol significativos internacionalmente. Assim, é fácil entender a disparidade entre a qualidade do futebol brasileiro, tanto em termos de habilidade da seleção como de formação dos jogadores profissionais, que passam a ser disputados pelos maiores clubes do mundo, e a estrutura amadora que administra clubes de futebol brasileiros. Isso explica a posição econômica relativamente fraca dos principais clubes brasileiros em comparação com os principais internacionais. Uma lista dos 20 clubes mais ricos do mundo organizada pela revista *Forbes* não inclui nenhum clube brasileiro.[99] As rendas obtidas pelos 20 maiores clubes europeus somam dez vezes as rendas obtidas pelos 20 clubes brasileiras que mais arrecadam. O Flamengo, primeiro da lista no Brasil, faturou cerca de 77 milhões de euros, contra 577 milhões de euros faturados pelo Real Madrid.[100]

Recentemente, houve tentativas de privatizar os clubes esportivos. Na verdade, muito pouco ocorreu. A primeira lei, datada de 1993, denominada Lei Zico, permitia a transformação de clubes e confederações esportivas em empresas comerciais. Em 1998, foi introduzida uma com poucos efeitos práticos, logo seria abolida.[101] Hoje essa transformação é permitida, mas não obrigatória, pois há uma oposição aberta da comunidade esportiva. Não se trata da necessidade de transformar as entidades esportivas em sociedades com finalidade de lucro. O aspecto fundamental é a governança de tais entidades. É fundamental uma gestão profissional, envolvendo transparência e responsabilidades bem definidas. Infelizmente, a gestão do esporte, mesmo nos segmentos mais profissionais, ainda é bastante amadora. O principal problema hoje é a natureza jurídica dessas instituições e a relação permissiva que mantiveram ao longo do tempo com os torcedores. Os clubes são instituições privadas, associativas e altamente politizadas, em que as posições de poder, na maioria das vezes ocupadas como serviço voluntário, são decididas por meio de eleições internas que não levam necessariamente em

---

99 *Revista Exame*. Acesso em 06.11.2017, em: <https://exame.abril.com.br/negocios/os-20-times-de-futebol-mais-valiosos-do-mundo-em-2016/>.#

100 *Meio & Mensagem*. Acesso em 06.11.2017, em: <http://www.meioemensagem.com.br/home/marketing/2016/01/21/europeus-goleiam-brasileiros-em-receita.html>.

101 A Lei Zico (8.672) foi aprovada em 1993. A segunda lei, denominada Lei Pelé (9.615), de 1998, determinava que a transformação do clube em empresa seria obrigatória.

Organizações da sociedade civil

conta o critério da meritocracia. Isso produz um profundo viés político no dia a dia da administração, afetando decisivamente a qualidade da tomada de decisões gerenciais e de negócios.[102]

Outro importante grupo de associações voluntárias com atividades extraordinárias são as ONGs que assumem papéis ativos no apoio às atividades do Estado. Foi no final da década de 1990, sob o governo de Fernando Henrique Cardoso, que as organizações sociais foram legalmente classificadas como entidades privadas sem fins lucrativos e autorizadas a trabalhar com o governo.[103] O poder executivo poderia transferir para essas Organizações Sociais a execução de serviços públicos e a gestão de ativos nas áreas de educação, pesquisa científica, desenvolvimento tecnológico, proteção e preservação do meio ambiente, cultura e saúde. A legislação regulamentou a estrutura dessas Organizações Sociais (conhecidas como OSs) e os contratos de gestão entre o poder público e as OSs com o objetivo de formar parcerias entre as duas partes para a promoção e a execução das atividades acordadas. Com base nesse padrão federal, foi aberto um amplo campo de parcerias público-privadas, particularmente nas áreas de saúde e cultura. O setor público define as áreas em que essas parcerias podem ocorrer e, em seguida, assina contratos de gestão com as OSs, estipulando claramente as metas a serem cumpridas e fornecendo grande parte dos recursos necessários para a execução dessas atividades.

Os recursos são fornecidos globalmente para todas as atividades das OSs. Os contratos são geralmente de 4 a 5 anos, com metas e orçamentos correspondentes estabelecidos. Há monitoramento trimestral dos resultados obtidos e renegociação anual de metas e orçamentos. Para executar o

---

102 Michel Mattar, coordenador da pós-graduação em "Excelência em Gestão do Futebol da Fundação Instituto de Administração", entrevista disponível em "Movimento por um Futebol Melhor". Acesso em 07.11.2017, em: <http://www.lance.com.br/futebol-melhor/coordenador-fia-analisa-gestao-profissional-nos-clubes-brasileiros.html>.

103 A Lei 9.637, de 15 de maio de 1998, prevê a qualificação de entidades como organizações sociais e cria o Programa Nacional de Publicidade para estabelecer diretrizes e critérios para a qualificação de organizações sociais a fim de assegurar a absorção de atividades realizadas por entidades ou órgãos públicos da União. Sobre os aspectos formais dessa legislação referente a Organizações Sociais (OE), veja: Caderno MARE da Reforma do Estado, *Organizações Sociais* (2 vols.; Brasília, 1998); sobre a legislação do terceiro setor, veja os dispositivos constitucionais, decretos-leis, leis, medidas provisórias e os decretos federais de utilidade pública e organizações da sociedade civil de interesse público (Oscip)/Câmara dos Deputados. Brasília, Câmara dos Deputados, Edições Câmara, 2016. Ana C.N.M. Fernandes da Cunha, "As organizações Sociais de Saúde na cidade de São Paulo e a efetivação do Direito Fundamental à Saúde" (dissertação de mestrado; Faculdade de Direito/USP, 2016); Luis Carlos Cancellier de Olivo, *As organizações Sociais e o novo espaço público* (Florianópolis: Editorial Studium, 2005); Rubens Naves, *Organizações Sociais – A construção do modelo* (São Paulo:, Editora Quartier Latin, 2014); Laila Federico Asfora, "Terceiro Setor: Organizações Sociais" (dissertação de mestrado; PUC-Rio, Rio de Janeiro, 2012).

programa de trabalho estabelecido, as OSs têm liberdade de ação na contratação de profissionais sem compromissos de concorrência e são regidas pela CLT, embora tenham que atender a certos critérios em termos de salário ou estrutura de pessoal. Têm maior flexibilidade na contratação de serviços em geral, mas são obrigadas a ter políticas definidas para a contratação de materiais e serviços, preservando a concorrência e a transparência.[104] As OSs devem ser controladas por um conselho de administração não remunerado composto de integrantes eleitos entre os membros ou associados da OS, bem como pessoas de reconhecida capacidade profissional e reputação moral reconhecida. Há também uma proporção de membros eleitos pelo próprio conselho de administração da OS.[105]

Embora sejam consideradas entidades privadas por executarem políticas públicas em favor do setor público e receberem transferências de recursos públicos para esse fim, precisam ser totalmente transparentes. Suas contas, após serem examinadas por auditores independentes, são controladas pelo poder executivo e pelos respectivos Tribunais de Contas. Uma questão fundamental prevista por lei é a necessidade de estabelecer conselhos e outras instituições para monitorar as políticas implementadas, estabelecendo metas e avaliando parâmetros. Esse é, talvez, o aspecto mais complexo desses contratos e, talvez, o maior desafio para as administrações públicas quando assinam contratos de gestão com organizações sociais.

A primeira e mais sólida experiência foi desenvolvida pelo estado de São Paulo nas áreas de saúde e cultura.[106] E essa investida pioneira e bem-sucedida explica a concentração de vários estudos sobre as OSs de saúde e

---

104 O Decreto 6.170/2017 estabeleceu que a aquisição de produtos e contratação de serviços com recursos da União transferidos para entidades privadas sem fins lucrativos devem observar os princípios de impessoalidade, moralidade e economia, além de pelo menos uma cotação prévia de preços no mercado antes da celebração do contrato. Assim, embora com maior flexibilidade, as entidades devem cumprir os princípios fundamentais da administração pública.

105 Com base na Lei Federal que regulamentou as OSs (Organizações Sociais), os estados e municípios aprovaram suas próprias leis fundamentadas no arcabouço legal da legislação federal, mas com peculiaridades próprias. A legislação federal, por exemplo, estabelece que o Conselho de Administração deve ser formado por representantes do setor público. Lei Complementar nº 846 de 9 de junho de 1998, que tratou da qualificação da Organização Social no Estado de São Paulo, não prevê a participação de representantes do setor público. Em cada caso há adaptações para atender situações estaduais ou municipais específicas, mas mantendo-se dentro do marco legal estabelecido pela legislação federal. Vanice M. da Silva, Sheyla L. Lima e Marcia Teixeira, "Organizações e Fundações Estatais de Direito Privado no Sistema Único de Saúde: relação entre o público e o privado e mecanismos de controle social", Saúde Debate (Rio de Janeiro) 39, Edição Especial (dez. 2015), pp. 145-159.

106 Em 2007, das 70 OSs criadas no país, a área da saúde foi a maior, com 25 organizações, sendo 16 em São Paulo, 1 no Espírito Santo, 3 na Bahia, 3 no Pará e 1 em Goiás. Hironobu Sano e Fernando Luiz Abrucio, "Promessas e resultados da nova gestão pública no Brasil: o caso das organizações sociais em São Paulo", Revista de Administração de Empresas 48, n. 3 (2008), p. 69.

Organizações da sociedade civil

cultura em São Paulo.[107] A oportunidade do experimento ocorreu quando o estado de São Paulo estava em processo de conclusão da construção de 17 novos hospitais. Aproveitando a recém-aprovada lei federal sobre as OSs e buscando maior agilidade e autonomia administrativa dos novos hospitais que se espalhavam pelo território do estado, optou-se pela implantação do modelo de gestão das OSs. Como o estado queria aplicar o novo modelo de gestão apenas para novas instalações e havia um grande suprimento de potenciais entidades já em operação no estado, as quais poderiam obter a certificação de organizações sociais, a lei estadual declarou que as novas OSs de saúde precisariam ter experiência anterior em administração de serviços de saúde. Além disso, só poderiam trabalhar com novas instalações e não poderiam substituir as instalações existentes da administração pública. Além disso, para garantir um monitoramento eficiente dos objetivos e metas estabelecidos pelo estado de São Paulo, foi criado um comitê gestor, composto por representantes do Conselho Estadual de Saúde, da Comissão de Saúde e Higiene da Assembleia Legislativa e por profissionais indicados pelo governo. Além disso, os contratos definiam que apenas 90% da remuneração era fixa e 10%, variável, o que dependia da avaliação da qualidade e da eficiência dos serviços prestados.[108]

Com a nova lei estadual, vários contratos foram assinados no campo da saúde.[109] Em 2015, a rede de saúde do estado de São Paulo utilizou as organizações sociais em 40 hospitais, com 42 mil funcionários, 7.628 médicos e 6.892 leitos operacionais com uma satisfação média dos pacientes superior a 90%. A rede sob administração do sistema também conta com 52 Ambulatórios Médicos de Especialidade (AMEs), com 11 mil funcioná-

---

107 Sobre a área da saúde, veja: Nilson do Rosário Costa e José Mendes Ribeiro, "Estudo comparativo do desempenho de hospitais em regime de organização social" (Rio de Janeiro: Fiocruz/ENSP, Relatório de Consultoria Global 2005); André Medici e Robert Murray, "Desempenho de hospitais e melhorias na qualidade de saúde em São Paulo (Brasil) e Maryland (Estados Unidos)" (Washington: The World Bank. 2013); Clarissa Battistella Guerra, "Gestão Privada na Saúde Pública: um estudo empírico com hospitais sob contrato de gestão no Estado de São Paulo" (Dissertação de Mestrado, INSPER, São Paulo, 2015). Sobre Cultura, veja Lúcio Nagib Bittencourt, "As organizações sociais e as ações governamentais em cultura: ação e política pública no caso do Estado de São Paulo" (Tese de Doutorado, FGV/SP, São Paulo, 2014); Naila López Cabaleiro Suárez, *O modelo de gestão das organizações sociais de cultura em São Paulo* (São Paulo, FGV, agosto de 2011); Ivan Roberto Ferraz, "Indicadores de desempenho das organizações sociais de cultura do Estado de São Paulo" (dissertação de mestrado, PUC/SP, São Paulo, 2008).

108 Secretaria de Estado do Estado da Saúde, *As Organizações Sociais de Saúde do Estado de São Paulo. A experiência da Secretaria da Saúde – planejamento e mecanismos de acompanhamento, controle e avaliação*. Acesso em: 12.01.2018, em: <http://www.saude.sp.gov.br/resources/ses/perfil/gestor/homepage/auditoria/reunioes/organizacoes_sociais_de_saude_no_estado_de_sao_paulo.pdf>.

109 Luiz Roberto Barradas Barata e José Dinio Vaz Mendes, *Organizações Sociais de Saúde: A experiência exitosa de gestão pública de saúde do Estado de São Paulo* (São Paulo: Secretaria de Saúde, 2007), s/p.

rios, dos quais 3.328 são médicos. Quase 4 milhões de consultas médicas foram realizadas na rede de AMEs no ano em estudo. Há 28 entidades parceiras, compostas por algumas das instituições mais tradicionais da área de saúde do estado, diversas constituídas por fundações ligadas às universidades, incluindo a Faculdade de Medicina da Universidade de São Paulo e o sistema hospitalar público/privado conhecido como Santas Casas de Misericórdia.[110] Há muitos indícios de que a gestão por meio das OSs é mais eficiente do que a administração direta do estado. Foi a conclusão de um estudo do Banco Mundial realizado em 2006.[111] Com base nos dados de 2003, comparou 12 hospitais de OSs e 10 hospitais de administração pública no estado de São Paulo com perfis semelhantes, demonstrando a maior eficiência técnica (capacidade de produzir o máximo de resultados com uma determinada quantidade de insumos) dos hospitais de OSs. Os pesquisadores também afirmaram que os hospitais de OSs tinham indicadores de mortalidade geral um pouco melhores do que os da administração direta.[112] Vários outros estudos realizados pelo Ministério da Saúde, sendo o mais recente em 2016, revelaram resultados semelhantes, assim como diversas análises locais realizadas em todo o estado.[113]

No caso da cultura, o estado de São Paulo assumiu uma posição ainda mais radical, pois transferiu praticamente todas as atividades culturais para as OSs. Foi criada uma Diretoria de Monitoramento em 2013 com o objetivo de elaborar diretrizes e procedimentos para fiscalizar e avaliar as parcerias estaduais com OSs. Em 2014, foram assinados 27 contratos de gestão com 20 diferentes organizações sociais, envolvendo formação cultural, difusão cultural, museus e bibliotecas. A Orquestra Sinfônica do Estado de São

---

110 Eduardo Ribeiro Adriano, *Organizações Sociais de Saúde. OSs.* Governo do Estado de São Paulo, São Paulo, outubro 2016. Acesso em 18.06.2018 em <http://ses.sp.bvs.br/wp-content/uploads/2017/05/CGCSS-CCTIES_apresentado-na-reuni%C3%A3o-Holanda-201016_Dr.-Eduardo.pdf>.

111 Costa e Ribeiro, *Estudo comparativo do desempenho de hospitais.* Esse estudo foi realizado para o Banco Mundial por L.R.B. Barata e Mendes junto com o Ministério da Saúde e pesquisadores da Fundação Oswaldo Cruz. Luiz Roberto Barradas Barata exerceu vários cargos na área de saúde pública, tendo sido secretário da saúde do estado de São Paulo no período de 2003 a 2010, fase de consolidação do modelo de organizações sociais no estado.

112 Barata e Mendes, *op. cit.,* s/p.

113 Além dos estudos de Barata e Mendes, *op. cit.,* e Adriano, veja também Guerra, "Gestão Privada na Saúde Pública": 58, e Cunha, "As organizações sociais de saúde na cidade de São Paulo; Leonardo Ferreira de Santana, "Análise do desempenho dos serviços prestados através das organizações sociais de saúde no Estado do Rio de Janeiro" (Dissertação de Mestrado, FGV-RJ, Rio de Janeiro, 2015); Assuero Fonseca Ximenes, "Apropriação do fundo público da saúde pelas Organizações Sociais em Pernambuco", Tese de Doutorado, UFP, Recife, 2015); Tania Regina Kruger, Simone Bihain Hagemann e Aline Ayres Hollanda", Organizações sociais e os serviços públicos de saúde em Santa Catarina", *Seminário Nacional de Serviço Social, Trabalho e Política Social,* Florianópolis, UFSC, outubro de 2015.

Organizações da sociedade civil

Paulo, a Pinacoteca do Estado de São Paulo, o Museu da Língua Portuguesa, o Museu do Futebol e o Museu Afro Brasil são algumas das instituições que estão sob contrato com OSs. Embora exista a renda de bilheteria em várias dessas instituições e frequentes formas diversas de patrocínio privado e público, os recursos dos contratos de gestão representam mais de 80% das despesas totais das OSs com cultura no estado de São Paulo. Em 2014, mais de 5 mil pessoas trabalhavam em organizações culturais gerenciadas por OSs, que atenderam público superior a 10 milhões de pessoas. Cerca de 60% do orçamento da secretaria de cultura foi aplicado nas OSs.[114]

Além de todas essas associações e entidades relacionadas com a vida cotidiana dos brasileiros e seu interesse em melhorar as condições de vida no país através de uma gama de atividades, existe outra área da vida na qual as organizações voluntárias são profundamente importantes no Brasil. Certamente, essa área é a das igrejas. Uma das associações privadas sem fins lucrativos de crescimento mais espetacular são as igrejas pentecostais do Brasil e, por um tempo, até mesmo a Igreja Católica foi importante protagonista na organização de associações populares, além de suas organizações de assistência social ou mesmo de ação política e social. Nesse último caso podemos lembrar as importantes Comunidades Eclesiais de Base organizadas pela Igreja Católica nas décadas de 1960 e 1970, que eram organizações comunitárias de todos os tipos lideradas por sacerdotes, incluindo desde grupos de estudos bíblicos até organizações de forte ativismo social.[115]

Desde o final da era militar, porém, houve um relativo declínio da Igreja Católica em tais atividades. Por outro lado, houve uma extraordinária

---

[114] Secretaria da Cultura, *Boletim UM – Cultura em Números*, São Paulo, janeiro de 2017, e *Boletim UM – 10 anos de parceria com OSs de Cultura* – 2004 a 2014. Sobre as parcerias no campo da cultura, veja: Ivan Roberto Ferraz, "Indicadores de Desempenho das Organizações Sociais" (Dissertação de Mestrado, PUC/SP, São Paulo, 2008); José V.R. Netto, Lucio Bittencourt e Pedro Malafaia", Políticas culturais por meio de organizações sociais em São Paulo: expandindo a qualidade da democracia?". Acesso em 12.01.2018, em: <http://culturadigital.br/politicaculturalcasaderuibarbosa/files/2012/09/Jose-Verissimo-Rom%C3%A3o-Netto-et-alii.pdf>; Suárez, *O modelo de gestão das organizações sociais de cultura*; Lúcio Nagib Bittencourt, "As organizações Sociais e as Ações e Política Pública no caso do Estado de São Paulo" (Tese de Doutorado, FVG-SP, São Paulo, 2014); Elizabeth Ponte de Freitas, "Por uma cultura pública: organizações sociais, Oscips e gestão pública não estatal na área da cultura" (Dissertação de Mestrado, Universidade Federal da Bahia, 2010); S.B. Duarte, "Organizações sociais de cultura em São Paulo – desafios e perspectivas", *IV Congresso Consad de Gestão Pública*, Brasília, maio de 2012.

[115] Essas comunidades fundadas pela Igreja Católica – CEBS (Comunidades Eclesiais de Base) – foram formadas na década de 1970 e tiveram grande importância durante a era militar, com muitos membros adotando as ideias da teologia da libertação. Porém, o fim da ditadura e o movimento em direção à direita da Igreja Católica reduziram consideravelmente seu ativismo social e importância relativa nos centros urbanos do Brasil depois de 1990. Veja Ana Jacira dos Santos, "As comunidades eclesiais de base no período de 1970 a 2000" (tese de doutorado; Natal: Universidade Federal do Rio Grande do Norte, 2002).

expansão de associações religiosas pentecostais nesse país marcantemente católico. Em 1950, cerca de 93% dos brasileiros se identificavam como membros da Igreja Católica.[116] Sessenta anos depois, no Censo de 2010, apenas 65% se diziam católicos. Embora o Brasil continue sendo o maior país católico do mundo no século XXI, atualmente é o quarto maior país protestante e tem a maior população pentecostal do mundo.[117] Assim, é o segundo maior país cristão do mundo, perdendo apenas para os Estados Unidos.[118] A principal mudança não ocorreu no aumento das religiões protestantes tradicionais que haviam chegado no século XIX, mas foi resultado da ascensão do protestantismo evangélico no século XX.[119] Em 1930, por exemplo, os batistas eram 30% dos protestantes brasileiros, e os presbiterianos, 24%, enquanto os pentecostais representavam apenas 10% de todos os protestantes. Em 1964, os pentecostais representavam 65% de todos os protestantes, e os batistas, apenas 9%.[120] Somente nos últimos três Censos o governo começou a disponibilizar informações detalhadas sobre todas as diferentes religiões protestantes. De 1991 a 2010, todos os grupos protestantes passaram de 9% para 24% da população, mas, entre as igrejas, as religiões protestantes tradicionais aumentaram sua participação apenas de 3% para 4% da população total no período. A grande mudança surgiu com

---

116 IBGE, *Recenseamento Geral de 1950*, Série Nacional, v. 1, p. 30, tabela 8.

117 Paul Freston, "'Neo-Pentecostalism' in Brazil: Problems of definition and the Struggle for Hegemony", *Archives of sciences sociales des religions* 44, n. 105 (jan./mar.1999), p. 145.

118 São estimativas para todos os países do mundo desde o Censo Religioso de 2010. Acesso em: 22.10.2017, disponível em: <http://www.pewforum.org/2011/12/19/Tabela-christian-population-in--numbers-by-country/>.

119 Os historiadores do protestantismo no Brasil geralmente dividem o movimento em dois grupos: as religiões introduzidas por imigrantes (protestantismo de imigração) que trouxeram consigo a religião, e as religiões introduzidas por missionários da Europa ou América do Norte (protestantismo de missão). O primeiro grupo é principalmente de luteranos alemães, mas quase todas as outras religiões protestantes tradicionais foram introduzidas por imigrantes ou missionários vindos de seus países de origem para ministrar aos seus compatriotas, bem como buscar convertidos brasileiros. O IBGE definiu todas essas igrejas tradicionais como Evangélicas de Missão. Todas as igrejas introduzidas no século XIX incluem luteranos (igreja fundada em 1823), sendo a maior dessas igrejas tradicionais, seguida pelos presbiterianos em 1859, metodistas (1867) e batistas (1882). Finalmente, só depois de 1900 vieram as pentecostais (chamadas pelo IBGE de *Evangélicas de Origem Pentecostal*), que têm origens missionárias e locais. As primeiras igrejas pentecostais fundadas por missionários foram a Congregação Cristã no Brasil (1910) e a Assembleia de Deus (1911). São ainda as maiores das igrejas pentecostais e ambas foram fundadas apenas alguns anos após o surgimento do movimento pentecostal em 1906 em Los Angeles. Essa primeira onda de igrejas pentecostais foi seguida por numerosas igrejas imigrantes, missionárias e, enfim, aquelas fundadas por pentecostais ao longo dos séculos XX e XXI. Veja Carl Joseph Hahn, *História do Culto Protestante no Brasil* (São Paulo, 1981), Antonio Gouvêa Mendonça e Prócoro Velasques Filho, *Introdução ao Protestantismo no Brasil* (São Paulo: Edições Loyola, 1990); e Paul Freston, "Protestantes e política no Brasil: da Constituinte ao impeachment" (tese de doutorado; Unicamp, 1993), p. 41.

120 Candido Procópio Ferreira de Camargo, ed., *Católicos, protestantes, espíritas* (Petrópolis: Editora Vozes, 1973), p. 121, quadro 2.

Organizações da sociedade civil

Tabela 9.11 Religião identificada nos Censos de 1991, 2000 e 2010

Religião	1991	2000	2010
Católica Apostólica Romana	121.812.771	124.980.132	123.280.172
Evangélicas de Missão (1)	4.942.230	6.939.765	7.686.827
Evangélicas de origem pentecostal (2)	8.179.706	17.975.249	25.370.484
Outras Evangélicas ou Cristãs	621.298	1.269.928	10.906.133
Mórmons			226.509
Testemunhas de Jeová	...	1.104.886	1.393.208
Umbanda e Candomblé	**648.489**	**525.013**	**588.797**
Umbanda	...	397.431	407.331
Candomblé	...	127.582	167.363
Espírita	1.644.355	2.262.401	3.848.876
Judaísmo		86.825	107.329
Todas as demais	2.020.748	2.236.254	2.011.954
Sem religião	6.946.221	12.492.403	15.335.510
Total	146.815.818	169.872.856	190.755.799

Fonte: IBGE, Sidra, tabela 137
Notas: (1) Inclui luteranos, presbiterianos, metodistas, batistas, congregacionais, adventistas e adventistas do sétimo dia. (2) Inclui a maioria das igrejas brasileiras evangélicas.

Tabela 9.12 Membros de Igrejas Evangélicas Pentecostais, Censo de 2010

Total de igrejas evangélicas de origem pentecostal	**25.370.484**
Igreja Assembleia de Deus	12.314.410
Igreja Congregação Cristã do Brasil	2.289.634
Igreja Universal do Reino de Deus	1.873.243
Igreja Evangelho Quadrangular	1.808.389
Igreja Deus é Amor	845.383
Igreja Maranata	356.021
Igreja o Brasil para Cristo	196.665
Comunidade Evangélica	180.130
Igreja Casa da Bênção	125.550
Igreja Nova Vida	90.568
Evangélica renovada não determinada	23.461
Evangélicas de origem pentecostal – outras	5.267.029

Fonte: IBGE, Sidra, tabela 137

as igrejas pentecostais, que aumentaram a participação de 6% da população em 1991 para 20% em 2010 (**Tabela 9.11**).

Chama atenção em toda essa evolução o fato de que essas igrejas estão baseadas essencialmente no Brasil. Embora muitas tenham origem na chegada de missionários estrangeiros ou possuam algumas conexões internacionais, agora são totalmente ministradas por brasileiros. As duas maiores, a Assembleia de Deus e a Igreja da Congregação Cristã, surgiram no início do século XX nos Estados Unidos, e ambas foram logo implantadas no Brasil em 1910 e 1911, respectivamente, poucos anos depois de sua fundação original.[121] A quarta maior igreja foi a Igreja Evangélica Quadrangular, também fundada nos Estados Unidos em 1922 e trazida ao Brasil pelos missionários apenas em 1951. Mas o terceiro maior grupo era a Igreja Universal do Reino de Deus (Iurd), que só foi fundada em 1977, em São Paulo, por um pastor brasileiro, sendo uma igreja exclusivamente brasileira (**Tabela 9.12**). É líder entre as igrejas pentecostais no sentido de enviar missionários ao exterior e promover o televangelismo.[122] Outras igrejas pentecostais fundadas pelos brasileiros foram a Igreja Pentecostal O Brasil para Cristo, fundada em 1955, e a Igreja Pentecostal Deus é Amor, fundada em 1962.[123] Surgiram então várias igrejas carismáticas ou neopentecostais nos anos 1970 e 1980, como a já citada Universal do Reino de Deus (1977), a Internacional da Graça de Deus (1980), a Comunidade Evangélica Sara Nossa Terra (1976) e a Renascer em Cristo (1986), todas fundadas por pastores brasileiros.[124]

As pesquisas revelaram alguma diferenciação por sexo, cor e residência dos seguidores dessas igrejas. Os pentecostais eram claramente mais um fenômeno urbano do que rural, pois as áreas rurais permaneciam con-

---

121 Ricardo Mariano, "Expansão pentecostal no Brasil", p. 123.

122 Cecília L. Mariz, "Missão religiosa e migração: 'novas comunidades' e igrejas pentecostais brasileiras no exterior", *Análise Social*, XLIV n.1 (2009), p. 163. As Assembleias de Deus (AD) e a Pentecostal "Deus é Amor" (IPDA) também começaram a enviar missionários. Em 2015, estima-se que as Igrejas pentecostais do Brasil – a maioria de origem nativa – tinham missionários em 180 países do mundo. Carmen Rial, "Neo-Pentecostals on the Pitch Brazilian Football Players as Missionaries Abroad", *in* Jeffrey D. Needell, ed. *Emergent Brazil: Key Perspectives on a New Global Power* (Gainesville: University of Florida Press, 2015), pp. 150-151. Em 1990, a Iurd comprou o canal TV Record e iniciou uma nova era de evangelismo na TV. Veja Patricia Birman e David Lehmann, "Religion and the media in a battle for ideological hegemony: the Universal Church of the Kingdom of God e TV Globo in Brazil", *Bulletin of Latin American Research* 18, n. 2 (1999), pp. 145-164. A Iurd possui o enorme Templo de Salomão, em São Paulo, cuja sede possui 100 mil m².

123 Irineu José Rabuske, Paola Lucena dos Santos, Hosana Alves Gonçalves e Laura Traub, "Evangélicos brasileiros: Quem são, de onde vieram e no que acreditam?" *Revista Brasileira de História das Religiões*, IV, n. 12 (jan. 2012), p. 263. Para um histórico detalhado da fundação das principais igrejas pentecostais, veja Ingo Wulfhorst, "O Pentecostalismo no Brasil", *Estudos Teológicos* 35, n. 1 (1995), pp. 7-20.

124 Mariano, *op. cit.*, p. 123.

Tabela 9.13	Mudanças na participação de católicos romanos por sexo e residência, Censos de 1980, 2000 e 2010								
	Total			Urbana			Rural		
Censos	Total	Homens	Mulheres	Total	Homens	Mulheres	Total	Homens	Mulheres
Igreja Católica Romana									
1980	89%	89%	89%	87%	87%	87%	93%	93%	93%
2000	74%	74%	73%	71%	72%	71%	83%	83%	83%
2010	65%	65%	64%	62%	63%	62%	78%	78%	77%
Pentecostais, Outras Cristãs, Testemunhas de Jeová e Mórmons									
1980	3%	3%	3%	3%	3%	4%	3%	3%	3%
2000	11%	10%	13%	12%	11%	13%	8%	7%	9%
2010	20%	18%	22%	21%	19%	23%	13%	11%	14%
Protestantes tradicionais									
1980	3%	3%	4%	4%	3%	4%	3%	3%	3%
2000	4%	4%	4%	4%	4%	5%	3%	3%	3%
2010	4%	4%	4%	4%	4%	5%	3%	3%	3%

Fonte: IBGE. Sidra, tabela 2103, *Censo Demográfico 1980*, Série Nacional, volume 1, tomo 4, nº 1, pp. 6-7, tabela 1.3

sistentemente mais católicas do que as urbanas. Ao mesmo tempo, havia um crescente desequilíbrio no quesito sexo, com os homens permanecendo mais leais ao catolicismo e as mulheres sendo mais comprometidas com os novos movimentos protestantes, tanto nas áreas urbanas como nas rurais. Pelo Censo de 2010, os católicos eram 98 homens para 100 mulheres, enquanto os pentecostais eram 80 homens para 100 mulheres (Tabela 9.13).[125] Esse fato provavelmente pode ser explicado pelo papel das novas igrejas na repressão ao alcoolismo e na promoção da estabilidade familiar, tema de interesse direto das mulheres.[126]

---

125 O Censo de 1991 não disponibiliza dados de identidade religiosa por sexo, mas apresenta distribuições entre áreas rurais e urbanas e, nesse caso, os padrões são semelhantes a todos os Censos depois de 1980. Em resumo, os católicos são mais rurais do que urbanos (90% na área rural, contra 81% em áreas urbanas. Por outro lado, os pentecostais são mais urbanos (6%) do que rurais, 4%. IBGE, Sidra, Tabela 139.

126 Maria Bernadete Pita Guimarães, "Alcoolismo, Pentecostalismo e Família" (Tese de Doutorado, Universidade Federal Juiz de Fora, 2008). Esse tema é encontrado em muitos estudos sobre pentecostalismo. Veja Ricardo Mariano, "Sociologia do crescimento pentecostal no Brasil: um balanço", *Perspectiva Teológica* 43, n. 119 (jan./abr. de 2011), p. 15. Sobre atividades detalhadas em relação à integração, mulheres e família na Iurd, veja Patricia Birman, "Conexões políticas e bricolagens religiosas: Questões sobre o pentecostalismo a partir de alguns contrapontos, *in* Pierre Sanchis, ed., *Fiéis & Cidadãos, percursos de sincretismo no Brasil* (Rio de Janeiro: Eduerj, 2001), pp. 59-86.

Independentemente do tamanho ou da origem da Igreja Pentecostal, elas foram um fenômeno predominantemente urbano, com mais mulheres do que homens. Nisso, diferem dos católicos, que eram menos urbanos e mais masculinos do que todas essas igrejas (Tabela 9.14).

O que significa identidade urbana? A maioria dos estudiosos argumenta que os pentecostais são mais marginalizados do que outros grupos da população, menos instruídos, vivem mais em uniões livres e, em geral, mais pobres que a média brasileira.[127] Os Censos de 2000 e 2010 não confirmam todas essas premissas. Refletindo a residência urbana de renda mais elevada, uma população com taxas educacionais e de alfabetização muito mais elevadas do que as populações rurais, em que os católicos predominavam, significava que os pentecostais tendiam a ser mais escolarizados e eram mais alfabetizados que os católicos romanos. Assim, apenas 17% dos católicos participantes do Censo de 2000 tinham 8 a 10 anos de escolaridade (igual para homens e mulheres). Por outro lado, os pentecostais tinham 19% de seus fiéis nesse nível (19% dos homens e 18% das mulheres), e 21% dos protestantes tradicionais possuíam esse nível de escolaridade.[128] Esse padrão foi observado no Censo de 2010. Naquele ano, as pessoas de 25 anos que tinham concluído o ensino médio e as que tinham alguns anos de universidade eram apenas 23% dos católicos (23% dos homens e 24% das mulheres), em comparação com 24% para os pentecostais (25% para homens e 24% para mulheres) e 32% para os frequentadores da igreja protestante tradicional.[129] Mesmo em termos de casamentos, os pentecostais tiveram melhores resultados do que os católicos tradicionais no Censo de 2010. Assim, 38% dos católicos com mais de 10 anos viviam em uniões consensuais, contra 28% dos pentecostais e 21% dos protestantes tradicionais. Observando apenas as mulheres e seu estado civil por religião, 38% das católicas viviam em uniões livres, em comparação com apenas 30% das pentecostais e apenas 23% das protestantes tradicionais.[130]

Mas, em termos de renda e cor, os pentecostais eram claramente mais pobres. No Censo de 2000, que disponibiliza dados de renda por sexo e

---

127 É o argumento da maior parte dos acadêmicos, discutido na pesquisa de Mariano, "Sociologia do crescimento pentecostal no Brasil", pp. 11-36.

128 IBGE, Sidra, tabela 2106.

129 IBGE, Sidra, tabela 3457. Naquele mesmo Censo, os católicos registravam uma taxa de analfabetismo maior do que os pentecostais. Veja IBGE, Sidra, tabela 2104.

130 IBGE, Sidra, tabela 3487.

Tabela 9.14   Distribuição dos membros das Igrejas Pentecostais por residência e sexo, Censo de 2010

IGREJAS	Total % Urbana	Total % Rural	Porcentagem total Homens	Porcentagem total Mulheres	% Área Urbana Homens	% Área Urbana Mulheres	% Área Rural Homens	% Área Rural Mulheres
Todas as Igrejas Pentecostais	88	12	44	56	44	56	47	53
Igreja Assembleia de Deus	84	16	45	55	45	55	47	53
Igreja Congregação Cristã do Brasil	88	12	46	54	46	54	48	52
Igreja O Brasil para Cristo	90	10	44	56	43	57	45	55
Igreja Evangelho Quadrangular	94	6	43	57	43	57	46	54
Igreja Universal do Reino de Deus	94	6	40	60	40	60	45	55
Igreja Casa da Bênção	95	5	42	58	41	59	45	55
Igreja Deus é Amor	86	14	43	57	43	57	47	53
Igreja Maranata	95	5	44	56	44	56	46	54
Igreja Nova Vida	98	2	41	59	41	59	41	59
Evangélica renovada não determinada	92	8	44	56	44	56	46	54
Comunidade Evangélica	97	3	43	57	43	57	46	54
Outras	93	7	44	56	44	56	48	52
Católicos Romanos	81	19	50	50	49	51	53	47
TOTAL BRASIL	84	16	49	51	48	52	53	47

Fonte: IBGE, Sidra, tabela 2103

Tabela 9.15	Distribuição de salários por sexo e religião, Censo de 2000					
	Total		Homens		Mulheres	
Religiões	10 ou mais salários mínimos	1 salário mínimo ou menos	10 ou mais salários mínimos	1 salário mínimo ou menos	10 ou mais salários mínimos	1 salário mínimo ou menos
Total	7,1	23,3	8,4	20,2	5,0	28,5
Romana católica	7,0	24,1	8,3	21,1	4,9	29,0
Protestantes tradicionais	8,4	18,3	11,4	14,0	5,0	23,2
Pentecostais	3,4	24,3	4,4	17,9	2,0	32,8
Outras evangélicas	7,2	19,3	9,3	14,2	4,7	25,3
Espírita	23,2	7,7	30,4	5,6	16,9	9,5
Umbanda e candomblé	9,5	16,5	11,9	12,3	6,7	21,1
Outras religiosidades	10,7	18,3	13,7	13,2	7,0	24,3
Não religioso	7,2	23,4	7,6	21,0	6,2	30,5

Fonte: IBGE, Sidra, Tabela 2109

religião, é evidente que os pentecostais estavam no nível mais baixo da escala de renda em comparação com católicos, protestantes tradicionais e até seguidores da umbanda e do candomblé. Os grupos espíritas tradicionais eram claramente os mais ricos (Tabela 9.15).

Entre os católicos tende a haver mais brancos do que entre os pentecostais, embora menos brancos do que os protestantes tradicionais. No Censo de 2000, os protestantes tradicionais eram 61% brancos, os católicos, 54% e os pentecostais, 49%, isso quando os brancos representavam 54% de toda a população. O mesmo padrão foi revelado no Censo de 2010, quando 52% dos protestantes tradicionais, 49% dos católicos e 41% dos pentecostais eram brancos.[131] Os resultados foram similares para mulheres e homens em cada um desses grupos de religiões.[132] Mas em outras áreas demográficas houve uma diferença importante. Os evangélicos não só registraram uma proporção muito maior de mulheres, mas uma proporção maior de crianças e jovens, comparados aos católicos e aos seguidores de religiões protestantes tradicionais, sendo que as mulheres protestantes também registraram

---

131 IBGE, Sidra, tabela 2094.
132 IBGE, Sidra, tabela 3487.

Organizações da sociedade civil

taxas de natalidade mais altas do que as católicas (com uma taxa total de fecundidade de 2,1, versus 1,9 de católicas em 2010).[133]

No ritmo em que crescem, os demógrafos estimam que os católicos estarão abaixo de 50% da população brasileira até 2030, e, uma década depois, os pentecostais serão iguais a eles em número.[134] Esse crescimento também é baseado na teologia e na estrutura da Igreja. Em termos teológicos, a preocupação do pentecostalismo com a vida presente, e não com a vida após a morte, sua aceitação da salvação individual e o senso de igualdade e comunidade tornam a religião perfeita para os migrantes que precisam de estrutura, comunidade e identidade. Das igrejas pentecostais fundadas na segunda metade do século XX, algumas adotaram até mesmo práticas religiosas afro-brasileiras, como o exorcismo, e outras se tornaram mais seculares e hierárquicas no movimento neopentecostal.[135] No entanto, a esmagadora maioria das igrejas pentecostais tem pouca estrutura hierárquica e são as mais abertas das principais religiões no Brasil. Todos são aceitos, e o evangelismo é incentivado. O clero é todo brasileiro, a hierarquia existente é local ou, no máximo, regional e o sacerdócio está aberto a todos. Novos pastores precisam sentir apenas o chamado de Deus, sem necessidade de treinamento religioso formal, e, assim, muitos pastores pentecostais se originam das classes populares.[136] Como diz um dos principais estudiosos des-

---

133 José Eustáquio Diniz Alves, Luiz Felipe Walter Barros e Suzana Cavenaghi, "A dinâmica das filiações religiosas no Brasil entre 2000 e 2010: diversificação e processo de mudança de hegemonia", *REVER - Revista de Estudos da Religião* 12, n. 2 (2012), pp. 161, 165.

134 Alves, Barros e Cavenagh, "A dinâmica das filiações religiosas no Brasil entre 2000 e 2010", p. 160.

135 O movimento "neopentecostal", cuja definição é imprecisa, se refere às igrejas brasileiras fundadas no último quarto do século XX. Supostamente enfatizam o exorcismo que inclui elementos das religiões afro-brasileiras, mesmo rejeitando essas religiões. R. Andrew Chesnut, "Exorcising the Demons of Deprivation: Divine Healing e Conversion in Brazilian Pentecostalism", *in* Candy Gunther Brown, ed., *Global Pentecostal e Charismatic Healing* (New York: Oxford University Press, 2011 in Candy Gunther Brown, ed. (New York: Oxford University Press, 2011), pp. 12, 8. As igrejas neopentecostais parecem ser mais seculares em seus ensinamentos do que as antigas igrejas pentecostais, além de mais hierárquicas. Veja os estudos de Ricardo Mariano, "Expansão pentecostal no Brasil: o caso da Igreja Universal", *Estudos Avançados* 18 n. 52 (2004), pp. 123-124; e "Efeitos da secularização do Estado, do pluralismo e do mercado religioso sobre as igrejas pentecostais", *Civitas*, 3, n. 1 (jun. 2003), pp. 111-125; e Patricia Birman, "Mediação feminina e identidades pentecostais", *Cadernos PAGU*, n. 6-7 (1996), pp. 201-226. No entanto, dada a fluidez do movimento, há divergências quanto ao nível de coerência de tal subgrupo como proposto por alguns autores. Veja Freston, "Neo-Pentecostalism", pp. 154-162.

136 Como Freston observou, "os fundadores dos principais grupos pentecostais [na América Latina] incluem proletários, artesãos independentes e trabalhadores de classe média baixa. Raros são os fundadores de origem social mais elevada. A maioria das igrejas pentecostais (ao contrário de suas contrapartes históricas) foi fundada por latino-americanos que romperam com uma denominação protestante existente ou por missionários independentes, e apenas raramente por uma denominação pentecostal estrangeira". Paul Freston, "Evangelicals and Politics in Latin America", *Transformation* 19, n. 4 (out. 2002), p. 272. Como parte desse processo, os pregadores do maior grupo de projetos, a Assembleia de Deus, opuseram-se à criação de seminários formais durante grande parte de sua história inicial. Bertone de Oliveira Sousa, "Entre a espera pelo céu e a busca por bem-estar", *in* Jérri Roberto Marin e

se tema, o pentecostalismo brasileiro continua extremamente segmentado. "Se, no mundo católico, todos os caminhos levam a Roma, no mundo do pentecostalismo muitas estradas terminam onde começam: num morro no Rio ou na periferia de São Paulo. Essa segmentação serve para a expansão, estimulando a flexibilidade social, a concorrência e a oferta localizada de igrejas."[137] Seu financiamento é local, assim como e até mesmo a música. Assim, a proliferação de pastores e novas igrejas é uma constante. Todas as favelas urbanas de todas as grandes cidades estão cheias de igrejas pentecostais e podem ser encontradas em grande número nos outros bolsões de pobreza do Brasil, ou seja, as prisões estaduais, onde são o grupo dominante entre os detentos.[138]

O que também chama atenção nos pentecostais não é apenas a rapidez de seu crescimento, mas seus níveis extraordinariamente altos de participação. Uma pesquisa na região metropolitana do Rio de Janeiro em meados da década de 1990 revelou que 5 igrejas evangélicas eram fundadas a cada semana. Ainda mais extraordinário foi o fato de que 85% dos membros da Igreja Pentecostal participavam de cultos semanais e que 94% iam pelo menos uma vez por mês.[139] Por outro lado, apenas 20% dos católicos assistem à missa, e a Igreja Católica tem uma proporção muito baixa de padres: basicamente 1 para cada 10 mil paroquianos.[140]

O poder e a importância das igrejas pentecostais são percebidos não apenas no nível da favela ou dos presídios, mas também, cada vez mais, na política. Os evangélicos, tanto das igrejas tradicionais como do movimento pentecostal, tornaram-se uma potência enorme na política nacional. A principal igreja nesse sentido foi a Iurd, de origem brasileira, que logo foi seguida pela Assembleia de Deus, promovendo formalmente seus próprios candidatos.[141] A candidatura de seus membros começou nas eleições

---

André Dioney Fonseca, eds., *Olhares sobre a Igreja Assembleia de Deus* (Campo Grande, MS, Editora UFMS, 2015), p. 51.

137 Freston, *op. cit.*, p. 147.

138 Sobre a teologia pentecostal e seu apelo aos pobres, veja Cecília Loreto Mariz, *Coping with Poverty: Pentecostals and Christian Base Communities in Brazil* (Philadelphia: Temple University Press, 1994); e André Corten, *Pentecostalism in Brazil: Emotion of the Poor and Theological Romanticism* (New York: St Martin's Press, 1999). Sobre o papel nas favelas e prisões, veja Andrew Johnson, *If I Give My Soul: Faith Behind Bars in Rio de Janeiro* (New York: Oxford University Press, 2017), cap. 3.

139 Pierre Sanchis, "As religiões dos brasileiros", *Horizonte* 1, n. 2 (2009), p. 30.

140 Mariz, *Coping with Poverty*, pp. 12-13.

141 Sobre a evolução dessa participação, veja Taylor C. Boas, "Serving God and Man: Evangelical Christianity and Electoral Politics in Latin America", trabalho apresentado no Congresso Anual da American Political Science Association, Chicago, IL, 29 de agosto a 1º de setembro de 2013. Acesso em: 28.10.2017, em: <http://people.bu.edu/tboas/serving_god_man.pdf>; e Ari Pedro Oro, "A política da Igreja Universal e

pós-militares do final dos anos 1980. Atualmente, a Bancada Evangélica de membros da igreja, individualmente, e candidatos formalmente apoiados por suas igrejas aumentaram sua parcela de deputados para 85, com 2 senadores nas eleições de 2014, cujos resultados permanecem até 2018.[142] Como os ruralistas, a bancada evangélica surgiu ao lado de partidos novos e tradicionais, sendo uma resposta ao frágil sistema partidário do Brasil, que parece incapaz de representar os principais interesses de grupos. De fato, esses deputados têm identidades oficiais do partido, mas na verdade operam como *lobbies* coerentes que ultrapassam as linhas partidárias para apoiar suas próprias causas.

Como essa pesquisa revelou, as associações voluntárias do Brasil são numerosas e extensas. Envolvem uma parcela significativa da população nacional e ultrapassam linhas de raça/cor, classe e região. Variam de grupos minoritários a clubes que incorporam milhares de participantes e membros. As associações sem fins lucrativos têm uma longa história, mas seu impacto na sociedade é profundo desde 1985 e continua a crescer a cada década. Claramente agora existe de fato um "terceiro setor" no Brasil, e os movimentos sociais e as associações voluntárias se tornaram parte fundamental da vida nacional.

---

seus reflexos nos campos religioso e político brasileiros", *Revista Brasileira de Ciências Sociais* 18, n. 53 (outubro de 2003), pp. 53-69. Reich e Santos argumentam que há duas formas básicas de participação política pelos pentecostais, como indivíduos e aqueles formalmente patrocinados e promovidos pelas igrejas. O segundo grupo teve menos sucesso e se envolveu em alguns dos principais escândalos parlamentares. Gary Reich e Pedro dos Santos, "The Rise (and Frequent Fall) of Evangelical Politicians: Organization, Theology, and Church Politics", *Latin American Politics and Society* 55, n. 4 (2013), pp. 1-22. Enfim, sobre seu sucesso ou fracasso eleitoral, veja Fabio Lacerda, "Pentecostalismo, eleições e representação política no Brasil contemporâneo" (tese de doutorado, USP, 2017).

142 Veja <http://www.metodista.br/midiareligiaopolitica/index.php/composicao-bancada-evangelica/>.

Conclusão

Cristiano Mascaro, *Vale do Anhangabaú*, São Paulo, 1991

Como demonstramos em nosso estudo, em 1950, o Brasil era bem diferente do que é hoje. Era uma sociedade agrária tradicional e subdesenvolvida, com estrutura demográfica pré-moderna. Registrava apenas um terço de população urbana, e quase três quartos da força de trabalho estava envolvida em algum tipo de agricultura que atendia apenas parcialmente às necessidades alimentares da nação. Pobreza e fome afetavam uma parcela significativa da população. A maioria era analfabeta, e a expectativa de vida era baixa, com altas taxas de fertilidade e mortalidade. Encaixava-se, portanto, no padrão típico de país de terceiro mundo da época.

Atualmente, o Brasil é um país bem diferente. É substancialmente urbano, sendo que apenas um décimo da força de trabalho permanece na área rural. A classe média é muito grande e registra taxas extremamente altas de mobilidade e mudança nos níveis de escolaridade dos cidadãos. Na segunda década do século XXI, todos os estudantes do ensino fundamental frequentam a escola, e uma parcela crescente da população conclui o ensino médio e entra na universidade. O acesso ao sistema de saúde é praticamente universal. A expectativa de vida da população se compara aos padrões do primeiro mundo. O país se destaca como uma das economias industriais mais importantes do mundo, posicionando-se atrás apenas dos Estados Unidos como produtor agrícola e exportador mundial.

Apesar de todos os problemas referentes à incoerência política do sistema partidário e governamental, o estado de bem-estar social foi implantado com sucesso. O papel do governo federal foi tão significativo quanto a industrialização, a modernização agrícola e a transição demográfica ao influenciar a mudança na sociedade brasileira no período. Após 1950, o estado de bem-estar social alterou profundamente a vida e a renda de toda a população do país. A oferta de serviços de educação e saúde e de um programa consistente de redistribuição de renda para os mais pobres, por meio de transferências não compensatórias, reduziu parte da extrema desigualdade na distribuição de renda que caracteriza tradicionalmente a nação.

A correlação entre pobreza e idade avançada foi rompida com a expansão universal do sistema previdenciário. Ao lado de taxas de mais de 90% de matrículas no ensino fundamental, houve expansão expressiva no ensino médio, e, em todas as décadas desde 1950, a média de tempo de escolaridade aumentou. Embora ainda relativamente atrasado em relação aos países líderes da América Latina no ensino médio, o país se transformou em uma sociedade de alfabetizados. Os serviços de saúde melhoraram significativamente por meio da vacinação quase universal e do acesso ao atendimento básico de saúde para todas as idades. A mortalidade infantil caiu de níveis extremamente elevados, e, embora tais níveis ainda sejam relativamente altos segundo os padrões verificados no primeiro mundo, o país aumentou significativamente a expectativa de vida, chegando próximo às taxas da América do Norte e dos países da Europa Ocidental.

Essas mudanças ocorreram enquanto milhões de brasileiros migravam para as cidades em rápida expansão, uma vez que grande parte da população mudou da área rural para a urbana. O crescimento urbano melhorou a vida de todos os cidadãos, mas os custos da urbanização acelerada foram elevados. As cidades se expandiram muitas vezes de maneira caótica; o crescimento da habitação urbana não manteve o ritmo do aumento das necessidades da população, dando origem às favelas urbanas, que se tornaram comuns na maior parte das cidades. Paralelamente, o índice de criminalidade cresceu em todas as regiões do país. E, infelizmente, o governo não consegue satisfazer as necessidades básicas da população urbana, mesmo com os altos gastos federais e estaduais.

Em uma sociedade em mudança tão rápida, a mobilidade social é uma questão importante. O setor de serviços registrou expansão consistente, tendo como resultado o enorme crescimento da classe média, abrindo novas possibilidades de ascensão social. Inicialmente, em meados do século, houve um período relativamente positivo da mobilidade, quando grandes contingentes de pessoas anteriormente pobres atingiram status e renda mais elevados do que os de seus pais. No entanto, recentemente a mobilidade desacelerou, enquanto o Brasil se tornava uma sociedade industrial mais madura. Bloqueios à mobilidade social surgiram nos últimos anos, de forma inusitada, tornando ainda mais difícil a ascensão da classe média enquanto crescia a mobilidade nas classes trabalhadoras. Um dos grandes bloqueios é o do acesso ao ensino superior. Incapaz de expandir as universidades públicas com rapidez suficiente para atender a demanda, o governo permitiu que empresas com fins lucrativos oferecessem ensino de terceiro grau. Com raras exceções, foram criadas faculdades mal equipadas e com corpo docente insatisfatório que agora ofereçem ensino de má qualidade para a maioria dos estudantes de nível universitário. A qualidade da educação pública não aumentou com rapidez suficiente para oferecer ensino competitivo nas escolas do ensino fundamental e médio. Portanto, a relação entre maior nível de educação e mobilidade social não seguiu o caminho normal da maioria dos países, mesmo considerando-se que mais pessoas conquistam diploma universitário. Embora a desigualdade tenha se reduzido, o Brasil ainda se assemelha a um típico país latino-americano e pode ser considerado atrasado segundo padrões mundiais.

Além da convergência regional nas áreas de saúde e educação, que representou uma mudança fundamental no período, houve também mudanças essenciais na situação social de grupos tradicionais que haviam sofrido discriminação e enfrentado desvantagens na sociedade pré-1950. Evidentemente, as mulheres registraram as mudanças mais expressivas, não apenas em termos da reversão da posição negativa na educação, como também no que se refere a casamento e família, além de acesso ao mercado de trabalho. No período pós-1950, a participação das mulheres no mercado de trabalho aumentou expressivamente em todos os níveis, e atualmente elas registram maior grau de escolaridade do que os homens na sociedade, representando uma reversão completa dos padrões pré-1950. Mudanças nos índices de fecundidade levaram à redução do tamanho das famílias, sendo que a aprovação do divórcio civil e o declínio da influência da Igreja Católica levaram à ascensão das mulheres como chefes de família, ao aumento das uniões consensuais e ao consequente declínio dos casamentos tradicionais.

O problema racial é uma das questões históricas importantes com as quais o Brasil se defronta, assim como todas as sociedades das Américas com histórico de trabalho escravo africano. É um tema constantemente debatido e discutido no Brasil. Embora todos os índices básicos indiquem pretos e pardos atrás dos brancos e asiáticos, este dado ainda pode ser herança do período de escravidão, além de ser mais uma questão de classe do que de raça. Estudos recentes sugerem igualdade de oportunidades por raça quando se controla renda e educação, mas as diferenças na mobilidade descendente parecem indicar que a raça ainda é um fator importante na estratificação dos brasileiros.

Além dos investimentos do governo em políticas de bem-estar social que afetaram profundamente a população do país, o Brasil também registrou a consolidação de um novo e poderoso "terceiro setor", representado pelo surgimento de organizações voluntárias da sociedade civil. Embora estas organizações já existissem entre grupos religiosos antes de 1889, quando o Estado retirou o apoio à Igreja e foram fundadas inúmeras organizações e associações nas décadas posteriores, foi apenas após a grande oposição civil ao governo militar nas décadas de 1970 e 1980 que as ONGs (Organizações Não Governamentais) se expandiram de modo significativo e passaram a desempenhar um papel cada vez mais importante na sociedade brasileira. Existem em áreas tão diversas como proteção ambiental, educação, saúde, trabalho e religião. Apesar do pressuposto de fragilidade da sociedade civil na América Latina, concluímos que esta tese não se sustenta no caso brasileiro, sendo que o chamado "terceiro estado" agora é parte fundamental da sociedade, envolvendo vários milhões de brasileiros.

Enfim, vale ressaltar que o Brasil não apenas mudou radicalmente em termos de urbanização, criação de uma enorme classe média e profunda transição demográfica, como também se tornou uma sociedade mais homogênea ao reduzir as profundas diferenças entre as regiões. O Brasil não é mais uma Belíndia. No período estudado, a região Centro-Oeste emergiu como uma zona nova e rica, comparável ao Sul e ao Sudeste. O Norte aos poucos elimina a defasagem econômica em relação às outras regiões, e o Nordeste está gradualmente se aproximando dos níveis de renda das áreas mais ricas. Embora as diferenças regionais de renda, riqueza e pobreza ainda sejam evidentes, não são tão extremas quanto em 1950. Além disso, quase todos os índices sociais sugerem que as diferenças regionais hoje são menos significativas. O tempo de escolaridade, os índices de saúde e bem-estar e de expectativa de vida agora são semelhantes em todos os extratos sociais da nação.

Posfácio

German Lorca, *Bombeiros na avenida Matarazzo*, 1965

Este livro foi escrito originalmente em inglês ao longo de 2018. A publicação por Cambridge University Press ocorreu em abril do presente ano. Em 2019 o livro foi traduzido e enviado à Editora da Imprensa Oficial do Estado de São Paulo, para publicação em português, prevista para 2020. Nesse período ocorreram fatos que alteraram profundamente o quadro político, econômico e social do Brasil. Em primeiro lugar, a eleição do presidente Jair Bolsonaro alterou orientações políticas de âmbito federal. A partir do governo do presidente Itamar Franco, os que se sucederam poderiam ser caracterizados por orientações de centro e centro-esquerda, com fortes inclinações para a instituição de políticas sociais no quadro interno e globalização no cenário internacional. No final de 2018, frente a uma prolongada crise econômica, deterioração das contas públicas e evidências de amplo esquema de corrupção, que alcançava parte significativa da classe política, Bolsonaro foi eleito com um discurso de extrema-direita, em defesa dos valores da Igreja e da família, por meio de críticas à política tradicional, à corrupção, defesa do antigo regime militar e do armamento da população. Ao assumir o mandato procurou implantar sua agenda conservadora e aliou-se a uma corrente econômica liberal, defensora da redução radical do papel do Estado, além de maior abertura da economia e equilíbrio fiscal. O crescimento seria consequência do equilíbrio das contas públicas, e não objeto das políticas intervencionistas do Estado. Essas diretrizes, embora conflitantes, representam a síntese da administração atual.

Após um ano de pouco sucesso na condução da política econômica, em março de 2020 o mundo mudou radicalmente com a pandemia provocada pelo novo coronavírus (Covid-19). Há ainda incerteza sobre o processo de combate ao vírus, e seu impacto final sobre a atividade econômica. A esperança reside na eficácia das inúmeras vacinas em estudo ou avaliação, cujos efeitos deverão ser observados a partir de 2021. Ainda é impossível determinar as consequências econômicas e sociais dessa epidemia. O mundo se tornará mais pobre. Aumentarão o desemprego e provavelmente a desigualdade. No Brasil a epidemia evidenciou com maior clareza a profunda desigualdade social existente, que persiste ao longo de séculos. Surpreendeu o tamanho da população vulnerável. Mas também se demonstrou a importância do Estado e alguns de seus programas e instituições, como o SUS (Sistema Único de Saúde), os bancos públicos e os centros científicos de excelência, nas áreas de pesquisa e universidades. Evidenciou-se também a necessidade de um Estado que possua instrumentos para praticar com rapidez e eficiência políticas anticíclicas, ainda que assistencialistas. Acreditamos que o livro, embora não incorpore este período dramático e incerto da nossa história, talvez ajude a compreender nossa realidade atual, o percurso da nossa sociedade desde meados do século passado e os imensos obstáculos a superar.

São Paulo, 5 de setembro de 2020

FRANCISCO VIDAL LUNA
HERBERT S. KLEIN

Bibliografia

Fontes Primárias

90min.com. "Atualizado: os 10 clubes que lideram o ranking de sócio-torcedor no Brasil." Acesso em 04.08.2018, em <www.90min.com/pt-BR/posts/6076274-atualizado-os-10-clubes-que-lideram-o-ranking-de-sócio-torcedor-no-brasil>.

Abras – Associação Brasileira de Supermercados. Acesso em 11.12.2017, em: <http://www.abras.com.br/economia-e-pesquisa/ranking-abras/os-numeros-do-setor/>.

Abrasce, *Censo Brasileiro de Shopping Centers.* Acesso em 11.12.2017, em: <http://www.portaldoshopping.com.br/uploads/general/general_4b58c194fec5e617b0e01fc71487af24.pdf>.

ANTP, Associação Nacional de Transportes Públicos, *Sistema de Informações da Mobilidade Urbana. Relatório Geral 2014* (São Paulo, jul/2016), disponível em <http://www.antp.org.br/relatorios-a-partir-de-2014-nova-metodologia.html>.

Apas, Associação Paulista de Supermercados, jan/2016. Disponível em: <http://www.portalapas.org.br/wp-content/uploads/2016/06/COLETIVA-Pesquisa-APAS-Nielsen-Kantar.pdf>.

Bancada Evangélica: <http://www.metodista.br/midiareligiaopolitica/index.php/composicao-bancada-evangelica/>.

Banco Central do Brasil. Disponível em: <http://www.bcb.gov.br/htms/infecon/Seriehist.asp>. Acesso em 12.04.2018.

Banco Central, *in Focus: Relatório do Mercado.* Acesso em 20.07.2018, em: <https://www.bcb.gov.br/pec/GCI/PORT/readout/R20180720.pdf>. O Relatório Focus apresentada estimativas de produto apenas até 2021. Para os dois anos seguintes estimamos crescimento do PIB de 3% ao ano. Banco Central, 12 de março de 2016, Acesso em 09.12.2017, em: <http://www.bbc.com/portuguese/noticias/2016/03/160310_galeria_lixao_estrutural_pf>.

Banco Mundial. "Age Dependency Ratio" <https://data.worldbank.org/indicator/SP.POP.DPND>.

———. "Cause of death, by communicable diseases e maternal, prenatal e nutrition conditions (% of total)" <https://data.worldbank.org/indicator/SH.DTH.COMM.ZS?view=chart>.

———. "Fertility Rate, Total (Births per Woman)" <https://data.worldbank.org/indicator/SP.DYN.TFRT.IN?>.

———. "Homicidios intencionales" <https://datos.bancomundial.org/indicador/VC.IHR.PSRC.P5?order=wbapi_data_value_2012+wbapi_data_value+wbapi_data_value=-last&sort-des>.

———. "Labor Force Participation Rate, Female" <https://data.worldbank.org/indicator/SL.TLF.CACT.FE.ZS>.

———. "Mortality Rate, Neonatal (per 1,000 Live Births)" <https://data.worldbank.org/indicator/SH.DTH.COMM.ZS?view=chart>.

———. *A Fair Adjustment. Efficiency and Equity of Public Spending in Brazil,* v. I: Overview, nov/2017.

Boletim BPC 2015 <http://www.mds.gov.br/webarquivos/arquivo/assistencia_social/boletim_BPC_2015.pdf>.

Bradesco. "Mercado Imobiliário." São Paulo, Depec, nov/2017. Acesso em 07.12.2017, em: <https://www.economiaemdia.com.br/EconomiaEmDia/pdf/infset_imobiliario.pdf>.

———. "Shopping center." Depec, jun/2017. Acesso em 11.12.2017, em: <https://www.economiaemdia.com.br/EconomiaEmDia/pdf/infset_shoppings_centers.pdf>.

Câmara dos Deputados, Consultoria de orçamento e fiscalização financeira, Nota Técnica n. 10, de 2011. Acesso em 16.12.2017, em: <http://www2.camara.leg.br/orcamento-da-uniao/estudos/2011/nt10.pdf>.

Campanha Nacional de Aperfeiçoamento de Pessoal de Nível Superior. Veja: <http://www.capes.gov.br/sobre-a-capes/historia-e-missao>.

CBCI [Câmara Brasileira de Indústria de Construção]: <http://www.cbicdados.com.br/menu/financiamento-habitacional/sbpe>; e <http://www.cbicdados.com.br/menu/financiamento-habitacional/fgts>.

Celade. "Brasil Indices de Crecimento Demográfico", disponível em: <http://www.eclac.org/celade/proyecciones/basedatos_BD.htm>. Acesso em 22.11.2010.

_____. "Brasil, Estimaciones y proyecciones de población a largo plazo. 1950-2100, Revisión 2016"; "Indicadores de la estructura por sexo y edad de la población estimados y proyectados". Acesso em 05.09.2017, em: <https://www.cepal.org/es/temas/proyecciones-demograficas/estimaciones-proyecciones- poblacion-total--urbana-rural-economicamente-activa>.

_____. "Long term population estimates e projections 1950-2100", Revisión 2013 encontrado em: <https://www.cepal.org/celade/proyecciones/basedatos_bd.htm>.

_____. "Los adultos mayores en América Latina y el Caribe datos e indicadores" (Boletín Informativo, Edición Especial; Santiago de Chile, 2002).

_____. *Boletín Demográfico*, vários anos.

_____. *Observatorio Demográfico*, vários anos.

Censo Religioso de 2010. Acesso em 22.10.2107, em: <http://www.pewforum.org/2011/12/19/table-christian-population-in-numbers-by-country/>.

Cepal, *Anuario Estadística de América Latina y el Caribe*, vários anos.

_____. *Estimaciones y proyecciones de población a largo plazo. 1950-2100, Revisión 2016*. Acesso em 30.08.2017 e disponível em: <http://www.cepal.org/es/temas/proyecciones-demograficas/estimaciones-proyecciones-poblacion-total-urbana-rural-economicamente--activa>.

_____. *Panorama Social de América Latina, 2013*. Santiago de Chile: Cepal, 2013.

CNI, *Nota Econômica*, disponível em: <http://arquivos.portaldaindustria.com.br/app/conteudo_24/2015/02/20/526/Notaeconomica01-Competitividade.pdf>. Acesso em 12.04.2018.

Confederação Nacional do Comércio de Bens, Serviços e Turismo, <http://www.cnc.org.br/sites/default/files/arquivos/analise_peic_janeiro_2015.pdf>. Acesso em 12.04.2018.

Congresso Nacional, Consultoria de Orçamentos, Fiscalização e Controle, *Avaliação de Politicas Públicas, Programa Minha Casa Minha Vida*, Brasília, out/2007. Acesso em 7/12/2007, em: <http://www2.camara.leg.br/orcamento-dauniao/estudos/2017/InformativoAvaliacaoPoliticasPublicasPMCMV_WEB.pdf>.

Constituição de 1988, disponível em: <http://www.planalto.gov.br/ccivil_03/constituicao/constituicaocompilado.htm>, acesso em 26.11.2017.

Crescimento populacional alemão, disponível em: <https://fred.stlouisfed.org/series/SPPOPGROWDEU>.

Datasus, várias tabelas encontradas em: <http://tabnet.datasus.gov.br/>.

Decreto n 1.637 (5 de janeiro de 1907), encontrado em <http://www2.camara.leg.br/legin/fed/decret/1900-1909/decreto-1637-5-janeiro-1907-582195-publicacaooriginal-104950-pl.html>.

Destatis, "Total fertility rate of the female cohorts", em: <https://www.destatis.de/EN/FactsFigures/SocietyState/Population/Births/Tables/Female Cohorts.html>.

Directoria Geral de Estatistica, *Boletim commemorativo da exposição nacional de 1908* (Rio de Janeiro, 1908).

_____. *Sexo, raça e estado civil, nacionalidade, filiação, culto e analfabetismo da população recenseada em 31 em dezembro de 1890* (Rio de Janeiro: Officina da Estatística, 1898).

FAO, *State of the World's Forests 2011* (Rome: Food e Agriculture Organization of the United Nations, 2011).

FGV-CPDC, Confederação Geral dos Trabalhadores (CGT). Acesso em 02.10.2017, em: <http://www.fgv.br/cpdoc/acervo/dicionarios/verbete-tematico/confederacao-geraldos-trabalhadores>.

Fiesp. Informativo Deagro, janeiro 2018. Acesso em 22.06.2018, em: <http://www.fiesp.com.br/indices-pesquisas-e-publicacoes/balanca-comercial/>.

Fórum Brasileiro de Segurança Pública, informações em: <http://www.forumseguranca.org.br/publicacoes/atlas-da--violencia-2017/>.

Fundação João Pinheiro, Déficit Habitacional no Brasil (2016), encontrado em <http://www.fjp.mg.gov.br/index.php/produtos-e-servicos1/2742-deficit-habitacional-no-brasil-3>.

Fundo de Financiamento Estudantil (Fies). *O Globo*. Acesso em <https://g1.globo.com/educacao/noticia/prouni-2018-resultado-da-primeira-chamada-do-2o-semestre-e-divulgado.ghtml>.

Fut Pop Club. Acesso em 11.06.2017, em: <https://futpopclube.com/tag/ranking-mundial-de--publico-nos-estadios/>.

Governo do Brasil. Acesso em 16.12.2017, em: <http://www.brasil.gov.br/turismo/2014/09/brasil-ocupa-segundo-lugar-no-mercado-dee-ventos-musicais>.

Governo do Brasil. Acesso em 16.12.2017, em: <http://www.brasil.gov.br/turismo/2014/09/brasil-ocupa-segundo-lugar-no-mercado-dee-ventos-musicais>.

Ibam – Instituto Brasileiro de Administração Municipal. *Estudo de Avaliação da Experiência Brasileira sobre Urbanização de Favelas e Regularização Fundiária* (Rio de Janeiro, out/2002).

IBGE [Instituto Brasileiro de Geografia e Estatística], *Anuário Estatístico do Brasil,* vários anos.

_____. *Brasil, Estatísticas do Século XX* (2003).

_____. Notícias, "IBGE divulga as estimativas populacionais dos municípios em 2016" em: <https://agenciadenoticias.ibge.gov.br/agencia--sala-de-imprensa/2013-agencia-de-noticias/releases/9497-ibge-divulga-as-estimativas-populacionais-dos-municipios-em-2016.html>.

_____. *Sinopse do Censo Demográfico 2010* (Rio de Janeiro, 2011).

_____. "As Entidades de Assistência Social Privadas sem Fins Lucrativos no Brasil – PEAS, 2014-2015", encontrada em: <https://www.ibge.gov.br/estatisticas-novoportal/sociais/protecao-social/9021-as-entidades-de-assistencia-social-privadas-sem-fins-lucrativos-no-brasil.html?=&t=resultados>.

_____. "As Fundações Privadas e Associações sem Fins Lucrativos no Brasil, 2010" (*Estudos & Estudos* 20; Rio de Janeiro, 2012).

_____. "BRASIL, Projeção da população por sexo e idade - Indicadores implícitos na projeção - 2000/2060", em: <http://www.ibge.gov.br/home/estatistica/populacao/projecao_da_populacao/2013/defaul t.shtm>.

_____. "Média de moradores em domicílios particulares permanentes", em: <http://www.sidra.ibge.gov.br/bda/popul/>.

_____. "Pessoas responsáveis pelos domicílios particulares permanentes", em: <http://www.sidra.ibge.gov.br/bda/popul/>.

_____. *Brasil no Século XX* (Rio de Janeiro, 2003).

_____. *Brasil, Censo Demográfico, 1950,* Série Nacional, v. 1.

_____. *Brasil, Censo Demográfico, 1960,* Série Nacional, v. 1.

_____. *Brasil, Censo Demográfico, 1970,* Série Nacional, v. 1.

_____. Censo 1991.

_____. Censo Agrícola de 2006.

_____. *Censo Demográfico 2000 - Resultados do universo.*

_____. *Censo Demográfico 2000: Migração e Deslocamento, Resultados da amostra* (Rio de Janeiro, 2003).

_____. *Censo Demográfico 2010, Aglomerados Subnormais. Informações Territoriais* (Rio de Janeiro: IBGE, 2010).

_____. *Censo Demográfico 2010, Caracteristicas de la população e dos domicilios, Resultado do Universo* (Rio de Janeiro, 2001).

_____. *Censo Demográfico 2010: famílias e domicílios resultados da amostra* (Rio de Janeiro, 2012).

_____. *Censo Demográfico de 2000,* Resultados do Universo IBGE, *Censo Industrial 1950, Série Nacional,* v. III, t. 1.

_____. *Censo Industrial de 1960.*

_____. *Estatísticas de Gênero - Uma análise dos resultados do Censo Demográfico 2010* (*Estudos & Pesquisas* 33; Rio de Janeiro, 2014).

_____. *Estatísticas históricas do Brasil,* v. 3, "Séries Econômicas, Demográficas e Sociais de 1550 a 1988" (2ª edição revista e atualizada).

_____. *Perfil dos estados e dos municípios brasileiros: cultura: 2014, Coordenação de População e Indicadores Sociais* (Rio de Janeiro: IBGE, 2015).

_____. *Pesquisa Nacional por Amostra de Domicílios Contínua, Notas Metodológicas* (Rio de Janeiro, 2014).

_____. PNAD (Pesquisa nacional por amostra de domicílios 2001), pp. microdados. (Rio de Janeiro: IBGE, 2002). 1 CD-ROM.

_____. PNAD de 2015 microdados.

_____. PNAD, *Dicionário de variáveis da PNAD 2015,* encontrado em <https://ww2.ibge.gov.br/home/estatistica/populacao/trabalhoerendimento/pnad2015/microdados.shtm>.

_____. Séries históricas e estatísticas encontradas em: <https://seriesestatisticas.ibge.gov.br/series.aspx?t=taxa=-mortalidade-infantil&vcodigo-CD100>.

_____. Sidra, *Sistema IBGE de Recuperação Automática,* várias históricas e tabelas contemporâneas do Censo Agropecuário; Censo Demográfico; Contagem da População; Estatísticas do Registro; Civil Fundações Privadas e Associações Sem Fins Lucrativos; Estimativas de População; Pesquisa Nacional por Amostra de Domicílios; Pesquisa Nacional por Amostra de Domicílios Contínua trimestral.

_____. *Síntese de Indicadores Sociais,* vários anos.

_____. SIS 2016, encontrado em: <https://www.ibge.gov.br/estatisticas-novoportal/multidominio/genero/9221-sintese-de-indicadoressociais.html?&t=resultados>.

_____. Sistema de Contas Nacionais Referência 2000 (IBGE/SCN 2000 Anual) - SCN_PIBG.

_____. *Tendências demográficas, Uma análise dos resultados da amostra do Censo Demográfico 2000* (*Estudos e Pesquisas* 13; Rio de Janeiro, 2004), pp. 17.

Ibope. Acesso em 11.06.2017, em: <http://www.ibopeinteligencia.com/noticias-e-pesquisas/falta-de-seguranca-e-o-principal-motivo-para-torcedor-nao-ir-ao-estadio/>.

Iets [Instituto de Estudos do Trabalho e Sociedade], "Análises dos Indicadores da PNAD", em <https://www.iets.org.br/spip.php?rubrique2>.

_____. "Parâmetros e resultados da PNAD 2014", em <https://www.iets.org.br/spip.php?article406>.

Inep [Instituto Nacional de Estudos e Pesquisas Educacionais], "Sinopse Estatística da Educação Superior 2016". Disponível em: <http://portal.inep.gov.br/basica-censo-escolar-sinopse-sinopse>.

Informe da Previdência Social 16: 2 (fev/2004).

Informe de Previdência Social 16: 5 (maio/2004).

Instituto de Estudos Socioeconômicos: "Bancada Ruralista: O maior grupo de interesse no Congresso Nacional". Acesso em 03.11.2017, em: <https://www.terra.com.br/noticias/maior-lobby-no-congresso-ruralistas-controlam-14-da-camara,4668a418851ca310Vgn-CLD200000bbcceb0aRCRD.html>. Sobre a atual legislatura, veja: <https://www.terra.com.br/noticias/maior-lobby-no-congresso-ruralistas-controlam-14-da-camara,4668a418851ca-310VgnCLD200000bbcceb0aRCRD.html>.

Ipea [Instituto de Pesquisa Econômica Aplicada], *Políticas sociais: acompanhamento e análise*, v. 19 (2011).

_____. Economia Mundial. Disponível em: <http://www.en.ipea.gov.br/agencia/images/stories/PDFs/conjuntura/cc19_economiamundial.pdf>. Acesso em 12.04.2018.

_____. *Atlas do Desenvolvimento Humano no Brasil, 2003.*

_____. O Sistema de Indicadores de Percepção Social (SIPS), *Tolerância social à violência contra as mulheres 4 de abril de 2014*, em <http://www.ipea.gov.br/portal/images/stories/PDFs/SIPS/140327_sips_violencia_mulheres.pdf>.

Ipeadata, "Renda - parcela apropriada por 10% mais ricos - (% renda total); PIB var. real anual (% a.a.); Série Salário mínimo real; Taxa de desemprego - (%) - (Ipea) - DISOC_DESE -; IPUMS Internacional: 5% sample of the Brazilian censuses 1960-2010.

Lance. Pesquisa Lance/Ibope. Acesso em 06.11.2017, em: <http://www.lance.com.br/futebol-nacional/flamengo-segue-com-maior-torcida-mas-vantagem-para-timao-cai.html>.

Legislação Federal pode ser acessada em: <http://www.planalto.gov.br/ccivil_03/>.

Lei da União Estável (Lei 9.278), <http://www.planalto.gov.br/ccivil_03/leis/L9278.htm>. Acesso em: 26.11.2017.

Levantamento Nacional de Informações Penitenciárias. Infopen -junho de 2014, Departamento Penitenciário Nacional, Ministério da Justiça, pp. 8-12, s/d.

Meio & Mensagem. Acesso em 11.06.2017, em: <http://www.meioemensagem.com.br/home/marketing/2016/01/21/europeus-goleiambrasileiros-em-receita.html>.

Mercado de Consumo do Futebol Brasileiro. CNDL/SPC Brasil, setembro de 2016. Acesso em 06.11.2017, em: <https://www.google.com.br/search?q=Mercado+de+Consumo+do+Futebol+Brasileiro.+CNDL%2FSPC+Brasil%2C+Setembro+de+2016&rlz=1C1SQJL_pt-BRBR778BR778&oq=Mercado+de+Consumo+do+Futebol+Brasileiro+CNDL%-2FSPC+Brasil%2C+Setembro+de+2016&aqs=chrome..69i57.446j0j8&sourceid=chrome&ie=UTF-8>.

Ministério da Cultura, *Cultura em número, Anuário de estatísticas culturais*, Brasília, MinC, 2010.

Ministério da Fazenda. Fundo de Compensações Salariais. Acesso em 27.11,2017, em: <http://www.tesouro.fazenda.gov.br/documents/10180/380517/PFI_texto+fcvs+-na+internet+p%C3%A1gina+tesouro+abr+2016.pdf/dedafcb2-d8f0-4adb-8a2f-c962682a063d>.

_____. Nota Técnica do Tesouro, Dívida Bruta do Governo Geral do Brasil, 29.07.2015. Disponível em: <http://www.fazenda.gov.br/centrais-de-conteudos/notas-tecnicas/2015/29-07-2015-nota-tecnica-do--tesouro.pdf/view>. Acesso em 12.04.2018.

Ministério da Saúde - Cadastro Nacional dos Estabelecimentos de Saúde do Brasil – CNES, *Número de Estabelecimento por tipo* e *Leitos por tipo de estabelecimento.*

Ministério das Cidades. *Diagnóstico dos Serviços de Água e Esgotos – 2015.* Sistema Nacional de Informações sobre Saneamento (SNIS), 2017. Acesso em 08.12.2017, em <http://www.snis.gov.br/diagnostico-agua-e-esgotos/diagnostico-ae-2015>.

Ministério da Saúde, *Viva: Vigilância de Violências e Acidentes, 2009, 2010 e 2011* (Brasília, 2013).

Ministério do Desenvolvimento Social <http://www.mds.gov.br/bolsafamilia>.

Mirea, Vitor da Cunha. "A concessão de direito real de uso (CDRU) e a concessão de uso especial para fins de moradia (CUEM) como instrumentos de regularização fundiárias públicas no Brasil." Acesso em 28.05.2018, em: <https://jus.com.br/artigos/48642/a-concessao-de-direito-real-de-uso-cdru-e-a-concessao-de-uso--especial-para-fins-de-moradia--cuem-como-instrumentos-de-regularizacao--fundiaria-em--areas-publicas-no-brasil>.

Moura, Marcelo. *Consolidação das leis do trabalho*, 7ª ed. rev. (Salvador: JusPodivm, 2017). Acesso em 7/12/2017, em: <https://www.editorajuspodivm.com.br/cdn/arquivos/ca-615420c19a66758beaf108395fe01b.pdf>.

Nepo, *Censo 1872:* Quadros do Império Quadro 2 (população presente em relação à idade (sexo, condição, cor, idades) como reproduzido e recalculado pelo Nepo/Unicamp.

O Dia em: <http://odia.ig.com.br/rio-de- janeiro/2016-09-11/fechamento-do-aterro-de-jardim-gramacho-deixou-frustracao-a- milhares--de-pessoas.html>. Acesso em: 09.12.2017.

O Estado de S. Paulo e *O Globo* em: <http://www.estadao.com.br/noticias/vidae,-dilma-veta--12-pontos-e-faz-32-modificacoesno-codigo--florestal,877923,0.htm> e <http://veja.abril.com.br/noticia/brasil/dilma-veta-12-itens-do--codigo-florestal>.

O mercado de shows internacionais. Acesso em 16.12.2017, em: <https://www.rockinchair.com.br/especial/2016/>.

OCB. Acesso em 01.11.2017, em: <http://www.ocb.org.br/noticia/20916/unimeds-fazem-bonito--em-ranking-da-ans>.

OECD dados disponíveis para 2000-2016. Acesso em 05.12.2017, em: <https://stats.oecd.org/Index.aspx?DataSetCode=LFS_SEXAGE_I_R>.

Oscip/Câmara dos Deputados. Brasília, Câmara dos Deputados, Edições Câmara, 2016.

Plano de Estabilização Fiscal, veja: <http://www.fazenda.gov.br/portugues/ajuste/respef.asp>.

PNUD, Cedelpar, "Atlas Racial Brasileiro – 2004".

Prefeitura de São Paulo, Prefeitura Regional Cidade Tiradentes, histórico. Acesso em 27.11.2017, em: <http://www.prefeitura.sp.gov.br/cidade/secretarias/regionais/cidade_tiradentes/historico/ index.php?p=94>.

PwC. "O setor de varejo e o consumo no Brasil. Como enfrentar a crise", jan/2016. Acesso em 11.12.2017, em: <https://www.pwc.com.br/pt/estudos/setores-atividade/produtos-consumo-varejo/2016/pwc-setor--varejo-consumo--brasil-como- enfrentar--crise-16.html>.

Qedu, Matrículas e Infraestrutura, em: <http://qedu.org.br/brasil/censo-escolar?year=2016&dependence=0&localization=0&education_>.

Redes de Atenção à Saúde no Sistema Único de Saúde. Brasília, Ministério da Saúde, 2012. Acesso em: 17.12.2017, em: <https://edisciplinas.usp.br/pluginfile.php/2921879/mod_resource/content/1/Apostila%20 MS%20-%20RAS_curso%20completo-M%C3%B3dulo%20 2-APS%20nas%20RAS%20-%20Pg%2031-45.pdf>.

Relatório do Ministério dos Negócios do Império 1871. Apresentado em maio de 1872, pp. 27-36.

Rock in Rio. Acesso em 16.12.2017, em: <http://rockinrio.com/rio/pt-BR/historia>.

Seade, *Anuário Estatístico do Estado de São Paulo - 2001.*

Secretaria da Cultura, *Boletim UM, Cultura em Números*, São Paulo, janeiro 2017 e *Boletim UM, 10 anos de parceria com OSs de Cultura* -2004 a 2014.

Secretaria da Habitação do Estado de São Paulo. Acesso em 28.05.2018, em: <http://www.habitacao.sp.gov.br/noticias/viewer.aspx?Id=8270>.

Secretaria da Saúde do Estado de São Paulo. *As organizações Sociais de Saúde do Estado de São Paulo. A experiência da Secretaria da Saúde: planejamento e mecanismos de acompanhamento, controle e avaliação.* Acesso em 12.01.2018, em: <http://www.saude.sp.gov.br/resources/ses/perfil/gestor/homepage/auditoria/reunioes/org anizacoes_sociais_de_saude_no_estado_de_sao_paulo.pdf>.

Secretaria de Relações Internacionais do Agronegócio, do Ministério da Agricultura, Pecuária e Abastecimento. Acesso em 09.08.2019, em: <http://www.agricultura.gov.br/acesso-a-informacao/institucional/quem-e-quem/secretaria-de-comercio-e-relacoes-internacionais>.

Secretaria do Tesouro Nacional. Acesso em 12.04.2014, disponível em: <http://www.tesouro.fazenda.gov.br/resultado-do-tesouro--nacional>.

Semma Empresa de Shopping Centers. Acesso em 11.12.2017, em: <http://www.semma.com.br/historia-dos-shopping-centers-no-brasil/>.

Sesi, Senai, IEL, *Relatório Anual 2015.*

Sócio-Torcedor: Acesso em 04.08.2018, em: <https://www.90min.com/pt-BR/posts/6076274-atualizado-os-10-clubes-que-lideram-o-ranking-de-socio-torcedor-no-brasil>.

Trabalho Análogo ao Escravo. Veja: <https://www.jusbrasil.com.br/topicos/10621211/artigo-149-do-decreto-lei-n-2848-de- 07-de-dezembro-de-1940>.

Tráfico transatlântico de escravos. Disponível em: <http://www.slavevoyages.org/assessment/estimates>.

UN, Population division, tabela "WUP2018-F--02-Proportion_Urban.xls", em: <https://esa.un.org/unpd/wup/Download/>. Acesso em 27.06.2018.

UN, Population rankings, em <http://www.un.org/esa/population/pubsarchive/india/20most.htm>.

Unicef, *Levels & Trends in Child Mortality Report 2015* (2015) United Nations Office on Drugs e Crime [UNODC], *Global Study on Homicide, Trends 2013 / Contexts / Data* (Vienna: UNODC, 2013).

United States Census Bureau, *Statistical Abstract of the United States: 2002*, US Bureau of Labor Statistics estimates for 2050; em: <https://www.bls.gov/opub/ted/2007/jan/wk2/art03.htm>. Acesso em 04.12.2017.

United States, CDC, NCHS, *Health, United States, 2016* (Washington DC, 2017).

United States Bureau of Labor Statistics, tabela 3. 3. "Civilian labor force participation rate, by age, sex, race e ethnicity, 1996, 2006, 2016 e projected 2026 (in percent)", em: <https://www.bls.gov/emp/ep_table_303.htm>. Acesso em 04.12.2017.

UNU/WIDER World Income Inequality Database (WIID), "World Income Inequality Database WIID3.4, released in January 2017" tabela WID2 em: <https://www.wider.unu.edu/database/world-income-inequality-database-wiid34>.

Veja, acesso em 16.12.2017, em: <https://veja.abril.com.br/blog/radar/allianz-parque-e-a-segunda--arena-com-mais-shows-e-eventos-do--mundo/>.

Vita - Statistics of the United States, 1950. Volume I, US, CDC, NCHS, USA, *Vital Statistics of the United States, 1950* (Washington, D.C., 1954).

World Health Organization (WHO), Unicef, UNFPA, The World Bank and the United Nations Population Division. *Trends in Maternal Mortality: 1990 to 2013* (Geneva: WHO, 2014).

Fontes Secundárias

Aarão, Daniel Marcelo Ridenti e Rodrigo Patto Sá Motta, eds. *Cinquenta anos: a ditadura que mudou o Brasil* (Rio de Janeiro: Zahar Editora, 2014).

Abreu, Marcelo de Paiva. "Inflação, Estagnação e Ruptura: 1961-1964" *in* Marcelo de Paiva Abreu, ed., *A Ordem no Progresso* (Rio de Janeiro: Campus, 1990).

_____ e Rogério L. F. Werneck. "Estabilização, abertura e privatização, 1990-1994" *in* Marcelo de Paiva Abreu, ed., *A ordem do progresso: dois séculos de política econômica no Brasil* (2ª. ed.; Rio de Janeiro: Elsevier, 2014), pp. 263-280.

Abreu, Paula e Claudino Ferreira. "Apresentação: a cidade, as artes e a cultura.", *Revista Crítica de Ciências Sociais* (Coimbra), 67 (dez/2003), pp. 3-6.

Adesse, Leila e Mário F. G. Monteiro. "Magnitude do aborto no Brasil: aspectos epidemiológicos e socioculturais", em: <http://www.aads.org.br/wp/wp-content/uploads/2011/06/factsh_mag.pdf>.

Adorno, Rubens de C.F, Augusta Thereza de Alvarenga e Maria da Penha Vasconcellos. "Quesito cor no sistema de informação em saúde", *Estudos Avançados* 18, 50 (2004), pp. 119-123.

Adriano, Eduardo Ribeiro. *Organizações sociais de saúde. OSS.* Governo do Estado de São Paulo, São Paulo, outubro 2016. Acesso em 18-6-2018, em: <http://ses.sp.bvs.br/wp-content/uploads/2017/05/CGCSS-CCTIES_apresentado-na-reuni%C3%A3o-Holea-201016_Dr.--Eduardo.pdf>.

Afonso, José Roberto R. *IRPF e desigualdade em debate: o já revelado e o por revelar* (Rio de Janeiro, FGB IBRE, TD n 42, ago/2014).

Albuquerque, Mariana Pires de Carvalho e. "Análise da evolução do setor supermercadista brasileiro: uma visão estratégica" (dissertação de mestrado, Faculdade de Economia e Finanças IMBEC, Rio de Janeiro, 2007).

Almeida, Monsueto, Renato Lima de Oliveira e Bem Ross Schneider. "Política industrial e empresas estatais no Brasil: BNDES e Petrobrás" *in* Alexandre de Ávila Gomide e Roberto Rocha C. Pires, eds. *Capacidades Estatais e Democracia. Arranjos Institucionais de Políticas Públicas* (Brasília, Ipea, 2014), pp. 323-327.

Almeida, Rita Nicole Amaral e Fabiana de Felicio. *Assessing Advances and Challenges in Technical Education in Brazil* (Washington, DC: Banco Mundial, 2015).

Alonso, Fabio Roberto Bárbolo "As mulheres idosas que residem em domicílios unipessoais: uma caracterização regional a partir do Censo 2010", *Revista Kairós Gerontologia, Revista da Faculdade de Ciências Humanas e Saúde* 18, n. 19 (2015), pp. 99-122.

Alvaredo, Facundo, Anthony B. Atkinson, Thomas Piketty e Emmanuel Saez. "The Top 1 Percent in International and Historical Perspective", *Journal of Economic Perspectives*, 27 n. 3 (2013), pp. 3-20.

Alvarenga, Augusta Thereza de e Néia Scho. "Contracepção feminina e política pública no Brasil: pontos e contrapontos da proposta oficial", *Saúde e Sociedade,* 7 n. 1 (1998), pp. 87-110.

Alves, José Eustáquio Diniz. "Fatos marcantes da agricultura brasileira" *in* Roberto de Andrade Alves, Geraldo da Silva Souza e Eliane Gonçalves Souza, eds. *Contribuição da Embrapa para o desenvolvimento da agricultura no Brasil* (Brasília: Embrapa, 2013).

_____. "Crise no mercado de trabalho, bônus demográfico e desempoderamento feminino" *in* Nathalie Reis Itaboraí e Arlene Martinez Ricoldi, eds. *Até onde caminhou a revolução de gênero no Brasil? Implicações demográficas e questões sociais* (Belo Horizonte: ABEP ebook, 2016).

Alves, José Eustáquio Diniz e Suzana Cavenaghi, "Tendências demográficas, dos domicílios e das famílias no Brasil" *Aparte: Inclusão Social em Debate*, 24 (2012).

Alves, José Eustáquio Diniz, Luiz Felipe Walter Barros e Suzana Cavenaghi. "A dinâmica das filiações religiosas no Brasil entre 2000 e 2010: diversificação e processo de mudança de hegemonia" *REVER - Revista de Estudos da Religião*, 12 n. 2 (2012), pp. 145-174.

Alves, Maria Helena Moreira. *Estado e Oposição no Brasil (1964-1984).* Petrópolis, Vozes, 1989, em: <https://www12.senado.leg.br/publicacoes/ estudos-legislativos/tipos-de-estudos/outras-pu- blicacoes/volume-v-constituicao-de-1988-o-bra- sil-20-anos-depois.-os-cidadaos-na-carta-cidada/ seguridade-social-a-evolucao-da-previdencia-so- cial--apos-a- constituicao-de-1988>.

Ames, Barry e Margaret E. Keck. "The Politics of Sustainable Development: Environmental Policy Making in Four Brazilian States" *Journal of Interamerican Studies and World Affairs*, 39, n. 4 (Winter, 1997-1998), pp. 1-40.

Amin, Jamil Salim. "A união estável no Brasil a partir da Constituição Federal de 1988 e leis posteriores" (dissertação de mestrado, Florianópolis: Universidade Federal de Santa Catarina – UFSC, 2001).

Amore, Caio Santo. "Entre o nó e o fato consumado, o lugar dos pobres na cidade. Um estudo sobre as ZEIS e os impasses da reforma urbana na atualidade" (tese de doutorado, FAU/ USP, 2013).

_____. "Minha Casa Minha Vida para iniciantes" *in* Caio Santo Amore, Lúcia Zainin Shimbo e Maria Beatriz Cruz Rufino, eds. *Minha Casa..........e a cidade? Avaliação do programa Minha Casa Minha Vida em seis Estados Brasileiros* (Rio de Janeiro: Letra Capital, 2015), pp. 11-28.

Andrade, Adriana Strasburg de Camargo. "Mulher e trabalho no Brasil dos anos 90" (tese de doutorado: Universidade de Campinas, 2004).

Andrade, Charles Albert de. "Shopping Center também tem memória: uma história esquecida dos shopping centers nos espaços urbanos do Rio de Janeiro e de São Paulo nos anos 60 e 70" (dissertação de mestrado, Universidade Federal Fluminense, Niterói, 2009).

Andrade, E.I.G. "Estado e previdência no Brasil: uma breve história" *in* R. M. Marques, et al. *A previdência social no Brasil* (São Paulo: Fundação Perseu Abramo, 2003), pp. 71-74.

Andrade, Fabiana de. "Fios para trançar, jogos para armar: o fazer policial nos crimes de violência doméstica e familiar contra a mulher" (dissertação de mestrado, Universidade de Campinas, 2012).

Andrade, Thomaz Almeida e Rodrigo Valente Serra. *O recente desempenho das cidades médias no crescimento populacional brasileiro* (Brasília, Ipea, texto para discussão n. 554, 1998).

Antía, Florencia e Arnaldo Provasi. "Multi-pillared social insurance systems: The post- reform picture in Chile, Uruguay and Brazil", *International Social Security Review*, 64:1 (2011), pp. 53-71.

Aragão, José Maria *Sistema Financeiro da Habitação. Uma Análise Jurídica da Gênese, desenvolvimento e crise do sistema* (Curitiba: Juruá Editora, 2000).

Araujo, Edson Gramuglia. "As Centrais no sistema de representação sindical no Brasil" (dissertação de mestrado, Faculdade de Direito da USP, 2012).

Araújo, Silva Catarina. "Shopping Center e a produção do espaço urbano em Salvador - BA" (dissertação de mestrado, Universidade Federal da Bahia, Salvador, 2016).

Araujo Filho, Valdemar F. de, Maria da Piedade Morais e Paulo Augusto Rego. "Diagnóstico e desempenho recente da política nacional de saneamento básico", *Brasil em desenvolvimento: Estado, planejamento e políticas públicas*. 3 vols. (Brasília: Ipea, 2009: II, pp. 431-449).

Arias, Enrique Desmond. *Drugs and democracy in Rio de Janeiro: Trafficking, social networks, and public security*. Chapel Hill: University of North Carolina Press, 2009.

_____. "Faith in Our Neighbors: Networks and Social Order in Three Brazilian Favelas", *Latin American Politics and Society* 46, n. 1 (2004), pp. 1-38.

_____. "Trouble en route: Drug trafficking and clientelism in Rio de Janeiro shantytowns", *Qualitative Sociology* 29, n. 4 (2006), pp. 427-445.

_____ e Corinne Davis Rodrigues. "The myth of personal security: Criminal gangs, dispute resolution, and identity in Rio de Janeiro's favelas." *Latin American politics e society* 48 n. 4 (2006), pp. 53-81.

Arida, Persio e André Lara Resende. "Inertial Inflation and Monetary Reform in Brazil" *in* J. Williamson, ed. *Inflation and Indexation: Argentina Brazil and Israel* (Cambridge: MA: MIT Press, 1985).

Arriaga, Eduardo E. *New Life Tables for Latin American Populations in the Nineteenth and Twentieth Centuries* (Berkeley, University of California, Population Monograph Series, n. 3, 1968).

_____ e Kingsley Davis. "The pattern of mortality change in Latin America." *Demography* 6 n. 3 (1969), p. 226.

Artes, Amélia e Arlene Martinez Ricoldi. "Mulheres e as carreiras de prestigio no ensino superior brasileiro: o não lugar feminino" in Itaboraí e Ricoldi, eds. *Até onde caminhou a revolução de gênero no Brasil? Implicações demográficas e questões sociais* (Belo Horizonte: ABEP ebook, 2016).

Asfora, Laila Federico. "Terceiro Setor: Organizações Sociais" (dissertação de mestrado, PUC-RIO, Rio de Janeiro, 2012).

Averburg, Eré. "Abertura e Integração Comercial Brasileira na Década de 90", *A abertura brasileira*, v. 90, n. 1 (1999), pp. 43-82.

Avritzer, Leonardo. " Democratization and Changes in the Pattern of Association in Brazil" *Journal of Interamerican Studies and World Affairs* 42, n. 3 (Autumn, 2000), pp. 59-76.

Azevedo, Sérgio de. "Vinte e dois anos de política de habitação popular (1946-1986): criação, trajetória e extinção do BNH", *Revista de Administração Pública*, 22 n. 4 (out/dez 1988), pp. 107-119.

_____ e Luís Aureliano Gama de Andrade. *Habitação e Poder: da Fundação da Casa Popular ao Banco Nacional de Habitação* (Rio de Janeiro: Centro Edelstien de Pesquisas Sociais, 1982).

Azzoni, Carlos Roberto. "Concentração Regional e Dispersão das rendas per capita estaduais: Análise a partir de séries históricas estaduais de PIB, 1939-1995", *Estudos Econômicos* 27, n. 3 (1997).

Bacha, Edmar. "Moeda, inércia e conflito: reflexões sobre políticas de estabilização no Brasil", *Pesquisa e Planejamento Econômico*, 18, n. 1 (1988), pp. 1-16.

_____ e L. Taylor. "Brazilian income distribution in the 1960s: 'facts', model results e the controversy" *in* Taylor et al., eds. *Models of growth e distribution for Brasil* (New York: Oxford University Press, 1980).

_____ e Herbert S. Klein, eds. *Social Change in Brazil, 1945-1985, The Incomplete Transformation* (Albuquerque: University of New Mexico Press, 1989), p. 3.

Baeninger, Rosana. "Migrações internas no Brasil século 21: evidências empíricas e desafios conceituais" in *Revista NECAT*, 4, n. 7 (jan-jun/2015), pp. 9-22.

Balbim, Renato, Cleandro Krause e Vicente Correia Lima Neto. *Mais além do Minha Casa Minha Vida: uma política de habitação de interesse social* (Brasília: Ipea, texto para discussão 2116, ago/2015).

Baldwin, Peter. *The politics of social solidarity: class bases of the European welfare state, 1875-1975* (Cambridge: Cambridge University Press, 1990).

Baldy, Alexandre. "Pela Modernização das Cidades", *Folha de S. Paulo*, dez/2017, seção "Tendências/Debates": A3.

Ballestrin, Luciana Maria de Aragão. "Estado e ONGs no Brasil: acordos e controvérsias a propósito de Direitos Humanos (1994-2002)" (dissertação de mestrado, Universidade Federal do Rio Grande do Sul, 2006.

Banerjee, Onil, Alexander J. Macpherson, Janaki Alavalapati. "Toward a Policy of Sustainable Forest Management in Brazil: A Historical Analysis", *The Journal of Environment & Development* 18, n. 2 (jun/2009), pp. 130-153.

Barata, Luiz Roberto Barradas e José Dinio Vaz Mendes. *Organizações Sociais de Saúde: A experiência exitosa de gestão pública de saúde do Estado de São Paulo* (São Paulo: Secretaria de Saúde, 2007).

Barbosa, Kevan Guillherme Nóbrega e Ayla Cristina Nóbrega Barbosa. *O impacto do lixo na saúde e a problemática da destinação final e coleta seletiva dos resíduos sólidos*. Acesso em 08.12.2017, em: <http://www.e-publicacoes.uerj.br/index.php/polemica/article/view/11669/9146>.

Barros, Carvalho, Ricardo, Mirela de Carvalho e Samuel Franco. "O papel das Transferências Públicas na queda recente da desigualdade de Renda Brasileira" *in* Edmar Lisboa Bacha e Simon Schwartzman, eds. *Brasil: A nova agenda social* (Rio de Janeiro: LTC, 2011), pp. 41-85.

Barros, Marilisa Berti de Azevedo, Chester Luiz Galvão César, Luana Carandina e Graciella Dalla Torre. "Desigualdades sociais na prevalência de doenças crônicas no Brasil, PNAD-2003", *Ciência & Saúde Coletiva* 11 n. 4 (2006), pp. 911-926.

Barros, Ricardo Paes de, Rosane Mendonça e Daniel Santos. "Incidência e natureza da pobreza entre idosos no Brasil" (Ipea, texto para discussão 686; Rio de Janeiro, dez/1999).

_____, Samuel Franco e Rosane Mendonça. "Discriminação e segmentação no mercado de trabalho e desigualdade de renda no Brasil" (Ipea, texto para discussão 1288; Rio de Janeiro: 2017.

_____,Mirela de Carvalho e Samuel Franco. "O papel das transferências públicas na queda recente da desigualdade de renda brasileira." Ipea, *Desigualdade de renda no Brasil: uma análise da queda recente* (2 vols; Brasília, Ipea, 2007).

_____, Louise Fox e Rosane Mendonça. "Female-Headed Households, Poverty, and the Welfare of Children in Urban Brazil" *Economic Development and Cultural Change*, 45 n. 2 (Jan., 1997), pp. 231-257.

_____, Mirela de Carvalho, Samuel Franco e Rosane Mendonça. "Markets, the State and the Dynamics of Inequality: Brazil's case study" in Luis Felipe Lopez-Calva e Nora Lustig, eds. *Declining Inequality in Latin America: A Decade of Progress?* (Washington, D.C.: Brookings Institution Press, 2010), pp. 134-174.

Barroso, Fábio Túlio. *Servidores públicos da esfera civil e militar: sindicalização e greve.* Acesso em 02.11.2017, em: <http://www.ambito-juridico.com.br/site/?n_link=revista_artigos_leitura&artigo_id=11514>.

Bastos, Paulo. "Urbanização de favelas." *Estudos avançados* 17 n. 47 (2003), pp. 212-221.

Bastos, Pedro Paulo Z., Pedro Cezar Dutra Fonseca, eds. *A Era Vargas: desenvolvimentismo, economia e sociedade* (São Paulo: Editora Unesp, 2012).

Batalha, Claudio. *O movimento Operário na Primeira República* (Rio de Janeiro: Jorge Zahar, 2000).

Batista, Luis Eduardo e Sônia Barros. "Confronting Racism in Health Services, *Cadernos de Saúde Pública*, 33 (2017), pp. 65-76.

_____, Maria Mercedes Loureiro Escuder e Julio Cesar Rodrigues Pereira. "A cor da morte: causas de óbito segundo características de raça no Estado de São Paulo, 1999 a 2001", *Revista da Saúde Pública*, 38 n. 5 (2004), pp. 630-636.

Beaverstock, J.V., R.G. Smith e P.J. Taylor. "A Roster of World Cities. Globalização and World Cities Study Group and Network", *Research Bulletin* 5, <http://www.lboro.ac.uk/gawc/rb/rb5.html>.

Bell, Felicitie C. e Michael L. Miller. *Life Tables for the United States Social Security Area 1900-2100* (Actuarial Study n. 120; Washington DC: Social Security Administration Office of the Chief Actuary August 2005).

Bello, José Maria. *História da República* (São Paulo: Companhia Editora Nacional, 1976).

Belluzzo, Walter, Francisco Anuatti-Neto e Elaine T. Pazello. "Distribuição de salários e o diferencial público-privado no Brasil", *Revista Brasileira de Economia* 59, n. 4 (2005), pp. 511-533.

Beltrão, Kaizô Iwakami e José Eustáquio Diniz Alves. "A reversão do hiato de gênero na educação brasileira no século XX", *Anais* (2016), pp. 1-24.

_____ e Sonoe Sugahara Pinheiro. *Brazilian Population and the Social Security System: Reform Alternatives* (Rio de Janeiro: Ipea, texto para discussão 929, 2005).

Benetti, Maria Domingues. "Endividamento e crise no cooperativismo empresarial do Rio Grande do Sul: análise do caso Fecotrigo/Centralsul - 1975-83", *Ensaios FEE* (Porto Alegre) 6, n. 2 (1985), pp. 23-55.

Benevides, Maria Victoria de Mesquita. *O governo Kubitschek* (Rio de Janeiro: Paz e Terra, 1976).

Benjamin, Antonio Herman de Vasconcellos e. *O Meio Ambiente na Constituição Federal de 1988* (Informativo Jurídico da Biblioteca Ministro Oscar Saraiva, v. 19, n. 1, jan-jun/2008).

Bertoldi, Andréa Dâmaso, Aluísio Jardim Dornellas de Barros, Anita Wagner, Dennis Ross-Degnan e Pedro Curi Hallal. "Medicine access and utilization in a population covered by primary health care in Brazil." *Health Policy* 89, n. 3 (2009), pp. 295-302.

Berquó, Elza. "Brasil, um caso exemplar - anticoncepção e parto cirúrgicos - à espera de uma ação exemplar", *Estudos feministas* 1, 2 (2008), pp. 366-381.

_____. "Demographic Evolution of the Brazilian Population in the Twentieth Century" *in* Daniel Joseph Hogan, ed, *Population Change in Brazil: Contemporary Perspectives* (Campinas: Nepo/Unicamp, 2001).

_____ e Suzana Cavenagh. "Mapeamento socioeconômico e demográfico dos regimes de fecundidade no Brasil e sua variação entre 1991 e 2000" Trabalho apresentado no *XIV Encontro Nacional de Estudos Populacionais, Abep* (CaxambuMG – Brasil, de 20-24 de setembro de 2004).

Betranou, Fabio M. e Rafael Rofman. "Providing Social Security in a Context of Change: Experience and Challenges in Latin America" *International Social Security Review,* 55 n. 1 (2002), pp. 67-82.

Binswanger, Hans. "Brazilian Policies that Encourage Deforestation" (*Environment Department Paper* n. 16, World Bank, Washington, D.C., 1988).

Birman, Patricia. "Conexões políticas e bricolagens religiosas: Questões sobre o pentecostalismo a partir de alguns contrapontos, in Pierre Sanchis, ed., *Fieis & Cidadãos, percursos de sincretismo no Brasil* (Rio de Janeiro: EDUERJ, 2001), pp. 59-86.

_____. "Mediação feminina e identidades pentecostais" *Cadernos PAGU* 6-7 (1996), pp. 201-226.

_____ e David Lehmann. "Religion and the media in a battle for ideological hegemony: the Universal Church of the Kingdom of God and TV Globo in Brazil", *Bulletin of Latin American Research*, 18 n. 2 (1999), pp. 145-164.

Bittencourt, Lúcio Nagib. "As organizações sociais e as ações governamentais em cultura: ação e política pública no caso do Estado de São Paulo" (tese de doutorado, FGV/SP, São Paulo, 2014).

Boarati, Vanessa. "A defesa da estratégia desenvolvimentista, II PND", *História econômica & história de empresas*, 8, n. 1 (2005), 163-193.

Boas, Taylor C. "Serving God and Man: Evangelical Christianity and Electoral Politics in Latin America" Paper given at American Political Science Association Annual Meeting, Chicago, IL, August 29-September 1, 2013). Acesso em 28.10.2017, em: <http://people.bu.edu/tboas/serving_god_man.pdf>.

Bochio, Ieda Maria Siebra e Paulo Antonio de Carvalho Fortes. "A influência da aids no processo de desenvolvimento organizacional das organizações não-governamentais: um estudo de caso sobre a Casa de Assistência Filadélfia", *Cadernos de Saúde Pública* 24 n. 11 (2008), pp. 2541-2550.

Bógus, Lucia Maria Machado. *A reorganização metropolitana de São Paulo: espaços sociais no contexto da globalização*. Acesso em 20.11.2017, em: <https://revistas.pucsp.br/index.php/metropole/article/view/9329>.

Brasil em desenvolvimento: Estado, planejamento e políticas públicas / Instituto de Pesquisa Econômica Aplicada. Brasília: Ipea, 2009. 3 v. (Brasil: o estado de uma nação).

Brito, Fausto A. de e Breno A. T. D. de Pinho. *A dinâmica do processo de urbanização no Brasil, 1940-2010* (Belo Horizonte: UFMG/Cedeplar, 2012), p.14, tabela 5.

_____. José Irineu Rigotil e Jarvis Campos. *A mobilidade interestadual da população no Brasil no início do século X: mudança no padrão migratório?* Belo Horizonte: UFMG/Cedeplar, 2012.

Brito, Marcos Roberto Cotrim e Alexandre Nicolas Rennó. *A favela da geografia: análise e uso do termo favela*. Acesso em 08.12.2017, em: <http://observatoriogeograficoamericalatina.org.mx/egal12/Teoriaymetodo/Conceptuales/16.pdf>.

Bruschini, Maria Cristina Aranha. "Trabalho e gênero no Brasil nos últimos dez anos", *Cadernos de pesquisa* 37, n. 132 (2007), pp. 537-572.

Bueno, Miguel e Marcelo Dias Carcalholo. "Inserção externa e vulnerabilidade da economia brasileira no governo Lula" *in* J.P.A Magalhães, ed. *Os anos Lula. Contribuições para um Balanço Crítico 2002-2010* (Rio de Janeiro: Editora Garamond, 2010), pp. 109-132.

Buiainai, Antônio Marcio, Eliseu Alves, J. M. Silveira e Zander Navarro, eds. *O mundo rural no Brasil do século 21, A formação de um novo padrão agrário e agrícola* (Brasília, DF: Embrapa, 2014).

Bunker, Stephen G. *Underdeveloping the Amazon: Extraction, Unequal Exchange, and the Failure of the Modern State* (Urbana: University of Illinois Press, 1985).

Búrigo, Fábio Luiz. "Finanças e solidariedade: o cooperativismo de crédito rural solidário no Brasil" *Estudos Sociedade e Agricultura*, 1 (dez/2013), pp. 312-349.

Cacciamali, Maria Cristina e Guilherme Issamu Hirata. "A Influência da Raça e do Gênero nas Oportunidades de Obtenção de Renda – Uma Análise da Discriminação em Mercados de Trabalho Distintos: Bahia e São Paulo", *Estudos Econômicos* 35, n. 4 (2005), pp. 767-795.

Caderno MARE da Reforma do Estado, *Organizações Sociais* (2 vols.; Brasília, 1998).

Caetano, Marcelo. "Sobre a proposta de Reforma da Previdência" enviada pelo Governo Federal, encontrado em: <http://www.fazenda.gov.br/centrais-de-conteudos/apresentacoes/2017/apresentacao-m-caetano.pdf/view>.

_____ e Rogério Boueri Miranda. *Comparativo internacional para a previdência social* (texto para discussão 1302, Brasília, Ipea, 2007).

Caiafa, Janice. "O metrô de São Paulo e problema da rede." Trabalho apresentado no *XXV Encontro Anual da Compós*, Universidade Federal de Goiás, jun/2016. Acesso em 10.12.2017 em: <http://www.compos.org.br/biblioteca/caiafacompo_s2016_3317.pdf>.

Caldas, Aline Diniz Rodrigues Ricardo Ventura Santos, Gabriel Mendes Borges, Joaquim Gonçalves Valente, Margareth Crisóstomo Portela e Gerson Luiz Marinho. "Mortalidade infantil segundo cor ou raça com base no Censo Demográfico de 2010 e nos sistemas nacionais de informação em saúde no Brasil", *Cadernos de Saúde Pública* 33 (2017), pp. 1-12.

Caldeira, Antônio Prates, Elisabeth França, Ignez Helena Oliva Perpétuo e Eugênio Marcos Andrade Goulart. "Evolução da mortalidade infantil por causas evitáveis, Belo Horizonte, 1984-1998", *Revista de Saúde Pública* 39, n. 1 (2005), pp. 67-74.

Camarano, Ana Amélia e Ricardo Abramovay. "Êxodo rural, envelhecimento e masculinização no Brasil: panorama dos últimos 50 anos" (texto para discussão 621; Rio de Janeiro: Ipea, 1998).

Camargo, Candido Procópio Ferreira de., ed. *Católicos, protestantes, espíritas* (Petrópolis: Vozes, 1973).

Camargos, Mirela Castro Santos, Carla Jorge Machado e Roberto Nascimento Rodrigues. "A relação entre renda e morar sozinha para idosas mineiras, 2003", *XII Seminário Sobre a Economia Mineira* (2006).

Campos, André Luiz Vieira de. *Políticas internacionais de saúde na era Vargas: O Serviço Especial de Saúde Pública, 1942-1960* (Rio de Janeiro: Editora Fiocruz; 2006).

Campos, Marcos Paulo. "Movimentos Sociais e Conjuntura Política: uma reflexão a partir das relações entre o MST e o governo Dilma", *Revista Cadernos de Estudos Sociais e Políticos*, v. 4, n. 7 (jan-jun/2015), pp. 79-100.

Cardoso, Adalberto. "Transições da Escola para o Trabalho no Brasil: Persistências da Desigualdade e Frustação de Expactativas", *DADOS, Revista de Ciências Sociais*, 51 n. 3 (2008), pp.569-616.

_____ e Edmond Préteceille, "Classes Médias no Brasil: Do que se Trata? Qual seu Tamanho? Como Vem Mudando?" *Dados: revista de ciências sociais,* 60 n. 4 (2017), pp. 977-1023.

Cardoso, Adauto Lucio, ed. *Programa Minha Casa Minha Vida e seus Efeitos Territoriais* (Rio de Janeiro: Letra Capital, 2013).

_____. "Avanços e desafios na experiência brasileira de urbanização de favelas" *Cadernos Metrópole*, 17 (janeiro-junho, 2007), pp. 219-240.

Carlos, Ana Fani Alessandri. "A metrópole de São Paulo no contexto da urbanização contemporânea." *Estudos Avançados,* 23 n. 66 (2009), pp. 304-314.

Carneiro, Dionísio Dias. "Crise e Esperança: 1974-1980" *in A Ordem no Progresso* (Rio de Janeiro: Campus, 1990, pp. 295-322).

_____ e Eduardo Modiano. "Ajuste externo e desequilíbrio interno: 1980-1894" *in A Ordem no Progresso* (Rio de Janeiro: Campus, 1990, pp. 323-346).

Carreirão, Yan de Souza. "O Sistema partidário brasileiro". *Revista Brasileira de Ciência Política,* n. 14, maio-ago/2014, pp. 255-295.

Carreno, Ioná, Ana Lúcia de Lourenzi Bonilha e Juvenal Soares Dias da Costa. "Perfil epidemiológico das mortes maternas ocorridas no Rio Grande do Sul, Brasil: 2004-2007." *Revista brasileira de epidemiologia*, 15, n. 2 (jun/2012), pp. 396-406.

Carter, Susan B. et al. *Historical statistics of the United States: millennial edition* (Cambridge: Cambridge University Press, 2006).

Cavalieri, Claudia e Reynaldo Fernandes. "Diferenciais de salários por gênero e cor: uma comparação entre as regiões metropolitanas brasileiras." *Revista de economia política* 18, n. 1 (1998), pp. 158-175.

Carvalho, Átila Andrade de. "O campo das ONG/ Aids: Etnografando o ativismo em João Pessoa" (dissertação de mestrado: Universidade Federal da Paraíba, João Pessoa, 2012).

Carvalho, Carlos Henrique Ribeiro de *Mobilidade urbana: tendências e desafios* (texto para discussão n 94; São Paulo: Ipea, 2013).

Carvalho, Cleusení Hermelina de. "Bolsa família e desigualdade da renda domiciliar entre 2006 e 2011" (dissertação de mestrado; PUC São Paulo, 2013).

Carvalho, Gilson. "A saúde Pública no Brasil", *Estudos Avançados*, 27 n. 78 (2013), pp. 7-26.

Carvalho, Madalena Grimaldi de. "A difusão e a integração dos shopping centers na cidade. As particularidades do Rio de Janeiro" (tese de doutorado, UFRJ, Rio de Janeiro, 2005).

Castells, Manuel. *The Urban Question* (London, Arnold, 1977).

Castro, Antonio Barros de *Sete Ensaios sobre a Economia Brasileira* (São Paulo: Forense, 1969).

_____ e Francisco Eduardo Pires de Souza. *A economia brasileira em marcha forçada* (Rio de Janeiro: Paz e Terra, 1985).

Castro, Maria Helena Guimarães de. *Avaliação do sistema educacional brasileiro: tendências e perspectivas* (Brasília: Inep, 1998).

_____ *Educação para o Século XXI: o desafio da qualidade e da equidade* (Brasília: Inep/MEC, 1999).

Cavenaghi, Suzana e José Eustáquio Diniz Alves. "Domicilios y familias en la experiencia censal del Brasil: cambios y propuesta para identificar arreglos familiares", *Notas de población n. 92 CEPAL 15* (2011).

Centro de Estudos Avançados em Economia Aplicada (Esalq/USP). Disponível em: <http://www.cepea.esalq.usp.br/pib/>. Acesso em 22.06.2018.

Centro de Estudos e Debates Estratégicos, Consultoria Legislativa, *O desafio da mobilidade urbana* (Brasília: Câmara dos Deputados, 2015).

Cerqueira, Daniel, H. Ferreira, R. S. D. Lima, S. Bueno, O. Hanashiro, F. Batista e P. Nicolato. "Atlas da violência." (Brasília: Ipea, 2016).

_____ e Danilo de Santa Cruz Coelho. *Estupro no Brasil: uma radiografia segundo os dados* da Saúde (versão preliminar) Nota Técnica 11 (Brasília: Ipea, 2014).

Chackiel, Juan e Susana Schkolnik. "Latin America: Overview of the Fertility Transition, 1950-1990, *in* Guzmán et al., *The Fertility Transition in Latin America* (New York: Oxford: Clarendon Press, 1996).

Cherkezian, Henry e Gabriel Bolaffi. "Os caminhos do mal-estar social: habitação e urbanismo no Brasil", *Novos Estudos Cebrap* 50 (1998), pp. 125-147.

Chesnut, R. Andrew. "Exorcising the Demons of Deprivation: Divine Healing and Conversion in Brazilian Pentecostalism" in Candy Gunther Brown, ed., *Global Pentecostal and Charismatic Healing* (New York: Oxford University Press, 2011).

Cohn, Amélia. *Previdência social e processo político no Brasil* (São Paulo: Editora Moderna, 1981).

Considera, Claudio Monteiro e Mérida Herasme Medina. "PIB por unidade da federação: valores correntes e constantes — 1985/96" (Ipea, texto para discussão 610; Rio de Janeiro, dezembro de 1998).

Cordeiro, Hésio. "Instituto de Medicina Social e a luta pela reforma sanitária: contribuição à história do SUS.", *Physis* 14 n. 2 (2004), pp. 343-362.

Corten, André. *Pentecostalism in Brazil: Emotion of the Poor and Theological Romanticism* (New York: St Martin's Press, 1999).

Costa, Nilson do Rosário e José Mendes Ribeiro. "Estudo comparativo do desempenho de hospitais em regime de organização social" (Rio de Janeiro: Fiocruz/ENSP, Banco Mundial, 2005).

Costa, Adriano Henrique Caetano. "Homens que fazem sexo com homens (HSH), pp. políticas públicas de prevenção às DST/Aids para uma população anónima" (dissertação de mestrado; Universidade Federal do Ceará, 2011).

Costa, Armando João Dalla. *A importância da logística no varejo brasileiro: o caso Pão de Açúcar.* Acesso em 10.12.2017, em: <http://www.empresas.ufpr.br/logistica.pdf>.

Costa, Luciana Caduz da Almeida. "O Custo de Peso Morto do Sistema Previdenciário de Repartição: Analisando o caso brasileiro", FGV, 2007. Acesso em 04.01.2018, em: <https://bibliotecadigital.fgv.br/dspace/handle/10438/310>.

Costa, Tacilla da e Sá Siqueira Santos. "As Diferentes Dimensões da Sustentabilidade em Uma Organização da Sociedade Civil: Uma Análise da Prática Social do Grupo de Apoio à Prevenção à Aids da Bahia", *Sociedade, Contabi-*

lidade e Gestão 2, n. 2 (segundo semestre de 2007), pp. 61-76.

Costa, Valeriano Mendes Ferreira. "A dinâmica Institucional da Reforma do Estado: um balanço do período FHC" *in O Estado Numa Era de Reformas: os Anos FHC* (2 vols.; Brasília, Ministério do Planejamento/Pnud/OCDE, 2002), v. 2, pp. 9-56.

Coutinho, Mauricio C. e Cláudio Salm. "Social Welfare" in Edmar L. Bacha e Herbert S. Klein, ed., *Social Change in Brazil 1945-1985, The Incomplete Transformation* (Albuquerque: University of New Mexico Press, 1989), pp. 233-262.

Cunha, Ana C.N.M. Fernandes da. "As Organizações Sociais de Saúde na cidade de São Paulo e a efetivação do Direito Fundamental à Saúde" (dissertação de mestrado, Faculdade de Direito-USP, 2016).

Cunha, José Marcos Pinto da e Rosanna Baeninger. "Cenários da migração no Brasil nos anos 90", *Caderno CRH* (Bahia), 18, n. 43 (jan-abr/2005), pp. 87-101.

Cunha, Estela Maria Garcia de Pinto da. "Condicionantes da mortalidade infantil segundo raça/cor no estado de São Paulo, 1997-1998" (tese de doutorado, Unicamp Faculdade de Ciências Médicas, 2001).

_____. "Mortalidade infantil segundo cor: os resultados da PNAD 84 para o Nordeste", Anais de ABEP (2016).

Cyrillo, Denise Cavallini. "O papel do supermercado no varejo de alimentos", São Paulo, Instituto de Pesquisas Econômicas, 1987.

Dagnino, Evelina. "Civil Society in Latin America" *The Oxford Handbook of Civil Society* (New York: Oxford University Press, 2011), p. 122.

Dantas, Felipe von Atzingen, Alexandre Bevilacqua Leoneti, Sonia Valle Walter Borges de Oliveira e Marcio Mattos Borges de Oliveira. "Uma análise da situação do saneamento no Brasil", FACEF Pesquisa, Desenvolvimento e Gestão 15, n. 3, 2012, pp. 272-284.

Dean, Warren. "Latifundia and Land Policy in Nineteenth-Century Brazil", *The Hispanic American Historical Review*, 51 n. 4 (nov/1971), pp. 606-625.

_____. *With Broadaxe and Firebrand: The Destruction of the Brazilian Atlantic Forest* (Berkeley, CA: University of California Press, 1995).

Denaldi, Rosana. "Políticas de Urbanização de Favelas: evolução e impasses" (tese de doutorado, FAU/USP, 2003).

Dymski, Gary A. "Ten ways to see a favela: notes on the political economy of the new city" *Revista Econômica*, 13 n. 1 (jun. 2011), pp. 7-36.

Diniz, Debora e Marcelo Medeiros. "Aborto no Brasil: uma pesquisa domiciliar com técnica de urna", *Ciência & Saúde Coletiva*, 15: Supl. 1 (2010), pp. 959-966.

Diniz, Eli. "Empresariado industrial, representação de interesses e ação política: trajetória histórica e novas configurações" *Politica & Sociedade*, 9 n. 17 (outubro de 2010), pp. 106-109.

_____. "O Estado novo: estrutura de poder e relações de classe" *in* Boris Fausto, ed., *História Geral da Civilização Brasileira* (São Paulo: Difel, 1981), t. 3, v. 3: *Sociedade e Política (1930-1964)*, pp. 77-119.

Draibe, Sonia. *Rumos e Metamorfoses. Estado e Industrialização no Brasil: 1930/1960* (Rio de Janeiro: Paz e Terra, 1985).

_____. "O Welfare State no Brasil: características e perspectivas", *Caderno de Pesquisa* 8 (1993), pp. 19-21.

Duarte, S. B. "Organizações sociais de cultura em São Paulo - desafios e perspectivas", *IV Congresso Consad de Gestão Pública*. Brasília, maio/2012.

Eloy, Claudia Magalhães. "O papel do Sistema Financeiro da Habitação diante do desafio de universalizar o acesso à moradia digna no Brasil" (tese de doutorado, FAU/USP, São Paulo, 2013).

Escorel, Sarah, Ligia Giovanella, Maria Helena Magalhães de Mendonça e Mônica de C.M Senna. "Programa de Saúde da Família e a construção de um novo modelo para atenção básica no Brasil" *Revista Panamericana de Salud Pública*, 21 n. 2 (2007), pp. 164-176.

Esping-Anderson, Gøsta. *The Three Worlds of Welfare Capitalism* (Cambridge: Polity Press, 1990).

Faria, Lina. *Saúde e Política: a Fundação Rockefeller e seus parceiros em São Paulo* (Rio de Janeiro: Editora Fiocruz; 2007).

Fausto, Boris. *A Revolução de 1930* (São Paulo: Editora Brasiliense, 1972).

_____. *Getúlio Vargas* (São Paulo: Companhia das Letras, 2006).

_____. *O pensamento nacionalista autoritário (1920-1940)* (Rio de Janeiro: Zahar, 2001).

_____. *Populism in the past and its resurgence*. Trabalho apresentado na Conferência em Homenagem a Boris Fausto, Stanford, 21 de maio de 2010.

_____. *Trabalho urbano e conflito social* (São Paulo: Difel, 1997).

Fearnside, P.M. e W.F. Laurance. "Tropical deforestation and greenhouse gas emissions" *Ecological Applications* 14:4 (2004), pp. 982-986.

Fernandes, Bernardo Mançano. "Contribuição ao estudo do campesinato brasileiro formação e territorialização do Movimento dos Trabalhadores Rurais Sem Terra - MST (1979 –1999)" (tese de doutorado, USP, São Paulo, 1999).

Fernandes, Florestan. *A Integração do Negro na Sociedade de Classes*, São Paulo. Ática, 1978.

Fernando Garrefa. "Shopping Centers, de centro de abastecimento a produto de consumo" (tese de doutorado, FAU/USP, 2007).

Ferranti, David de, Guillermo E. Perry, Francisco Ferreira e Michael Walton. *Inequality in Latin America: Breaking with History?* (Washington, D.C. World Bank, 2004).

Ferraz, Ivan Roberto. "Indicadores de desempenho das organizações sociais de cultura do Estado de São Paulo" (dissertação de mestrado, PUC/SP, São Paulo, 2008).

Ferraz, Luciano. "Regime jurídico aplicável aos conselhos profissionais está nas mãos do Supremo". *Consultor Jurídico*. Acesso em 08.04.2018, em: <https://www.conjur.com.br/2017-mar-02/interesse-publico-regime-juridico-conselhos-profissionais-maos-stf>.

Ferraro, Alceu Ravanello. "Analfabetismo e níveis de letramento no Brasil: o que dizem os censos?", *Revista Educação & Sociedade* (Campinas) 23, n. 81 (Dez 2002), pp. 21-47.

Ferreira, Christiano. "Mudança do Regime Previdenciário de Repartição para o Regime Misto: uma perspectiva para o Brasil", dissertação de mestrado, PUC-RGS, Porto Alegre, 2012.

Ferreira, Francisco H.G. et al. "Ascensão e queda da desigualdade de renda no Brasil", *Econômica* 8 n. 1 (2006), pp. 147-169.

Ferreira, João Sette Whitaker. *São Paulo: o mito da cidade-global* (tese de doutorado, FAU-USP, São Paulo, 2003).

Ferreira, Jorge, ed. *O populismo e sua história* (Rio de Janeiro: Ed. Civilização Brasileira, 2000).

Ferreira, Paulo Roberto do Amaral. "O processo de globalização do varejo de massa e as lutas competitivas: o caso do setor supermercadista no Brasil" (dissertação de mestrado, Coppead/UFRJ, Rio de Janeiro, 2013).

Ferreira, Regina Fátima Cordeiro Fonseca. "Movimentos de moradia, autogestão e política habitacional no Brasil: do acesso à moradia ao direito à cidade". *2º Fórum de Sociologia "Justiça Social e Democratização"*, Buenos Aires, 1-4 agosto de 2012, Acesso em 12.12.2017, em: <http://www.observatoriodasmetropoles.net/download/artigo_regina-ferreira_isa.pdf>.

Ferreira, Victor Cláudio Paradela. "ONGs no Brasil: um estudo sobre suas características e fatores que têm induzido seu crescimento" (tese de doutorado, FVG, Rio de Janeiro, 2005).

Filgueiras, Luiz. *História do Plano Real* (São Paulo: Boitempo Editorial, 2000).

Fiorio, Nathalia Modenesi. "Mortalidade por raça/cor em Vitória/ES: análise da informação e das desigualdades em saúde" (dissertação de mestrado: Universidade Federal de Espirito Santo, 2009).

Firpo, Sérgio Pinheiro. "Inserção no mercado de trabalho: diferenças por sexo e consequências sobre o bem-estar" (texto para discussão 796; Rio de Janeiro: Ipea, 2001).

Fischer Brodwyn. *A Poverty of Rights: Citizenship and Inequality in Twentieth-Century Rio De Janeiro.* Stanford: Stanford University Press, 2008.

Fishlow, Albert "Algumas Reflexões sobre a Política Brasileira após 1964". *Estudos CEBRAP* 6 (jan./mar. 1974).

Fishlow, Albert "A distribuição de renda no Brasil" in R. Tolipan e A.C. Tinelli, eds., *A controvérsia sobre a distribuição de renda e desenvolvimento* (Rio de Janeiro: Zahar, 1975).

_____. "Brazilian size distribution of income." *The American Economic Review* 62, 1-2 (1972), pp. 391-402.

_____. "Distribuição de renda no Brasil: um novo exame." *Dados* 11 (1973), pp. 10-80.

_____. "Origens e Consequências da Substituição de Importações no Brasil" *in* Flavio Versiani e José Roberto Mendonça de Barros, eds. *Formação Econômica do Brasil: A experiência de industrialização* (São Paulo: Anpec/Saraiva, 1976).

Foguel, Miguel N., Indermit Gill, Rosane Mendonça e Ricardo Paes de Barros. "The public-private wage gap in Brazil", *Revista Brasileira de Economia,* 54, n. 4 (2000), pp. 433-472.

Fonseca, Cristina M. Oliveira. *Saúde no Governo Vargas (1930-1945): dualidade institucional de um bem público* (Rio de Janeiro: Editora Fiocruz, 2007).

Fonseca, Pedro Cesar Dutra *Vargas: o capitalismo em construção, 1906-1953* (São Paulo: Brasiliense, 1999).

_____ e Sérgio Marley Modesto Monteiro, "O Estado e suas razões: o II PND", *Revista de Economia Política,* vol. 28, n. 1 (109), pp. 28-46.

França, Danilo Sales do Nascimento "Raça, Classe e Segregação Residencial no Município de São Paulo" (dissertação de mestrado, Universidade de São Paulo, 2010).

Franco, Gustavo. *O Plano Real e outros ensaios* (Rio de Janeiro: Editora Francisco Alves, 1995).

Freitas, Elizabeth Ponte de. "Por uma cultura pública: organizações sociais, Oscips e gestão pública não estatal na área da cultura" (dissertação de mestrado, Universidade Federal da Bahia, 2010).

Freitas, Vladimir Passos de "A Constituição federal e a efetividade das normas ambientais", tese de doutorado, Faculdade de Direito da Universidade Federal do Paraná, 1999.

Freston, Paul "Evangelicals and Politics in Latin America" *Transformation* 19 n. 4 (out/2002), pp. 271-274.

_____. "Protestantes e política no Brasil: da Constituinte ao Impeachment"(tese de doutorado, Unicamp, 1993).

_____. "Neo-Pentecostalism' in Brazil: Problems of definition and the Struggle For Hegemony", *Archives de sciences sociales des religions*, 44 n. 105 (jan-mar/1999), pp. 145-162.

Fritsch, Winston. "A crise cambial de 1982-83 no Brasil: origens e respostas" in C.A. Plastino e R.Bouzas, eds., *A América Latina e a crise internacional* (Rio de Janeiro: Graal, 1988).

Fritscher, André Martínez Aldo Musacchio e Martina Viareng, "The Great Leap Forward: The Political Economy of Education in Brazil, 1889-1930" (Cambridge, MA: Harvard Business School, Working Papers n. 10-075 [2010]), em: <http://www.hbs.edu/research/pdf/10-075.pdf>.

Fundação Getulio Vargas. *O crédito imobiliário no Brasil, caracterização e desafios.* (São Paulo: FGV, 2007).

Fundação João Pinheiro. *Perfil Demográfico do Estado de Minas Gerais 2000* (Belo Horizonte, 2003).

Furtado, Celso. *Um Projeto para o Brasil* (Rio de Janeiro: Saga, 1968). FVG, "A educação no segundo governo Vargas" disponível em: <http://cpdoc.fgv.br/producao/dossies/AEraVargas2/artigos/EleVoltou/Educacao>.

Galvão, Jane "Access to antiretroviral drugs in Brazil" *The Lancet* 360, Issue 9348, 7 Dezembro 2002: 1862-1865.

Garcia, Eduardo Henrique Marcelo Rubens do Amaral e Lena Lavinas, "Desigualdades Regionais e Retomada do Crescimento num Quadro de Integração Econômica" (Ipea Texto Para Discussão N°466, Rio de Janeiro, março de 1997).

Gaspari, Elio. *A Ditadura Envergonhada* (São Paulo: Companhia das Letras, 2002).

_____. *A Ditadura Escancarada* (São Paulo: Companhia das Letras, 2002).

_____. *A Ditadura Derrotada* (São Paulo: Companhia das Letras, 2003).

_____. *A Ditadura Encurralada* (São Paulo: Companhia das Letras, 2004).

Gay, Robert *Popular organization and democracy in Rio de Janeiro: a tale of two favelas.* Philadelphia: Temple University Press, 2010.

Gellner, Ernest "The Importance of Being Modular" in John A. Hall, ed., *Civil Society: Theory, History, Comparison.* Cambridge, UK: Polity Press, 1995.

Gemelli, Catia Eli. "Motivações para o trabalho voluntário sob a perspectiva do indivíduo: Um estudo de caso no ONG Junior Acheivement" (dissertação de mestrado; Universidade do Vale do Rio dos Sinos – Unsinos, São Leopoldo, 2015).

Gentile, Fabio. "O fascismo como modelo: incorporação da "Carta del Lavoro" na via brasileira para o corporativismo autoritário da década de 1930"in: *Dossiê - Pensamento de direita e chauvinismo na América Latina*: 84-101. Acesso em 1/11/2017 em <http://www.uel.br/revistas/uel/index.php/mediacoes/article/view/19857>.

Giambiagi, Fabio e Maurício Mesquita Moreira. *A Economia Brasileira nos anos 90* (Rio de Janeiro: BNDES, 1990).

Giannotti, Vito. *História das lutas dos trabalhadores no Brasil* (Rio de Janeiro: Mauad X, 2007).

Giuberti, Ana Carolina e Naércio Menezes-Filho. "Discriminação de rendimentos por gênero: uma comparação entre o Brasil e os Estados Unidos" *Economia Aplicada*, 9 n. 3 (2005), pp. 369-383.

Gobetti, Sérgio Wulff e Rodrigo Octávio Orair. *Tributação e distribuição da renda no Brasil: novas evidências a partir das declarações tributárias das pessoas físicas.* Brasília, Internacional Policy – Centre for Inclusive Growth, WP n. 136, fevereiro de 2016.

Gohn, Maria da Glória. *Movimentos sociais e redes de mobilizações civis no Brasil contemporâneo* (Petrópolis: Editora Vozes, 2010).

Goldemberg, José. "O repensar da educação no Brasil.", *Estudos Avançados,* 7 n. 18 (1993), pp. 65-137.

Gomes, Angela de Castro. *A invenção do Trabalhismo* (São Paulo: Vértice, 1988).

Gomide, Alexandre de Avila. *Transporte urbano e inclusão social: elementos para políticas públicas* (Texto para Discussão n. 960; Brasília: Ipea, jul/2003).

Goulding, Michael, Nigel J. H. Smith e Dennis J. Mahar. *Floods of Fortune: Ecology and Economy along the Amazon* (New York: Columbia University Press, 1996).

Graef, Aldino e Valéria Salgado, *Relações de parceria entre poder público e entes de cooperação e*

colaboração no Brasil (Brasília: Editora IABS, 2012).

Greice Menezes e Estela M. L. Aquino. "Pesquisa sobre o aborto no Brasil: avanços e desafios para o campo da saúde coletiva" *Cadernos de Saúde Pública*, 25 Sup 2 (2009), pp.193-204.

Guerra, Clarissa Battistella. "Gestão Privada na Saúde Pública: um estudo empírico com Hospitais sob contrato de gestão no Estado de São Paulo" (dissertação de mestrado, Insper, São Paulo, 2015).

Guimarães, Maria Bernadete Pita. "Alcoolismo, Pentecostalismo e Família" (tese de doutorado, Universidade Federal Juiz de Fora, 2008).

Guimarães, Roberto Élito dos Reis. *O trabalhador rural e a previdência social – evolução histórica e aspectos controvertidos.* Acesso em 4-1-2018, em: <www.agu.gov.br/page/download/index/id/580103>.

Guimarães, Thaíse Almeida, Andréa de Jesus Sá Costa Rocha, Wanderson Barros Rodrigues e Amanda Namibia Pereira Pasklan. "Mortalidade materna no Brasil entre 2009 e 2013", *Revista de Pesquisa em Saúde* 18, n. 2 (2018), pp.81-85.

Guzmán, Jose Miguel, Susheela Singh, German Rodriguez e Edith A. Pantelides. *The Fertility Transition in Latin America* (Oxford: Clarendon Press, 1996).

Hahn, Carl Joseph. *História do Culto Protestante no Brasil* (São Paulo, 1981).

Hasenbalg, Carlos A. e Nelson do Valle Silva. "Raça e oportunidades educacionais no Brasil." Cadernos de pesquisa 73 (2013), p. 6, tabela 2.

_____, Nelson do Valle Silva e Marcia Lima. *Cor e estratificação social no Brasil* (Rio de Janeiro, Contracapa, 1999).

Heilig, Gerhard, Thomas Buttner e Wolfgang Lutz, "Germany's population: Turbulent past, uncertain future" *Population Bulletin,*. 45 n. 4 (dezembro 1990), 1-46.

Helfand, Steven M. Vanessa da Fonseca Pereira e Wagner Lopes Soares. "Pequenos e médios produtores na agricultura brasileira: situação atual e perspectivas" in Antônio Márcio Buainain, eta.al. eds., *O mundo rural no Brasil do século 21, A formação de um novo padrão agrário e agrícola* (Brasília, DF: Embrapa, 2014).

Henriques, Ricardo " Desigualdade racial no Brasil: evolução das condições de vida na década de 90" (texto para discussão 807; Rio de Janeiro, Ipea, 2001).

_____. ed., *Desigualdade e pobreza no Brasil* (Rio de Janeiro: Ipea, 2000), p. 24.

Hirschman, Albert. "The Political Economy of Import Substitution Industrialization in Latin America" *The Quartely of Economics*, vol. 82 (fev/1968).

Hoffmann, Rodolfo. "Desigualdade da distribuição de renda no Brasil: a contribuição de aposentadorias e pensões e de outras parcelas do rendimento domiciliar per capita", *Economia e Sociedade,* Campinas, 18, n. 1 (35) (abril 2009), pp. 213-231.

_____. "Transferências de renda e a redução da desigualdade no Brasil", *Revista Econômica*, 8 n. 1 (2006, pp. 5-81.

_____ e Marlon Gomes Ney. "Evolução recente da estrutura fundiária e propriedade rural no Brasil." José Garcia Gasques et al., *A agricultura brasileira: desempenho, desafios e perspectivas*. Brasília, DF: Ipea (2010), pp. 45-64.

_____ e Marlon Gomes Ney. "Estrutura fundiária e propriedade agrícola no Brasil, grandes regiões e unidades da federação", Brasília: Ministério do Desenvolvimento Agrário (2010).

_____ e Régis Oliveira. "The Evolution of Income Distribution in Brazil in the Agricultural and the Non-Agricultural Sectors", *World Journal of Agricultural Research* 2 n. 5 (2014), pp.192-204.

_____, Rodolfo e João Carlos Duarte, "A distribuição da renda no Brasil" *Revista de Administração de Empresas* (Rio de Janeiro) 12, n. 2 (abril/junho 1972).

Horta, Cláudia Júlia Guimarães, José Alberto Magno de Carvalho, Luís Armando de Medeiros Frias. "Recomposição da fecundidade por geração para Brasil e regiões: atualização e revisão" *Anais do ABEP (2016), pp.* 1-22.

Hryniewicz, Roberto Romeiro. "Torcida de Futebol: adesão, alienação e violência" (dissertação de mestrado, Instituto de Psicologia da Universidade de São Paulo, 2008).

Isola, Marcos Kiyoto de Tani e. "Transporte sobre trilhos na Região Metropolitana de São Paulo. Estudo sobre a concepção e a inserção das redes de transporte de alta capacidade" (Dissertação de Mestrado, FAU/USP, São Paulo, 2013).

Johnson, Andrew. *If I Give My Soul: Faith Behind Bars in Rio de Janeiro* (New York: Oxford University Press, 2017).

Jubb, Nadine, Gloria Camacho, Almachiara D'Angelo, Gina Yáñez De la Borda, Kattya Hernández, Ivonne Macassi León, Cecília MacDowell Santos, Yamileth Molina e Wânia Pasinato. *Regional mapping study of women's police stations in Latin America.* Quito: Centro de Planificación y Estudios Sociales, 2008.

Keck, Margaret E. "Social Equity and Environmental Politics in Brazil: Lessons from the Rubber Tappers of Acre" *Comparative Politics*, 27, n. 4 (Jul., 1995), pp. 409-424.

Kendzia, Michael J. e Klaus F. Zimmermann. "Celebrating 150 years of analyzing fertility trends in Germany." (Discussion Papers, IZA DP n. 6355, 2011).

Klein, Herbert S. *A Population History of the United States* (New York: Cambridge University Press, 2004).

_____. *O tráfico de escravos no Atlântico* (Funped, 2004).

_____ e Francisco Vidal Luna, *Brazil, 1964-1985, The Military Regimes of Latin America in the Cold War* (New Haven: Yale University Press, 2017).

_____ e Francisco Vidal Luna, *Alimentando o mundo: o surgimento da moderna economia agrícola no Brasil* (São Paulo: Imesp-FGV, 2020).

_____ e Francisco Vidal Luna, *Escravismo no Brasil* (São Paulo: Imesp-Edusp, 2009).

Klink, Joroen Johannes "Novas governanças para as áreas metropolitanas. O panorama internacional e as perspectivas para o caso brasileiro". *Cadernos Metrópole* (São Paulo) 11 n. 22 (jul/dez 2009), pp. 415-433.

Knoke, William. "O supermercado no Brasil e nos Estados Unidos: confronto e contrastes." *Revista de Administração de Empresas.* 3 n. 9 (set. /dez. 1963), pp. 91-103.

Koulioumba, Stamatia. *São Paulo: cidade mundial?* (tese de doutorado, FAU-USP, São Paulo, 2002).

Kruger, Tania Regina, Simone Bihain Hagemann e Aline Ayres Hollanda. "Organizações sociais e os serviços públicos de saúde em Santa Catarina", *Seminário Nacional de Serviço Social, Trabalho e Política Social*, Florianópolis, UFSC, out/2015.

Lacerda, Fabio. "Pentecostalismo, eleições e representação política no Brasil contemporâneo" (tese de doutorado, USP, 2017).

Lan, Jony. "A diversificação dos canais comerciais como fonte de vantagem competitiva da em redes de supermercados no Brasil" (Dissertação de Mestrado, Universidade Presbiteriana Mackenzie, São Paulo, 2010).

Langoni, Carlos. *Distribuição da renda e desenvolvimento econômico do Brasil* (Rio de Janeiro: Expressão e Cultura, 1973).

Laurance, William F., Heraldo L. Vasconcelos e Thomas E. Lovejoy. "Forest loss and fragmentation in the Amazon: implications for wildlife conservation" *Oryx*, 34(1) (2000), pp. 39-45.

_____, José L.C. Camargo, Regina C.C. Luizão, Susan G. Laurance, Stuart L. Pimm, Emilio M. Bruna, Philip C. Stouffer et al. "The fate of Amazonian forest fragments: a 32-year investigation." *Biological Conservation* 144, n. 1 (2011), pp. 56-67.

Laurenti, Ruy, Maria H. P. Mello Jorge e Sabina Léa Davidson Gotlieb. "A mortalidade materna nas capitais brasileiras: algumas características e estimativa de um fator de ajuste", *Revista Brasileira de Epidemiologia*, 7 n. 4 (2004), pp. 449-460.

Lavinas, Lena, Eduardo Henrique Garcia e Marcelo Rubens do Amaral, "Desigualdades Regionais e retomada do crescimento num quadro de Integração Econômica (Ipea, Texto Para Discussão N° 466; Rio de Janeiro, março de 1997).

Leal, Maria do Carmo Silvana Granado Nogueira da Gama, Ana Paula Esteves Pereira, Vanessa Eufrauzino Pacheco, Cleber Nascimento do Carmo e Ricardo Ventura Santos. "The color of pain: racial iniquities in prenatal care and childbirth in Brazil" *Cadernos de Saúde Pública* 33 Sup 1 (2017;), pp. 2-17.

Lebon, Nathalie "Professionalization of Women's Health Groups in Sao Paulo: The Troublesome Road towards Organizational Diversity" *Organization,* 3 n. 4 (1996), pp. 588-609.

Lessa, Carlos *Quinze anos de Política Econômica* (Campinas: Cadernos Unicamp, n. 4, 1975).

Levine, Robert M. *Father of the poor? Vargas and his era*, New York, Cambridge University Press, 1998.

Levy, Maria Stella Ferreira "O Papel da Migração Internacional na evolução da população brasileira (1872 a 1972)", *Revista de Saúde Pública* Vol.8 (Supl) (1974), pp.49-90.

Lima, Guilherme Gadonski de, Emerson Juliano Lucca e Dilson Trennepohl, "Expansão da cadeia produtiva do leite e seu potencial de impacto no desenvolvimento da região noroeste rio-grandense", *53rd Congresso da SOBER 2015* (João Pessoa).

Lindert, Peter H. *Growing public: Social spending and economic growth since the eighteenth century* (New York: Cambridge University Press, 2004).

Lins, Beatriz Accioly. "A lei nas entrelinhas: a Lei Maria da Penha e o trabalho policial em duas Delegacias de Defesa da Mulher de São Paulo" (dissertação de mestrado, FFLCH-USP, 2014).

Locatel, Donizete e Fernanda Laize Silva de Lima. "Agronegócio e poder político: políticas agrícolas e o exercício do poder no Brasil" *Sociedade e Território* (Natal). 28 n. 2 (jun-dez/2016).

Loewenstein, Karl. *Brazil under Vargas* (New York: The Macmillian Company, 1942).

Longo, Luciene Aparecida Ferreira de Barros. "Uniões intra e inter-raciais, status marital, escolaridade e religião no Brasil: um estudo sobre a seletividade marital feminina, 1980-2000" (tese de doutorado; Belo Horizonte: Universidade Federal de Minas Gerais, 2011).

Lopes, Francisco L. *O choque Heterodoxo: combate à inflação e reforma monetária* (Rio de Janeiro: Campus, 1986).

Lopes, Diva Maria Ferlin e Wendel Henrique, eds. *Cidades médias e pequenas: teorias, conceitos e estudos de caso*. Salvador: SEI, 2010. 250 p. (Série Estudos e Pesquisas, 87).

Lotufo, Paulo Andrade e Isabela Judith Martins Bensenor. "Raça e mortalidade cerebrovascular no Brasil" *Revista de Saúde Pública*, 47 n. 6 (2013).

Loureiro, Alexandre Pinto. "O direito de greve do servidor público no Brasil diante do princípio do interesse público" (dissertação de mestrado, Faculdade de Direito USP, 2009).

Loureiro, Ana Cláudia Nonato da Silva "Rio de Janeiro: uma análise da perda recente de centralidade" (dissertação de mestrado, Universidade Federal de Minas Gerais, 2006).

Lucchese, Mafalda. "Filhos – evolução até a plena igualdade jurídica" Disponível em: <http://www.emerj.tjrj.jus.br/serieaperfeicoamentodemagistrados/paginas/series/13/volumeI/10anosdocodigocivil_231.pdf>. Acesso em 26/11/2017.

Luna, Francisco Vidal. "São Paulo: a capital financeira do país" *in* Tamás Szmrecsányi, ed. *História econômica da cidade de São Paulo* (São Paulo: Editora Globo, 2005, pp. 328-355).

_____ e Herbert S. Klein. *The economic and social history of Brazil since 1889* (Cambridge: Cambridge University Press, 2014).

_____ e Herbert S. Klein. *Brazil since 1980*. Cambridge: Cambridge University Press, 2006.

_____ e Thomaz de Aquino Nogueira Neto. *Correção Monetária e Mercado de Capitais - A Experiência Brasileira*. (São Paulo: Bolsa de Valores de São Paulo [Bovespa], 1978).

Luporini, Viviani e Francisco E.P. de Souza. "A política cambial brasileira de facto: 1999-2015" *Estudos Econômicos,* vol. 46, n. 4 (out-dez./2016), pp. 909-936.

Machado, Adriano Henriques. "A influência dos setores católicos na formação do Partido dos Trabalhadores: da relação com os movimentos sociais à ideia de formar um novo partido" *ANPUH – XXV Simpósio Nacional de História, 2009* (Fortaleza).

Machado, Carlos José Saldanha. "Mudanças conceituais na administração pública do meio ambiente" *Ciência e Cultura*, 55:4 (2003).

Machado, Nilson José. "Qualidade da educação: cinco lembretes e uma lembrança. *Estudos Avançados,* 21 n. 61 (2007), pp. 277-294.

Mahar, Dennis J. "Government Policies and Deforestation in the Brazilian Amazon" (Washington, D.C.: World Bank, 1989).

Maia, Rosane de Almeida "Estado e Industrialização no Brasil: Estudo dos Incentivos ao setor privado, nos quadros do Programa de Metas do Governo Kubitschek" (Dissertação de Mestrado, São Paulo, FEA-USP, 1986).

Mainwaring, Scott Timothy J. Power e Fernando Bizzarro. "The uneven institutionalization of a party system: Brazil." In Scott Mainwaring, ed., *Party Systems in Latin America: Institutionalization, Decay, and Collapse* (Cambridge: Cambridge University Press, 2018), pp. 164-200.

Malloy, James. *The politics of social security in Brazil* (Pittsburgh: University of Pittsburgh Press, 1979).

Malta, Deborah Carvalho, Maria Aline Siqueira Santos, Sheila Rizzato Stopa, José Eudes Barroso Vieira, Eduardo Alves Melo e Ademar Arthur Chioro dos Reis. "A cobertura da Estratégia de Saúde da Família (ESF) no Brasil, segundo a Pesquisa Nacional de Saúde, 2013." *Ciência & Saúde* Coletiva 21 (2016), pp. 327-338.

Marinho, Emerson e Jair Araujo. "Pobreza e o sistema de seguridade social rural no Brasil." *Revista Brasileira de Economia,* 64:2 (2010), pp. 161-174.

Mares, Isabela. *The politics of social risk: Business and welfare state development* (Cambridge: Cambridge University Press, 2003).

Margulis, Sérgio. *Causes of deforestation of the Brazilian Amazon* (World Bank Working Papers n. 22; Washington D.C: World Banks, 2004).

_____. "O Desempenho ambiental do Governo Brasileiro e do Banco Mundial em Projetos Co-financiados pelo Banco." (Textos para Discussão n. 194; Brasília, Ipea, 1999).

Marques, Eduardo ed., *Assentamentos precários no Brasil Urbano* (Centro de Estudos da Metrópole/Cebrap, Ministério das Cidades, 2007).

Mariano, Ricardo. "Efeitos da secularização do Estado, do pluralismo e do mercado religiosos sobre as igrejas pentecostais" *Civitas,* 3, n. 1 (jun. 2003), pp. 111-125.

_____. "Expansão pentecostal no Brasil: o caso da Igreja Universal" *Estudos Avançados* 18 n. 52 (2004), pp. 121-138.

_____. "Sociologia do crescimento pentecostal no Brasil: um balanço" *Perspectiva Teológica,* 43 n. 119 (Jan/Abr 2011), pp. 11-36.

Maricato, Ermínia "O "Minha Casa" é um avanço, mas segregação urbana fica intocada". *Carta Maior,* São Paulo, 27 maio 2009. Acesso em 27/11/2017, em: <https://www.cartamaior.com.br/?/Editoria/Politica/O-Minha-Casa-e--um-avanco-mas-segregacao-urbana-fica-intocada/4/15160>.

Marini, Miguel Angelo e Federico Innecco Garcia. "Bird Conservation in Brazil" *Conservation Biology,* 19, n. 3 (June 2005), pp. 665-671.

Mariz, Cecília Loreto. *Copying with Poverty: Pentecostals and Christian Base Communities in Brazil* (Philadelphia: Temple University Press, 1994).

_____. "Missão religiosa e migração: 'novas comunidades' e igrejas pentecostais brasileiras no exterior", *Análise Social,* XLIV n. 1 (2009), pp. 161-187.

Marques, Maria Silva Bastos. "O Plano Cruzado: Teoria e Prática" *Revista de Economia Política,* 8, n. 3 (julho-set. 1983), pp.101-130.

Martinelli, Luiz A. e Solange Filoso. "Expansion of sugarcane ethanol production in Brazil: Environmental and social challenges", *Atmospheric Environment* 18:4 (2008), pp. 885-898.

Martinelli, Luiz A., Rosamond Naylor, Peter M. Vitousek e Paulo Moutinho, "Agriculture in Brazil: impacts, costs, and opportunities for a sustainable future" *Current Opinion in Environmental Sustainability,* 2 nos, 4-5 (2010), pp. 431-438.

Martines-Filho, Joao, Heloisa L. Burnquist e Carlos EF Vian. "Bioenergy and the rise of sugarcane-based ethanol in Brazil." *Choices* 21, n. 2 (2006), pp. 91-96.

Martins, Bibiana Volkmer. "A presença da ONG Cidade para a Construção de um planejamento urbano democrático em Porto Alegre"(Dissertação de Mestrado: Universidade Federal do Rio Grande do Sul, Porto Alegre 2011).

Martins, Alaerte Leandro "Mortalidade materna de mulheres negras no Brasil" *Cadernos de Saúde Pública* (Rio de Janeiro), 22, n. 11 (nov/2006), pp. 2473-2479.

Martins, Carlos Benedito "O ensino superior brasileiro nos anos 90", *São Paulo em Perspectiva,* 14(1) (2000).

Martone, Celso Luiz "O Plano de Ação Econômica" in Lafer, ed., *Planejamento no Brasil* São Paulo: Editora Perspectiva, 1973.

Mathias, Alfredo "Semma Empresa de Shopping Centers" Acesso em 11/12/2017, em: <http://www.semma.com.br/historia-dos-shopping-centers--no-brasil/>.

Matos, Carlos Alberto "A Fenajufe e seus sindicatos: a CUT no poder judiciário federal e no ministério público da União" (Dissertação de Mestrado, Unicamp, 2002).

Mattar, Michel "Excelência em Gestão do Futebol da Fundação Instituto de Administração". Entrevista encontrada em "Movimento por um Futebol Melhor". Acesso em 7-11-2017, em: <http://www.lance.com.br/futebol-melhor/coordenador- fia-analisa-gestao-profissional-nos-clubes-brasileiros.html>.

Mattos, Hebe Maria. *Das cores do Silêncio*. Rio de Janeiro, Nova Fronteira, 1998.

Mattos, Marcelo Badaró. *Trabalhadores e sindicatos no Brasil*. São Paulo, Editora Expressão Popular, 2009.

McCann, Bryan. *Hard times in the marvelous city: From dictatorship to democracy in the favelas of Rio de Janeiro*. Durham: Duke University Press, 2013.

Medeiros, Marcelo "O que faz os Ricos ricos: um estudo sobre fatores que determinam a riqueza" (tese de doutorado, Departamento de Sociologia. Univetrsidade de Brasília, 2003).

_____ e Pedro H. G. F. Souza. "A Estabilidade da desigualdade no Brasil entre 2006 e 2012: resultados adicionais" *Pesquisa e Planejamento Econômico* 46, n. 3 (dez. 2016).

_____ e Pedro H.G.F. Souza. *Gasto Público, Tributos e Desigualdade de Renda no Brasil,* (Rio de Janeiro, Ipea, TD 1844, junho de 2013).

_____. Tatiana Britto e Fábio Soares, *Programas focalizados de Transferência de Renda no Brasil: Contribuições para o Debate* (Brasília: Ipea, Texto para Discussão n. 1283, 2007).

_____ e Joana Simões Costa, "Poverty among women in Latin America: feminization or overrepresentation?" Working Paper n. 20, International Poverty Centre, Brasilia, 2006.

Medici, André e Robert Murray, "Desempenho de hospitais e melhorias na qualidade de saúde em São Paulo (Brasil) e Maryland (EUA)" (Washington: The World Bank. 2013).

Melchiors, Lucia Camargos e Heleniza Ávila Campo. "As regiões metropolitanas brasileiras no contexto do Estatuto da Metrópole: Desafios a serem superados em direção à governança colaborativa." *Revista Política e Planejamento Regional*, 3 n. 2 (jul./dez. 2016), pp. 181-203.

Mello, Andreia Skackauskas Vaz de. "Burocratização e institucionalização das organizações de movimentos sociais: O caso da organização de prostitutas Davida" (dissertação de mestrado, Universidade Federal de Minas Gerais, Belo Horizonte, 2007).

Mello, Pedro Carvalho de. "The Economics of Labor in Brazilian Coffee Plantations" (PhD thesis, University of Chicago, 1975).

Mendes, Eugênio Vilaça. "25 anos do Sistema único de Saúde: resultados e desafios." *Estudos Avançados*, 27 n. 78 (2013), pp. 27-34.

Mendes, Izabel Cristina Reis "O uso contemporâneo da favela na cidade do Rio de Janeiro" (tese de doutorado, FAU/USP, 2014).

Mendonça, Antonio Gouvêa e Prócoro Velasques Filho. *Introdução ao Protestantismo no Brasil* (São Paulo: Edições Loyola, 1990).

Menicucci, Telma Maria Gonçalves "Público e privado na política assistência à saúde no Brasil: atores, processos e trajetória" (tese de doutorado, FFLCH-UFMG, 2003).

Mercadante, Aloizio ed., *O Brasil pós Real. A política econômica em debate* (Campinas: Unicamp, 1997).

Merrick, Thomas W. e Douglas H Graham, *Population and Economic Development in Brazil, 1800 to the Present* (Baltimore: Johns Hopkins University Press, 1979).

Milanovic, Branko. "Global Inequality and the Global Inequality Extraction Ratio: the Story of the Past Two Centuries" *Explorations in Economic History*, 48 (2011), pp. 494– 506.

_____ e Luciana Miyolo Massukado. *Caderno de Diagnóstico, Resíduos Sólidos Urbanos,* Ipea, agosto 2011.

Miller, Shawn W. *An Environmental History of Latin America* (Cambridge: Cambridge University Press, 2007).

_____. *Fruitless Trees: Portuguese Conservation and Brazil's Colonial Timber* (Stanford, CA: Stanford University Press, 2000).

Mineiro, Ademar S. "Desenvolvimento e inserção externa: algumas considerações sobre o período 2003-2009 no Brasil" in Magalhães, ed., *Os anos Lula: contribuições para um balanço crítico* (Rio de Janeiro: Garamond, 2010), pp. 133-160.

Miriam, Sonia. *Rumos e Metamorfoses, Estado e Industrialização no Brasil: 1930-1960* (Rio de Janeiro: Paz e Terra, 1985).

Mobilidade Urbana. Hora de mudar os rumos. Em Discussão. Revista em Discussão. Revista de audiências Públicas do Senado Federal, Brasília, ano 4, n. 18, novembro 2013.

Modiano, Eduardo. "A ópera dos três cruzados: 1985-1989." In *A ordem do progresso: cem anos de política econômica republicana*: 347-414.

Moreira, Maurício Mesquita e Paulo Guilherme Correa, "Abertura comercial e indústria: o que se pode esperar e o que se vem obtendo"

Revista de Economia Política, vol. 17, n.2 (66), (abril-junho 1997), pp. 61-91.

Morgan, Marc "Extreme and persistent inequality: new evidence for Brazil combining national accounts, surveys and fiscal data, 2001-2015" (Working paper series, n. 12; World Wealth and Income Database, 2017).

Mortara, Giorgio "The Development and Structure of Brazil's Population", *Population Studies*, 8, n. 2 (Nov., 1954), p. 22.

Mota, Daniel Pestana "CUT, Sindicato orgânico e reforma da estrutura sindical" (Dissertação de Mestrado, UNESP, Marília, 2006).

Motta, Marly Silva da *O lugar da cidade do Rio de Janeiro na Federação Brasileira: uma questão em três momentos* (Rio de Janeiro: CPDOC, 2001), acesso em 20/11/2017, em: <https://bibliotecadigital.fgv.br/dspace/bitstream/handle/10438/6799/1232.pdf>.

_____. "A fusão da Guanabara com o Estado do Rio: desafios e desencantos" in Américo Freire, Carlos Eduardo Sarmento e Marly Silva da Motta, eds., *Um Estado em questão: os 25 anos do Rio de Janeiro Rio de Janeiro* (Rio de Janeiro: Editora Fundação Getulio Vargas, 2001), pp.19-56.

Motta, Rodrigo Patto Sá *As universidades e o regime militar* (Rio de Janeiro: Zahar, 2014).

Moura, Alessandro. "Movimento Operário e sindicalismo em Osasco, São Paulo e ABC Paulista: Rupturas e descontinuidades" (Tese de Doutorado, UNVESP, Marília, 2015).

Najberg, Sheila. "Privatização dos recursos públicos: os empréstimos do sistema BNDES ao setor privado nacional com correção monetária parcial" (Dissertação de mestrado, PUC/RJ, Rio de Janeiro, 1989).

Nadalin, Vanessa Gapriotti, Cleandro Krause, e Vicente Correira Lima Neto. "Distribuição de aglomerados subnormais na rede urbana e nas grandes regiões brasileiras." N. 2012. Texto para Discussão, Ipea, 2014.

Nascimento, Arlindo Mello do "População e família brasileira: ontem e hoje." Paper presented at the *XV Encontro Nacional de Estudos Populacionais, ABEP*(2006).

Naves, Rubens *Organizações Sociais – A construção do modelo* (São Paulo:, Editora Quartier Latin, 2014).

Nepstad, Daniel C., Claudia M. Stickler, Britaldo Soares-Filho e Frank Merry. "Interactions among Amazon land use, forests and climate: prospects for a near-term forest tipping point" *Philosophical Transactions of the Royal Society B*, n. 363 (2008), pp. 1737-1746.

_____. Britaldo S. Soares-Filho, Frank Merry, André Lima, Paulo Moutinho, John Carter, Maria Bowman et al. "The end of deforestation in the Brazilian Amazon." Science 326, n. 5958 (2009), pp. 1350-1351.

Neto, Lira. *Getúlio. Do governo provisório à ditadura do Estado Novo (1930-1943)* (São Paulo: Companhia das Letras, 2013).

_____. *Getúlio. Dos anos de formação à conquista do poder (1882-1930)* (São Paulo: Companhia das Letras, 2012).

_____. *Getúlio. Da volta pela consagração popular ao suicídio* (São Paulo: Companhia das Letras, 2014).

Netto, José V.R., Lucio Bittencourt e Pedro Malafaia." Políticas culturais por meio de organizações sociais em São Paulo: expandindo a qualidade da democracia?" Acesso em 12/1/2018, em: <http://culturadigital.br/politicaculturalcasaderuibarbosa/files/2012/09/Jose-Verissimo-Rom%-C3%A3o-Netto-et-alii.pdf>.

Nevesa, Marcos Fava, Allan W. Grayb e Brian A. Bourquard, "Copersucar: A World Leader in Sugar and Ethanol" *International Food and Agribusiness Management Review*, 19 n. 2 (2016), pp. 207-240.

Nicholson, Brian *A previdência injusta: como o fim dos privilégios pode mudar o Brasil. São Paulo*: Geração Editorial, 2007.

Ninaut, Evandro Scheidt e Marcos Antonio Matos, "Panorama do cooperativismo no Brasil: Censo, exportações e faturamento" *Informações Econômicas, SP*, 38 n. 8 (ago. 2008), pp. 43-55.

Nobrega Júnior, José Maria Pereira de "Os Homicídios no Nordeste Brasileiro." Acesso em 10/12/2017 em:: <http://www.justica.gov.br/sua-seguranca/seguranca-publica/analise--e--pesquisa/download/estudos/sjcvolume6/os_homicidios_ne_brasileiro.pdf>.

_____. "Os homicídios no Brasil, no Nordeste e em Pernambuco: dinâmica, relações de causalidade e políticas públicas" (tese de doutorado, Universidade Federal de Pernambuco, Recife, 2010).

Nogueira, Fernando Tadeu Pongelupe e Danilo R. D. Aguiar. "Efeitos da Desregulamentação na Extensão e no Grau de Integração do Mercado Brasileiro de Café" *Revista de Economia*, 37, n. 3 (set./dez. 2011), pp. 21-46.

Noronha, Mayara Silva de. "Multiplicidades da Favela" (tese de doutorado, FGV-São Paulo, 2017).

Noronha, Eduardo G. "Informal, illegal and unfair: perceptions of labor markets in Brazil" *Revista Brasileira de Ciências Sociais*, 18, n. 53 (Out/2003), pp. 111-129.

Nozaki, Victor Toyoji de. "Análise do setor de saneamento Básico no Brasil" (Dissertação de Mestrado, FEA-USP, Ribeirão Preto, 2007).

Okie, Susan. "Fighting HIV - Lessons from Brazil", *New England Journal of Medicine,* 354 (Mio 11, 2006), pp. 1977-1981.

Oliveira, Antonio Braz de e Mérida Herasme Medina, "Produto Interno Bruto por Unidade da Federação – 1985-1998" (Ipea, n. 677; Brasília, outubro de 1999).

Oliveira, Felipe Proenço de, Tazio Vanni, Hêider Aurélio Pinto, Jerzey Timoteo Ribeiro dos Santos, Alexandre Medeiros de Figueiredo, Sidclei Queiroga de Araújo, Mateus Falcão Martins Matos e Eliana Goldfarb Cyrino.

"Mais Médicos: um programa brasileiro em uma perspectiva internacional." *Interface-Comunicação, Saúde, Educação* 19 (2015), pp. 623-634.

Oliveira, Gleick Meira e Thaís Maia Rodrigues. "A nova lei de combate aos crimes contra a liberdade sexual: Uma análise acerca das modificações trazidas ao crime de estupro", em: <http://www.ambito- juridico.com.br/site/index.php?n_link=revista_artigos_leitura&artigo_id=9553>.

Oliveira, J. de C. e F. R. Albuquerque. "A mortalidade no Brasil no período 1980-2004: desafios e oportunidades para os próximos anos." Rio de Janeiro: Instituto Brasileiro de Geografia e Estatística (2005).

Oliveira, Viviane Fernanda de. "Do BNH ao Minha Casa Minha Vida: Mudanças e permanências na política habitacional." *Caminhos de Geografia, revista on line,* Uberlândia, v. 15, n. 50, ju. 2014, pp. 36-53. Acesso em 7/12/2017, em: <http://www.seer.ufu.br/index.php/caminhosdegeografia/article/view/22937>.

Oliveira, Francisco Eduardo Barreto de, Kaizô Iwakami Beltrão e Antonio Carlos de Albuquerque David. "Dívida da União com a Previdência Social: uma perspectiva histórica" (Texto para discussão Nº 638, Rio de Janeiro: Ipea, 1999).

Oliveira, Ribamar. "Delfim Netto: Plano Real Acentuou Redução da Capacidade Exportadora Brasileira" *Jornal Valor Econômico,* 29/06/2014.

Oliveira, Romualdo Portela de. A transformação da educação em mercadoria no Brasil", *Revista Educação e Sociedade* 30 n. 108 (2009), pp. 739-760.

Oliveira, Talita Raquel de "Dependência e criação de trajetória no terceiro setor – Um estudo de caso na ONG Parceiros Voluntários" (Dissertação de Mestrado; Universidade do Valle do Rio dos Sinos – UNSINOS, São Leopoldo, 2013).

Oliveira, Wilson José Ferreira de "Gênese e redefinições do militantismo ambientalista no Brasil, " *DADOS Revista de Ciências Sociais,* 51:3 (2008), pp. 751-777.

Olivo, Luis Carlos Cancellier de *As organizações Sociais e o novo espaço público* (Florianópolis: Editorial Studium, 2005).

Oro, Ari Pedro "A política da Igreja Universal e seus reflexos nos campos religioso e político brasileiros" *Revista Brasileira de Ciências Sociais,* 18 n. 53 (outubro 2003), pp. 53-69.

Osorio, Rafael Guerreiro "A desigualdade racial de renda no Brasil: 1976-2006" (tese de doutorado, Universidade de Brasília, 2009).

_____. "O sistema classificatório de "cor ou raça" do IBGE" (Texto para discussão n. 996; Brasília: Ipea, 2003).

_____, "A mobilidade social dos negros brasileiros" (Texto para discussão n. 1033; Brasília: Ipea, 2004).

_____. Pedro HGF de Souza, Sergei SD Soares, e Luis Felipe Batista de Oliveira. "Perfil da pobreza no Brasil e sua evolução no período 2004-2009." Texto para Discussão, n. 1647. Instituto de Pesquisa Econômica Aplicada (Ipea), 2011.

Ossewaarde, Ringo, Andre Nijhof e Liesbet Heyse, "Dynamics of NGO Legitimacy: How Organising Betrays Core Missions of INGOs" *Public Administration and Development.* 28 (2008), pp. 42-53.

Pacheco, Carlos Américo e Neide Patarra, eds., *Dinâmica demográfica regional e as novas questões populacionais no Brasil* (Campinas: Instituto de Economia/Unicamp, 2000).

Paes de Barros, Ricardo, Samuel Franco e Rosane Mendonça, "Discriminação e segmentação no mercado de trabalho e desigualdade de renda no Brasil" Rio de Janeiro, Ipea, texto para discussão n. 1288 (2007).

Paim, Jairnilson, Claudia Travassos, Celia Almeida, Ligia Bahia e James Macinko. "The Brazilian health system: history, advances, and challenges", *The Lancet* 377, n. 9779 (2011), pp. 1778-1797.

Pamplona, Fernanda Bittencourt "Os investimentos diretos estrangeiros na indústria do varejo nos supermercados no Brasil" (Dissertação de Mestrado, Universidade Federal de Pernambuco, Recife, 2007).

Pasternak, Suzana. "Favelas no Brasil e em São Paulo: avanços nas análises a partir da Leitura Territorial do Censo de 2010", *Cadernos Metropolitanos* (São Paulo), 18 n. 35 (Abr. 2016).

Pastore, José *Inequality and Social Mobility in Brazil* Madison, University of Wisconsin Press, 1981.

_____ e Nelson do Valle Silva, "Análise dos Processos de Mobilidade Social no Brasil no Último Século" Trabalho apresentado no *XXV Encontro Anual da ANPOCS* (Caxambu, de 16 a 20 de outubro de 2001), encontrado em: <http://www.josepastore.com.br/artigos/td/td_015.htm>.

_____ e Nelson do Valle Silva, *Mobilidade Social no Brasil*. São Paulo: Makron, 2000.

Patara, Neide, Rosana Baeninger e José Marcos Pinto da Cunha, "Dinâmica demográfica recente e a configuração de novas questões populacionais"in Carlos Américo Pacheco e Neide Patarra, eds., Dinâmica demográfica regional e as novas questões populacionais no Brasil (Campinas: Instituto de Economia/Unicamp, 2000).

Paula, Marilene de e Dawid Danilo Barlet, eds., *Mobilidade Urbana no Brasil. Desafios e alternativas* Rio de Janeiro: Fundação Heinrich Boll, 2016.

Pereira, Adriana Jimenez e Lúcia Yasuko Izumi Nichiata, "A sociedade civil contra a Aids: demandas coletivas e políticas públicas" *Ciência & Saúde Coletiva*, 16 n. 7 (julio, 2011), pp.. 3249-3257.

Pereira, Ranon Bento e Glauber Lopes Xavier, "A propriedade da terra e a política brasileira durante a nova república (1985-2014). A bancada ruralista e a questão agrária contemporânea (52ª, 53ª e 54ª legislaturas)". Trabalho disponível em: *ANAIS - Seminário de Pesquisa, Pós-Graduação, Ensino e Extensão do CCSEH SEPE, 2016*.

Pereira, Luiz Carlos Bresser " Inflação Inercial e o Plano Cruzado" *Revista de Economia Política* 6, n. 3 (julho-setembro 1986), pp. 9-24.

Perlman, Janice E. *The myth of marginality: Urban poverty and politics in Rio de Janeiro*. Berkeley: University of California Press, 1979.

_____, *Favela: Four decades of living on the edge in Rio de Janeiro*. New York: Oxford University Press, 2010.

Petersen, Samanta *O polo Saúde de Teresina é referência em atendimento*. Cidadeverde. com, Acesso em 17-12-2017, em: <https://cidade-verde.com/vida/68938/especial-polo-saude-de-teresina-e-referencia-em- atendimento>.

Petruccelli, José Luis "Seletividade por cor e escolhas conjugais no Brasil dos 90", *Estudos Afro-Asiáticos*, 23 n. 1 (2001), pp. 29-51.

Piketty, Thomas *Capital in the 21st Century* (Cambridge: Harvard University Press, 2014).

Pinheiro, Armando Castelar *A experiência Brasileira de Privatização: O que vem a seguir* (Rio de Janeiro: Ipea, Texto para discussão n. 87, 2002).

Pinheiro, Marcos Antonio Henriques. *Cooperativas de Crédito: História da evolução normativa no Brasil* (6th ed.; Brasília: Banco Central do Brasil, 2008), pp.7-8.

Pinheiro,Vinícius Carvalho. "Inflação, poder e processo orçamentário no Brasil-1988 a 1993." *Revista do Serviço Público* 47 n. 1 (1996).

Pinto, Céli Regina Jardim "As ONGs e a Política no Brasil: Presença de Novos Atores" *Dados*, 49 n. 3 (2006), pp. 650-651.

Pinto, José Marcelino de Rezende "O acesso à educação superior no Brasil" *Revista Educação e Sociedade* 25 n. 88 (2004), pp. 727-756.

Pinto, Sol Garson Braule. "Regiões metropolitanas: obstáculos institucionais à cooperação em políticas urbanas" (tese de doutorado, Universidade Federal do Rio de Janeiro, Rio de Janeiro, 2007).

Pintos-Payeras, José Adrian "Análise da progressividade da carga tributária sobre a população brasileira", *Pesquisa e Planejamento Econômico*, 40 n. 2 (ago. 2010), pp. 153-186.

Prado, Thayse Cristiane Severo do. "Segregação residencial por índices de dissimilaridade, isolamento e exposição,com indicador renda, no espaço urbano de Santa Maria - RS, por geotecnologias" (dissertação de mestrado, Universidade Federal de Santa Maria, 2012).

Prata, Pedro Reginaldo. "A Transição Epidemiológica no Brasil, " *Cadernos de Saúde Pública,* 8 n. 2 (abr/jun, 1992), pp. 168-175.

Prates, Daniela Magalhães. *O regime de câmbio flutuante no Brasil, 1999-2012. Especificidades e dilemas* (Brasília: Ipea, 2015).

Quine, Maria Sophia. *Italy's Social Revolution: Charity and Welfare from Liberalism to Fascism*. (New York: Palgrave, 2002).

Rabuske, Irineu José, Paola Lucena dos Santos, Hosana Alves Gonçalves e Laura Traub, "Evangélicos brasileiros: Quem são, de onde vieram e no que acreditam? *Revista Brasileira de História das Religiões,* IV, n. 12 (jan/2012), pp. 255-267.

Raiser, Martins Raiser, M., Clarke, R., Procee, P., Briceno-Garmendia, C., Kikoni, E., Kizito, J., & Viñuela, L. (2017). *Back to Planning: How to Close Brazil's Infrastructure Gap in Times of Austerity*. (Washington, D.C.: World Bank Group, Julho 2017).

Ramos, Lauro R. A. e José Guilherme Almeida Reis. "Distribuição da renda: aspectos teóricos e o debate no Brasil", in José Marcio Camargo e Fabio Giambiagi (orgs.), *Distribuição de renda no Brasil* (Rio de Janeiro: Paz e Terra, 2000), pp. 21-45.

_____ e Ana Lúcia Soares. "Participação da mulher na força de trabalho e pobreza no Brasil" (Texto para discussão n. 350, Ipea, 1994).

Redwood II, John *World Bank Approaches to the Brazilian Amazon: The Bumpy Road toward Sustainable Development* (LCR Sustainable Development Working Paper n. 13; Washington DC: World Bank, nov/2002).

Rego, J. M. *Inflação inercial, teoria sobre inflação e o Plano Cruzado* (Rio de Janeiro: Paz e Terra, 1986).

Reich, Gary e Pedro dos Santos, "The Rise (and Frequent Fall) of Evangelical Politicians: Organization, Theology, and Church Politics", *Latin American Politics and Society*, 55 n. 4 (2013), pp. 1-22.

Reydon, Bastiaan Philip. "Governança de terras e a questão agrária no Brasil" *in* Antônio Márcio Buainain, et al., eds., *O mundo rural no Brasil do século 21* (Brasília: Embrapa, 2014).

Rezende, André Lara. "Estabilização e Reforma" *in* Paiva, Abreu, Mario Henrique Simonsen e Roberto Campos, *A Nova Economia Brasileira* (Rio de Janeiro: José Olympio, 1979).

Rial, Carmen "Neo-Pentecostals on the Pitch Brazilian Football Players as Missionaries Abroad" in Jeffrey D. Needell, ed. *Emergent Brazil: Key Perspectives on a New Global Power.* (Gainesville: University of Florida Press, 2015).

Ribeiro, Carlos Antonio Costa, *Estrutura de classe e mobilidade social no Brasil* (Bauru, SP: Educ, 2007).

_____. "Classe, Raça e Mobilidade Social no Brasil *Dados - Revista de Ciências Sociais*, 49 n. 4 (2006), pp. 833-873.

_____. "Quatro décadas de mobilidade social no Brasil" *Dados: revista de ciências sociais*, 55, n. 3 (2012), pp. 641-679.

_____. "Tendências da desigualdade de oportunidades no Brasil: mobilidade social e estratificação educacional", *Boletin, Mercado de trabalho: conjuntura e análise* (Ipea) (Abril 2017), pp.49-65.

_____ e Maria Celi Scalon, "Mobilidade de Classe no Brasil em Perspectiva Comparada, *Dados, Revista de Sciências Sociais*, 44 n. 1 (2001), pp. 53-96.

_____ e Nelson do Valle Silva, "Cor, Educação e Casamento: Tendências da Seletividade Marital no Brasil, 1960 a 2000" *DADOS – Revista de Ciências Sociais*, 52, n. 1 (2009), pp.7-51.

Ribeiro, Milton Cezar, Jean Paul Metzger, Alexandre Camargo Martensen, Flávio Jorge Ponzoni e Márcia Makiko Hirota, "The Brazilian Atlantic Forest: How much is left, and how is the remaining forest distributed? Implications for conservation" *Biological Conservation* 142 (2009), pp. 1141–1153.

Roberto DaMatta. *Universo do futebol. Esporte e sociedade brasileira.* Rio de Janeiro, Pinakotheke, 1982.

Rocha, Sonia "Impacto sobre a pobreza dos novos programas federais de transferência de renda", n.d. <http://www.anpec.org.br/encontro2004/artigos/A04A137.pdf>.

_____. "O impacto distributivo do imposto de renda sobre a desigualdade de renda das famílias", *Pesquisa e Planejamento Econômico,* 32 n. 1 (abril 2007), pp. 73-105.

_____. *Pobreza no Brasil: afinal, de que se trata?* Rio de Janeiro: FGV Editora, 2003.

_____. "Poverty Upsurge in 2015 and the Rising Trend in Regional and Age Inequality among the Poor in Brazil." *Nova Economia*, v. 29, n. 1 (2019), pp. 249-275.

Rodarte, José Cláudio. "A evolução da previdência complementar fechada no Brasil, da década de 70 aos dias atuais: Expectativas, Tendências e Desafios" (dissertação de mestrado, UFMG, 2011).

Rodrigues, Iram Jácome. "Igreja e Movimento Operário nas origens do Novo Sindicalismo no Brasil (1964-1978)" *História, Questões & Debates* (Curitiba) 29 (1998), pp. 25-58.

Rodrigues, Leôncio Martins "As tendências políticas na formação das centrais sindicais" in Armando Boito, ed., *O sindicalismo brasileiro nos anos 80* (Rio de Janeiro: Paz e Terra, 1991), pp. 11-42.

_____. "Sindicalismo e classe operaria (1930-1964)" in Boris Fausto, ed., *História Geral da Civilização Brasileira* (São Paulo: São Paulo, Difel, 1986), Tomo III. vol 10: 509-555.

_____. "Sindicalismo corporativo no Brasil" in *Partidos e sindicatos: escritos de sociologia política* (Rio de Janeiro: Centro Edelstein de Pesquisas Sociais, 2009), pp. 38- 65.

Rodrigues, Walter "Progress and problems of family planning in Brazil" *Demography*, 5, no. 2 (1968), pp. 800-810.

Rollemberg, Denise "Memória, Opinião e Cultura Política. A Ordem dos Advogados do Brasil sob a Ditadura (1964-1974)" in Daniel Aarão Reis e Denis Rolland, eds., *Modernidades Alternativas* (Rio de Janeiro: Ed. Fundação Getúlio Vargas, 2008), pp. 57- 96.

Rolnik, Raquel e Kazuo Nakano. "As armadilhas do pacote habitacional." *Le monde diplomatique, Brasil,* Edição 20, março de 2009, 1-5. Acesso em 27/11/2017, em: <https://diplomatique.org.br/as-armadilhas-do-pacote-habitacional/>.

Rubim, Antonio Albino Canelas, ed., *Políticas Culturais no Governo Lula* (Salvador: Edufba, 2010).

Salas, Carlos e Marcia Leite, "Segregación Sectorial por Género: Una Comparación Brasil-México", *Cadernos Prolam/USP*, 7 n. 2 (2007).

Sampaio, Helena, Fernando Limongi e Haroldo Torres. *Equidade e heterogeneidade no ensino superior brasileiro.* Nupes-USP, Documento de Trabalho 1/00, s/d.

Sánchez-Albornoz, Nicolás *La población de América latina: desde los tiempos precolombinos al año 2025* (Madrid: Alianza, 1994).

Sanchis, Pierre "As religiões dos brasileiros." *Horizonte* 1 n. 2 (2009), pp. 28-43.

Sano, Hironobu e Fernando Luiz Abrucio, "Promessas e Resultados da Nova Gestão Pública no Brasil: o Caso das Organizações Sociais em São Paulo" *Revista de Administração de Empresas*, 48, n. 3 (2008), pp. 64-80.

Santana, Leonardo Ferreira de "Análise do desempenho dos serviços prestados através das organizações sociais de saúde no Estado do Rio de Janeiro" (dissertação de mestrado, FGV-RJ, Rio de Janeiro, 2015).

Santos, Ana Jacira dos. "As comunidades eclesiais de base no período de 1970 a 2000" (tese de doutorado; Natal: Universidade Federal do Rio Grande do Norte, 2002).

Santos, Ana Lúcia dos. "Delegacia de defesa da mulher: um lugar de queixas – queixas de um lugar" (dissertação de mestrado; Unesp, Assis, 2007).

Santos, Ana Pereira dos "Entre Embaraços, Performances e Resistências: a Construção da queixa de violência doméstica de mulheres em uma Delegacia" (dissertação de mestrado; Viçosa, Universidade Federal de Viçosa, 2014).

Santos, Cláudio Hamilton M. *Políticas Federais de Habitação no Brasil: 1964/1980* (Brasília: Ipea, 1999).

Santos, Everson Vieira dos. "Estudo da estrutura de mercado do setor supermercadista do Rio Grande do Sul e Identificação do Grau de concentração.", encontrado em: <https://www.fee.rs.gov.br/4-encontro-economia.../estudos-setoriais-sessao3-3.doc>.

Santos, Leonor Maria Pacheco, Ana Maria Costa, e Sábado Nicolau Girardi. "Programa Mais Médicos: uma ação efetiva para reduzir iniquidades em saúde" *Ciência & Saúde Coletiva*, 20 (2015), pp. 3547-3552.

Sayad, João *Planos Cruzado e Real: Acertos e desacertos* (Rio de Janeiro: Ipea, Seminários Dimac n. 30, set. 2000).

_____ e Francisco Vidal Luna. "Política Anti-inflacionaria y el Plan Cruzado". In *Neoliberalismo y Políticas Economicas Alternativas*. Quito, Corporacion de Estudios para el Desarrolo (Cordes) 1987.

Scalon, Maria Celi. *Mobilidade Social no Brasil: Padrões e Tendências* (Rio de Janeiro: Revan/IUPERJ-UCAM, 1999).

Schlesener, Anita Helena Helena e Donizete Aparecido Fernandes. "Os Conflitos Sociais no Campo e a Educação: a Questão Agrária no Brasil." *Cadernos de Pesquisa: Pensamento Educacional* 10 n. 24 (2017), pp. 131-148.

Schwartzman, Luisa Farah "Does Money Whiten? Intergenerational Changes in Racial Classification in Brazil, *American Sociological Review*, 72 (December, 2007), pp.940-963.

_____ e Graziella Moraes Dias da Silva. "Unexpected narratives from multicultural policies: Translations of affirmative action in Brazil" *Latin American and Caribbean Ethnic Studies* 7 n. 1 (2012), pp. 31-48.

_____ e Angela Randolpho Paiva, "Not just racial quotas: affirmative action in Brazilian higher education 10 years later" *British Journal of Sociology of Education* 37 n. 4 (2016), pp. 548-566.

Schwartzman, Simon *A Space for Science - The Development of the Scientific Community in Brazil.* (College Station, Pa.: The Pennsylvania State University Press, 1991).

_____. Eunice Ribeiro Durham e José Goldemberg. *A educação no Brasil em perspectiva de transformação.* São Paulo, Projeto sobre Educação na América Latina, junho 1993. Acesso em 18/10/2017: <http://www.schwartzman.org.br/simon/transform.htm>.

_____. Helena M.B. Bomeny e Vanda M.R. Costa. *Nos tempos de Capanema* (São Paulo, Editora USP e Paz e Terra, 1984).

Schwarzer, Helmut e Ana Carolina Querino. *Benefícios sociais e pobreza: programas não contributivos da seguridade social brasileira* (Brasília: Ipea, Texto para Discussão n. 929, 2002).

Scorzafave, Luiz Guilherme Dacar da Silva "Caracterização da inserção feminina no mercado de trabalho e seus efeitos sobre a distribuição de renda"(tese de doutorado, FEA/USP, 2004).

Sedgh, Gilda Stanley Henshaw, Susheela Singh, Elisabeth Åhman e Iqbal H Shah, "Induced abortion: estimated rates and trends worldwide, " *Lancet* 370 (Out, 13, 2007), pp. 1338-1345.

Segura-Ubiergo, Alex *The political economy of the welfare state in Latin America: globalization, democracy, and development* (Cambridge: Cambridge University Press, 2007).

Segura-Ubiergo, Alex *The political economy of the welfare state in Latin America: globalization, democracy, and development* (Cambridge: Cambridge University Press, 2007).

Serra, José "Ciclos e Mudanças Estruturais na Economia Brasileira do Pós-Guerra" in Luiz Gonzaga de Mello Belluzzo e Renata Coutinho, eds., *Desenvolvimento Capitalista no Brasil. Ensaios sobre a Crise.* (São Paulo: Brasiliense, 1981).

Serra, Tompson Almeida e Rodrigo Valente Serra, eds. *Cidades médias brasileiras.* Rio de Janeiro: Ipea, 2001.

Sesso Filho, Umberto Antonio "O setor supermercadista no Brasil nos anos 1990" (Tese de Doutorado, Escola de Superior de Agricultura "Luiz de Queiroz", Universidade de São Paulo, Piracicaba, 2003).

Silva, Dilena Dustan Lucas da. "Organizações não governamentais: um estudo de caso da Federação de Órgãos para Assistência Social e Educacional (FASE)" (tese de doutorado, Universidade Federal do Rio Grande do Sul, 2005).

Silva, Elvis Vitoriano da "Desigualdade de renda no espaço intra-urbano: análise da evolução na cidade de Porto Alegre no período 1991-2000" (dissertação de mestrado, Universidade Federal do Rio Grande do Sul, 2011).

Silva Luiz Inácio Lula da Silva, Speech in the ceremony launching the PAC "Programa de Aceleração do Crescimento", jan/2007. Disponível em: <http://congressoemfoco.uol.com.br/noticias/leia-o-discurso-de-lula-no-lancamento-do-pac/>. Acesso em 12.04.2018.

Silva, Marlon Lima da e Helena Lúcia Zagury Tourinho, "O Banco Nacional de Habitação e o Programa Minha Casa Minha Vida, duas políticas habitacionais e uma mesma lógica locacional", *Cadernos Metrópole* (São Paulo) 17 n. 34 (Nov. 2015), pp. 401-417.

Silva, Mauro Osório da *A crise do Rio de suas especificidades.* Acesso em 20/11/2017, em: <http://www.ie.ufrj.br/intranet/ie/userintranet/hpp/arquivos/especificidades_crise.pdf>.

Silva, Rodrigo Manoel Dias da "As políticas culturais brasileiras na contemporaneidade: mudanças institucionais e modelos de agenciamento" *Revista Sociedade e Estado,* 29 n. 1, (2014), pp. 199-204.

Silva, Silvio Fernandes da, "Organização de redes regionalizadas e integradas de atenção à saúde: desafios do Sistema Único de Saúde (Brasil)" *Ciência & Saúde Coletiva* 16 (2011), pp. 2753-2762.

Silva, Vanice M. Da, Sheyla L. Lima e Marcia Teixeira. "Organizações e Fundações Estatais de Direito Privado no Sistema Único de Saúde: relação entre o público e o privado e mecanismos de controle social" *Saúde Debate* (Rio de Janeiro) 39, n. Especial (dez. 2015), pp. 145-159.

Silva, Susana Maria Veleda da. "Inovações nas políticas populacionais: o planejamento familiar no Brasil" *Scripta Nova, Revista Electrónica de Geografía y Ciencias Sociales.*(Universidad de Barcelona) 69 n. 25 (1 de agosto de 2000), em: <http://www.ub.edu/geocrit/sn-69-25.htm>.

Silva, Vanusa Maria Queiroz da. "O Raio-X do Terceiro Setor" (dissertação de mestrado, CPDOC-FGV, Rio de Janeiro, 2008).

Silveira, Fernando Gaiger *Equidade fiscal: impactos distributivos da tributação e do gasto social.* (Brasília: ESAF; Tesouro Nacional, 2012, XVII Prêmio Tesouro Nacional – 2012).

_____. *Tributação, Previdência e Assistência Sociais: Impactos distributivos.* (tese de doutorado, Unicamp, Campinas, 2008).

Silveira, Marcos A.C. da *Intervenção da Autoridade Monetária no Mercado de Câmbio em Regime de Flutuação Administrada* (Nota Técnica n. 34; Brasília: Banco Central do Brasil, 2003).

Simonsen, Mario Henrique *Inflação, Gradualismo x Tratamento de Choque* (Rio de Janeiro: Apec, 1970).

_____. "Inflação Brasileira: lições e perspectivas" *Revista Brasileira de Economia,* 5 n. 4, (out-dez. 1985), pp. 15-31.

Singer, Paul *Economia Política de la Urbanización* (Mexico: Siglo Ventiuno Editores, 1978).

Singh, Susheela e Gilda Sedgh, "The Relationship of Abortion to Trends in Contraception and Fertility in Brazil, Colombia and Mexico", *International Family Planning Perspectives,* 23:1 (mar/1997), pp. 4-14.

Siqueira, Arnaldo Augusto Franco de, Ana Cristina d'Andretta Tanaka, Renato Martins Santana, e Pedro Augusto Marcondes de Almeida. "Mortalidade materna no Brasil, 1980, *Revista de Saúde Pública* 18 (1984), pp. 448-465.

Skidmore, Thomas E. *Politics in Brazil, 1930-1964: An Experiment In Democracy.* New York, Oxford University Press, 1967.

_____. *The Politics of Military Rule in Brazil, 1964-85* (New York: Oxford University Press, 1988).

_____. *Brasil: de Getúlio a Castelo* (Rio de Janeiro: Paz e Terra, 2003).

Soares, Luisa de Azevedo Senra. "A oferta de trabalho voluntário no Brasil" (Dissertação de Mestrado, FEA, USP, 2014).

Soares, Sergei "Análise de bem-estar e decomposição por fatores da queda na desigualdade entre 1995 e 2004." *Econômica* 8:1 (2006), pp. 83-115.

Soares-Filho, Britaldo Silveira, Daniel Curtis Nepstad, Lisa M. Curran, Gustavo Coutinho Cerqueira, Ricardo Alexandrino Garcia, Claudia Azevedo Ramos, Eliane Voll, Alice McDonald, Paul Lefebvre e Peter Schlesinger. "Modelling conservation in the Amazon basin", *Nature* 440, n. 7083 (2006), pp. 520-523.

Sola, Lourde. "O Golpe de 37 e o Estado Novo" in Carlos Gilherme Motta, ed., *Brasil em Perspectiva* (São Paulo: Difusão Europeia do Livro, 1969), pp. 257-284.

Sonia Rocha, "Desigualdade regional e pobreza no Brasil: A Evolução - 1981/95"Ipea, n. 567 (1998).

Sorj, Bernardo. "Sociedade civil e política no Brasil" Seminário sociedade civil e democracia na América Latina: crise e reinvenção da política. *Anais do Instituto Fernando Henrique Cardoso e Centro Edelstein de Pesquisas Sociais*, São Paulo, 2006.

Sousa, Bertone de Oliveira. "Entre a espera pelo céu e a busca por bem-estar" in Jérri Roberto Marin e André Dioney Fonseca, eds., *Olhares Sobre a Igreja Assembleia De Deus* (Campo Grande, MS, Editora UFMS, 2015).

Souza, Pedro Herculano Guimarães Ferreira de. *A desigualdade vista do topo: a concentração de renda entre os ricos no Brasil, 1926-2013* (Tese de Doutorado, Universidade de Brasília/ Sociologia, 2016).

Souza, André Portela "Politicas de distribuição de renda no Brasil e o Bolsa Família" in Edmar Lisboa Bacha e Simon Schwartzman, eds. *Brasil: A nova agenda social* (Rio de Janeiro: LTC, 2011), pp. 166-186.

Souza, Georgia Costa de Araújo "O SUS nos seus 20 anos: reflexões num contexto de mudanças" *Saúde Social* (São Paulo) 19 n. 3 (2010), pp. 509-517.

Souza, Maria do Carmo Campello de. *Estado e Partidos Políticos no Brasil 1930 a 1964* (São Paulo: Alfa-Ômega, 1990).

Souza, Pedro Ferreira de, Carlos Antonio Costa Ribeiro, e Flavio Carvalhaes. "Desigualdade de oportunidades no Brasil: considerações sobre classe, educação e raça." *Revista Brasileira de Ciências Sociais* 25 n. 73 (2010), pp. 77-100.

Souza, Pedro H. G. F. "Top Incomes in Brazil, 1933-2012: A Research Note" (Dezembro 11, 2014). Disponível em: <http://dx.doi.org/10.2139/ssrn.2537026>, Acesso em 6/10/2017.

Spalding, Rose J. "Welfare Policymaking: Theoretical Implications of a Mexican Case Study" *Comparative Politics*, 12 n. 4 (Julho, 1980), pp.419-438.

Spedo, Sandra Maria "Desafios para implementar a integralidade da assistência à saúde no SUS: estudo de caso no município de São Paulo" (tese de doutorado, Faculdade de Saúde Pública/USP, 2009).

Spegler, Rafael Luís. "Racionalidade política e econômica no governo Geisel (1974-1979): um estudo sobre o II PND e o projeto de institucionalização do regime militar" (Dissertação de Mestrado, UFRGS, Porto Alegre, 2015).

Spinazzola, Patrícia Cezario Silva. "Impactos da regularização fundiária no espaço urbano" (dissertação de mestrado, FAU/USP, 2008).

Suárez, Naila López Cabaleiro. *O modelo de gestão das organizações sociais de cultura em São Paulo* (São Paulo, FGV, agosto 2011).

Szmrecsányi, Tamás, ed. *História econômica da cidade de São Paulo* (São Paulo, Editora Globo, 2005).

_____, "O Desenvolvimento da Produção Agropecuária (1930-1970)" in Boris Fausto, ed,. *História da civilização brasileira*. v. III. O Brasil Republicano, 4. Economia e cultura (1930-1964). Rio de Janeiro: Bertrand Brasil, 1995, pp. 107-207.

Tavares, Priscilla Albuquerque. "Efeito do Programa Bolsa Família sobre a oferta de trabalho das mães" *XVI Encontro Nacional de Estudos Populacionais, ABEP* (2008).

Tavares, Maria da Conceição *Destruição não criadora* (Rio de Janeiro: Record, 1990).

_____. "Auge e declínio do processo de substituição" in Maria da Conceição Tavares, ed., *Da substituição de importações ao capitalismo financeiro* (Rio de Janeiro: Zahar, 1972).

Taylor, P.J. *Worlds of Large Cities: Pondeering Castells' Space of Flows*. Globalization and World Cities Study Group and Network. Research Bulletin 14 <http://www.lboro.ac.uk/gawc/rb/rb14.html>.

Teixeira, Ana Claudio Chaves *Identidade em construção: as Organizações Não-Governamentais no processo Brasileiro de democratização* (São Paulo: AnnaBlume, 2003).

_____. "A atuação das organizações não-governamentais: entre o Estado e o conjunto da sociedade" in Evelina Dagnino, ed., *Sociedade civil e espaços públicos no Brasil* (São Paulo: Paz e Terra, 2002), pp. 26-78.

Teixeira, Sivanilza Machado, João Gilberto Mendes Dos Reis, Rodrigo Couto Santos, Rone

Vieira Oliveira, Walter Hernandez Vergara e Rodrigo Aparecido Jordan. "Qualidade do transporte urbano de passageiros: uma avaliação do nível de serviço do sistema do metropolitano de São Paulo/Quality of the urban passenger transport: an evaluation of the level service system metropolitan of São Paulo." *Revista Metropolitana de Sustentabilidade* 4, n. 1 (2014), pp. 3-20.

Telles, Edward E. *Race in another America: The significance of skin color in Brazil* (Princeton: Princeton University Press, 2014).

_____ e Marcelo Paixão, "Affirmative Action in Brazil" *Lasa Forum*, 44 n. 2 (spring 2013), pp. 10-12.

Tenjo, Jaime, Rocío Ribero e Luisa Fernanda Bernat D. *Evolución de las diferencias salariales por sexo en seis países de América Latina: un intento de interpretación.* CEDE, Centro de Estudios sobre Desarrollo Económico, Facultad de Economía, Universidad de los Andes, 2005.

Torche, Florencia "Unequal but fluid: social mobility in Chile in comparative perspective", *American Sociological Review* 70 n. 3 (2005), pp. 422-450.

_____. "Intergenerational mobility and inequality: The Latin American case." *Annual Review of Sociology* 40 (2014), pp. 619-642.

_____ e Carlos Costa Ribeiro, "Pathways of change in social mobility: Industrialization,education and growing fluidity in Brazil" *Research in Social Stratification and Mobility* 28 (2010), pp. 291-307.

Troiano, Mariele "Os empresários no congresso: a legitimação de interesses via audiências públicas" (dissertação de mestrado; Universidade Federal de São Carlos, 2016).

Valioti, Leandro e Ana Letícia do Nascimento Fialho, eds., *Atlas Econômico da Cultura Brasileira* (2 vols.; Porto Alegre: Editoria da UFRGS/CEGO, 2017).

Vaz, Luiz Felipe Hupsel, Bernardo Hauch Ribeiro de Castro, Carlos Henrique Reis Malburg, Allan Amaral Paes de Mesentier e Filipe de Oliveira Souza. "Transporte sobre trilhos no Brasil: uma perspectiva do material rodante." (2014). Acesso em 14/6/2018, em: <https://web.bndes.gov.br/bib/jspui/bitstream/1408/3021/2/Transporte%20sobre%20trilh os%20no%20Brasil.pdf>.

Veiga, José Eli da. *Cidades imaginárias: o Brasil é menos urbano do que se calcula.* Campinas: Editora Autores Associados, 2002.

Velasco Junior, Licínio, *Privatização, Mitos e Falsas Percepções* (Rio de Janeiro: BNDES, 1999).

Vidal, Aluizio Tadeu Furtado "As perspectivas do Saneamento Básico no Brasil" (tese, Fundação João Pinheiro, Belo Horizonte, 2002).

Vignoli, Jorge A. Rodríguez "Cohabitación en América Latina: ¿modernidad, exclusión o diversidad?" *Papeles de Población* 10, n. 40 (2004), pp. 97-145.

Vilela, Lara, Naercio Menezes-Filho e Thiago Yudi Tachibana. *As cotas nas Universidades Públicas Diminuem a Qualidade dos Alunos Selecionados? Simulações com Dados do ENEN* (São Paulo, Insper, Policy Paper n. 17, jun/2016).

Villela, Annibal Villanova e Wilson Suzigan, *Política do governo e crescimento da economia brasileira, 1889-1945* (Rio de Janeiro: Ipea, 1973).

Viola, Eduardo J. "The ecologist movement in Brazil (1974-1986): from environmentalism to ecopolitics", *International Journal of Urban and Regional Research* 12, n. 2 (Junho 1988), pp. 211-228.

Vollrath, Dietrich "Land Distribution and International Agricultural productivity" *American Journal of Agricultural Economics*, 89, n. 1 (fev/2007), pp. 202-216.

Wahrlich, Beatriz M. de Souza *Reforma Administrativa da Era Vargas* (Rio de Janeiro: Fundação Getúlio Vargas, 1983).

Wajnman, Simone. "Quantidade" e "qualidade" da participação das mulheres na força de trabalho brasileira" in Nathalie Reis Itaboraí e Arlene Martinez Ricoldi, *Até onde caminhou a revolução de gênero no Brasil, Implicações demográficas e questões sociais* (Belo Horizonte: ABEP ebook, 2016).

Weffort, Francisco *O populismo na política brasileira* (Rio de Janeiro: Paz e Terra, 1980).

Weinstein, Barbara, *For Social Peace in Brazil: Industrialists and the Remaking of the Working Class in São Paulo, 1920-1964* (Chapel Hill, N.C.: University of North Carolina Press, 1996).

_____. "The Industrialists, the State, and the Issues of Worker Training and Social Services in Brazil, 1930-50" *Hispanic American Historical Review,* 70 n. 3. (ago/1990), pp. 379-404.

Werneck, Guilherme Loureiro, Ana Luiza Braz Pavão e Mônica Rodrigues Campos, "Autoavaliação do estado de saúde e a associação com fatores sociodemográficos, hábitos de vida e morbidade na população: um inquérito nacional", *Cadernos de Saúde Pública*, 29 n. 4 (2013), pp.723-734.

Werneck, Rogério. *Empresas Estatais e Política Macroeconomica* (Rio de Janeiro: Campus, 1987).

_____. "Poupanca Estatal, Dívida Externa e Crise Financeira do Setor Público" *Pesquisa e Planejamento Econômico*, 16 n. 3 (dezembro 1986), pp. 551-574.

_____. "Alternância política, redistribuição e crescimento, 2004-2010" in Abreu, ed., *A ordem do progresso 2 ed:* 357-381.

_____. "Consolidação da Estabilização e Reconstrução Institucional, 1995-2002" in Abreu, ed. *A ordem do progresso 2 ed:* 331-356.

Wilder, Ariel "Mudanças no setor supermercadista e a formação de associações de pequenos supermercados" (tese de doutorado, Escola de Superior de Agricultura "Luiz de Queiroz", Universidade de São Paulo, Piracicaba, 2003).

Wirth, John D. *The Politics of Brazilian Development 1930-1954.* (Stanford, CA: Stanford University Press, 1970).

Witter, José Sebastião. *Breve história do futebol brasileiro,* São Paulo, FTD, 1995.

Wood, Charles H. e José Alberto Magno de Carvalho, *The Demography of Inequality in Brazil* (Cambridge: Cambridge University Press, 1988).

_____, José Alberto Magno de Carvalho e Cláudia Júlia Guimarães Horta, "The color of child mortality in Brazil, 1950–2000 Social Progress and Persistent Racial Inequality", *Latin American Research Review*, 45 n. 2 (2010), pp. 114-139.

Wulfhorst, Ingo "O Pentecostalismo no Brasil", *Estudos Teológicos* 35 n. 1 (1995), pp. 7- 20.

Xavier, Marcus Renato S. "The Brazilian Sugarcane Ethanol Experience" (Washington, DC: Competitive Enterprise Institute, February 17, 2007).

Ximenes, Assuero Fonseca. "Apropriação do fundo público da saúde pelas Organizações Sociais em Pernambuco", tese de doutorado, UFP, Recife, 2015.

Zago, Nadir. "Do acesso à permanência no ensino superior: percurso de estudantes universitários de camadas populares. " *Revista Brasileira de Educação,* 11 n. 32 (maio/ago. 2006), pp. 226-237.

Zangelmi, Arnaldo José, Fabrício Roberto Costa Oliveira e Izabella Fátima Oliveira de Sales. "Movimentos, mediações e Estado: apontamentos sobre a luta pela terra no Brasil na segunda metade do século XX" *Sociedade e Cultura*, 19 n. 1 (jan-jun/2016), pp. 133-141.

Zucco, Cesar. *Stability without Roots: Party System Institutionalization in Brazil.* Acesso em 25.04.2018, em: <http://fas-polisci.rutgers.edu/zucco/papers/cidob.main-revised.pdf>.

CRÉDITO DAS IMAGENS

German Lorca, *Vista aérea edifício Copan*, 1992 | Lorca Estúdio e Empreendimentos Artísticos   capa e 14-15

Pierre Fatumbi Verger, *Marché Modelo*, Salvador, Brasil, 1946-1947 | Fundação Pierre Verger   22-23

Orlando Brito, *O perfil do poder militar e o povo*, Brasília, DF, c. 1980 | Coleção particular   59

Hildegard Rosenthal, *Bonde na praça do Correio*, São Paulo, SP, c. 1940 | Acervo Instituto Moreira Salles   92-93

Hildegard Rosenthal, *À espera do bonde na Zona Cerealista*, São Paulo, SP, c. 1940 | Acervo Instituto Moreira Salles   138-139

Paula Sampaio, *Rodovia Belém-Brasília*, Tocantins, 1997 | Coleção particular   189

German Lorca, *Viaduto Santa Ifigênia*, 1990 | Lorca Estúdio e Empreendimentos Artísticos   234-235

Cristiano Mascaro, *Viaduto Dr. Eusébio Stevaux*, São Paulo, SP, 1990 | Coleção particular   296-297

Pierre Fatumbi Verger, *Fête da Conceição*, Salvador, Brasil, anos 1950 | Fundação Pierre Verger   346-347

Juca Martins, *Manifestação contra o custo de vida na praça da Sé*, São Paulo, SP, 1978 | Agência Olhar Imagem   392-393

Cristiano Mascaro, *Vale do Anhangabaú*, São Paulo, 1991 | Coleção particular   452-453

German Lorca, *Bombeiros na avenida Matarazzo*, 1965 | Lorca Estúdio e Empreendimentos Artísticos   460-461

AGRADECIMENTOS ESPECIAIS

Cristiano Mascaro

Juca Martins | Agência Olhar Imagem

Orlando Brito

Paula Sampaio | www.paulasampaio.com.br

AGRADECIMENTOS

German Lorca | Lorca Estúdio e Empreendimentos Artísticos

Hildegard Rosenthal | Acervo Instituto Moreira Salles

Pierre Fatumbi Verger | Fundação Pierre Verger

© IMPRENSA OFICIAL DO ESTADO DE SÃO PAULO, 2020
© FRANCISCO VIDAL LUNA
© HERBERT S. KLEIN

Biblioteca da Imprensa Oficial do Estado de São Paulo
Ivone Tálamo – Bibliotecária CRB 1536/8

L96 Luna, Francisco Vidal
História Social do Brasil Moderno/Francisco Vidal Luna [e] Herbert S. Klein; tradução
Heloise Perrone Attuy – São Paulo: Imprensa Oficial do Estado de São Paulo, 2020.
496p. : il.

Bibliografia.
Notas bibliográficas de rodapé.
Índices.
Título original: Modern Brazil: A Social History

ISBN 978-85-401-0181-4.

1. História do Brasil – Aspectos socieconômicos – Séculos 20-21 2. Brasil –
Desenvolvimento social e econômico – História I. Klein, Herbert S. II. Título

CDD 330.981

Índice para catálogo sistemático:
1. Brasil : História : Aspectos socioeconômicos 330.981
2. Brasil : História : Desenvolvimento social e econômico 330.981

Direitos reservados e protegidos
(lei nº 9.610, de 19.02.1998).

Proibida a reprodução total ou parcial sem a
autorização prévia dos editores.

Foi feito o depósito legal na Biblioteca Nacional
(lei nº 10.994, de 14.12.2004).

Grafia atualizada segundo o Acordo Ortográfico da Língua
Portuguesa de 1990, em vigor no Brasil desde 2009.

Impresso no Brasil 2020

IMPRENSA OFICIAL DO ESTADO DE SÃO PAULO
Rua da Mooca 1921 Mooca
03103 902 São Paulo SP Brasil
Sac 0800 0123 401
www.imprensaoficial.com.br

IMPRENSA OFICIAL DO ESTADO DE SÃO PAULO

CONSELHO EDITORIAL
Andressa Veronesi
Flávio de Leão Bastos Pereira
Gabriel Benedito Issaac Chalita
Jorge Coli
Jorge Perez
Júlia Saluh
Maria Amalia Pie Abib Andery

Coordenação Editorial
CECÍLIA SCHARLACH

Edição
ANDRESSA VERONESI
CARLA FORTINO

Preparação | revisão
CARLA FORTINO

Assistência editorial
FRANCISCO ALVES DA SILVA

Projeto Gráfico
TERESA LUCINDA FERREIRA DE ANDRADE

Impressão e Acabamento
IMPRENSA OFICIAL DO ESTADO S/A – IMESP

Formato: 15,5 x 23 cm
Tipologia: Optima LT Std e Simoncini Garamond
Papel miolo: Pólen 80 g/m^2
Papel capa: Cartão Triplex 250 g/m^2
Páginas: 496

GOVERNO DO ESTADO DE SÃO PAULO

GOVERNADOR
JOÃO DORIA

SECRETÁRIO DE GOVERNO
RODRIGO GARCIA

IMPRENSA OFICIAL DO ESTADO DE SÃO PAULO

DIRETOR-PRESIDENTE
NOURIVAL PANTANO JÚNIOR